toeic®

토익® 정기시험 기출입문서 LC

정답 및 해설

청취 기초학습

Q 미국식 발음 vs. 영국식 발음 비교 체험

교재 p. 20

1. There is a path near the barn.
2. Mr. Roth is leaving this afternoon for a two-week vacation.
3. I'd like you to type up this memo and make sure that every department head gets a copy.
4. I'll finish the job quickly.
5. A ladder has been set up next to a lamppost.
6. A path leads to the ocean.
7. These fabric samples are ready to go.
8. I'll get my car out of the garage.
9. Did you see the new soap advertisement?
10. I was wondering if you've received my letter.

1 W-Am There is a path / near the barn. 헛간 근처에 길이 하나 있다.

어휘 **path** 길 **barn** 헛간

해설 미국식 발음에서는 there와 barn의 r 발음을 모두 한다.

---

2 M-Br Mr. Roth is leaving / this afternoon / for a two-week vacation. 로스 씨는 오늘 오후에 2주 휴가를 떠납니다.

어휘 **leave** 떠나다

해설 영국식 발음에서는 afternoon의 a를 [애]가 아닌 [아]로 발음한다.

---

3 W-Am I'd like you to type up this memo / and make sure / that every department head gets a copy. 이 회람을 타이핑하고 모든 부서장들이 사본을 반드시 받도록 해주세요.

어휘 **type up** 타이핑하다 **memo** 회람, 메모(= memorandum) **department** 부서

해설 미국식 발음에서는 sure의 r을 발음하고, copy의 o를 [아]로 발음한다.

---

4 M-Br I'll finish the job quickly. 제가 그 일을 빨리 끝낼게요.

어휘 **finish** 끝내다 **quickly** 빨리

해설 영국식 발음에서는 job의 o를 [아]가 아닌 [오]로 발음한다.

5 W-Am A ladder has been set up / next to a lamppost. 사다리 하나가 가로등 옆에 설치되어 있다.

어휘 **ladder** 사다리 **set up** 설치하다 **lamppost** 가로등

해설 ladder에서 모음 a와 e 사이에 있는 자음 d는 미국식 발음에서는 [r]로 발음하고, 영국식 발음에서는 [d]로 발음한다.

---

6 M-Br A path leads to the ocean. 길 하나가 바다로 뻗어 있다.

어휘 **lead to** ~로 이어지다

해설 영국식 발음에서는 path의 a를 [애]가 아닌 [아]로 발음한다.

---

7 W-Am These fabric samples are ready to go. 이 직물 표본들은 발송 준비가 되었어요.

어휘 **fabric** 직물, 천 **be ready to** ~할 준비가 되다

해설 미국식 발음에서는 sample의 a를 [애]로 발음한다.

---

8 M-Br I'll get my car out of the garage. 제가 차를 차고에서 꺼낼게요.

어휘 **garage** 차고

해설 영국식 발음에서는 car의 r 발음을 하지 않는다.

---

9 W-Am Did you see the new soap advertisement? 새로 나온 비누 광고를 봤나요?

해설 미국식 발음에서는 a가 [애]로 발음된다.

---

10 M-Br I was wondering / if you've received my letter. 제 편지를 받으셨는지 궁금합니다.

해설 미국식 발음에서는 모음 e와 e 사이에 있는 자음 t를 [r]로 발음하고, 영국식 발음에서는 [t]로 발음을 한다.

Q 유사 발음 비교 체험

교재 p. 23

1. She is shopping for clothes.
2. She's searching through some files.
3. She's pulling on protective gloves.
4. A lamp has been turned on next to a bed.
5. What will the new corporation be called?
6. Why did you work so late last night?
7. Do you need to leave immediately?
8. Aren't they going to build a bicycle path along the main road?
9. A ramp leads into the back of the truck.
10. A car is being filled up at a fuel station.

1 W-Am She is shopping for clothes. 그녀는 옷 쇼핑을 하고 있다.

어휘 **clothes** 옷, 의복

해설 [z] 발음을 혼동하여 close로 잘못 듣지 않도록 유의한다.

---

2 M-Br She's searching through some files. 그녀는 파일을 찾아보고 있다.

어휘 **search through** ~을 찾아보다, 뒤지다

해설 [f]와 발음이 유사한 [p]를 혼동하여 piles로 잘못 듣지 않도록 유의한다.

---

3 W-Am She's pulling on protective gloves. 그녀는 보호 장갑을 끼는 중이다.

어휘 **pull on** (잡아당겨) 입다 **protective** 보호하는, 보호용의

해설 [p] 발음을 혼동하여 fulling으로, [v] 발음도 globe로 잘못 듣지 않도록 유의한다.

---

4 M-Br A lamp has been turned on / next to a bed. 램프 하나가 침대 옆에 켜져 있다.

어휘 **turn on** ~을 켜다 **next to** ~의 옆에

해설 [l]과 발음이 유사한 [r]로 혼동하여 ramp로 잘못 듣지 않도록 유의한다.

5 W-Am What will the new corporation be called? 새 회사는 뭐라고 불리게 되나요?

어휘 **corporation** 회사

해설 [ɔː]와 발음이 유사한 [ou]를 혼동하여 cold로 잘못 듣지 않도록 유의한다.

6 M-Br Why did you work so late / last night? 어젯밤에 왜 그렇게 늦게 일을 했나요?

어휘 **last night** 어젯밤

해설 [r]과 발음이 유사한 [l]로 혼동하여 rate로 잘못 듣지 않도록 유의한다.

7 W-Am Do you need to leave immediately? 즉시 출발해야 하나요?

어휘 **leave** 떠나다 **immediately** 즉시, 당장

해설 [iː]와 발음이 유사한 [i]를 혼동하여 live로 잘못 듣지 않도록 유의한다.

8 M-Br Aren't they going to build a bicycle path / along the main road? 간선 도로를 따라서 자전거 길을 만들 건가요?

어휘 **build** 짓다, 세우다

해설 [θ]와 발음이 유사한 [s]로 혼동하여 pass로 잘못 듣지 않도록 유의한다.

9 W-Am A ramp leads into the back of the truck. 경사로 하나가 트럭 뒤 안쪽으로 뻗어 있다.

어휘 **ramp** 경사로

해설 [r]과 발음이 유사한 [l]로 혼동하여 lamp로 잘못 듣지 않도록 유의한다.

10 M-Br A car is being filled up / at a fuel station. 주유소에서 차 한 대에 (기름이) 채워지고 있다.

어휘 **fill up** (~으로) 가득 차다

해설 [i]와 발음이 유사한 [iː]로 혼동하여 field로 잘못 듣지 않도록 유의한다.

Q 연음 듣기 / 내용어 듣기

교재 p. 27

1. A technician is adjusting some laboratory equipment.
2. I want to ask about unloading our equipment.
3. I need to get this package to Hong Kong as quickly as possible.
4. I told you to start contacting candidates today.
5. I'll meet you downstairs at five.
6. You can use our training center.
7. Are you certain that we need to advertise more?
8. I won't forget to write it next time.
9. Do you have any brochures about trips to the mountains?
10. Did you know that a new vice president has been chosen?

1 W-Am A technician is adjusting some laboratory equipment. 기술자가 실험 장비를 조절하고 있다.

어휘 **technician** 기술자 **adjust** 조정하다 **laboratory** 실험실 **equipment** 장비, 기기

해설 끝자음 s와 첫모음 a가 만나 연음 현상이 일어난다.

---

2 M-Br I want to ask / about unloading our equipment. 장비 하역에 대해서 물어보고자 합니다.

어휘 **unload** (짐을) 내리다 **equipment** 장비

해설 끝자음 k와 첫모음 a가 만나 연음 현상이 일어난다.

---

3 W-Am I need to get this package to Hong Kong / as quickly as possible. 가능한 한 빨리 홍콩으로 이 소포를 보내야 합니다.

어휘 **package** 소포 **as quickly as possible** 가능한 한 빨리

해설 끝자음 d와 뒤따르는 첫자음 t가 유사한 발음이므로, 그 중 [d] 발음이 탈락되고 뒤에 오는 t만 발음하는 연음 현상이 일어난다.

---

4 M-Br I told you / to start contacting candidates today. 오늘 지원자들에게 연락을 시작하라고 제가 말했잖아요.

어휘 **contact** 연락하다 **candidate** 지원자, 후보자

해설 끝자음 d가 y를 만나 연음 현상이 일어난다.

5 W-Am I'll meet you downstairs / at five. 아래층에서 다섯 시에 만나요.

어휘 **downstairs** 아래층으로, 아래층에서

해설 끝자음 t가 y를 만나 연음 현상이 일어난다.

---

6 M-Br You can use our training center. 저희 교육 센터를 이용하셔도 됩니다.

해설 자음 n과 t가 -nt-의 형태로 만나면 [t] 발음이 생략되기도 한다.

---

7 W-Am Are you certain / that we need to advertise more? 우리가 광고를 더 해야 한다고 확신하세요?

해설 자음 n과 t가 -t-n의 형태로 만나면 소리를 잠깐 멈춘 상태에서 콧속에서 터지듯이 발음한다.

---

8 M-Br I won't forget to write it / next time. 다음에는 그것을 적는 것을 잊지 않을게요.

어휘 **forget to** ~하는 것을 잊다

해설 끝자음 t와 뒤따르는 첫자음 t의 발음이 같으므로 발음이 한 번만 되는 연음 현상이 일어난다.

---

9 W-Am Do you have any brochures / about trips to the mountains? 산으로의 여행에 관한 안내 책자가 있나요?

어휘 **brochure** 안내 책자

해설 자음 n과 t가 -t-n의 형태로 만나면 소리를 잠깐 멈춘 상태에서 콧속에서 터지듯이 발음한다.

---

10 M-Br Did you know / that a new vice president has been chosen? 새 부사장이 선출되었다는 것을 알고 있었어요?

어휘 **vice president** 부사장

해설 끝자음 d가 y를 만나 연음 현상이 일어난다.

PART 1 사진 묘사

기초학습

시제 익히기

교재 p.34

1. having, conversation **2.** are **3.** have stepped **4.** trying on

1 

W-Am They're having a conversation / at the office. 사람들이 사무실에서 대화를 하고 있다.

어휘 **have a conversation** 대화를 하다 **office** 사무실

해설 사람들이 대화를 하는 동작이 진행 중이므로 are having a conversation(현재진행)으로 묘사하고 있다.

---

2 

M-Br There are some chairs and a table / alongside the van. 승합차 옆에 의자들과 테이블 하나가 있다.

어휘 **alongside** ~옆에, 나란히

해설 승합차와 의자, 테이블이 있는 상태를 are(현재)로 묘사하고 있다.

---

3 

W-Am Some customers have stepped up / to the counter. 몇몇 손님들이 계산대까지 다가섰다.

어휘 **step up to** ~에 다가가다

해설 손님들이 계산대 앞에 다가선 동작이 완료되어 있으므로 have stepped(현재완료)로 묘사하고 있다.

---

4 

M-Au She's trying on some glasses. 여자가 안경을 써 보고 있다.

어휘 **try on** 써 보다, 입어보다

해설 여자가 안경을 써 보는 동작을 하고 있으므로 is trying on(현재진행)으로 묘사하고 있다.

수동태 익히기

교재 p. 37

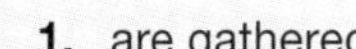

1. are gathered **2.** has been placed **3.** are being watered **4.** has been piled

1

W-Am They are gathered together / on the steps. 사람들이 계단에 함께 모여 있다.

어휘 **gather** 모이다

해설 사람들이 모여 있는 상태이므로 are gathered(현재 수동태)로 묘사하고 있다.

2

M-Br A flowerpot has been placed on a stair / by the wall. 화분 하나가 벽 옆의 계단에 놓여 있다.

어휘 **flowerpot** 화분

해설 화분이 놓여진 상태이므로 has been placed(현재완료 수동태)로 묘사하고 있다.

3

W-Am Plants are being watered. 식물들에 물이 주어지고 있다.

어휘 **plant** 식물 **water** 물을 주다

해설 남자가 식물에 물을 주고 있는 동작이 진행 중이므로 are being watered(현재진행 수동태)로 묘사하고 있다.

4

M-Br The fruit has been piled high / in the vehicle. 과일이 차량에 높게 쌓여 있다.

어휘 **pile** 쌓다 **vehicle** 차량

해설 과일이 쌓여진 상태이므로 has been piled(현재완료 수동태)로 묘사하고 있다.

UNIT 01 사람 중심 사진

기출 문제풀이 전략 | 1인 사진

Check Up

교재 p. 40

1. (C) **2.** (C)

1

W-Am (A) She's opening a door. (O/X)
(B) She's handing out some notices. (O/X)
(C) She's reading a pamphlet. (O/X)
(D) She's adjusting her glasses. (O/X)

(A) 여자가 문을 열고 있다.
(B) 여자가 안내문을 나눠주고 있다.
(C) 여자가 팸플릿을 읽고 있다.
(D) 여자가 안경을 고쳐 쓰고 있다.

어휘 **hand out** 나눠주다 **notice** 공지문, 안내문 **adjust** (매무새 등을) 바로잡다

해설 1인 사진 – 복도
(A) 동작 오답: 여자가 문을 열고 있는(opening a door) 모습이 아니므로 오답이다.
(B) 동작 오답: 사진에 공지문(some notices)이 보이지만, 여자가 나눠주고 있는(handing out) 모습이 아니므로 오답이다.
(C) 정답: 여자가 팸플릿을 읽고 있는(reading a pamphlet) 모습을 적절히 묘사하고 있으므로 정답이다.
(D) 동작 오답: 여자가 안경을 고쳐 쓰고 있는(adjusting her glasses) 모습이 아니므로 오답이다.

2

W-Am (A) He's rolling up a hose. (O/X)
(B) He's leaning on a tree. (O/X)
(C) He's washing his hands. (O/X)
(D) He's digging up some plants. (O/X)

(A) 남자가 호스를 둘둘 말고 있다.
(B) 남자가 나무에 기대어 있다.
(C) 남자가 손을 씻고 있다.
(D) 남자가 식물을 캐내고 있다.

어휘 **roll up** 둘둘 말다 **lean** 기대다 **dig up** 캐내다

해설 1인 사진 – 정원
(A) 동작 오답: 남자가 호스를 둘둘 말고 있는(rolling up a hose) 모습이 아니므로 오답이다.
(B) 동작 오답: 남자가 나무에 기대어 있는(leaning on a tree) 모습이 아니므로 오답이다.
(C) 정답: 남자가 손을 씻고 있는(washing his hands) 모습을 적절히 묘사하고 있으므로 정답이다.
(D) 동작 오답: 남자가 식물을 캐내고 있는(digging up some plants) 모습이 아니므로 오답이다.

기출 문제풀이 전략 | 2인 이상 사진

Check Up

교재 p. 41

1. (D) **2.** (B)

1

M-Am (A) They're arranging the chairs. (O/X)
(B) They're paying for some books. (O/X)
(C) They're watering the plant. (O/X)
(D) They're watching a presentation. (O/X)

(A) 사람들이 의자들을 정리하고 있다.
(B) 사람들이 책값을 계산하고 있다.
(C) 사람들이 식물에 물을 주고 있다.
(D) 사람들이 발표를 지켜보고 있다.

어휘 **arrange** 정리하다, 배열하다 **presentation** 발표

해설 2인 이상 사진 – 회의실
(A) 공통 동작 오답: 사람들이 의자들을 정리하고 있는(arranging the chairs) 모습이 아니므로 오답이다.
(B) 공통 동작 오답: 사진에 책(some books)이 보이지만, 사람들이 계산하고 있는(paying for) 모습이 아니므로 오답이다.
(C) 공통 동작 오답: 사진에 식물(the plant)이 보이지만, 사람들이 물을 주고 있는(watering) 모습이 아니므로 오답이다.
(D) 정답: 사람들이 발표를 지켜보고 있는(watching a presentation) 모습을 적절히 묘사하고 있으므로 정답이다.

2

W-Am (A) One of the men is standing against a wall. (O/X)
(B) A woman is carrying a bag. (O/X)
(C) Some people are sitting on a staircase. (O/X)
(D) Some people are walking across a street. (O/X)

(A) 남자들 중 한 명이 벽에 기대어 서 있다.
(B) 여자가 가방을 들고 있다.
(C) 사람들이 계단에 앉아 있다.
(D) 사람들이 길을 건너고 있다.

어휘 **stand against** ~에 기대 서다 **staircase** 계단

해설 2인 이상 사진 – 야외
(A) 개별 동작 오답: 남자들 중 누구도 기대어 서 있는(standing against) 모습이 아니므로 오답이다.
(B) 정답: 여자가 가방을 들고(carrying a bag) 걸어가는 주요 동작을 잘 묘사한 정답이다.
(C) 공통 동작 오답: 사람들이 앉아 있는(sitting) 모습이 아니므로 오답이다.
(D) 공통 동작 오답: 사람들이 길을 건너는(walking across) 모습이 아니므로 오답이다.

ETS 문제로 훈련하기

교재 p. 43

1. (B) **2.** (D) **3.** (A) **4.** (A)

1

W-Br (A) He's waving to some friends.
(B) He's washing a window.
(C) He's pulling a cart.
(D) He's entering a store.

(A) 남자가 친구들에게 손을 흔들고 있다.
(B) 남자가 창문을 닦고 있다.
(C) 남자가 카트를 끌고 있다.
(D) 남자가 가게에 들어가고 있다.

어휘 **wave** (손, 팔 등을) 흔들다

해설 2인 이상 사진 – 거리
(A) 개별 동작 오답: 남자들 중 누구도 친구들에게 손을 흔들고 있는(waving to some friends) 모습이 아니므로 오답이다.
(B) 정답: 남자가 창문을 닦고 있는(washing a window) 모습을 적절히 묘사하고 있으므로 정답이다.
(C) 개별 동작 오답: 사진에 카트(cart)가 보이지만, 남자들 중 누구도 끌고 있는(pulling) 모습이 아니므로 오답이다.
(D) 개별 동작 오답: 남자들 중 누구도 가게에 들어가고 있는(entering a store) 모습이 아니므로 오답이다.

2

W-Am (A) The men are eating a meal.
(B) The men are washing the floor.
(C) The men are setting up tables.
(D) The men are wearing uniforms.

(A) 남자들이 식사를 하고 있다.
(B) 남자들이 바닥을 닦고 있다.
(C) 남자들이 테이블을 차리고 있다.
(D) 남자들이 유니폼을 입고 있다.

어휘 **meal** 식사, 끼니 **floor** 바닥 **set up** 차리다, 준비하다

해설 2인 이상 사진 – 식당
(A) 공통 동작 오답: 남자들이 식사를 하고 있는(eating a meal) 모습이 아니므로 오답이다.
(B) 공통 동작 오답: 바닥을 닦고 있는(washing the floor) 모습이 아니므로 오답이다.
(C) 공통 동작 오답: 테이블을 차리고 있는(setting up tables) 모습이 아니므로 오답이다.
(D) 정답: 남자들이 유니폼을 착용한(wearing uniforms) 상태를 잘 묘사한 정답이다.

3 

W-Br (A) She's searching through some files.
(B) She's reaching for supplies / on a shelf.
(C) She's locking a desk drawer.
(D) She's hanging some pictures / on the wall.

(A) 여자가 서류를 뒤지고 있다.
(B) 여자가 선반에 있는 물품을 잡으려고 손을 뻗고 있다.
(C) 여자가 책상 서랍을 잠그고 있다.
(D) 여자가 벽에 그림들을 걸고 있다.

어휘 **search through** 뒤지다 **reach for** (~을 잡으려고) 손을 뻗다 **drawer** 서랍

해설 1인 사진 – 사무실

(A) 정답: 여자가 서류를 뒤지고 있는(searching through some files) 모습을 적절히 묘사하고 있으므로 정답이다.
(B) 위치 오답: 여자가 선반에 있는 물품(supplies on a shelf)이 아니라 서랍에 있는 서류(files in the desk drawer)를 잡으려고 손을 뻗고 있으므로 오답이다.
(C) 동작 오답: 여자가 책상 서랍을 잠그고 있는(locking a desk drawer) 모습이 아니므로 오답이다.
(D) 동작 오답: 여자가 벽에 그림(some pictures)을 걸고 있는(hanging) 모습이 아니라 이미 그림은 벽에 걸려 있는 상태이므로 오답이다.

---

4 

M-Cn (A) The women are greeting each other.
(B) The women are moving furniture.
(C) One woman is handing the other a notebook.
(D) One woman is carrying papers.

(A) 여자들이 서로 인사하고 있다.
(B) 여자들이 가구를 옮기고 있다.
(C) 한 여자가 다른 여자에게 공책을 건네주고 있다.
(D) 한 여자가 서류를 들고 있다.

어휘 **greet** 맞다, 환영하다 **each other** 서로 **furniture** 가구 **hand** 건네주다, 넘겨주다 **the other** 다른 한 사람

해설 2인 이상 사진 – 회의실

(A) 정답: 여자들이 악수하며 인사하는(greeting each other) 모습을 잘 묘사한 정답이다.
(B) 공통 동작 오답: 여자들이 가구를 옮기는(moving furniture) 모습이 아니므로 오답이다.
(C) 개별 동작 오답: 여자들 중 누구도 건네주고 있는(handing) 모습이 아니므로 오답이다. 그리고 사진에 없는 공책(notebook)이 언급되었다.
(D) 개별 동작 오답: 여자들 중 누구도 서류를 들고 있는(carrying papers) 모습이 아니므로 오답이다.

ETS 실전 테스트

교재 p. 44

1. (C)	**2.** (A)	**3.** (D)	**4.** (B)	**5.** (A)	**6.** (C)
7. (A)	**8.** (A)	**9.** (B)	**10.** (B)	**11.** (C)	**12.** (C)

1 

W-Am (A) The man is opening a laptop.
(B) The man is looking out a window.
(C) The man is typing on a keyboard.
(D) The man is turning on a lamp.

(A) 남자가 노트북을 열고 있다.
(B) 남자가 창밖을 내다보고 있다.
(C) 남자가 키보드를 치고 있다.
(D) 남자가 램프를 켜고 있다.

해설 1인 사진 – 실내

(A) 동작 오답: 남자가 노트북(a laptop)을 열고 있는(opening) 모습이 아니라 이미 노트북은 열려 있는 상태이므로 오답이다.
(B) 사진에 없는 사물 언급 오답: 사진에 창문(a window)이 보이지 않으므로 오답이다.
(C) 정답: 남자가 키보드를 치고 있는(typing on a keyboard) 모습을 적절히 묘사하고 있으므로 정답이다.
(D) 동작 오답: 남자가 램프(a lamp)를 켜고 있는(turning on) 모습이 아니라 이미 램프는 켜져 있는 상태이므로 오답이다.

Possible Answers **The man is sitting at a table.** 남자가 테이블에 앉아 있다.
The man is looking at a computer screen. 남자가 컴퓨터 스크린을 보고 있다.

---

2 

W-Br (A) They're seated at a table.
(B) They're gazing at a large painting.
(C) They're pouring water / into some glasses.
(D) They're reading menus.

(A) 사람들이 탁자에 앉아 있다.
(B) 사람들이 커다란 그림을 응시하고 있다.
(C) 사람들이 컵에 물을 따르고 있다.
(D) 사람들이 메뉴를 읽고 있다.

어휘 **gaze at** 응시하다 **pour** 따르다, 붓다

해설 2인 이상 사진 – 식당
(A) 정답: 사람들이 탁자에 앉아 있는(seated at a table) 모습을 적절히 묘사하고 있으므로 정답이다.
(B) 사진에 없는 사물 언급 오답: 사진에 큰 그림(a large painting)이 보이지 않으므로 오답이다.
(C) 공통 동작 오답: 사람들이 컵에 물(water)을 따르고 있는(pouring) 모습이 아니라 이미 컵에 물이 채워져 있는 상태이므로 오답이다.
(D) 공통 동작 오답: 사진에 메뉴(menus)가 보이지만, 사람들이 읽고 있는(reading) 모습이 아니므로 오답이다.

Possible Answers **They're sitting in a restaurant.** 사람들이 식당에 앉아 있다.
The man is holding a mobile phone. 남자가 휴대폰을 들고 있다.

---

3 

W-Br (A) A man is leaning against a pole.
(B) A man is standing / at a traffic light.
(C) A man is crossing a street.
(D) A man is waiting / to board a bus.

(A) 남자가 기둥에 기대어 있다.
(B) 남자가 신호등에 서 있다.
(C) 남자가 길을 건너고 있다.
(D) 남자가 버스를 타려고 기다리고 있다.

어휘 **lean** 기대다 **pole** 기둥 **board** 탑승하다

해설 1인 사진 – 버스 정류장
(A) 동작 오답: 사진에 기둥(a pole)이 보이지만, 남자가 기대어 있는(leaning against) 모습이 아니므로 오답이다.
(B) 사진에 없는 사물 언급 오답/위치 오답: 사진에 신호등(a traffic light)이 보이지 않으며, 남자는 버스(a bus) 문 앞에 서 있는 상태이므로 오답이다.
(C) 동작 오답: 남자가 거리를 건너고 있는(crossing a street) 모습이 아니므로 오답이다.
(D) 정답: 남자가 버스를 타려고 기다리고 있는(waiting to board a bus) 모습을 적절히 묘사하고 있으므로 정답이다.

Possible Answers **A man is standing by the doors of a bus.** 남자가 버스 문에 서 있다.
A man is standing at the edge of some pavement. 남자가 보도 가장자리에 서 있다.

---

4 

W-Am (A) She's paying a cashier.
(B) She's carrying a shopping basket.
(C) She's preparing some food.
(D) She's entering a supermarket.

(A) 여자가 출납원에게 계산하고 있다.
(B) 여자가 장바구니를 들고 있다.
(C) 여자가 음식을 준비하고 있다.
(D) 여자가 슈퍼마켓에 들어가고 있다.

어휘 **cashier** 출납원 **prepare** 준비하다

해설 1인 사진 – 슈퍼마켓
(A) 사진에 없는 사람 언급 오답/동작 오답: 사진에 출납원(a cashier)이 보이지 않으며, 여자가 계산하고 있는(paying) 모습도 아니므로 오답이다.
(B) 정답: 여자가 장바구니를 들고 있는(carrying a shopping basket) 모습을 적절히 묘사하고 있으므로 정답이다.
(C) 동작 오답: 여자가 음식을 준비하고 있는(preparing some food) 모습이 아니므로 오답이다.
(D) 동작 오답: 여자가 슈퍼마켓에 들어가고 있는(entering a supermarket) 모습이 아니므로 오답이다.

Possible Answers **She's touching some merchandise.** 여자가 상품을 만지고 있다.
She's standing in front of some shelves. 여자가 선반 앞에 서 있다.

5 

W-Am (A) He's holding a paintbrush.
(B) He's trimming some bushes.
(C) He's setting down a bucket.
(D) He's putting up some fencing.

(A) 남자가 페인트 붓을 들고 있다.
(B) 남자가 덤불을 다듬고 있다.
(C) 남자가 양동이를 내려놓고 있다.
(D) 남자가 울타리를 세우고 있다.

어휘 **trim** 다듬다, 손질하다, **bush** 덤불 **bucket** 양동이 **fencing** 울타리

해설 1인 사진 – 마당
(A) 정답: 남자가 페인트 붓을 들고 있는(holding a paintbrush) 모습을 적절히 묘사하고 있으므로 정답이다.
(B) 동작 오답: 사진에 덤불(some bushes)이 보이지만, 남자가 손질하고 있는(trimming) 모습이 아니므로 오답이다.
(C) 동작 오답: 사진에 양동이(a bucket)가 보이지만, 남자가 내려놓고 있는(setting down) 모습이 아니므로 오답이다.
(D) 동작 오답: 남자가 울타리(some fencing)를 세우고 있는(putting up) 모습이 아니라 이미 울타리는 세워져 있는 상태이므로 오답이다.

Possible Answers **He's wearing a hat.** 남자가 모자를 쓰고 있다.
He's painting some planks. 남자가 널빤지를 칠하고 있다.

---

6 

M-Cn (A) The man is carrying a recycling bin.
(B) One of the women is opening a bicycle lock.
(C) Some people are approaching a doorway.
(D) One of the women is setting down her bag.

(A) 남자가 재활용 쓰레기통을 들고 있다.
(B) 여자들 중 한 명이 자전거 자물쇠를 열고 있다.
(C) 사람들이 출입구로 다가가고 있다.
(D) 여자들 중 한 명이 가방을 내려놓고 있다.

어휘 **recycling** 재활용 **bin** 쓰레기통 **lock** 자물쇠 **approach** 다가가다 **doorway** 출입구 **set down** ~을 내려놓다

해설 2인 등장 사진 – 건물 출입구
(A) 개별 동작 오답: 사진에 재활용 쓰레기통(a recycling bin)이 보이지만, 남자가 들고 있는(carrying) 모습이 아니므로 오답이다.
(B) 개별 동작 오답: 여자들 중 누구도 자전거 자물쇠를 열고 있는(opening a bicycle lock) 모습이 아니므로 오답이다.
(C) 정답: 사람들이 출입구로 다가가고 있는(approaching a doorway) 모습을 적절히 묘사하고 있으므로 정답이다.
(D) 개별 동작 오답: 여자들 중 누구도 가방을 내려놓고 있는(setting down her bag) 모습이 아니므로 오답이다.

Possible Answers **One of the women is grasping a door handle.** 여자들 중 한 명이 문손잡이를 잡고 있다.
The man is passing by a trash bin. 남자가 쓰레기통 옆을 지나고 있다.

---

7 

W-Am (A) Some people are holding a box.
(B) A woman is fixing a light.
(C) A man is adjusting his glasses.
(D) Some people are putting on aprons.

(A) 사람들이 상자를 들고 있다.
(B) 여자가 전등을 수리하고 있다.
(C) 남자가 안경을 고쳐 쓰고 있다.
(D) 사람들이 앞치마를 입고 있는 중이다.

어휘 **fix** 수리하다 **adjust** 바로잡다

해설 2인 이상 사진 – 매장 안
(A) 정답: 사람들이 상자를 들고 있는(holding a box) 모습을 적절히 묘사하고 있으므로 정답이다.
(B) 개별 동작 오답: 여자가 전등을 수리하고 있는(fixing a light) 모습이 아니므로 오답이다.
(C) 개별 동작 오답: 남자가 안경을 고쳐 쓰고 있는(adjusting his glasses) 모습이 아니므로 오답이다.
(D) 공통 동작 오답: 사람들이 앞치마(aprons)를 입는 동작(putting on)을 하는 모습이 아니라 착용한(wearing) 상태이므로 오답이다.

Possible Answers **Some people are wearing aprons.** 사람들이 앞치마를 입고 있다.
A woman is standing on a stepladder. 여자가 발판사다리 위에 서 있다.

8 

M-Cn (A) The woman is writing some information / on a form.
(B) The woman is hanging an apron / on a hook.
(C) The woman is looking inside a refrigerator.
(D) The woman is putting a pen / in her pocket.

(A) 여자가 서식에 정보를 적고 있다.
(B) 여자가 고리에 앞치마를 걸고 있다.
(C) 여자가 냉장고 안을 들여다보고 있다.
(D) 여자가 주머니에 펜을 넣고 있다.

어휘 **form** 서식, 양식 **hang** 걸다, 매달다 **refrigerator** 냉장고

해설 1인 사진 – 주방
(A) 정답: 여자가 서식에 정보를 적고 있는(writing some information on a form) 모습을 적절히 묘사하고 있으므로 정답이다.
(B) 동작 오답: 고리에 앞치마(an apron)를 걸고 있는(hanging) 모습이 아니라 착용한(wearing) 상태이므로 오답이다.
(C) 위치 오답: 냉장고 안(inside a refrigerator)이 아니라 냉장고에 붙어 있는 서식(a form)을 보고 있으므로 오답이다.
(D) 동작 오답/위치 오답: 펜을 주머니에 넣고 있는(putting a pen in her pocket) 모습이 아니라 사용하고 있으므로 오답이다.

Possible Answers **The woman is holding a pen.** 여자가 펜을 들고 있다.
The woman is wearing an apron. 여자가 앞치마를 입고 있다.

---

9 

W-Am (A) One of the women is placing items / on a shelf.
(B) One of the women is passing papers / to the other.
(C) One of the women is moving a chair / into an office.
(D) One of the women is pointing at a computer monitor.

(A) 여자들 중 한 명이 선반에 물품을 놓고 있다.
(B) 여자들 중 한 명이 다른 여자에게 서류를 건네고 있다.
(C) 여자들 중 한 명이 의자를 사무실 안으로 옮기고 있다.
(D) 여자들 중 한 명이 컴퓨터 모니터를 가리키고 있다.

어휘 **place** 놓다, 두다 **pass** 건네주다 **point at** ~을 가리키다

해설 2인 이상 사진 – 사무실
(A) 개별 동작 오답: 여자들 중 누구도 선반에 물품을 놓고 있는(placing items on a shelf) 모습이 아니므로 오답이다.
(B) 정답: 여자들 중 한 명이 다른 여자에게 서류를 건네고 있는(passing papers to the other) 모습을 적절히 묘사하고 있으므로 정답이다.
(C) 개별 동작 오답: 여자들 중 누구도 의자를 사무실 안으로 옮기고 있는(moving a chair into an office) 모습이 아니므로 오답이다.
(D) 개별 동작 오답: 여자들 중 누구도 모니터를 가리키고 있는(pointing at a computer monitor) 모습이 아니므로 오답이다.

Possible Answers **One of the women is seated next to a wall.** 여자들 중 한 명이 벽 옆에 앉아 있다.
They're working in a shared office. 사람들이 한 사무실에서 일하고 있다.

---

10 

M-Au (A) The woman's trying on some shoes.
(B) The woman's handing a card / to the man.
(C) The man's restocking some supplies.
(D) The man's printing out a receipt.

(A) 여자가 신발을 신어보고 있다.
(B) 여자가 남자에게 카드를 건네주고 있다.
(C) 남자가 물품들을 다시 채워 넣고 있다.
(D) 남자가 영수증을 출력하고 있다.

어휘 **hand** 건네주다 **restock** 다시 채우다, 보충하다 **receipt** 영수증

해설 2인 이상 사진 – 계산대
(A) 사진에 없는 사물 언급 오답/개별 동작 오답: 사진에 신발(some shoes)이 보이지 않으며, 여자가 신어보고 있는(trying on) 모습도 아니므로 오답이다.
(B) 정답: 여자가 남자에게 카드를 건네주고 있는(handing a card to the man) 모습을 적절히 묘사하고 있으므로 정답이다.
(C) 동작 오답: 남자가 물품들을 다시 채워 넣고 있는(restocking some supplies) 모습이 아니므로 오답이다.
(D) 사진에 없는 사물 언급 오답/동작 오답: 사진에 영수증(a receipt)이 보이지 않으며, 남자가 출력하고 있는(printing out) 모습도 아니므로 오답이다.

Possible Answers **The man's reaching for a card.** 남자가 카드를 향해 손을 뻗고 있다.
The woman's making a purchase at a register. 여자가 계산대 앞에서 물건을 구매하고 있다.

---

11 

W-Am (A) They're putting papers / in a filing cabinet.
(B) They're arranging some folders / on a desk.
(C) One of the women is working on a computer.
(D) One of the women is writing / in a binder.

(A) 사람들이 문서 보관함에 서류를 넣고 있다.
(B) 사람들이 책상 위의 폴더들을 정리하고 있다.
(C) 여자들 중 한 명이 컴퓨터로 작업하고 있다.
(D) 여자들 중 한 명이 바인더에 글을 적고 있다.

어휘 **filing cabinet** 문서 보관함 **arrange** 정리하다, 배열하다

해설 2인 이상 사진 - 회의실

(A) 사진에 없는 사물 언급 오답/공통 동작 오답: 사진에 문서 보관함(a filing cabinet)이 보이지 않으며, 사람들 중 누구도 서류를 넣고 있는(putting papers) 모습이 아니므로 오답이다.
(B) 공통 동작 오답: 사람들 중 누구도 책상 위의 폴더를 정리하고 있는(arranging some folders) 모습이 아니므로 오답이다.
(C) 정답: 여자들 중 한 명이 컴퓨터로 작업하고 있는(working on a computer) 모습을 적절히 묘사하고 있으므로 정답이다.
(D) 개별 동작 오답: 여자들 중 누구도 바인더에 글을 적고 있는(writing in a binder) 모습이 아니므로 오답이다.

Possible Answers **One of the women is holding some papers.** 여자들 중 한 명이 서류를 잡고 있다.
They're looking at a computer screen. 사람들이 컴퓨터 스크린을 보고 있다.

---

12 

M-Cn (A) She's adjusting a computer monitor.
(B) She's posting some papers / on a message board.
(C) She's using a pen / to write on a document.
(D) She's placing some folders / in a filing cabinet.

(A) 여자가 컴퓨터 모니터를 조정하고 있다.
(B) 여자가 게시판에 서류를 게시하고 있다.
(C) 여자가 펜을 사용해 서류에 쓰고 있다.
(D) 여자가 문서 보관함에 폴더들을 두고 있다.

어휘 **adjust** 조정하다 **post** 게시하다 **place** 놓다, 두다

해설 1인 사진 - 사무실

(A) 동작 오답: 여자가 컴퓨터 모니터를 조정하고 있는(adjusting a computer monitor) 모습이 아니므로 오답이다.
(B) 동작 오답: 여자가 게시판에 서류(some papers)를 게시하고 있는(posting) 모습이 아니라 이미 게시되어 있는 상태이므로 오답이다.
(C) 정답: 여자가 펜을 사용해 서류에 글씨를 쓰고 있는(using a pen to write on a document) 모습을 적절히 묘사하고 있으므로 정답이다.
(D) 동작 오답: 여자가 문서 보관함에 폴더들을 두고 있는(placing some folders in a filing cabinet) 모습이 아니므로 오답이다.

Possible Answers **She's working in an office.** 여자가 사무실에서 일하고 있다.
She's leaning forward in her chair. 여자가 의자에서 몸을 앞으로 숙이고 있다.

UNIT 02 사물·풍경 중심 사진

기출 문제풀이 전략 | 사물·풍경 사진

Check Up

교재 p. 48

1. (D) **2.** (C)

1 

M-Au (A) A building is under construction. (O/X)
(B) A street is being paved. (O/X)
(C) Some cars are stopped / at a traffic light. (O/X)
(D) Some cars are parked / side by side. (O/X)

(A) 건물이 공사 중이다.
(B) 거리가 포장되고 있다.
(C) 차들이 신호등에 멈춰 서 있다.
(D) 차들이 나란히 주차되어 있다.

어휘 **under construction** 공사 중인 **pave** 포장하다 **side by side** 나란히

해설 풍경 사진 - 주택가
(A) 상태 오답: 건물들 중 어떤 것도 공사 중(under construction)인 상태가 아니므로 오답이다.
(B) 동작 오답: being p.p.는 주로 사물에 사람의 동작이 가해질 때 쓸 수 있는 표현인데, 사진에 거리(A street)를 포장하고 있는(being paved) 사람이 보이지 않으므로 오답이다.
(C) 사진에 없는 사물 언급 오답/위치 오답: 사진에 신호등(a traffic light)이 보이지 않으며, 차들은 집 앞에 주차되어 있는 상태이므로 오답이다.
(D) 정답: 차들이 나란히 주차되어 있는(parked side by side) 상태를 적절히 묘사하고 있으므로 정답이다.

---

2 

W-Br (A) Chairs are lined up / against a wall. (O/X)
(B) A coffee pot is being refilled. (O/X)
(C) A café window faces a street. (O/X)
(D) Tables have been set / for a meal. (O/X)

(A) 의자들이 한 줄로 벽에 기대어 있다.
(B) 커피포트가 다시 채워지고 있다.
(C) 카페 유리창이 거리를 향하고 있다.
(D) 탁자들에 식사 준비가 되어 있다.

해설 사물 사진 - 카페
(A) 상태 오답/위치 오답: 의자들이 한 줄로 벽에 기대어 있는(lined up against a wall) 상태가 아니라 탁자(tables) 주변에 놓여 있는 상태이므로 오답이다.
(B) 동작 오답: being p.p.는 주로 사물에 사람의 동작이 가해질 때 쓸 수 있는 표현인데, 사진에 커피포트(A coffee pot)를 다시 채우고 있는(being refilled) 사람이 보이지 않으므로 오답이다.
(C) 정답: 카페 유리창(A café window)이 거리를 향하고 있는(faces a street) 상태를 적절히 묘사하고 있으므로 정답이다.
(D) 상태 오답: 탁자들(Tables)이 아무것도 없이 비어 있는 상태이므로 오답이다.

기출 문제풀이 전략 | 사람/사물·풍경 혼합 사진

Check Up

교재 p. 49

1. (A) **2.** (D)

1 

W-Am (A) Dishes are stacked / on the table. (O/X)
(B) Customers are putting food / on their plates. (O/X)
(C) Some pans are being washed. (O/X)
(D) Restaurant workers are cleaning some glasses. (O/X)

(A) 접시들이 테이블 위에 쌓여 있다.
(B) 고객들이 접시에 음식을 담고 있다.
(C) 몇 개의 팬이 설거지되고 있다.
(D) 식당 종업원들이 컵을 닦고 있다.

어휘 **dish** 접시 **stack** 쌓다, 포개다 **customer** 손님, 고객 **plate** 접시, 그릇 **pan** 팬

해설 사람·사물 혼합 사진 - 식당
(A) 정답: 접시들이 테이블 위에 쌓여 있는(stacked) 모습을 잘 묘사한 정답이다.
(B) 동작 오답: 접시에 음식을 담고 있는(putting food on their plates) 사람이 보이지 않으므로 오답이다.
(C) 사진에 없는 사물 언급 오답: 사진에 팬(pans)이 보이지 않으므로 오답이다.
(D) 동작 오답: 컵을 닦고 있는(cleaning) 사람이 보이지 않으므로 오답이다.

2

W-Am (A) People are placing suitcases / in a vehicle. (O/X)
(B) People are planting trees / in a park. (O/X)
(C) Cars are being driven down a road. (O/X)
(D) Tents are being set up / in a field. (O/X)

(A) 사람들이 차에 여행가방을 넣고 있다.
(B) 사람들이 공원에 나무를 심고 있다.
(C) 차들이 도로에서 주행 중이다.
(D) 텐트들이 들판에 세워지고 있다.

어휘 **vehicle** 차량 **plant** 심다 **set up** 세우다, 설치하다

해설 사람·풍경 혼합 사진 - 들판

(A) 사진에 없는 사물 언급 오답/공통 동작 오답: 사진에 여행가방(suitcases)이 보이지 않으며, 사람들이 차에 물건을 넣고 있는(placing ~ in a vehicle) 모습도 아니므로 오답이다.

(B) 사진에 없는 사물 언급 오답/동작 오답: 사진에 나무(trees)가 보이지 않으며, 사람들이 심고 있는(planting) 모습도 아니므로 오답이다.

(C) 동작 오답: 차들(Cars)은 주행 중(being driven)인 모습이 아니라 주차되어 있는(parked) 상태이므로 오답이다.

(D) 정답: being p.p.는 주로 사물에 사람의 동작이 가해질 때 쓸 수 있는 표현인데, 사람들이 텐트(Tents)를 들판에 치고 있는(being set up in a field) 모습을 적절히 묘사하고 있으므로 정답이다.

ETS 문제로 훈련하기

교재 p. 51

1. (D) **2.** (B) **3.** (B) **4.** (C)

1

M-Au (A) A kettle has been placed / in a cabinet.
(B) Some appliances are being unplugged.
(C) A kitchen door has been left open.
(D) Some items are sitting / on a microwave oven.

(A) 주전자가 캐비닛 안에 놓여 있다.
(B) 가전제품들의 플러그가 뽑히고 있다.
(C) 주방 문이 열려 있다.
(D) 물품들이 전자레인지 위에 놓여 있다.

어휘 **place** 놓다, 두다 **appliance** 가전제품, 기기 **unplug** 플러그를 뽑다 **microwave oven** 전자레인지

해설 사물 사진 - 주방

(A) 위치 오답: 주전자(A kettle)는 캐비닛 안(in a cabinet)이 아니라 조리대 위(on a counter)에 놓여 있는 상태이므로 오답이다.

(B) 동작 오답: being p.p.는 주로 사물에 사람의 동작이 가해질 때 쓸 수 있는 표현인데, 사진에 가전제품들(Some appliances)의 플러그를 뽑고 있는(being unplugged) 사람이 보이지 않으므로 오답이다.

(C) 사진에 없는 사물 언급 오답/상태 오답: 사진에 주방 문(A kitchen door)은 보이지 않으며, 캐비닛의 문도 모두 닫혀 있는 상태이므로 오답이다.

(D) 정답: 물품들(Some items)이 전자레인지 위에 놓여 있는(sitting on a microwave oven) 상태를 적절히 묘사하고 있으므로 정답이다.

2

W-Am (A) A highway is closed / for construction.
(B) Cars are traveling / in opposite directions.
(C) Lines are being painted / on a highway.
(D) Vehicles are driving onto a ferry boat.

(A) 고속도로가 공사로 폐쇄됐다.
(B) 차들이 반대 방향으로 이동하고 있다.
(C) 고속도로에서 선을 칠하고 있다.
(D) 차량들이 여객선으로 이동하고 있다.

어휘 **construction** 공사 **opposite** 반대의 **direction** 방향

해설 풍경 사진 - 고속도로

(A) 상태 오답: 고속도로(A highway)가 공사로 폐쇄된(closed for construction) 상태가 아니므로 오답이다.

(B) 정답: 차들(Cars)이 반대 방향으로 이동하고 있는(traveling in opposite directions) 모습을 적절히 묘사하고 있으므로 정답이다.

(C) 동작 오답: 선을 고속도로에 칠하고 있는(being painted on a highway) 모습이 아니라 이미 선이 그려져 있는 상태이므로 오답이다.

(D) 위치 오답: 차량들이 여객선으로 이동하고 있는(driving onto a ferry boat) 모습이 아니므로 오답이다.

3

M-Au (A) The man is pushing a shopping cart.
(B) Merchandise has been displayed / on shelves.
(C) Baskets have been stacked / near a cash register.
(D) The floor is being polished.

(A) 남자가 쇼핑 카트를 밀고 있다.
(B) 물품들이 선반에 진열되어 있다.
(C) 바구니들이 금전 등록기 근처에 쌓여 있다.
(D) 바닥이 닦이고 있다.

어휘 **merchandise** 상품, 물품 **stack** 쌓다 **cash register** 금전 등록기 **polish** (윤이 나도록) 닦다

해설 사람·사물 혼합 사진 – 상점
(A) 사진에 없는 사물 언급 오답/동작 오답: 사진에 쇼핑 카트(a shopping cart)가 보이지 않으며, 남자가 밀고 있는(pushing) 모습도 아니므로 오답이다.
(B) 정답: 물품(Merchandise)이 선반에 진열되어 있는(displayed on shelves) 상태를 적절히 묘사하고 있으므로 정답이다.
(C) 사진에 없는 사물 언급 오답/위치 오답: 사진에 금전 등록기(a cash register)가 보이지 않으며, 남자가 쌓여 있는 바구니(Baskets)를 들고 있는 모습이므로 오답이다.
(D) 동작 오답: being p.p.는 주로 사물에 사람의 동작이 가해질 때 쓸 수 있는 표현인데, 남자가 바닥(The floor)을 닦고 있는(being polished) 모습이 아니므로 오답이다.

4

W-Am (A) She's drinking water / from a glass.
(B) She's removing papers / from a file.
(C) Potted plants are arranged / on a desk.
(D) Some pictures have been hung / next to a window.

(A) 여자가 컵으로 물을 마시고 있다.
(B) 여자가 파일에서 서류를 꺼내고 있다.
(C) 화분에 심은 식물들이 책상에 배열되어 있다.
(D) 그림들이 창문 옆에 걸려 있다.

어휘 **remove** 꺼내다, 제거하다 **potted** 화분에 심은 **arrange** 정리하다, 배열하다

해설 사람·사물 혼합 사진 – 사무실
(A) 동작 오답: 사진에 컵(a glass)이 보이지만, 여자가 물을 마시고 있는(drinking water) 모습이 아니므로 오답이다.
(B) 동작 오답: 여자가 파일에서 서류를 꺼내고 있는(removing papers from a file) 모습이 아니므로 오답이다.
(C) 정답: 화분에 심은 식물들(Potted plants)이 책상에 배열되어 있는(arranged on a desk) 상태를 적절히 묘사하고 있으므로 정답이다.
(D) 사진에 없는 사물 언급 오답: 벽에 그림들이 있지만 사진에 창문(a window)이 보이지 않으므로 오답이다.

ETS 실전 테스트

교재 p.52

1. (D)	**2.** (C)	**3.** (D)	**4.** (C)	**5.** (D)	**6.** (D)
7. (B)	**8.** (A)	**9.** (A)	**10.** (C)	**11.** (A)	**12.** (D)

1

W-Br (A) A tree is growing / along a trail.
(B) Construction workers are repaving a street.
(C) Some laundry is drying / on a balcony.
(D) The rooftop of a home / is being repaired.

(A) 길을 따라 나무가 자라고 있다.
(B) 공사 인부들이 도로를 재포장하고 있다.
(C) 발코니에서 세탁물을 말리고 있다.
(D) 주택 옥상을 수리하고 있다.

어휘 **trail** 오솔길 **construction** 공사 **repave** 재포장하다 **rooftop** 옥상 **repair** 고치다, 수리하다

해설 사람·풍경 혼합 사진 – 주택 옥상
(A) 사진에 없는 장소 언급 오답: 사진에 길(a trail)이 보이지 않으므로 오답이다.
(B) 사진에 없는 장소 언급 오답/동작 오답: 사진에 도로(a street)가 보이지 않으며, 인부들이 재포장하고 있는(repaving) 모습도 아니므로 오답이다.
(C) 사진에 없는 사물 언급 오답: 사진에 세탁물(Some laundry)이 보이지 않으므로 오답이다.
(D) 정답: being p.p.는 주로 사물에 사람의 동작이 가해질 때 쓸 수 있는 표현인데, 인부들이 주택 옥상(The rooftop of a home)을 수리하고 있는(being repaired) 모습을 적절히 묘사하고 있으므로 정답이다.

Possible Answers Some of the workers are standing up. 인부들 중 몇 명이 서 있다.
There is a tree next to a balcony. 발코니 옆에 나무가 있다.

---

2 

M-Au (A) Leaves are being raked into piles.
(B) Lampposts are being installed / near a street.
(C) Benches are positioned / along a walkway.
(D) Bicycles are chained to a fence.

(A) 나뭇잎들이 갈퀴질 되어 더미로 쌓이고 있다.
(B) 가로등 기둥들이 거리 근처에 설치되고 있다.
(C) 보도를 따라 벤치가 놓여 있다.
(D) 자전거가 울타리에 쇠사슬로 묶여 있다.

어휘 **rake** 갈퀴질하다 **install** 설치하다

해설 풍경 사진 – 공원
(A) 동작 오답: being p.p.는 주로 사물에 사람의 동작이 가해질 때 쓸 수 있는 표현인데, 사진에 나뭇잎들(Leaves)을 갈퀴로 긁어모으고 있는(being raked) 사람이 보이지 않으므로 오답이다.
(B) 동작 오답: being p.p.는 주로 사물에 사람의 동작이 가해질 때 쓸 수 있는 표현인데, 사진에 가로등 기둥들(Lampposts)을 설치하고 있는(being installed) 사람이 보이지 않으며, 이미 가로등 기둥은 설치된 상태이므로 오답이다.
(C) 정답: 벤치(Benches)가 보도를 따라 놓여 있는(positioned along a walkway) 상태를 적절히 묘사하고 있으므로 정답이다.
(D) 사진에 없는 사물 언급 오답: 사진에 자전거(Bicycles)가 보이지 않으므로 오답이다.

Possible Answers Some benches are unoccupied. 벤치가 비어 있다.
Some of the leaves have fallen onto the walkway. 나뭇잎이 산책로에 떨어져 있다.

---

3 

M-Au (A) All the seats are occupied.
(B) Some refreshments are being served.
(C) A flight attendant is checking tickets.
(D) Some overhead storage compartments / are open.

(A) 모든 좌석이 다 차 있다.
(B) 다과가 제공되고 있다.
(C) 승무원이 탑승권을 확인하고 있다.
(D) 머리 위 짐칸의 선반들이 열려 있다.

어휘 **occupy** 차지하다 **refreshments** 다과 **attendant** 승무원 **overhead compartment** 머리 위 짐칸

해설 사람·사물 혼합 사진 – 기내
(A) 상태 오답: 모든 좌석(All the seats)이 차 있는(occupied) 상태가 아니므로 오답이다.
(B) 사진에 없는 사물 언급 오답/공통 동작 오답: 사진에 다과(Some refreshments)가 보이지 않으며, 사람들 중 누구도 제공하고 있는(being served) 모습이 아니므로 오답이다.
(C) 사진에 없는 사람 언급 오답/동작 오답: 사진에 승무원(A flight attendant)이 보이지 않으며, 사람들 중 누구도 탑승권을 확인하고 있는(checking tickets) 모습이 아니므로 오답이다.
(D) 정답: 보관용 짐칸들(storage compartments)이 열려 있는(open) 상태를 적절히 묘사하고 있으므로 정답이다.

Possible Answers People are standing in the aisles of an airplane. 사람들이 비행기 통로에 서 있다.
One of the passengers is moving some luggage. 승객들 중 한 명이 짐을 옮기고 있다.

---

4 

W-Am (A) A woman is writing / on a notebook.
(B) A woman is looking out a window.
(C) Some photographs are spread out / on a table.
(D) Some artwork is hanging / on a wall.

(A) 여자가 공책에 글을 쓰고 있다.
(B) 여자가 창밖을 내다보고 있다.
(C) 사진들이 탁자에 펼쳐져 있다.
(D) 미술품이 벽에 걸려 있다.

어휘 **spread out** 펼치다 **hang** 걸리다

해설 사람·사물 혼합 사진 – 집안
(A) 동작 오답: 여자가 공책에 글을 쓰고 있는(writing on a notebook) 모습이 아니므로 오답이다.
(B) 동작 오답: 여자가 창밖을 내다보고 있는(looking out a window) 모습이 아니므로 오답이다.
(C) 정답: 사진들(Some photographs)이 탁자에 펼쳐져 있는(spread out on a table) 상태를 적절히 묘사하고 있으므로 정답이다.
(D) 사진에 없는 사물 언급 오답: 벽(wall)에 걸려 있는 미술품(artwork)이 없으므로 오답이다. 사진을 미술품으로 본다고 해도 벽이 아니라 탁자에 놓여 있으므로 오답이다.

Possible Answers **A woman is holding some photographs.** 여자가 사진들을 들고 있다.
A woman is seated at a table. 여자가 테이블에 앉아 있다.

5

M-Au (A) A signpost has been installed / by a road.
(B) A cabin is located near the beach.
(C) A wooden fence surrounds a pond.
(D) A path leads to the ocean.

(A) 표지판이 도로 옆에 설치되어 있다.
(B) 해변 근처에 오두막집이 있다.
(C) 나무 울타리가 연못을 둘러싸고 있다.
(D) 길이 바다로 이어져 있다.

어휘 **signpost** 표지판 **install** 설치하다 **surround** 둘러싸다 **lead to** ~로 이어지다

해설 풍경 사진 - 길
(A) 사진에 없는 사물 언급 오답: 사진에 표지판(A signpost)이 보이지 않으므로 오답이다.
(B) 사진에 없는 사물 언급 오답: 사진에 오두막집(A cabin)이 보이지 않으므로 오답이다.
(C) 사진에 없는 장소 언급 오답/위치 오답: 사진에 연못(a pond)이 보이지 않으며, 나무 울타리(A wooden fence)는 길을 따라 설치되어 있으므로 오답이다.
(D) 정답: 길(A path)이 바다로 이어져 있는(leads to the ocean) 상태를 적절히 묘사하고 있으므로 정답이다.

Possible Answers **A path is lined with fencing.** 길에 울타리가 줄지어 있다.
Some plants are growing near the ocean. 식물들이 바닷가에서 자라고 있다.

6

W-Am (A) Some tiles are being replaced.
(B) A man is putting away a broom.
(C) Some cabinets are being cleaned.
(D) A man is sweeping the floor.

(A) 타일을 교체하고 있다.
(B) 남자가 빗자루를 치우고 있다.
(C) 캐비닛들을 청소하고 있다.
(D) 남자가 바닥을 쓸고 있다.

어휘 **replace** 교체하다 **broom** 빗자루 **sweep** 쓸다

해설 사람·사물 혼합 사진 - 주방
(A) 동작 오답: being p.p.는 주로 사물에 사람의 동작이 가해질 때 쓸 수 있는 표현인데, 남자가 타일(Some tiles)을 교체하고 있는(being replaced) 모습이 아니므로 오답이다.
(B) 동작 오답: 남자가 빗자루를 치우고 있는(putting away a broom) 모습이 아니라 사용하고 있으므로 오답이다.
(C) 동작 오답: being p.p.는 주로 사물에 사람의 동작이 가해질 때 쓸 수 있는 표현인데, 남자가 캐비닛(Some cabinets)을 청소하고 있는(being cleaned) 모습이 아니므로 오답이다.
(D) 정답: 남자가 바닥을 쓸고 있는(sweeping the floor) 모습을 적절히 묘사하고 있으므로 정답이다.

Possible Answers **A cup has been left on a table.** 컵이 테이블 위에 놓여 있다.
A wood floor is being swept. 나무 바닥을 쓸고 있다.

7

M-Cn (A) Some cabinet doors have been left open.
(B) Some office equipment has been placed / on a counter.
(C) Some copy paper is being loaded into a tray.
(D) Some machines are being unplugged.

(A) 캐비닛 문이 열려 있다.
(B) 사무용 기기들이 카운터 위에 놓여 있다.
(C) 복사지를 용지함에 채워 넣고 있다.
(D) 기계들의 플러그를 뽑고 있다.

어휘 **equipment** 장비 **place** 놓다, 두다 **load** 채워 넣다 **unplug** 플러그를 뽑다

해설 사물 사진 - 사무실/준비실
(A) 상태 오답: 캐비닛 문(Some cabinet doors)이 열려 있는(left open) 상태가 아니므로 오답이다.
(B) 정답: 사무용 기기들(Some office equipment)이 카운터 위에 놓여 있는(placed on a counter) 상태를 적절히 묘사하고 있으므로 정답이다.
(C) 동작 오답: being p.p.는 주로 사물에 사람의 동작이 가해질 때 쓸 수 있는 표현인데, 사진에 복사지(Some copy paper)를 상자에 넣고 있는(being loaded into a tray) 사람이 보이지 않으므로 오답이다.
(D) 동작 오답: being p.p.는 주로 사물에 사람의 동작이 가해질 때 쓸 수 있는 표현인데, 사진에 기계들(Some machines)의 플러그를 뽑고 있는(being unplugged) 사람이 보이지 않으므로 오답이다.

Possible Answers All of the cabinet doors have been closed. 모든 캐비닛 문이 닫혀 있다.
There are drawers above some of the cabinets. 몇몇 캐비닛 위에 서랍이 있다.

8

W-Am (A) A stairway is divided by a handrail.
(B) A woman is leaning against a column.
(C) The people are walking up a staircase.
(D) Some photographs are being removed / from a wall.

(A) 계단이 난간으로 나뉘어 있다.
(B) 여자가 기둥에 기대어 있다.
(C) 사람들이 계단을 오르고 있다.
(D) 사진들을 벽에서 떼어내고 있다.

어휘 **stairway** 계단 **divide** 나누다 **handrail** 난간 **column** 기둥 **staircase** 계단 **remove** 제거하다, 치우다

해설 사람·사물 혼합 사진 – 계단

(A) 정답: 계단(A stairway)이 난간으로 나뉘어 있는(divided by a handrail) 상태를 적절히 묘사하고 있으므로 정답이다.
(B) 개별 동작 오답: 여자가 기둥에 기대어 있는(leaning against a column) 모습이 아니라 난간에 손을 대고 있으므로 오답이다.
(C) 공통 동작 오답/위치 오답: 사람들이 계단을 오르고 있는(walking up a staircase) 모습이 아니라 계단 위에 서 있는 상태이므로 오답이다.
(D) 공통 동작 오답: being p.p.는 주로 사물에 사람의 동작이 가해질 때 쓸 수 있는 표현인데, 사람들 중 누구도 사진들(Some photographs)을 벽에서 떼어내고 있는(being removed from a wall) 모습이 아니므로 오답이다.

Possible Answers **The people are having a conversation.** 사람들이 대화를 나누고 있다.
Lights have been pointed toward some artwork. 조명이 몇몇 예술작품을 향하고 있다.

9

M-Au (A) Lockers are lined up / in a hallway.
(B) Shelves are being put up / next to a door.
(C) Tiles are being removed / from the floor.
(D) Bags have been hung from hooks.

(A) 사물함들이 복도에 줄 지어 있다.
(B) 선반들이 문 옆에 설치되고 있다.
(C) 타일들이 바닥에서 제거되고 있다.
(D) 가방들이 고리에 걸려 있다.

어휘 **line up** 줄 지어 있다 **put up** 설치하다, 세우다 **remove** 제거하다 **hook** 고리

해설 사람·사물 혼합 사진 – 사물함

(A) 정답: 사물함(Lockers)이 복도에 줄 지어 있는(lined up in a hallway) 상태를 적절히 묘사하고 있으므로 정답이다.
(B) 사진에 없는 사물 언급 오답/동작 오답: 사진에 선반(Shelves)이 보이지 않으며, 여자가 설치하고 있는(being put up) 모습도 아니므로 오답이다.
(C) 동작 오답: being p.p.는 주로 사물에 사람의 동작이 가해질 때 쓸 수 있는 표현인데, 여자가 타일들(Tiles)을 바닥에서 제거하고 있는(being removed from the floor) 모습이 아니므로 오답이다.
(D) 상태 오답: 가방(Bags)이 고리에 걸려 있는(hung from hooks) 상태가 아니라 여자가 사물함에 넣고 있는 모습이므로 오답이다.

Possible Answers **A bag is being placed in a locker.** 가방이 사물함 안에 놓여지고 있다.
A woman is crouching on a tiled floor. 여자가 타일 깔린 바닥 위에 웅크리고 있다.

10

W-Br (A) Hangers are lying / on a closet floor.
(B) Some packages are stacked / in a corner.
(C) A jacket is hanging / in a closet.
(D) Some blankets are folded / on a bed.

(A) 옷걸이들이 옷장 바닥에 놓여 있다.
(B) 소포들이 구석에 쌓여 있다.
(C) 겉옷이 옷장에 걸려 있다.
(D) 담요들이 침대에 개켜져 있다.

어휘 **hanger** 옷걸이 **lie** 놓여 있다 **stack** 쌓다 **blanket** 담요 **fold** 개키다

해설 사물 사진 – 옷장

(A) 상태 오답/위치 오답: 옷걸이(Hangers)가 옷장 바닥에 놓여 있는(lying on a closet floor) 상태가 아니라 봉에 걸려 있으므로 오답이다.
(B) 사진에 없는 사물 언급 오답: 사진에 소포들(Some packages)이 보이지 않으므로 오답이다.
(C) 정답: 겉옷(A jacket)이 옷장에 걸려 있는(hanging in a closet) 상태를 적절히 묘사하고 있으므로 정답이다.
(D) 사진에 없는 사물 언급 오답/위치 오답: 사진에 침대(a bed)가 보이지 않으며, 담요들이 옷장 선반에 개켜져 있는 상태이므로 오답이다.

Possible Answers Some of the hangers are empty. 옷걸이 중 몇 개는 비어 있다.
There is an iron on the floor of a closet. 옷장 바닥에 다리미가 있다.

11 

W-Br (A) Some items are propped up against a wall.
(B) Some tools are scattered / on the floor.
(C) Some ceiling tiles are being replaced.
(D) Some lights are hanging / from a pole.

(A) 물품들이 벽에 기대어 세워져 있다.
(B) 연장들이 바닥에 흩어져 있다.
(C) 천장 타일을 교체하고 있다.
(D) 전등들이 기둥에 매달려 있다.

어휘 **prop up against** ~에 받쳐 세워 놓다 **scatter** 흩뜨리다 **replace** 교체하다

해설 사물 사진 – 창고

(A) 정답: 물품들(Some items)이 벽에 기대어 세워져 있는(propped up against a wall) 상태를 적절히 묘사하고 있으므로 정답이다.

(B) 상태 오답/위치 오답: 연장들(Some tools)이 바닥에 흩어져 있는(scattered on the floor) 상태가 아니라 한쪽에 정리되어 있는 상태이므로 오답이다.

(C) 동작 오답: being p.p.는 주로 사물에 사람의 동작이 가해질 때 쓸 수 있는 표현인데, 사진에 천장 타일(Some ceiling tiles)을 교체하고 있는(being replaced) 사람이 보이지 않으므로 오답이다.

(D) 위치 오답: 전등들(Some lights)은 기둥(a pole)이 아니라 천장에 매달려 있으므로 오답이다.

Possible Answers **A bike is being stored indoors.** 자전거가 실내에 보관되어 있다.
There is a wooden pillar next to a wall. 벽 옆에 나무 기둥이 있다.

12 

M-Cn (A) One of the women is pointing at the ceiling.
(B) The women are standing / side by side.
(C) Some bottles are arranged / on a counter.
(D) Some refreshments have been organized / in a display case.

(A) 여자들 중 한 명이 천장을 가리키고 있다.
(B) 여자들이 나란히 서 있다.
(C) 병들이 계산대 위에 배치되어 있다.
(D) 다과가 진열장에 정리되어 있다.

어휘 **ceiling** 천장 **side by side** 나란히 **refreshments** 다과 **organized** 정리된

해설 사람·사물 혼합 사진 – 매점

(A) 개별 동작 오답: 여자들 중 누구도 천장을 가리키고 있는(pointing at the ceiling) 모습이 아니므로 오답이다.

(B) 상태 오답: 여자들이 나란히 서 있는(standing side by side) 상태가 아니라 줄 서서 있으므로 오답이다.

(C) 위치 오답: 병들(Some bottles)은 계산대(on a counter)가 아니라 진열장(in a display case)에 배치되어 있으므로 오답이다.

(D) 정답: 다과(Some refreshments)가 진열장에 정리되어 있는(organized in a display case) 상태를 적절히 묘사하고 있으므로 정답이다.

Possible Answers **A cashier is taking a customer's order.** 계산원이 고객의 주문을 받고 있다.
One of the women is waiting to approach the counter. 여자들 중 한 명이 카운터에 접근하기 위해 기다리고 있다.

PART 1 ETS 파트별 모의고사

교재 p. 54

1. (B) **2.** (D) **3.** (D) **4.** (B) **5.** (C) **6.** (A)

1 

W-Br (A) She's looking at some business cards.
(B) She's typing on a keyboard.
(C) She's hanging keys on a bulletin board.
(D) She's picking up a telephone.

(A) 여자가 명함들을 보고 있다.
(B) 여자가 키보드를 치고 있다.
(C) 여자가 게시판에 열쇠를 걸고 있다.
(D) 여자가 전화를 받고 있다.

어휘 **business card** 명함 **hang** 걸다, 매달다 **bulletin board** 게시판

해설 1인 사진 – 사무실

(A) 사진에 없는 사물 언급 오답: 사진에 명함(business cards)이 보이지 않으므로 오답이다.
(B) 정답: 여자가 키보드를 두드리고 있는(typing on a keyboard) 모습을 적절히 묘사하고 있으므로 정답이다.
(C) 동작 오답: 여자가 게시판(bulletin board)에 열쇠를 걸고 있는(hanging keys) 모습이 아니므로 오답이다.
(D) 동작 오답: 여자가 전화를 받고 있는(picking up a telephone) 모습이 아니므로 오답이다.

2

M-Au (A) Some people are rearranging some chairs.
(B) Some people are gathered / in a circle.
(C) There are some magazines / on display.
(D) There's a potted plant / in the corner of the room.

(A) 사람들이 의자들을 재배치하고 있다.
(B) 사람들이 동그랗게 모여 있다.
(C) 진열된 잡지들이 있다.
(D) 방 구석에 화분에 심은 식물이 있다.

어휘 **rearrange** 재배열하다, 재배치하다 **gather** 모으다, 모이다 **on display** 진열된, 전시된 **potted** 화분에 심은

해설 2인 이상 사진 – 대기실

(A) 공통 동작 오답: 사람들이 의자들을 재배치하고 있는(rearranging some chairs) 모습이 아니므로 오답이다.
(B) 공통 상태 오답: 사람들이 동그랗게(in a circle) 모여 있는 상태가 아니라 나란히 앉아 있으므로 오답이다.
(C) 사진에 없는 사물 언급 오답: 사진에 진열된 잡지들(magazines)이 보이지 않으므로 오답이다.
(D) 정답: 방 구석에 화분에 심은 식물이 있는(a potted plant in the corner of the room) 상태를 적절히 묘사하고 있으므로 정답이다.

3

M-Cn (A) One of the women is pointing to a sign.
(B) One of the women is removing her glasses.
(C) One of the women is handing over a tray.
(D) One of the women is making a purchase.

(A) 여자들 중 한 명이 표지판을 가리키고 있다.
(B) 여자들 중 한 명이 안경을 벗고 있다.
(C) 여자들 중 한 명이 쟁반을 건네주고 있다.
(D) 여자들 중 한 명이 물품을 구입하고 있다.

어휘 **point to** ~을 가리키다 **remove glasses** 안경을 벗다 **hand over** 넘겨주다 **make a purchase** 구매하다

해설 2인 이상 사진 – 카페

(A) 개별 동작 오답: 여자가 표지판을 가리키고 있는(pointing to a sign) 모습이 아니므로 오답이다.
(B) 개별 동작 오답: 여자가 안경을 벗고 있는(removing her glasses) 모습이 아니므로 오답이다.
(C) 개별 동작 오답: 여자가 쟁반을 건네고 있는(handing over a tray) 모습이 아니므로 오답이다.
(D) 정답: 여자가 물품을 구입하고 있는(making a purchase) 모습을 적절히 묘사하고 있으므로 정답이다.

4

W-Br (A) A man is unloading some wooden boards.
(B) A man is walking past a construction site.
(C) A man is unzipping a backpack.
(D) A man is putting on a hard hat.

(A) 남자가 목판들을 내리고 있다.
(B) 남자가 공사장을 지나 걸어가고 있다.
(C) 남자가 배낭 지퍼를 열고 있다.
(D) 남자가 안전모를 쓰는 중이다.

어휘 **unload** (짐을) 내리다 **past** 지나서 **construction** 공사, 건설 **unzip** 지퍼를 열다 **hard hat** 안전모

해설 사람·풍경 혼합 사진 – 길

(A) 동작 오답: 남자가 목판들을 내리고 있는(unloading some wooden boards) 모습이 아니므로 오답이다.
(B) 정답: 남자가 공사장을 지나 걸어가고 있는(walking past a construction site) 모습을 적절히 묘사하고 있으므로 정답이다.
(C) 동작 오답: 남자가 배낭 지퍼를 열고 있는(unzipping a backpack) 모습이 아니므로 오답이다.
(D) 사진에 없는 사물 언급 오답/동작 오답: 사진에 안전모(hard hat)가 보이지 않으며, 남자가 착용하는(putting on) 동작이 아니라 이미 야구 모자를 착용하고 있는(wearing) 상태이므로 오답이다.

W-Am (A) The woman is placing a coffee mug / on a shelf.
(B) The woman is reaching into a kitchen drawer.
(C) The woman is holding some cupboard doors open.
(D) The woman is pressing a button / on a microwave.

(A) 여자가 선반에 커피 머그잔을 놓고 있다.
(B) 여자가 주방 서랍에 손을 넣고 있다.
(C) 여자가 찬장 문을 잡아서 열고 있다.
(D) 여자가 전자레인지 버튼을 누르고 있다.

어휘 **place** 놓다, 두다 **reach into** ~ 안에 손을 넣다 **drawer** 서랍 **cupboard** 찬장 **microwave** 전자레인지

해설 1인 사진 – 주방
(A) 동작 오답/위치 오답: 여자가 커피 머그잔을 놓고 있는(placing a coffee mug) 모습이 아니며, 커피 머그잔이 선반에(on a shelf) 놓여 있는 상태도 아니므로 오답이다.
(B) 위치 오답: 여자의 손이 주방 서랍(kitchen drawer)이 아니라 찬장 문(cupboard doors)을 잡고 있는 모습이므로 오답이다.
(C) 정답: 여자가 찬장 문을 열고 있는(holding some cupboard doors open) 모습을 적절히 묘사하고 있으므로 정답이다.
(D) 동작 오답: 여자가 전자레인지 버튼을 누르고 있는(pressing a button on a microwave) 모습이 아니므로 오답이다.

M-Au (A) Square panels have been installed / on the ceiling.
(B) The fluorescent lights have been turned off.
(C) Flattened boxes have been stacked / on the floor.
(D) The workbenches have been cleared.

(A) 사각형 판들이 천장에 설치되어 있다.
(B) 형광등이 꺼져 있다.
(C) 납작하게 접힌 상자들이 바닥에 쌓여 있다.
(D) 작업대가 치워져 있다.

어휘 **square** 사각형의 **install** 설치하다 **fluorescent light** 형광등 **flatten** 납작하게 만들다 **stack** 쌓다 **workbench** 작업대

해설 사물 사진 – 사무실
(A) 정답: 사각형 판들(Square panels)이 천장에 설치되어 있는(installed on the ceiling) 상태를 적절히 묘사하고 있으므로 정답이다.
(B) 상태 오답: 형광등(fluorescent lights)이 꺼져 있는(turned off) 상태가 아니라 켜져 있으므로 오답이다.
(C) 상태 오답: 바닥(floor)에 상자들(boxes)이 있지만 납작하게 접혀서(Flattened) 쌓여 있는 상태가 아니므로 오답이다.
(D) 상태 오답: 작업대(workbenches)가 치워져 있는(cleared) 상태가 아니므로 오답이다.

PART 2 질의 응답

기초학습

질문 잘 듣기

교재 p. 62

의문사 있는 질문 듣기 연습

1. Who called / while I was out?
2. Where did they put the new copier?
3. When would be a good time / to meet?
4. What's on the schedule / for this afternoon?
5. How do you like the new software?
6. Why did you decide to move?
7. Which printer should I use?
8. How many people applied for the position?
9. Can you tell me / which computer I should buy?
10. How often do the attendants check the parking meters?

1. 제가 없는 동안 누가 전화했나요?
2. 그들은 새 복사기를 어디에 두었나요?
3. 언제가 만나기에 좋을까요?
4. 오늘 오후 일정에 무엇이 있나요?
5. 새 소프트웨어는 어떤가요?
6. 왜 이사하기로 결정했나요?
7. 제가 어떤 프린터를 사용해야 하나요?
8. 얼마나 많은 사람들이 그 일자리에 지원했나요?
9. 어떤 컴퓨터를 사야 하는지 말씀해 주실 수 있나요?
10. 안내원은 얼마나 자주 주차 요금 징수기를 확인하나요?

의문사 없는 질문 듣기 연습

11. Is this the bus to Liverpool?
12. Do you need any help / moving these boxes?
13. Aren't you joining us / for the concert?
14. Have any of the company policies changed / this year?
15. Did you consider applying for a job / at the hotel?
16. Would you like to take a short break?
17. Wasn't this jacket more expensive yesterday?
18. Can you take notes / at tomorrow's meeting?
19. Should I order you plastic cups, / or paper ones?
20. Let's finish the rest of the painting / tomorrow.

11. 이 버스가 리버풀로 가나요?
12. 이 박스들을 옮기는 데 도움이 필요한가요?
13. 우리와 함께 콘서트에 가지 않을 건가요?
14. 올해 회사 규정 중에 바뀐 게 있나요?
15. 그 호텔의 일자리에 지원하는 것을 고려했나요?
16. 잠깐 쉬시겠어요?
17. 이 재킷은 어제 더 비싸지 않았나요?
18. 내일 회의 때 기록을 해 줄 수 있나요?
19. 플라스틱 컵을 주문해야 하나요, 아니면 종이 컵을 주문해야 하나요?
20. 내일 나머지 페인트칠을 끝내죠.

답변 잘 고르기

교재 p. 63

1. (B)	**2.** (B)	**3.** (A)	**4.** (B)	**5.** (B)
6. (B)	**7.** (B)	**8.** (A)	**9.** (A)	**10.** (A)

1 When should we leave?
(A) Yes, I like to read. (B) At four, I think.

우리 언제 출발해야 하나요?
(A) 네, 읽는 걸 좋아해요.
(B) 4시인 것 같아요.

2 Who's leading the budget workshop?
(A) At three o'clock. (B) Natasha is.
어휘 budget 예산

누가 예산 워크숍을 진행하나요?
(A) 3시예요.
(B) 나타샤가 해요.

3 How do you commute to work?
(A) By train. (B) Yes, every day.
어휘 commute 통근하다

직장에 어떻게 통근하세요?
(A) 기차로요.
(B) 네, 매일요.

4 What's the weather like / today?
(A) On the weather report. (B) Well, it was snowing earlier.

오늘 날씨는 어떤가요?
(A) 일기예보에서요.
(B) 음, 아까는 눈이 왔어요.

5 Is the cafeteria open / after eight?
(A) No, I already ate it. (B) No, only until seven.

구내식당이 8시 이후에도 여나요?
(A) 아니요, 이미 먹었어요.
(B) 아니요, 7시까지만 해요.

6 Where did you get those programs / for the performance?
(A) Not until eight P.M. (B) At the entrance.
어휘 performance 공연 entrance 입구

공연 프로그램 안내지는 어디에서 얻었나요?
(A) 밤 8시 이후에요.
(B) 입구에서요.

7 Why did you call me / earlier?
(A) From my office phone. (B) Because I need some advice.

아까 왜 전화하셨나요?
(A) 사무실 전화로요.
(B) 조언이 좀 필요해서요.

8 Didn't you finish the paperwork?
(A) No, not yet. (B) Oh, I have one.

서류작업을 끝내지 않으셨나요?
(A) 아니요, 아직이요.
(B) 아, 하나 있어요.

9 Would you like to join us / for the jazz concert / on Friday?
(A) I'd like to, but I have plans. (B) More than fifty members.

금요일에 저희와 재즈 콘서트 보러 가실래요?
(A) 그러고 싶지만 약속이 있어요.
(B) 50명 이상의 회원이요.

10 Which file cabinet did you reorganize?
(A) The one by the window. (B) In numerical order.
어휘 reorganize 재정리하다 numerical order 번호순

어느 파일 캐비닛을 다시 정리했나요?
(A) 창문 옆에 있는 거요.
(B) 번호순으로요.

UNIT 01 Who/What·Which 의문문

기출 문제풀이 전략 | Who 의문문

Check Up

교재 p.64

1. (C) **2.** (A) **3.** (A)

1 W-Am Who will be installing the metal pipe?
M-Au (A) Ninety centimeters. (O/X)
(B) On Thursday. (O/X)
(C) Mr. Lopez will. (O/X)

누가 금속관을 설치할 예정인가요?
(A) 90센티미터예요.
(B) 목요일에요.
(C) 로페즈 씨가 할 겁니다.

해설 설치할 사람을 묻는 Who 의문문
(A) 관련 없는 오답: How long 의문문에 적합한 대답이므로 오답이다.
(B) 관련 없는 오답: 설치 시점을 묻는 When 의문문에 적합한 대답이므로 오답이다.
(C) 정답: 금속관을 설치할 사람을 묻는 질문에 로페즈 씨가 할 것이라며 특정 인물을 제시하고 있으므로 정답이다.

2 M-Cn Who will be at the office / tomorrow?
W-Am (A) Not me. (O/X)
(B) From the office. (O/X)
(C) In the afternoon. (O/X)

내일 누가 사무실에 있을 건가요?
(A) 저는 아니에요.
(B) 사무실로부터요.
(C) 오후에요.

해설 사무실에 있는 사람을 묻는 Who 의문문
(A) 정답: 누가 사무실에 있을지 묻는 Who 의문문에 응답자 자신은 아니라고(Not me) 잘 답변한 정답이다.
(B) 단어 반복 오답: 질문에 사용된 단어(office)를 선택지에 그대로 반복해서 혼동을 유발한 오답이다.
(C) 관련 없는 오답: 시점을 묻는 When 의문문에 대한 답변이므로 오답이다.

3 M-Cn Who referred you to this position?
W-Am (A) My previous supervisor. (O/X)
(B) Sixteen Maple Street. (O/X)
(C) Two years ago. (O/X)

누가 당신에게 이 자리를 소개했나요?
(A) 전 직장 상사요.
(B) 메이플 가 16번지요.
(C) 2년 전에요.

어휘 **refer** 소개하다, 추천하다 **position** 직위, 자리 **previous** 이전의 **supervisor** 직장 상사, 관리자

해설 일자리를 추천한 사람을 묻는 Who 의문문
(A) 정답: 누가 추천했는지 묻는 Who 의문문에 직장 상사(supervisor)라고 언급하여 잘 답변한 정답이다.
(B) 관련 없는 오답: 장소를 묻는 Where 의문문에 대한 답변이므로 오답이다.
(C) 관련 없는 오답: 시기를 묻는 When 의문문에 대한 답변이므로 오답이다.

기출 문제풀이 전략 | What·Which 의문문

Check Up

교재 p.66

1. (B) **2.** (A) **3.** (B)

1 W-Br What kind of cake would you like to order?
M-Cn (A) A table for five people. (O/X)
(B) Chocolate, please. (O/X)
(C) At the retirement party. (O/X)

어떤 종류의 케이크를 주문하고 싶으세요?
(A) 5인용 테이블이요.
(B) 초콜릿으로 주세요.
(C) 은퇴 기념 파티에서요.

어휘 **order** 주문하다 **retirement** 은퇴, 퇴직

해설 케이크의 종류를 묻는 What 의문문
(A) 연상 어휘 오답: 질문의 order에서 연상 가능한 예약 인원 A table for five people을 이용한 오답이다.
(B) 정답: 어떤 종류의 케이크를 주문하고 싶은지 묻는 질문에 초콜릿(Chocolate)이라며 구체적인 종류를 밝히고 있으므로 정답이다.
(C) 연상 어휘 오답: 질문의 cake에서 연상 가능한 party를 이용한 오답이다.

---

2 W-Br Which office is yours, Jim?
M-Cn (A) The one on the right. (O/X)
(B) The office closes at six. (O/X)
(C) Yes, it's official. (O/X)

짐, 어디가 당신의 사무실인가요?
(A) 오른쪽에 있는 것이요.
(B) 사무실은 6시에 문을 닫아요.
(C) 네, 공식적이에요.

어휘 **on the right** 오른쪽에 **close** 닫다 **official** 공식적인

해설 사무실의 위치를 묻는 Which 의문문
(A) 정답: 사무실 위치를 묻는 질문에 오른쪽에 있는 것이라고 답했으므로 정답이다.
(B) 단어 반복 오답: 질문에 사용된 단어(office)를 선택지에서 그대로 반복하여 혼동을 유발하는 오답이다.
(C) Yes/No 대답 불가 오답 및 유사 발음 오답: 의문사 의문문에는 Yes/No로 대답할 수 없으므로 오답이다. 또한 office(사무실)와 official(공식적인)이라는 유사 발음으로 혼동을 유발한 오답이다.

---

3 M-Cn What's your team working on / this afternoon?
W-Am (A) At twelve fifteen. (O/X)
(B) The budget report. (O/X)
(C) Yes, it's up to date. (O/X)

당신의 팀은 오늘 오후에 무슨 업무를 하나요?
(A) 12시 15분에요.
(B) 예산 보고서요.
(C) 네, 그것은 최신이에요.

어휘 **budget** 예산 **up to date** 최근의, 최신의

해설 업무를 묻는 What 의문문
(A) 관련 없는 오답: 시점을 묻는 When 또는 What time 의문문에 적합한 대답이므로 오답이다.
(B) 정답: 오늘 오후의 업무를 묻는 질문에 예산 보고서(The budget report)라며 구체적인 업무를 밝히고 있으므로 정답이다.
(C) Yes/No 대답 불가 오답: 의문사 의문문에는 Yes/No로 대답할 수 없으므로 오답이다.

ETS 문제로 훈련하기

교재 p. 69

1. (B)	**2.** (B)	**3.** (A)	**4.** (C)	**5.** (C)
6. (A)	**7.** (B)	**8.** (B)	**9.** (A)	**10.** (A)

1 W-Am Who has the key / to the supply closet?
M-Au (A) I'm free tonight.
(B) I gave it to Jane.
(C) It's actually quite far.

비품 보관함 열쇠는 누가 갖고 있죠?
(A) 저는 오늘밤 시간이 됩니다.
(B) 제가 제인에게 주었어요.
(C) 사실 꽤 멀어요.

어휘 **supply closet** 비품 보관함, 비품 창고 **actually** 사실

해설 열쇠를 갖고 있는 사람을 묻는 Who 의문문
(A) 관련 없는 오답: 질문과 상관없는 답변을 제시한 오답이다.
(B) 정답: 자신이 제인에게 주었다(I gave it to Jane)며 우회적으로 열쇠를 갖고 있는 사람을 언급하고 있으므로 (B)가 정답이다.
(C) 연상 어휘 오답: 질문의 closet을 '가까운'이라는 의미의 close로 잘못 들을 경우 연상 가능한 far를 이용한 오답이다.

2 **M-Au** What did you think of our proposal?
W-Am (A) Three hours.
(B) I was impressed.
(C) No, I didn't think I did.

우리 제안서를 어떻게 생각하세요?
(A) 3시간이요.
(B) 인상 깊었어요.
(C) 아니요. 제가 그랬다고 생각하지 않았어요.

어휘 **proposal** 제안, 제안서 **impressed** 인상 깊게 생각하는, 감명을 받은

해설 의견을 묻는 What 의문문
(A) 관련 없는 오답: 기간을 묻는 How long 의문문에 적합한 대답이므로 오답이다.
(B) 정답: 제안서에 대한 의견을 묻는 질문에 인상 깊었다(I was impressed)며 긍정적인 의견을 밝히고 있으므로 정답이다.
(C) Yes/No 대답 불가 오답 및 단어 반복 오답: 의문사 의문문에는 Yes/No로 대답할 수 없으며, 질문의 think를 반복 사용한 오답이다.

---

3 **M-Cn** Who's planning the client dinner?
W-Br (A) It was canceled.
(B) At a French restaurant.
(C) A choice of entrees.

고객 만찬을 누가 기획하고 있어요?
(A) 취소되었어요.
(B) 프랑스 식당에서요.
(C) 주요리 선택이에요.

어휘 **client** 의뢰인, 고객 **French** 프랑스의; 프랑스어 **entree** 주요리

해설 만찬을 누가 기획하는지 묻는 Who 의문문
(A) 정답: 누가 고객 만찬을 기획하는지 묻는 Who 의문문에 만찬이 취소되었다(It was canceled)라고 답변한 정답이다.
(B) 연상 어휘 오답: 의미상 연결이 가능한 두 단어(dinner 저녁 식사 – restaurant 식당)를 사용해서 혼동을 유발하는 오답으로, 장소를 묻는 Where 의문문에 적절한 대답이다.
(C) 연상 어휘 오답: 의미상 연결이 가능한 두 단어(dinner 저녁 식사 – entree 주요리)를 사용해서 혼동을 유발하는 오답이다.

---

4 **W-Br** Which machine makes color copies?
M-Am (A) These copies aren't very clear.
(B) Yes, I like that color.
(C) The one in Mr. Moro's office.

어떤 기계가 컬러 복사가 되나요?
(A) 이 복사본들은 선명하지 않네요.
(B) 네, 저 색깔이 마음에 들어요.
(C) 모로 씨 사무실에 있는 것이요.

어휘 **machine** 기계, 기기 **copy** 복사본, 한 부 **clear** 선명한, 분명한

해설 어떤 기계가 컬러 복사가 되는지 묻는 Which 의문문
(A) 단어 반복 오답: 질문에 사용된 단어(copies)를 선택지에서 그대로 반복하여 혼동을 유발한 오답이다.
(B) Yes/No 대답 불가 오답 및 단어 반복 오답: 의문사 의문문에 Yes/No로 답변한 오답이며, 또한 질문에 사용된 단어(color)를 선택지에서 그대로 반복하여 혼동을 유발하고 있다.
(C) 정답: 어떤 기계인지 묻는 Which 의문문에 The one을 사용하여 구체적으로 적절히 답변한 정답이다.

---

5 **M-Am** What is the shipping charge?
W-Br (A) The battery is charging.
(B) Around three days.
(C) Four dollars per kilo.

운송 비용은 어떻게 되나요?
(A) 배터리는 충전 중입니다.
(B) 3일 정도요.
(C) 킬로그램당 4달러입니다.

어휘 **charge** 요금; 충전하다 **per** ~당

해설 운송 비용을 묻는 What 의문문
(A) 다의어 오답: 다의어(charge 요금; 충전하다)를 사용하여 혼동을 유발하는 오답이다.
(B) 연상 어휘 오답: 질문의 shipping에서 연상 가능한 표현 three days를 이용한 오답이다.
(C) 정답: 운송 비용을 묻는 질문에 킬로그램당 4달러(Four dollars per kilo)라며 구체적인 금액을 제시하고 있으므로 정답이다.

---

6 W-Br Which pair of sunglasses / did you decide to buy?
W-Am (A) Actually, I didn't buy any.
(B) Just a glass of water, please.
(C) Thanks for the offer.

어떤 선글라스를 사기로 결정했나요?
(A) 사실 아무것도 안 샀어요.
(B) 물 한 잔만 주세요.
(C) 제안해 주셔서 감사합니다.

어휘 **decide** 결정하다 **offer** 제안, 제의

해설 구매 결정한 선글라스를 묻는 Which 의문문
(A) 정답: 구입하기로 결정한 선글라스를 묻는 질문에 아무것도 안 샀다(I didn't buy any)며 구매 행위가 없었음을 나타내고 있으므로 가장 적절한 응답이다.
(B) 유사 발음 오답: 질문의 sunglasses와 일부 발음이 유사한 glass를 이용한 오답이다.
(C) 관련 없는 오답: 질문과 상관없는 답변을 제시한 오답이다.

---

7 M-Br Who's going to lock up the store / tonight?
W-Am (A) I bought it / at the store.
(B) I'm working late, so I will.
(C) For two nights only.

오늘밤 누가 매장 문단속을 할 예정이죠?
(A) 저는 그걸 매장에서 샀어요.
(B) 늦게까지 일할 예정이니 제가 할게요.
(C) 2박만요.

어휘 **lock up** 문단속을 하다

해설 행위자를 묻는 Who 의문문
(A) 단어 반복 오답: 질문의 store를 반복 사용한 오답이다.
(B) 정답: 매장 문단속을 할 예정인 사람을 묻는 질문에 늦게까지 일할 예정(I'm working late)이라고 한 후, 자신이 하겠다(I will)고 자원하고 있으므로 정답이다.
(C) 유사 발음 오답: 질문의 tonight과 발음이 유사한 two nights를 이용한 오답이다.

---

8 W-Br What should we discuss / at the first meeting?
W-Am (A) OK, I'll join you there.
(B) The annual budget.
(C) It seemed rather fast.

첫 회의에서 무엇을 논의해야 합니까?
(A) 좋아요. 제가 거기서 합류할게요.
(B) 연간 예산이요.
(C) 그것은 좀 빨랐던 것 같아요.

어휘 **annual** 연례의 **budget** 예산 **rather** 좀, 약간

해설 첫 회의의 안건을 묻는 What 의문문
(A) Yes/No 대답 불가 오답 및 연상 어휘 오답: 의문사 의문문에는 Yes의 대체 표현인 OK로 대답할 수 없으며, 질문의 meeting에서 연상 가능한 join을 이용한 오답이다.
(B) 정답: 첫 회의에서 논의해야 하는 안건을 묻는 질문에 연간 예산(The annual budget)이라며 구체적인 안건을 제시하고 있으므로 정답이다.
(C) 유사 발음 오답: 질문의 first와 발음이 유사한 fast를 이용한 오답이다.

---

9 W-Am Who's introducing the guest lecturer / this afternoon?
M-Au (A) The director's going to.
(B) Please order an extra microphone.
(C) Nice to meet you, too.

오늘 오후에 누가 초빙 강사를 소개하나요?
(A) 이사님이 하실 거예요.
(B) 여분의 마이크를 주문하세요.
(C) 저도 만나서 반가워요.

어휘 **extra** 여분의 **microphone** 마이크

해설 행위자를 묻는 Who 의문문
(A) 정답: 초빙 강사를 소개할 사람을 묻는 질문에 이사님이 할 것(The director's going to)이라며 특정 인물을 언급하고 있으므로 정답이다.
(B) 연상 어휘 오답: 질문의 lecturer에서 연상 가능한 장비 microphone을 이용한 오답이다.
(C) 연상 어휘 오답: 질문의 introducing에서 연상 가능한 표현 Nice to meet you, too를 이용한 오답이다.

---

10 M-Au What flavor of ice cream / would you like?
W-Am (A) Do you have a nondairy option?
(B) Yes, we're open tomorrow.
(C) A few more napkins, please.

어떤 맛 아이스크림을 원하세요?
(A) 비유제품이 있나요?
(B) 네, 저희는 내일 문을 열어요.
(C) 냅킨 몇 장만 더 주세요.

어휘 **nondairy** 유제품을 함유하지 않은 **option** 선택

해설 아이스크림의 맛을 묻는 What 의문문
(A) 정답: 원하는 아이스크림의 맛을 묻는 질문에 비유제품이 있는지(Do you have a nondairy option?) 되물으며 관련 정보를 요청하고 있으므로 가장 적절한 응답이다.
(B) Yes/No 대답 불가 오답: 의문사 의문문에는 Yes/No로 대답할 수 없으므로 오답이다.
(C) 연상 어휘 오답: 질문의 would you like에서 연상 가능한 요청 사항 A few more napkins를 이용한 오답이다.

ETS 실전 테스트

교재 p.70

1. (C) **2.** (C) **3.** (B) **4.** (A) **5.** (B) **6.** (B) **7.** (C) **8.** (C) **9.** (B)
10. (C) **11.** (B) **12.** (B) **13.** (B) **14.** (B) **15.** (C) **16.** (B) **17.** (B) **18.** (A)
19. (A) **20.** (A)

1 W-Am Who's going to pick up the package?
M-Cn (A) At the post office.
(B) Not yet.
(C) I can do it.

소포를 누가 찾을 건가요?
(A) 우체국에서요.
(B) 아직 아니에요.
(C) 제가 할 수 있어요.

해설 행위자를 묻는 Who 의문문
(A) 연상 어휘 오답: 질문의 pick up the package에서 연상 가능한 장소 post office를 이용한 오답이다.
(B) Yes/No 대답 불가 오답: 의문사 의문문에는 No의 대체 표현인 Not yet으로 대답할 수 없으므로 오답이다.
(C) 정답: 소포를 찾을 사람을 묻는 질문에 자신이 할 수 있다(I can do it)고 자원하고 있으므로 정답이다.

Possible Answers **The receptionist will.** 안내직원이 할 거예요.
I don't have time today. 오늘 제가 시간이 없어요.

---

2 M-Au Which restaurant did you choose / for the banquet?
M-Cn (A) The rest of our colleagues.
(B) The food was excellent.
(C) King's Café.

연회를 위해 어떤 음식점을 선택했나요?
(A) 나머지 동료들이요.
(B) 음식이 훌륭했어요.
(C) 킹스 카페요.

어휘 **choose** 선택하다 **banquet** 연회 **colleague** 동료

해설 선택한 음식점을 묻는 Which 의문문
(A) 관련 없는 오답: 참석자를 묻는 Who 의문문에 적합한 대답이므로 오답이다.
(B) 연상 어휘 오답: 질문의 restaurant에서 연상 가능한 The food was excellent를 이용한 오답이다.
(C) 정답: 연회를 위해 선택한 음식점을 묻는 질문에 킹스 카페(King's Café)라며 특정 음식점을 언급하고 있으므로 정답이다.

Possible Answers **I'm still thinking about it.** 아직 생각 중이에요.
We're holding it at a hotel, actually. 실은 호텔에서 열 거예요.

---

3 W-Am What time does your flight leave?
W-Br (A) Stay in the right lane.
(B) Later than I wanted.
(C) At the international terminal.

당신이 탈 비행기는 몇 시에 출발하나요?
(A) 오른쪽 차선으로 계속 가세요.
(B) 내가 원했던 것보다는 늦어요.
(C) 국제터미널에서요.

해설 출발 시간을 묻는 What 의문문
(A) 유사 발음 오답 및 연상 어휘 오답: 질문의 flight와 발음이 유사한 right를 이용하고 있으며, 질문의 leave에서 연상 가능한 Stay를 이용한 오답이다.
(B) 정답: 비행기의 출발 시간을 묻는 질문에 원했던 것보다 늦다(Later than I wanted)며 출발 시간과 관련된 정보를 제공하고 있으므로 가장 적절한 응답이다.
(C) 연상 어휘 오답: 질문의 flight에서 연상 가능한 international terminal을 이용한 오답이다.

Possible Answers **In about three hours.** 3시간쯤 후에요.
It's been postponed to tomorrow. 내일로 연기되었어요.

---

4 W-Br Who should I call / about the leaking pipe?
W-Am (A) The property manager handles this.
(B) Sure, I'd like to go there.
(C) During regular business hours.

물이 새는 파이프에 관해 누구에게 전화해야 하죠?
(A) 건물 관리자가 이 문제를 처리해요.
(B) 그럼요. 거기 가고 싶어요.
(C) 정규 영업시간 중에요.

어휘 **leaking** 새는 **property** 건물, 부동산 **handle** 다루다, 처리하다 **regular** 정기적인 **business hours** 영업시간, 운영시간

해설 연락할 사람을 묻는 Who 의문문
(A) 정답: 물이 새는 파이프에 관해 연락할 사람을 묻는 질문에 건물 관리자가 이 문제를 처리한다(The property manager handles this)며 구체적인 연락 대상을 제시하고 있으므로 정답이다.
(B) Yes/No 대답 불가 오답: 의문사 의문문에는 Yes의 대체 표현인 Sure로 대답할 수 없으므로 오답이다.
(C) 관련 없는 오답: 연락 가능 시점을 묻는 When 의문문에 적합한 대답이므로 오답이다.

Possible Answers **I could take a look at it.** 제가 한번 볼게요.
Let's check the company directory. 회사 안내책자를 확인해봅시다.

---

5 W-Br What is the keynote speaker's presentation about?
M-Cn (A) The registration deadline is soon.
(B) Promoting small businesses.
(C) I enjoyed it, too.

기조연설자의 발표는 무엇에 관한 것인가요?
(A) 등록 마감 기한이 곧 다가와요.
(B) 소기업 홍보요.
(C) 저도 즐거웠습니다.

어휘 **keynote speaker** 기조연설자 **presentation** 발표 **registration** 등록 **deadline** 기한 **promote** 홍보하다

해설 발표 주제를 묻는 What 의문문
(A) 연상 어휘 오답: 질문의 presentation에서 연상 가능한 registration deadline을 이용한 오답이다.
(B) 정답: 기조연설자의 발표 주제를 묻는 질문에 소기업 홍보(Promoting small businesses)라며 구체적인 주제를 밝히고 있으므로 정답이다.
(C) 관련 없는 오답: 질문과 상관없는 답변을 제시한 오답이다.

Possible Answers **Here's the conference program.** 여기 컨퍼런스 프로그램이 있어요.
It hasn't been announced yet. 아직 발표하지 않았어요.

---

6 M-Au Who has the copy of the financial report?
W-Br (A) That's fine with me.
(B) It's on my desk.
(C) Twelve pages long.

재무 보고서 사본은 누가 갖고 있나요?
(A) 저는 좋습니다.
(B) 제 책상 위에 있어요.
(C) 12페이지 분량이에요.

해설 사본을 갖고 있는 사람을 묻는 Who 의문문
(A) 유사 발음 오답: 질문의 financial과 발음이 유사한 fine을 이용한 오답이다.
(B) 정답: 재무 보고서 사본을 갖고 있는 사람을 묻는 질문에 자신의 책상 위에 있다(It's on my desk)며 우회적으로 갖고 있는 사람이 자신임을 밝히고 있으므로 정답이다.
(C) 연상 어휘 오답: 질문의 report에서 연상 가능한 Twelve pages long을 이용한 오답이다.

Possible Answers **Jeff had it earlier today.** 제프가 아까 갖고 있었어요.
I didn't know we had received one. 우리가 하나 받은 줄 몰랐네요.

7 W-Br What's causing all the noise upstairs?
M-Au (A) At nine o'clock.
(B) He's staring out the window.
(C) They're installing shelves.

무엇이 위층의 모든 소음을 발생시키는 거죠?
(A) 9시 정각에요.
(B) 그는 창밖을 응시하고 있어요.
(C) 그들이 선반을 설치하고 있어요.

어휘 **cause** 야기하다, 발생시키다 **stare** 응시하다 **install** 설치하다

해설 소음 원인을 묻는 What 의문문
(A) 관련 없는 오답: 시점을 묻는 When 의문문에 적합한 대답이므로 오답이다.
(B) 인칭 오류 오답 및 연상 어휘 오답: 질문에 He가 가리킬 만한 대상이 없으며, 질문의 upstairs에서 연상 가능한 window를 이용한 오답이다.
(C) 정답: 위층의 모든 소음을 발생시키는 원인을 묻는 질문에 선반을 설치하고 있다(They're installing shelves)며 구체적인 소음 원인을 제시하고 있으므로 정답이다.

Possible Answers **I'll go and check.** 제가 가서 확인해볼게요.
A team-building activity. 팀 활동이요.

---

8 M-Au Which book made the best-sellers list?
W-Br (A) He signed the cover.
(B) Yes, it costs fifteen euros.
(C) The one on display.

어떤 책이 베스트셀러 목록에 올랐나요?
(A) 그가 표지에 서명했어요.
(B) 네, 15유로입니다.
(C) 진열된 거요.

어휘 **cost** 비용이 들다 **on display** 진열 중인, 전시 중인

해설 베스트셀러 목록에 있는 책을 묻는 Which 의문문
(A) 인칭 오류 오답 및 연상 어휘 오답: 질문에 He가 가리킬 만한 대상이 없으며, 질문의 book에서 연상 가능한 cover를 이용한 오답이다.
(B) Yes/No 대답 불가 오답 및 연상 어휘 오답: 의문사 의문문에는 Yes/No로 대답할 수 없으며, 질문의 book에서 연상 가능한 가격 표현 it costs fifteen euros를 이용한 오답이다.
(C) 정답: 베스트셀러 목록에 있는 책을 묻는 질문에 진열된 것(The one on display)이라며 책을 특정할 수 있는 정보를 제공하고 있으므로 정답이다.

Possible Answers **Grace Miller's latest novel.** 그레이스 밀러의 최신 소설이요.
All of the books on this shelf are best-sellers. 이 선반에 있는 책 전부가 베스트셀러예요.

---

9 M-Cn Who knows / how to use the copy machine?
W-Am (A) Twenty-five copies.
(B) John does.
(C) No, he used it all.

복사기 사용법을 누가 알고 있죠?
(A) 25부요.
(B) 존이요.
(C) 아니요, 그가 그것을 전부 사용했어요.

해설 사용법을 알고 있는 사람을 묻는 Who 의문문
(A) 연상 어휘 오답: 질문의 copy machine에서 연상 가능한 Twenty-five copies를 이용한 오답이다.
(B) 정답: 복사기 사용법을 알고 있는 사람을 묻는 질문에 존(John does)이라며 특정 인물을 언급하고 있으므로 정답이다.
(C) Yes/No 대답 불가 오답 및 인칭 오류 오답: 의문사 의문문에는 Yes/No로 대답할 수 없으며, 질문에 he가 가리킬 만한 대상도 없으므로 오답이다.

Possible Answers **There are instructions on the wall.** 벽에 사용법이 있어요.
I can help you. 제가 도와드릴게요.

---

10 W-Am Which restaurant would you like to go to?
W-Br (A) It's at seven P.M.
(B) Yes, it's quite good.
(C) How about the French one?

어느 식당에 가고 싶나요?
(A) 저녁 7시예요.
(B) 네, 아주 좋아요.
(C) 프랑스 식당은 어때요?

해설 가고 싶은 식당을 묻는 Which 의문문
(A) 관련 없는 오답: 시간을 묻는 When 의문문에 적절한 대답이다.
(B) Yes/No 대답 불가 오답: 의문사 의문문에 Yes/No로 답할 수 없으므로 오답이다.
(C) 정답: 어떤 식당인지 묻는 Which 의문문에 프랑스 식당이 어떤지(How about the French one?) 묻는 제안으로 답변한 정답이다.

Possible Answers **I'd like Chinese food.** 중국 음식이 좋겠네요.
What about the one that opened last week? 지난주에 개업한 그 식당은 어때요?

---

11 **M-Au** What did the client say / about our design proposal?
W-Br (A) The latest budget numbers.
(B) She was very impressed.
(C) No, not a good sign.

고객이 우리 디자인 제안서에 대해 뭐라고 했나요?
(A) 최신 예산 수치요.
(B) 그녀는 매우 감명을 받았어요.
(C) 아니요, 좋은 징조가 아니에요.

어휘 **client** 의뢰인, 고객 **proposal** 제안, 제의 **latest** 최근의 **budget** 예산 **impressed** 감명을 받은 **sign** 징후, 조짐

해설 제안서에 대해 고객이 한 말을 묻는 What 의문문
(A) 연상 어휘 오답: 의미상 연결 가능한 두 단어(design 디자인 – latest 최신)를 사용해서 혼동을 유발하는 오답이다.
(B) 정답: 의견을 묻는 What ~ say about 의문문에 감명을 받았다(She was very impressed)라고 잘 답변한 정답이다.
(C) Yes/No 대답 불가 오답 및 유사 발음 오답: 의문사 의문문에 Yes/No로 답변한 오답이며, 유사 발음 어휘(design – sign)를 사용하여 혼동을 유발하고 있다.

Possible Answers **We'll need to make a few changes.** 약간 수정할 필요가 있어요.
The feedback meeting is this afternoon. 피드백 회의가 오늘 오후에 있어요.

---

12 **M-Cn** Who's going to the trade show / this year?
W-Br (A) Right—I thought so, too.
(B) It's not until November.
(C) That's a fair trade.

올해는 누가 무역 박람회에 갈 건가요?
(A) 맞아요, 저도 그렇게 생각했어요.
(B) 11월이나 돼야 열려요.
(C) 그건 공정 거래예요.

어휘 **trade show** 무역 박람회 **fair trade** 공정 거래

해설 박람회에 누가 갈지 묻는 Who 의문문
(A) 관련 없는 오답: 질문과 상관없는 답변을 제시한 오답이다.
(B) 정답: 누가 박람회에 가는지를 묻는 Who 의문문에 11월이나 돼야 열린다며, 결정하기에 너무 이르다는 것을 간접적으로 표현한 정답이다.
(C) 단어 반복 오답: 질문에 사용된 단어(trade)를 선택지에서 그대로 반복하여 혼동을 유발하는 오답이다.

Possible Answers **New employees.** 신입 사원들이요.
The woman over there. 저쪽에 있는 여자분이요.

---

13 **W-Br** What's the best way / to reach you, Mr. Franklin?
M-Au (A) About ten kilograms.
(B) Try my office number.
(C) I can't reach it.

프랭클린 씨, 당신에게 연락할 수 있는 가장 좋은 방법이 무엇인가요?
(A) 약 10킬로그램이요.
(B) 제 사무실로 전화 주세요.
(C) 그것에 닿을 수 없어요.

어휘 **reach** ~에 닿다, 연락하다

해설 연락할 방법을 묻는 What 의문문
(A) 관련 없는 오답: 질문과 상관없는 답변을 제시한 오답이다.
(B) 정답: 길이나 방법을 묻는 What ~ way 의문문에 사무실로 전화하라고 잘 답변한 정답이다.
(C) 단어 반복 오답: 질문에 사용된 단어(reach)를 선택지에서 그대로 반복하여 혼동을 유발하는 오답으로, 연락할 수 있는 방법(way to reach you)을 물었는데, 그것에 닿을 수 없다(can't reach it)라고 답한 어색한 대화이다.

Possible Answers **Here is my mobile phone number.** 여기 제 휴대전화번호예요.
E-mail me, please. 이메일로 연락 주세요.

---

14 W-Am Which stores are open late / tonight?
M-Au (A) They were delayed / by the storm.
(B) None of them / except the supermarket.
(C) We store them / in plastic containers.

어떤 상점들이 오늘 밤 늦게까지 문을 여나요?
(A) 폭풍 때문에 지연되었어요.
(B) 슈퍼마켓 말고는 한 곳도 없어요.
(C) 저희는 플라스틱 용기에 그것들을 저장해요.

어휘 **store** 상점; 저장하다 **delay** 지연시키다 **except** ~을 제외하고, ~ 외에는 **container** 그릇, 용기

해설 늦게까지 문을 여는 상점을 묻는 Which 의문문
(A) 연상 어휘 오답: 의미상 연결이 가능한 두 단어(late 늦게 – delayed 지연된)를 사용해서 혼동을 유발하는 오답이다.
(B) 정답: 어떤 상점들인지 묻는 Which 의문문에 슈퍼마켓을 제외하고는(except the supermarket) 어느 곳도 해당하지 않는다(none)고 잘 답변한 정답이다.
(C) 다의어 오답: 다의어(store 상점; 저장하다)를 사용해서 혼동을 유발하는 오답이다.

Possible Answers **The one across the road is open until 11.** 도로 건너편 가게가 11시까지 문을 열어요.
The convenience store in the lobby. 로비에 있는 편의점이요.

---

15 W-Am1 Who can fill me in / on our competitor's strategy?
W-Am2 (A) I feel confident / about winning.
(B) That is absolutely true.
(C) Joan has all the information.

우리 경쟁사의 전략에 대해 누가 나에게 정보를 줄 수 있나요?
(A) 저는 우승할 자신이 있어요.
(B) 그게 전적으로 맞아요.
(C) 조앤이 모든 정보를 가지고 있어요.

어휘 **fill ~ in** ~에게 정보를 주다 **competitor** 경쟁자, 경쟁 상대 **strategy** 전략, 계획 **confident** 자신감 있는 **absolutely** 전적으로

해설 정보를 줄 사람을 묻는 Who 의문문
(A) 연상 어휘 오답: competitor에서 연상할 수 있는 winning으로 혼동을 유발한 오답이다.
(B) 관련 없는 오답: 질문과 상관없는 답변을 제시한 오답이다.
(C) 정답: 사람을 묻는 Who 의문문에 이름인 Joan으로 잘 답변한 정답이다.

Possible Answers **Jason is familiar with that.** 제이슨이 그것을 잘 알아요.
Ms. Chen can help you with that. 그 문제라면 첸 씨가 당신을 도와줄 수 있어요.

---

16 M-Au What's today's department meeting about?
W-Am (A) No, he was absent.
(B) Didn't you receive the e-mail?
(C) It costs twelve dollars.

오늘 부서 회의는 무엇에 관한 건가요?
(A) 아뇨, 그는 결석했어요.
(B) 이메일 못 받으셨어요?
(C) 12달러예요.

어휘 **absent** 결석한 **cost** 비용이 들다

해설 부서 회의의 안건을 묻는 What 의문문
(A) Yes/No 대답 불가 오답 및 인칭 오류 오답: 의문사 의문문에는 Yes/No로 대답할 수 없으며, 질문에 he가 가리킬 만한 대상도 없으므로 오답이다.
(B) 정답: 오늘 부서 회의의 안건을 묻는 질문에 이메일을 못 받았는지(Didn't you receive the e-mail?) 되물으며 우회적으로 관련 정보를 얻는 방법을 제공하고 있으므로 가장 적절한 응답이다.
(C) 관련 없는 오답: 가격을 묻는 How much 의문문에 적합한 대답이므로 오답이다.

Possible Answers **Beth would know.** 베스가 알 거예요.
The new payroll system. 새 급여시스템이요.

---

17 M-Cn Who's responsible for repairing the broken window / in the staff lounge?
W-Br (A) Yes, he responded yesterday.
(B) Let's call maintenance.
(C) At the next staff meeting.

직원 라운지의 깨진 유리창은 누가 보수 책임을 맡고 있죠?
(A) 네, 그는 어제 응답했어요.
(B) 유지 보수팀에 전화합시다.
(C) 다음 직원 회의에서요.

어휘 **be responsible for** ~에 책임이 있다 **repair** 수리하다, 보수하다 **respond** 응답하다 **maintenance** 유지 보수

해설 담당자를 묻는 Who 의문문

(A) Yes/No 대답 불가 오답 및 유사 발음 오답: 의문사 의문문에는 Yes/No로 대답할 수 없으며, 질문의 responsible과 발음이 유사한 responded를 이용한 오답이다.

(B) 정답: 깨진 유리창의 보수 담당자를 묻는 질문에 유지 보수팀에 전화하자(Let's call maintenance)고 제안하며 보수 담당자를 특정하고 있으므로 정답이다.

(C) 단어 반복 오답: 질문의 staff를 반복 사용하여 혼동을 유발하는 오답이다.

Possible Answers **That task was given to Martin.** 그 일은 마틴에게 주어졌어요.
I just hope they fix it soon. 빨리 고치길 바랄 뿐이에요.

---

18 M-Cn What's the cover story / for this month's magazine issue?
W-Am (A) The editors are meeting / later today / to decide.
(B) January, February, and March.
(C) No, Heidi's having a computer issue.

이번 달 발행되는 잡지의 표지 기사는 뭔가요?
(A) 편집자들이 오늘 이따 만나서 결정할 겁니다.
(B) 1월, 2월, 3월이요.
(C) 아뇨, 하이디는 컴퓨터에 문제가 있어요.

어휘 **issue** (출판물의) 호, 문제, 쟁점 **editor** 편집자

해설 표지 기사를 묻는 What 의문문

(A) 정답: 이번 달 잡지의 표지 기사를 묻는 질문에 편집자들이 오늘 만나서 결정할 것(The editors are meeting later today to decide)이라며 관련 정보를 제공할 수 없는 상황임을 나타내고 있으므로 가장 적절한 응답이다.

(B) 연상 어휘 오답: 질문의 month에서 연상 가능한 January, February, and March를 이용한 오답이다.

(C) Yes/No 대답 불가 오답 및 다의어 오답: 의문사 의문문에는 Yes/No로 대답할 수 없으며, 질문의 issue를 다른 의미로 반복 사용한 오답이다. 참고로, 질문에서 issue는 '(출판물의) 호'라는 의미이지만 여기서는 '문제, 쟁점'이라는 의미이다.

Possible Answers **An article on housing prices.** 주택 가격에 대한 기사예요.
I'm not sure. 모르겠어요.

---

19 W-Br Which of the applicants / did Mr. Sohn hire?
M-Au (A) I think / we'll find out today.
(B) Several applications.
(C) I plan to retire.

손 씨는 어떤 지원자를 채용했나요?
(A) 오늘 알게 될 것 같아요.
(B) 여러 건의 지원서요.
(C) 저는 퇴직할 계획입니다.

어휘 **applicant** 지원자 **hire** 채용하다 **application** 지원서, 지원 **retire** 퇴직하다, 은퇴하다

해설 채용한 지원자를 묻는 Which 의문문

(A) 정답: 손 씨가 채용한 지원자를 묻는 질문에 오늘 알게 될 것 같다(I think we'll find out today)며 관련 정보를 제공해 줄 수 없는 상황임을 나타내고 있으므로 가장 적절한 응답이다.

(B) 파생어 오답: 질문의 applicants와 파생어 관계인 applications를 이용한 오답이다.

(C) 유사 발음 오답 및 인칭 오류 오답: 질문의 hire와 발음이 유사한 retire를 이용하고 있으며, 손 씨(He)가 아니라 자신(I)의 계획을 밝히고 있으므로 오답이다.

Possible Answers **It was Ms. Lopez's decision, actually.** 실은 로페즈 씨의 결정이었어요.
The one with the most experience. 경력이 가장 많은 사람이요.

---

20 W-Am Who was selected / as the new director / of the fitness center?
M-Cn (A) Interviews are scheduled for tomorrow.
(B) I think / the smaller size would be better.
(C) It costs 50 dollars per month.

피트니스 센터의 새 관장으로 누가 선정됐죠?
(A) 면접이 내일로 예정되어 있어요.
(B) 작은 사이즈가 더 나을 것 같아요.
(C) 1개월에 50달러예요.

어휘 **select** 선택하다, 선정하다 **be scheduled for** ~로 예정되다

해설 선정된 사람을 묻는 Who 의문문

(A) 정답: 새 관장으로 선정된 사람을 묻는 질문에 면접이 내일로 예정되어 있다(Interviews are scheduled for tomorrow)며 관련 정보를 제공할 수 없는 상황임을 나타내고 있으므로 가장 적절한 응답이다.

(B) 연상 어휘 오답: 질문의 fitness를 '꼭 맞다'라는 의미의 fit으로 잘못 들을 경우 연상 가능한 smaller size would be better를 이용한 오답이다.

(C) 연상 어휘 오답: 질문의 fitness center에서 연상 가능한 표현 50 dollars per month를 이용한 오답이다.

Possible Answers **Mr. Pine, the former assistant director.** 전임 부관장인 파인 씨요.
The name will be posted on our Web site. 웹사이트에 이름이 올라올 거예요.

UNIT 02 When/Where 의문문

기출 문제풀이 전략 | When 의문문

Check Up

교재 p. 72

1. (B) **2.** (C) **3.** (A)

1 W-Br When did Ms. Williams call?
M-Am (A) Maybe four times. (O/X)
(B) About two hours ago. (O/X)
(C) At her office. (O/X)

윌리엄스 씨가 언제 전화했나요?
(A) 아마 네 번이요.
(B) 약 2시간 전에요.
(C) 그녀의 사무실에서요.

해설 언제 전화했는지 묻는 When 의문문
(A) 관련 없는 오답: 빈도 수를 묻는 How often 의문문에 대한 답변을 제시한 오답이다.
(B) 정답: 언제 전화했는지 묻는 When 의문문에 2시간 전(two hours ago)이라는 구체적인 때를 잘 답변한 정답이다.
(C) 관련 없는 오답: 장소를 묻는 Where 의문문에 대한 답변을 제시한 오답이다.

---

2 W-Am When will the tickets be issued?
W-Br (A) No, I haven't seen him. (O/X)
(B) They're quite expensive. (O/X)
(C) Later this afternoon. (O/X)

표가 언제 발행될 예정이죠?
(A) 아니요, 저는 그를 본 적이 없어요.
(B) 그것들은 꽤 비싸요.
(C) 오늘 오후 늦게요.

어휘 **issue** 발행하다 **quite** 꽤 **later** 나중에, 늦게

해설 발행 시점을 묻는 When 의문문
(A) Yes/No 대답 불가 오답 및 인칭 오류 오답: 의문사 의문문에는 Yes/No로 대답할 수 없으며, 질문에 him이 가리킬 만한 대상이 없으므로 오답이다.
(B) 연상 어휘 오답: 질문의 tickets에서 연상 가능한 가격 표현 quite expensive를 이용한 오답이다.
(C) 정답: 표가 발행될 시점을 묻는 질문에 오늘 오후 늦게(Later this afternoon)라며 구체적인 시점을 제시하고 있으므로 정답이다.

---

3 W-Am When is James having his party?
M-Au (A) On Saturday evening. (O/X)
(B) To celebrate Mariko's birthday. (O/X)
(C) Yes, and he's bringing his brother. (O/X)

제임스는 언제 파티를 여나요?
(A) 토요일 저녁에요.
(B) 마리코의 생일을 축하하려고요.
(C) 네, 그리고 남동생을 데려올 거예요.

해설 파티를 여는 시점을 묻는 When 의문문
(A) 정답: 파티를 여는 시점을 묻는 질문에 토요일 저녁(On Saturday evening)이라며 구체적인 시점을 제시하고 있으므로 정답이다.
(B) 연상 어휘 오답: 질문의 party에서 연상 가능한 To celebrate Mariko's birthday를 이용한 오답이다.
(C) Yes/No 대답 불가 오답: 의문사 의문문에는 Yes/No로 대답할 수 없으므로 오답이다.

기출 문제풀이 전략 | Where 의문문

Check Up

교재 p.74

1. (A) **2.** (B) **3.** (C)

1 W-Br Where's the convention center?
M-Au (A) At the corner of Pine Street and Seventh Avenue. (O/X)
(B) Please lock the door. (O/X)
(C) The new invention. (O/X)

컨벤션 센터는 어디에 있나요?
(A) 파인 가와 7번 가 모퉁이에요.
(B) 문을 잠그세요.
(C) 새로운 발명품이요.

어휘 **convention** 회의 **invention** 발명, 발명품

해설 컨벤션 센터의 위치를 묻는 Where 의문문
(A) 정답: 컨벤션 센터의 위치를 묻는 질문에 파인 가와 7번 가 모퉁이(At the corner of Pine Street and Seventh Avenue)라며 구체적인 위치를 제시하고 있으므로 정답이다.
(B) 연상 어휘 오답: 질문의 convention center에서 연상 가능한 lock the door를 이용한 오답이다.
(C) 유사 발음 오답: 질문의 convention과 발음이 유사한 invention을 이용한 오답이다.

2 W-Br Where is the guest list / for Friday's reception?
W-Am (A) Earlier than that. (O/X)
(B) Karen probably knows. (O/X)
(C) I don't think we can. (O/X)

금요일 연회의 하객 명단은 어디에 있나요?
(A) 그보다 더 일찍이요.
(B) 아마 캐런이 알 거예요.
(C) 우리가 할 수 있을 것 같지 않아요.

어휘 **guest** 손님, 하객 **reception** 리셉션, (환영) 연회 **earlier than** ~보다 일찍

해설 하객 명단의 위치를 묻는 Where 의문문
(A) 관련 없는 오답: 질문과 상관없는 답변을 제시한 오답이다.
(B) 정답: 하객 명단이 어디에 있는지 장소를 묻는 Where 의문문에 캐런이 알 것이라며 '모른다' 류의 답변을 한 정답이다.
(C) 관련 없는 오답: 질문과 상관없는 답변을 제시한 오답이다.

3 W-Am Where can I buy a phone charger?
M-Cn (A) She's making a phone call. (O/X)
(B) They charge more. (O/X)
(C) I have an extra one. (O/X)

전화기 충전기를 어디에서 살 수 있어요?
(A) 그녀가 전화를 걸고 있어요.
(B) 그들이 더 많이 청구해요.
(C) 저한테 여분이 있어요.

어휘 **charger** 충전기 **make a (phone) call** 전화를 걸다 **charge** 청구하다 **extra** 여분의, 별도의

해설 충전기를 살 수 있는 장소를 묻는 Where 의문문
(A) 단어 반복 오답: 질문에 사용된 단어(phone)를 선택지에서 그대로 반복하여 혼동을 유발하는 오답이다.
(B) 유사 발음 오답: 유사발음어(charger - charge)를 사용하여 혼동을 유발하는 오답이다.
(C) 정답: 어디에서 충전기를 살 수 있는지 장소를 묻는 Where 의문문에 응답자가 여분(extra one)이 있다며 본인의 충전기 제공을 간접적으로 제안한 정답이다.

ETS 문제로 훈련하기

교재 p.77

1. (A)	**2.** (C)	**3.** (B)	**4.** (C)	**5.** (A)
6. (B)	**7.** (A)	**8.** (B)	**9.** (B)	**10.** (B)

1 W-Br When is the cargo plane landing?
M-Au (A) In ten minutes.
(B) Some auto parts.
(C) At gate four.

화물 수송기는 언제 착륙하나요?
(A) 10분 후에요.
(B) 자동차 부품이요.
(C) 4번 게이트에서요.

어휘 **cargo plane** 화물 수송기 **land** 착륙하다 **part** 부품

해설 착륙 시점을 묻는 When 의문문
(A) 정답: 화물 수송기의 착륙 시점을 묻는 질문에 10분 후(In ten minutes)라며 구체적인 시점을 제시하고 있으므로 정답이다.
(B) 연상 어휘 오답: 질문의 cargo에서 연상 가능한 auto parts를 이용한 오답이다.
(C) 연상 어휘 오답: 질문의 plane에서 연상 가능한 표현 gate four를 이용한 오답이다.

2 M-Au Where did you buy this digital camera?
W-Br (A) The old one broke down.
(B) I paid in cash.
(C) From our supplier.

이 디지털 카메라는 어디에서 샀나요?
(A) 전에 가지고 있던 것이 고장 났어요.
(B) 현금으로 지불했어요.
(C) 공급업체로부터요.

어휘 **break down** 고장 나다 **pay in cash** 현금으로 지불하다 **supplier** 공급자, 공급업체

해설 카메라를 산 장소를 묻는 Where 의문문
(A) 연상 어휘 오답: 질문의 buy와 camera에서 연상 가능한 이유인 broke down을 이용한 오답이다. 의문사가 Why였다면 적합한 대답이다.
(B) 연상 어휘 오답: 질문의 buy에서 연상 가능한 표현 paid in cash를 이용한 오답이다.
(C) 정답: 장소를 묻는 Where 의문문에 전치사 from을 사용하여 잘 답변한 정답이다.

3 M-Au When did you join the sales department?
M-Cn (A) Yes, I'm enjoying it here.
(B) About three years ago.
(C) In my new office.

영업부에 언제 합류하셨어요?
(A) 네, 저는 이곳에서 즐겁게 지내고 있습니다.
(B) 3년 전쯤이요.
(C) 저의 새 사무실에서요.

해설 합류 시점을 묻는 When 의문문
(A) Yes/No 대답 불가 오답 및 유사 발음 오답: 의문사 의문문에는 Yes/No로 대답할 수 없으며, 질문의 join과 발음이 유사한 enjoying을 이용한 오답이다.
(B) 정답: 영업부에 합류한 시점을 묻는 질문에 3년 전쯤(About three years ago)이라며 대략적인 시점을 제시하고 있으므로 정답이다.
(C) 연상 어휘 오답: 질문의 sales department에서 연상 가능한 office를 이용한 오답이다.

4 W-Am Where should I sign this page?
M-Au (A) Write your name.
(B) Two copies, please.
(C) In the lower left corner.

이 페이지 어디에 서명해야 합니까?
(A) 성함을 쓰세요.
(B) 2부 주세요.
(C) 왼쪽 아래쪽 구석에요.

해설 서명 위치를 묻는 Where 의문문
(A) 연상 어휘 오답: 질문의 sign this page에서 연상 가능한 Write your name을 이용한 오답이다.
(B) 연상 어휘 오답: 질문의 page에서 연상 가능한 Two를 이용한 오답이다.
(C) 정답: 서명할 위치를 묻는 질문에 왼쪽 아래쪽 구석(In the lower left corner)이라며 구체적인 위치를 안내하고 있으므로 정답이다.

5 M-Au Where do these air conditioners go?
M-Cn (A) In the storage room.
(B) It's in good condition.
(C) Before noon.

이 에어컨들은 어디로 가나요?
(A) 창고 안에요.
(B) 그건 상태가 좋아요.
(C) 정오 전에요.

해설 에어컨들을 놓을 장소를 묻는 Where 의문문
(A) 정답: 에어컨들이 갈 장소를 묻는 질문에 창고 안(In the storage room)이라며 구체적인 장소를 제시하고 있으므로 정답이다.
(B) 유사 발음 오답: 질문의 conditioners와 일부 발음이 유사한 condition을 이용한 오답이다.
(C) 관련 없는 오답: 시점을 묻는 When 의문문에 적합한 대답이므로 오답이다.

---

6 **M-Au** When will this apartment be available / to rent?
W-Am (A) Eight hundred dollars per month.
(B) On September first.
(C) Includes laundry facilities.

이 아파트는 언제 임대가 가능할까요?
(A) 1개월에 800달러요.
(B) 9월 1일에요.
(C) 세탁 시설이 포함됩니다.

어휘 **available** 이용 가능한 **rent** 임대하다, 임차하다 **include** 포함하다 **facility** 시설

해설 임대 가능 시점을 묻는 When 의문문
(A) 연상 어휘 오답: 질문의 apartment와 rent에서 연상 가능한 '월세' 표현(Eight hundred dollars per month)을 이용한 오답이다.
(B) 정답: 아파트의 임대 가능 시점을 묻는 질문에 9월 1일(On September first)이라며 구체적인 날짜를 제시하고 있으므로 정답이다.
(C) 연상 어휘 오답: 질문의 apartment와 rent에서 연상 가능한 Includes laundry facilities를 이용한 오답이다.

---

7 **M-Au** Where was the writer's conference held / last year?
M-Cn (A) In New York.
(B) She finished it about a month ago.
(C) You can register online.

작년에 작가 회의가 어디서 개최됐죠?
(A) 뉴욕이요.
(B) 그녀는 한 달 전쯤 그것을 마쳤어요.
(C) 온라인으로 등록하시면 됩니다.

어휘 **conference** 회의 **be held** 개최되다 **register** 등록하다

해설 개최 장소를 묻는 Where 의문문
(A) 정답: 작년에 작가 회의가 개최된 장소를 묻는 질문에 뉴욕(In New York)이라며 구체적인 장소를 제시하고 있으므로 정답이다.
(B) 연상 어휘 오답: 질문의 last year에서 연상 가능한 a month ago를 이용한 오답이다.
(C) 연상 어휘 오답: 질문의 conference에서 연상 가능한 표현 register online을 이용한 오답이다.

---

8 **W-Br** When do you have time / to meet with me?
M-Au (A) No, I don't have one.
(B) How about Tuesday afternoon?
(C) It's ten o'clock.

언제 저를 만날 시간이 되세요?
(A) 아니요. 저는 갖고 있지 않아요.
(B) 화요일 오후 어때요?
(C) 10시입니다.

해설 만남 가능 시점을 묻는 When 의문문
(A) Yes/No 대답 불가 오답: 의문사 의문문에는 Yes/No로 대답할 수 없으므로 오답이다.
(B) 정답: 만남이 가능한 시간을 묻는 질문에 화요일 오후가 어떨지(How about Tuesday afternoon?) 제안하며 시간을 제시하고 있으므로 정답이다.
(C) 연상 어휘 오답: 질문의 When과 time에서 연상 가능한 ten o'clock을 이용한 오답이다.

---

9 **W-Br** Where's Dr. Mattison's office?
M-Au (A) Because it's raining.
(B) There's a directory in the lobby.
(C) It starts at two o'clock.

매티슨 박사의 진료실은 어디에 있나요?
(A) 비가 내리고 있기 때문에요.
(B) 로비에 안내판이 있어요.
(C) 2시에 시작해요.

어휘 **directory** (건물의) 입주자 안내판

해설 진료실의 위치를 묻는 Where 의문문
(A) 관련 없는 오답: 이유를 묻는 Why 의문문에 적합한 대답이므로 오답이다.
(B) 정답: 매티슨 박사의 진료실을 묻는 질문에 로비에 안내판이 있다(There's a directory in the lobby)며 관련 정보를 얻는 방법을 제공하고 있으므로 가장 적절한 응답이다.
(C) 관련 없는 오답: 시작 시점을 묻는 When 또는 What time 의문문에 적합한 대답이므로 오답이다.

---

10 W-Am When is the interview / with the next candidate?
M-Cn (A) Yes, several qualifications.
(B) We already made a job offer.
(C) Some visitors' passes.

다음 지원자와의 면접은 언제인가요?
(A) 네, 몇 가지 자격 요건이요.
(B) 이미 채용 제의를 했는데요.
(C) 일부 방문객들의 통행증이요.

어휘 **candidate** 지원자, 후보자 **qualification** 자격 요건 **job offer** 채용 제의

해설 면접 시점을 묻는 When 의문문
(A) Yes/No 대답 불가 오답 및 연상 어휘 오답: 의문사 의문문에는 Yes/No로 대답할 수 없으며, 질문의 interview와 candidate에서 연상 가능한 qualifications를 이용한 오답이다.
(B) 정답: 다음 지원자와의 면접 시점을 묻는 질문에 이미 채용 제의를 했다(We already made a job offer)며 더 이상 면접이 필요하지 않은 상황임을 밝히고 있으므로 가장 적절한 응답이다.
(C) 연상 어휘 오답: 질문의 interview와 candidate에서 연상 가능한 passes(통과, 합격)를 이용한 오답이다. 참고로, 여기에서 passes는 '통행증, 출입증'이라는 의미이다.

ETS 실전 테스트

교재 p. 78

1. (B)	**2.** (B)	**3.** (A)	**4.** (A)	**5.** (A)	**6.** (B)	**7.** (B)	**8.** (B)	**9.** (B)
10. (B)	**11.** (A)	**12.** (A)	**13.** (A)	**14.** (C)	**15.** (A)	**16.** (A)	**17.** (C)	**18.** (B)
19. (A)	**20.** (A)							

1 M-Cn When does the sales staff usually arrive?
M-Au (A) Thanks, but the bus is faster.
(B) At eight o'clock.
(C) The prices are very reasonable.

영업사원들은 보통 언제 도착하나요?
(A) 고맙지만 버스가 더 빨라요.
(B) 8시에요.
(C) 가격이 아주 적당하네요.

어휘 **reasonable** (가격이) 적당한, 합리적인

해설 도착 시점을 묻는 When 의문문
(A) 연상 어휘 오답: 질문의 arrive에서 연상 가능한 교통 수단 bus를 이용한 오답이다.
(B) 정답: 영업사원의 도착 시점을 묻는 질문에 8시(At eight o'clock)라며 구체적인 시점을 제시하고 있으므로 정답이다.
(C) 연상 어휘 오답: 질문의 sales staff에서 연상 가능한 The price are very reasonable을 이용한 오답이다.

Possible Answers **I don't work closely with that department.** 저는 그 부서와 긴밀하게 일하지 않아요.
The starting time is the same for all employees. 시작 시간은 모든 직원들에게 다 똑같아요.

2 M-Am Where can I get the shuttle / to the conference center?
M-Br (A) Yes, I'll see you there.
(B) In front of the lobby.
(C) The conference ends at seven.

회의장으로 가는 셔틀 버스는 어디에서 탈 수 있나요?
(A) 네, 거기에서 만나요.
(B) 로비 앞에서요.
(C) 회의는 7시에 끝나요.

어휘 **conference** 회의, 학회 **conference center** 회의장 **in front of** ~의 앞에

해설 셔틀 버스를 타는 장소를 묻는 Where 의문문
(A) Yes/No 대답 불가 오답: 의문사 의문문에는 Yes/No로 답변할 수 없으므로 오답이다.
(B) 정답: 위치를 묻는 Where 의문문에 위치(in front of)로 잘 답변한 정답이다.
(C) 단어 반복 오답: 질문에 사용된 단어(conference)를 선택지에서 그대로 반복하여 혼동을 유발하는 오답이다.

Possible Answers **Sorry, but I don't know.** 미안하지만 몰라요.
At the bus stop next to the hotel. 호텔 옆에 있는 버스 정류장에서요.

3 **W-Am** When did you buy a bicycle?
M-Au (A) Just last week.
(B) I have the equipment.
(C) For fifty dollars.

언제 자전거를 샀어요?
(A) 지난주요.
(B) 저는 장비를 갖고 있어요.
(C) 50달러요.

해설 구입 시점을 묻는 When 의문문
(A) 정답: 자전거를 구입한 시점을 묻는 질문에 지난주(Just last week)라며 구체적인 시점을 밝히고 있으므로 정답이다.
(B) 연상 어휘 오답: 질문의 bicycle에서 연상 가능한 equipment를 이용한 오답이다.
(C) 연상 어휘 오답: 질문의 buy a bicycle에서 연상 가능한 표현 For fifty dollars를 이용한 오답이다.

Possible Answers **This is just a rental bike.** 이건 그냥 대여한 자전거예요.
When the city built all those bicycle lanes. 시에서 자전거 도로를 만들었을 때요.

---

4 **M-Au** Where is the fire escape / on this floor?
M-Cn (A) It's near the storage room.
(B) His office is next door.
(C) By calling the fire station.

이 층의 비상계단은 어디 있죠?
(A) 창고 근처에 있어요.
(B) 그의 사무실은 옆방입니다.
(C) 소방서에 전화해서요.

어휘 **fire escape** (화재용) 비상계단 **storage** 보관, 저장 **next door** 옆방에 **fire station** 소방서

해설 비상계단의 위치를 묻는 Where 의문문
(A) 정답: 비상계단의 위치를 묻는 질문에 창고 근처(It's near the storage room)라며 구체적인 위치를 안내하고 있으므로 정답이다.
(B) 인칭 오류 오답 및 유사 발음 오답: 질문에 His가 가리킬 만한 대상이 없으며, 질문의 floor와 발음이 유사한 door를 이용한 오답이다.
(C) 단어 반복 오답 및 연상 어휘 오답: 질문의 fire를 선택지에서 반복했으며, 질문의 fire escape에서 연상 가능한 fire station을 이용한 오답이다.

Possible Answers **There's a floor plan on that wall.** 벽에 층별 안내도가 있어요.
Weren't you here during the safety drill? 화재 대응 훈련 동안 여기 있지 않았나요?

---

5 **M-Au** When's the merger scheduled to take place?
W-Am (A) In three months.
(B) On Fourth Street.
(C) A dentist appointment.

합병은 언제 이뤄질 예정입니까?
(A) 3개월 후요.
(B) 4번 가에서요.
(C) 치과 예약이요.

어휘 **merger** 합병 **be scheduled** 예정되다 **take place** 일어나다 **dentist** 치과 의사, 치과 **appointment** 약속, 예약

해설 합병 시점을 묻는 When 의문문
(A) 정답: 합병이 이뤄질 시점을 묻는 질문에 3개월 후(In three months)라며 구체적인 시점을 제시하고 있으므로 정답이다.
(B) 관련 없는 오답: 위치를 묻는 Where 의문문에 적합한 대답이므로 오답이다.
(C) 연상 어휘 오답: 질문의 scheduled에서 연상 가능한 일정 A dentist appointment를 이용한 오답이다.

Possible Answers **They're still discussing the timing.** 그 시기를 아직 논의 중이에요.
Aren't you on the negotiating team? 당신이 협상팀에 있지 않나요?

---

6 **M-Au** Where's the platform / for the express train?
W-Br (A) To the Hoffman building.
(B) On the right side.
(C) In fifteen minutes.

급행열차 승강장은 어디 있나요?
(A) 호프만 건물로요.
(B) 오른쪽에요.
(C) 15분 후에요.

해설 승강장의 위치를 묻는 Where 의문문
(A) 연상 어휘 오답: 질문의 Where와 express train에서 연상 가능한 행선지 To the Hoffman building을 이용한 오답이다.
(B) 정답: 급행열차 승강장의 위치를 묻는 질문에 오른쪽(On the right side)이라며 구체적인 위치를 안내하고 있으므로 정답이다.
(C) 연상 어휘 오답: 질문의 platform과 express train에서 연상 가능한 표현 In fifteen minutes를 이용한 오답이다.

Possible Answers **I've never been to this station before.** 이 역에 전에 와본 적이 없어요.
Just follow the signs. 그냥 표지판을 따라가세요.

---

7 W-Am When will my order be ready?
M-Au (A) I'd like that.
(B) How soon do you need it?
(C) It's a shorter one.

제가 주문한 물품은 언제 준비될까요?
(A) 그러면 좋겠어요.
(B) 언제까지 필요하세요?
(C) 이것이 더 짧은 것이에요.

어휘 **order** 주문, 주문품 **ready** 준비가 된 **how soon** 언제까지

해설 주문한 물품이 준비되는 시점을 묻는 When 의문문
(A) 관련 없는 오답: 질문과 상관없는 답변을 제시한 오답이다.
(B) 정답: 언제 주문품이 준비될지 때를 묻는 When 의문문에 언제까지 필요한지(How soon do you need it?) 되묻는 질문으로 잘 답변한 정답이다.
(C) 유사 발음 오답: 질문의 order와 부분적으로 발음이 유사한 shorter를 이용한 오답이다.

Possible Answers **Probably next week.** 아마도 다음 주요.
Can I have your order number? 주문 번호를 알려주시겠어요?

---

8 W-Br Where's that noise coming from?
M-Au (A) Yes, she has a nice voice.
(B) From the fax machine, I think.
(C) He's coming from work.

저 소음은 어디에서 나는 거죠?
(A) 네, 그녀는 목소리가 좋아요.
(B) 팩스기에서 나는 것 같아요.
(C) 그는 퇴근해서 오고 있어요.

어휘 **noise** 소리, 소음 **voice** 목소리, 음성 **fax machine** 팩스기

해설 소음의 출처를 묻는 Where 의문문
(A) Yes/No 대답 불가 오답: 의문사 의문문에 Yes/No로 답변한 오답이다.
(B) 정답: 장소를 묻는 Where 의문문에 전치사 from을 사용하여 잘 답변한 정답이다.
(C) 단어 반복 오답: 질문에 사용된 동사구(coming from)를 선택지에서 그대로 반복하여 혼동을 유발하는 오답이다. 소음의 출처가 어디인지(Where's ~ coming from?) 물었는데, 그가 퇴근해서 오고 있다(He's coming from work)라고 답변하였으므로 의미가 통하지 않는다.

Possible Answers **I don't hear anything.** 저는 아무 소리도 안 들려요.
The break room is being remodeled. 휴게실이 리모델링 중이에요.

---

9 W-Br When did you start your career / as a fashion designer?
M-Cn (A) That's correct.
(B) About fifteen years ago.
(C) The fashion magazine.

패션 디자이너로서 경력을 언제 시작했나요?
(A) 맞아요.
(B) 약 15년 전에요.
(C) 패션 잡지요.

어휘 **career** 경력, 직장 생활 **correct** 맞는, 정확한 **magazine** 잡지

해설 경력 시작 시점을 묻는 When 의문문
(A) Yes/No 대답 불가 오답: 의문사 의문문에 Yes를 의미하는 correct로 답변한 오답이다.
(B) 정답: 언제 일을 시작했는지 시점을 묻는 When 의문문에 15년 전(fifteen years ago)이라는 구체적인 시점을 말하여 잘 답변한 정답이다.
(C) 단어 반복 오답: 질문에 사용된 단어(fashion)를 선택지에서 그대로 반복하여 혼동을 유발하는 오답이다.

Possible Answers **A couple of years ago.** 약 2년 전이요.
In 2010. 2010년에요.

---

10 W-Br When should we leave for the banquet?
M-Cn (A) In the Red Oak Room.
(B) How about six o'clock?
(C) We're closed for the holiday.

연회에 가려면 언제 출발해야 할까요?
(A) 레드 오크 룸에서요.
(B) 6시 어때요?
(C) 저희는 휴일에 문을 닫습니다.

해설 출발 시점을 묻는 When 의문문

(A) 연상 어휘 오답: 질문의 banquet에서 연상 가능한 표현 Red Oak Room을 이용한 오답이다.

(B) 정답: 연회로 출발할 시점을 묻는 질문에 6시 정각이 어떨지(How about six o'clock?) 제안하며 출발 시간을 제시하고 있으므로 정답이다.

(C) 연상 어휘 오답: 질문의 banquet에서 연상 가능한 holiday를 이용한 오답이다.

Possible Answers **As soon as this meeting ends.** 이 회의가 끝나자마자요.
The restaurant is just down the street. 식당은 바로 길 아래 있어요.

---

11 M-Cn Where is the office calendar?
W-Am (A) Ms. Jackson borrowed it.
(B) He went downstairs.
(C) Sometime in mid-July.

사무실 달력이 어디 있죠?
(A) 잭슨 씨가 빌려갔어요.
(B) 그는 아래층에 갔습니다.
(C) 7월 중순경이요.

해설 사무실 달력의 위치를 묻는 Where 의문문

(A) 정답: 사무실 달력의 위치를 묻는 질문에 잭슨 씨가 빌려갔다(Ms. Jackson borrowed it)며 우회적으로 잭슨 씨가 갖고 있다고 밝히고 있으므로 가장 적절한 응답이다.

(B) 인칭 오류 오답 및 연상 어휘 오답: 질문에 He가 가리킬 만한 대상이 없으며, 질문의 Where에서 연상 가능한 이동 장소 went downstairs를 이용한 오답이다.

(C) 연상 어휘 오답: 질문의 calendar에서 연상 가능한 표현 Sometime in mid-July를 이용한 오답이다.

Possible Answers **I haven't seen it in a few days.** 며칠 동안 못 봤어요.
Isn't there an extra one in the storage room? 창고에 여분이 하나 더 있지 않나요?

---

12 M-Cn When was that publishing house established?
W-Am (A) I just started working there.
(B) The publicity manager.
(C) On Baylor Street.

그 출판사는 언제 설립됐죠?
(A) 전 이제 막 거기서 일을 시작했어요.
(B) 홍보 담당자예요.
(C) 베일러 가예요.

어휘 **establish** 설립하다 **publicity** 홍보, 광고

해설 설립 시점을 묻는 When 의문문

(A) 정답: 출판사의 설립 시점을 묻는 질문에 이제 막 거기서 일을 시작했다(I just started working there)고 밝히며 우회적으로 자신도 잘 모른다는 것을 나타내고 있으므로 가장 적절한 응답이다.

(B) 유사 발음 오답: 질문의 publishing과 발음이 유사한 publicity를 이용한 오답이다.

(C) 관련 없는 오답: 위치를 묻는 Where 의문문에 적합한 대답이므로 오답이다.

Possible Answers **More than forty years ago.** 40년 이상 전에요.
I'm sure it's mentioned on the Web site. 웹사이트에 분명히 있을 거예요.

---

13 M-Cn Where's the company retreat going to take place?
W-Am (A) You should speak with Anna.
(B) Some team-building activities.
(C) In the middle of September

회사 단합 대회는 어디에서 열릴 건가요?
(A) 애나와 이야기해 보세요.
(B) 몇 가지 팀 활동이요.
(C) 9월 중순에요.

어휘 **company retreat** 회사 단합 대회 **team-building activity** 팀 단합 활동 **in the middle of** ~의 도중에, 중간 무렵에

해설 행사 장소를 묻는 Where 의문문

(A) 정답: 어디에서 단합 대회가 열리는지 장소를 묻는 Where 의문문에 제3자에게 물어보라고 적절히 답변한 정답이다.

(B) 연상 어휘 오답: 의미상 연결이 가능한 두 표현(company retreat 회사 단합 대회 - team-building activities 팀 단합 활동)을 이용하여 혼동을 유발하는 오답으로, 단합 대회 장소를 물었는데 팀 활동이라고 답한 어색한 대화이다.

(C) 연상 어휘 오답: 질문의 company retreat과 take place에서 연상 가능한 오답 표현으로, 의문사가 When이었다면 적합한 대답이다.

Possible Answers **The one we went to last year.** 작년에 갔던 곳이요.
It is on the bulletin board. 게시판에 나와 있어요.

---

14 M-Au When should recommendation letters be sent in?
W-Br (A) I strongly recommend it.
(B) To our corporate headquarters.
(C) No later than July eighth.

추천서는 언제 송부해야 합니까?
(A) 적극 추천합니다.
(B) 저희 본사로요.
(C) 늦어도 7월 8일까지요.

어휘 **recommendation** 추천, 추천서 **send in** 송부하다, 발송하다 **corporate** 회사의 **no later than** 늦어도 ~까지는

해설 송부 시점을 묻는 When 의문문
(A) 파생어 오답: 질문의 recommendation과 파생어 관계인 recommend를 이용한 오답이다.
(B) 관련 없는 오답: 송부 장소를 묻는 Where 의문문에 적합한 대답이므로 오답이다.
(C) 정답: 추천서의 송부 시점을 묻는 질문에 늦어도 7월 8일까지(No later than July eighth)라며 구체적인 기한을 제시하고 있으므로 정답이다.

Possible Answers **Please refer to the application instructions.** 지원 안내 사항을 참조해보세요.
That deadline may have been moved. 마감일이 옮겨졌을 수도 있어요.

---

15 M-Au When is Benjamin going to meet with the new clients?
W-Am (A) He met with them yesterday.
(B) In room thirty-five B.
(C) It lasted the entire day.

벤자민은 언제 새 고객들을 만날 예정인가요?
(A) 어제 그들을 만났어요.
(B) 35 B호실에서요.
(C) 하루 종일 계속됐어요.

해설 만날 시점을 묻는 When 의문문
(A) 정답: 새 고객들과 만날 시점을 묻는 질문에 어제 만났다(He met with them yesterday)며 우회적으로 현재는 만날 일정이 없음을 나타내고 있으므로 가장 적절한 응답이다.
(B) 연상 어휘 오답: 질문의 meet과 clients에서 연상 가능한 오답 표현으로, 의문사가 Where였다면 적합한 대답이다.
(C) 관련 없는 오답: 지속 기간을 묻는 How long 의문문에 적합한 대답이므로 오답이다.

Possible Answers **After lunch today.** 오늘 점심 이후에요.
I thought Arthur got assigned to the new clients. 아서가 새 고객들을 담당하게 된 것 같아요.

---

16 M-Au Where do you plan to go for the holidays?
W-Am (A) We haven't decided yet.
(B) Yes, that's the plan.
(C) For two weeks.

휴가 때 어디 가실 계획이에요?
(A) 아직 결정하지 못했어요.
(B) 네, 그게 계획이에요.
(C) 2주 동안이요.

해설 휴가 때 갈 장소를 묻는 Where 의문문
(A) 정답: 휴가 때 갈 장소를 묻는 질문에 아직 결정하지 못했다(We haven't decided yet)며 대답해 줄 수 없는 상황임을 밝히고 있으므로 가장 적절한 응답이다.
(B) Yes/No 대답 불가 오답 및 단어 반복 오답: 정보를 묻는 의문사 의문문에는 Yes/No로 대답할 수 없으며, 질문의 plan을 반복 사용한 오답이다. 참고로, 질문에서 plan은 동사이지만 여기서는 명사이다.
(C) 연상 어휘 오답: 질문의 holidays에서 연상 가능한 표현 For two weeks를 이용한 오답으로, 의문사가 How long이었다면 적합한 대답이다.

Possible Answers **My hometown in Texas.** 텍사스에 있는 제 고향이요.
I don't like to travel during holidays, actually. 실은 전 휴가 중에 여행하는 것을 좋아하지 않아요.

---

17 W-Br Where will the candidates' debate be held?
M-Au (A) Yes, on another date.
(B) I'm voting for Angela Fernandez.
(C) In the Franklin Theater.

후보자 토론은 어디서 열릴 예정인가요?
(A) 네, 다른 날요.
(B) 저는 안젤라 페르난데즈에게 투표할 겁니다.
(C) 프랭클린 극장에서요.

어휘 **candidate** 후보자 **debate** 토론, 논쟁 **vote for** ~에게 (찬성) 투표하다

해설 토론 장소를 묻는 Where 의문문
(A) Yes/No 대답 불가 오답 및 연상 어휘 오답: 정보를 묻는 의문사 의문문에는 Yes/No로 대답할 수 없으며, 질문의 be held(열리다, 개최되다)에서 연상되어 on another date라고 혼동을 유발한 오답이다.
(B) 연상 어휘 오답: 질문의 candidates' debate에서 연상 가능한 voting for를 이용한 오답이다.

(C) 정답: 후보자 토론이 열릴 장소를 묻는 질문에 프랭클린 극장(In the Franklin Theater)이라며 구체적인 장소를 제시하고 있으므로 정답이다.

Possible Answers **Are you hoping to attend it?** 당신도 참석하고 싶으세요?
The article I read didn't say. 제가 읽은 기사에는 안 나와 있어요.

---

18 **W-Br** When were the changes for the proposal submitted?
W-Am (A) To the department mailing list.
(B) It hasn't been done yet.
(C) That's what I proposed.

제안서 변경사항은 언제 제출되었습니까?
(A) 부서의 우편물 수신인 목록으로요.
(B) 아직 안 되었어요.
(C) 제가 제안한 내용이 그겁니다.

어휘 **proposal** 제안서 **submit** 제출하다 **mailing list** 우편물 수신인 목록

해설 제출 시점을 묻는 When 의문문
(A) 관련 없는 오답: 장소를 묻는 Where 의문문에 적합한 대답이므로 오답이다.
(B) 정답: 제안서 변경사항의 제출 시점을 묻는 질문에 아직 안 되었다(It hasn't been done yet)고 적절하게 응답한 정답이다.
(C) 파생어 오답: 질문의 proposal과 파생어 관계인 proposed를 이용한 오답이다.

Possible Answers **Just before the deadline.** 마감일 직전에요.
The date on the e-mail is August fifth. 이메일 상의 날짜는 8월 5일이에요.

---

19 **M-Au** When will I receive a confirmation e-mail / for my purchase?
W-Br (A) As soon as the order is placed.
(B) To assess its performance.
(C) Perhaps at the post office.

구입한 물품에 관한 확정 이메일은 언제 받게 될까요?
(A) 주문이 이뤄지면 곧바로요.
(B) 성과를 평가하기 위해서요.
(C) 아마 우체국일 겁니다.

어휘 **confirmation** 확인, 확정 **purchase** 구입, 구매 **place an order** 주문을 넣다 **assess** 평가하다 **performance** 성능, 성과

해설 수령 시점을 묻는 When 의문문
(A) 정답: 확정 이메일을 받는 시점을 묻는 질문에 주문이 이뤄지면 곧바로(As soon as the order is placed)라며 시점과 관련된 정보를 제공하고 있으므로 정답이다.
(B) 관련 없는 오답: 이유를 묻는 Why 의문문에 적합한 대답이므로 오답이다.
(C) 연상 어휘 오답: 질문의 e-mail을 mail(우편)로 들을 경우 연상 가능한 post office를 이용한 오답이다.

Possible Answers **You should have received one already.** 이미 받으셨어야 하는데요.
Did you check that box on the order page? 주문 페이지에서 박스에 체크하셨나요?

---

20 **M-Cn** Where did you buy your leather jacket?
W-Br (A) It was actually a gift.
(B) Because it's cold outside.
(C) No, they're on sale.

가죽 재킷 어디서 구입하셨어요?
(A) 사실 선물로 받은 거예요.
(B) 바깥이 추우니까요.
(C) 아니요, 할인 중이에요.

어휘 **leather** 가죽 **actually** 사실 **on sale** 할인 판매 중인

해설 구입 장소를 묻는 Where 의문문
(A) 정답: 가죽 재킷의 구입 장소를 묻는 질문에 선물로 받은 것(It was actually a gift)이라고 밝히며 우회적으로 자신도 잘 모른다는 것을 나타내고 있으므로 가장 적절한 응답이다.
(B) 연상 어휘 오답: 질문의 leather jacket에서 연상 가능한 cold outside를 이용한 오답으로, 의문사가 Why였다면 적합한 대답이다.
(C) Yes/No 대답 불가 오답 및 연상 어휘 오답: 의문사 의문문에는 Yes/No로 대답할 수 없으며, 질문의 buy에서 연상 가능한 on sale을 이용한 오답이다.

Possible Answers **At Stanley Department Store.** 스탠리 백화점에서요.
You know, I can't remember! 음, 기억이 안 나요.

UNIT 03 How/Why 의문문

기출 문제풀이 전략 | How 의문문

Check Up

교재 p.80

1. (C) **2.** (B) **3.** (C)

1 W-Am How long did you live / in Singapore?
M-Au (A) Four months ago. (O/X)
(B) In the capital. (O/X)
(C) About six years. (O/X)

싱가포르에 얼마나 오래 살았어요?
(A) 4개월 전에요.
(B) 수도에서요.
(C) 6년 정도요.

어휘 **capital** 수도

해설 거주 기간을 묻는 How long 의문문
(A) 관련 없는 오답: 시점을 묻는 When 의문문에 적합한 대답이다.
(B) 연상 어휘 오답: 질문의 live in Singapore에서 연상 가능한 capital을 이용한 오답이다.
(C) 정답: 싱가포르에 살았던 기간을 묻는 질문에 6년 정도(About six years)라며 구체적인 기간을 밝히고 있으므로 정답이다.

---

2 M-Au How did the inspection go?
M-Cn (A) I'll look for it. (O/X)
(B) Pretty well, I think. (O/X)
(C) About two months ago. (O/X)

검사는 어떻게 됐나요?
(A) 제가 찾아볼게요.
(B) 꽤 잘 된 것 같아요.
(C) 약 두 달 전에요.

어휘 **inspection** 검사, 점검 **go** (일의 진행이 어떻게) 되다 **look for** ~을 찾다, 구하다 **pretty** 꽤

해설 검사가 어떻게 진행되었는지 상태를 묻는 How 의문문
(A) 관련 없는 오답: 질문과 상관없는 답변을 제시한 오답이다.
(B) 정답: 어떻게 진행되었는지 묻는 how ~ go 의문문에 잘되었다고(well) 답변한 정답이다.
(C) 유사 발음 오답 및 관련 없는 오답: 유사발음어(go - ago)를 사용하여 혼동을 유발하는 오답으로, 시간을 묻는 When 의문문에 적절한 대답이다.

---

3 W-Am How often do you take business trips?
M-Au (A) Usually to meet with clients. (O/X)
(B) They're on vacation. (O/X)
(C) Three or four times a year. (O/X)

얼마나 자주 출장을 가나요?
(A) 보통 고객을 만나기 위해서요.
(B) 그들은 휴가 중이에요.
(C) 1년에 서너 번이요.

어휘 **business trip** 출장 **vacation** 휴가, 방학

해설 출장 가는 빈도를 묻는 How often 의문문
(A) 연상 어휘 오답 및 관련 없는 오답: 의미상 연상이 가능한 두 표현(business trips 출장 - meet with clients 고객을 만나다)을 사용해서 혼동을 유발하는 오답이며, 이유를 묻는 Why 의문문에 적절한 대답이다.
(B) 연상 어휘 오답: 의미상 연상이 가능한 두 단어(trips 여행 - vacation 휴가)를 사용하여 혼동을 유발하는 오답이다.
(C) 정답: 빈도를 묻는 How often 의문문에 대한 답변으로 적절한 three or four times를 제시한 정답이다.

기출 문제풀이 전략 | Why 의문문

Check Up

교재 p. 82

1. (C) **2.** (B) **3.** (A)

1 M-Cn Why is the office closing early / today?
W-Am (A) It's near the office. (O/X)
(B) No, it hasn't. (O/X)
(C) Because we're expecting bad weather. (O/X)

오늘은 사무실이 왜 일찍 문을 닫죠?
(A) 사무실 근처예요.
(B) 아니요, 그렇지 않았어요.
(C) 악천후를 예상하고 있어서요.

해설 일찍 문을 닫는 이유를 묻는 Why 의문문
(A) 단어 반복 오답: 질문의 office를 반복 사용한 오답이다.
(B) Yes/No 대답 불가 오답: 의문사 의문문에는 Yes/No로 대답할 수 없으므로 오답이다.
(C) 정답: 사무실이 일찍 문을 닫는 이유를 묻는 질문에 악천후를 예상하고 있기 때문(Because we're expecting bad weather)이라며 구체적인 이유를 밝히고 있으므로 정답이다.

2 M-Cn Why did Miyuki call?
W-Br (A) Yes, that's her name. (O/X)
(B) She needed directions. (O/X)
(C) About ten minutes ago. (O/X)

미유키가 왜 전화했나요?
(A) 네, 그게 그녀의 이름이에요.
(B) 길 안내가 필요해서요.
(C) 10분쯤 전에요.

해설 전화한 이유를 묻는 Why 의문문
(A) Yes/No 대답 불가 오답 및 연상 어휘 오답: 의문사 의문문에는 Yes/No로 대답할 수 없으며, 질문의 call을 '전화하다'가 아니라 '부르다'라는 의미로 잘못 이해할 경우 연상 가능한 name을 이용한 오답이다.
(B) 정답: 미유키가 전화한 이유를 묻는 질문에 길 안내가 필요했다(She needed directions)며 이유를 밝히고 있으므로 정답이다.
(C) 관련 없는 오답: 시점을 묻는 When 의문문에 적합한 대답이므로 오답이다.

3 W-Br Why are the clients coming so early?
M-Au (A) You'll have to ask Ms. Park. (O/X)
(B) Yes, please come in. (O/X)
(C) In the next building. (O/X)

고객들이 왜 이렇게 일찍 오는 거죠?
(A) 박 씨에게 물어봐야 할 거예요.
(B) 네, 들어오세요.
(C) 옆 건물에서요.

해설 고객들이 일찍 오는 이유를 묻는 Why 의문문
(A) 정답: 이유를 묻는 Why 의문문에 직접적으로 이유를 말하는 대신, 박 씨에게 물어보라고 간접적으로 답변한 정답이다.
(B) Yes/No 대답 불가 오답 및 유사 발음 오답: 의문사 의문문에 Yes/No로 답변한 오답이며, 유사발음어(coming - come in)를 사용해서 혼동을 유발하고 있다.
(C) 관련 없는 오답: 장소를 묻는 Where 의문문에 적절한 대답이다.

ETS 문제로 훈련하기

교재 p. 85

1. (A) **2.** (C) **3.** (B) **4.** (C) **5.** (B)
6. (B) **7.** (C) **8.** (B) **9.** (A) **10.** (C)

1 W-Am How much are the tickets?
M-Au (A) Only fifty dollars!
(B) About an hour.
(C) I didn't take it.

표는 얼마입니까?
(A) 50달러밖에 안 돼요!
(B) 한 시간 정도요.
(C) 저는 안 가져갔어요.

해설 가격을 묻는 How much 의문문
(A) 정답: 표의 가격을 묻는 질문에 50달러(Only fifty dollars)라며 구체적인 가격을 제시하고 있으므로 정답이다.
(B) 관련 없는 오답: 기간을 묻는 How long 의문문에 적합한 대답이므로 오답이다.
(C) 유사 발음 오답: 질문의 tickets와 발음이 유사한 take it을 이용한 오답이다.

---

2 M-Cn Why did you bring a sweater?
W-Am (A) In the closet.
(B) Should I ask Mr. Liao?
(C) It's usually cold in here.

왜 스웨터를 가져왔어요?
(A) 옷장 안에요.
(B) 리아오 씨에게 물어봐야 하나요?
(C) 이곳은 보통 추워요.

해설 스웨터를 가져온 이유를 묻는 Why 의문문
(A) 연상 어휘 오답: 질문의 sweater에서 연상 가능한 closet을 이용한 오답이다.
(B) 관련 없는 오답: 질문과 상관없는 답변을 제시한 오답이다.
(C) 정답: 스웨터를 가져온 이유를 묻는 질문에 이곳이 보통 춥다(It's usually cold in here)며 구체적인 이유를 밝히고 있으므로 정답이다.

---

3 M-Au How can we sign up for a tour of the castle?
W-Am (A) Thank you very much.
(B) I can help you with that.
(C) No, we ordered three.

성 투어를 어떻게 신청하면 되나요?
(A) 정말 감사합니다.
(B) 그건 제가 도와드릴 수 있어요.
(C) 아니요, 저희는 3개를 주문했어요.

어휘 **sign up for** ~를 신청하다, 등록하다

해설 신청 방법을 묻는 How 의문문
(A) 관련 없는 오답: 질문과 상관없는 답변을 제시한 오답이다.
(B) 정답: 성 투어 신청 방법을 묻는 질문에 자신이 도와줄 수 있다(I can help you with that)며 우회적으로 자신이 방법을 알고 있음을 밝히고 있으므로 가장 적절한 응답이다.
(C) Yes/No 대답 불가 오답: 의문사 의문문에는 Yes/No로 대답할 수 없으므로 오답이다.

---

4 W-Am Why did the Citro Food Market move?
W-Br (A) Yes, just a few days ago.
(B) I'll order some healthy snacks.
(C) Because it needed more space.

시트로 푸드 마켓은 왜 이전했나요?
(A) 네, 불과 며칠 전에요.
(B) 저는 건강에 좋은 간식을 주문할 거예요.
(C) 공간이 더 필요해서요.

해설 이전 이유를 묻는 Why 의문문
(A) Yes/No 대답 불가 오답 및 연상 어휘 오답: 의문사 의문문에는 Yes/No로 대답할 수 없으며, 질문의 move에서 연상 가능한 이동 시점 just a few days ago를 이용한 오답이다.
(B) 연상 어휘 오답: 질문의 Food Market에서 연상 가능한 some healthy snacks를 이용한 오답이다.
(C) 정답: 시트로 푸드 마켓의 이전 이유를 묻는 질문에 공간이 더 필요했기 때문(Because it needed more space)이라며 구체적인 이유를 밝히고 있으므로 정답이다.

---

5 M-Au How often do you check your e-mail?
W-Br (A) Yes, my work e-mail.
(B) At least twice a day.
(C) No, is it yours?

이메일을 얼마나 자주 확인하세요?
(A) 네, 제 업무용 이메일이요.
(B) 적어도 하루 두 번이요.
(C) 아니요, 당신 건가요?

어휘 **at least** 최소한, 적어도

해설 이메일 확인 빈도를 묻는 How often 의문문
(A) Yes/No 대답 불가 오답 및 단어 반복 오답: 의문사 의문문에는 Yes/No로 대답할 수 없으며, 질문의 e-mail을 반복 사용한 오답이다.
(B) 정답: 이메일 확인 빈도를 묻는 질문에 적어도 하루 두 번(At least twice a day)이라며 대략적인 횟수를 밝히고 있으므로 정답이다.
(C) Yes/No 대답 불가 오답: 의문사 의문문에는 Yes/No로 대답할 수 없으므로 오답이다.

---

6 W-Br Why is the office supply store closed?
M-Cn (A) I can do that.
(B) Because it's being remodeled.
(C) His office is in room 224.

사무용품점이 왜 문을 닫았죠?
(A) 제가 할 수 있어요.
(B) 개조 중이라서요.
(C) 그의 사무실은 224호에 있습니다.

어휘 **office supply** 사무용품 **remodel** 개조하다

해설 문을 닫은 이유를 묻는 Why 의문문
(A) 관련 없는 오답: 질문과 상관없는 답변을 제시한 오답이다.
(B) 정답: 사무용품점이 문을 닫은 이유를 묻는 질문에 개조 중이기 때문(Because it's being remodeled)이라며 구체적인 이유를 밝히고 있으므로 정답이다.
(C) 인칭 오류 오답 및 단어 반복 오답: 질문에 His가 가리킬 만한 대상이 없으며, 질문의 office를 반복 사용한 오답이다.

---

7 M-Cn Why is the factory increasing / its hours of operation?
W-Am (A) Ten-hour shifts.
(B) Near the manufacturing plant.
(C) To fill a special order.

공장은 운영 시간을 왜 늘리는 건가요?
(A) 10시간 교대 근무요.
(B) 제조 공장 근처요.
(C) 특별 주문에 맞추려고요.

어휘 **increase** 늘리다 **hours of operation** 영업시간, 운영 시간 **manufacturing** 제조 **fill an order** 주문에 응하다, 주문을 이행하다

해설 운영 시간을 늘리는 이유를 묻는 Why 의문문
(A) 연상 어휘 오답: 질문의 factory와 hours of operation에서 연상 가능한 Ten-hour shifts를 이용한 오답이다.
(B) 연상 어휘 오답: 질문의 factory와 operation에서 연상 가능한 manufacturing plant를 이용한 오답이다.
(C) 정답: 공장 운영 시간을 늘리는 이유를 묻는 질문에 특별 주문에 맞추기 위해(To fill a special order)라며 구체적인 이유를 제시하고 있으므로 정답이다.

---

8 W-Br How do these promotional posters look?
W-Am (A) No, it wasn't at the post office.
(B) I think they look great.
(C) Go ahead, I don't mind.

이 홍보 포스터들 어때요?
(A) 아뇨, 그건 우체국에 없었어요.
(B) 근사한데요.
(C) 먼저 하세요, 전 괜찮아요.

어휘 **promotional** 선전용의, 홍보의

해설 의견을 묻는 How 의문문
(A) Yes/No 대답 불가 오답 및 유사 발음 오답: 정보를 묻는 의문사 의문문에는 Yes/No로 대답할 수 없으며, 질문의 posters와 일부 발음이 유사한 post를 이용한 오답이다.
(B) 정답: 홍보 포스터에 대한 의견을 묻는 질문에 근사하다(they look great)며 자신의 의견을 구체적으로 밝히고 있으므로 정답이다.
(C) 관련 없는 오답: 질문과 상관없는 답변을 제시한 오답이다.

---

9 M-Cn Why has our supplier increased / the delivery cost?
W-Br (A) I'll give them a call.
(B) Sure, next week.
(C) How many would you like?

공급업체가 왜 배달 비용을 올렸나요?
(A) 제가 그쪽에 전화해볼게요.
(B) 물론이죠, 다음 주요.
(C) 몇 개를 드릴까요?

어휘 **supplier** 공급업체 **delivery** 배달 **cost** 비용

해설 배달 비용 인상 이유를 묻는 Why 의문문
(A) 정답: 공급업체가 배달 비용을 인상한 이유를 묻는 질문에 전화해보겠다(I'll give them a call)고 제안하며 우회적으로 자신도 잘 모른다는 것을 나타내고 있으므로 가장 적절한 응답이다.
(B) Yes/No 대답 불가 오답 및 연상 어휘 오답: 의문사 의문문에는 Yes의 대체 표현인 Sure로 대답할 수 없으며, 질문의 supplier와 delivery에서 연상 가능한 배달 일정 next week를 이용한 오답이다.
(C) 연상 어휘 오답: 질문의 increased에서 연상 가능한 How many를 이용한 오답이다.

---

10 W-Am How many customers came to our store's sale / yesterday?
M-Au (A) Just three weeks.
(B) In the clothing section.
(C) I was on vacation.

어제 우리 매장 할인 판매에 얼마나 많은 고객이 왔습니까?
(A) 3주만요.
(B) 의류 코너에서요.
(C) 저는 휴가였어요.

해설 고객 수를 묻는 How many 의문문
(A) 관련 없는 오답: 할인 기간을 묻는 How long 의문문에 적합한 대답이므로 오답이다.
(B) 연상 어휘 오답: 질문의 customers와 store's sale에서 연상 가능한 clothing section을 이용한 오답이다.
(C) 정답: 매장 할인 판매에 방문한 고객 수를 묻는 질문에 자신이 휴가였다(I was on vacation)고 밝히며 우회적으로 자신도 잘 모른다는 것을 나타내고 있으므로 가장 적절한 응답이다.

ETS 실전 테스트

교재 p. 86

1. (A) **2.** (B) **3.** (B) **4.** (A) **5.** (B) **6.** (B) **7.** (A) **8.** (C) **9.** (B)
10. (B) **11.** (C) **12.** (A) **13.** (A) **14.** (B) **15.** (C) **16.** (B) **17.** (C) **18.** (B)
19. (B) **20.** (A)

1 W-Br How long has Mr. Jones been waiting?
M-Cn (A) Ten minutes.
(B) It's eight pages long.
(C) Soon, I hope.

존스 씨가 얼마나 오래 기다리고 있었죠?
(A) 10분이요.
(B) 8페이지 분량이요.
(C) 머지 않길 바라요.

해설 기간을 묻는 How long 의문문
(A) 정답: 존스 씨가 기다린 시간을 묻는 질문에 10분(Ten minutes)이라며 구체적인 기간을 제시하고 있으므로 정답이다.
(B) 다의어 오답 및 인칭 오류 오답: 질문의 long을 다른 의미로 반복 사용하고 있으며, 질문에 It이 가리킬 만한 대상도 없으므로 오답이다. 참고로, 질문에서 long은 '(시간상) 오랜'이라는 의미이지만 여기서는 '길이가 ~인'이라는 의미이다.
(C) 관련 없는 오답: 시점을 묻는 When 의문문에 적합한 대답이므로 오답이다.

Possible Answers **Not very long.** 그리 오래는 아니에요.
His appointment was at one. 그분 약속은 1시예요.

2 W-Br Why was tonight's business dinner canceled?
W-Am (A) Yes, I'm ready.
(B) Because our client's flight is late.
(C) I'll bring you the menus.

오늘 저녁 업무 만찬이 왜 취소됐죠?
(A) 네, 전 준비됐어요.
(B) 고객의 비행기가 연착이라서요.
(C) 제가 메뉴판을 갖다 드릴게요.

어휘 **client** 고객, 거래처 **flight** 비행, 비행편

해설 취소 이유를 묻는 Why 의문문
(A) Yes/No 대답 불가 오답: 의문사 의문문에는 Yes/No로 대답할 수 없으므로 오답이다.
(B) 정답: 저녁 업무 만찬이 취소된 이유를 묻는 질문에 고객의 비행기가 연착이기 때문(Because our client's flight is late)이라며 구체적인 이유를 밝히고 있으므로 정답이다.
(C) 연상 어휘 오답: 질문의 business dinner에서 연상 가능한 menus를 이용한 오답이다.

Possible Answers **You'd have to ask Ji-Young.** 지영 씨에게 물어봐야 할 거예요.
Didn't you read the e-mail? 이메일 읽지 않으셨나요?

3 M-Au How did Ms. Asaki get to the hotel?
W-Am (A) By e-mail.
(B) She took a taxi.
(C) Yes, tell me about your trip.

아사키 씨는 어떻게 호텔로 갔나요?
(A) 이메일로요.
(B) 택시를 탔어요.
(C) 네, 여행에 대해 이야기해 주세요.

해설 방법을 묻는 How 의문문

(A) 연상 어휘 오답: 질문의 의문사 How에서 연상 가능한 By를 이용한 오답이다.

(B) 정답: 아사키 씨가 호텔로 간 방법을 묻는 질문에 택시를 탔다(She took a taxi)며 구체적인 교통 수단을 언급하고 있으므로 정답이다.

(C) Yes/No 대답 불가 오답 및 연상 어휘 오답: 의문사 의문문에는 Yes/No로 대답할 수 없으며, 질문의 hotel에서 연상 가능한 trip을 이용한 오답이다.

Possible Answers **Paul drove her.** 폴이 차로 데려다 줬어요.
There's a shuttle bus from the airport. 공항에서 가는 셔틀버스가 있어요.

---

4 M-Au Why is it so hot / in the office / today?
W-Br (A) The air-conditioning is broken.
(B) No, he's not here today.
(C) We'll be ready by tomorrow.

오늘 사무실이 왜 이렇게 덥죠?
(A) 에어컨이 고장 났어요.
(B) 아니요, 그는 오늘 여기 없습니다.
(C) 내일까지 준비될 겁니다.

해설 사무실이 더운 이유를 묻는 Why 의문문

(A) 정답: 사무실이 더운 이유를 묻는 질문에 에어컨이 고장 났다(The air-conditioning is broken)며 구체적인 이유를 밝히고 있으므로 정답이다.

(B) Yes/No 대답 불가 오답 및 단어 반복 오답: 의문사 의문문에는 Yes/No로 대답할 수 없으며, 질문의 today를 반복 사용한 오답이다.

(C) 연상 어휘 오답: 질문의 today에서 연상 가능한 tomorrow를 이용한 오답이다.

Possible Answers **Would you like me to open some windows?** 창문을 좀 열어드릴까요?
The temperature feels all right to me. 온도가 저한테는 괜찮은데요.

---

5 M-Cn Why was the outdoor concert delayed?
W-Am (A) I really liked the first performer.
(B) Because of bad weather.
(C) Every year in June.

야외 콘서트는 왜 연기되었나요?
(A) 첫 번째 공연자가 정말 마음에 들었어요.
(B) 악천후 때문에요.
(C) 매년 6월이요.

어휘 **outdoor** 옥외의, 야외의 **delay** 지연되다; 지연, 지체 **performer** 연기자, 공연자

해설 콘서트가 연기된 이유를 묻는 Why 의문문

(A) 연상 어휘 오답: 의미상 연결이 가능한 두 단어(concert 콘서트 – performer 공연자)를 사용해서 혼동을 유발하는 오답으로, 마음에 든 공연자를 묻는 Who 의문문에 적절한 대답이다.

(B) 정답: 콘서트가 연기된 이유를 묻는 Why 의문문에 악천후 때문이라고 잘 답변한 정답이다.

(C) 관련 없는 오답: 시기를 묻는 When 의문문에 대한 답변을 제시한 오답이다.

Possible Answers **I have no idea.** 저도 몰라요.
Some musicians couldn't make it on time. 몇몇 가수들이 제시간에 못 왔어요.

---

6 M-Cn How much have we been paying / for shipping costs?
W-Br (A) No, we haven't.
(B) About $300 a month.
(C) Every Friday.

우리가 운송비로 얼마나 지불하고 있죠?
(A) 아니요, 그러지 않았습니다.
(B) 한 달에 300달러 정도요.
(C) 매주 금요일이요.

어휘 **pay** 지불하다 **shipping cost** 운송비용

해설 운송비용을 묻는 How much 의문문

(A) Yes/No 대답 불가 오답: 의문사 의문문에는 Yes/No로 대답할 수 없으므로 오답이다.

(B) 정답: 지불하고 있는 운송비용을 묻는 질문에 한 달에 300달러 정도(About $300 a month)라며 대략적인 가격을 제시하고 있으므로 정답이다.

(C) 관련 없는 오답: 지불 시점을 묻는 When 의문문에 적합한 대답이므로 오답이다.

Possible Answers **I don't know the exact figures.** 정확한 수치는 모르겠어요.
No more than we'd budgeted. 우리가 예산으로 잡은 것보다 많지는 않아요.

7 **M-Cn** How often is the hotel swimming pool cleaned?
W-Am (A) Every morning.
(B) It's pretty warm.
(C) Next to the fitness room.

호텔 수영장을 얼마나 자주 청소하나요?
(A) 매일 아침이요.
(B) 날씨가 상당히 따뜻해요.
(C) 체력 단련실 옆이요.

해설 청소 빈도를 묻는 How often 의문문
(A) 정답: 호텔 수영장을 청소하는 빈도를 묻는 질문에 매일 아침(Every morning)이라며 구체적인 빈도를 제시하고 있으므로 정답이다.
(B) 연상 어휘 오답: 질문의 swimming pool에서 연상 가능한 온도 pretty warm을 이용한 오답이다.
(C) 연상 어휘 오답: 질문의 hotel swimming pool에서 연상 가능한 fitness room을 이용한 오답이다.

Possible Answers **I'll ask the cleaning staff.** 청소 직원에게 물어볼게요.
Why—did a guest complain? 왜요, 손님이 불평했나요?

---

8 **W-Br** Why did Mr. Harrison leave the meeting early?
W-Am (A) Seven o'clock this morning.
(B) I'll see you tomorrow.
(C) He wasn't feeling well.

해리슨 씨는 왜 회의에서 일찍 나갔죠?
(A) 오늘 아침 7시에요.
(B) 내일 봬요.
(C) 몸이 좋지 않았어요.

해설 회의장을 일찍 떠난 이유를 묻는 Why 의문문
(A) 관련 없는 오답: 회의 시점을 묻는 When 의문문에 적합한 대답이므로 오답이다.
(B) 연상 어휘 오답: 질문의 meeting을 '회의'가 아니라 '만나다'라는 의미로 잘못 이해할 경우 연상 가능한 see you tomorrow를 이용한 오답이다.
(C) 정답: 해리슨 씨가 회의에서 일찍 나간 이유를 묻는 질문에 몸이 좋지 않았다(He wasn't feeling well)며 구체적인 이유를 밝히고 있으므로 정답이다.

Possible Answers **To prepare for Friday's conference.** 금요일 컨퍼런스 준비 때문에요.
Oh, I didn't notice that he left. 아, 그가 나간 줄도 몰랐네요.

---

9 **W-Am** How did you like the apartment / you looked at / yesterday?
M-Cn (A) Out near Southshore Beach.
(B) I thought it was too small.
(C) Eight hundred dollars a month.

어제 보신 아파트는 어땠나요?
(A) 사우스쇼어 비치 근처예요.
(B) 너무 작다고 생각했어요.
(C) 한 달에 800달러요.

해설 의견을 묻는 How 의문문
(A) 연상 어휘 오답: 질문의 apartment에서 연상 가능한 위치 표현 오답이다.
(B) 정답: 어제 본 아파트가 어땠는지 묻는 질문에 너무 작다고 생각했다(I thought it was too small)며 자신의 의견을 구체적으로 밝히고 있으므로 정답이다.
(C) 연상 어휘 오답: 질문의 apartment에서 연상 가능한 월세 표현을 이용한 오답이다.

Possible Answers **That viewing was canceled.** 보러 가기로 한 약속이 취소됐어요.
It's my favorite one so far. 지금까지는 가장 마음에 들어요.

---

10 **W-Br** Why hasn't Eric signed the invoice yet?
M-Au (A) Maybe they are.
(B) I'll find out.
(C) Yes, really busy.

에릭은 왜 송장에 아직 서명하지 않았나요?
(A) 아마 그들은 그럴 거예요.
(B) 제가 알아볼게요.
(C) 네, 정말 바빠요.

어휘 **sign** 서명하다 **invoice** 송장, 청구서 **find out** 발견하다, 생각해 내다

해설 송장에 서명하지 않은 이유를 묻는 Why 의문문
(A) 관련 없는 오답 및 인칭 오류 오답: 질문과 상관없는 답변을 제시한 오답이며, they가 가리키는 대상이 질문에 언급되지 않았다.
(B) 정답: 이유를 묻는 Why 의문문에 '모른다' 류의 답변을 한 정답으로, 모른다고 직접 말하는 대신 알아보겠다고(find out) 답변했다.
(C) Yes/No 대답 불가 오답: 의문사 의문문에 Yes/No로 답변한 오답이다.

Possible Answers **He's been on vacation.** 그가 휴가 중이었어요.
Isn't that Cindy's job? 그건 신디가 할 일 아닌가요?

---

11 **W-Am** How quickly can the shipment arrive?
W-Br (A) In a cardboard box.
(B) I saw a live performance there.
(C) Kentaro takes care of that.

수송품은 얼마나 빨리 도착할 수 있을까요?
(A) 판지 상자 안에요.
(B) 거기서 라이브 공연을 봤어요.
(C) 켄타로가 그 건을 처리해요.

어휘 **shipment** 수송, 수송품 **arrive** 도착하다 **cardboard** 판지 **performance** 공연 **take care of** 돌보다, 처리하다

해설 도착 시점을 묻는 How quickly 의문문
(A) 연상 어휘 오답: 질문의 shipment에서 연상 가능한 포장 수단 cardboard box를 이용한 오답이다.
(B) 유사 발음 오답: 질문의 arrive와 발음이 유사한 a live (performance)를 이용한 오답이다.
(C) 정답: 수송품이 얼마나 빨리 도착할지 묻는 질문에 켄타로가 그 건을 처리한다(Kentaro takes care of that)며 우회적으로 자신은 잘 모른다는 것을 나타내고 있으므로 가장 적절한 응답이다.

Possible Answers **In two days, if we use express shipping.** 이틀 후요, 빠른 배송을 이용한다면요.
It depends on how busy the delivery company is. 배송업체가 얼마나 바쁘냐에 달렸죠.

---

12 **M-Cn** How did the employee recruitment go / at the job fair?
W-Am (A) We met some promising candidates.
(B) Probably not until next month.
(C) She's left for the day.

취업 박람회에서 직원 채용은 어떻게 됐어요?
(A) 전도유망한 지원자를 몇 명 만났어요.
(B) 아마 다음 달 이후라야 될 겁니다.
(C) 그녀는 퇴근했어요.

어휘 **employee** 직원 **recruitment** 신규 모집, 채용 **job fair** 취업 박람회 **promising** 유망한, 촉망되는 **candidate** 지원자

해설 결과를 묻는 How 의문문
(A) 정답: 직원 채용의 결과를 묻는 질문에 전도유망한 지원자를 몇 명 만났다(We met some promising candidates)며 구체적인 결과를 밝히고 있으므로 정답이다.
(B) 관련 없는 오답: 채용 시점을 묻는 When 의문문에 적합한 대답이므로 오답이다.
(C) 인칭 오류 및 연상 어휘 오답: 질문에 She가 가리킬 만한 대상이 없으며, 질문의 employee와 go에서 연상 가능한 left for the day를 이용한 오답이다.

Possible Answers **Oh, Mario went to that instead of me.** 아, 마리오가 제 대신 갔어요.
Look at all the résumés we collected! 우리가 받은 이력서들을 전부 보세요.

---

13 **M-Cn** Why isn't my laptop starting?
W-Br (A) Is the battery charged?
(B) In a few minutes.
(C) Under the desk.

제 노트북 컴퓨터가 왜 안 켜지죠?
(A) 배터리가 충전됐나요?
(B) 몇 분 후에요.
(C) 책상 아래에요.

어휘 **charge** 충전하다

해설 노트북 컴퓨터가 켜지지 않는 이유를 묻는 Why 의문문
(A) 정답: 노트북 컴퓨터가 켜지지 않는 이유를 묻는 질문에 배터리가 충전됐는지(Is the battery charged?) 되물으며 관련 정보를 확인하고 있으므로 정답이다.
(B) 연상 어휘 오답: 질문의 laptop starting에서 연상 가능한 In a few minutes를 이용한 오답이다.
(C) 연상 어휘 오답 및 관련 없는 오답: 질문의 laptop에서 연상 가능한 desk(top)를 이용하고 있으며, 노트북 컴퓨터의 위치를 묻는 Where 의문문에 적합한 대답이므로 오답이다.

Possible Answers **You can use mine.** 제 것을 쓰셔도 되요.
Let me take a look at it. 제가 한번 볼게요.

---

14 **M-Cn** Why's the radio on / in the staff room?
W-Am (A) He'll be ready at three.
(B) Sorry, I forgot to turn it off.
(C) Yes, the entire staff.

직원 사무실에 있는 라디오는 왜 켜져 있나요?
(A) 그는 3시에 준비가 될 거예요.
(B) 미안해요, 끄는 걸 잊었어요.
(C) 네, 전체 직원이요.

어휘 **staff** 직원 **forget** 잊다, 잊어버리다 **turn off** 끄다 **entire** 전체의, 전부의

해설 라디오가 켜져 있는 이유를 묻는 Why 의문문

(A) 인칭 오류 오답: He가 가리키는 3인칭 남성이 질문에 언급되지 않았으므로 오답이다.

(B) 정답: 이유를 묻는 Why 의문문에 끄는 것을 잊었다(forgot to turn it off)면서 라디오가 켜져 있는 이유를 잘 답변한 정답이다.

(C) Yes/No 대답 불가 오답 및 단어 반복 오답: 의문사 의문문에 Yes/No로 답변한 오답으로, 질문에 사용된 단어(staff)를 선택지에서 그대로 반복하여 혼동을 유발하고 있다.

Possible Answers **That's because Steve is in there.** 스티브가 거기에 있어서요.
Oh, I'll take care of it right away. 아, 지금 바로 처리할게요.

---

15 **M-Au** How did you manage to arrive so early?
M-Cn (A) No, he worked late.
(B) In twenty-five minutes.
(C) I took a different route.

어떻게 그렇게 일찍 도착했나요?
(A) 아니요, 그는 늦게까지 일했어요.
(B) 25분 후에요.
(C) 다른 길로 왔어요.

어휘 **manage to** 간신히 해내다, 용케 ~하다 **take a route** 길을 가다, 경로로 가다

해설 일찍 도착한 방법을 묻는 How 의문문

(A) Yes/No 대답 불가 오답 및 연상 어휘 오답: 의문사 의문문에 Yes/No로 답변한 오답으로, 의미상 연결 가능한 두 단어(early 일찍 – late 늦게)를 사용하여 혼동을 유발하고 있다.

(B) 연상 어휘 오답 및 관련 없는 오답: 의미상 연결이 가능한 두 표현(arrive 도착하다 – in twenty-five minutes 25분 후에)을 사용하여 혼동을 유발하는 오답으로, 시간을 묻는 When 의문문에 적절한 대답이다.

(C) 정답: 일찍 도착한 방법을 묻는 How 의문문에 다른 길로 왔다(took a different route)며 잘 답변한 정답이다.

Possible Answers **Because I took the train.** 기차를 탔거든요.
There was no traffic. 차가 막히지 않았어요.

---

16 **M-Au** Why has our budget been increased / this year?
W-Br (A) Yes, that's the plan.
(B) So that we can hire more employees.
(C) Back in November.

올해 우리 예산이 왜 증액됐죠?
(A) 네, 그게 계획입니다.
(B) 더 많은 직원들을 채용할 수 있도록요.
(C) 지난 11월에요.

어휘 **budget** 예산 **increase** 증가하다 **employee** 직원

해설 예산 증액 이유를 묻는 Why 의문문

(A) Yes/No 대답 불가 오답 및 연상 어휘 오답: 의문사 의문문에는 Yes/No로 대답할 수 없으며, 질문의 budget에서 연상 가능한 plan을 이용한 오답이다.

(B) 정답: 올해 예산이 증액된 이유를 묻는 질문에 더 많은 직원들을 채용할 수 있기 위해(So that we can hire more employees)라며 구체적인 이유를 밝히고 있으므로 정답이다.

(C) 연상 어휘 오답 및 관련 없는 오답: 질문의 this year에서 연상 가능한 November를 이용한 오답으로, 시점을 묻는 When 의문문에 적합한 대답이다.

Possible Answers **Every department got an increase.** 모든 부서가 다 증액되었어요.
I was going to ask you about that. 제가 당신에게 물어보려고 했어요.

---

17 **W-Am** How many people will attend the product launch?
M-Au (A) No, I don't have time for lunch now.
(B) This computer costs 50,000 yen.
(C) I had to reserve the largest room.

제품 출시 행사에 몇 명이 참석할까요?
(A) 아니요, 지금 점심 먹을 시간이 없어요.
(B) 이 컴퓨터는 5만엔입니다.
(C) 가장 큰 방을 예약해야 했어요.

어휘 **attend** 참석하다 **launch** 출시, 개시 **reserve** 예약하다

해설 참석 인원수를 묻는 How many 의문문

(A) Yes/No 대답 불가 오답 및 유사 발음 오답: 의문사 의문문에는 Yes/No로 대답할 수 없으며, 질문의 launch와 발음이 유사한 lunch를 이용한 오답이다.

(B) 연상 어휘 오답 및 관련 없는 오답: 질문의 product에서 연상 가능한 computer를 이용하고 있으며, 가격을 묻는 How much 의문문에 적합한 대답이므로 오답이다.

(C) 정답: 제품 출시 행사에 참석할 인원수를 묻는 질문에 가장 큰 방을 예약해야 했다(I had to reserve the largest room)며 우회적으로 참석 인원이 많음을 나타내고 있으므로 가장 적절한 응답이다.

Possible Answers **At least two hundred.** 적어도 200명이요.
Kenji has the guest list. 켄지가 고객 리스트를 갖고 있어요.

---

18 **W-Br** Why can't I pay with a credit card?
M-Au (A) I mailed her a letter on Wednesday.
(B) Sorry, we only accept cash.
(C) No, it's not too expensive.

왜 신용카드로 결제할 수 없나요?
(A) 제가 그녀에게 수요일에 편지를 보냈어요.
(B) 죄송하지만, 저희는 현금만 받습니다.
(C) 아니요, 너무 비싼 건 아니에요.

어휘 **pay** 지불하다 **accept** 수락하다, 받아주다 **cash** 현금 **expensive** 비싼

해설 결제 불가 이유를 묻는 Why 의문문
(A) 인칭 오류 오답: 질문에 her가 가리킬 만한 대상이 없으므로 오답이다.
(B) 정답: 신용카드로 결제할 수 없는 이유를 묻는 질문에 현금만 받는다(we only accept cash)며 구체적인 이유를 밝히고 있으므로 정답이다.
(C) Yes/No 대답 불가 오답 및 연상 어휘 오답: 의문사 의문문에는 Yes/No로 대답할 수 없으며, 질문의 pay with a credit card에서 연상 가능한 expensive를 이용한 오답이다.

Possible Answers **Our credit card reader isn't working.** 저희 신용카드 판독기가 작동하지 않네요.
That's just the store's policy. 그저 저희 가게의 방침입니다.

---

19 **W-Am** How do I find out more / about volunteer programs?
W-Br (A) Last Friday.
(B) Have you talked to Sharon Smith?
(C) Leave them by the main entrance.

자원봉사 프로그램에 대해 어떻게 더 알아볼 수 있나요?
(A) 지난 금요일이요.
(B) 샤론 스미스에게 말씀하셨나요?
(C) 그것들을 정문 옆에 두세요.

어휘 **volunteer** 자원봉사자 **leave** 놓다, 두다 **main entrance** 정문

해설 방법을 묻는 How 의문문
(A) 관련 없는 오답: 시점을 묻는 When 의문문에 적합한 대답이므로 오답이다.
(B) 정답: 자원봉사 프로그램에 대해 알아보는 방법을 묻는 질문에 샤론 스미스와 얘기해봤는지(Have you talked to Sharon Smith?) 되물으며 우회적으로 관련 정보를 제공할 수 있는 사람을 밝히고 있으므로 가장 적절한 응답이다.
(C) 관련 없는 오답: 장소를 묻는 Where 의문문에 적합한 대답이므로 오답이다.

Possible Answers **Here's a brochure.** 여기 안내책자가 있습니다.
We have information sessions each month. 매달 설명회가 있습니다.

---

20 **M-Au** Why did Lisa miss the sales meeting?
W-Br (A) She was sitting in the back of the room.
(B) My keys are missing.
(C) Everything is on sale today!

리사는 왜 영업회의에 빠졌나요?
(A) 회의실 뒤편에 앉아 있었어요.
(B) 제 열쇠가 없어졌어요.
(C) 오늘은 모든 제품이 할인입니다!

어휘 **miss** 놓치다 **missing** 없어진 **on sale** 할인 중인

해설 불참 이유를 묻는 Why 의문문
(A) 정답: 리사가 영업회의에 참석하지 않은 이유를 묻는 질문에 회의실 뒤편에 앉아 있었다(She was sitting in the back of the room)며 잘못된 정보를 수정하고 있으므로 가장 적절한 응답이다.
(B) 파생어 오답: 질문의 miss와 파생어 관계인 missing을 이용한 오답이다.
(C) 다의어 오답: 질문의 sale을 다른 의미로 반복 사용한 오답으로, 질문에서 sales는 '영업부'라는 의미이지만 여기에서 sale은 '할인'이라는 의미이다.

Possible Answers **Because she was on an important call.** 왜냐하면 중요한 전화를 받는 중이었거든요.
Allen forgot to invite her. 앨런이 깜박하고 그녀를 부르지 않았어요.

UNIT 04 Be동사/조동사 의문문

기출 문제풀이 전략 | Be동사 의문문

Check Up

교재 p. 88

1. (B) **2.** (A) **3.** (C)

1 W-Am Are you planning to go shopping / tomorrow?
M-Cn (A) It's a textile plant. (O/X)
(B) No, I have to work. (O/X)
(C) Yes, I heard that too. (O/X)

내일 쇼핑하러 갈 계획인가요?
(A) 직물 공장입니다.
(B) 아니요, 일해야 해요.
(C) 네, 저도 들었어요.

어휘 **textile** 직물 **plant** 공장

해설 계획을 확인하는 Be동사 의문문
(A) 유사 발음 오답: 질문의 planning과 발음이 유사한 plant를 이용한 오답이다.
(B) 정답: 내일 쇼핑하러 갈 계획인지 확인하는 질문에 No라고 부정한 후, 일해야 한다(I have to work)며 자신의 계획을 밝히고 있으므로 정답이다.
(C) 관련 없는 오답: 질문과 상관없는 답변을 제시한 오답이다.

---

2 M-Au Is that your phone ringing?
W-Br (A) Oh, you're right; it is. (O/X)
(B) He called the office today. (O/X)
(C) No, I don't like to sing. (O/X)

당신의 전화가 울리고 있나요?
(A) 아, 맞아요. 그렇네요.
(B) 오늘 그가 사무실에 전화했어요.
(C) 아니요, 저는 노래하는 것을 좋아하지 않아요.

해설 사실을 확인하는 Be동사 의문문
(A) 정답: 울리는 전화기의 소유자가 맞는지 묻는 질문에 맞다(you're right)고 한 후, 그렇다(it is)며 재차 확인하고 있으므로 정답이다.
(B) 인칭 오류 오답 및 연상 어휘 오답: 질문에 He가 가리킬 만한 대상이 없으며, 질문의 phone에서 연상 가능한 called를 이용한 오답이다.
(C) 유사 발음 오답: 질문의 ringing과 일부 발음이 유사한 sing을 이용한 오답이다.

---

3 W-Am Is the apartment still available?
M-Br (A) No, the part hasn't arrived. (O/X)
(B) The label is on the back. (O/X)
(C) Let me check that for you. (O/X)

그 아파트는 아직 비어 있나요?
(A) 아니요. 부품이 도착하지 않았어요.
(B) 라벨이 뒷면에 붙어 있어요.
(C) 제가 확인해 드릴게요.

어휘 **available** 구할 수 있는, 이용 가능한

해설 존재 유무를 확인하는 Be동사 의문문
(A) 유사 발음 오답: 질문의 apartment와 일부 발음이 유사한 part를 이용한 오답이다.
(B) 유사 발음 오답: 질문의 available과 발음이 유사한 label을 이용한 오답이다.
(C) 정답: 아파트가 아직 비어 있는지 묻는 질문에 확인해 주겠다(Let me check that for you)고 하므로 적절한 응답이다.

기출 문제풀이 전략 | 조동사 의문문

Check Up

교재 p. 90

1. (B) **2.** (B) **3.** (B)

1 M-Au Did you go to the budget meeting / yesterday?
M-Cn (A) OK, I'll ask later. (O/X)
(B) No, it was canceled. (O/X)
(C) Oh, is it ready? (O/X)

어제 예산 회의에 가셨나요?
(A) 좋아요, 나중에 물어볼게요.
(B) 아니요, 취소됐어요.
(C) 아, 준비됐나요?

어휘 **budget** 예산 **cancel** 취소하다

해설 사실을 확인하는 조동사 의문문(Do)
(A) 관련 없는 오답: 질문과 상관없는 답변을 제시한 오답이다.
(B) 정답: 예산 회의에 갔는지 확인하는 질문에 No라고 부정한 후, 취소됐다(it was canceled)며 참석하지 않은 이유를 덧붙이고 있으므로 정답이다.
(C) 연상 어휘 오답: 질문의 budget meeting에서 연상 가능한 질문 is it ready?를 이용한 오답이다.

2 M-Cn Have you heard about the rent increase / in our building?
W-Br (A) It takes longer now. (O/X)
(B) No, I haven't. (O/X)
(C) Near the city center. (O/X)

우리 건물의 최근 임대료 증가에 대해 들었어요?
(A) 지금은 더 오래 걸려요.
(B) 아니요, 못 들었어요.
(C) 도심 근처요.

어휘 **increase** 증가, 상승

해설 경험을 확인하는 조동사 의문문(Have)
(A) 관련 없는 오답: 질문과 상관없는 답변을 제시한 오답이다.
(B) 정답: 임대 증가에 대해 들어봤는지 확인하는 질문에 No라고 부정한 후, 못 들었다(I haven't)고 덧붙이고 있으므로 정답이다.
(C) 연상 어휘 오답: 질문의 rent increase에서 연상 가능한 city center를 이용한 오답이다.

3 W-Am Will they be serving food / at the conference?
M-Cn (A) Thanks for your help. (O/X)
(B) Yes, they will be. (O/X)
(C) It was beautiful. (O/X)

그들은 회의에서 음식을 제공할 건가요?
(A) 도와주셔서 감사해요.
(B) 네, 그럴 거예요.
(C) 그건 아름다웠어요.

해설 음식 제공 여부를 묻는 조동사 의문문(Will)
(A) 연상 어휘 오답: 질문의 serving food에서 연상 가능한 표현 Thanks for your help를 이용한 오답이다.
(B) 정답: 음식 제공 여부를 묻는 조동사 의문문에, 그럴 거라고 간략히 답변한 정답이다.
(C) 관련 없는 오답: 질문과 상관없는 답변을 제시한 오답이다.

ETS 문제로 훈련하기

교재 p. 93

1. (A) **2.** (A) **3.** (A) **4.** (A) **5.** (B)
6. (C) **7.** (C) **8.** (C) **9.** (B) **10.** (B)

1 M-Cn Is David's retirement party / on Friday?
W-Br (A) Yes, are you coming?
(B) We had a great time.
(C) No, it's every Monday.

데이비드 은퇴 기념 파티가 금요일에 있나요?
(A) 네, 오시나요?
(B) 우리는 즐거운 시간을 보냈어요.
(C) 아니요, 매주 월요일이에요.

해설 사실을 확인하는 Be동사 의문문

(A) 정답: 은퇴 기념 파티가 금요일인지 확인하는 질문에 Yes라고 긍정한 후, 참석하는지(are you coming?) 되묻고 있으므로 정답이다.

(B) 연상 어휘 오답: 질문의 retirement party에서 연상 가능한 참석 후 반응 We had a great time을 이용한 오답이다.

(C) 연상 어휘 오답: 질문의 Friday에서 연상 가능한 Monday를 이용한 오답이다.

---

2 W-Br Did you deliver the letter / personally?
M-Cn (A) No, I sent it by mail.
(B) Several people were late.
(C) No, I didn't read it.

편지를 직접 배달했어요?
(A) 아니요, 우편으로 보냈어요.
(B) 여러 명이 늦었어요.
(C) 아니요, 읽지 않았어요.

어휘 **deliver** 배달하다 **personally** 직접, 개인적으로 **several** 몇몇의

해설 사실을 확인하는 조동사 의문문(Do)

(A) 정답: 편지를 직접 배달했는지 확인하는 질문에 No라고 부정한 후, 우편으로 보냈다(I sent it by mail)며 전달 방법을 덧붙이고 있으므로 정답이다.

(B) 연상 어휘 오답: 질문의 letter를 latter로 잘못 들을 경우 연상 가능한 late를 이용한 오답이다.

(C) 연상 어휘 오답: 질문의 letter에서 연상 가능한 read it을 이용한 오답이다.

---

3 W-Br Are there any extra tea cups?
M-Au (A) In the cupboard over the sink.
(B) Just a little, thanks.
(C) I made it this morning.

여분의 찻잔이 있나요?
(A) 개수대 위 찬장에요.
(B) 조금만 주세요. 감사합니다.
(C) 오늘 아침에 그것을 만들었어요.

어휘 **cupboard** 찬장

해설 존재 유무를 확인하는 Be동사 의문문

(A) 정답: 여분의 찻잔이 있는지 확인하는 질문에 개수대 위 찬장(In the cupboard over the sink)이라는 위치 정보를 제공해 우회적으로 긍정하고 있으므로 정답이다.

(B) 연상 어휘 오답: 질문의 extra tea에서 연상 가능한 양 표현 a little을 이용한 오답이다.

(C) 인칭 오류 오답 및 관련 없는 오답: 질문에 it이 가리킬 만한 대상이 없으며, 찻잔이 추가로 있는지 확인하는 질문에 오늘 아침에 그것을 만들었다(I made it this morning)는 대답은 맥락에도 맞지 않으므로 오답이다.

---

4 W-Br Have you read our annual sales report?
M-Au (A) Yes, it's quite promising.
(B) It was only twenty euros.
(C) I'll come to the next one.

연간 판매 보고서를 읽었나요?
(A) 네, 전망이 꽤 좋군요.
(B) 20유로밖에 안 됐어요.
(C) 저는 다음 번에 올게요.

어휘 **annual** 연례의, 연간의 **report** 보고서 **promising** 조짐이 좋은, 유망한

해설 완료 상태를 확인하는 조동사 의문문(Have)

(A) 정답: 연간 판매 보고서를 읽었는지 확인하는 질문에 Yes라고 긍정한 후, 전망이 꽤 좋다(it's quite promising)며 의견을 덧붙이고 있으므로 정답이다.

(B) 연상 어휘 오답: 질문의 annual sales에서 연상 가능한 twenty euros를 이용한 오답이다.

(C) 관련 없는 오답: 질문과 상관없는 답변을 제시한 오답이다.

---

5 M-Au Are you going to the laboratory / this afternoon?
W-Am (A) It's still experimental.
(B) I'll be a bit late, but I'll be there.
(C) Right this way, please.

오늘 오후에 실험실에 갈 건가요?
(A) 아직 실험적이에요.
(B) 조금 늦겠지만, 갈 거예요.
(C) 바로 이쪽으로 오세요.

어휘 **laboratory** 실험실 **experimental** 실험적인 **a bit** 조금, 다소

해설 실험실에 갈 건지 여부를 확인하는 Be동사 의문문

(A) 연상 어휘 오답: 의미상 연결이 가능한 두 단어(laboratory 실험실 - experimental 실험적인)를 이용해서 혼동을 유발하는 오답이다.

(B) 정답: 실험실에 갈 건지 묻는 Be동사 의문문에, Yes를 생략하고 늦겠지만 갈 것이라고 잘 답변한 정답이다.

(C) 연상 어휘 오답: 질문의 Are you going에서 연상 가능한 Right this way를 이용한 오답이다.

---

6 W-Br Did you contact the landlord / about the leaky tap?

M-Cn (A) Apartment 3G.

(B) Two hundred dollars.

(C) Yes, I called him / yesterday.

새는 수도꼭지에 관해 주인에게 연락했나요?

(A) 3G 아파트요.

(B) 200달러요.

(C) 네, 어제 전화했어요.

어휘 **landlord** 주인 **leaky** 새는 **tap** 수도꼭지

해설 사실을 확인하는 조동사 의문문(Do)

(A) 연상 어휘 오답: 질문의 landlord에서 연상 가능한 Apartment 3G를 이용한 오답이다.

(B) 관련 없는 오답: 가격을 묻는 How much 의문문에 적합한 대답이므로 오답이다.

(C) 정답: 주인에게 연락했는지 확인하는 질문에 Yes라고 긍정한 후, 어제 전화했다(I called him yesterday)며 구체적인 연락 시점을 덧붙이고 있으므로 정답이다.

---

7 W-Am Does your company have an office / overseas?

M-Au (A) That was a good offer.

(B) My manager's ready to see you.

(C) It actually has several of them.

당신의 회사는 해외에 사무실이 있나요?

(A) 그건 괜찮은 제안이었어요.

(B) 제 관리자는 당신을 만날 준비가 되어 있어요.

(C) 사실 여러 곳 있어요.

어휘 **overseas** 해외에 **offer** 제안, 제의 **actually** 사실 **several** 다수의

해설 사실을 확인하는 조동사 의문문(Do)

(A) 유사 발음 오답: 질문의 office와 발음이 유사한 offer를 이용한 오답이다.

(B) 연상 어휘 오답: 질문의 company와 office에서 연상 가능한 manager를 이용한 오답이다.

(C) 정답: 해외에 사무실이 있는지 확인하는 질문에 여러 곳이 있다(It actually has several of them)며 긍정적으로 대답하고 있으므로 정답이다.

---

8 W-Am Will Denise give a presentation / at this year's conference?

M-Au (A) The convention center is larger.

(B) Thanks for the invitation.

(C) Yes, she plans to.

올해 컨퍼런스에서 드니즈가 발표할 건가요?

(A) 컨벤션 센터가 더 커요.

(B) 초대해 주셔서 감사해요.

(C) 네, 그럴 계획이에요.

어휘 **give a presentation** 발표하다 **conference** 회담, 회의 **invitation** 초대(장)

해설 컨퍼런스 발표자를 확인하는 조동사 의문문(Will)

(A) 연상 어휘 오답: 의미상 연결이 가능한 두 단어(conference 회담 - convention 협의회)를 사용해서 혼동을 유발하는 오답이다.

(B) 연상 어휘 오답: 의미상 연결이 가능한 두 단어(conference 회담 - invitation 초대)를 사용해서 혼동을 유발하는 오답이다.

(C) 정답: 발표자가 드니즈인지 묻는 조동사 의문문에 Yes라고 답한 후, 그럴 계획이라고 덧붙여 잘 답변한 정답이다.

---

9 W-Am Have they set up the equipment yet?

W-Br (A) You can sit over there.

(B) No, they'll do it / tomorrow.

(C) It's very expensive.

그들이 장비를 설치했나요?

(A) 당신은 저기에 앉으면 돼요.

(B) 아니요, 그들은 내일 할 거예요.

(C) 그것은 아주 비싸요.

어휘 **set up** 설치하다 **equipment** 장비

해설 장비 설치 여부를 확인하는 조동사 의문문(Have)

(A) 유사 발음 오답: 유사발음어(set - sit)를 사용해서 혼동을 유발하는 오답이다.

(B) 정답: 장비를 설치했는지 묻는 조동사 의문문에 No라고 답한 뒤, 내일 설치할 것이라고 잘 답변한 정답이다.

(C) 관련 없는 오답: 질문과 상관없는 답변을 제시한 오답이다.

---

10 M-Cn Was Chang-Ho at the workshop / on Saturday?
W-Br (A) It was very helpful.
(B) Let me check the attendance list.
(C) Open Monday to Friday.

창호는 토요일 워크숍에 있었나요?
(A) 매우 유용했어요.
(B) 참석자 명단을 확인해 볼게요.
(C) 월요일부터 금요일까지 열어요.

해설 사실을 확인하는 Be동사 의문문
(A) 연상 어휘 오답: 질문의 workshop에서 연상 가능한 워크숍에 대한 의견 It was very helpful을 이용한 오답이다.
(B) 정답: 창호가 워크숍에 있었는지 확인하는 질문에 참석자 명단을 확인해 보겠다(Let me check the attendance list)고 제안하며 우회적으로 자신도 모른다는 것을 나타내고 있으므로 가장 적절한 응답이다.
(C) 연상 어휘 오답: 질문의 Saturday에서 연상 가능한 Monday to Friday를 이용한 오답이다.

ETS 실전 테스트

교재 p. 94

1. (B)	**2.** (C)	**3.** (B)	**4.** (A)	**5.** (A)	**6.** (B)	**7.** (A)	**8.** (A)	**9.** (C)
10. (A)	**11.** (C)	**12.** (A)	**13.** (B)	**14.** (B)	**15.** (C)	**16.** (A)	**17.** (A)	**18.** (C)
19. (C)	**20.** (B)							

1 M-Cn Do you rent out storage space?
W-Br (A) This one is much larger.
(B) Yes, by the month.
(C) A student discount.

창고를 임대하고 있나요?
(A) 이것이 더 커요.
(B) 네, 월 단위로요.
(C) 학생 할인이요.

어휘 **rent out** 임대하다 **storage** 보관, 저장 **discount** 할인

해설 사실을 확인하는 조동사 의문문(Do)
(A) 연상 어휘 오답: 질문의 storage space에서 연상 가능한 much larger를 이용한 오답이다.
(B) 정답: 보관 장소를 임대하는지 확인하는 질문에 Yes라고 긍정한 후, 월 단위(by the month)라며 임대 관련 정보를 덧붙이고 있으므로 정답이다.
(C) 연상 어휘 오답: 질문의 rent out에서 연상 가능한 student discount를 이용한 오답이다.

Possible Answers **Yes, how much space are you looking for?** 네, 얼마만한 공간을 찾고 계신가요?
We don't have any empty units right now. 지금 당장은 빈 곳이 없습니다.

---

2 M-Au Is Carmen going to attend / our time-management workshop?
W-Br (A) Actually, I ordered eight.
(B) It was a big success.
(C) Yes, she is.

카르멘은 우리 시간 관리 워크숍에 참석할 예정입니까?
(A) 사실 저는 8개를 주문했어요.
(B) 큰 성공을 거뒀죠.
(C) 네, 그래요.

어휘 **attend** 참석하다 **management** 관리 **actually** 사실

해설 계획을 확인하는 Be동사 의문문
(A) 관련 없는 오답: 질문과 상관없는 답변을 제시한 오답이다.
(B) 연상 어휘 오답: 질문의 workshop에서 연상 가능한 워크숍의 결과 It was a big success를 이용한 오답이다.
(C) 정답: 카르멘이 워크숍에 참석할 예정인지 확인하는 질문에 Yes라고 긍정한 후, 그렇다(she is)고 덧붙이고 있으므로 정답이다.

Possible Answers **Her name's on the registration list.** 그녀의 이름이 등록자 명단에 있었어요.
I'll call her and ask. 전화해서 물어볼게요.

---

3 W-Am Are you going back to your office / after lunch?
M-Au (A) They'll eat lunch / in the cafeteria.
(B) No, I'm touring the new factory.
(C) A chicken sandwich.

점심 후 사무실로 돌아가세요?
(A) 그들은 구내식당에서 점심을 먹을 겁니다.
(B) 아뇨, 새 공장을 둘러볼 거예요.
(C) 치킨 샌드위치요.

어휘 **tour** (시찰, 관광 등으로) 돌아다니다

해설 계획을 확인하는 Be동사 의문문

(A) 단어 반복 오답 및 연상 어휘 오답: 질문의 lunch를 반복 사용하고 있으며, lunch에서 연상 가능한 eat lunch in the cafeteria를 이용한 오답이다.

(B) 정답: 점심 후 사무실로 돌아가는지 확인하는 질문에 No라고 부정한 후, 새 공장을 둘러볼 것(I'm touring the new factory)이라며 향후 계획을 덧붙이고 있으므로 정답이다.

(C) 연상 어휘 오답: 질문의 lunch에서 연상 가능한 chicken sandwich를 이용한 오답이다.

Possible Answers **Yes, I have to work on the budget report.** 네, 예산 보고서 작업을 해야 하거든요.
Why—do you need something? 왜요, 뭐 필요하세요?

---

4 M-Cn Have you decided which mobile phone to buy?
M-Au (A) Yes, this one seems OK.
(B) I'm glad / you like it.
(C) We'll move it / right away.

어떤 휴대전화를 살지 결정했나요?
(A) 네, 이게 괜찮아 보이네요.
(B) 마음에 든다니 기뻐요.
(C) 우리가 바로 그것을 옮길게요.

해설 휴대전화 종류를 결정했는지 여부를 묻는 조동사 의문문(Have)

(A) 정답: 결정했는지 여부를 묻는 일반 의문문에 Yes라고 답한 후, 이것이 괜찮아 보인다(this one seems OK)라는 부연 설명을 덧붙여 잘 답변한 정답이다.

(B) 관련 없는 오답: 질문과 상관없는 답변을 제시한 오답이다.

(C) 연상 어휘 오답: 유사한 의미의 두 단어(mobile - move)를 사용해서 혼동을 유발하는 오답이다.

Possible Answers **There are so many choices.** 선택의 여지가 너무 많아요.
No, I'm still thinking about it. 아니요, 아직도 생각 중이에요.

---

5 W-Br Should we check this weekend's movie times?
M-Cn (A) Sure, let's do that.
(B) It was too heavy to move.
(C) Every day.

이번 주말 영화 시간을 확인해야 할까요?
(A) 좋아요, 그렇게 하죠.
(B) 그건 너무 무거워서 옮길 수가 없었어요.
(C) 매일이요.

어휘 **too ~ to...** 너무 ~해서 …할 수 없다

해설 영화 시간 확인 여부를 묻는 조동사 의문문(Should)

(A) 정답: Should we ~?로 제안을 나타내는 의문문에 대해, 물론 그렇게 하자고(Sure, let's do that.) 답변한 정답이다.

(B) 유사 발음 오답: 유사발음어(movie - move)를 사용하여 혼동을 유발하는 오답이다.

(C) 연상 어휘 오답: 의미상 연결이 가능한 두 표현(weekend 주말 - Every day 매일)을 이용하여 혼동을 유발하는 오답이다.

Possible Answers **Sorry, I have other plans.** 미안해요, 저는 다른 약속이 있어요.
I thought we were going to see a play. 연극을 보러 가는 줄 알았는데요.

---

6 M-Cn Is there a pharmacy around here?
W-Am (A) About 5 minutes ago.
(B) Yes, right across the street.
(C) I don't hear anything.

이 근처에 약국이 있나요?
(A) 5분 전쯤에요.
(B) 네, 길 건너서요.
(C) 저는 아무 소리도 못 들었어요.

어휘 **pharmacy** 약국

해설 존재 유무를 확인하는 Be동사 의문문

(A) 관련 없는 오답: 시점을 묻는 When 의문문에 적합한 대답이므로 오답이다.

(B) 정답: 근처에 약국이 있는지 확인하는 질문에 Yes라고 긍정한 후, 길 건너서(right across the street)라며 구체적인 위치를 덧붙이고 있으므로 정답이다.

(C) 동음이의어 오답: 질문의 here와 발음이 동일한 hear를 이용한 오답이다.

Possible Answers **Sorry, I don't live in this area.** 미안해요, 이 지역에 살지 않아서요.
Doesn't your phone have a map app? 전화에 지도 어플이 있지 않나요?

---

7 **W-Am** Is the paint on the stairs still wet?
M-Au (A) It should be dry by now.
(B) It doesn't hurt.
(C) Sure, we'll wait for you.

계단에 칠한 페인트가 아직 젖어 있나요?
(A) 지금쯤이면 말랐을 거예요.
(B) 아프지 않아요.
(C) 물론이에요, 당신을 기다릴게요.

어휘 **stairs** 계단 **hurt** 다치게 하다, 아프게 하다

해설 페인트칠이 아직 안 말랐는지 확인하는 Be동사 의문문
(A) 정답: 페인트칠이 마르지 않았는지 묻는 Be동사 의문문에 No를 생략하고 말랐을 것이라고 잘 답변한 정답이다.
(B) 관련 없는 오답: 질문과 상관없는 답변을 제시한 오답이다.
(C) 유사 발음 오답: 유사발음어(wet - wait)를 사용하여 혼동을 유발하는 오답이다.

Possible Answers **Yes, you'll have to use the other entrance.** 네, 다른 입구를 사용하셔야 할 거예요.
That's what the sign says. 표지판에 그렇게 쓰여 있네요.

---

8 **W-Am** Has Ms. Kitano already spoken to you?
W-Br (A) She hasn't arrived yet.
(B) I prefer the blue one.
(C) Seven pages.

키타노 씨가 벌써 당신에게 이야기했나요?
(A) 그녀는 아직 도착하지 않았어요.
(B) 파란색이 더 좋아요.
(C) 일곱 페이지요.

해설 사실 여부를 묻는 조동사 의문문(Have)
(A) 정답: 키타노 씨가 이야기했는지 사실을 묻는 의문문에 그녀가 아직 도착하지 않았다(She hasn't arrived yet)며 간접적으로 부정적 응답을 적절히 제시한 정답이다.
(B) 관련 없는 오답 및 인칭 오류 오답: 질문과 상관없는 답변을 제시한 오답으로, one이 가리키는 3인칭 대상이 질문에 언급되지 않았다.
(C) 관련 없는 오답: 질문과 상관없는 내용의 답변이다.

Possible Answers **No, is there a problem?** 아니요, 문제가 있나요?
She called a few minutes ago. 그녀가 몇 분 전에 전화했어요.

---

9 **W-Br** Do you think / my suitcase will fit in the car?
M-Cn (A) Thanks, I'd rather stand.
(B) Not much, thank you.
(C) Why don't we give it a try?

제 여행가방이 차에 들어갈 거라고 생각하세요?
(A) 감사합니다. 저는 서 있는 편이 낫겠어요.
(B) 많진 않아요. 감사합니다.
(C) 시도해 보면 어때요?

어휘 **fit** 맞다 **would rather** 차라리 ~하겠다 **give it a try** 시도하다, 한번 해 보다

해설 의견을 확인하는 조동사 의문문(Do)
(A) 관련 없는 오답: 질문과 상관없는 답변을 제시한 오답이며, 뭔가를 제안 받았을 때 적합한 대답이다.
(B) 관련 없는 오답: 질문과 상관없는 답변을 제시한 오답이다.
(C) 정답: 여행가방이 차에 맞을지 확인하는 질문에 시도해 보면 어떨지(Why don't we give it a try?) 제안하며 우회적으로 자신도 잘 모른다는 것을 나타내고 있으므로 가장 적절한 응답이다.

Possible Answers **It looks too big to me.** 저한테는 너무 커 보이는데요.
We're taking a van, actually. 실은 밴을 가져갈 거예요.

---

10 **W-Am** Is this your first visit / here?
M-Cn (A) Yes, we've never been here / before.
(B) No, the second one from the left.
(C) He promised / he'd be on time.

이번이 여기 처음 방문이신가요?
(A) 네, 전에 여기에 와 본 적이 없어요.
(B) 아니요, 왼쪽에서 두 번째 거요.
(C) 그는 정시에 올 거라고 약속했어요.

어휘 **promise** 약속하다 **on time** 시간을 어기지 않고, 정시에

해설 첫 방문 여부를 확인하는 Be동사 의문문
(A) 정답: 첫 번째 방문인지 묻는 Be동사 의문문에 Yes라고 답한 후, 전에 와 본 적이 없다는(we've never been here before) 부연 설명을 덧붙여 잘 답변한 정답이다.
(B) 연상 어휘 오답: 의미상 연결이 가능한 두 단어(first 첫 번째의 - second 둘째의)를 이용하여 혼동을 유발하는 오답이다.
(C) 인칭 오류 오답: He가 가리키는 3인칭 남성이 누구인지 질문에 언급되지 않은 오답이다.

 Yes, but I've read a lot about the city. 네, 하지만 이 도시에 대해 많이 읽었어요.
I used to live around here, actually. 실은 전에 이 근처에서 살았어요.

---

11 W-Br Does Sandor have all the materials / for the client presentation?
M-Cn (A) Because he asked for help.
(B) They covered a lot of material.
(C) He needs one more document.

산도르는 고객 발표를 위한 모든 자료를 가지고 있나요?
(A) 그가 도움을 요청해서요.
(B) 그들은 많은 자료를 다뤘어요.
(C) 그에게 문서 하나가 더 필요해요.

어휘 **material** 자료 **presentation** 발표 **cover** 다루다

해설 사실을 확인하는 조동사 의문문(Do)
(A) 관련 없는 오답: 이유를 묻는 Why 의문문에 적합한 대답이므로 오답이다.
(B) 단어 반복 오답 및 연상 어휘 오답: 질문의 material을 반복 사용하고 있으며, 질문의 presentation에서 연상 가능한 covered a lot of material을 이용한 오답이다.
(C) 정답: 산도르가 모든 자료를 가지고 있는지 확인하는 질문에 문서 하나가 더 필요하다(He needs one more document)며 우회적으로 부정하고 있으므로 가장 적절한 응답이다.

Possible Answers **We gave him everything we had.** 우리가 갖고 있는 걸 그에게 다 줬어요.
Yes, he said he's completely prepared. 네, 완벽하게 준비했다고 하네요.

---

12 M-Au Hi, are there any seats available / for the eight o'clock show?
W-Am (A) Let me check.
(B) I can't come tonight.
(C) Yes, the shoe store.

안녕하세요. 8시 공연에 자리가 있나요?
(A) 확인해 보겠습니다.
(B) 저는 오늘밤에 올 수가 없어요.
(C) 네, 신발 가게요.

해설 존재 유무를 확인하는 Be동사 의문문
(A) 정답: 8시 정각 공연에 자리가 있는지 확인하는 질문에 확인해 보겠다(Let me check)고 제안하고 있으므로 가장 적절한 응답이다.
(B) 연상 어휘 오답: 질문의 the eight o'clock show에서 연상 가능한 표현 I can't come tonight을 이용한 오답이다.
(C) 유사 발음 오답: 질문의 show와 발음이 유사한 shoe를 이용한 오답이다.

Possible Answers **Yes, there are plenty left.** 네, 많이 남아 있어요.
I'm sorry, that show is sold out. 죄송하지만, 그 시간 공연은 매진입니다.

---

13 W-Br Are you still receiving an error message / on your computer screen?
M-Au (A) A used monitor.
(B) Yes, do you know why?
(C) I've returned mine.

아직도 컴퓨터 화면에 오류 메시지가 뜨나요?
(A) 중고 모니터요.
(B) 네, 이유를 알고 계세요?
(C) 제 것은 반납했어요.

어휘 **receive** 받다 **return** 반납하다, 돌려주다

해설 사실을 확인하는 Be동사 의문문
(A) 연상 어휘 오답: 질문의 computer screen에서 연상 가능한 monitor를 이용한 오답이다.
(B) 정답: 컴퓨터 화면에 오류 메시지가 뜨는지 확인하는 질문에 Yes라고 긍정한 후, 이유를 알고 있는지(do you know why?) 되묻고 있으므로 정답이다.
(C) 연상 어휘 오답: 질문의 error에서 연상 가능한 표현 I've returned mine을 이용한 오답이다.

Possible Answers **No, everything's working fine now.** 아니요, 지금은 모든 게 잘 작동해요.
I'd better call Information Technology. 정보기술팀에 전화해 봐야겠네요.

---

14 W-Am Did Marcus create this advertisement?
M-Cn (A) They give financial advice.
(B) No, it's Frieda's design.
(C) I'll be in a meeting / all afternoon.

마커스가 이 광고를 만들었나요?
(A) 그들이 재정 자문을 해줘요.
(B) 아니요, 그건 프리다의 디자인이에요.
(C) 저는 오후 내내 회의에 있을 거예요.

어휘 **financial** 재정적인, 금융의 **advice** 조언, 충고

해설 사실을 확인하는 조동사 의문문(Do)

(A) 인칭 오류 오답 및 유사 발음 오답: 질문에 They가 가리킬 만한 대상이 없으며, 질문의 advertisement와 발음이 유사한 advice를 이용한 오답이다.

(B) 정답: 마커스가 광고를 만들었는지 확인하는 질문에 No라고 부정한 후, 프리다의 디자인(it's Frieda's design)이라고 정정하고 있으므로 정답이다.

(C) 연상 어휘 오답: 질문의 create this advertisement에서 연상 가능한 meeting을 이용한 오답이다.

Possible Answers **It certainly looks like his work.** 그 사람이 한 게 확실한 것 같아요.
Yes, he's very talented. 네, 그가 재능이 아주 많아요.

---

15 W-Am Were you assigned to the Baxter project?
M-Cn (A) That's not her signature.
(B) An important customer.
(C) Yes, along with Sanjeev and Nina.

백스터 프로젝트에 배정되셨나요?
(A) 그것은 그녀의 서명이 아닙니다.
(B) 중요한 고객이에요.
(C) 네. 산지브, 니나와 함께요.

어휘 **assign** 배정하다, 배치하다 **along with** ~와 함께

해설 사실을 확인하는 Be동사 의문문

(A) 파생어 오답: 질문의 assigned를 signed로 잘못 들을 경우 signed와 파생어 관계인 signature를 이용한 오답이다.

(B) 관련 없는 오답: 질문과 상관없는 답변을 제시한 오답이다.

(C) 정답: 백스터 프로젝트에 배정됐는지 확인하는 질문에 Yes라고 긍정한 후, 산지브, 니나와 함께(along with Sanjeev and Nina)라며 관련 정보를 제공하고 있으므로 정답이다.

Possible Answers **I haven't even heard of that project.** 그 프로젝트에 대해선 들어본 적도 없는데요.
No, there wasn't enough time in my schedule. 아니요, 제 일정에 시간이 부족했어요.

---

16 M-Cn Has Susan gone home already?
W-Am (A) She doesn't usually leave this early.
(B) We're arriving / in half an hour.
(C) A large two-bedroom apartment.

수잔은 벌써 집에 갔나요?
(A) 그녀는 보통 이렇게 일찍 가지 않아요.
(B) 우리는 30분 후에 도착할 거예요.
(C) 침실 두 개짜리 큰 아파트요.

해설 집에 갔는지 여부를 확인하는 조동사 의문문(Have)

(A) 정답: 수잔이 집에 갔는지 사실을 묻는 의문문에 그녀는 보통 이렇게 일찍 가지 않는다(She doesn't usually leave this early)고 적절히 답변한 정답이다.

(B) 연상 어휘 오답: 질문의 gone home에서 연상 가능한 표현 arriving in half an hour를 이용한 오답이다.

(C) 연상 어휘 오답: 의미상 연결이 가능한 두 단어(home 집 - apartment 아파트)를 이용하여 혼동을 유발하는 오답이다. 수잔이 집에 갔는지를 묻는데 침실 두 개짜리 아파트(two-bedroom apartment)라는 말은 내용상 부적절하다.

Possible Answers **She's at a doctor's appointment.** 병원 예약이 있어서 갔어요.
Yes, but I may be able to help you. 네, 하지만 제가 도와드릴 수도 있을 것 같아요.

---

17 W-Br Are you still waiting / for Mr. Chan to call?
M-Au (A) No, I talked to him / yesterday.
(B) About twenty kilograms.
(C) Yes, call him Mr. Chan.

아직 찬 씨가 전화하기를 기다리고 있어요?
(A) 아니요. 어제 이야기했어요.
(B) 20킬로그램 정도요.
(C) 네, 그를 찬 씨라고 불러 주세요.

해설 사실을 확인하는 Be동사 의문문

(A) 정답: 찬 씨의 전화를 기다리고 있는지 확인하는 질문에 No라고 부정한 후, 어제 이야기했다(I talked to him yesterday)며 기다리지 않는 이유를 덧붙이고 있으므로 정답이다.

(B) 연상 어휘 오답: 질문의 waiting을 weight(무게)로 잘못 들을 경우 연상 가능한 About twenty kilograms를 이용한 오답이다.

(C) 다의어 오답: 질문의 call을 다른 의미로 반복 사용한 오답으로, 질문에서 call은 '전화하다'라는 의미이지만 여기서는 '부르다, 칭하다'라는 의미이다.

Possible Answers **I wonder what's taking him so long.** 왜 그렇게 오래 걸리는지 궁금하네요.
Do you think I should just call him? 제가 그냥 전화할까요?

---

18 **W-Br** Will Mr. Daniels contribute to this year's charity drive?
W-Am (A) Your chair is next to his.
(B) No, he came by car.
(C) He has in previous years.

대니얼스 씨는 올해 자선 운동에 기부할 건가요?
(A) 당신의 의자는 그의 의자 옆에 있어요.
(B) 아니요, 그는 차로 왔어요.
(C) 지난 몇 년간 해 왔어요.

어휘 **contribute** 기부하다, 기증하다 **charity drive** 자선 운동 **previous** 이전의

해설 미래 사실을 확인하는 조동사 의문문(Will)
(A) 유사 발음 오답: 질문의 charity와 발음이 유사한 chair를 이용한 오답이다.
(B) 연상 어휘 오답: 질문의 drive를 '(조직적인) 운동'이 아니라 '운전하다'라는 의미로 잘못 이해할 경우 연상 가능한 car를 이용한 오답이다.
(C) 정답: 대니얼스 씨가 자선 운동에 기부할 예정인지 확인하는 질문에 지난 몇 년간 해 왔다(He has in previous years)는 근거를 제시하며 우회적으로 긍정하고 있으므로 가장 적절한 응답이다.

Possible Answers **Yes, he promised to make a donation.** 네, 기부하겠다고 약속했어요.
Most of the executives do. 대부분의 임원들은 해요.

---

19 **W-Am** Is the laboratory going to be remodeled / soon?
M-Cn (A) We can just take the stairs.
(B) The results from the experiment are in.
(C) Actually, work has already begun.

실험실은 곧 개조될 예정입니까?
(A) 우리는 계단을 이용하면 돼요.
(B) 실험 결과가 나왔어요.
(C) 사실 작업이 이미 시작됐어요.

어휘 **laboratory** 실험실 **remodel** 개조하다 **experiment** 실험 **actually** 사실

해설 계획을 확인하는 Be동사 의문문
(A) 연상 어휘 오답: 질문의 remodeled에서 연상 가능한 표현 take the stairs를 이용한 오답이다.
(B) 연상 어휘 오답: 질문의 laboratory에서 연상 가능한 results from the experiment를 이용한 오답이다.
(C) 정답: 실험실이 곧 개조될 예정인지 확인하는 질문에 작업이 이미 시작됐다(work has already begun)고 대답하고 있으므로 정답이다.

Possible Answers **No, they decided to wait until next year.** 아니요, 내년까지 기다리기로 결정했어요.
That's what I've heard. 그렇게 들었어요.

---

20 **W-Br** Did the cleaning service confirm / for next Friday?
W-Am (A) The event was a huge success!
(B) I haven't checked my messages yet.
(C) Because it was dirty.

청소업체가 다음 주 금요일에 온다고 확인해 주었나요?
(A) 행사는 대성공이었어요!
(B) 메시지를 아직 확인하지 않았어요.
(C) 왜냐하면 더러웠거든요.

어휘 **confirm** 확인하다 **huge** 거대한

해설 사실을 확인하는 조동사 의문문(Do)
(A) 관련 없는 오답: 질문과 상관없는 답변을 제시한 오답이다.
(B) 정답: 청소업체가 방문을 확인해 주었는지 묻는 질문에 메시지를 아직 확인하지 않았다(I haven't checked my messages yet)며 대답해 줄 수 없는 상황임을 밝히고 있으므로 가장 적절한 응답이다.
(C) 연상 어휘 오답: 질문의 cleaning service에서 연상 가능한 dirty를 이용한 오답이다.

Possible Answers **Yes, they're coming at five P.M.** 네, 오후 5시에 올 거예요.
Randall is responsible for hiring the cleaners. 랜덜이 청소부 고용 담당이에요.

UNIT 05 부정/부가의문문

기출 문제풀이 전략 | 부정의문문

Check Up

교재 p. 96

1. (A) **2.** (B) **3.** (B)

1 M-Au Isn't the supermarket closed / on Sundays?
W-Br (A) No, it's open / every day. (O/X)
(B) I live close by. (O/X)
(C) From the top shelf. (O/X)

슈퍼마켓이 일요일마다 문을 닫지 않나요?
(A) 아니요, 매일 열어요.
(B) 저는 가까이에 살아요.
(C) 맨 꼭대기 선반에서요.

어휘 **close by** 가까이에, 인근에 **shelf** 선반

해설 사실을 확인하는 부정의문문

(A) 정답: 슈퍼마켓이 일요일마다 문을 닫는지 여부를 확인하는 질문에 No라고 부정한 후, 매일 연다(it's open every day)며 관련 정보를 제공하고 있으므로 정답이다.
(B) 다의어 오답: 질문의 closed는 '닫다'는 의미의 동사이지만, '가까이에'라는 의미의 부사 표현 close by를 사용하여 혼동을 유발한 오답이다.
(C) 연상 어휘 오답: 질문의 supermarket에서 연상 가능한 top shelf를 이용한 오답이다.

---

2 W-Am Don't you ever take a coffee break?
W-Br (A) No, it's not broken. (O/X)
(B) Yes, usually around ten. (O/X)
(C) Take your time. (O/X)

휴식 시간을 가지지 않나요?
(A) 아니요, 고장 나지 않았어요.
(B) 네, 보통 10시쯤에요.
(C) 천천히 하세요.

어휘 **coffee break** 휴식 시간 **broken** 깨진, 고장 난 **take time** 천천히 하다

해설 휴식 시간 여부를 묻는 부정의문문

(A) 다의어 오답: 질문의 break를 '깨다, 고장 나다'의 의미로 잘못 이해하여 break의 과거분사(p.p)형인 broken을 사용한 오답이다.
(B) 정답: Don't you ~?로 휴식 시간 여부를 확인하는 부정의문문에 Yes라고 답한 후, 10시쯤이라고 덧붙이며 잘 답변한 정답이다.
(C) 단어 반복 오답: 질문에 사용된 단어(take)를 선택지에서 그대로 반복하여 혼동을 유발한 오답이다.

---

3 M-Au Don't we need to order some more supplies?
W-Am (A) It's hard to open. (O/X)
(B) I just did / yesterday. (O/X)
(C) Yes, it was a surprise! (O/X)

물품을 더 주문해야 하지 않아요?
(A) 그것은 열기가 어려워요.
(B) 어제 했어요.
(C) 네, 깜짝 놀랐어요!

해설 제안·권유의 부정의문문

(A) 인칭 오류 오답 및 연상 어휘 오답: 질문에 It이 가리킬 만한 대상이 없으며, 질문의 supplies에서 연상 가능한 hard to open을 이용한 오답이다.
(B) 정답: 물품을 더 주문할 필요가 있다는 제안에 어제 했다(I just did yesterday)며 우회적으로 현재는 주문할 필요가 없음을 나타내고 있으므로 가장 적절한 응답이다.
(C) 유사 발음 오답: 질문의 supplies와 발음이 유사한 surprise를 이용한 오답이다.

Check Up

교재 p. 98

1. (A) **2.** (A) **3.** (B)

1 M-Cn You like Asian cooking, don't you?
W-Am (A) Yes, very much. (O/X)
(B) He didn't eat there. (O/X)
(C) Next to the stove. (O/X)

아시아 요리를 좋아하시죠, 그렇죠?
(A) 네, 아주 많이요.
(B) 그는 거기서 식사하지 않았어요.
(C) 가스레인지 옆이요.

어휘 **next to** ~ 옆에 **stove** 가스레인지, 난로

해설 사실을 확인하는 부가의문문
(A) 정답: 아시아 요리를 좋아하는지를 확인하는 질문에 Yes라고 긍정한 후, 아주 많이(very much)라고 강조하고 있으므로 정답이다.
(B) 인칭 오류 오답 및 연상 어휘 오답: 질문에 He가 가리킬 만한 대상이 없으며, 질문의 Asian cooking에서 연상 가능한 eat there를 이용한 오답이다.
(C) 연상 어휘 오답: 질문의 cooking에서 연상 가능한 도구 stove(가스레인지)를 이용한 오답이다.

2 W-Br The copy machine hasn't been repaired, has it?
M-Au (A) No, not yet. (O/X)
(B) We need two more pairs. (O/X)
(C) Yes, it does. (O/X)

복사기가 수리되지 않았죠, 그렇죠?
(A) 아니요, 아직이요.
(B) 우리는 두 쌍이 더 필요해요.
(C) 네, 그래요.

어휘 **copy machine** 복사기 **repair** 수리하다 **pair** 한 쌍

해설 복사기 수리 여부를 확인하는 부가의문문
(A) 정답: 복사기가 수리되지 않았는지 확인하는 부가의문문에 No라고 답한 후, 아직 아니라고(not yet) 덧붙이며 잘 답변한 정답이다.
(B) 유사 발음 오답: 유사발음어(repaired - pairs)를 사용하여 혼동을 유발하는 오답이다.
(C) 동사 오류 오답: Yes 뒤에 이어지는 동사가 일치하지 않아 오답이다. does가 아닌 has가 되어야 적절하다.

3 M-Au You're looking for a two-bedroom house, aren't you?
W-Am (A) Three o'clock on Monday. (O/X)
(B) Actually, we need three bedrooms. (O/X)
(C) It overlooks the river. (O/X)

침실 두 개짜리 주택을 찾고 계시죠, 그렇죠?
(A) 월요일 3시요.
(B) 사실 침실 세 개가 필요해요.
(C) 강을 내려다보고 있어요.

어휘 **look for** ~를 찾다 **actually** 사실 **overlook** 내려다보다, 바라보다

해설 사실을 확인하는 부가의문문
(A) 연상 어휘 오답: 질문의 two에서 연상 가능한 Three를 이용한 오답이다.
(B) 정답: 침실이 두 개인 주택을 찾고 있는지 확인하는 질문에 침실 세 개가 필요하다(we need three bedrooms)며 잘못된 정보를 수정하고 있으므로 가장 적절한 응답이다.
(C) 유사 발음 오답 및 연상 어휘 오답: 질문의 looking과 발음이 유사한 overlooks를 이용하고 있으며, 질문의 house에서 연상 가능한 집의 전망 It overlooks the river를 이용한 오답이다.

ETS 문제로 훈련하기

교재 p. 101

1. (A)	**2.** (A)	**3.** (C)	**4.** (B)	**5.** (C)
6. (C)	**7.** (A)	**8.** (A)	**9.** (A)	**10.** (B)

1 M-Au Don't you like your new office?
W-Am (A) Yes, it's a lot bigger.
(B) I can turn it off.
(C) No, it came yesterday.

새 사무실이 맘에 들지 않으세요?
(A) 네. 훨씬 커요.
(B) 제가 그것을 끌 수 있어요.
(C) 아니요, 어제 왔어요.

해설 의견을 묻는 부정의문문
(A) 정답: 새 사무실이 맘에 드는지 여부를 확인하는 질문에 Yes라고 긍정한 후, 훨씬 크다(it's a lot bigger)며 이유를 덧붙이고 있으므로 정답이다.
(B) 관련 없는 오답: 질문과 상관없는 답변을 제시한 오답이다.
(C) 관련 없는 오답: 질문과 상관없는 답변을 제시한 오답이다. 참고로 your new office는 came의 주체가 될 수 없으므로 질문에 it이 가리킬 만한 대상이 없다.

2 W-Am The printer's still broken, isn't it?
M-Cn (A) It was fixed / this morning.
(B) He hasn't spoken yet.
(C) I'll go later.

프린터가 아직 고장이죠, 그렇죠?
(A) 오늘 아침 수리됐어요.
(B) 그는 아직 이야기하지 않았어요.
(C) 저는 나중에 갈게요.

어휘 **broken** 고장 난 **fix** 수리하다, 바로잡다

해설 사실을 확인하는 부가의문문
(A) 정답: 프린터가 아직 고장인지 확인하는 질문에 오늘 아침 수리됐다(It was fixed this morning)며 우회적으로 고장이 아님을 밝히고 있으므로 정답이다.
(B) 인칭 오류 오답 및 유사 발음 오답: 질문에 He가 가리킬 만한 대상이 없으며, 질문의 broken과 발음이 유사한 spoken을 이용한 오답이다.
(C) 관련 없는 오답: 질문과 상관없는 답변을 제시한 오답이다.

3 W-Br I didn't miss anything important, did I?
M-Br (A) It was repaired / yesterday.
(B) She sent a part of it.
(C) No, we just started.

제가 중요한 건 하나도 놓치지 않았죠, 그렇죠?
(A) 그것은 어제 수리됐어요.
(B) 그녀는 그것의 일부를 보냈어요.
(C) 아니에요, 이제 막 시작했어요.

어휘 **miss** 놓치다 **repair** 수리하다

해설 사실을 확인하는 부가의문문
(A) 관련 없는 오답: 질문과 상관없는 답변을 제시한 오답이다.
(B) 인칭 오류 오답 및 연상 어휘 오답: 질문에 She가 가리킬 만한 대상이 없으며, 질문의 miss를 '누락된, 분실한'이라는 의미의 missing으로 잘못 들을 경우 연상 가능한 sent a part of it을 이용한 오답이다.
(C) 정답: 중요한 것을 놓쳤는지 확인하는 질문에 No라고 한 후, 막 시작했다(we just started)고 덧붙이고 있으므로 정답이다.

4 M-Cn Isn't park admission free / for children under five?
M-Au (A) Yes, you can park here.
(B) No, but their tickets are half price.
(C) It's at the south gate.

5세 미만 어린이는 공원 입장이 무료 아닌가요?
(A) 네. 여기 주차하실 수 있습니다.
(B) 아니요, 하지만 입장권이 반값이에요.
(C) 그것은 남문에 있어요.

어휘 **admission** 입장 **free** 무료의 **half price** 반값의

해설 사실을 확인하는 부정의문문
(A) 다의어 오답: 질문의 park를 다른 의미로 반복 사용한 오답으로, 질문에서 park는 '공원'이라는 의미이지만 여기서는 '주차하다'라는 의미이다.
(B) 정답: 5세 미만 어린이는 공원 입장이 무료인지 여부를 확인하는 질문에 No라고 부정한 후, 입장권이 반값(their tickets are half price)이라며 관련 정보를 제공하고 있으므로 정답이다.
(C) 연상 어휘 오답: 질문의 admission에서 연상 가능한 south gate를 이용한 오답이다.

5 W-Am Internet access is available / in the room, isn't it?
M-Cn (A) By e-mail will do.
(B) A single room, please.
(C) I'm afraid not.

이 방에서 인터넷 접속이 가능하죠, 그렇죠?
(A) 이메일로 가능할 겁니다.
(B) 1인실로 주세요.
(C) 안 되는 것 같은데요.

어휘 **access** 접속 **available** 이용 가능한

해설 사실을 확인하는 부가의문문
(A) 연상 어휘 오답: 질문의 Internet access에서 연상 가능한 e-mail을 이용한 오답이다.
(B) 단어 반복 오답: 질문의 room을 반복 사용한 오답이다.
(C) 정답: 인터넷 접속이 가능한지를 확인하는 질문에 안 되는 것 같다(I'm afraid not)고 대답하고 있으므로 정답이다.

---

6 W-Am Didn't you go to the movies / last weekend?
M-Am (A) I'll move it over there.
(B) Good idea, I won't.
(C) Yes, it was really entertaining.

지난 주말에 영화를 보러 가지 않았나요?
(A) 제가 그것을 저쪽으로 옮길게요.
(B) 좋은 생각이에요, 안 할게요.
(C) 네, 정말 재미있었어요.

어휘 **over there** 저쪽에 **entertaining** 재미있는, 즐거움을 주는

해설 사실을 확인하는 부정의문문
(A) 유사 발음 오답: 질문의 movies와 발음이 유사한 move it을 이용한 오답이다.
(B) 연상 어휘 오답: 질문의 go to the movies를 제안으로 잘못 이해할 경우 연상 가능한 의견 표현 Good idea을 이용한 오답이다.
(C) 정답: 지난 주말에 영화를 보러 갔는지 여부를 확인하는 질문에 Yes라고 긍정한 후, 정말 재미있었다(it was really entertaining)며 자신의 의견을 덧붙이고 있으므로 정답이다.

---

7 W-Am The electrician is coming / today, right?
M-Cn (A) He'll be here / at eleven.
(B) No, on the left side.
(C) A maintenance schedule.

전기 기사가 오늘 오죠, 그렇죠?
(A) 그는 11시에 올 겁니다.
(B) 아니요, 왼쪽에요.
(C) 유지보수 일정이요.

어휘 **electrician** 전기 기사 **maintenance** 유지보수

해설 사실을 확인하는 부가의문문
(A) 정답: 전기 기사가 오는지 확인하는 질문에 11시에 올 것(He'll be here at eleven)이라며 구체적인 방문 시점을 제시하고 있으므로 정답이다.
(B) 연상 어휘 오답: 질문의 right를 '오른쪽'이라는 의미로 잘못 이해할 경우 연상 가능한 left side를 이용한 오답이다.
(C) 연상 어휘 오답: 질문의 electrician과 today에서 연상 가능한 maintenance schedule을 이용한 오답이다.

---

8 M-Cn Weren't you planning to change the design / for the new magazine cover?
W-Am (A) No, not at this point.
(B) The art director.
(C) A hundred pages.

새 잡지 표지 디자인을 변경할 계획을 하고 있지 않으셨나요?
(A) 아니요, 이 시점에서는 아닙니다.
(B) 미술 감독이요.
(C) 100페이지요.

해설 사실을 확인하는 부정의문문
(A) 정답: 표지 디자인을 변경할 계획이었는지를 확인하는 질문에 No라고 부정한 후, 이 시점에는 아니다(not at this point)라며 재차 부정하고 있으므로 정답이다.
(B) 연상 어휘 오답: 질문의 design에서 연상 가능한 art director를 이용한 오답이다.
(C) 연상 어휘 오답: 질문의 magazine에서 연상 가능한 A hundred pages를 이용한 오답이다.

---

9 W-Am His instructions weren't very clear, were they?
M-Cn (A) I found them very confusing.
(B) Mr. Ruiz is the construction manager.
(C) Cloudy with a chance of rain.

그의 설명이 아주 명확하진 않았죠, 그렇죠?
(A) 저는 굉장히 헷갈렸어요.
(B) 루이즈 씨는 공사 관리자입니다.
(C) 구름이 끼고 비가 내릴 가능성이 있습니다.

어휘 **instruction** 설명, 지시 **confusing** 혼란스러운 **construction** 공사

해설 동의를 구하는 부가의문문

(A) 정답: 설명이 명확하지 않았다며 동의를 구하는 질문에 굉장히 헷갈렸다(I found them very confusing)며 상대방의 의견에 동의를 나타내고 있으므로 정답이다.

(B) 유사 발음 오답: 질문의 instructions와 발음이 유사한 construction을 이용한 오답이다.

(C) 다의어 오답 및 연상 어휘 오답: 질문의 clear를 '명확한'이 아니라 '(날씨가) 맑은'이라는 의미로 잘못 이해할 경우 연상 가능한 Cloudy with a chance of rain을 이용한 오답이다.

---

10 W-Am Aren't you going to work out / at the fitness center / tonight?

W-Br (A) Did it fit in your locker?

(B) I won't have time today.

(C) You should be able to walk there.

오늘 밤 피트니스 센터에서 운동 안 할 건가요?

(A) 그게 사물함에 잘 맞았나요?

(B) 오늘은 시간이 없을 거예요.

(C) 거기까지 걸어갈 수 있을 거예요.

어휘 **work out** 운동하다 **fit in** ~에 맞다

해설 운동을 할지 여부를 묻는 부정의문문

(A) 유사 발음 오답: 질문의 fitness와 발음이 유사한 fit in을 이용한 오답이다.

(B) 정답: 오늘 밤 운동을 할 것인지 묻는 질문에 시간이 없을 것(won't have time)이라고 적절하게 대답했으므로 정답이다.

(C) 유사 발음 오답: 질문의 work와 발음이 유사한 walk를 이용한 오답이다.

ETS 실전 테스트

교재 p. 102

1. (A) **2.** (B) **3.** (A) **4.** (C) **5.** (C) **6.** (A) **7.** (B) **8.** (C) **9.** (A)
10. (A) **11.** (C) **12.** (B) **13.** (C) **14.** (A) **15.** (B) **16.** (B) **17.** (C) **18.** (A)
19. (C) **20.** (B)

1 M-Au Aren't you assigned to the Robinson account?

W-Br (A) Yes, Julie and I are.

(B) Two to three P.M.

(C) The stop sign there.

당신은 로빈슨 거래처에 배정되지 않았나요?

(A) 네, 저와 줄리요.

(B) 오후 2시부터 3시까지요.

(C) 저쪽에 있는 정지 표시요.

어휘 **assign** 배정하다 **account** 거래처, (고객의) 계정

해설 사실을 확인하는 부정의문문

(A) 정답: 로빈슨 거래처에 배정되었는지 여부를 확인하는 질문에 Yes라고 긍정한 후, 줄리와 자신(Julie and I are)이라며 배정된 사람을 구체적으로 밝히고 있으므로 정답이다.

(B) 관련 없는 오답: 질문과 상관없는 답변을 제시한 오답이다.

(C) 유사 발음 오답: 질문의 assigned와 일부 발음이 유사한 sign을 이용한 오답이다.

Possible Answers **Not anymore—Victor has taken it over.** 더 이상 아니에요, 빅터가 넘겨받았어요.
We have more than one client named Robinson. 로빈슨이라는 이름의 고객이 한 명 이상이에요.

---

2 W-Br Jan's retirement party is next Friday, isn't it?

M-Cn (A) A different caterer.

(B) Yes, right after work.

(C) I like the first part.

잰의 은퇴 기념 파티는 다음 주 금요일이죠, 그렇죠?

(A) 다른 출장연회업체요.

(B) 네, 퇴근 직후예요.

(C) 첫 번째 부분이 좋네요.

어휘 **retirement** 은퇴, 퇴직 **different** 다른 **caterer** 출장연회업체 **after work** 퇴근 후

해설 사실을 확인하는 부가의문문

(A) 연상 어휘 오답: 질문의 party에서 연상 가능한 caterer를 이용한 오답이다.

(B) 정답: 잰의 은퇴 기념 파티가 다음 주 금요일인지 확인하는 질문에 Yes라고 긍정한 후, 퇴근 직후(right after work)라며 구체적인 시간을 덧붙이고 있으므로 정답이다.

(C) 유사 발음 오답 및 연상 어휘 오답: 질문의 party와 발음이 유사한 part를 이용하고 있으며, 질문의 next에서 연상 가능한 first를 이용한 오답이다.

Possible Answers **No, it's this Friday.** 아니요, 이번 주 금요일이에요.
Oh, I didn't know she was leaving. 아, 떠나시는지 몰랐네요.

---

3 **W-Am** We've been here / before, haven't we?
W-Br (A) Yes, I think so.
(B) Let's wait here.
(C) No, they don't have it.

우리 전에 여기 온 적 있죠, 그렇죠?
(A) 네, 그런 것 같아요.
(B) 여기서 기다립시다.
(C) 아니요, 그들은 그것을 갖고 있지 않아요.

해설 사실을 확인하는 부가의문문
(A) 정답: 전에 여기 온 적이 있는지를 확인하는 질문에 Yes라고 긍정한 후, 그렇게 생각한다(I think so)며 재차 긍정하고 있으므로 정답이다.
(B) 단어 반복 오답: 질문의 here를 반복 사용한 오답이다.
(C) 인칭 오류 오답: 질문에 they와 it이 가리킬 만한 대상이 없으므로 오답이다.

Possible Answers **That building does look familiar.** 저 건물이 정말 낯익어요.
Not that I can remember. 제가 기억하는 한 아니에요.

---

4 **W-Am** Aren't you going to join us?
M-Au (A) They're already members.
(B) Sorry to hear that.
(C) I'm afraid I can't.

저희와 함께하실 것 아닌가요?
(A) 그들은 이미 회원입니다.
(B) 유감이네요.
(C) 안 될 것 같아요.

해설 의사를 확인하는 부정의문문
(A) 인칭 오류 오답 및 연상 어휘 오답: 질문에 They가 가리킬 만한 대상이 없으며, 질문의 join에서 연상 가능한 members를 이용한 오답이다.
(B) 관련 없는 오답: 질문과 상관없는 답변을 제시한 오답이다.
(C) 정답: 자신들과 함께할 예정인지를 확인하는 질문에 안 될 것 같다(I'm afraid I can't)고 대답하고 있으므로 정답이다.

Possible Answers **Where should I sit?** 저는 어디에 앉으면 될까요?
I'm late for a meeting. 제가 회의에 늦어서요.

---

5 **M-Au** You'll be recruiting new employees / at the convention, right?
W-Am (A) A series of workshops.
(B) No, you turn left.
(C) Yes, we're planning to.

컨벤션에서 신입 직원들을 채용하실 거죠, 그렇죠?
(A) 일련의 워크숍들이요.
(B) 아니요, 왼쪽으로 도세요.
(C) 네, 그럴 계획입니다.

어휘 **recruit** 모집하다 **employee** 직원 **convention** 대회, 총회

해설 사실을 확인하는 부가의문문
(A) 연상 어휘 오답: 질문의 convention에서 연상 가능한 A series of workshops를 이용한 오답이다.
(B) 연상 어휘 오답: 질문의 right를 '오른쪽'이라는 의미로 잘못 이해할 경우 연상 가능한 left를 이용한 오답이다.
(C) 정답: 컨벤션에서 신입 직원들을 채용할 계획인지를 확인하는 질문에 Yes라고 긍정한 후, 그럴 계획(we're planning to)이라며 재차 긍정하고 있으므로 정답이다.

Possible Answers **It's the main reason we're attending.** 그게 저희가 참석하는 주된 이유예요.
Only for technical positions. 기술직만요.

---

6 **W-Am** Don't you think / we should take a short break?
W-Br (A) OK, in fifteen minutes.
(B) The building's on your left.
(C) It was a lovely vacation.

잠깐 쉬어야 한다고 생각하지 않아요?
(A) 좋아요, 15분 후에요.
(B) 그 건물은 당신 왼쪽에 있어요.
(C) 멋진 휴가였어요.

어휘 **take a break** 잠시 휴식을 취하다 **lovely** 멋진, 즐거운

해설 휴식을 취할지 여부를 묻는 부정의문문
(A) 정답: Don't you think ~?를 사용해서 휴식을 취하자는 제안에 OK로 수락한 후, 휴식 시작 시간을 덧붙여 잘 답변한 정답이다.
(B) 관련 없는 오답: 질문과 상관없는 답변을 제시한 오답이다.
(C) 연상 어휘 오답: 유사한 의미의 두 단어(break 휴식 – vacation 휴가)를 사용해서 혼동을 유발하는 오답이다.

Possible Answers **We just came back from lunch.** 방금 점심 먹고 왔는데요.
That would be nice. 그거 좋겠네요.

---

7 M-Au Isn't there a workshop scheduled / for Tuesday afternoon?
W-Am (A) No, I can't work late.
(B) Yes, at three-thirty.
(C) I will / after work.

화요일 오후로 예정된 워크숍이 있지 않나요?
(A) 아니요, 저는 늦게까지 일할 수가 없어요.
(B) 네, 3시 30분에요.
(C) 퇴근 후에 그렇게 할게요.

해설 존재 유무를 확인하는 부정의문문
(A) 유사 발음 오답 및 연상 어휘 오답: 질문의 workshop과 일부 발음이 유사한 work을 이용하고 있으며, 질문의 scheduled for Tuesday afternoon에서 연상 가능한 late를 이용한 오답이다.
(B) 정답: 화요일 오후로 예정된 워크숍이 있는지 여부를 확인하는 질문에 Yes라고 긍정한 후, 3시 30분(at three-thirty)이라며 구체적인 시간을 제시하고 있으므로 정답이다.
(C) 유사 발음 오답: 질문의 workshop 및 afternoon과 일부 발음이 유사한 work과 after를 이용한 오답이다.

Possible Answers **It will be in a different conference room.** 그건 다른 회의실에서 있어요.
Is that the one on public speaking? 그게 대중 연설에 관한 워크숍인가요?

---

8 M-Cn We haven't missed the ferry, have we?
W-Br (A) No, it's not free.
(B) He's been gone / since yesterday.
(C) I'm afraid it left / five minutes ago.

우리가 페리를 놓치지 않았죠, 그렇죠?
(A) 아니요, 무료가 아니에요.
(B) 그는 어제부터 없어요.
(C) 유감이지만 5분 전에 떠났어요.

어휘 **miss** 놓치다, 빗나가다 **ferry** 연락선, 페리 **leave** 떠나다(과거형 left)

해설 페리를 놓쳤는지 확인하는 부가의문문
(A) 유사 발음 오답: 유사발음어(ferry – free)를 사용하여 혼동을 유발하는 오답이다.
(B) 인칭 오류 오답: He가 가리키는 3인칭 남성이 누구인지 질문에 언급되지 않은 오답이다.
(C) 정답: 페리를 놓쳤는지 확인하는 부가의문문에 5분 전에 떠났다(left five minutes ago)고 잘 답변한 정답이다.

Possible Answers **It will leave in 10 minutes.** 10분 후에 떠날 거예요.
Luckily, it has been delayed. 다행히 (출발이) 미뤄졌어요.

---

9 W-Br Didn't the bus route change / recently?
M-Au (A) Yes, there are more stops now.
(B) The Thirtieth Street Station.
(C) Did you place your order online?

그 버스 노선이 최근 변경되지 않았나요?
(A) 네, 지금은 정류장이 더 많아요.
(B) 30번 가 정류장이요.
(C) 온라인으로 주문했나요?

어휘 **recently** 최근 **place an order** 주문을 넣다

해설 사실을 확인하는 부정의문문
(A) 정답: 버스 노선이 최근에 변경되었는지 여부를 확인하는 질문에 Yes라고 긍정한 후, 지금은 정류장이 더 많다(there are more stops now)며 변경 결과를 덧붙이고 있으므로 정답이다.
(B) 연상 어휘 오답: 질문의 bus route에서 연상 가능한 The Thirtieth Street Station을 이용한 오답이다.
(C) 관련 없는 오답: 질문과 상관없는 답변을 제시한 오답이다.

Possible Answers **Oh, does it still go past Melvin Square?** 아, 여전히 멜빈 광장을 지나가나요?
I haven't seen any signs posted about that. 그것에 관해 게시된 표지판을 못 봤어요.

---

10 M-Cn This factory was built / about ten years ago, wasn't it?
W-Am (A) That's right.
(B) Was the result satisfactory?
(C) I sent the invoice.

이 공장은 약 10년 전에 지어졌죠, 그렇죠?
(A) 맞아요.
(B) 결과가 만족스러웠나요?
(C) 제가 청구서를 보냈습니다.

어휘 **satisfactory** 만족스러운 **invoice** 청구서, 송장

해설 사실을 확인하는 부가의문문

(A) 정답: 공장이 10년 전에 지어졌는지를 확인하는 질문에 맞다(That's right)고 대답하고 있으므로 정답이다.

(B) 유사 발음 오답: 질문의 factory와 발음이 유사한 satisfactory를 이용한 오답이다.

(C) 연상 어휘 오답: 질문의 factory에서 연상 가능한 invoice를 이용한 오답이다.

Possible Answers **It's much older than that.** 그보다 훨씬 더 오래됐어요.
That's a question for the manager. 그건 관리자에게 물어보셔야 할 질문인데요.

---

11 **W-Br** Ms. Tanaka will be arriving / tomorrow morning, won't she?

M-Cn (A) Breakfast is ready.

(B) You're welcome.

(C) No, she arrives tonight.

타나카 씨는 내일 아침에 도착할 거예요, 그렇지 않아요?
(A) 아침 식사가 준비되었어요.
(B) 천만에요.
(C) 아니요, 그녀는 오늘 밤에 도착해요.

해설 도착 여부를 확인하는 부가의문문

(A) 연상 어휘 오답: 의미상 연결이 가능한 두 단어(morning 아침 – breakfast 아침 식사)를 이용하여 혼동을 유발하는 오답이다.

(B) 연상 어휘 오답: 질문의 arriving에서 연상 가능한 welcome을 이용한 오답이다.

(C) 정답: 아침에 도착할지 묻는 부가의문문에 No라고 답한 후, 오늘 밤에 도착한다는(arrives tonight) 부연 설명으로 잘 답변한 정답이다.

Possible Answers **She has already arrived.** 그녀는 벌써 도착했어요.
Yes, are you still going to pick her up at the airport? 네, 공항으로 또 마중을 나가시나요?

---

12 **W-Am** Wasn't the window in this office just fixed?

M-Cn (A) That's a good idea.

(B) I'll check with maintenance.

(C) Yeah, let's go there.

이 사무실의 창문을 고치지 않았나요?
(A) 좋은 생각이에요.
(B) 관리 부서에 확인할게요.
(C) 네, 그곳으로 가죠.

어휘 **fix** 고치다, 수선하다 **maintenance** 유지보수, 관리

해설 창문 수리 여부를 확인하는 부정의문문

(A) 관련 없는 오답: 질문과 상관없는 답변을 제시한 오답으로, 제안문에 대한 답변을 제시한 오답이다.

(B) 정답: 창문 수리 여부를 묻는 Be동사 부정의문문에 관리 부서(maintenance)에 확인하겠다고 잘 답변한 정답이다.

(C) 관련 없는 오답: 질문과 상관없는 답변을 제시한 오답으로, there가 가리키는 장소가 어디인지 질문에 언급되지 않았다.

Possible Answers **Not yet, unfortunately.** 아직이요, 유감스럽게도.
It was, why? 그랬는데요, 왜요?

---

13 **W-Am** You've been to the Portland Center before, right?

M-Cn (A) These shoes are tight.

(B) I'm left-handed.

(C) Mr. Nelson has.

포틀랜드 센터에 가본 적이 있죠, 그렇죠?
(A) 이 신발은 꽉 끼네요.
(B) 저는 왼손잡이예요.
(C) 넬슨 씨가 가본 적이 있어요.

어휘 **tight** 꽉 끼는 **left-handed** 왼손잡이인

해설 사실을 확인하는 부가의문문

(A) 유사 발음 오답: 질문의 right와 발음이 유사한 tight를 이용한 오답이다.

(B) 연상 어휘 오답: 질문의 right를 '오른쪽'이라는 의미로 잘못 이해할 경우 연상 가능한 left-handed를 이용한 오답이다.

(C) 정답: 포틀랜드 센터에 가본 적이 있는지 확인하는 질문에 넬슨 씨가 가본 적이 있다(Mr. Nelson has)고 밝히며 우회적으로 자신은 방문한 적이 없음을 나타내고 있으므로 가장 적절한 응답이다.

Possible Answers **Yes, for a convention.** 네, 회의하러요.
That was a long time ago. 오래 전이었어요.

---

14 W-Br Haven't you found a copy of May Song's new book yet?
W-Am (A) No, but I've ordered it.
(B) She found a publisher.
(C) Yes, he booked a room.

메이 송의 신간을 아직 찾지 못했나요?
(A) 아니요, 하지만 주문했어요.
(B) 그녀는 출판사를 찾았어요.
(C) 네, 그가 방을 예약했어요.

어휘 **publisher** 출판사, 출판인 **book** 예약하다

해설 사실을 확인하는 부정의문문
(A) 정답: 메이 송의 신간을 찾았는지 여부를 묻는 질문에 No라고 한 후, 주문했다(I've ordered it)고 덧붙이고 있으므로 정답이다.
(B) 단어 반복 오답 및 연상 어휘 오답: 질문의 found를 반복 사용하고 있으며, 질문의 book에서 연상 가능한 publisher를 이용한 오답이다.
(C) 다의어 오답: 질문의 book을 다른 의미로 반복 사용한 오답으로, 질문에서 book은 '책'이라는 의미의 명사이지만 여기서는 '예약하다'라는 의미의 동사이다.

Possible Answers **It's sold out everywhere.** 어디에서나 매진이에요.
I'll let you know when I do. 찾으면 알려줄게요.

15 W-Br Greg won the award for salesperson of the year, didn't he?
M-Au (A) More people than I thought.
(B) No, it was Mary Garcia.
(C) I can greet our vendors.

그레그가 올해의 영업인 상을 받았죠, 그렇죠?
(A) 생각했던 것보다 사람이 더 많아요.
(B) 아니요, 메리 가르시아예요.
(C) 제가 판매업체들을 맞이할 수 있습니다.

어휘 **award** 상 **greet** 맞이하다, 인사하다 **vendor** 판매업체

해설 사실을 확인하는 부가의문문
(A) 연상 어휘 오답: 질문의 salesperson에서 연상 가능한 people을 이용한 오답이다.
(B) 정답: 그레그가 올해의 영업인 상을 받았는지 확인하는 질문에 No라고 부정한 후, 메리 가르시아(it was Mary Garcia)라고 수상자를 정정하고 있으므로 정답이다.
(C) 연상 어휘 오답: 질문의 salesperson에서 연상 가능한 vendors를 이용한 오답이다.

Possible Answers **I think he was only nominated.** 그는 후보로 지명만 되었던 것 같아요.
That's right—we should congratulate him. 맞아요. 축하해줘야죠.

16 M-Au Didn't you order more file folders?
W-Am (A) Fold it in half.
(B) They haven't delivered them yet.
(C) In alphabetical order.

파일 폴더를 더 주문하지 않았어요?
(A) 절반으로 접으세요.
(B) 아직 배달되지 않았어요.
(C) 알파벳 순으로요.

어휘 **order** 주문하다 **fold** 접다 **in half** 절반으로 **deliver** 배달하다

해설 사실을 확인하는 부정의문문
(A) 파생어 오답: 질문의 명사 folders와 파생어 관계인 동사 fold를 이용한 오답이다.
(B) 정답: 파일 폴더를 더 주문했는지 여부를 확인하는 질문에 아직 배달되지 않았다(They haven't delivered them yet)고 밝히며 우회적으로 주문했음을 나타내고 있으므로 가장 적절한 응답이다.
(C) 다의어 오답: 질문의 order를 반복 사용한 오답으로, 질문에서 order는 '주문하다'라는 의미의 동사이지만 여기서는 '순서'라는 의미의 명사이다.

Possible Answers **Thomas is in charge of office supplies.** 토마스가 비품 담당이에요.
They're in the storage room. 창고에 있어요.

17 W-Am The factory is relocating, isn't it?
M-Cn (A) Don't worry about that spelling error.
(B) Two or three years of experience.
(C) The current building is just too small.

공장이 이전할 예정이죠, 그렇죠?
(A) 철자 오류는 걱정 마세요.
(B) 2~3년의 경력요.
(C) 현재 건물이 너무 작아요.

어휘 **relocate** 이전하다 **experience** 경력, 경험 **current** 현재의

해설 사실을 확인하는 부가의문문
(A) 연상 어휘 오답: 질문의 factory에서 연상 가능한 error를 이용한 오답이다.
(B) 관련 없는 오답: 질문과 상관없는 답변을 제시한 오답이다.

(C) 정답: 공장이 이전할 예정인지 확인하는 질문에 현재 건물이 너무 작다(The current building is just too small)는 문제점을 언급하며 우회적으로 이전할 예정임을 나타내고 있으므로 가장 적절한 응답이다.

Possible Answers **Yes, early in the spring.** 네, 초봄에요.
There hasn't been an official announcement yet. 아직 공식적인 발표는 없어요.

---

18 **W-Am** Shouldn't you be working on the presentation?
M-Cn (A) It's been canceled.
(B) We should get her a present.
(C) I'm afraid he doesn't work here.

발표 작업에 착수해야 하지 않나요?
(A) 취소됐어요.
(B) 그녀에게 선물을 줘야 해요.
(C) 그는 여기서 일하지 않는 것 같아요.

어휘 **presentation** 발표 **cancel** 취소하다 **present** 선물

해설 제안·권유 부정의문문
(A) 정답: 발표 작업 착수 여부를 묻는 질문에 취소됐다(It's been canceled)며 작업할 필요가 없는 상황임을 나타내고 있으므로 정답이다.
(B) 인칭 오류 오답 및 유사 발음 오답: 질문에 her가 가리킬 만한 대상이 없으며, 질문의 presentation과 발음이 유사한 present(선물)를 이용한 오답이다.
(C) 인칭 오류 오답 및 단어 반복 오답: 질문에 he가 가리킬 만한 대상이 없으며, 질문에 나온 working의 원형인 work을 이용한 오답이다.

Possible Answers **I'm just taking a short break.** 잠시 쉬고 있을 뿐이에요.
It's not until the end of the month. 월말까지는 아니에요.

---

19 **M-Au** Hasn't Ms. Duffy returned from vacation?
W-Am (A) I'm leaving for Paris.
(B) I'll return it / tomorrow.
(C) I believe she has.

더피 씨는 휴가에서 돌아오지 않았나요?
(A) 저는 파리로 떠나요.
(B) 제가 내일 그것을 반납할게요.
(C) 분명 돌아왔을 겁니다.

어휘 **return** 돌아오다, 반납하다 **leave for** ~로 떠나다

해설 사실을 확인하는 부정의문문
(A) 연상 어휘 오답: 질문의 vacation에서 연상 가능한 leaving for Paris를 이용한 오답이다.
(B) 다의어 오답 및 인칭 오류 오답: 질문의 return(돌아오다)을 다른 의미(반납하다)로 반복 사용하고 있으며, 질문에 it이 가리킬 만한 대상도 없으므로 오답이다.
(C) 정답: 더피 씨가 휴가에서 돌아왔는지 여부를 확인하는 질문에 분명 돌아왔을 것(I believe she has)이라며 긍정적으로 대답하고 있으므로 정답이다.

Possible Answers **She was in the break room this morning.** 오늘 아침에 휴게실에 있었어요.
You should ask her assistant. 그녀의 비서에게 물어보시는 게 좋겠어요.

---

20 **M-Cn** We can't drive to Berlin / in this weather, can we?
W-Am (A) I don't know / whether he does or not.
(B) Let's see / if the sky clears up.
(C) On the top shelf, near the back.

이 날씨에는 베를린까지 차를 운전해서 갈 수 없죠, 그렇죠?
(A) 그가 그러는지 아닌지 모르겠어요.
(B) 하늘이 개는지 봅시다.
(C) 뒤쪽 근처 맨 꼭대기 선반에요.

어휘 **whether** ~인지 **clear up** 개다

해설 가능성을 확인하는 부가의문문
(A) 동음이의어 오답 및 인칭 오류 오답: 질문의 weather와 발음이 동일한 whether를 이용하고 있으며, 질문에 he가 가리킬 만한 대상도 없으므로 오답이다
(B) 정답: 이 날씨에 베를린까지 차를 운전해서 갈 수 있는지 확인하는 질문에 하늘이 개는지 보자(Let's see if the sky clears up)고 제안하며 우회적으로 현재 날씨에는 불가능함을 암시하고 있으므로 가장 적절한 응답이다.
(C) 관련 없는 오답: 위치를 묻는 Where 의문문에 적합한 대답이므로 오답이다.

Possible Answers **I've already canceled the car rental.** 이미 렌터카를 취소했어요.
Maybe we can hold the meeting by videoconference. 어쩌면 화상회의로 회의를 할 수도 있어요.

UNIT 06 제안·요청문/선택의문문

기출 문제풀이 전략 | 제안·요청문

Check Up

교재 p. 104

1. (B) **2.** (A) **3.** (C)

1 M-Au Why don't we bring refreshments / to the orientation session?
W-Am (A) What's your confirmation number? (O/X)
(B) That's a good idea. (O/X)
(C) I didn't bring a manual. (O/X)

오리엔테이션 시간에 다과를 가져오면 어때요?
(A) 확인번호가 몇 번이죠?
(B) 좋은 생각이네요.
(C) 저는 설명서를 안 가져왔어요.

어휘 **refreshments** 다과 **confirmation** 확인, 확정 **manual** 설명서

해설 제안문
(A) 연상 어휘 오답: 질문의 orientation session에서 연상 가능한 confirmation number(확인번호)를 이용한 오답이다.
(B) 정답: 오리엔테이션 시간에 다과를 가져오자는 제안에 좋은 생각(That's a good idea)이라며 긍정적으로 반응하고 있으므로 정답이다.
(C) 단어 반복 오답: 질문의 bring을 반복 사용한 오답이다.

---

2 W-Am Would you like something to drink / with your meal?
W-Br (A) I'll just have water. (O/X)
(B) We already paid / last week. (O/X)
(C) It was really delicious. (O/X)

식사와 함께 마실 음료를 원하세요?
(A) 물 마실게요.
(B) 지난주에 이미 지불했어요.
(C) 정말 맛있었어요.

해설 제안문
(A) 정답: 식사와 함께 마실 음료를 원하는지 제안하는 질문에 물을 마시겠다(I'll just have water)고 답하고 있으므로 정답이다.
(B) 관련 없는 오답: 질문과 상관없는 답변을 제시한 오답이다.
(C) 연상 어휘 오답: 질문의 meal에서 연상 가능한 반응 It was really delicious를 이용한 오답이다.

---

3 M-Au Could you drop us off / at Airport Terminal A, please?
M-Cn (A) Sorry, I dropped it. (O/X)
(B) Yesterday afternoon. (O/X)
(C) No problem. (O/X)

우리를 A 공항 터미널에 내려 줄 수 있나요?
(A) 미안해요, 제가 떨어뜨렸어요.
(B) 어제 오후요.
(C) 그럴게요.

어휘 **drop** (어디로 가는 길에) 내려 주다 **airport terminal** 공항 터미널

해설 요청문
(A) 단어 반복 오답: 질문의 drop을 반복 사용하여 혼동을 유발하는 오답이다. 공항 터미널에 내려 달라(Could you drop us)는 요청에 응답자 자신이 떨어뜨렸다고(I dropped) 답변하였으므로 동사의 시제와 의미가 통하지 않는다.
(B) 관련 없는 오답: 질문과 상관없는 답변을 제시한 오답이다.
(C) 정답: 공항 터미널에 내려 줄 수 있는지 요청하는 조동사 의문문에 그렇게 하겠다고(No problem)고 잘 답변한 정답이다.

기출 문제풀이 전략 | 선택의문문

Check Up

교재 p. 106

1. (C) **2.** (A) **3.** (A)

1 W-Am Would you rather take your vacation / in July or August?
M-Au (A) To see my friend. (O/X)
(B) He already took it. (O/X)
(C) I chose July / this year. (O/X)

휴가를 7월에 가는 게 좋아요, 아니면 8월에 가는 게 좋아요?
(A) 친구를 보러요.
(B) 그가 벌써 그것을 가져갔어요.
(C) 올해는 7월로 결정했어요.

어휘 **would rather** ~하겠다, 하고 싶다 **take a vacation** 휴가를 가다

해설 선택의문문
(A) 연상 어휘 오답: vacation과 연상하여 친구를 만나러 간다고 짐작하도록 혼동시키는 오답이다.
(B) 인칭 오류 오답: 질문에 He가 가리킬 만한 대상이 없으므로 오답이다. 주어가 I라면 정답으로 가능하다.
(C) 정답: 둘 중 July로 답한 적절한 답변으로 정답이다.

2 M-Cn Do you prefer working alone / or with a group?
W-Br (A) I enjoy both. (O/X)
(B) No, I won't be home. (O/X)
(C) At around five o'clock. (O/X)

혼자 일하는 것을 선호하나요, 아니면 그룹과 일하는 것을 선호하나요?
(A) 둘 다 좋아해요.
(B) 아니요, 저는 집에 없을 거예요.
(C) 약 5시쯤에요.

해설 선택의문문
(A) 정답: 혼자 일하는 것과 그룹과 일하는 것 중 어느 것을 선호하는지 묻는 선택의문문에 둘 다 좋아한다고 잘 답변한 정답이다.
(B) Yes/No 대답 불가 오답: 선택의문문은 문장 전체를 선택하는 유형을 제외하고는 Yes/No로 답변할 수 없으므로 오답이다.
(C) 관련 없는 오답: 질문과 상관없는 답변을 제시한 오답이다.

3 M-Cn Do you want to eat lunch outside / or inside?
M-Au (A) It is a nice day. (O/X)
(B) Try shaking it first. (O/X)
(C) Write your name on the inside cover. (O/X)

점심을 밖에서 먹고 싶나요, 아니면 안에서 먹고 싶나요?
(A) 날씨가 좋아요.
(B) 우선 흔들어 보세요.
(C) 표지 안쪽에 이름을 적으세요.

해설 선택의문문
(A) 정답: 점심을 밖에서 먹기를 원하는지 아니면 안에서 먹기를 원하는지 묻는 선택의문문에 날씨가 좋다(nice day)며 밖에서 먹고 싶다는 것을 간접적으로 선택하여 잘 답변한 정답이다.
(B) 유사 발음 오답: 유사발음어(eat – it)를 사용해서 혼동을 유발하는 오답이다.
(C) 단어 반복 오답: 질문에 사용된 inside를 선택지에서 그대로 반복하여 혼동을 유발한 오답이다.

ETS 문제로 훈련하기

교재 p. 109

1. (C) **2.** (B) **3.** (C) **4.** (B) **5.** (C)
6. (A) **7.** (A) **8.** (B) **9.** (B) **10.** (B)

1 M-Au Why don't you take Broad Street?
W-Am (A) About five miles.
(B) I'll take it with me.
(C) It's closed for repairs.

브로드 가로 가는 게 어때요?
(A) 약 5마일이요.
(B) 제가 가져갈게요.
(C) 보수 공사 때문에 폐쇄되었어요.

어휘 **take a street** 길을 택해서 가다 **repair** 수리, 보수

해설 제안문

(A) 연상 어휘 오답: 질문의 Street과 연상되는 miles를 사용하여 혼동을 유도한 오답이다.
(B) 단어 반복 오답: 질문에 나온 단어 take를 그대로 사용한 오답이다.
(C) 정답: 브로드 가로 가는 것이 어떠냐는 제안에 보수 공사로 폐쇄되었다고 간접적으로 거절하는 적절한 답변이므로 정답이다.

---

2 **M-Au** Would you like to meet in the cafeteria / or my office?
W-Am (A) I agree with you.
(B) Let's meet in the cafeteria.
(C) I turned it off.

구내식당에서 만날까요, 아니면 제 사무실에서 만날까요?
(A) 당신의 의견에 동의해요.
(B) 구내식당에서 만나죠.
(C) 제가 전원을 껐어요.

어휘 **cafeteria** 구내식당 **agree** 동의하다 **turn off** 끄다

해설 선택의문문

(A) 관련 없는 오답: 질문과 상관없는 답변을 제시한 오답이다.
(B) 정답: 식당에서 만날지 아니면 사무실에서 만날지를 묻는 선택의문문에 구내식당에서 만나는 것을 선택해서 잘 답변한 정답이다.
(C) 관련 없는 오답: 질문과 상관없는 답변을 제시한 오답이다.

---

3 **M-Cn** Can I pay by credit card?
W-Br (A) He can go by car.
(B) More than two days.
(C) You certainly can.

신용카드로 결제할 수 있나요?
(A) 그는 차로 갈 수 있어요.
(B) 이틀 이상이요.
(C) 물론 할 수 있어요.

해설 요청문

(A) 단어 반복 오답: 질문에 사용된 단어(Can, by)를 선택지에서 그대로 반복하여 혼동을 유발하는 오답이다.
(B) 관련 없는 오답: 질문과 상관없는 답변을 제시한 오답이다.
(C) 정답: Can I ~?로 허가를 요청하는 질문에 물론 할 수 있다(You certainly can)고 답변한 정답이다.

---

4 **W-Br** Do you want the hardcover / or paperback version of the book?
M-Au (A) Yes, it's covered.
(B) Either is fine.
(C) On page fifty-seven.

이 책의 양장본을 원하세요, 아니면 문고판을 원하세요?
(A) 네, 그것은 덮여 있어요.
(B) 어느 쪽이든 괜찮아요.
(C) 57페이지에요.

어휘 **hardcover** 양장본 **paperback** 문고판 **cover** 덮다 **either** (둘 중) 어느 하나

해설 선택의문문

(A) Yes/No 대답 불가 오답 및 유사 발음 오답: 단어나 구를 연결하는 선택의문문에는 Yes/No로 대답할 수 없으며, 질문의 hardcover와 일부 발음이 유사한 covered를 이용한 오답이다.
(B) 정답: 양장본과 문고판 중 어느 것을 원하는지 묻는 질문에 어느 쪽이든 괜찮다(Either is fine)고 하므로 가장 적절한 응답이다.
(C) 연상 어휘 오답: 질문의 book에서 연상 가능한 page fifty-seven을 이용한 오답이다.

---

5 **M-Cn** Could you help Mr. Peters / with the copy machine?
W-Am (A) I think it is.
(B) Yes, she has it.
(C) I'll be happy to.

복사기 관련해서 피터스 씨를 도울 수 있나요?
(A) 그런 것 같아요.
(B) 네, 그녀는 그것을 가지고 있어요.
(C) 기꺼이 할게요.

해설 요청문

(A) 관련 없는 오답: 질문과 상관없는 답변을 제시한 오답이다.
(B) 인칭 오류 오답: she가 가리키는 여성이 누구인지 질문에 언급되지 않았다.
(C) 정답: 피터스 씨를 도와주라는 요청에 Yes를 생략한 후, 기꺼이 하겠다(I'll be happy to)고 잘 답변한 정답이다.

---

6 W-Am Would you rather live here / or in the city center?
M-Cn (A) I'd prefer to stay here.
(B) It's no bother.
(C) Yes, for seven years.

여기 사시겠어요, 아니면 도심에 사시겠어요?
(A) 여기 머무는 편이 더 좋아요.
(B) 별 거 아니에요.
(C) 네, 7년간이요.

해설 선택의문문
(A) 정답: 여기와 도심 중 어느 곳에 살 건지 묻는 선택의문문에 여기 머무는 편이 더 좋다(I'd prefer to stay here)며 전자를 선택하고 있으므로 정답이다.
(B) 관련 없는 오답: 질문과 상관없는 답변을 제시한 오답이다.
(C) Yes/No 대답 불가 오답 및 연상 어휘 오답: 단어나 구를 연결하는 선택의문문에는 Yes/No로 대답할 수 없으며, 질문의 live에서 연상 가능한 거주 기간 for seven years를 이용한 오답이다.

---

7 W-Am Would you like this shoe / in a different size?
M-Au (A) No, this size fits well.
(B) Behind the mirror.
(C) Here's your receipt.

이 신발을 다른 크기로 원하세요?
(A) 아니요, 이 크기가 잘 맞아요.
(B) 거울 뒤에요.
(C) 영수증 여기 있습니다.

어휘 **fit** 맞다 **behind** ~의 뒤에 **receipt** 영수증

해설 제안문
(A) 정답: 다른 크기의 신발을 원하는지 묻는 질문에 No라고 한 후, 이 크기가 잘 맞는다(this size fits well)고 덧붙이므로 정답이다.
(B) 연상 어휘 오답: 질문의 Would you like this shoe에서 연상 가능한 mirror를 이용한 오답이다.
(C) 연상 어휘 오답: 질문의 Would you like this shoe에서 연상 가능한 receipt를 이용한 오답이다.

---

8 W-Am Are we meeting in the conference room on the first / or second floor?
M-Au (A) Yes, close the door.
(B) Let me check.
(C) There's lots of room.

1층 회의실에서 만날 건가요, 아니면 2층 회의실에서 만날 건가요?
(A) 네, 문을 닫으세요.
(B) 확인해 볼게요.
(C) 자리가 많아요.

어휘 **room** 방, 공간

해설 선택의문문
(A) Yes/No 대답 불가 오답 및 연상 어휘 오답: 단어나 구를 연결하는 선택의문문에는 Yes/No로 대답할 수 없으며, 의미상 연결이 가능한 두 단어(room 방 - door 문)를 사용해서 혼동을 유발하는 오답이다.
(B) 정답: 만날 장소를 묻는 선택의문문에 모른다고 직접 말하는 대신, 확인해 보겠다(Let me check)며 잘 답변한 정답이다.
(C) 단어 반복 오답: 질문에 사용된 단어(room)를 선택지에서 그대로 반복하여 혼동을 유발하는 오답이다.

---

9 W-Am Can you take this call, or are you in the middle of something?
W-Br (A) A mobile phone.
(B) I'll be there / in a minute.
(C) In the directory.

이 전화를 받을 수 있나요, 아니면 무언가를 하는 중인가요?
(A) 휴대전화요.
(B) 바로 그쪽으로 갈게요.
(C) 전화번호부에서요.

어휘 **in a minute** 즉각, 당장 **directory** 안내책자, 전화번호부

해설 선택의문문
(A) 연상 어휘 오답: 질문의 call에서 연상 가능한 mobile phone을 이용한 오답이다.
(B) 정답: 전화를 받을 수 있는 상황인지 아닌지를 묻는 질문에 바로 그쪽으로 가겠다(I'll be there in a minute)며 우회적으로 전자를 선택하고 있으므로 가장 적절한 응답이다.
(C) 연상 어휘 오답: 질문의 call에서 연상 가능한 directory(전화번호부)를 이용한 오답이다.

---

10 W-Br Would you mind opening the door?
M-Cn (A) To my mind, he's right.
(B) Of course, here you go.
(C) It's on my desk.

문 좀 열어 주시겠어요?
(A) 제 생각에는 그가 옳아요.
(B) 물론이죠, 자요.
(C) 그건 제 책상 위에 있어요.

해설 요청문
(A) 다의어 오답: 다의어 mind(신경을 쓰다; 생각)를 사용하여 혼동을 유발하는 오답이다.
(B) 정답: Would you mind -ing 요청문에 흔쾌히 수락하는 Of course로 답한 후, 문을 열어 주며 하는 말인 here you go로 적절히 답변한 정답이다.
(C) 관련 없는 오답: 질문과 상관없는 답변을 제시한 오답이다.

ETS 실전 테스트

교재 p. 110

1. (B)	**2.** (B)	**3.** (A)	**4.** (A)	**5.** (A)	**6.** (B)	**7.** (C)	**8.** (A)	**9.** (C)
10. (B)	**11.** (A)	**12.** (B)	**13.** (B)	**14.** (B)	**15.** (B)	**16.** (C)	**17.** (C)	**18.** (A)
19. (C)	**20.** (C)							

1 M-Cn Let's go to the Italian restaurant / on Main Street.
W-Br (A) When did you go?
(B) That sounds good.
(C) The food wasn't ready.

메인 가에 있는 이탈리아 식당으로 갑시다.
(A) 언제 갔었나요?
(B) 그거 좋겠네요.
(C) 음식이 준비되지 않았어요.

해설 제안문
(A) 단어 반복 오답: 질문에 사용된 단어(go)를 선택지에서 그대로 반복하여 혼동을 유발하는 오답이다.
(B) 정답: Let's ~로 시작하는 제안문에 good으로 수락한 정답이다.
(C) 연상 어휘 오답: 의미상 연결이 가능한 두 단어(restaurant 식당 – food 음식)를 사용해서 혼동을 유발하는 오답이다.

Possible Answers **I don't think it's open on Mondays.** 월요일에는 문을 안 여는 것 같아요.
I'll call a taxi for us. 제가 택시 부를게요.

2 W-Am Can I get you another beverage, or would you like the bill?
M-Au (A) Well above average.
(B) I'll have another cup of coffee.
(C) At the top of the hill.

음료를 더 드릴까요, 아니면 계산서를 드릴까요?
(A) 평균을 훨씬 넘어요.
(B) 커피를 한 잔 더 할게요.
(C) 언덕 꼭대기에요.

어휘 **another** 또 하나의, 더 **beverage** 음료 **bill** 고지서, 청구서 **above** ~보다 위에 **average** 평균; 평균의 **hill** 언덕

해설 선택의문문
(A) 유사 발음 오답: 유사발음어(beverage – average)를 사용하여 혼동을 유발하는 오답이다.
(B) 정답: 두 가지 선택 사항 중 커피를 마실 것이라며 전자를 선택하여 잘 답변한 정답이다.
(C) 유사 발음 오답: 유사발음어(bill – hill)를 사용하여 혼동을 유발하는 오답이다.

Possible Answers **I'm ready to pay.** 계산하려고 합니다.
Aren't you closing soon? 곧 문을 닫지 않으시나요?

3 M-Cn Would you like to schedule a wake-up call / in the morning?
W-Am (A) Yes, for 6:30, please.
(B) Any minute now.
(C) Sorry, I missed your call.

아침 모닝콜을 지정하시겠어요?
(A) 네, 6시 30분으로 부탁드려요.
(B) 지금 당장이라도요.
(C) 죄송합니다, 전화를 못 받았네요.

해설 제안문

(A) 정답: 모닝콜을 지정하기를 원하는지 확인하는 질문에 Yes라고 수락한 후, 6시 30분(for 6:30, please)이라며 구체적인 시간을 제시하고 있으므로 정답이다.

(B) 연상 어휘 오답: 질문의 schedule과 in the morning에서 연상 가능한 minute과 now를 이용한 오답이다.

(C) 단어 반복 오답: 질문의 call을 반복 사용한 오답이다.

Possible Answers **No, that's all right.** 아니요, 괜찮아요.
My flight's not until the afternoon. 비행기는 오후나 되어야 탑니다.

---

4 **W-Br** Is the road still closed, or has it reopened?
W-Am (A) I'm not sure.
(B) Every morning.
(C) It's close to the bank.

도로가 아직 폐쇄되어 있나요, 아니면 다시 이용 가능한가요?
(A) 잘 모르겠어요.
(B) 매일 아침이요.
(C) 은행과 가까워요.

어휘 **close** 닫다, 닫히다; 가까운 **reopen** 다시 문을 열다, 시작되다

해설 선택의문문

(A) 정답: 도로가 폐쇄되어 있는지 아니면 다시 이용 가능한지를 묻는 선택의문문에 '모른다' 류의 답변인 잘 모르겠다(I'm not sure)로 답변한 정답이다.

(B) 관련 없는 오답: 시점을 묻는 When 의문문에 대한 답변을 제시한 오답이다.

(C) 다의어 오답: 질문의 closed는 '닫다, 폐쇄하다'라는 의미의 동사이지만, 형용사 close(가까운)를 사용하여 혼동을 유발한 오답이다.

Possible Answers **Let's check the transportation department's Web site.** 교통부 웹사이트를 확인해 봅시다.
Janet said it was open yesterday. 재닛이 그러는데 어제 열려 있었대요.

---

5 **W-Br** Could you work on preparing the investment proposal?
M-Cn (A) Sure, I'm free now.
(B) The radio was working yesterday.
(C) I don't know how to sew.

투자 제안서 준비에 착수하실 수 있나요?
(A) 그럼요. 저는 지금 시간이 있어요.
(B) 어제 라디오가 작동하고 있었어요.
(C) 저는 바느질하는 방법을 몰라요.

어휘 **prepare** 준비하다 **investment** 투자 **proposal** 제안서 **sew** 바느질하다

해설 요청문

(A) 정답: 투자 제안서 준비에 착수해 달라는 요청에 Sure라고 수락한 후, 시간이 된다(I'm free now)며 수락한 이유를 덧붙이고 있으므로 정답이다.

(B) 단어 반복 오답: 질문의 work을 선택지에서 반복하여 혼동을 유발하는 오답이다.

(C) 관련 없는 오답: 질문과 상관없는 답변을 제시한 오답이다.

Possible Answers **As soon as I finish this report.** 이 보고서 끝내자마자요.
Byung-Joon usually does that. 그건 병준 씨가 주로 해요.

---

6 **W-Br** May I use this classroom / right now?
M-Au (A) Not in today's announcement.
(B) We were just leaving.
(C) Those belong in the corner.

지금 이 교실을 사용해도 되나요?
(A) 오늘 공지에는 없어요.
(B) 우리는 막 떠나려고 했어요.
(C) 그것들은 구석에 있어요.

어휘 **announcement** 발표 **belong** 제자리에 있다, 속하다

해설 요청문

(A) 연상 어휘 오답: 의미상 연결 가능한 두 단어(classroom 교실 – announcement 공지)를 이용하여 혼동을 유발하는 오답이다.

(B) 정답: 교실을 사용해도 되는지 허가를 구하는 요청문에 막 떠나려 했다(We were just leaving)며 간접적으로 긍정적 답변을 제시한 정답이다.

(C) 인칭 오류 오답: Those가 지칭하는 것이 무엇인지 질문에 언급되지 않은 오답이다.

Possible Answers **There's another class here in five minutes.** 5분 후에 여기서 다른 수업이 있어요.
Sure, go ahead. 물론이에요, 쓰세요.

---

7 W-Br Would you like a room on the first floor / or one of the upper floors?

M-Au (A) It's just around the corner.

(B) I like the floor plan.

(C) Either one is fine.

1층에 있는 방을 원하세요, 아니면 그것보다 위층 방을 원하세요?

(A) 모퉁이를 돌면 바로 있어요.

(B) 평면도가 맘에 들어요.

(C) 어느 쪽이든 좋아요.

어휘 **around the corner** 모퉁이를 돈 곳에 **floor plan** 평면도 **either** (둘 중) 어느 하나의

해설 선택의문문

(A) 관련 없는 오답: 위치를 묻는 Where 의문문에 적합한 대답이므로 오답이다.

(B) 단어 반복 오답: 질문의 floor를 반복 사용한 오답이다.

(C) 정답: 1층에 있는 방과 위층 방 중 어느 것을 원하는지 묻는 질문에 어느 쪽이든 좋다(Either one is fine)고 하므로 가장 적절한 응답이다.

Possible Answers **Do they all cost the same?** 가격이 다 같나요?
A first-floor room, please. 1층방으로 주세요.

---

8 W-Br Why don't we meet in the lobby / after your appointment?

M-Au (A) OK, I'll see you then.

(B) It's so I can read it better.

(C) My apartment is in the city.

당신의 선약이 끝나면 로비에서 만나는 게 어때요?

(A) 좋아요, 그때 만나요.

(B) 그렇게 하면 제가 더 잘 읽을 수 있어요.

(C) 제 아파트는 도시에 있어요.

해설 제안문

(A) 정답: Why don't we ~?(~하는 것이 어때요?)로 만남을 제안하자 OK라고 한 후, 그때 만나자고 잘 답변한 정답이다.

(B) 관련 없는 오답: 질문과 상관없는 답변을 제시한 오답이다.

(C) 유사 발음 오답: 유사발음어(appointment - apartment)를 사용하여 혼동을 유발하는 오답이다.

Possible Answers **Sorry, I have other plans.** 미안해요, 다른 약속이 있어요.
That's a good idea. 좋은 생각이에요.

---

9 W-Br Did you open the account / online, or here at the bank?

M-Cn (A) I prefer the window open.

(B) We're counting on it.

(C) I did it / on your Web site.

계좌를 온라인으로 개설했나요, 아니면 이곳 은행에서 개설했나요?

(A) 저는 창문을 여는 편이 더 좋습니다.

(B) 우리는 그것을 믿고 있어요.

(C) 웹사이트에서 했어요.

어휘 **account** 계좌 **prefer** 더 좋아하다, 선호하다 **count on** ~를 믿다, 확신하다

해설 선택의문문

(A) 다의어 오답: 질문의 open을 다른 의미로 반복 사용한 오답으로, 질문에서 open은 '개설하다'라는 의미의 동사이지만 여기서는 '열려 있는'이라는 의미의 형용사이다.

(B) 유사 발음 오답: 질문의 account online과 발음이 유사한 counting on을 이용한 오답이다.

(C) 정답: 계좌를 온라인과 은행 중 어느 곳에서 개설했는지 묻는 질문에 웹사이트에서 했다(I did it on your Web site)며 전자를 선택하고 있으므로 정답이다.

Possible Answers **At another branch, actually.** 실은 다른 지점에서요.
Sorry, I can't remember. 죄송해요, 기억이 안 나요.

---

10 M-Cn Would you mind sending me the agenda / for tomorrow's training session?

W-Am (A) A lot of people.

(B) Sure, I'll do that now.

(C) About four hours long.

내일 교육 시간 의제를 저에게 보내주시겠어요?

(A) 많은 사람들이요.

(B) 물론이죠. 지금 그렇게 할게요.

(C) 약 4시간 걸려요.

해설 요청문

(A) 연상 어휘 오답: 질문의 training session에서 연상 가능한 참석자 A lot of people을 이용한 오답이다.

(B) 정답: 교육 의제를 보내 달라는 요청에 Sure라고 수락한 후, 지금 그렇게 하겠다(I'll do that now)고 덧붙이므로 정답이다.

(C) 연상 어휘 오답: 질문의 training session에서 연상 가능한 표현 About four hours long을 이용한 오답이다.

Possible Answers **Ms. Cain is still reviewing it.** 케인 씨가 아직 검토 중이에요.
I thought you were going to be out of the office. 외근하실 거라고 생각했어요.

---

11 **M-Au** Do you want to take a fitness class / or just use the pool?
W-Am (A) I don't like to swim.
(B) It fits very well.
(C) A gym down the street.

운동 수업을 받고 싶으세요, 아니면 그냥 수영장을 이용하고 싶으세요?
(A) 저는 수영하는 것을 좋아하지 않아요.
(B) 그게 아주 잘 맞아요.
(C) 길 아래쪽에 있는 체육관이요.

어휘 **take a class** 수업을 듣다 **fit** 맞다 **gym** 체육관, 헬스클럽

해설 선택의문문
(A) 정답: 두 가지 선택 사항 중 수영을 좋아하지 않는다며, 간접적으로 전자를 선택하여 잘 답변한 정답이다.
(B) 유사 발음 오답: 유사발음어(fitness - fits)를 사용하여 혼동을 유발하는 오답이다.
(C) 연상 어휘 오답: 의미상 연결이 가능한 두 단어(fitness 신체 단련 - gym 체육관)를 사용해서 혼동을 유발하는 오답으로, 장소를 묻는 Where 의문문에 적절한 대답이다.

Possible Answers **If possible, both.** 가능하다면 둘 다요.
I'm only interested in the class. 수업에만 관심이 있어요.

---

12 **M-Cn** Would you rather have sugar / or honey / with your tea?
W-Am (A) Yes, I'll be there.
(B) It doesn't matter to me.
(C) Please help yourself.

차에 설탕을 넣을까요, 아니면 꿀을 넣을까요?
(A) 네, 거기에 갈게요.
(B) 상관없어요.
(C) 마음껏 드세요.

어휘 **would rather** ~하겠다 **matter** 중요하다

해설 선택의문문
(A) 관련 없는 오답: 질문과 상관없는 답변을 제시한 오답이다.
(B) 정답: 설탕을 넣을지 아니면 꿀을 넣을지를 묻는 선택의문문에 어느 쪽이든 상관없다고 잘 답변한 정답이다.
(C) 연상 어휘 오답: 의미상 연상 가능한 두 표현(have sugar or honey with your tea 차에 설탕이나 꿀을 넣다 - help yourself 마음껏 드세요)을 사용해서 혼동을 유발하는 오답이다.

Possible Answers **I don't like anything sweet.** 단것을 좋아하지 않아요.
Some milk will do. 약간의 우유면 될 것 같아요.

---

13 **W-Br** Would you like me to order you / more business cards?
W-Am (A) Accounts payable.
(B) I don't use them / that often.
(C) I'll have the sandwich.

명함을 더 주문해드릴까요?
(A) 외상 매입금이요.
(B) 전 그다지 자주 사용하지 않아요.
(C) 전 샌드위치 먹을게요.

해설 제안문
(A) 연상 어휘 오답: 질문의 order에서 연상 가능한 Accounts payable을 이용한 오답이다.
(B) 정답: 명함을 더 주문해주겠다는 제안에 그다지 자주 사용하지 않는다(I don't use them that often)며 우회적으로 제안을 거절하고 있으므로 가장 적절한 응답이다.
(C) 연상 어휘 오답: 질문의 Would you like me to order를 음식 주문 상황으로 잘못 이해할 경우 연상 가능한 I'll have the sandwich를 이용한 오답이다.

Possible Answers **Yes, but could I get a different design?** 네, 하지만 다른 디자인으로 받을 수 있을까요?
That would be great. 그거 좋겠네요.

---

14 **W-Am** Should I fax the contract / or mail it to you?
M-Au (A) The contractor's approved it.
(B) What's more convenient for you?
(C) Yes, the letter's arrived.

계약서를 팩스로 보내야 할까요, 아니면 우편으로 보내 드려야 할까요?
(A) 도급업체가 그것을 승인했어요.
(B) 어떤 쪽이 더 편하세요?
(C) 네, 편지가 도착했어요.

어휘 **contract** 계약서 **contractor** 도급업자 **approve** 승인하다 **convenient** 편리한 **arrive** 도착하다

해설 선택의문문

(A) 파생어 오답: 질문의 contract와 파생어 관계인 contractor를 이용한 오답이다.

(B) 정답: 계약서를 팩스와 우편 중 어느 것으로 보낼지 묻는 질문에 어떤 쪽이 더 편한지(What's more convenient for you?) 상대방에게 되물으며 선택을 보류하고 있으므로 가장 적절한 응답이다.

(C) Yes/No 대답 불가 오답 및 연상 어휘 오답: 단어나 구를 연결하는 선택의문문에는 Yes/No로 대답할 수 없으며, 질문의 mail에서 연상 가능한 letter를 이용한 오답이다.

Possible Answers **We don't have a fax machine.** 저희는 팩스기가 없어요.
Could you scan and e-mail it? 스캔해서 이메일로 보내주시겠어요?

---

15 M-Au How about offering the vegetable stew / for the weekly special?
W-Am (A) A list of ingredients.
(B) Customers have liked it / in the past.
(C) I'll type up this report / tomorrow.

주간 특선으로 채소 스튜를 제공하면 어때요?
(A) 재료 목록이요.
(B) 예전에 고객들이 그걸 좋아했어요.
(C) 내일 이 보고서를 타이핑할게요.

어휘 **offer** 제공하다 **vegetable** 채소 **ingredient** 재료, 성분 **customer** 고객

해설 제안문

(A) 연상 어휘 오답: 질문의 vegetable stew에서 연상 가능한 A list of ingredients를 이용한 오답이다.

(B) 정답: 주간 특선으로 채소 스튜를 제공하자는 제안에 예전에 고객들이 좋아했다(Customers have liked it in the past)며 우회적으로 제안을 수락하고 있으므로 가장 적절한 응답이다.

(C) 연상 어휘 오답: 질문의 weekly에서 연상 가능한 report와 tomorrow를 이용한 오답이다.

Possible Answers **That dish isn't very popular in the summer.** 그 요리는 여름에는 그다지 인기가 없어요.
As long as the chef says it's OK. 주방장이 좋다고 하기만 하면요.

---

16 W-Am Please have a seat / while we prepare your order.
M-Cn (A) Thanks, it was delicious.
(B) Every other week.
(C) Will it be ready soon?

저희가 주문 물품을 준비하는 동안 앉아 계세요.
(A) 감사합니다. 맛있었어요.
(B) 격주로요.
(C) 곧 준비되나요?

어휘 **prepare** 준비하다 **every other** 하나 걸러

해설 요청문

(A) 연상 어휘 오답: prepare your order를 음식 주문 상황으로 잘못 이해할 경우 연상 가능한 it was delicious를 이용한 오답이다.

(B) 관련 없는 오답: 질문과 상관없는 답변을 제시한 오답이다.

(C) 정답: 물품을 준비하는 동안 앉아 있으라는 요청에 곧 준비되는지(Will it be ready soon?) 되물으며 관련 정보를 요청하고 있으므로 가장 적절한 응답이다.

Possible Answers **I'd prefer to wait outside.** 밖에서 기다리는 편이 좋겠습니다.
But it was supposed to be ready when I arrived. 하지만 제가 도착할 때 준비해놓기로 돼 있었는데요.

---

17 W-Am Can we discuss this now, or should I wait for the meeting?
M-Cn (A) At two o'clock, I heard.
(B) You can weigh it / in the mail room.
(C) Later would be better.

우리가 지금 이것을 논의할 수 있나요, 아니면 회의 때까지 기다려야 하나요?
(A) 2시라고 들었어요.
(B) 우편물실에서 무게를 측정할 수 있어요.
(C) 나중이 더 좋을 것 같아요.

어휘 **discuss** 논의하다 **weigh** 무게를 달다 **mail room** 우편물실

해설 선택의문문

(A) 연상 어휘 오답: 의미상 연결이 가능한 두 표현(meeting 회의 – At two o'clock 2시)을 사용하여 혼동을 유발하는 오답으로, 회의 시간을 묻는 When 의문문에 적절한 대답이다.

(B) 유사 발음 오답: 유사발음어(wait – weigh it)를 사용하여 혼동을 유발하는 오답이다.

(C) 정답: 논의 시기를 묻는 선택의문문에 대해, 직접 선택하지는 않았지만 간접적으로 후자를 선택하며 잘 답변한 정답이다.

Possible Answers **I'm available now.** 저는 지금 시간이 돼요.
Either one's fine with me. 저는 둘 다 괜찮아요.

---

18 W-Am Do you want me to bring you anything / from the Indian restaurant?

M-Au (A) I just ate, but thanks.

(B) How was your trip?

(C) Yes, we do home deliveries.

인도 음식점에서 뭐라도 가져다 드릴까요?
(A) 막 먹었어요. 고마워요.
(B) 여행은 어땠어요?
(C) 네, 가정 배달을 해 드립니다.

해설 제안문

(A) 정답: 음식점에서 무언가를 갖다 주겠다는 제안에 막 먹었다(I just ate)며 우회적으로 거절하고 있으므로 적절한 응답이다.
(B) 연상 어휘 오답: 질문의 Indian에서 연상 가능한 표현 How was your trip?을 이용한 오답이다.
(C) 연상 어휘 오답: 질문의 restaurant에서 연상 가능한 home deliveries를 이용한 오답이다.

Possible Answers **Let me look up its menu.** 메뉴를 찾아볼게요.
Yes, I'd love some chicken curry. 네, 치킨 커리를 먹고 싶네요.

---

19 W-Br Should we try to fix the printer ourselves, or call technical support?

M-Au (A) Yes, that's correct.

(B) In the file on the table.

(C) Can they get here quickly?

프린터를 우리가 직접 수리해 볼까요, 아니면 기술 지원팀에 전화할까요?
(A) 네, 맞아요.
(B) 탁자 위 파일에요.
(C) 그들이 여기 빨리 올 수 있을까요?

어휘 **fix** 고치다 **technical support** 기술 지원(팀)

해설 선택의문문

(A) Yes/No 대답 불가 오답: 단어나 구를 연결하는 선택의문문에는 Yes/No로 대답할 수 없으므로 오답이다.
(B) 연상 어휘 오답: 질문의 printer에서 연상 가능한 file을 이용한 오답이다.
(C) 정답: 프린터를 직접 수리해 볼지 기술 지원팀에 전화할지를 묻는 질문에 그들이 여기 빨리 올 수 있을지(Can they get here quickly?) 반문하며 우회적으로 직접 수리해 보자고 제안하고 있으므로 가장 적절한 응답이다.

Possible Answers **Well, I do have the manual right here.** 음, 바로 여기에 매뉴얼이 있네요.
We don't want to make the problem worse. 문제를 더 나쁘게 만들고 싶지는 않은데요.

---

20 W-Br Do you want to rent office space / in the city center / or near the airport?

M-Cn (A) They should arrive tomorrow.

(B) The view from my office is great.

(C) I would consider either location.

사무실 공간을 도심에 임대하고 싶으세요, 아니면 공항 근처에 임대하고 싶으세요?
(A) 그들은 내일 도착할 겁니다.
(B) 제 사무실에서 보는 전망이 멋져요.
(C) 어느 위치든 고려해 보려고요.

어휘 **rent** 임대하다 **arrive** 도착하다 **consider** 고려하다 **either** (둘 중) 어느 하나의 **location** 위치

해설 선택의문문

(A) 인칭 오류 오답 및 연상 어휘 오답: 질문에 They가 가리킬 만한 대상이 없으며, 질문의 airport에서 연상 가능한 arrive tomorrow를 이용한 오답이다.
(B) 단어 반복 오답: 질문의 office를 반복 사용한 오답이다.
(C) 정답: 사무실 공간을 도심과 공항 근처 중 어느 곳에 임대하고 싶은지 묻는 질문에 어느 위치든 고려해 보겠다(I would consider either location)며 선택을 보류하고 있으므로 가장 적절한 응답이다.

Possible Answers **Isn't it loud near the airport?** 공항 근처는 시끄럽지 않나요?
The city center, if we can afford it. 도심이요, 그럴 만한 여유가 된다면요.

UNIT 07 간접의문문/평서문

기출 문제풀이 전략 | 간접의문문

Check Up

교재 p.112

1. (A) **2.** (B) **3.** (A)

1 **M-Br** Do you know / where I can buy a newspaper?
W-Br (A) Try the gift shop. (O/X)
(B) On the television. (O/X)
(C) Tomorrow morning. (O/X)

신문을 어디에서 살 수 있는지 아세요?
(A) 선물 가게에 가 보세요.
(B) 텔레비전에서요.
(C) 내일 아침이요.

해설 구입처를 묻는 간접의문문
(A) 정답: 어디에서 신문을 구입할 수 있는지 장소를 묻는 Where 간접의문문에 선물 가게라고 장소로 답변한 정답이다.
(B) 관련 없는 오답: 질문과 상관없는 답변을 제시한 오답이다.
(C) 관련 없는 오답: 시간을 묻는 When 의문문에 대한 답변을 제시한 오답이다.

2 **W-Br** Can you tell me / when the play starts?
M-Cn (A) How about another time? (O/X)
(B) It begins / at eight. (O/X)
(C) She started / at a young age. (O/X)

연극이 언제 시작하는지 말씀해주시겠어요?
(A) 다른 시간은 어때요?
(B) 8시에 시작해요.
(C) 그녀는 젊은 나이에 시작했어요.

어휘 **play** 연극 **at a young age** 젊은 나이에, 어린 나이에
해설 때를 묻는 간접의문문
(A) 연상 어휘 오답: 의미상 연결이 가능한 두 단어(when 때 – time 시간)를 사용해서 혼동을 유발하는 오답이다.
(B) 정답: 때를 묻는 when 간접의문문에 'at + 특정 시간'으로 구체적인 정보를 제시하며 잘 답변한 정답이다.
(C) 단어 반복 오답: 질문에 사용된 단어(start)를 선택지에서 반복하여 혼동을 유발하는 오답이다.

3 **M-Cn** Do you know / who designed the Westend Bridge?
M-Au (A) I believe / it was an engineer / from Japan. (O/X)
(B) Actually, we're heading East. (O/X)
(C) To improve traffic conditions. (O/X)

웨스트엔드 브리지를 누가 설계했는지 아세요?
(A) 일본 출신 공학자였던 걸로 확신해요.
(B) 사실 우리는 동부로 가고 있어요.
(C) 교통 상황을 개선하기 위해서요.

어휘 **head** 향하다, 가다 **improve** 개선하다, 향상시키다
해설 인물을 묻는 간접의문문
(A) 정답: 설계한 사람을 아는지 묻는 질문에 일본 출신 공학자였던 걸로 확신한다(I believe it was an engineer from Japan)며 특정 인물을 제시하고 있으므로 정답이다.
(B) 연상 어휘 오답: 질문의 Westend를 West로 잘못 들을 경우 연상 가능한 East를 이용한 오답이다.
(C) 연상 어휘 오답: 질문의 Bridge에서 연상 가능한 traffic을 이용한 오답이다.

기출 문제풀이 전략 | 평서문

Check Up

교재 p.114

1. (A) **2.** (B) **3.** (B)

1 W-Br Bikes aren't allowed / in this area.
W-Am (A) Oh, I didn't know that. (O/X)
(B) It's quieter / with the door closed. (O/X)
(C) Here, borrow mine. (O/X)

자전거는 이 지역에서 허용되지 않아요.
(A) 아, 몰랐어요.
(B) 문을 닫은 상태가 더 조용해요.
(C) 여기, 제 것을 빌리세요.

어휘 **allow** 허락하다, 용납하다 **area** 지역, 구역 **borrow** 빌리다

해설 사실·정보 전달 평서문
(A) 정답: 자전거가 허용되지 않는다는 사실을 전달하는 평서문에 몰랐다고 잘 답변한 정답이다.
(B) 관련 없는 오답: 평서문과 상관없는 답변을 제시한 오답이다.
(C) 연상 어휘 오답: 의미상 연결이 가능한 두 단어(bikes 자전거–borrow 빌리다)를 사용해서 혼동을 유발하는 오답이다.

---

2 W-Br This is the best Italian restaurant / in town.
M-Cn (A) Satoko is traveling / in September. (O/X)
(B) It's where / I take all of my clients. (O/X)
(C) Pasta and a salad. (O/X)

여기가 이 지역 최고의 이탈리아 식당이에요.
(A) 사토코는 9월에 여행할 거예요.
(B) 이곳이 바로 제가 모든 고객들을 데리고 오는 곳이에요.
(C) 파스타와 샐러드요.

해설 의견 제시·제안 평서문
(A) 관련 없는 오답: 평서문과 상관없는 답변을 제시한 오답이다.
(B) 정답: 최고의 식당이라는 의견에 응답자 자신도 고객을 그 식당으로 데려온다며 간접적으로 동의하는 답변을 제시한 정답이다.
(C) 연상 어휘 오답: 의미상 연결이 가능한 두 표현(Italian restaurant–Pasta)을 사용해서 혼동을 유발하는 오답이다.

---

3 M-Cn You should attend the seminar / with us.
M-Au (A) She intended to order some. (O/X)
(B) I'll be there / in ten minutes. (O/X)
(C) Yes, they're very similar. (O/X)

우리와 함께 세미나에 참석하셔야 해요.
(A) 그녀가 주문을 좀 하려고 했어요.
(B) 10분 후면 거기에 도착할 거예요.
(C) 네, 그것들은 매우 비슷해요.

어휘 **attend** 참석하다 **intend** 의도하다, ~하려고 생각하다 **similar** 비슷한

해설 요청·희망 평서문
(A) 유사 발음 오답: 질문의 attend와 유사 발음인 intended를 사용하여 혼동을 유발한 오답이다.
(B) 정답: 함께 세미나에 참석해야 한다는 말에 10분 후에 가겠다고 적절하게 답변한 정답이다.
(C) 인칭 오류 오답: they가 가리키는 대상이 평서문에 언급되지 않은 오답이다.

ETS 문제로 훈련하기

교재 p.117

1. (A)	**2.** (A)	**3.** (B)	**4.** (C)	**5.** (A)
6. (B)	**7.** (B)	**8.** (B)	**9.** (A)	**10.** (A)

1 M-Cn Eric wants to see you / before you leave.
W-Br (A) I'll meet with him / at four.
(B) Yes, I have a key.
(C) How many should I leave?

떠나시기 전에 에릭이 당신을 보고 싶어해요.
(A) 4시에 그를 만날 거예요.
(B) 네, 제가 열쇠를 갖고 있어요.
(C) 몇 개나 남겨둬야 하나요?

해설 사실·정보 전달 평서문
(A) 정답: 에릭이 보고 싶어한다는 말에 4시에 그를 만나겠다(I'll meet with him at four)고 대답하고 있으므로 정답이다.
(B) 관련 없는 오답: 평서문과 상관없는 답변을 제시한 오답이다.
(C) 다의어 오답: 평서문의 leave를 다른 의미로 반복 사용한 오답으로, 평서문에서 leave는 '떠나다'라는 의미이지만 여기서는 '남기다'라는 의미이다.

2 W-Am Can you tell me / where the nearest bus stop is?
M-Br (A) It's just around the corner.
(B) Every 20 minutes.
(C) No, I'm sorry, you can't.

가장 가까운 버스 정류장이 어디에 있는지 말해 줄 수 있나요?
(A) 바로 모퉁이만 돌면 있어요.
(B) 20분마다요.
(C) 아니요, 미안하지만 안 됩니다.

어휘 **nearest** 가장 가까운(near의 최상급) **around the corner** 모퉁이를 돌아서

해설 장소를 묻는 간접의문문
(A) 정답: 장소를 묻는 Where 간접의문문에 모퉁이를 돌면 바로 있다고 잘 답변한 정답이다.
(B) 연상 어휘 오답: 질문의 bus stop에서 연상 가능한 표현 Every 20 minutes를 이용한 오답이다.
(C) 관련 없는 오답: 질문과 상관없는 답변을 제시한 오답이다.

---

3 W-Am I'd like your feedback / on our new advertisement.
W-Br (A) Go through the back door.
(B) I can review it / tomorrow.
(C) Let's order some.

우리 새 광고에 대한 당신의 의견을 듣고 싶어요.
(A) 뒷문을 통과해서 가세요.
(B) 내일 검토할 수 있어요.
(C) 주문합시다.

어휘 **advertisement** 광고 **review** 검토하다 **order** 주문하다

해설 부탁·요청 평서문
(A) 유사 발음 오답: 평서문의 feedback과 발음이 유사한 back을 이용한 오답이다.
(B) 정답: 새 광고에 대한 의견을 듣고 싶다는 말에 내일 검토할 수 있다(I can review it tomorrow)며 우회적으로 요청을 수락하고 있으므로 가장 적절한 응답이다.
(C) 연상 어휘 오답: 평서문의 advertisement에서 연상 가능한 order some을 이용한 오답이다.

---

4 W-Br Do you know / when the journal article is due?
M-Au (A) No more than three thousand words.
(B) He found it / in a magazine.
(C) Early next week.

그 간행물 기사가 언제로 예정되어 있는지 아세요?
(A) 3천 단어 이하예요.
(B) 그는 그것을 잡지에서 발견했어요.
(C) 다음 주 초요.

어휘 **article** 기사 **due** 예정된

해설 시점을 묻는 간접의문문
(A) 연상 어휘 오답: 질문의 journal article에서 연상 가능한 No more than three thousand words를 이용한 오답이다.
(B) 인칭 오류 오답 및 연상 어휘 오답: 질문에 He가 가리킬 만한 대상이 없으며, 질문의 journal article에서 연상 가능한 magazine을 이용한 오답이다.
(C) 정답: 간행물 기사의 마감 시점을 아는지 묻는 질문에 다음 주 초(Early next week)라며 구체적인 시점을 제시한 정답이다.

---

5 M-Au We ought to cancel the outdoor picnic.
W-Br (A) Do you think / that's necessary?
(B) That's a great color.
(C) Yes, let's pick one.

우리는 야외 소풍을 취소해야 해요.
(A) 그럴 필요가 있다고 생각하세요?
(B) 멋진 색상이네요.
(C) 네, 하나 고릅시다.

어휘 **ought to** ~해야 하다 **necessary** 필수적인, 불가피한

해설 의견 제시 평서문
(A) 정답: 야외 소풍을 취소해야 한다는 의견에 그럴 필요가 있다고 생각하는지(Do you think that's necessary?) 되물으며 상대방의 의견을 확인하고 있으므로 가장 적절한 응답이다.
(B) 관련 없는 오답: 평서문과 상관없는 답변을 제시한 오답이다.
(C) 유사 발음 오답: 평서문의 picnic과 발음이 유사한 pick을 이용한 오답이다.

---

6 W-Br The shipment won't be delivered / until Friday.
M-Au (A) Usually to the warehouse.
(B) That's later / than we'd expected.
(C) Just our regular order.

수송품은 금요일까지 배송되지 않을 겁니다.
(A) 보통 물류창고로요.
(B) 예상했던 것보다 늦네요.
(C) 그냥 정기 주문입니다.

어휘 **shipment** 수송, 수송품 **warehouse** 물류창고 **expect** 기대하다, 예상하다 **regular** 정기의

해설 사실·정보 전달 평서문

(A) 연상 어휘 오답: 질문의 shipment에서 연상 가능한 warehouse를 이용한 오답이다.

(B) 정답: 수송품이 금요일까지 배송되지 않는다는 말에 예상했던 것보다 늦다(That's later than we'd expected)며 우려를 나타내고 있으므로 정답이다.

(C) 연상 어휘 오답: 평서문의 shipment와 delivered에서 연상 가능한 regular order를 이용한 오답이다.

---

7 M-Am May I ask / why you're canceling your subscription?
W-Am (A) Yes, next week will be fine.
(B) We're moving out of the country.
(C) It's a very effective medicine.

왜 구독을 취소하시는지 여쭤봐도 될까요?
(A) 네, 다음 주는 괜찮겠어요.
(B) 우리가 해외로 이사를 가요.
(C) 아주 효과가 좋은 약이에요.

어휘 **subscription** 구독 **move out** 이사를 가다 **effective** 효과적인 **medicine** 약

해설 이유를 묻는 간접의문문

(A) 관련 없는 오답: 때를 묻는 When 의문문에 대한 답변을 제시한 오답이다.

(B) 정답: 구독 취소 이유를 묻는 Why 간접의문문에 because를 생략하고 이사를 가게 되어 구독을 취소한다고 잘 답변한 정답이다.

(C) 연상 어휘 오답: 질문의 subscription(구독)을 prescription(처방)으로 잘못 들은 경우 연상 가능한 medicine을 이용한 오답이다.

---

8 W-Br I'd like to reserve a room / for a video conference / this afternoon.
W-Am (A) We see each other often.
(B) Sorry, none are available.
(C) Try turning up the volume.

오늘 오후 화상회의를 할 방을 예약하고 싶은데요.
(A) 우리는 서로 자주 만나요.
(B) 죄송하지만 이용 가능한 방이 없습니다.
(C) 볼륨을 한번 높여 보세요.

어휘 **reserve** 예약하다 **video conference** 화상회의 **available** 이용 가능한

해설 요청·희망 평서문

(A) 연상 어휘 오답: 평서문의 video conference에서 연상 가능한 see each other를 이용한 오답이다.

(B) 정답: 화상회의를 할 방을 예약하고 싶다는 말에 죄송하지만 이용 가능한 방이 없다(Sorry, none are available)며 요청 수락이 불가능한 상황임을 밝히고 있으므로 정답이다.

(C) 연상 어휘 오답: 평서문의 video conference에서 연상 가능한 turning up the volume을 이용한 오답이다.

---

9 W-Br We're offering a special discount / on this model.
M-Au (A) When does the offer expire?
(B) A routine inspection.
(C) The end of the season.

저희는 이 모델에 특별 할인을 제공하고 있습니다.
(A) 할인이 언제 끝나죠?
(B) 정기 점검이요.
(C) 시즌의 끝이요.

어휘 **offer** 제공하다; (단기간의) 할인 **expire** 끝나다, 만료되다 **routine** 정기적인 **inspection** 점검, 검사

해설 사실·정보 전달 평서문

(A) 정답: 이 모델에 특별 할인을 제공하고 있다는 말에 할인이 언제 끝나는지(When does the offer expire?) 되물으며 관련 정보를 요청하고 있으므로 가장 적절한 응답이다.

(B) 관련 없는 오답: 평서문과 상관없는 답변을 제시한 오답이다.

(C) 연상 어휘 오답: 평서문의 offering a special discount에서 연상 가능한 The end of the season을 이용한 오답이다.

---

10 M-Am Do you know / who's going to be hired / as the new assistant?
W-Am (A) It hasn't been decided yet.
(B) No higher than last week.
(C) That's good news.

새 비서로 누가 채용되는지 아세요?
(A) 아직 결정되지 않았어요.
(B) 지난주보다 더 높지 않아요.
(C) 좋은 소식이네요.

어휘 **hire** 채용하다 **assistant** 조수, 비서 **decide** 결정하다

해설 누구인지 묻는 간접의문문
(A) 정답: 누구인지 묻는 Who 간접의문문에 아직 결정되지 않았다며 '모른다' 류의 답변을 제시한 정답이다.
(B) 유사 발음 오답: 유사발음어(hired - higher)를 사용해서 혼동을 유발하는 오답이다.
(C) 관련 없는 오답: 이미 채용되었다는 말에 대한 답변을 제시한 오답이다.

ETS 실전 테스트

교재 p.118

1. (B) **2.** (A) **3.** (A) **4.** (A) **5.** (A) **6.** (C) **7.** (C) **8.** (B) **9.** (A)
10. (A) **11.** (A) **12.** (B) **13.** (B) **14.** (B) **15.** (A) **16.** (A) **17.** (C) **18.** (C)
19. (C) **20.** (C)

1 W-Br Do you know / where the library is?
M-Au (A) At least six thousand.
(B) Yes, it's around the corner.
(C) He can't attend today.

도서관이 어디에 있는지 아세요?
(A) 적어도 6천이요.
(B) 네, 모퉁이를 돌면 있어요.
(C) 그는 오늘 참석할 수 없어요.

어휘 **at least** 적어도, 최소 **attend** 참석하다

해설 위치를 묻는 간접의문문
(A) 관련 없는 오답: 수를 묻는 How many 의문문에 적합한 대답이므로 오답이다.
(B) 정답: 도서관의 위치를 아는지 묻는 질문에 Yes라고 긍정한 후, 모퉁이를 돌면 있다(it's around the corner)며 구체적인 위치 정보를 제공하고 있으므로 정답이다. 참고로, 의문사가 있는 간접의문문이 포함되어 있더라도 Yes/No로 대답할 수 있다.
(C) 인칭 오류 오답: 질문에 He가 가리킬 만한 대상이 없으므로 오답이다.

Possible Answers **There are two libraries in this area.** 이 지역에 도서관이 두 군데 있어요.
Just keep walking this way. 이쪽으로 그냥 계속 걸어가세요.

---

2 W-Br I can't find my stapler.
W-Am (A) You can borrow mine.
(B) I'm fine, thanks.
(C) Sixteen pages total.

제 스테이플러를 못 찾겠어요.
(A) 제 것을 빌리셔도 돼요.
(B) 좋아요. 감사합니다.
(C) 총 16페이지요.

해설 상황 설명 평서문
(A) 정답: 스테이플러를 찾을 수 없다는 말에 자신의 것을 빌려도 된다(You can borrow mine)며 제안하고 있으므로 정답이다.
(B) 유사 발음 오답: 평서문의 find와 발음이 유사한 fine을 이용한 오답이다.
(C) 연상 어휘 오답: 평서문의 stapler에서 연상 가능한 Sixteen pages를 이용한 오답이다.

Possible Answers **Did you check the conference room?** 회의실 확인해봤어요?
There are extras in the supply closet. 비품장에 여분이 있어요.

---

3 M-Au I heard / that Jim's retiring next month.
W-Am (A) Yes, after 30 years with the company.
(B) You need to buy some new tires.
(C) No, an annual bonus.

짐이 다음 달 은퇴한다고 들었어요.
(A) 네, 회사에서 30년 근무하고요.
(B) 당신은 새 타이어를 사야 해요.
(C) 아니요, 연간 보너스예요.

어휘 **retire** 은퇴하다, 퇴직하다 **annual** 연례의, 연간의

해설 사실·정보 전달 평서문
(A) 정답: 짐이 다음 달 은퇴한다고 들었다는 말에 Yes라고 긍정한 후, 회사에서 30년 근무했다(after 30 years with the company)며 짐에 대한 정보를 덧붙이고 있으므로 정답이다.
(B) 유사 발음 오답: 평서문의 retiring과 발음이 유사한 tires를 이용한 오답이다.
(C) 연상 어휘 오답: 평서문의 next month에서 연상 가능한 an annual bonus를 이용한 오답이다.

Possible Answers **Oh, we should have a party for him.** 아, 그를 위한 파티를 열어야겠네요.
I wonder who will replace him. 누가 그를 대신할지 궁금하네요.

---

4 M-Au Do you know / who'll be teaching the environmental science course?
W-Am (A) A professor from China.
(B) The lab equipment is brand new.
(C) It's close by.

환경과학 강의를 누가 가르칠지 아세요?
(A) 중국 출신 교수요.
(B) 실험실 장비는 새것입니다.
(C) 가까이에 있어요.

어휘 **environmental** 환경의 **equipment** 장비 **brand new** 아주 새로운, 완전 새것인 **close by** 가까이에

해설 인물을 묻는 간접의문문
(A) 정답: 환경과학 강의 담당자를 아는지 묻는 질문에 중국 출신 교수(A professor from China)라며 특정 인물을 제시하고 있으므로 정답이다.
(B) 연상 어휘 오답: 질문의 environmental science에서 연상 가능한 lab equipment를 이용한 오답이다.
(C) 관련 없는 오답: 위치를 묻는 Where 의문문에 적합한 대답이므로 오답이다.

Possible Answers **They're still looking for someone.** 아직 찾고 있는 중이에요.
It should be listed in the course catalog. 강의 카탈로그에 기재되어 있을 거예요.

---

5 M-Cn Your work on the Baxter account / was very impressive.
W-Am (A) Thanks, I worked hard on it.
(B) That's OK, it's not urgent.
(C) I only counted five.

당신의 백스터 계정 관련 업무가 매우 인상적이었어요.
(A) 감사합니다. 열심히 했어요.
(B) 괜찮아요. 급하지 않습니다.
(C) 저는 5만 셌어요.

어휘 **account** (고객의) 계정 **impressive** 인상 깊은, 인상적인 **urgent** 긴급한 **count** 세다

해설 의견 제시 평서문
(A) 정답: 백스터 고객 관련 업무가 매우 인상적이었다는 평가에 대해 감사하다(Thanks)고 한 후, 열심히 했다(I worked hard on it)고 덧붙이고 있으므로 정답이다.
(B) 관련 없는 오답: 질문과 상관없는 답변을 제시한 오답이다.
(C) 유사 발음 오답: 평서문의 account와 발음이 유사한 counted를 이용한 오답이다.

Possible Answers **Do you mean the Bayer account?** 베이어 계정 말씀인가요?
Well, I had great support from my team. 음, 팀의 지원을 많이 받았어요.

---

6 W-Am Luis commutes an hour to work / every day.
M-Cn (A) It was a nice vacation.
(B) No, my break's in half an hour.
(C) That's a very long ride!

루이스는 매일 1시간씩 통근해요.
(A) 즐거운 휴가였어요.
(B) 아뇨, 제 휴식 시간은 30분 뒤예요.
(C) 아주 오래 걸리네요!

어휘 **commute** 통근하다

해설 사실·정보 전달 평서문
(A) 연상 어휘 오답: 평서문의 work에서 연상 가능한 vacation을 이용한 오답이다.
(B) 단어 반복 오답 및 연상 어휘 오답: hour를 반복 사용하고 있으며, work에서 연상 가능한 break를 이용한 오답이다.
(C) 정답: 루이스가 1시간씩 통근한다는 말에 아주 오래 걸린다(That's a very long ride)며 의견을 밝히고 있으므로 정답이다.

Possible Answers **So does Kiko, but she's never late.** 키코도 마찬가지예요, 하지만 절대 지각을 안 하죠.
That must be why he wants to work from home. 그래서 그가 재택근무를 하고 싶은 거겠죠.

---

7 W-Am Do you know / when we can visit the factory?
M-Cn (A) A group of fifteen visitors.
(B) Yes, that's a fact.
(C) They'll call to let us know.

언제 우리가 공장을 방문할 수 있는지 아세요?
(A) 단체 방문객 15명이요.
(B) 네, 그것은 사실이에요.
(C) 그들이 전화해서 우리에게 알려줄 거예요.

어휘 **factory** 공장 **fact** 사실, 진실

해설 시기를 묻는 간접의문문
(A) 유사 발음 오답: 발음이 유사한 두 단어(visit-visitors)를 사용하여 혼동을 유발하였으며, 숫자를 묻는 How many 의문문에 대한 답변을 제시한 오답이다.
(B) 유사 발음 오답: 일부 발음이 동일한 두 단어(factory-fact)를 사용해서 혼동을 유발하는 오답이다.
(C) 정답: 언제인지 묻는 When 간접의문문에 '모른다' 류의 답변을 제시한 정답이다. 특정 시기를 언급하는 대신, 방문할 수 있는 때를 전화로 알려준다고 답한 적절한 답변이다.

Possible Answers Late January, I think. 1월 말쯤이요.
There was an e-mail about that. 그것에 관한 이메일이 있었어요.

8 W-Am We'd like you to come up with a new logo.
M-Au (A) I like the new logo, too.
(B) I'll get started on it / right away.
(C) By the art department.

새 로고를 제시해 주셨으면 합니다.
(A) 저도 새 로고가 좋아요.
(B) 바로 시작하겠습니다.
(C) 미술부서에 의해서요.

어휘 **come up with** ~를 제시하다, 제안하다 **right away** 곧바로, 즉시 **department** 부서

해설 요청·희망 평서문
(A) 단어 반복 오답: 평서문의 like와 new logo를 반복 사용한 오답으로, 새 로고를 좋아한다는 평가에 적합한 대답이다.
(B) 정답: 새 로고를 제안하라는 요청에 바로 시작하겠다(I'll get started on it right away)며 요청을 수락하고 있으므로 정답이다.
(C) 연상 어휘 오답: 평서문의 logo에서 연상 가능한 art department를 이용한 오답으로, 로고를 만든 주체를 묻는 Who 의문문에 적합한 대답이다.

Possible Answers **Should it have the same colors as the old one?** 예전 것과 같은 색이어야 하나요?
But I'm not a professional designer. 하지만 저는 전문 디자이너가 아닙니다.

9 M-Cn We should consult a financial adviser.
W-Br (A) OK, should I make an appointment?
(B) In our bank account.
(C) No, I didn't see the advertisement.

우리는 재정 고문과 상담해야 해요.
(A) 네, 약속을 잡을까요?
(B) 우리 은행 계좌에요.
(C) 아니요, 저는 그 광고를 못 봤어요.

어휘 **consult** 상담하다 **financial** 재정의, 금융의 **bank account** 은행 계좌 **advertisement** 광고

해설 제안 평서문
(A) 정답: 재정 고문과 상담해야 한다는 제안에 OK라고 수락한 후, 약속을 잡을지 되묻고 있으므로 정답이다.
(B) 연상 어휘 오답: 평서문의 financial adviser에서 연상 가능한 bank account를 이용한 오답이다.
(C) 유사 발음 오답: 평서문의 adviser와 발음이 유사한 advertisement를 이용한 오답이다.

Possible Answers **But that could be expensive.** 하지만 그건 비쌀 거예요.
I know a good one. 좋은 분을 알아요.

10 M-Au I can't decide / where to take the clients for dinner.
W-Br (A) There's a good place / on First Street.
(B) Several large accounts.
(C) Yes, the chef is famous.

저녁 식사하러 고객들을 어디로 데려갈지 결정하지 못했어요.
(A) 1번 가에 좋은 장소가 있어요.
(B) 큰 거래처 여러 곳이요.
(C) 네, 요리사가 유명해요.

어휘 **decide** 결정하다 **account** (고객의) 계정, 거래처

해설 의견을 구하는 평서문
(A) 정답: 고객들을 데려갈 저녁 식사 장소를 결정하지 못했다는 말에 1번 가에 좋은 장소가 있다(There's a good place on First Street)며 장소를 제안하고 있으므로 정답이다.
(B) 연상 어휘 오답: 질문의 clients에서 연상 가능한 Several large accounts를 이용한 오답이다.
(C) 연상 어휘 오답: 질문의 dinner에서 연상 가능한 chef를 이용한 오답이다.

Possible Answers **Howard might have some suggestions.** 하워드가 추천해줄 데가 있을지도 몰라요.
Why don't you ask what kind of food they'd like? 그들이 어떤 종류의 음식을 좋아하는지 물어보는 게 어때요?

11 M-Au Do you know / why the copier isn't working?
W-Br (A) Is it plugged in?
(B) He often works late.
(C) Yes, I'd love some coffee.

복사기가 왜 작동을 안 하는지 아세요?
(A) 전원이 연결되어 있나요?
(B) 그는 종종 늦게까지 일해요.
(C) 네, 커피를 좀 마시고 싶네요.

어휘 **copier** 복사기 **work** 작동되다, 기능하다 **plug in** ~의 플러그를 꽂다, 전원을 연결하다

해설 이유를 묻는 간접의문문

(A) 정답: 복사기가 작동하지 않는 이유를 묻는 why 간접의문문에 플러그가 꽂혀 있는지(Is it plugged in?) 되묻는 질문으로 잘 답변한 정답이다.

(B) 인칭 오류 오답 및 유사 발음 오답: He가 가리키는 대상이 질문에 언급되지 않았으며, 일부 발음이 유사한 두 단어(working - works)를 사용해서 혼동을 유발하는 오답이다.

(C) 유사 발음 오답: 유사발음어(copier - coffee)를 사용해서 혼동을 유발하는 오답이다.

Possible Answers **It's because of a paper jam.** 종이가 걸려서요.
A technician is coming today. 오늘 기술자가 올 거예요.

---

12 W-Am I think / I left my wallet / in the restaurant.
W-Br (A) We left / around eight o'clock.
(B) You should give them a call.
(C) We have one table / by the wall.

지갑을 식당에 두고 온 것 같아요.
(A) 8시쯤에 출발했어요.
(B) 그들에게 전화를 걸어보세요.
(C) 벽 옆에 테이블이 하나 있어요.

어휘 **leave** 남기다, 떠나다 **wallet** 지갑

해설 상황 설명 평서문

(A) 다의어 오답: 평서문의 left를 다른 의미로 반복 사용한 오답으로, 질문에서 left는 '남기다, 두다'라는 의미이지만 여기서는 '떠나다, 출발하다'라는 의미이다.

(B) 정답: 지갑을 식당에 두고 온 것 같다는 말에 그들에게 전화해 보라(You should give them a call)고 제안하므로 정답이다.

(C) 유사 발음 오답 및 연상 어휘 오답: 평서문의 wallet과 발음이 유사한 wall을 이용하고 있으며, 질문의 restaurant에서 연상 가능한 table을 이용한 오답이다.

Possible Answers **Let's ask the taxi driver to take us back.** 택시 기사에게 다시 데려가 달라고 합시다.
Oh no—was there a lot of cash in it? 아 저런, 안에 현금 많았어요?

---

13 W-Am Could you tell me / which aisle has imported food products?
M-Au (A) I think / it's an important meeting.
(B) They've been moved to aisle five.
(C) Yes, I'll let her know.

어느 통로에 수입 식품이 있는지 말씀해 주시겠어요?
(A) 중요한 회의인 것 같습니다.
(B) 5번 통로로 옮겼어요.
(C) 네, 제가 그녀에게 알려줄게요.

어휘 **aisle** 통로 **import** 수입하다 **important** 중요한

해설 정보를 묻는 간접의문문

(A) 유사 발음 오답: 질문의 imported와 발음이 유사한 important를 이용한 오답이다.

(B) 정답: 수입 식품이 있는 통로를 말해 달라는 요청에 5번 통로로 이동했다(They've been moved to aisle five)며 관련 정보를 제공하고 있으므로 정답이다.

(C) 인칭 오류 오답: 질문에 her가 가리킬 만한 대상이 없으므로 오답이다.

Possible Answers **I'll walk you over there.** 거기까지 모셔다 드릴게요.
Sorry, I just started working here today. 죄송해요, 제가 여기서 오늘 막 일하기 시작해서요.

---

14 W-Am I'd like you to help me / install the new scanner.
M-Cn (A) She hired a new assistant.
(B) What time is good for you?
(C) A collection of photographs.

제가 새 스캐너를 설치하는 데 도움을 주셨으면 해요.
(A) 그녀는 새 비서를 채용했어요.
(B) 몇 시가 좋으세요?
(C) 사진집이요.

어휘 **install** 설치하다 **hire** 채용하다 **collection** 모음

해설 요청·희망 평서문

(A) 인칭 오류 오답 및 연상 어휘 오답: 평서문에 She가 가리킬 만한 대상이 없으며, 평서문의 help에서 연상 가능한 assistant를 이용한 오답이다.

(B) 정답: 스캐너 설치를 도와 달라는 요청에 몇 시가 좋은지(What time is good for you?) 되물으며 우회적으로 요청을 수락하고 있으므로 가장 적절한 응답이다.

(C) 연상 어휘 오답: 평서문의 scanner에서 연상 가능한 photographs를 이용한 오답이다.

Possible Answers **Information technology isn't really my area.** 정보기술은 정말 제 분야가 아니에요.
I'd be happy to. 기꺼이 그럴게요.

---

15 W-Br Do you know / who will replace Gustave / when he retires?
M-Cn (A) Not yet; the interviews just started.
(B) Karen placed the lunch order.
(C) On February twelfth, I think.

구스타브가 퇴직하면 누가 그를 대체할지 아세요?
(A) 아직요. 면접이 막 시작됐어요.
(B) 카렌이 점심 식사를 주문했어요.
(C) 2월 12일인 것 같아요.

어휘 **replace** 대체하다 **retire** 퇴직하다, 은퇴하다 **place an order** 주문을 넣다

해설 인물을 묻는 간접의문문
(A) 정답: 구스타브를 대체할 인물을 아는지 묻는 질문에 아직(Not yet)이라고 부정한 후, 면접이 막 시작됐다(the interviews just started)며 대답해 줄 수 없는 이유를 덧붙이고 있으므로 가장 적절한 응답이다. 참고로, 의문사가 있는 간접의문문은 Yes/No 대답이 가능하므로 No의 대체 표현인 Not yet으로 대답할 수 있다.
(B) 유사 발음 오답: 질문의 replace와 일부 발음이 유사한 place를 이용한 오답이다.
(C) 연상 어휘 오답: 질문의 when he retires에서 연상 가능한 날짜 표현을 이용한 오답이다.

Possible Answers **Sylvia seems like the best choice to me.** 실비아가 저한테는 최고의 선택인 것 같아요.
Oh, I hadn't heard that he was leaving. 아, 저는 그가 떠난다는 얘기를 못 들었어요.

---

16 W-Br Well, that was a very productive team meeting.
W-Am (A) We did make a lot of progress.
(B) At the registration desk.
(C) The score was very close.

음, 생산적인 팀 회의였어요.
(A) 진전이 많았어요.
(B) 접수창구에서요.
(C) 점수가 아주 막상막하였어요.

어휘 **productive** 생산적인 **progress** 진전, 진보 **registration** 접수, 등록 **score** 점수

해설 의견 제시 평서문
(A) 정답: 생산적인 팀 회의였다는 평가에 대해 진전이 많았다(We did make a lot of progress)며 상대방의 평가에 호응하고 있으므로 정답이다.
(B) 연상 어휘 오답: 평서문의 meeting에서 연상 가능한 desk를 이용한 오답이다.
(C) 연상 어휘 오답: 평서문의 team에서 연상 가능한 경기 결과 The score was very close를 이용한 오답이다.

Possible Answers **It's because we followed the agenda.** 우리가 그 의제를 따랐기 때문이에요.
Yes, much more productive than usual. 네, 평소보다 훨씬 더 생산적이었어요.

---

17 M-Cn Do you know / what the distribution plan is for our new product?
W-Am (A) I should be free tonight.
(B) He's in my department.
(C) They're going to discuss it today.

우리 신상품에 대한 유통 계획이 뭔지 아세요?
(A) 저는 오늘 밤에 시간이 돼요.
(B) 그는 저희 부서에 있어요.
(C) 그들이 오늘 그것에 관해 논의할 거예요.

어휘 **distribution** 유통, 분배 **product** 제품 **department** 부서

해설 계획을 묻는 간접의문문
(A) 연상 어휘 오답: 의미상 연결이 가능한 두 단어(plan 계획 – free 한가한)를 사용하여 혼동을 유발하는 오답이다.
(B) 관련 없는 오답: 질문과 상관없는 답변을 제시한 오답이다.
(C) 정답: 어떤 계획인지 묻는 What 간접의문문에 '(오늘 논의할 거라서) 모른다' 류의 답변을 제시한 정답이다.

Possible Answers **No, I haven't heard anything about it.** 아니요, 그것에 대해 들은 바가 없어요.
We're going to introduce it online first. 온라인에 먼저 소개할 예정이에요.

---

18 M-Cn Here's the form / you asked me to fill out.
M-Au (A) Either pen or pencil is fine.
(B) A routine inspection.
(C) Did you complete both sides?

작성하라고 요청하신 서식 여기 있어요.
(A) 펜이나 연필이면 됩니다.
(B) 정기 점검입니다.
(C) 양면 모두 작성하셨나요?

어휘 **fill out a form** 서식에 기입하다, 용지에 써넣다 **routine** 정기적인 **inspection** 점검 **complete** 작성하다, 기입하다

해설 사실·정보 전달 평서문

(A) 연상 어휘 오답: 평서문의 fill out에서 연상 가능한 pen or pencil을 이용한 오답이다.

(B) 연상 어휘 오답: 질문의 form에서 연상 가능한 서식의 용도 inspection을 이용한 오답이다.

(C) 정답: 작성하라고 요청한 서식이 여기 있다는 말에 양면 모두 작성했는지(Did you complete both sides?) 되물으며 요청이 제대로 이행되었는지 확인하고 있으므로 가장 적절한 응답이다.

Possible Answers **You can set it in that box.** 저 상자에 넣으시면 돼요.
Thanks—your appointment will begin shortly. 감사합니다. 곧 약속하신 순서가 되실 거예요.

---

19 W-Br Could you tell me / whether the personnel director can see me / this morning?
M-Au (A) The interview went well.
(B) Take a left / at the intersection.
(C) Certainly—she can meet with you / at eleven.

인사 담당자가 오늘 아침 저를 만날 수 있는지 알려주실 수 있나요?
(A) 면접은 잘 진행됐어요.
(B) 교차로에서 좌회전하세요.
(C) 물론이죠. 11시에 당신을 만날 수 있어요.

어휘 **personnel** 인사과 **intersection** 교차로 **certainly** 분명히, 그럼요

해설 사실을 확인하는 간접의문문

(A) 연상 어휘 오답: 질문의 personnel director에서 연상 가능한 interview를 이용한 오답이다.

(B) 연상 어휘 오답: 질문의 director를 directions(안내, 지시)로 잘못 들을 경우 연상 가능한 Take a left at the intersection을 이용한 오답이다.

(C) 정답: 인사 담당자가 오늘 만날 수 있는지 알려 달라는 요청에 물론(Certainly)이라고 긍정한 후, 11시에 만날 수 있다(she can meet with you at eleven)며 구체적인 시간을 제시하고 있으므로 정답이다.

Possible Answers **Let me check her schedule.** 그녀의 일정을 확인해볼게요.
I'm sorry, but she'll be in meetings all day. 죄송합니다만, 오늘 하루 종일 회의가 있으세요.

---

20 W-Am We have to finish painting the first floor / tomorrow.
W-Br (A) The door on the left.
(B) On Wilbourne Street.
(C) Let's find more workers, then.

우리는 내일 1층 페인트칠을 끝내야 해요.
(A) 왼쪽에 있는 문이요.
(B) 윌본 가에요.
(C) 그럼 더 많은 인부들을 찾아봅시다.

해설 의견 제시 평서문

(A) 유사 발음 오답: 평서문의 floor와 발음이 유사한 door를 이용한 오답이다.

(B) 관련 없는 오답: 위치를 묻는 Where 의문문에 적합한 대답이므로 오답이다.

(C) 정답: 내일 1층 페인트칠을 끝내야 한다는 의견에 그럼 더 많은 인부들을 찾아보자(Let's find more workers, then)고 제안하며 우회적으로 의견을 수용하고 있으므로 가장 적절한 응답이다.

Possible Answers **We'd better come in early.** 일찍 오는 게 좋겠네요.
But there are still three rooms left. 하지만 아직도 방 세 개가 남았어요.

PART 2 ETS 파트별 모의고사

교재 p.119

7. (B)	**8.** (A)	**9.** (B)	**10.** (C)	**11.** (A)	**12.** (C)	**13.** (A)
14. (B)	**15.** (C)	**16.** (C)	**17.** (B)	**18.** (B)	**19.** (C)	**20.** (C)
21. (B)	**22.** (C)	**23.** (C)	**24.** (C)	**25.** (A)	**26.** (C)	**27.** (A)
28. (A)	**29.** (B)	**30.** (B)	**31.** (A)			

7 W-Am Don't you want dessert?
M-Cn (A) I'd like to live near the ocean.
(B) No thanks, I've had enough to eat.
(C) Let's present together.

후식을 먹고 싶지 않으세요?
(A) 저는 바다 가까이에 살고 싶어요.
(B) 괜찮아요. 충분히 먹었어요.
(C) 같이 발표합시다.

어휘 **present** 보여주다, 발표하다

해설 의향을 확인하는 부정의문문

(A) 연상 어휘 오답: 질문의 dessert를 desert(사막)로 잘못 들었을 경우 연상 가능한 ocean(바다)을 이용한 오답이다.

(B) 정답: 후식을 원하는지 의향을 확인하는 질문에 거절의 의사(No thanks)를 밝힌 후, 충분히 먹었다(I've had enough to eat)며 거절하는 이유를 덧붙이고 있으므로 정답이다.

(C) 관련 없는 오답: 질문과 상관없는 답변을 제시한 오답이다.

---

8 M-Au You're traveling with us / to South Africa, right?
W-Am (A) Yes, that's right.
(B) An international business contract.
(C) For the passport renewal fee.

저희와 함께 남아프리카공화국으로 여행 가실 거죠, 그렇죠?
(A) 네, 맞아요.
(B) 국제적인 사업 계약이요.
(C) 여권 갱신 비용으로요.

어휘 **international** 국제적인 **contract** 계약 **renewal** 갱신

해설 사실을 확인하는 부가의문문

(A) 정답: 함께 여행을 가는지 확인하는 질문에 Yes라고 긍정한 후, 맞다(that's right)며 한 번 더 확인해 주고 있으므로 정답이다.

(B) 연상 어휘 오답: 질문의 traveling ~ to South Africa에서 연상 가능한 출장 사유 An international business contract를 이용한 오답이다.

(C) 연상 어휘 오답: 질문의 traveling ~ to South Africa에서 연상 가능한 passport를 이용한 오답이다.

---

9 W-Br Where should I park the car?
M-Au (A) No, I can drive.
(B) In the shade if possible.
(C) Because I need some fresh air.

차는 어디에 주차해야 하나요?
(A) 아니요, 제가 운전할 수 있어요.
(B) 가능하다면 그늘에요.
(C) 왜냐하면 신선한 공기가 좀 필요하거든요.

어휘 **park** 주차하다 **shade** 그늘

해설 주차 장소를 묻는 Where 의문문

(A) Yes/No 대답 불가 오답: 장소를 묻는 Where 의문사 의문문에 Yes/No로 대답할 수 없으므로 오답이다.

(B) 정답: 주차 장소를 묻는 질문에 '가능하면 그늘에'라고 적절히 답했으므로 정답이다.

(C) 다의어 오답: 질문의 park(주차하다)를 '공원'의 park로 잘못 들을 경우 연상되도록 혼동을 유도한 오답이다.

---

10 M-Au When does filming start / for your next commercial?
W-Am (A) Try this camera instead.
(B) A famous director.
(C) Tomorrow.

다음 광고를 위한 촬영은 언제 시작하나요?
(A) 대신 이 카메라를 써 보세요.
(B) 유명 감독이요.
(C) 내일요.

어휘 **filming** 촬영 **commercial** 광고 **instead** 대신 **famous** 유명한 **director** 감독

해설 촬영 시작 시점을 묻는 When 의문문

(A) 연상 어휘 오답: 질문의 filming에서 연상 가능한 camera를 이용한 오답이다.

(B) 연상 어휘 오답: 질문의 filming에서 연상 가능한 director를 이용한 오답이다.

(C) 정답: 광고를 위한 촬영 시작 시점을 묻는 질문에 내일(Tomorrow)이라며 구체적인 시점을 밝히고 있으므로 정답이다.

---

11 M-Au Would you like to go on a walk / at lunchtime?
M-Cn (A) Definitely—that'll be a nice break.
(B) A salad and a sandwich.
(C) Usually about a mile.

점심 시간에 산책하러 가고 싶어요?
(A) 그럼요. 멋진 휴식이 될 거예요.
(B) 샐러드와 샌드위치요.
(C) 보통 1마일 정도요.

어휘 **go on a walk** 산책하러 가다 **definitely** 분명히, 확실히 **break** 휴식

해설 제안문

(A) 정답: 점심 시간에 산책을 가고 싶은지 묻는 질문에 수락의 의사(Definitely)를 밝힌 후, '멋진 휴식이 될 것'이라며 제안에 대한 자신의 의견을 덧붙이고 있으므로 정답이다.

(B) 연상 어휘 오답: 질문의 lunchtime에서 연상 가능한 A salad and a sandwich를 이용한 오답이다.

(C) 연상 어휘 오답: 질문의 go on a walk에서 연상 가능한 산책하는 거리 about a mile을 이용한 오답이다.

12 M-Cn Do you think / I should get my phone repaired / or just get a new one?
W-Am (A) Sure, I'll call him right now.
(B) I wasn't able to help them.
(C) You should probably buy a new one.

제 전화를 수리해야 할 것 같아요, 아니면 그냥 새걸 사야 할 것 같아요?
(A) 물론이죠. 제가 바로 그에게 전화할게요.
(B) 저는 그들을 도와줄 수가 없었어요.
(C) 아마 새걸 사야 할 거예요.

해설 상대방의 선택을 묻는 선택의문문
(A) Yes/No 대답 불가 오답 및 연상 어휘 오답: 선택의문문은 문장 전체를 선택하는 경우를 제외하고는 Yes/No로 대답할 수 없으므로 Yes의 대체 표현인 Sure로 대답할 수 없으며, 질문의 phone에서 연상 가능한 call을 이용한 오답이다.
(B) 인칭 오류 오답: 질문에 them이 가리킬 만한 대상이 없으므로 오답이다.
(C) 정답: 전화기를 수리해야 할지 새로 사야 할지 묻는 질문에 '새걸 사야 한다'며 후자를 선택하고 있으므로 정답이다.

---

13 M-Au This room feels really hot.
W-Br (A) Let's turn on the air-conditioning.
(B) Over in meeting room A.
(C) We already painted the walls.

이 방은 정말 더워요.
(A) 에어컨을 켭시다.
(B) A 회의실로요.
(C) 저희는 이미 벽을 칠했어요.

해설 상황 설명 평서문
(A) 정답: 방이 정말 덥다는 말에 에어컨을 켜자(Let's turn on the air-conditioning)며 해결책을 제안하고 있으므로 정답이다.
(B) 단어 반복 오답: 질문의 room을 반복 사용한 오답이다.
(C) 연상 어휘 오답: 질문의 room에서 연상 가능한 walls를 이용한 오답이다.

---

14 W-Am You're giving a workshop / on basic computer skills, aren't you?
M-Cn (A) Just restart your computer.
(B) Right, it's this weekend.
(C) An updated résumé.

컴퓨터 기본기에 관한 워크숍을 여시죠, 그렇죠?
(A) 컴퓨터를 다시 시작하세요.
(B) 네, 이번 주말입니다.
(C) 업데이트한 이력서요.

어휘 **basic** 기본적인 **skill** 기술, 기량 **résumé** 이력서

해설 사실을 확인하는 부가의문문
(A) 단어 반복 오답: 질문의 computer를 반복 사용한 오답이다.
(B) 정답: 워크숍을 여는지 확인하는 질문에 긍정(Right)한 후, 이번 주말(it's this weekend)이라며 관련 정보를 제공하므로 정답이다.
(C) 연상 어휘 오답: 질문의 basic computer skills에서 연상 가능한 updated를 이용한 오답이다.

---

15 W-Br Should we take the bus / to the museum?
M-Au (A) They weren't busy.
(B) That shipment's late.
(C) The train is faster.

박물관으로 가는 버스를 타야 할까요?
(A) 그들은 바쁘지 않았어요.
(B) 수송이 늦네요.
(C) 기차가 더 빨라요.

어휘 **museum** 박물관 **shipment** 수송, 수송품

해설 조언을 구하는 조동사 의문문(Should)
(A) 인칭 오류 오답: 질문에 They를 가리킬 만한 대상이 없으므로 오답이다.
(B) 연상 어휘 오답: 질문의 take the bus에서 연상 가능한 late를 이용한 오답이다.
(C) 정답: 버스를 타고 가야 할지 묻는 질문에 기차가 더 빠르다(The train is faster)며 대안을 제시하므로 적절한 응답이다.

---

16 M-Cn Who'll be representing our company / at the job fair?
W-Br (A) No, they've never been there.
(B) Next week on Friday.
(C) Jerome will do it.

취업박람회에서 누가 우리 회사를 대표할 예정입니까?
(A) 아니요, 그들은 거기에 가 본 적이 없어요.
(B) 다음 주 금요일에요.
(C) 제롬이 할 겁니다.

어휘 **represent** 대표하다 **job fair** 취업박람회

해설 대표자를 묻는 Who 의문문

(A) Yes/No 대답 불가 오답 및 연상 어휘 오답: 의문사 의문문에는 Yes/No로 대답할 수 없으며, 질문의 at the job fair에서 연상 가능한 경험 never been there를 이용한 오답이다.

(B) 연상 어휘 오답: 질문의 job fair에서 연상 가능한 일정 표현 Next week on Friday를 이용한 오답이다.

(C) 정답: 회사를 대표할 사람을 묻는 질문에 제롬이 할 것(Jerome will do it)이라며 특정 인물을 언급하고 있으므로 정답이다.

---

17 W-Am What flavors of ice cream do you have?
M-Au (A) I'll confirm our reservation.
(B) There's a list on the counter.
(C) Every Tuesday at eleven A.M.

어떤 맛 아이스크림이 있나요?
(A) 제가 예약을 확정할게요.
(B) 계산대에 목록이 있습니다.
(C) 매주 화요일 오전 11시예요.

어휘 **flavor** 맛, 풍미 **confirm** 확정하다, 확인해 주다 **reservation** 예약

해설 판매하는 아이스크림의 맛을 묻는 What 의문문

(A) 관련 없는 오답: 질문과 상관없는 답변을 제시한 오답이다.

(B) 정답: 판매하는 아이스크림의 맛을 묻는 질문에 계산대에 목록이 있다(There's a list on the counter)며 우회적으로 관련 정보를 얻을 수 있는 방법을 제시하고 있으므로 가장 적절한 응답이다.

(C) 관련 없는 오답: 시점을 묻는 When 또는 What time 의문문에 적합한 대답이므로 오답이다.

---

18 W-Br Shouldn't the shoe delivery have arrived / by now?
W-Am (A) This coupon has expired.
(B) Yes, I'll call to check on it.
(C) They're very comfortable.

지금쯤은 신발 배송이 도착해야 하지 않나요?
(A) 이 쿠폰은 만료됐어요.
(B) 네, 제가 전화해서 확인할게요.
(C) 그것들은 매우 편안해요.

어휘 **delivery** 배송 **arrive** 도착하다 **by now** 지금쯤은 **expire** 만료되다 **comfortable** 편안한

해설 상황을 추측하는 부정의문문

(A) 연상 어휘 오답: 질문의 the shoe delivery에서 연상 가능한 This coupon을 이용한 오답이다.

(B) 정답: 지금쯤 신발 배송이 도착해야 한다는 추측에 Yes라고 동조한 후, 자신이 전화해서 확인하겠다(I'll call to check on it)고 제안하고 있으므로 정답이다.

(C) 관련 없는 오답: 질문과 상관없는 답변을 제시한 오답이다.

---

19 W-Br Are you ready to leave, or can you finish this letter for me?
M-Au (A) Not too much.
(B) I read it, too.
(C) Yes, I can help.

퇴근할 준비가 되었나요, 아니면 저 대신 이 편지를 마무리할 수 있나요?
(A) 너무 많지 않아요.
(B) 저도 그것을 읽었어요.
(C) 네, 도와줄 수 있어요.

해설 선택의문문

(A) 관련 없는 오답: 질문과 상관없는 답변을 제시한 오답이다.

(B) 유사 발음 오답: 유사발음어(ready – read)를 사용하여 혼동을 유발하는 오답이다.

(C) 정답: 퇴근할 준비(ready to leave)가 되었는지 아니면 편지를 마무리할 수 있는지를 묻는 선택의문문에 Yes라고 답한 후(문장 전체를 선택하는 경우 Yes/No 답변 가능), 도울 수 있다는 부연 설명을 덧붙여 잘 답변한 정답이다.

---

20 M-Cn When will the new software be installed / on our computers?
W-Am (A) Twenty new laptop computers.
(B) It takes a while for cement to harden.
(C) Yong Chen was using it yesterday.

새 소프트웨어가 우리 컴퓨터에 언제 설치될 예정인가요?
(A) 20개의 새 노트북 컴퓨터요.
(B) 시멘트가 굳는 데 시간이 좀 걸려요.
(C) 용 첸이 어제 그걸 사용하고 있었어요.

어휘 **install** 설치하다 **take a while** 시간이 조금 걸리다 **harden** 굳다

해설 설치 시점을 묻는 When 의문문

(A) 연상 어휘 오답: 질문의 software와 computers에서 연상 가능한 laptop computers를 이용한 오답이다.

(B) 연상 어휘 오답 및 관련 없는 오답: 질문의 be installed에서 연상 가능한 건설 자재 cement를 이용하고 있으며, 기간을 묻는 How long 의문문에 적합한 대답이므로 오답이다.

(C) 정답: 새 소프트웨어가 언제 설치될지 묻는 질문에 용 첸이 어제 그걸 사용하고 있었다(Yong Chen was using it yesterday)며 우회적으로 이미 설치되었음을 밝히고 있으므로 가장 적절한 응답이다.

---

21 W-Am How did you find your current apartment?

M-Au (A) We can do that.

(B) A friend told me about it.

(C) No, the lease is for twelve months.

현재 사는 아파트를 어떻게 찾았나요?

(A) 우리는 그것을 할 수 있어요.

(B) 친구가 이야기해 줬어요.

(C) 아니요, 임대차 계약은 12개월간이에요.

어휘 **current** 현재의 **lease** 임대차 계약

해설 아파트를 찾은 방법을 묻는 How 의문문

(A) 관련 없는 오답: 질문과 상관없는 답변을 제시한 오답이다.

(B) 정답: 현재 사는 아파트를 찾은 방법을 묻는 질문에 친구가 이야기해 줬다(A friend told me about it)며 정보의 출처를 밝히고 있으므로 정답이다.

(C) Yes/No 대답 불가 오답 및 연상 어휘 오답: 의문사 의문문에는 Yes/No로 대답할 수 없으며, 질문의 How를 How long으로 잘못 들었을 경우 apartment에서 연상 가능한 임대차 기간 the lease is for twelve months를 이용한 오답이다.

---

22 M-Cn Have you seen the latest Enzo Rosetti film?

M-Au (A) Sorry, we don't have any left.

(B) She's going to be late.

(C) I always wait for the online release.

엔조 로제티의 최신 영화를 보셨나요?

(A) 죄송하지만 남은 게 없네요.

(B) 그녀는 늦을 겁니다.

(C) 저는 항상 온라인 개봉을 기다려요.

어휘 **latest** 최근의 **release** 발표, 개봉

해설 경험을 확인하는 조동사 의문문(Have)

(A) 단어 반복 오답: 질문의 Have를 반복 사용한 오답으로, 질문에서 Have는 완료시제를 이루는 조동사이지만 여기서는 '가지고 있다'라는 의미의 일반동사이다.

(B) 파생어 오답: 질문의 latest와 파생어 관계인 late를 이용한 오답이다.

(C) 정답: 엔조 로제티의 최신 영화를 봤는지 확인하는 질문에 항상 온라인 개봉을 기다린다(I always wait for the online release)며 우회적으로 아직 보지 못했음을 밝히고 있으므로 가장 적절한 응답이다.

---

23 M-Cn Why are they opening another manufacturing plant?

W-Br (A) Plant these seeds in the fall.

(B) Could you get the door?

(C) They need more production space.

그들은 왜 제조 공장을 또 하나 여는 거죠?

(A) 이 씨앗들을 가을에 심으세요.

(B) 문을 열어줄 수 있나요?

(C) 그들은 생산 공간이 더 필요해요.

어휘 **plant** 공장, 심다 **manufacturing** 제조 **seed** 씨앗 **production** 생산

해설 추가 제조 공장을 여는 이유를 묻는 Why 의문문

(A) 연상 어휘 오답: 질문의 plant를 '공장'이 아니라 '심다'라는 의미로 잘못 이해할 경우 연상 가능한 seeds를 이용한 오답이다.

(B) 연상 어휘 오답: 질문의 opening에서 연상 가능한 get the door를 이용한 오답이다.

(C) 정답: 추가 제조 공장을 여는 이유를 묻는 질문에 생산 공간이 더 필요하다(They need more production space)며 구체적인 이유를 밝히고 있으므로 정답이다.

---

24 M-Au Where did the awards ceremony take place / this year?

W-Br (A) Usually the company president.

(B) The rewards are great!

(C) At the same theater as last year.

올해 시상식은 어디서 열렸나요?

(A) 보통 회장님이요.

(B) 보상이 훌륭해요!

(C) 작년과 같은 극장에서요.

어휘 **awards ceremony** 시상식 **take place** 열리다, 개최되다 **rewards** 보상

해설 시상식이 열린 장소를 묻는 Where 의문문
(A) 관련 없는 오답: Who 의문문에 적합한 대답이므로 오답이다.
(B) 유사 발음 오답: 질문의 awards와 유사한 발음인 rewards를 사용한 오답이다.
(C) 정답: 시상식 장소를 묻는 질문에 '작년과 같은 극장'이라고 구체적인 장소를 밝힌 정답이다.

---

25 W-Am What do you plan to discuss with the director / today?
W-Br (A) I'm going to talk about our marketing plan.
(B) The second floor, on the right.
(C) That's a good solution.

오늘 관리자와 무엇을 논의할 계획인가요?
(A) 우리 마케팅 계획에 대해 이야기할 겁니다.
(B) 2층, 우측에요.
(C) 좋은 해결책이네요.

어휘 **director** 임원, 관리자, 책임자 **solution** 해결책, 해답

해설 논의할 사항을 묻는 What 의문문
(A) 정답: 관리자와 논의할 사항을 묻는 질문에 마케팅 계획에 대해 이야기할 예정(I'm going to talk about our marketing plan)이라며 구체적인 논의 사항을 밝히고 있으므로 정답이다.
(B) 연상 어휘 오답: 질문의 director를 directory(안내판)로 잘못 들었을 경우 연상 가능한 위치 설명 The second floor, on the right를 이용한 오답이다.
(C) 연상 어휘 오답: 질문의 discuss에서 연상 가능한 논의 결과 solution을 이용한 오답이다.

---

26 M-Cn I need help setting up the chairs / for our staff meeting.
M-Au (A) It was nice meeting you.
(B) Yes, Ms. Wang is the chairperson.
(C) Can you give me five minutes?

우리 직원 회의에 쓸 의자들을 배치하는 데 도움이 필요해요.
(A) 만나서 반가웠습니다.
(B) 네, 왕 씨가 사회자예요.
(C) 5분만 주시겠어요?

어휘 **set up** 설치하다, 준비하다 **staff meeting** 직원 회의 **chairperson** 사회자, 의장

해설 요청·희망 평서문
(A) 단어 반복 오답: 질문의 meeting을 반복 사용한 오답으로, 질문에서 meeting은 명사이지만 여기서는 동명사이다.
(B) 연상 어휘 오답: 질문의 staff meeting에서 연상 가능한 chairperson을 이용한 오답이다.
(C) 정답: 의자들을 배치하는 데 도움이 필요하다는 말에 5분만 달라(Can you give me five minutes?)고 요청하며 우회적으로 도와주겠다는 의사를 밝히고 있으므로 정답이다.

---

27 W-Am How did you write that report / so quickly?
M-Au (A) I used last year's version as a model.
(B) It's not far away, actually.
(C) Sure, he'll be happy to.

보고서를 어떻게 그렇게 빨리 쓰셨어요?
(A) 작년 버전을 본보기로 활용했어요.
(B) 사실 멀지 않아요.
(C) 물론이죠. 그는 기꺼이 할 겁니다.

해설 보고서를 빨리 쓴 방법을 묻는 How 의문문
(A) 정답: 보고서를 빨리 쓴 방법을 묻는 질문에 작년 버전을 본보기로 활용했다(I used last year's version as a model)며 구체적인 방법을 제시하고 있으므로 정답이다.
(B) 연상 어휘 오답: 질문의 so quickly에서 연상 가능한 not far away를 이용한 오답이다.
(C) Yes/No 대답 불가 오답 및 인칭 오류 오답: 의문사 의문문에는 Yes의 대체 표현인 Sure로 대답할 수 없으며, 질문에 he가 가리킬 만한 대상이 없으므로 오답이다.

---

28 M-Cn Which office is the accounting team in?
W-Am (A) I just started working here.
(B) What's his account number?
(C) At ten o'clock tomorrow.

회계팀은 어느 사무실에 있죠?
(A) 저는 이제 막 이곳에서 일하기 시작했어요.
(B) 그의 계좌번호가 어떻게 돼요?
(C) 내일 10시에요.

어휘 **accounting** 회계 **account number** 계좌번호

해설 회계팀의 위치를 묻는 Which 의문문
(A) 정답: 회계팀의 위치를 묻는 질문에 이제 막 이곳에서 일하기 시작했다(I just started working here)며 잘 모른다는 것을 우회적으로 밝히고 있으므로 정답이다.
(B) 유사 발음 오답: 질문의 accounting과 일부 발음이 유사한 account를 이용한 오답이다.
(C) 관련 없는 오답: 시점을 묻는 When 의문문에 적합한 대답이므로 오답이다.

---

29 M-Au Are they installing a vinyl floor / in the staff kitchen?
W-Br (A) We have a supply cabinet.
(B) The carpet was difficult to clean.
(C) Go ahead; I'm finished using the microwave.

그들이 직원용 주방에 비닐 바닥을 설치하고 있나요?
(A) 우리에겐 물품 캐비닛이 있어요.
(B) 카펫은 청소하기 어려웠어요.
(C) 어서 하세요. 전자레인지 다 썼어요.

어휘 **install** 설치하다 **supply** 보급품, 물자 **microwave** 전자레인지

해설 행위를 확인하는 Be동사 의문문
(A) 연상 어휘 오답: 질문의 installing과 staff kitchen에서 연상 가능한 supply cabinet을 이용한 오답이다.
(B) 정답: 직원용 주방에 비닐 바닥을 설치하고 있는지 묻는 질문에 카펫은 청소하기 어려웠다(The carpet was difficult to clean)며 우회적으로 비닐 바닥을 설치하고 있음을 밝히고 있으므로 가장 적절한 응답이다.
(C) 연상 어휘 오답: 질문의 staff kitchen에서 연상 가능한 microwave를 이용한 오답이다.

---

30 W-Br Could you make me a copy of the attendee list?
W-Am (A) Thanks, but I had coffee earlier.
(B) The printer broke this morning.
(C) She certainly does.

참석자 명단을 복사해 주실 수 있나요?
(A) 감사하지만, 아까 커피를 마셨어요.
(B) 오늘 아침에 프린터가 고장 났어요.
(C) 그녀는 분명히 그래요.

어휘 **make a copy** 복사하다 **attendee** 참석자 **certainly** 분명히, 틀림없이

해설 요청문
(A) 유사 발음 오답: 질문의 copy와 발음이 유사한 coffee를 이용한 오답이다.
(B) 정답: 참석자 명단을 복사해 달라는 요청에 프린터가 고장 났다(The printer broke)며 우회적으로 거절하고 있으므로 정답이다.
(C) 인칭 오류 오답: 질문에 She가 가리킬 만한 대상이 없으므로 오답이다.

---

31 W-Br We'll be giving a demonstration / of our scientific instruments / at two o'clock.
M-Cn (A) We'd better get the booth set up.
(B) This station was constructed in 1874.
(C) The warranty was instrumental in our decision.

저희는 2시에 과학기기 시연을 할 예정입니다.
(A) 부스를 설치하는 것이 좋겠어요.
(B) 이 역은 1874년에 건설됐습니다.
(C) 우리의 결정에 있어서 품질 보증서가 중요했어요.

어휘 **give a demonstration** 시연하다 **scientific instrument** 과학기기 **set up** 설치하다 **construct** 건설하다 **warranty** 품질 보증서 **instrumental** 중요한 **decision** 결정

해설 사실·정보 전달 평서문
(A) 정답: 2시에 과학기기 시연을 할 예정이라는 말에 부스를 설치하는 것이 좋겠다(We'd better get the booth set up)며 시연과 관련된 제안을 하고 있으므로 정답이다.
(B) 유사 발음 오답: 질문의 demonstration과 발음이 유사한 station을 이용한 오답이다.
(C) 파생어 오답: 질문의 instruments와 파생어 관계인 instrumental을 이용한 오답이다.

PART 3 짧은 대화

기초학습

Paraphrasing 익히기

교재 p. 125

1. (B)	**2.** (A)	**3.** (A)	**4.** (B)	**5.** (B)
6. (A)	**7.** (A)	**8.** (A)	**9.** (B)	**10.** (A)

1 Do you want to go over some last-minute notes / before we meet with the client?
(A) find (B) review

고객을 만나기 전에 최종 메모를 검토하고 싶으신가요?
(A) 찾다 (B) 검토하다

어휘 **last-minute** 마지막 순간의

2 I'm calling / to see if we can reschedule your appointment / for this Friday.
(A) change (B) request

이번 주 금요일로 약속 일정을 다시 잡을 수 있을지 여쭤보려 전화드렸습니다.
(A) 바꾸다 (B) 요청하다

3 What did the focus group think of our new frying pan?
(A) cookware (B) furniture

포커스 그룹은 새로운 프라이팬에 대해 어떻게 생각했나요?
(A) 조리 기구 (B) 가구

4 Since the service was great / I'd like to leave some extra money / for the server, but I don't have any cash.
(A) deposit (B) tip

서비스가 아주 좋았기 때문에 종업원에게 추가로 돈을 남기고 싶은데, 현금이 없네요.
(A) 예금하다 (B) 팁을 남기다

5 Because this was our mistake, I'll include some free bags / of our new flavored coffee / for you to try.
(A) coffee coupons (B) free samples

저희가 실수한 것이니, 시음해보시라고 새로운 향의 커피를 무료로 넣어 드릴게요.
(A) 커피 쿠폰 (B) 무료 견본품

어휘 **flavored** ~의 맛이 나는, 향기가 나는

6 M-Cn Please try to arrive / about twenty minutes early / to fill out some documents / for new patients.

남 처음 방문하시는 환자들은 서류를 작성하셔야 하니 20분 정도 일찍 도착해 주시기 바랍니다.

어휘 **fill out** 작성하다 **document** 서류

Why does the man ask the woman to arrive early?
(A) To complete some paperwork
(B) To meet a colleague

남자는 여자에게 왜 일찍 오라고 요청하는가?
(A) 서류를 작성하기 위해
(B) 동료를 만나기 위해

7 M-Cn Well, a few customers thought / it was a problem / that it weighed so much.

남 음, 몇몇 고객은 그게 너무 무게가 나가는 것이 문제라고 생각했어요.

어휘 **weigh** 무게가 ~ 나가다

What complaint did customers have about some merchandise?
(A) It is heavy.
(B) It is not durable.

고객들은 일부 상품에 대해 어떤 불만을 제기했는가?
(A) 무겁다.
(B) 내구성이 없다.

어휘 **complaint** 불평, 불만 **durable** 내구성이 있는

8 M-Cn My goal is to open several more shops / in the future.

남 제 목표는 앞으로 몇 개의 매장을 더 여는 거예요.

What does the man say he wants to do in the future?
(A) Expand his business
(B) Retire from his company

남자는 앞으로 무엇을 하고 싶다고 말하는가?
(A) 사업 확장
(B) 회사에서 퇴직

9 W-Am Mr. Kane's been promoted. He's taking the senior marketing position / at the new Sydney branch.

여 케인 씨가 승진했대요. 케인 씨는 시드니 새 지사에서 수석 마케팅 직책을 맡을 예정이에요.

어휘 **promote** 승진시키다 **senior** 상급의 **branch** 지사

What is the woman talking about?
(A) A new client
(B) A coworker's new job

여자가 말하고 있는 것은?
(A) 신규 고객
(B) 동료의 새로운 업무

10 M-Cn So I'll send the results / to the rest of the product development team / this morning.

남 그럼 오늘 오전에 나머지 제품 개발 팀원들에게도 결과를 보낼게요.

어휘 **result** 결과 **rest** 나머지

What does the man say he will do?
(A) Send information to colleagues
(B) Assist some customers

남자는 무엇을 할 것이라고 말하는가?
(A) 동료에게 정보 자료 보내기
(B) 일부 고객 지원하기

어휘 **colleague** 동료 **assist** 돕다

문제 유형

기본 문제 유형 알아보기

전체 내용을 묻는 문제

교재 p. 127

1. (B) **2.** (C)

1 M-Cn Excuse me! My wife is a patient / in room 369. I want to come back later / this evening, but the sign says / that visitors aren't permitted / in the hospital / after 7 P.M.

W-Am Well, our regular visiting hours / end at 7 o'clock, but that doesn't apply to you. Family members can visit / at any time.

M-Cn Oh, that's great.

남 **실례합니다! 제 아내는 369호실 환자입니다.** 이따 저녁에 다시 오려고 하는데, 게시판에 저녁 7시 이후에는 병원에 방문객이 허용되지 않는다고 되어 있네요.

여 정규 방문 시간은 7시에 끝나지만, 귀하께는 적용되지 않습니다. 가족들은 언제든지 방문하실 수 있습니다.

남 아, 잘됐네요.

어휘 **permit** 허락하다, 허용하다 **apply** 적용되다

Where does the conversation most likely take place?

(A) In a museum

(B) In a hospital

(C) In a school

(D) In a shopping mall

대화는 어디에서 이루어지는 것 같은가?

(A) 박물관

(B) 병원

(C) 학교

(D) 쇼핑몰

해설 **대화 장소** 남자가 첫 대사에서 아내가 369호실 환자(My wife is a patient in room 369)라고 했으므로, 장소가 병원이라는 것을 알 수 있다. 따라서 정답은 (B)이다.

2 W-Am Hi, Barry. I'm just checking in. How's everything going up here? Are you finished cleaning the Romano Construction offices yet?

M-Au No, it's taking longer than expected. I vacuumed the carpet, but there are a lot of stains. So I decided to shampoo it.

W-Am Well, before you start shampooing, could you come downstairs? I need some help / moving a big table / in one of the conference rooms.

M-Au Sure, I'll be right down.

여 안녕하세요, 배리. 그냥 확인하려고요. 위쪽은 전체적으로 어떻게 진행되고 있나요? **로마노 건설사 사무실 청소는 다 끝내셨어요?**

남 아뇨, 예상보다 더 걸리네요. 카펫을 진공 청소기로 밀었는데도 얼룩이 많이 남아 있어요. 그래서 세제로 닦아보기로 했어요.

여 음, 세제로 닦기 전에 아래층으로 내려와 주실래요? 회의실 한 곳에 있는 대형 테이블을 옮기는데 도움이 필요해서요.

남 물론이죠. 바로 내려갈게요.

어휘 **vacuum** ~을 진공 청소기로 청소하다 **stain** 얼룩, 자국 **shampoo** 세제로 닦다

Who most likely are the speakers?

(A) Carpet installers

(B) Interior designers

(C) Cleaning staff

(D) Office receptionists

화자들은 누구겠는가?

(A) 카펫 설치업자

(B) 인테리어 디자이너

(C) 청소 직원

(D) 사무실 접수 직원

어휘 **installer** 설치업자 **staff** 직원 **receptionist** 접수 직원

해설 **화자의 신분** 대화 초반부에 여자가 남자에게 Romano Construction 사무실 청소는 다 끝냈는지(Are you ~ offices yet?) 물어본 것으로 보아 정답은 (C)이다.

세부 사항을 묻는 문제

교재 p. 129

1. (C) **2.** (D)

1 W-Am Oh, I'm so frustrated. I was really hoping to buy tickets / for this concert / next month. My favorite band is going to be performing, but I don't think / I'll be able to go now.

M-Cn Why? Is it sold out already?

W-Am No, it's not that. It's just that they're really expensive. Tickets start / at a hundred dollars.

M-Cn Then, why don't you try the Internet? I know a Web site / that has discount concert tickets.

여 너무 속상하네요. 다음 달에 열리는 이 콘서트 표를 정말 사고 싶었어요. 제가 가장 좋아하는 밴드가 공연할 예정인데, 지금은 갈 수 없을 것 같아요.

남 왜요? 이미 매진이에요?

여 아뇨, 그것 때문이 아니에요. **그게 너무 비싸다는 거예요.** 표가 100달러부터 시작해요.

남 그러면, 인터넷에서 사는 게 어때요? 할인된 콘서트 표를 파는 웹사이트를 알아요.

어휘 **frustrated** 낙담한, 좌절감을 느끼는 **favorite** 가장 좋아하는 **perform** 공연하다 **sold out** 매진된 **try** 시도하다

What is the woman's concern?
(A) The line for tickets is too long.
(B) There are no tickets available.
(C) The tickets are too expensive.
(D) Tickets are not available by phone.

여자의 걱정은 무엇인가?
(A) 표를 사는 줄이 너무 길다.
(B) 남은 표가 없다.
(C) 표가 너무 비싸다.
(D) 전화로 표를 살 수 없다.

어휘 **concern** 걱정 **available** 구할 수 있는

해설 **여자의 걱정거리** 여자의 두 번째 대사에 주목하면, 가격이 비싼 것이 문제(It's just ~ expensive)라고 말하고 있으므로 정답은 (C)이다.

2 M-Cn Hi. I saw your rental agency's advertisement / in the newspaper. I'd like to find out more / about the apartment / at 112 Main Street.

W-Br Yes, that unit is available. It's fully furnished, and it has a great view of the city park.

M-Cn Well, the location's perfect for me. Is a parking space included / in the price?

W-Br No, I'm afraid it's not.

남 안녕하세요, 신문에서 당신의 임대 중개소 광고를 봤는데요. 메인 가 112번지에 있는 아파트에 대해서 더 알고 싶습니다.

여 네, 그 집은 지금 임대가 가능합니다. **모든 가구가 비치되어 있고,** 시립 공원의 전망이 아주 좋습니다.

남 네, 위치가 저에게 꼭 알맞네요. 임대료에 주차 공간이 포함되나요?

여 아뇨, 유감스럽게도 아닙니다.

어휘 **rental agency** 임대 중개소 **unit** (아파트의) 한 가구, 집 **fully furnished** 가구가 완벽히 갖춰진 **view** 전망 **location** 위치

What is included in the price of the apartment on Main Street?
(A) Electricity
(B) A cleaning service
(C) A fitness room
(D) Furniture

메인 가의 아파트 가격에는 무엇이 포함되는가?
(A) 전기
(B) 청소 서비스
(C) 헬스장
(D) 가구

해설 **아파트 가격에 포함된 것** 두 번째 대사에서 여자가 아파트에 가구가 비치 되어 있다(It's fully furnished)고 말하고 있으므로 아파트 가격에 가구가 포함된 것을 알 수 있다. 따라서 정답은 (D)이다.

Paraphrasing 지문의 fully furnished → 정답의 Furniture

요청·제안/앞으로 일어날 일 문제

교재 p. 131

1. (C) **2.** (C)

1 M-Cn Hello, I'd like to purchase a ticket / for the 3 o'clock train to Chicago.

W-Am Unfortunately, sir, that train's already full. Here's a copy of the daily train schedule — why don't you look it over / and choose a later departure.

M-Cn Hmmm... if I wait / for the 3:40 train, I'll have time / to buy some souvenirs / before leaving. Do you know / if there's a gift shop / in the station?

W-Am Yes, there's one / just down the stairs / and to the left.

남 안녕하세요, 시카고행 3시 기차표를 한 장 사고 싶습니다.

여 안타깝게도 그 기차는 이미 만석입니다. **여기 일일 기차 시간표를 한 부 드릴테니, 살펴 보시고 이후 출발 시간을 선택해주세요.**

남 음… 제가 3시 40분 기차를 기다리면, 출발하기 전에 기념품을 살 시간이 있겠네요. 역 안에 선물 가게가 있는지 아시나요?

여 네, 계단 바로 아래 왼쪽으로 한 곳 있습니다.

어휘 **unfortunately** 안타깝게도 **look over** ~을 검토하다, 살펴보다 **departure** 출발 **souvenir** 기념품, 선물

What does the woman suggest the man do?

(A) Drop off his luggage

(B) Call a travel agent

(C) Look at a schedule

(D) Wait in the lobby

여자는 남자에게 무엇을 하라고 제안하는가?

(A) 짐을 내려놓기

(B) 여행사 직원에게 전화하기

(C) 시간표 보기

(D) 로비에서 기다리기

어휘 **luggage** (여행용) 짐, 수하물 **travel agent** 여행사 직원

해설 **여자의 제안 사항** 여자의 대사에 주목하면, 첫 번째 대사에서 기차 시간표를 건네며 살펴보라(Here's ~ departure)고 하고 있으므로, 정답은 (C)이다.

Paraphrasing 지문의 look it over → 정답의 Look at a schedule

2 W-Br Yes—may I help / the next person in line?

M-Cn Hi. I'd like to send this package / by express mail / to London. It must get there / by tomorrow afternoon.

W-Br OK. Well, it's too big to send / by express mail service. To have a package this size arrive tomorrow, you'll have to send it / by special overnight delivery. And that will cost fifty dollars.

M-Cn Oh my—that's a lot more money / than I thought it would be, but I guess / I have no choice. My supervisor needs these materials / for an important presentation.

여 네, 줄에 계신 다음 분 도와드릴까요?

남 안녕하세요. 속달 우편으로 이 소포를 런던으로 보내고 싶어요. 내일 오후까지 거기에 도착해야 합니다.

여 알겠습니다. 그런데 속달 우편으로 보내기엔 너무 크네요. 이 크기의 소포를 내일 도착하게 하려면, 특별 익일 배송으로 보내야 합니다. **그건 50달러입니다.**

남 **이런, 제가 생각했던 비용보다 훨씬 더 많이 들지만 선택의 여지가 없는 것 같네요.** 제 상사가 중요한 발표를 위해 이 자료들이 필요하거든요.

어휘 **package** 소포 **express mail** 속달 우편 **too ~ to...** …하기엔 너무 ~하다 **special** 특별한 **overnight delivery** 익일 배송 **cost** 비용이 들다 **supervisor** 상사, 관리자 **material** 자료

What will the man probably do next?

(A) Reschedule his trip

(B) Cancel his order

(C) Pay the mailing fee

(D) Call his supervisor

남자는 다음에 무엇을 할 것 같은가?

(A) 여행 일정을 바꾼다.

(B) 주문을 취소한다.

(C) 우편요금을 낸다.

(D) 상관에게 전화한다.

어휘 **reschedule** 일정을 조정하다 **cancel** 취소하다 **order** 주문

해설 **다음에 할 일** 여자가 제안한 50달러의 특별 익일 배송 요금에 대해 남자가 비싸지만 선택의 여지가 없다(I have no choice)는 말을 했으므로 우편요금을 낼 것으로 유추할 수 있다. 따라서 정답은 (C)이다.

고난도 유형 알아보기

3인 대화 문제

교재 p. 133

1. (B) **2.** (A)

1 M-Au Have you two taken a look at the progress / they've made upstairs / on the office expansion? It looks great!
W-Am I know! I can't believe it!
M-Cn I wonder / which division will move up there / when it's finished.
W-Am I heard / it's the research department.
M-Au Ah, because they have the most people.
W-Am Probably.
M-Cn Yeah. Well, the company must be making good money / if they're adding that space!
M-Au I think / you're right, there!

남1 두 분 모두 위층 사무실의 확장 공사 진척 상황을 보셨나요? 멋지던데요!
여 맞아요! 믿기지가 않던데요!
남2 확장이 마무리되면 어느 부서가 위층으로 옮길지 궁금하네요.
여 연구부서라고 들었어요.
남1 아, 그 부서에 직원들이 제일 많으니까요.
여 아마도요.
남2 그럼요. **음, 회사에서 그런 공간을 추가하는 걸 보면 분명히 돈을 많이 버나 봐요!**
남1 **그런 것 같아요!**

어휘 **progress** 진척 **expansion** 확장 **division** 부서(= department) **probably** 아마도 **make money** 돈을 벌다

What do the men imply about the company?
(A) It was recently founded.
(B) It is in a good financial situation.
(C) It has moved to a new location.
(D) It opened a new department.

회사에 대해 남자들이 암시하는 것은 무엇인가?
(A) 최근에 설립되었다.
(B) 재정 상태가 양호하다.
(C) 새로운 장소로 이사했다.
(D) 새로운 부서를 설립했다.

어휘 **recently** 최근에 **found** 세우다 **financial** 재정의 **situation** 상태 **location** 장소

해설 **회사에 대해 암시하는것** 남자 2가 회사에서 공간을 추가하는 걸 보면 돈을 많이 벌고 있을 것(Well, the company must be ~ that space!)이라고 하자 남자 1이 이에 동의하므로 (B)가 정답이다.

Paraphrasing 지문의 making good money → 정답의 in a good financial situation

2 W-Am Thabo and Michiko, I need help / designing some pamphlets / for our evening business courses.
W-Br Sure. Should we take a look at the ones / from last year / or make them different?
M-Au You know, I think / the pamphlets last year / had too many details. People can get dates and times / from the Web site.
W-Am I agree. Let's focus on the skills / that people will learn / in each class.
M-Au OK. I'll come up with a rough version of the text / for the pamphlet / by tomorrow / and e-mail it to you.

여1 **타보와 미치코, 저녁 비즈니스 수업에 대한 팸플릿 디자인 좀 도와주세요.**
여2 네. 작년 것을 참고할까요, 아니면 다르게 만들어야 할까요?
남 아시겠지만 작년 팸플릿에는 세부 사항이 너무 많았어요. 사람들이 날짜와 시간은 웹사이트에서 볼 수 있거든요.
여1 맞아요. 그럼 각 수업에서 사람들이 배우게 될 기술에 초점을 맞추죠.
남 좋아요. 제가 내일까지 팸플릿에 들어갈 대략적인 문구를 만들어서 이메일로 보내 드릴게요.

어휘 **course** 수업, 과정 **take a look at** ~을 보다, 참고하다 **detail** 세부 사항 **focus on** ~에 초점을 맞추다 **come up with** (계획·아이디어 등을) 제시하다, 내다 **rough** 대략적인

PART 3 | 기초학습

What are the speakers planning to advertise?
(A) Evening classes
(B) An online store
(C) Design services
(D) A business event

화자들은 무엇을 광고할 계획인가?
(A) 저녁 수업
(B) 온라인 상점
(C) 디자인 서비스
(D) 기업 행사

해설 **광고하려는 것** 여자 1이 첫 번째 대사에서 저녁 비즈니스 수업에 대한 팸플릿 디자인을 도와 달라(Thabo and Michiko, ~ business courses)고 했으므로 정답은 (A)이다.

Paraphrasing 지문의 evening business courses → 정답의 Evening classes

의도 파악 문제

교재 p. 135

1. (C) **2.** (A)

1 **W-Br** Hi, Todd? It's Mary calling. Just a quick update— I've started to look for an event planning firm / to run our upcoming weekend retreat. Given our budget, Ms. Ko in accounting / recommended using DCR Events. They're supposed to be quite affordable...
M-Cn Well, uh... In the past, perhaps.
W-Br I see. Then maybe we could put together the event ourselves.
M-Cn That sounds like a better idea. Just let me know / how I could be of help.

여 여보세요, 토드? 메리예요. 잠깐 알려드릴 소식이 있어서요. 다가오는 주말 야유회를 진행할 이벤트 기획사를 막 찾기 시작했어요. 우리 예산을 감안해서, 회계팀의 고 씨가 DCR 이벤트 업체를 이용하라고 추천해 주었어요. **가격이 아주 저렴할 거래요.**
남 글쎄요, 어… 아마도, 예전에는요.
여 알겠어요. **그러면 우리가 직접 행사를 준비할 수도 있어요.**
남 그게 더 좋을 것 같아요. 어떻게 도와드리면 되는지 알려주세요.

어휘 **update** 업데이트, 최신 정보 **event planning** 이벤트 기획 **run** 운영하다, 관리하다 **upcoming** 다가오는 **retreat** 야유회 **given** ~을 고려하면, ~을 감안하면 **budget** 예산(안) **affordable** (가격 따위가) 적당한 **put together** ~을 준비하다, 계획하다

What does the man imply when he says, "In the past, perhaps"?
(A) Previous staff events were highly successful.
(B) An accounting error has occurred.
(C) A firm's services are no longer affordable.
(D) An upcoming event should be canceled.

남자가 "아마도, 예전에는요"라고 말할 때 암시하는 바는 무엇인가?
(A) 예전의 직원 행사는 아주 성공적이었다.
(B) 계산상의 실수가 있었다.
(C) 회사의 서비스가 더 이상 저렴하지 않다.
(D) 다가오는 행사를 취소해야 한다.

어휘 **previous** 이전의, 예전의 **no longer** 더 이상 ~않다 **occur** 발생하다 **cancel** 취소하다

해설 **화자의 의도 파악 문제** DCR 이벤트 업체의 가격이 아주 저렴할 것(They're supposed to be quite affordable)이라는 여자의 말에 남자는 예전에는 저렴했다고 했다. 또 이어지는 여자의 대사 Then maybe we could put together the event ourselves.에서 우리가 직접 행사를 준비할 수도 있다고 했다. 따라서 DCR 이벤트 업체의 가격이 예전만큼 저렴하지 않다는 것을 유추할 수 있으므로, 정답은 (C)이다.

2 **W-Am** Ken, our online bookshop promotion / was a big success— you know, our special discounted shipping offer... But we also need to get more customers / in the physical store. Any new ideas?
M-Cn Well, summer travel season is coming up, so next month / we could have a sale / on travel books.
W-Am Hmm. OK. We don't carry many travel guides, but maybe we could add more / to our inventory.

여 켄, 우리 온라인 서점 판촉 행사는 큰 성공을 거두었어요. 우리 할인 배송 말이에요… 그런데 **오프라인 매장에서도 더 많은 고객을 유치해야 해요. 뭐 좋은 생각 있어요?**
남 글쎄요, 여름 관광 시즌이 다가오고 있으니 다음 달에 여행서를 할인해도 되죠.
여 음. 좋아요. 여행서를 많이 비치하고 있지 않죠. 하지만 **아마도 우리의 재고 목록에 좀 더 추가할 수 있을 거예요.**

어휘 **online bookshop** 온라인 서점 **promotion** 판촉 활동 **discounted** 할인된 **shipping** 배송 **physical store** 오프라인 매장 **come up** 다가오다 **carry** (상품을) 가지고 있다, 팔고 있다 **travel guide** 여행 가이드 **inventory** (재고) 목록

What does the woman imply when she says, "We don't carry many travel guides"?
(A) She is considering an idea.
(B) She shares the man's interests.
(C) She agrees with a criticism.
(D) She needs help doing inventory.

여자가 "여행서를 많이 비치하고 있지 않죠"라고 말할 때 암시하는 바는 무엇인가?
(A) 아이디어를 고려 중이다.
(B) 여자는 남자와 관심사를 공유한다.
(C) 여자는 비평에 동의한다.
(D) 여자는 재고 정리를 하는 데 도움이 필요하다.

어휘 **share** 공유하다 **criticism** 비평, 비판

해설 **화자의 의도 파악 문제** 화자들은 오프라인 매장에 더 많은 고객을 유치할 아이디어(we also need to get more customers in the physical store. Any new ideas?)에 대해 이야기를 나누고 있다. 여름 관광 시즌이 다가오고 있으니 다음 달에 여행서를 할인 판매하자는 남자의 말에 여자는 여행서를 많이 비치하고 있지 않으니 재고 목록에 더 추가하자(maybe we could add more to our inventory)고 했다. 따라서 여자는 오프라인 매장에 고객을 유치할 아이디어를 고려 중임을 알 수 있으므로, 정답은 (A)이다.

시각정보 연계 문제

교재 p. 137

1. (B) **2.** (D)

1 W-Am Welcome to the Spokane Tourist Information Center. Here are some brochures / with information about attractions / in the area.
M-Cn Actually, I just want to find a good local restaurant / to try for lunch. Can you make a suggestion?
W-Am I'd be happy to. Take a look at this map. Here we are, and if you go straight / down Elm Road you'll reach my favorite lunch spot.

여 **스포캔 관광 안내소에 오신 것을 환영합니다.** 여기 이 근처에 있는 관광 명소에 관한 정보가 수록된 소책자들이 있습니다.
남 실은, 점심 식사를 할 좋은 현지 식당을 찾고 싶어서요. 추천해 주시겠어요?
여 물론이죠. 이 지도를 보세요. **여기가 우리가 있는 곳이고 엘름 로를 따라 곧장 가시면 제가 가장 좋아하는 점심 장소가 나올 거예요.**

어휘 **brochure** 팸플릿, 소책자 **attraction** (관광) 명소 **make a suggestion** 제안하다 **spot** 장소, 곳

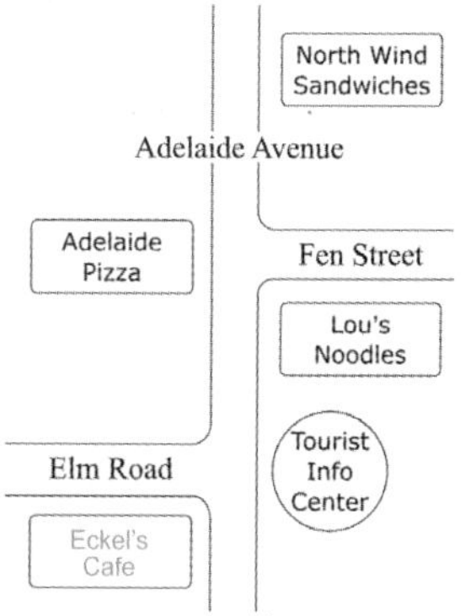

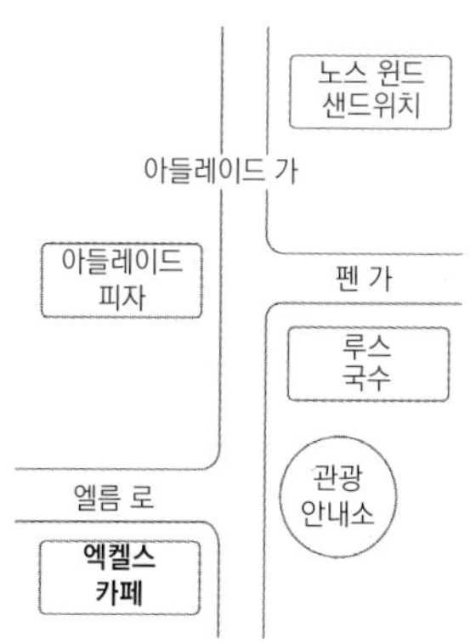

Look at the graphic. Where does the woman recommend the man go?
(A) Adelaide Pizza
(B) Eckel's Cafe
(C) North Wind Sandwiches
(D) Lou's Noodles

시각정보에 의하면, 여자는 남자에게 어디로 가라고 권하는가?
(A) 아들레이드 피자
(B) 엑켈스 카페
(C) 노스 윈드 샌드위치
(D) 루스 국수

해설 **시각정보 연계 문제_남자가 갈 곳** 여자의 첫 번째 대사 Welcome to ~ Center에서 두 사람이 스포캔 관광 안내소에 있다는 것을 알 수 있다. 또, 여자의 두 번째 대사 Here we are ~ lunch spot.에서 엘름 로를 따라 곧장 가면 점심을 먹을 수 있는 장소가 나올 것이라고 했다. 약도에서 관광 안내소에서 엘름 로를 따라 가면 나오는 장소는 엑켈스 카페이므로, 정답은 (B)이다.

---

2 M-Cn Welcome to the Clayton Research Building. May I help you?
W-Br Hello. I have a meeting / at Watson Chemicals / in about twenty minutes. Do you know / where that office is?
M-Cn Watson Chemicals? That's on the second floor.
W-Br Thank you. Would you mind giving them a call / to let them know / I'm on the way? I believe / Mr. Chandler is expecting me.
M-Cn Sure, no problem.

남 클레이튼 리서치 빌딩에 오신 것을 환영합니다. 무엇을 도와드릴까요?
여 안녕하세요. **20분 정도 후에 왓슨 화학에서 회의가 있어요.** 그 사무실이 어디에 있는지 아세요?
남 왓슨 화학이요? 2층에 있어요.
여 감사합니다. 전화해서 제가 가고 있다고 알려 주실 수 있나요? 챈들러 씨가 저를 기다리고 계실 거예요.
남 물론이죠, 알겠습니다.

어휘 **floor** (건물의) 층 **on the way** 도중에, 가는 길에

Clayton Research Building	
Office	**Company**
2A	Stainless Security
2B	Accelerate Tech
2C	Batch Packagers
2D	Watson Chemicals

클레이튼 리서치 빌딩	
사무실	**회사명**
2A	스테인레스 보안
2B	액셀러레잇 테크
2C	배취 패키저스
2D	**왓슨 화학**

Look at the graphic. Which office will the woman go to?
(A) 2A
(B) 2B
(C) 2C
(D) 2D

시각정보에 의하면, 여자는 어느 사무실에 갈 것인가?
(A) 2A
(B) 2B
(C) 2C
(D) 2D

해설 **시각정보 연계 문제_여자가 갈 사무실** 여자의 첫 번째 대사 I have a meeting at Watson Chemicals ~ office is?에서 20분 정도 후에 왓슨 화학에서 회의가 있다면서 사무실의 위치를 묻고 있다. 안내판에서 왓슨 화학의 사무실, 즉 여자가 갈 사무실은 2D임을 알 수 있다. 따라서 정답은 (D)이다.

UNIT 01 직장 내 업무

기출 문제풀이 전략

예제

교재 p. 138

1 What is being discussed?
(A) A book cover
(B) A magazine advertisement
(C) A newsletter
(D) A package design

논의되고 있는 것은?
(A) 책 표지
(B) 잡지 광고
(C) 소식지
(D) 포장 디자인

2 What is the problem?
(A) Some text is hard to read.
(B) A page will not print.
(C) Some pictures are too dark.
(D) There is a spelling mistake.

무엇이 문제인가?
(A) 글의 일부는 읽기 어렵다.
(B) 한 페이지가 인쇄되지 않는다.
(C) 어떤 사진들은 너무 어둡다.
(D) 철자 오류가 있다.

3 What will the woman do to solve the problem?
(A) Buy some new ink
(B) Change printer settings
(C) Hire a photographer
(D) Use some software

여자가 문제를 해결하기 위해 할 것은?
(A) 새 잉크 구입
(B) 프린터 설정 변경
(C) 사진사 고용
(D) 소프트웨어 사용

어휘 **advertisement** 광고 **text** 글, 본문 **solve** 해결하다

Check Up

교재 p. 139

1. (B) **2.** (A) **3.** (B)

Questions 1 through 3 refer to the following conversation.

M-Cn [1] Have you completed the final project / for our management training course?

W-Br [1] No, I've been so busy / I haven't even read the materials. I don't think / I'll be able to finish the final project / by the deadline.

M-Cn I know, I'm having the same problem. [2] The project is due on Friday, right? Do you think / we can get an extension?

W-Br I'm not sure, but [3] I was just going to write an e-mail / to the trainer / to see if she'll let us turn it in / on Monday.

1-3번은 다음 대화를 참조하시오.

남 **1 관리자 교육을 위한 마지막 프로젝트 끝냈나요?**

여 **1 아니요, 너무 바빠서 자료를 읽어보지도 못했어요.** 마감일까지 마지막 프로젝트는 끝내지 못할 것 같아요.

남 맞아요, 나도 같은 문제예요. **2 프로젝트 마감이 금요일이죠?** 연장해 줄 것 같아요?

여 모르겠어요, **3 하지만 월요일에 제출해도 되는지 알아보려고 강사에게 이메일을 쓰려던 중이에요.**

어휘 **management** 관리, 경영(진) **material** 자료, 재료 **due** 예정된 **extension** 연장 **turn in** 제출하다

1 What are the speakers discussing?
(A) Registering for a management conference
(B) Completing a course project

화자들이 논의하고 있는 것은?
(A) 경영 컨퍼런스에 등록하기
(B) 교육 프로젝트 끝내기

어휘 **register for** ~에 등록하다 **complete** 완료하다, 끝내다

해설 **대화의 주제** 관리자 교육을 위한 프로젝트를 끝냈는지 묻는 남자의 말에 바빠서 읽어보지도 못했다고 답하고 있다. 화자들이 교육 프로젝트 완료에 대한 대화를 나누고 있음을 알 수 있으므로 정답은 (B)이다.

Paraphrasing 지문의 the final project for our management training course → 정답의 a course project

2 When is the deadline?
(A) On Friday (B) On Monday

마감일은 언제인가?
(A) 금요일 (B) 월요일

해설 **마감일** 마감일이 금요일이라고 하면서 확인(The project is due on Friday, right?)하고 있으므로 정답은 (A)이다.

3 What will the woman probably do next?
(A) Photocopy a letter (B) Send an e-mail

여자가 다음에 할 일은?
(A) 편지 복사하기 (B) 이메일 보내기

어휘 **photocopy** 복사하다

해설 **여자가 다음에 할 일** 여자가 월요일에 제출해도 되는지 알아보려고 교관에게 이메일을 쓰려던 참이라고 했으므로 정답은 (B)이다.

ETS 문제로 훈련하기

교재 p. 141

1. (B) **2.** (B) **3.** (D) **4.** (D)

Question 1 refers to the following conversation.

M-Am The new users' manuals came in the mail / yesterday.

W-Am It's about time! It's been a month / since I placed that order!

M-Am They included a letter of apology — they had some problems / with their equipment / recently.

1번은 다음 대화를 참조하시오.

남 새 사용 설명서가 어제 우편으로 왔어요.

여 왔군요! **주문한 지 한 달이 됐어요!**

남 사과 편지도 들어 있었어요. 최근 그들의 장비에 문제가 있었대요.

어휘 **users' manual** 사용 설명서 **It's about time.** 왔군요, (이제) 올 시간이에요. **place an order** 주문하다 **include** 포함시키다 **apology** 사과 **equipment** 장비 **recently** 최근

1 When did the woman order the manuals?

(A) Yesterday

(B) A month ago

여자는 설명서를 언제 주문했는가?

(A) 어제

(B) 한 달 전

해설 **설명서를 주문한 시기** 질문의 키워드인 주문(order)과 함께 과거 시제 표현에 주목한다. 주문한 지 한 달이 됐다고 여자가 말하고 있으므로 정답은 (B)이다.

Question 2 refers to the following conversation.

M-Cn Good morning, Ms. Ericson. I finished the annual report / that you asked me / to prepare for tomorrow's meeting / with the board of directors.

W-Br Thank you. I noticed / that some consulting expenses were left out though. Can you add in that information?

M-Cn Sure, that's an easy change.

2번은 다음 대화를 참조하시오.

남 좋은 아침입니다, 에릭슨 씨. 내일 이사회와의 회의에 대비해 준비해달라고 부탁하신 연례 보고서를 다 작성했습니다.

여 고마워요. **그런데 컨설팅 비용 일부가 빠진 게 눈에 띄는데요.** 그 정보를 추가할 수 있나요?

남 물론이에요, 그거 바꾸는 건 쉬워요.

어휘 **annual** 매년의, 연례의 **prepare for** ~을 준비하다 **board of directors** 이사회 **expense** 비용 **add** 추가하다

2 What is the problem with the report?

(A) It contains misspellings.

(B) It does not include some information.

보고서의 문제는 무엇인가?

(A) 철자가 틀린 것이 있다.

(B) 어떤 정보를 포함하지 않았다.

어휘 **contain** 함유하다 **misspelling** 틀린 철자 **include** 포함하다

해설 **보고서의 문제점** 여자가 컨설팅 비용 일부가 빠져 있다고 지적하였으므로 정답은 (B)이다.

Question 3 and 4 refer to the following conversation.

W-Br Hi, Mansur. 3 I went to the workshop yesterday / about the company's new database software, but I'm having some trouble / entering in client information. Have you tried it yet?

M-Au Well, no, I wasn't here / for the workshop. But I was just going to see Belinda / over in the technology department. She offered to show me / how to use the program.

3-4번은 다음 대화를 참조하시오.

여 안녕하세요, 만수르. **3 어제 회사의 신규 데이터베이스 소프트웨어에 관한 워크숍에 갔는데요. 고객 정보를 입력하는 데 곤란을 겪었거든요.** 시도해 보셨나요?

남 아니요. 저는 워크숍에 가지 않았어요. 하지만 기술부서의 벨린다 씨를 막 만나려던 참이었어요. 프로그램 사용법을 알려주겠다고 제안했거든요.

W-Br Oh, I didn't realize / you weren't there yesterday. 4 Do you mind / if I come with you / and ask Belinda a few questions, too?

여 아, 어제 그 자리에 없었던 걸 몰랐어요. **4 저도 함께 가서 벨린다 씨에게 질문을 해도 괜찮아요?**

어휘 **have trouble -ing** ~하는 데 곤란을 겪다 **client** 고객 **department** 부서 **realize** 깨닫다, 알아차리다

3 What **does the** woman need help **with?**

(A) Organizing a seminar
(B) Contacting a customer
(C) Finding some documents
(D) Using a computer program

여자는 무엇에 관해 도움을 필요로 하는가?
(A) 세미나 준비하기
(B) 고객에게 연락하기
(C) 문서 찾기
(D) 컴퓨터 프로그램 사용하기

어휘 **organize** 준비하다, 조직하다 **contact** 연락하다 **document** 문서, 서류

해설 **여자가 도움을 필요로 하는 것** 여자가 첫 번째 대사에서 회사의 신규 데이터베이스 소프트웨어에 관한 워크숍(the workshop ~ about the company's new database software)에 참석했음에도 고객 정보를 입력하는 데 곤란을 겪고 있다(I'm having some trouble entering in client information)고 했으므로, 여자가 신규 소프트웨어 사용에 도움이 필요함을 알 수 있다. 따라서 (D)가 정답이다.

Paraphrasing 지문의 the company's new database software → 정답의 a computer program

4 What **will the speakers** do next?

(A) Finish an assignment
(B) Locate some forms
(C) Send out an e-mail
(D) Speak with a coworker

화자들은 다음으로 무엇을 하겠는가?
(A) 임무 완수하기
(B) 서식 찾아내기
(C) 이메일 발송하기
(D) 동료와 이야기하기

어휘 **assignment** 과제, 임무 **locate** ~의 정확한 위치를 찾아내다 **coworker** 동료

해설 **화자들이 다음에 할 일** 여자가 마지막 대사에서 자신이 함께 가서 벨린다 씨에게 질문을 해도 괜찮을지(Do you mind if I come with you and ask Belinda a few questions) 남자의 동의를 구했으므로, (D)가 정답이다.

Paraphrasing 지문의 ask Belinda → 정답의 Speak with a coworker

ETS 실전 테스트

교재 p. 142

1. (A)	**2.** (A)	**3.** (C)	**4.** (B)	**5.** (A)	**6.** (C)	**7.** (B)	**8.** (D)	**9.** (C)
10. (A)	**11.** (C)	**12.** (D)	**13.** (C)	**14.** (D)	**15.** (A)	**16.** (D)	**17.** (A)	**18.** (D)
19. (A)	**20.** (D)	**21.** (B)						

Questions 1 through 3 refer to the following conversation.

W-Am 1/2 Why do you think / our new vehicles are doing so poorly / in the European market?

M-Am Well, 1 it's probably the size / that doesn't appeal to consumers in Europe. They tend to prefer more compact cars. And they're not necessarily attracted / by a lot of built-in electronic features.

W-Am 2 But other companies' larger models / are selling more than ours.

1-3번은 다음 대화를 참조하시오.

여 **1/2 우리 신차가 유럽 시장에서 왜 그렇게 고전한다고 생각하세요?**

남 글쎄요. **1 유럽 고객들의 흥미를 끌지 못하는 건 아마 크기라고 생각해요.** 그들은 더 작은 차를 선호하는 경향이 있어요. 그리고 내장된 다수의 전자 기능에 꼭 마음이 끌리는 건 아니죠.

여 **2 하지만 다른 회사들의 더 큰 모델들은 우리 차보다 더 잘 팔리고 있어요.**

M-Am Hmm. [2] Good point. Well, [3] if that's not the problem, then I think / we need to try a different marketing strategy.

남 음… 2 좋은 지적입니다. 자, 3 그게 문제가 아니라면 다른 마케팅 전략을 시도해 볼 필요가 있겠어요.

어휘 **vehicle** 차량, 탈것 **appeal** 마음을 끌다, 흥미를 끌다 **tend to** ~하는 경향이 있다 **compact** 소형의 **not necessarily** 꼭 ~은 아닌 **attract** 매료시키다, 마음을 끌다 **built-in** 붙박이의 **feature** 특색, 기능 **strategy** 전략

1 What are the speakers discussing?
(A) Automobiles
(B) Computers
(C) Televisions
(D) Mobile phones

화자들은 무엇에 대해 이야기하는가?
(A) 자동차
(B) 컴퓨터
(C) 텔레비전
(D) 휴대전화

해설 **대화의 주제** 여자가 첫 번째 대사에서 자신들의 신차가 유럽 시장에서 왜 그렇게 고전한다고 생각하는지(Why do you think our new vehicles are doing so poorly in the European market?) 남자의 의견을 구했는데, 이에 대해 남자가 자신의 의견(it's probably the size that doesn't appeal to consumers in Europe)을 밝히며 자동차 관련 대화를 이어가고 있으므로, (A)가 정답이다.

Paraphrasing 지문의 vehicles → 정답의 Automobiles

2 What do the speakers say about the product?
(A) It is not selling well.
(B) It has a mechanical defect.
(C) It is too small.
(D) It is overpriced.

화자들은 제품에 대해 뭐라고 말하는가?
(A) 잘 팔리지 않는다.
(B) 기계적인 결함이 있다.
(C) 너무 작다.
(D) 너무 비싸다.

어휘 **mechanical** 기계와 관련된 **defect** 결함 **overpriced** 너무 비싼, 값이 비싸게 매겨진

해설 **화자들이 제품에 대해 말한 것** 여자가 첫 번째 대사에서 신차가 유럽 시장에서 고전한다(our new vehicles are doing so poorly in the European market)는 문제점을 언급했고, 두 번째 대사에서도 다른 회사들의 더 큰 모델들은 자신들의 차보다 더 잘 팔리고 있다(other companies' larger models are selling more than ours)며 판매량을 비교했다. 이에 대해 남자가 좋은 지적(Good point)이라며 동의를 표했으므로, (A)가 정답이다.

Paraphrasing 지문의 doing so poorly → 정답의 not selling well

3 What does the man suggest?
(A) Reducing the product's price
(B) Designing smaller models
(C) Changing marketing strategies
(D) Adding electronic features

남자는 무엇을 제안하는가?
(A) 제품 가격 낮추기
(B) 더 작은 모델 설계하기
(C) 마케팅 전략 변경하기
(D) 전자 기능 추가하기

어휘 **reduce** 낮추다, 줄이다 **add** 추가하다

해설 **남자의 제안 사항** 남자가 마지막 대사에서 다른 마케팅 전략을 시도해 볼 필요가 있다(I think we need to try a different marketing strategy)고 했으므로, (C)가 정답이다.

Paraphrasing 지문의 try a different marketing strategy → 정답의 Changing marketing strategies

Questions 4 through 6 refer to the following conversation.

W-Br Hello, I have some documents / to deliver to Mr. Mark Simpson. [4] Can you tell me / where his office is?

4-6번은 다음 대화를 참조하시오.

여 안녕하세요, 마크 심슨 씨에게 전달해야 할 서류가 좀 있는데요. **4 그의 사무실이 어디 있는지 알려주시겠습니까?**

M-Cn It's on the fifth floor. Mr. Simpson is out of town this week, though, so his office is closed. 5 If you like, you can leave the documents / here at the security desk. I'll make sure / he gets them / when he returns.

W-Br Thanks, but 6 Mr. Simpson has to sign for the documents. I'll just come back / sometime next week.

남 5층이에요. 그런데 심슨 씨는 이번 주에 출장을 가셔서 사무실이 닫혀 있어요. 원하신다면 **5 여기 보안 데스크에 서류를 남겨 두세요. 돌아오시면 꼭 받을 수 있도록 해드릴게요.**

여 감사하지만, **6 심슨 씨가 서류에 서명해야 해서요.** 다음 주쯤에 다시 올게요.

어휘 **document** 서류 **out of town** 출장 중인 **security** 보안 **sign** 서명하다

4 What does the woman ask about?
(A) The date of a meeting
(B) The location of an office
(C) The security procedures for a building
(D) The availability of rental properties

여자는 무엇에 대해 묻는가?
(A) 회의 날짜
(B) 사무실의 위치
(C) 건물의 보안절차
(D) 임대 부지의 가용성

어휘 **location** 위치 **procedure** 절차 **availability** 이용가능성 **property** 부지, 부동산

해설 **여자가 묻는 것** 여자가 마크 심슨 씨에게 전할 서류가 있다면서 그의 사무실 위치를 묻고 있으므로 정답은 (B)이다.

5 What does the man offer to do?
(A) Receive a delivery
(B) Look up some information
(C) Send a text message
(D) Provide a key

남자는 무엇을 하겠다고 제안하는가?
(A) 전달물 수령
(B) 정보 검색
(C) 문자 메시지 전송
(D) 열쇠 제공

어휘 **receive** 받다 **look up** 찾다

해설 **남자가 제안하는 것** 남자가 여기 보안 데스크(here at the security desk)에 남겨두면 받을 수 있게 해주겠다고 하므로 정답은 (A)이다.

6 According to the woman, what will Mr. Simpson have to do?
(A) Confirm an address
(B) Reserve a meeting space
(C) Sign for some documents
(D) Postpone a trip

그 여자에 따르면 심슨 씨는 무엇을 해야 하는가?
(A) 주소 확인
(B) 회의 공간 예약
(C) 문서에 서명
(D) 여행 연기

어휘 **confirm** 확인하다 **postpone** 연기하다

해설 **심슨 씨가 해야 할 일** 여자가 보안 데스크에 서류를 두고 가지 못한다고 하면서 심슨 씨가 서명을 해야 한다고 하므로 정답은 (C)이다.

Questions 7 through 9 refer to the following conversation.

M-Au Nadia, are you busy?

W-Br 7 I'm reviewing the advertising budget / for our new line of business casual clothing. I'll be free / after lunch, though. Why?

M-Au Well, 8 I'm writing an advertisement / for our women's spring coats. And your advertisements are always so good.

W-Br 9 Why don't you set up a meeting / so we can discuss your ideas? I'll be happy / to give you my suggestions.

M-Au Great, thank you! I'll schedule that / right away.

7-9번은 다음 대화를 참조하시오.

남 나디아, 바빠요?

여 **7 우리 비즈니스 캐주얼 의류 신상품을 위한 광고 예산을 검토하고 있어요.** 그래도 점심시간 이후엔 시간이 돼요. 왜요?

남 음, **8 여성 봄 코트 광고를 만들고 있는데요.** 당신의 광고가 항상 좋아서요.

여 **9 당신의 아이디어에 대해 논의할 수 있도록 회의를 잡으시면 어때요?** 제가 제안해 드릴 수 있으면 좋겠어요.

남 좋아요, 고맙습니다! 바로 일정을 잡을게요.

어휘 **review** 검토하다 **budget** 예산 **advertisement** 광고 **set up a meeting** 회의를 잡다 **suggestion** 제안 **right away** 곧바로, 즉시

7 What type of business do the speakers work at?
(A) A consulting firm
(B) A clothing company
(C) A sporting goods store
(D) A shipping company

화자들은 어떤 종류의 업체에서 일하는가?
(A) 컨설팅 회사
(B) 의류업체
(C) 스포츠 용품점
(D) 운송회사

어휘 **consulting** 자문, 컨설팅 **shipping** 운송

해설 **화자가 일하는 업종** 여자가 첫 번째 대사에서 회사의 비즈니스 캐주얼 의류 신상품을 위한 광고 예산을 검토하고 있다(I'm reviewing the advertising budget for our new line of business casual clothing)고 했으므로, 화자들이 의류업체에서 일한다는 것을 알 수 있다. 따라서 (B)가 정답이다.

---

8 Why does the man say, "your advertisements are always so good"?
(A) To express surprise
(B) To agree with a suggestion
(C) To congratulate a colleague
(D) To request help with a project

남자가 "당신의 광고가 항상 좋아서요" 라고 말한 이유는?
(A) 놀라움을 표현하려고
(B) 제안에 동의하려고
(C) 동료를 축하하려고
(D) 프로젝트에 도움을 요청하려고

어휘 **express** 표현하다 **congratulate** 축하하다 **colleague** 동료 **request** 요청하다

해설 **화자의 의도 파악 문제** 남자가 두 번째 대사에서 여성 봄 코트 광고를 만들고 있다(I'm writing an advertisement for our women's spring coats)고 한 후, '당신의 광고가 항상 좋아서요(your advertisements are always so good)'라며 여자의 광고에 대한 의견을 덧붙였다. 이는 광고를 위해 여자에게 도움을 요청하려는 의도라고 볼 수 있으므로, (D)가 정답이다.

---

9 What does the woman suggest the man do?
(A) Check a deadline
(B) Give a presentation
(C) Set up a meeting
(D) E-mail a document

여자는 남자에게 무엇을 하라고 제안하는가?
(A) 마감 기한 확인하기
(B) 발표하기
(C) 회의 잡기
(D) 문서를 이메일로 보내기

어휘 **deadline** 기한 **presentation** 발표

해설 **여자의 제안 사항** 여자가 마지막 대사에서 아이디어에 대해 논의할 수 있도록 회의를 잡아 달라(Why don't you set up a meeting so we can discuss your ideas?)고 제안했으므로, (C)가 정답이다.

Questions 10 through 12 refer to the following conversation with three speakers.

W-Br Hi Omar and Thomas. Do you two have a minute? [10] I wanted to get some details / on the news segment / you're presenting / on tonight's broadcast.

M-Au Sure. [11] Omar and I have been working on a story / about new electric-car models / and how they're going to affect the automotive market.

M-Cn Right. Thomas will give the report, and then a short video will be shown of an interview / I did with an electric-car manufacturer.

W-Br Great. You know, you two make a great team. [12] I'd like you to continue collaborating together / on future stories and broadcasts.

10-12번은 다음 3인 대화를 참조하시오.

여 안녕하세요, 오마르, 토마스. 두 분, 잠깐 시간 되세요? **[10] 오늘밤 여러분이 방송에서 내보낼 뉴스 단신에 대한 세부사항을 알고 싶어서요.**

남1 네. **[11] 오마르와 저는 새로운 전기차 모델과 이들이 자동차 시장에 어떻게 영향을 줄 지에 관한 기사를 준비했습니다.**

남2 맞아요. 토마스가 보도하고 나면, 제가 전기차 제조업체와 진행한 인터뷰가 짧은 영상으로 나갈 겁니다.

여 좋아요. 두 분은 훌륭한 한 팀이군요. **[12] 앞으로의 기사와 방송도 두 분이 계속 협업했으면 좋겠습니다.**

어휘 **segment** 단편, 조각 **present** 방송하다 **broadcast** 방송 **electric-car** 전기차 **affect** 영향을 미치다 **automotive** 자동차의 **give a report** 보고하다, 보도하다 **manufacturer** 제조업자 **collaborate** 협력하다, 공동 작업하다

10 What industry do the speakers most likely work in?
(A) Journalism
(B) Advertising
(C) Travel
(D) Hospitality

화자들은 어떤 업계에서 일하겠는가?
(A) 언론
(B) 광고
(C) 여행
(D) 접객업

어휘 **journalism** 언론계, 저널리즘 **advertising** 광고 **hospitality** 환대, 접대

해설 **화자들이 종사하는 업계** 여자가 첫 번째 대사에서 남자들이 오늘밤 방송에서 내보낼 뉴스 단신에 대한 세부사항을 알고 싶다(I wanted to get ~ on tonight's broadcast)고 했으므로, 화자들이 언론 업계에 종사한다고 추론할 수 있다. 따라서 (A)가 정답이다.

---

11 What product do the men mention?
(A) Airline seats
(B) Video equipment
(C) Electric cars
(D) Wireless headphones

남자는 어떤 제품을 언급하는가?
(A) 비행기 좌석
(B) 영상 장비
(C) 전기차
(D) 무선 헤드폰

어휘 **equipment** 장비 **wireless** 무선의

해설 **남자들이 언급한 제품** 남자 1(M-Au)이 첫 번째 대사에서 자신과 남자 2(M-Cn)가 새로운 전기차 모델에 관한 기사를 준비했다(Omar and I have been working on a story about new electric-car models)고 했으므로, (C)가 정답이다.

---

12 What would the woman like the men to do?
(A) Read a company policy
(B) Hire some assistants
(C) Set up a meeting with a client
(D) Continue working together

여자는 남자들이 무엇을 하기를 바라는가?
(A) 회사 정책 읽어보기
(B) 조수 채용하기
(C) 고객과의 회의 잡기
(D) 계속 함께 일하기

어휘 **policy** 정책 **assistant** 조수

해설 **여자의 요청 사항** 여자가 마지막 대사에서 앞으로의 기사와 방송도 남자들이 계속 협업했으면 좋겠다(I'd like you to continue collaborating together on future stories and broadcasts)고 했으므로, (D)가 정답이다.

Paraphrasing 지문의 collaborating together → 정답의 working together

---

Questions 13 through 15 refer to the following conversation.

W-Am Your creativity and skills come highly recommended, Axel. 13 I saw the logo / you did for a friend's fitness center. I really liked the design. I figured / you'd be right for this job.

M-Au Thanks! I'm looking forward to learning more. So you're selling herbal teas....

W-Am Yes, it's a small line of high-quality loose-leaf teas. I need a logo / that will speak to potential customers.

M-Au 14 And what do you want the brand to convey?

W-Am Most of all? 14 Relaxation. All of the teas are meant to be soothing… they don't contain any caffeine.

M-Au OK, that's helpful.

13-15번은 다음 대화를 참조하시오.

여 당신의 창의력과 기량을 적극 추천하는 사람이 많네요, 액슬. **13 친구 헬스장을 위해 만든 로고를 봤어요. 디자인이 정말 마음에 들더군요.** 당신이 이 일에 적합하다고 생각했어요.

남 감사해요! 더 많이 배우고 싶어요. 그러니까 허브차를 파신다고....

여 네, 고품질 잎차 소규모 제품군이에요. 잠재 고객들에게 어필할 수 있는 로고가 필요해요.

남 **14 그렇다면 브랜드가 전달하고자 하는 건 뭐죠?**

여 무엇보다? **14 휴식이죠.** 차들은 전부 진정 효과를 위한 것으로… 카페인이 전혀 들어 있지 않아요.

남 그렇군요, 도움이 되네요.

W-Am You know what... [15] tomorrow I'll send you samples of the different varieties / so you can try them yourself. That may be inspiring.

여 그래서 말인데요⋯ **15 직접 맛볼 수 있도록 내일 제가 다양한 샘플을 보내 드릴게요.** 영감이 떠오를지도 몰라요.

어휘 **creativity** 창의력 **highly** 매우, 높이 **recommend** 추천하다 **figure** 생각하다 **look forward to -ing** ~하길 고대하다 **herbal tea** 허브차 **loose-leaf tea** 잎차 **potential** 잠재적인 **convey** 전달하다, 전하다 **relaxation** 휴식 **soothing** 진정시키는 **contain** 들어 있다, 함유하다 **variety** 다양(성) **inspiring** 영감을 주는, 고무적인

13 Who most likely is the man?
(A) A fitness instructor
(B) A sales associate
(C) A graphic designer
(D) A photojournalist

남자는 누구이겠는가?
(A) 피트니스 강사
(B) 영업사원
(C) 그래픽 디자이너
(D) 사진기자

어휘 **instructor** 강사 **associate** 동료

해설 **남자의 신분** 여자가 첫 번째 대사에서 남자가 친구 헬스장을 위해 만든 로고를 봤다(I saw the logo you did for a friend's fitness center)고 한 후, 디자인이 정말 마음에 들었다(I really liked the design)고 했으므로, 남자가 그래픽 디자이너라고 추론할 수 있다. 따라서 (C)가 정답이다.

14 What does the woman want her brand to convey?
(A) Energy
(B) Freedom
(C) Community
(D) Relaxation

여자는 브랜드가 무엇을 전달하기를 원하는가?
(A) 에너지
(B) 자유
(C) 공동체 의식
(D) 휴식

해설 **여자가 원하는 브랜드의 전달 가치** 남자의 두 번째 대사에서 브랜드가 전달하고자 하는 것이 무엇인지(what do you want the brand to convey?) 여자에게 질문했는데, 이에 대해 여자가 휴식(Relaxation)이라고 응답했으므로, (D)가 정답이다.

15 What does the woman say she will do tomorrow?
(A) Send some samples
(B) Choose some images
(C) Reply to an e-mail
(D) Change a price

여자는 내일 무엇을 할 것이라고 말하는가?
(A) 샘플 보내기
(B) 이미지 선택
(C) 이메일에 회신
(D) 가격 변경

해설 **여자가 내일 할 일** 여자가 마지막 대사에서 직접 맛볼 수 있도록 내일 다양한 샘플을 보내겠다(tomorrow I'll send you samples of the different varieties)고 했으므로, (A)가 정답이다.

Questions 16 through 18 refer to the following conversation.

M-Au Carol, [16] can you help Steve / work on the building design today? It's supposed to be finished / by the end of the week, and there's still a lot to do.

W-Br [17] I'd be happy to help, but I can't do it today. I have an appointment / scheduled this morning, and another one after lunch. I could help with the design / anytime tomorrow, though.

M-Au OK, great. I'll let Steve know. I think / the two of you can probably finish it / on time. But if you need more assistance, please tell me. [18] I can assign some other staff members to help.

16-18번은 다음 대화를 참조하시오.

남 캐롤, **16 오늘 스티브를 도와 건물 설계 작업을 할 수 있나요?** 이번 주말까지 완료되어야 하는데 아직 할 일이 많아요.

여 **17 도와드리면 좋은데 오늘은 안 돼요. 오늘 오전으로 예정된 약속이 있고 점심식사 후 약속이 하나 더 있거든요.** 그런데 내일은 아무 때나 설계를 도와드릴 수 있습니다.

남 네, 좋아요. 제가 스티브에게 알릴게요. 두 분이 아마 늦지 않게 완료할 수 있을 것 같네요. 그래도 도움이 더 필요하시면 얘기하세요. **18 도와드릴 다른 직원들을 배정할 수 있습니다.**

어휘 **be supposed to** ~하기로 되어 있다 **scheduled** 예정된 **on time** 시간을 어기지 않고 **assistance** 도움 **assign** 배정하다

16 What does the man ask the woman to do?
(A) Reschedule a presentation
(B) Arrange a banquet
(C) Train a new assistant
(D) Work on a building design

남자는 여자에게 무엇을 해달라고 요청하는가?
(A) 발표 일정 변경하기
(B) 연회 마련하기
(C) 새 보조원 교육하기
(D) 건물 설계 작업하기

어휘 **reschedule** 일정을 변경하다 **presentation** 발표 **arrange** 마련하다, 주선하다 **banquet** 연회

해설 **남자의 요청 사항** 남자가 첫 번째 대사에서 스티브를 도와 건물 설계 작업을 해달라(can you help Steve work on the building design)고 여자에게 요청했으므로, (D)가 정답이다.

---

17 Why is the woman unavailable today?
(A) She has some appointments.
(B) She has a job interview.
(C) She is finishing a sales report.
(D) She is preparing for a business trip.

여자는 왜 오늘 시간이 안 되는가?
(A) 약속이 있다.
(B) 면접이 있다.
(C) 영업보고서를 완료하고 있다.
(D) 출장 준비 중이다.

어휘 **job interview** 면접 **prepare for** ~를 준비하다 **business trip** 출장

해설 **여자가 오늘 시간이 안 되는 이유** 여자가 첫 번째 대사에서 오늘은 안 된다(I can't do it today)고 한 후, 오늘 오전으로 예정된 약속이 있고 점심식사 후 약속이 하나 더 있다(I have an appointment scheduled this morning, and another one after lunch)며 안 되는 이유를 밝혔으므로, (A)가 정답이다.

Paraphrasing 지문의 can't do it → 질문의 unavailable

---

18 What does the man offer to do?
(A) Find some account information
(B) Submit a list of expenses
(C) Revise some sales figures
(D) Assign additional people to a project

남자는 무엇을 하겠다고 제안하는가?
(A) 계좌 정보 찾기
(B) 비용 목록 제출하기
(C) 판매액 수정하기
(D) 프로젝트에 추가 인력 배정하기

어휘 **account information** 계좌 정보 **submit** 제출하다 **expense** 비용 **revise** 수정하다 **sales figures** 판매액 **additional** 추가의

해설 **남자의 제안 사항** 남자가 마지막 대사에서 도와줄 다른 직원들을 배정할 수 있다(I can assign some other staff members to help)고 했으므로, (D)가 정답이다.

Paraphrasing 지문의 assign some other staff members to help → 정답의 Assign additional people

---

Questions 19 through 21 refer to the following conversation and phone-settings menu.

W-Am Hello, this is Sunisa / at JYX Mobile technical support. How can I help you?

M-Cn Hi, 19 my mobile phone isn't working correctly. When I try to load Web sites, it runs much too slowly.

W-Am OK. First, 20 can you tell me the phone's serial number?

M-Cn Sorry, I'm not exactly sure / where to find that.

W-Am 21 The serial number is under the settings menu. I'll need that to check / if your phone is still under warranty.

M-Cn 20 OK, give me a second to find that.

19-21번은 다음 대화와 전화 설정 메뉴를 참조하시오.

여 안녕하세요, JYX 휴대전화 기술 지원팀의 수니사입니다. 무엇을 도와 드릴까요?

남 안녕하세요, **19 제 휴대전화가 제대로 작동하지 않아요. 웹사이트를 로딩하려고 하면 너무 느리게 실행돼요.**

여 네. 우선, **20 휴대전화의 일련번호를 말씀해 주시겠어요?**

남 죄송하지만, 어디서 찾는지 잘 모르겠어요.

여 **21 일련번호는 설정 메뉴에 있습니다. 고객님의 휴대전화 품질 보증 기간이 아직 남았는지 확인하려면 그것이 필요합니다.**

남 **20 알겠습니다, 찾을 시간을 좀 주세요.**

어휘 **technical support** 기술 지원 **correctly** 바르게, 정확하게 **load** (데이터나 프로그램을) 로딩하다 **run** 작동하다 **serial number** 일련번호 **exactly** 정확히, 꼭 **setting** 환경, 설정 **warranty** 품질 보증(서) **under warranty** 보증 기간이 남은

Software version	8.2	>
Model	250-73	>
Capacity in GB	124	>
[20]Serial Number	36998	

소프트웨어 버전	8.2	>
모델	250-73	>
GB 용량	124	>
20 일련번호	**36998**	>

19 Why is the man calling?

(A) His mobile phone is running slowly.

(B) His phone bill is incorrect.

(C) He wants to add a service.

(D) He wants to cancel an appointment.

남자는 왜 전화하고 있는가?

(A) 휴대전화가 느리게 작동해서

(B) 전화 요금 청구서가 정확하지 않아서

(C) 서비스를 추가하고 싶어서

(D) 약속을 취소하고 싶어서

어휘 **phone bill** 전화 요금 고지서 **incorrect** 부정확한

해설 **남자가 전화한 이유** 남자의 첫 번째 대사에서 남자가 자신의 휴대전화가 제대로 작동하지 않고(my mobile phone isn't working correctly), 웹사이트 로딩이 너무 느리다(When I ~ too slowly)고 했으므로 정답은 (A)이다.

20 Look at the graphic. Which number will the man give the woman?

(A) 8.2

(B) 250-73

(C) 124

(D) 36998

시각정보에 따르면, 남자는 여자에게 어떤 번호를 주겠는가?

(A) 8.2

(B) 250-73

(C) 124

(D) 36998

해설 **시각정보 연계 문제_남자가 여자에게 줄 번호** 대화 중반에 여자가 휴대전화의 일련번호를 알려 달라(can you ~ serial number?)고 했고, 마지막 대사에서 남자가 OK라고 하며 일련번호를 찾을 시간을 달라(give me a second to find that)고 했다. 표를 보면 일련번호는 36998이므로 정답은 (D)이다.

21 Why does the woman need the information?

(A) To apply a discount

(B) To check a warranty

(C) To activate some devices

(D) To recommend some software

여자는 왜 정보를 필요로 하는가?

(A) 할인 적용을 위해

(B) 품질 보증 기간 확인을 위해

(C) 일부 장치를 활성화 하기 위해

(D) 일부 소프트웨어를 권장하려고

어휘 **apply** 적용하다 **activate** 활성화하다 **device** 장치, 기구 **recommend** 추천하다

해설 **여자가 정보가 필요한 이유** 여자의 대사에 주목하면, 후반부에 일련번호는 설정 메뉴에 있고(The serial ~ settings menu) 휴대전화 보증 기간이 아직 남았는지 확인하려면 번호가 필요하다(I'll need ~ under warranty)고 했으므로 정답은 (B)이다.

UNIT 02 인사

기출 문제풀이 전략

예제

교재 p. 144

1 What are the speakers mainly discussing?
(A) A company policy
(B) An advertising campaign
(C) A job opportunity
(D) A corporate logo

화자들이 주로 논의하고 있는 것은?
(A) 회사 정책
(B) 광고 캠페인
(C) 취업 기회
(D) 회사 로고

2 What does the man say he is willing to do?
(A) Relocate overseas
(B) Work overtime
(C) Lead a training session
(D) Meet with an executive

남자는 무엇을 할 용의가 있다고 하는가?
(A) 해외 이전
(B) 초과 근무
(C) 교육 세션 주도
(D) 임원과의 만남

3 What most likely will happen next?
(A) A tour will be given.
(B) Tasks will be assigned.
(C) Photographs will be taken.
(D) Manuals will be distributed.

다음에 일어날 일은?
(A) 견학이 실시될 것이다.
(B) 업무가 할당될 것이다.
(C) 사진을 찍을 것이다.
(D) 매뉴얼이 배포될 것이다.

어휘 **corporate** 회사의, 기업의 **relocate** 이전하다 **executive** 임원 **task** 임무 **assign** 맡기다, 할당하다 **distribute** 배포하다, 나누어주다

Check Up

교재 p. 145

1. (B) **2.** (B) **3.** (A)

Questions 1 through 3 refer to the following conversation.

W-Am Hello, [1] I'm trying to get some information / about your accounting internships. Can you connect me to the right department?

M-Cn I can transfer you / to Human Resources, but [2] I recommend / that you check out our Web site. All our job vacancies are listed online / and updated daily.

W-Am Great. Do you know / if there are any openings / just for the summer months?

M-Cn We usually have a few summer positions, although [3] you'll have to check the application deadline. I think / it may have passed already.

1-3번은 다음 대화를 참조하시오.

여 안녕하세요, **1 귀사의 회계 인턴직에 대한 정보를 얻으려고 해요.** 담당 부서로 연결해 주시겠어요?

남 인사부로 연결해 드릴 수는 있지만, **2 저희 웹사이트 확인을 권합니다. 저희 회사의 모든 공석은 온라인에 게시되고 매일 업데이트되거든요.**

여 잘됐네요. 여름철에만 일하는 자리가 있는지 아시나요?

남 보통은 하계 일자리가 몇 개 있지만 **3 지원서 마감일을 확인해야 할 거예요. 이미 지났을 것 같은데요.**

어휘 **accounting** 회계, 경리 **transfer** 전화를 연결해주다 **job vacancy** 일자리 공석 **daily** 매일 **application** 지원, 신청

1 What is the woman calling about?
(A) A job promotion
(B) A summer internship

여자는 무엇에 대해 전화하고 있는가?
(A) 승진
(B) 하계 인턴직

해설 **전화 건 목적** 여자가 앞부분에서 회계 인턴직에 대한 정보를 물었고, 중간 대사에서는 여름 일자리에 대해 문의하고 있으므로 정답은 (B)이다.

2 What does the man recommend?
(A) Submitting an application
(B) Checking an online job list

남자는 무엇을 권하는가?
(A) 지원서 제출하기
(B) 온라인으로 일자리 목록 확인하기

어휘 **submit** 제출하다 **application** 지원서, 신청서

해설 **남자가 권하는 것** 인턴직에 대한 정보를 묻는 여자의 질문에 남자는 웹사이트에서 확인할 것을 추천한다고 하므로 정답은 (B)이다.

3 What does the man tell the woman?
(A) She may have missed a deadline.
(B) She will have to wait several months.

남자는 여자에게 무엇을 말하는가?
(A) 마감 기한을 놓쳤을지도 모른다.
(B) 몇 달을 기다려야 할 것이다.

해설 **남자가 여자에게 하는 말** 여름 일자리에 대해 묻는 여자의 질문에 하계 일자리는 마감일을 확인해야 한다면서 이미 지났을지도 모른다고 말하고 있다. 따라서 정답은 (A)이다.

Paraphrasing 지문의 it(deadline) may have passed → 정답의 She may have missed a deadline.

ETS 문제로 훈련하기

교재 p. 147

1. (B) **2.** (A) **3.** (C) **4.** (A)

Question 1 refers to the following conversation.

W-Br Hi, Anton. My name's Maria / and I'll be your manager / here at LW Energy Solutions. Were you able to get your security badge?

M-Au Glad to be here! And yes.

W-Br OK, great. You'll need that / to get into the buildings on-site.

1번은 다음 대화를 참조하시오.

여 안녕하세요, 안톤. 제 이름은 마리아고 여기 LW 에너지 솔루션즈에서 당신의 관리자가 될 거예요. **보안 배지를 받을 수 있었나요?**

남 이곳에서 일할 수 있게 되어 기뻐요! **그리고 네, 받았어요.**

여 좋아요, 잘됐네요. 현장에 있는 건물로 들어가기 위해 그 배지가 필요할 거예요.

어휘 **security** 보안 **on-site** 현장의

1 What does the man confirm that he has received?
(A) An employee manual
(B) A security badge

남자는 무엇을 받았다고 확인해 주는가?
(A) 직원 수칙
(B) 보안 배지

해설 **수령했다고 확인한 것** 보안 배지를 받았냐고 묻는 여자의 질문에 'yes'로 답했으므로 정답은 (B)이다.

Question 2 refers to the following conversation.

W-Br So, from your résumé / I can see you have a lot of experience / with local radio stations / in many different regions. How did you hear about the job opening / for an announcer?

2번은 다음 대화를 참조하시오.

여 그래서, 당신의 이력서를 보니 다른 많은 지역의 지역 라디오 방송국에서 많은 경력을 가지고 계시다는 것을 알 수 있네요. **아나운서 공석에 대해서는 어떻게 들으셨나요?**

M-Au A friend of mine told me about it. His name is Bruce Akins, and he's a producer here.
W-Br Oh, I know Bruce.

남 제 친구 한 명이 말해주었습니다. 그의 이름은 브루스 아킨스이고, 그는 여기 프로듀서입니다.
여 아, 브루스 알아요.

어휘 **résumé** 이력서 **local** 지역의 **region** 지역

2 How did the man find out about the job?
(A) From a friend
(B) From a job recruiter

남자는 일자리에 대해 어떻게 알게 되었는가?
(A) 친구로부터
(B) 채용 담당자로부터

해설 **일자리를 알게 된 경로** 아나운서 공석에 대해 어떻게 알게 되었는지 묻는 여자의 질문에 친구가 말해줬다(A friend of mine told me about it)이라고 답했으므로 정답은 (A)이다.

Questions 3 and 4 refer to the following conversation.
W-Am Have you heard? [3] Mr. Kane's been promoted. He's taking the senior marketing position / at the new Sydney branch. They just announced it / this morning.
M-Cn No, I didn't hear that. When does he start?
W-Am In two weeks. [4] They want him there / when the office officially opens for business.

3-4번은 다음 대화를 참조하시오.
여 소식 들었어요? **3 케인 씨가 승진했대요. 케인 씨는 시드니 새 지사에서 수석 마케팅 직책을 맡을 예정이에요.** 오늘 아침에 막 발표되었어요.
남 아니요, 그 소식 못 들었어요. 케인 씨가 언제부터 업무를 시작하나요?
여 2주 후에요. **4 시드니 사무소가 공식적으로 업무를 시작할 때 케인 씨가 필요하거든요.**

어휘 **take a position** 일자리를 맡다, 직위를 맡다 **senior** 고위의, 상급의 **announce** 발표하다 **officially** 공식적으로

3 What are the speakers discussing?
(A) A vacation plan
(B) A conference schedule
(C) A coworker's new job
(D) A new client

화자들은 무엇에 관해 논의하고 있는가?
(A) 휴가 계획
(B) 회의 일정
(C) 동료의 새로운 업무
(D) 신규 고객

어휘 **conference** 회의, 학회 **coworker** 동료 **client** 의뢰인, 고객

해설 **대화의 주제** 대화 첫 마디에서 여자가 케인 씨가 승진했다(Mr. Kane's been promoted)며 시드니 새 지사에서 수석 마케팅 직책을 맡을 예정(He's taking ~ Sydney branch)이라고 했으므로 정답은 (C)이다.

Paraphrasing 지문의 the senior marketing position at the new Sydney branch → 정답의 new job

4 What do the speakers suggest about the Sydney office?
(A) It has not opened yet.
(B) It is the company's largest branch.
(C) It houses the company headquarters.
(D) It recently won an award.

화자들은 시드니 지사에 대해 무엇을 암시하는가?
(A) 아직 문을 열지 않았다.
(B) 회사의 가장 큰 지사이다.
(C) 회사 본사가 있다.
(D) 최근 수상을 했다.

어휘 **house** 거처를 제공하다, 수용하다 **headquarters** 본사 **recently** 최근에 **win** (경기 등에서 이겨 무엇을) 따다, 타다 **award** 상

해설 **시드니 지사에 대해 암시하는 것** 질문의 키워드인 office가 나오는 부분에 주목하면, 대화 마지막에 여자가 시드니 지사가 공식적으로 업무를 시작할 때 케인 씨가 필요하다(They want ~ for business)고 했으므로 정답은 (A)이다.

ETS 실전 테스트

교재 p. 148

1. (B)	**2.** (C)	**3.** (A)	**4.** (B)	**5.** (A)	**6.** (D)	**7.** (D)	**8.** (A)	**9.** (C)
10. (B)	**11.** (C)	**12.** (A)	**13.** (A)	**14.** (D)	**15.** (C)	**16.** (D)	**17.** (B)	**18.** (A)
19. (A)	**20.** (A)	**21.** (B)						

Questions 1 through 3 refer to the following conversation.

W-Br Good morning, Tom. Have a seat. There's something I'd like to discuss with you.

M-Cn I hope / everything's fine. I realize / I'm fairly new on the job / and am still learning, [1] but I really enjoy working / in the accounting office.

W-Br Yes, I can tell. [2] Your supervisor and I have been very impressed / with how much you've accomplished / in just six months. [3] As a matter of fact, we'd like to give you an opportunity / to move up in your career. We'd like you to help / manage the payroll department.

1-3번은 다음 대화를 참조하시오.

여 안녕하세요, 톰. 앉으세요. 의논하고 싶은 게 있어요.

남 다 괜찮았으면 좋겠네요. 제가 이 일을 맡은지 얼마 되지 않아서 아직 배우고 있다는 점 잘 알고 있습니다. **1 하지만 회계부서에서 정말 즐겁게 일하고 있어요.**

여 네, 저도 알 수 있어요. **2 당신의 관리자와 저는 단 6개월 동안 얼마나 큰 성취를 하셨는지에 대해 매우 감명 받았습니다. 3 사실 경력상 승진할 기회를 드리고 싶은데요.** 급여 지급 부서 관리를 도와주셨으면 합니다.

어휘 **realize** 잘 알다 **fairly** 꽤 **accounting** 회계 **supervisor** 관리자, 감독관 **impressed** 인상 깊게 생각하는, 감명을 받은 **accomplish** 성취하다 **as a matter of fact** 사실 **opportunity** 기회 **payroll** 급여 대상자 명단, 급여 지불 총액

1 In what area does Tom currently work?

(A) Human resources
(B) Accounting
(C) Payroll
(D) Advertising

톰은 현재 어느 부문에서 일하는가?

(A) 인사
(B) 회계
(C) 경리
(D) 광고

해설 **남자의 근무 부서** 남자가(톰이) 첫 번째 대사에서 회계부서에서 정말 즐겁게 일하고 있다(I really enjoy working in the accounting office)고 했으므로, (B)가 정답이다.

2 How long has Tom been working for the company?

(A) Three weeks
(B) Three months
(C) Six months
(D) Two years

톰은 회사에서 얼마나 오래 일했는가?

(A) 3주
(B) 3개월
(C) 6개월
(D) 2년

해설 **남자의 근무 기간** 여자가 마지막 대사에서 남자가(톰이) 근무한지 단 6개월 동안 얼마나 큰 성취를 했는지(how much you've accomplished in just six months)에 대해 감명 받았다고 했으므로, (C)가 정답이다.

3 Why is the woman meeting with Tom?

(A) To offer him a promotion
(B) To discuss an error he made
(C) To talk to him about his training
(D) To resolve a problem with his coworkers

여자가 톰을 만난 이유는?

(A) 승진을 제안하려고
(B) 그의 실수에 대해 논의하려고
(C) 그의 교육에 관해 이야기해 주려고
(D) 동료들과 함께 문제를 해결하려고

어휘 **offer** 제안하다 **promotion** 승진 **resolve** 해결하다 **coworker** 동료

해설 **여자가 톰을 만난 이유** 여자가 마지막 대사에서 경력상 승진할 기회를 주고 싶다(we'd like to give you an opportunity to move up in your career)며 남자를(톰을) 만난 이유를 밝혔으므로, (A)가 정답이다.

Paraphrasing 지문의 to move up in your career → 정답의 a promotion

Questions 4 through 6 refer to the following conversation.

W-Br So [4] I heard / that management is hiring more people / in accounting.

M-Au [4] That's right—[5] I'm going to be conducting some of the interviews / next week.

W-Br We need the extra help, but [6] what I want to know / is where the new employees are going to sit. Look—[6] there are no more empty offices here!

M-Au I know. We might have to use one of the meeting rooms / over in the marketing area / as an office.

4-6번은 다음 대화를 참조하시오.

여 **4 경영진이 회계 부서에 인원을 더 채용하고 있다고 들었어요.**

남 **4 맞아요. 5 제가 다음 주에 면접 몇 건을 진행할 거예요.**

여 우리에게 추가 인력이 필요하지만, **6 신입 사원들이 어디에 앉을지 궁금하네요.** 보세요. **6 여기는 더 이상 빈 사무실이 없어요!**

남 알아요. 우리는 마케팅 부서의 회의실 중 하나를 사무실로 사용해야 할지도 몰라요.

어휘 **management** 경영진, 관리진 **accounting** 회계 **conduct** (업무 등을) 진행하다 **extra** 추가의 **employee** 종업원, 직원

4 What are the speakers discussing?
(A) Accounting procedures
(B) Hiring new employees
(C) Marketing strategies
(D) Scheduling a meeting

화자들은 무엇에 관해 논의하고 있는가?
(A) 회계 절차
(B) 신입 사원 채용
(C) 마케팅 전략
(D) 회의 일정 잡기

어휘 **procedure** 절차, 방법 **strategy** 전략, 계획

해설 **대화의 주제** 대화 첫 마디에서 여자가 남자에게 경영진이 회계 부서에 인원을 더 채용하고 있다(I heard ~ in accounting)고 했고, 이어 남자가 그 말이 맞다고 하며 본인이 일부 면접을 진행한다(That's right ~ next week)고 했다. 이로써 신입 사원 채용에 대해 논의하고 있다는 것을 알 수 있으므로 정답은 (B)이다.

Paraphrasing 지문의 more people → 정답의 new employees

5 What is the man going to do next week?
(A) Interview job candidates
(B) Take a vacation
(C) Go to a conference
(D) Move to a new office

남자는 다음 주에 무엇을 할 것인가?
(A) 구직 지원자 면접하기
(B) 휴가 내기
(C) 회의에 가기
(D) 새 사무실로 옮기기

어휘 **candidate** 후보자, 지원자 **conference** 회의

해설 **다음 주에 할 일** 질문의 키워드인 next week이 나오는 부분에 주목하면, 대화 초반부에 남자가 다음 주 면접을 진행할 것(I'm going ~ next week)이라고 했으므로 정답은 (A)이다.

Paraphrasing 지문의 be conducting some of the interviews → 정답의 Interview job candidates

6 What is the woman concerned about?
(A) The number of meetings
(B) A change in policies
(C) The training of new employees
(D) The amount of office space

여자는 무엇을 걱정하는가?
(A) 회의 횟수
(B) 정책의 변화
(C) 신입 사원 교육
(D) 사무실 공간

어휘 **the number of** ~의 수 **policy** 정책, 방침 **training** 교육, 연수 **amount** 양, 총계

해설 **여자가 걱정하는 것** 여자의 대사에 주목해서 듣도록 한다. 여자의 두 번째 대사에서 신입 사원들이 어디에 앉을지(what I want ~ to sit) 궁금하다고 했고, 더 이상 빈 사무실(no more empty offices)이 없다고 했으므로 정답은 (D)이다.

Paraphrasing 지문의 empty offices → 정답의 office space

Questions 7 through 9 refer to the following conversation.

W-Am Good morning. My name is Teresa Han / and I have a ten o'clock interview / with Mr. Alvarez in personnel.

M-Br I'm afraid / 7 Mr. Alvarez is running a bit late / this morning. He had a meeting / across the street, and he won't get back here / until ten fifteen. Are you interviewing for the accounting position?

W-Am 8 I'm here for the business manager position, actually.

M-Br I see. Well, 9 if you come with me, Ms. Han, I'll show you to the guest lounge, where there's more comfortable seating. I'll let you know / when Mr. Alvarez has arrived.

7-9번은 다음 대화를 참조하시오.

여 안녕하세요. 저는 테레사 한이고 인사과의 알버레즈 씨와 10시에 면접이 있습니다.

남 **7 오늘 아침 알버레즈 씨가 조금 늦을 것 같은데요. 길 건너편에서 회의를 했는데 10시 15분까지는 여기에 돌아오지 못할 거예요.** 회계직 면접을 보실 건가요?

여 사실 **8 저는 업무 총괄관리직 면접을 보러 왔어요.**

남 그렇군요. 자, **9 한 씨, 저와 함께 가시면, 더 편안한 좌석이 있는 게스트 라운지로 안내하겠습니다. 알버레즈 씨가 도착하면 알려 드릴게요.**

어휘 **personnel** 인사과 **I'm afraid** (유감이지만) ~할 것 같다 **run late** 늦어지다 **get back** 돌아오다 **comfortable** 편안한

7 Why is Mr. Alvarez coming in late?

(A) He missed the train.

(B) He overslept.

(C) He got caught in traffic.

(D) He had a meeting.

알버레즈 씨는 왜 늦게 오는가?

(A) 기차를 놓쳤다.

(B) 늦잠을 잤다.

(C) 교통 체증에 걸렸다.

(D) 회의가 있었다.

어휘 **miss** 놓치다 **oversleep** 늦잠 자다 **get caught** 걸리다

해설 **알버레즈 씨가 늦는 이유** 남자의 첫 번째 대사에서 알버레즈 씨가 늦을 것(is running a bit late)이라며 길 건너편에서 하는 회의로 10시 15분까지는 못 온다(He had ~ ten fifteen)고 했으므로 정답은 (D)이다.

8 What position is the woman applying for?

(A) Business manager

(B) Sales associate

(C) Personnel director

(D) Accounting manager

여자는 어떤 직책에 지원하는가?

(A) 업무 총괄관리

(B) 영업 사원

(C) 인사 책임자

(D) 회계 부장

어휘 **associate** 사원 **director** 책임자, 임원 **accounting manager** 회계 부장

해설 **여자가 지원하는 직책** 여자의 대사에 주목하면 업무 총괄관리직 면접을 보러 왔다(I'm here for the business manager position)고 말하였으므로 정답은 (A)이다.

9 What is the woman asked to do?

(A) Fill out a registration form

(B) Come back the next day

(C) Wait in a seating area

(D) Submit her résumé

여자는 무엇을 하도록 요청 받는가?

(A) 등록 양식 작성하기

(B) 다음날 재방문하기

(C) 대기실에서 기다리기

(D) 이력서 제출하기

어휘 **fill out** 작성하다 **registration** 등록 **submit** 제출하다 **résumé** 이력서

해설 **여자가 요청 받는 사항** 마지막 대사에서 남자가 여자에게 편안한 좌석이 있는 게스트 라운지로 안내하겠다(if you ~ comfortable seating)며 알버레즈 씨가 도착하면 알려주겠다(I'll let ~ has arrived)고 했다. 이로써 여자가 대기실에서 기다릴 것을 요청 받았다는 것을 알 수 있으므로 정답은 (C)이다.

Paraphrasing 지문의 the guest lounge → 정답의 a seating area

Questions 10 through 12 refer to the following conversation.

M-Cn Naomi, 10/11 do you know / if a decision was made yet / about who to hire as the new director of our accounting firm?

W-Am Pablo is interviewing someone / in the boardroom now.

M-Cn I hope / they find someone soon. It sure has been tough the last month / without an accounting director. We really need someone / to organize all the work.

W-Am I agree. By the way, 12 I was planning to ask / if you could take a look at the Henderson account for me. The client sent an expense report / with a couple of expenses / that I'm not sure how to categorize.

10-12번은 다음 대화를 참조하시오.

남 나오미, **10/11 우리 회계법인의 신임 이사로 누구를 채용할지에 대한 결정이 이미 내려졌는지 알고 있나요?**

여 파블로가 지금 이사회실에서 누군가를 면접 보고 있어요.

남 곧 누군가를 찾을 수 있기를 바라요. 지난달에 회계 이사 없이 아주 힘들었거든요. 우리는 모든 일을 체계적으로 정리할 사람이 정말 필요해요.

여 맞아요. 그건 그렇고, **12 당신이 헨더슨 회계 장부를 살펴볼 수 있는지 물어보려고 했어요.** 의뢰인이 두 가지 경비가 포함된 지출 보고서를 보냈는데 어떻게 분류해야 할지 잘 모르겠어요.

어휘 **firm** 회사 **boardroom** 이사회실 **organize** 정리하다, 조직하다 **account** 회계 장부 **expense** 비용, 경비 **categorize** 분류하다

10 Where do the speakers most likely work?

(A) In a law office
(B) In an accounting firm
(C) In an employment agency
(D) In a travel company

화자들은 어디에서 일하겠는가?

(A) 법률 사무소
(B) 회계법인
(C) 직업 소개소
(D) 여행사

해설 **화자들이 일하는 장소** 남자가 첫 번째 대사에서 자신들이 일하는 회계법인의 신임 이사 채용 결정에 대해 아는지(do you know ~ our accounting firm?) 물었으므로 회계법인 직원들 간의 대화임을 알 수 있다. 따라서 정답은 (B)이다.

11 What does the woman imply when she says, "Pablo is interviewing someone in the boardroom now"?

(A) A room is unavailable.
(B) A department meeting is running late.
(C) A position has not been filled.
(D) A colleague cannot help with a task.

여자가 "파블로가 지금 이사회실에서 누군가를 면접 보고 있어요"라고 말할 때, 무엇을 암시하는가?

(A) 방을 사용할 수 없다.
(B) 부서 회의가 늦어지고 있다.
(C) 일자리가 충원되지 않았다.
(D) 동료가 업무를 도울 수 없다.

어휘 **unavailable** 이용할 수 없는 **department** 부서 **run late** 늦다 **task** 업무

해설 **화자의 의도 파악 문제** 해당 문장의 앞뒤 문맥을 파악해야 한다. 남자가 첫 번째 대사에서 회계법인 신임 이사 채용 결정에 대해 아는지(do you know ~ our accounting firm?) 묻자, 여자가 "Pablo is interviewing someone in the boardroom now."라고 응답했다. 즉, 여자는 이사 자리가 아직 공석이라고 말하고 있으므로 정답은 (C)이다.

12 What does the woman ask the man to do?

(A) Review an expense report
(B) Make a phone call
(C) Contact a supervisor
(D) Purchase some supplies

여자는 남자에게 무엇을 하라고 요청하는가?

(A) 지출 보고서 검토하기
(B) 전화 걸기
(C) 상사에게 연락하기
(D) 몇 가지 용품 구입하기

어휘 **review** 검토하다 **expense report** 지출 보고서 **purchase** 구입하다 **supplies** 물품, 용품

해설 **여자의 요청 사항** 여자가 마지막 대사에서 남자에게 헨더슨 회계 장부를 살펴볼 수 있는지 물어보려 했다(I was planning ~ for me)고 했으므로 정답은 (A)이다.

Paraphrasing 지문의 take a look at the Henderson account → 정답의 Review an expense report

Questions 13 through 15 refer to the following conversation.

M-Cn Hi Suzanne. Have you finished your annual job performance review / for your manager yet? [13] I submitted mine / last week, but she sent it back. She said / I need to include some examples of projects / I've worked on.

W-Br Yeah, I had to revise mine too. The good news is / that it took me only about half an hour / to fix.

M-Cn How did you do it / so quickly? [14] I only have two hours this afternoon / before I travel to New York / for a marketing conference.

W-Br You know, [15] I have some guidelines / that my manager sent me / about what information to include in the performance review. I'll e-mail them to you / right away.

13-15번은 다음 대화를 참조하시오.

남 안녕하세요, 수잔. 관리자에게 낼 연례 인사 고과를 끝마쳤나요? **13 제 것은 지난주에 제출했는데 관리자가 다시 돌려보냈어요. 작업한 프로젝트의 예시를 포함해야 한다고 하네요.**

여 네, 제 것도 수정해야 했어요. 좋은 소식은 고치는 데 30분밖에 안 걸렸다는 거예요.

남 어떻게 그렇게 빨리 했어요? **14 마케팅 회의 차 뉴욕에 가기 전, 오늘 오후에 2시간밖에 없거든요.**

여 **15 제 관리자가 인사 고과에 포함할 정보에 대해 보내준 지침이 있어요. 바로 이메일로 보내드릴게요.**

어휘 **annual** 연례의, 연간의 **job performance review** 인사 고과, 업무 평가 **submit** 제출하다 **include** 포함시키다 **revise** 수정하다, 변경하다 **fix** 바로잡다 **conference** 회의 **guideline** 지침 **right away** 곧바로, 즉시

13 What was the problem with the man's performance review?

(A) It was incomplete.
(B) It was submitted late.
(C) It was accidentally deleted.
(D) It was sent to the wrong person.

남자의 인사 고과에 어떤 문제가 있었는가?

(A) 불완전했다.
(B) 늦게 제출됐다.
(C) 잘못해서 삭제됐다.
(D) 다른 사람에게 잘못 보냈다.

어휘 **incomplete** 불완전한, 미완성의 **accidentally** 우연히, 잘못하여

해설 **남자의 인사 고과에 있었던 문제** 남자가 첫 번째 대사에서 관리자가 자신의 인사 고과를 다시 돌려보냈다(she sent it back)고 한 후, 작업한 프로젝트의 예시를 포함해야 한다(I need to include some examples of projects I've worked on)며 관리자가 돌려보낸 이유도 언급했으므로, 남자의 인사 고과가 불완전했음을 알 수 있다. 따라서 (A)가 정답이다.

14 What does the man say he will do this afternoon?

(A) Meet with his manager
(B) Prepare a budget
(C) Interview a job applicant
(D) Go on a business trip

남자는 오늘 오후에 무엇을 하겠다고 말하는가?

(A) 관리자 만나기
(B) 예산안 준비하기
(C) 구직자 면접하기
(D) 출장 가기

어휘 **prepare** 준비하다 **budget** 예산안 **job applicant** 구직자

해설 **남자가 오늘 오후에 할 일** 남자가 두 번째 대사에서 마케팅 회의 차 뉴욕에 가기 전, 오늘 오후에 2시간밖에 없다(I only have two hours this afternoon before I travel to New York for a marketing conference)고 했으므로, 남자가 오늘 오후에 출장을 갈 예정임을 알 수 있다. 따라서 (D)가 정답이다.

Paraphrasing 지문의 travel to New York for a marketing conference → 정답의 Go on a business trip

15 What does the woman offer to do?

(A) Make travel reservations
(B) Revise a deadline
(C) E-mail some guidelines
(D) Take over a work assignment

여자는 무엇을 하겠다고 제안하는가?

(A) 출장 예약하기
(B) 기한 변경하기
(C) 지침을 이메일로 보내기
(D) 업무 인계 받기

어휘 **make a reservation** 예약하다 **deadline** 기한 **take over** 인계 받다 **assignment** 임무, 과제

해설 **여자의 제안 사항** 여자가 마지막 대사에서 인사 고과에 포함할 정보에 대한 지침이 있다(I have some guidelines ~ to include in the performance review)고 한 후, 바로 이메일로 보내겠다(I'll e-mail them to you right away)고 했으므로, (C)가 정답이다.

Questions 16 through 18 refer to the following conversation.

W-Br [16] Congratulations on your promotion, Dan! We'll miss you / on the sales floor, but you're going to be a great corporate trainer. [17] I've heard / that you've already developed your first seminar series / on sales methods?

M-Au Thanks, Trisha. That's right – you know, after twenty years of selling cars here, I have quite a few sales strategies / to share. Things like communication skills, how to establish trust, responding to customer objections...and I've always wanted to try teaching.

W-Br You know, I've seen you with customers – I can learn a lot / from you. [18] When is your first training series scheduled to begin?

M-Au [18] Next month, actually, on April 15th. I would love to see you there.

16-18번은 다음 대화를 참조하시오.

여 **16 승진 축하해요, 댄!** 매장에서는 댄을 그리워하겠지만 훌륭한 기업 강사가 되시겠죠. **17 영업 방식에 대한 첫 번째 세미나 시리즈를 이미 개발하셨다고 들었는데요?**

남 고마워요, 트리샤. 맞아요. 여기서 20년간 차량 판매를 하고 난 후, 공유할 영업 전략이 상당수 있어요. 의사소통 기량, 신뢰 구축하는 법, 고객의 이의에 대응하는 법 같은 거요. 그리고 항상 가르쳐 보고 싶었답니다.

여 당신이 고객을 대하는 걸 본 적이 있어요. 많이 배울 수 있었어요. **18 시작하기로 예정된 첫 번째 교육이 언제인가요?**

남 **18 실은 다음 달, 4월 15일입니다.** 거기서 뵀으면 좋겠네요.

어휘 **promotion** 승진 **sales floor** 매장 **corporate** 기업의, 회사의 **develop** 개발하다 **method** 방법 **quite a few** 상당수 **strategy** 전략 **establish** 수립하다 **respond to** ~에 대응하다 **objection** 이의, 반대 **actually** 사실은

16 Why does the woman congratulate the man?

(A) He has set a sales record.
(B) He has started his own business.
(C) He has completed a degree program.
(D) He has been promoted.

여자는 왜 남자에게 축하하는가?

(A) 판매 기록을 세웠다.
(B) 자신의 사업을 시작했다.
(C) 학위 수여 프로그램을 마쳤다.
(D) 승진했다.

어휘 **set a record** 기록을 세우다 **complete** 끝마치다, 완료하다 **degree** 학위

해설 **여자가 남자에게 축하를 전한 이유** 여자가 첫 번째 대사에서 남자의 승진에 대해 축하(Congratulations on your promotion)를 전했으므로, (D)가 정답이다.

17 What is the topic of the seminar series?

(A) Product design
(B) Sales techniques
(C) Project management
(D) Retirement planning

세미나 시리즈의 주제는 무엇인가?

(A) 제품 디자인
(B) 영업 기술
(C) 프로젝트 관리
(D) 은퇴 계획

어휘 **technique** 기법, 기술 **retirement** 은퇴, 퇴직

해설 **세미나 시리즈의 주제** 여자가 첫 번째 대사에서 남자가 영업 방식에 대한 첫 번째 세미나 시리즈를 이미 개발했다(you've already developed your first seminar series on sales methods)고 했으므로, (B)가 정답이다.

Paraphrasing 지문의 sales methods → 정답의 Sales techniques

18 When will the first series begin?

(A) On April 15th
(B) On April 30th
(C) On May 15th
(D) On May 30th

첫 번째 세미나는 언제 시작하는가?

(A) 4월 15일
(B) 4월 30일
(C) 5월 15일
(D) 5월 30일

해설 **첫 번째 세미나의 시작일** 여자가 두 번째 대사에서 시작하기로 예정된 첫 번째 교육이 언제인지(When is your first training series scheduled to begin?) 문의했는데, 이에 대해 남자가 다음 달, 4월 15일(Next month ~ on April 15th)이라고 대답했으므로, (A)가 정답이다.

Questions 19 through 21 refer to the following conversation and list.

W-Br Hi, my name is Aliya. [19] I heard about your recruiting company / through a friend. I'm calling to see / if you can help me find a job.

M-Au Yes, a lot of people hear about us / through friends. What field do you work in?

W-Br [20] I've worked / as an accountant / for years, but now I'd like to go in another direction.

M-Au What field are you interested in?

W-Br I also studied art and design, and I took some courses / in computer programming. So [21] now I'm ready to try a position / in Web-site design.

M-Au Well, [21] there's a company on our list / that needs a Web Designer. Would you like me to set up an interview for you?

19-21번은 다음 대화와 목록을 참조하시오.

여 안녕하세요, 저는 알리야예요. **19 친구를 통해 당신이 일하는 취업 알선 회사에 대해 들었어요.** 저의 구직 활동을 도와 줄 수 있는지 알아보려고 전화했어요.

남 네, 많은 분들이 친구들을 통해 저희 회사에 대해 알게 됩니다. 어떤 분야에서 일하시나요?

여 **20 저는 수년간 회계사로 일했지만, 지금은 다른 분야로 가고 싶어요.**

남 어떤 분야에 관심이 있으신가요?

여 저는 미술과 디자인도 공부했고, 컴퓨터 프로그래밍 강좌를 몇 개 수강했어요. 그래서 **21 이제 웹사이트 디자인 분야에서 일할 준비가 되었어요.**

남 음, **21 웹 디자이너를 필요로 하는 회사가 저희 목록에 있습니다.** 면접을 보실 수 있도록 일정을 잡아 드릴까요?

어휘 **recruiting company** 취업 알선 회사 **field** 분야 **accountant** 회계사 **take a course** 수업을 듣다 **set up** 마련하다

Company	Open Position
Circle Agency	Accounting Manager
[21]Sakda Corporation	Web Designer
CX Incorporated	Human Resources Assistant
Totsuka Systems	Database Programmer

회사	공석
서클 에이전시	회계 부장
21사크다 사	**웹 디자이너**
CX 사	인사부 비서
토츠카 시스템즈	데이터베이스 프로그래머

19 How did the woman learn about the man's company?

(A) From a friend
(B) From a radio show
(C) From a Web site
(D) From a newspaper advertisement

여자는 남자의 회사에 대해 어떻게 알게 되었는가?

(A) 친구를 통해서
(B) 라디오 프로그램을 통해서
(C) 웹사이트를 통해서
(D) 신문 광고를 통해서

해설 **여자가 남자의 회사에 대해 알게 된 경로** 여자의 첫 번째 대사에서 친구를 통해 남자가 일하는 취업 알선 회사에 대해 들었다(I heard about ~ through a friend)고 직접적으로 말하고 있으므로 정답은 (A)이다.

20 Why is the woman looking for a new job?

(A) She wants to make a career change.
(B) She is moving to another city.
(C) Her former company recently closed.
(D) Her current commute time is too long.

여자는 왜 새로운 일을 찾고 있는가?

(A) 직업을 바꾸기를 원한다.
(B) 다른 도시로 이사 갈 예정이다.
(C) 이전 회사가 최근에 문을 닫았다.
(D) 현재 통근 시간이 너무 길다.

어휘 **former** 이전의 **recently** 최근의 **current** 현재의 **commute** 통근하다

해설 **여자가 새로운 일자리를 찾는 이유** 여자가 두 번째 대사에서 수년간 회계사로 일했지만 지금은 다른 분야로 가고 싶다(I've worked ~ another direction)고 했으므로 정답은 (A)이다.

Paraphrasing 지문의 I'd like to go in another direction → 정답의 She wants to make a career change.

21 Look at the graphic. Which company does the man refer to?

(A) Circle Agency
(B) Sakda Corporation
(C) CX Incorporated
(D) Totsuka Systems

시각정보에 따르면, 남자는 어떤 회사를 언급하는가?

(A) 서클 에이전시
(B) 사크다 사
(C) CX 사
(D) 토츠카 시스템즈

해설 **시각정보 연계 문제_남자가 언급하는 회사** 시각정보가 회사명과 해당 구인 일자리 목록임을 먼저 파악한다. 대화 후반부에 여자가 웹사이트 디자인 분야에서 일할 준비가 되었다(I'm ready ~ Web-site design)고 했고 이에 남자가 웹 디자이너를 필요로 하는 회사가 목록에 있다(there's ~ Web Designer)고 했다. 목록에서 웹 디자이너를 구하는 회사는 사크다 사임을 알 수 있으므로 정답은 (B)이다.

UNIT 03 회의/행사

기출 문제풀이 전략

예제

교재 p. 150

1 What event did the woman recently attend?
(A) A technology seminar
(B) A client dinner
(C) A department celebration
(D) An employee orientation

여자가 최근에 참석한 행사는?
(A) 기술 세미나
(B) 고객 만찬
(C) 부서의 축하행사
(D) 직원 오리엔테이션

2 What did the woman find interesting at the event?
(A) A volunteer opportunity
(B) A building layout
(C) An accounting application
(D) A guest speaker's profile

여자가 행사에서 흥미롭게 생각한 것은?
(A) 자원봉사 기회
(B) 건물 배치
(C) 회계 애플리케이션
(D) 초청연사의 프로필

3 What will the woman do on Wednesday?
(A) Take some time off
(B) Give a demonstration
(C) Present an award
(D) Participate in a training session

여자가 수요일에 할 일은?
(A) 잠시 휴식하기
(B) 시연 보여주기
(C) 시상하기
(D) 훈련에 참가하기

어휘 **opportunity** 기회 **layout** 배치 **demonstration** 시연 **present** 주다, 수여하다 **participate in** ~에 참가하다

Check Up

교재 p. 151

1. (B) **2.** (A) **3.** (A)

Questions 1 through 3 refer to the following conversation.

M-Cn [1] Lily, how are the plans coming / for the company banquet? Have you decided on a location yet?

W-Br Actually, I'm still looking. The restaurant where we had the banquet last year / is already booked / for the date we wanted.

M-Cn Hmm, but everyone really liked that restaurant / last year. [2] Maybe we should change the date. Why don't you check / and see if the restaurant is available / on another date?

1-3번은 다음 대화를 참조하시오.

남 **1 릴리, 회사 연회 계획은 어떻게 되어가고 있어요?** 장소는 정했나요?

여 사실, 아직 찾고 있어요. 작년에 연회를 했던 식당은 우리가 원하는 날짜에 벌써 예약이 찼어요.

남 흠, 하지만 모두 작년 그 식당을 아주 좋아했는데요. **2 아마도 우리가 날짜를 바꿔야겠네요.** 다른 날짜에 그 식당이 예약 가능한지 알아보는 게 어떨까요?

W-Br Good idea. 3 I'll call the restaurant / after lunch / and find out.

여 좋은 생각이에요. **3 점심 먹고 식당에 전화해서 알아볼게요.**

어휘 **banquet** 연회 **decide** 결정하다 **location** 장소, 위치

1 What task is the woman in charge of?
(A) Taking inventory
(B) Planning an event

여자는 무슨 일을 담당하는가?
(A) 재고 관리
(B) 행사 기획

해설 **여자가 하는 업무** 남자의 첫 대사에서 여자에게 회사 연회 계획이 어떻게 되어가고 있는지 묻는 질문에서 여자가 맡은 일이 행사 기획(Planning an event)임을 알 수 있다. 따라서 정답은 (B)이다.

Paraphrasing 지문의 the company banquet → 정답의 an event

2 What does the man suggest changing?
(A) A date
(B) A supplier

남자는 무엇을 바꾸라고 제안하는가?
(A) 날짜
(B) 공급업체

해설 **남자가 바꾸라고 제안하는 것** 대화의 중반부에서 우리가 원하는 식당의 예약이 이미 찼다는 여자의 말에 남자가 모두가 그 식당을 좋아했으므로 날짜를 바꿔야겠다고 제안하고 있다. 따라서 정답은 (A)이다.

3 What does the woman say she will do?
(A) Contact a business
(B) Reduce a budget

여자는 무엇을 하겠다고 말하는가?
(A) 사업체에 연락하기
(B) 예산 삭감하기

어휘 **reduce** 감소하다, 줄이다 **budget** 예산

해설 **여자가 할 일** 마지막 대사에서 여자가 식당에 전화해서 알아보겠다고 했으므로 정답은 (A)이다.

Paraphrasing 지문의 call the restaurant → 정답의 Contact a business

ETS 문제로 훈련하기

교재 p. 153

1. (A) **2.** (B) **3.** (C) **4.** (D)

Question 1 refers to the following conversation.

W-Am Hi, my name is Kay Stevenson. I'm a reporter for *Norrisville Daily*, our local newspaper. I'm here / to cover the Norrisville flower show.

M-Cn Sure! Can I just see your badge? Then I'll be able to give you a media pass / to enter the exhibit / free of charge.

W-Am Thank you.

1번은 다음 대화를 참조하시오.

여 안녕하세요, 제 이름은 케이 스티븐슨입니다. **저는 우리 지역 신문인 〈노리스빌 데일리〉의 기자에요.** 노리스빌 꽃전시회를 취재하러 왔습니다.

남 물론이죠! 배지 좀 보여주시겠어요? 그러면 무료로 전시회에 입장할 수 있는 미디어 패스를 드릴 수 있을 겁니다.

여 고맙습니다.

어휘 **reporter** 기자 **local** 지역의 **exhibit** 전시, 전시회 **free of charge** 무료로

1 What is the woman's profession?
(A) Journalist
(B) Florist

여자의 직업은?
(A) 기자
(B) 플로리스트

해설 **여자의 직업** 앞부분에서 여자가 지역 신문의 기자라고 소개하고 있으므로 정답은 (A)이다.

Paraphrasing 지문의 reporter → 정답의 Journalist

Question 2 refers to the following conversation.

W-Br Geoff. I was making room assignments / for our staff enrichment day, and I was surprised to see / that your public speaking workshop is already full.

M-Cn Yes, the seats filled up very quickly. In fact, I've already had to turn several people away.

W-Br Hmm...Maybe we should add another session to the schedule.

2번은 다음 대화를 참조하시오.

여 제프. 직원 심화교육의 날을 위해 방 배정을 하고 있는데요, 당신의 대중 연설 워크숍이 이미 꽉 차서 놀랐어요.

남 네, 좌석이 아주 빨리 채워졌어요. 사실 이미 여러 사람들을 돌려보내야 했어요.

여 흠...어쩌면 일정에 세션 하나를 더 추가해야 할 것 같아요.

어휘 **assignment** 할당, 배정 **enrichment** 심화 **public speaking** 대중 연설 **fill up** 차다 **turn away** 돌려보내다 **add** 추가하다

2 What are the speakers discussing?

(A) The dates of a career fair

(B) Enrollment in an upcoming workshop

화자들이 논의하고 있는 것은?

(A) 직업 박람회의 날짜

(B) 다가오는 워크숍에 등록

어휘 **career fair** 직업 박람회, 취업 박람회 **enrollment** 등록 **upcoming** 다가오는

해설 **대화의 주제** 여자가 직원 심화교육의 날을 위해 방 배정을 하다가 남자가 진행할 워크숍이 이미 꽉 차서 놀랐다고 말하고 있으므로 정답은 (B)이다.

Questions 3 and 4 refer to the following conversation.

M-Cn Melissa, [3] I wanted to ask you / if you could go to the jewelry trade show / next Thursday afternoon. We need one more person / to work in the company's booth.

W-Br Let's see ... [4] Thursday ... We have an important meeting / with the design team / that afternoon. Did you forget about that?

M-Cn Oh, yes. I did. Thanks for reminding me. I'd better see / if I can find someone else / to go to the trade show.

3-4번은 다음 대화를 참조하시오.

남 멜리사, [3] 다음 주 목요일 오후에 있을 보석 무역 박람회에 갈 수 있는지 물어보려고 했어요. 회사 부스에서 일할 사람이 한 명 더 필요하거든요.

여 그러니까… [4] 목요일이요… 그날 오후에 디자인 팀과 중요한 회의가 있어요. 잊었어요?

남 아, 그래요. 깜빡했네요. 상기시켜 줘서 고마워요. 무역 박람회에 갈 다른 사람을 찾을 수 있는지 알아보는 게 좋겠어요.

어휘 **trade show** 무역 박람회 **remind** 상기시키다 **had better** (~하는 것이) 좋을 것이다 **else** 그 밖의

3 What does the man ask the woman to do?

(A) Send out a schedule

(B) Visit a client

(C) Work at a business event

(D) Interview a job candidate

남자가 여자에게 요청하는 것은 무엇인가?

(A) 일정 보내기

(B) 고객 방문하기

(C) 비즈니스 행사에서 일하기

(D) 구직 지원자 면접하기

어휘 **client** 고객, 의뢰인 **candidate** 지원자, 후보자

해설 **남자의 요청 사항** 남자가 첫 번째 대사에서 다음 주 목요일 오후에 있을 보석 무역 박람회에 갈 수 있는지(I wanted ~ Thursday afternoon) 물어보며 회사 부스에서 일할 사람이 한 명 더 필요하다(We need ~ company's booth)고 했으므로 정답은 (C)이다.

Paraphrasing 지문의 the jewelry trade show → 정답의 business event

4 What will the speakers probably do on Thursday?

(A) Sign a contract

(B) Plan a trade show

(C) Purchase some jewelry

(D) Attend a meeting

화자들은 목요일에 무엇을 할 것인가?

(A) 계약서 서명

(B) 무역 박람회 기획

(C) 보석 구매

(D) 회의 참석

어휘 **contract** 계약서 **purchase** 구입하다, 구매하다 **attend** 참석하다

해설 **화자들의 목요일 계획** 질문의 키워드인 Thursday가 나오는 부분에 주목하면, 여자의 첫 번째 대사에서 목요일 오후에 디자인 팀과 중요한 회의가 있다(Thursday ... We ~ that afternoon)고 했으므로 정답은 (D)이다.

ETS 실전 테스트

교재 p.154

1. (D) **2.** (C) **3.** (D) **4.** (C) **5.** (B) **6.** (A) **7.** (A) **8.** (C) **9.** (D)
10. (C) **11.** (D) **12.** (A) **13.** (D) **14.** (B) **15.** (C) **16.** (D) **17.** (A) **18.** (A)
19. (B) **20.** (D) **21.** (A)

Questions 1 through 3 refer to the following conversation.

W-Am Good morning. [1] I'm participating in today's technology job fair. I'm Martina, representing Valsen Industries.

M-Au Welcome. Let me find your name on the list / and check it off. Ah, there you are. OK, [2] here's your badge / with your name on it. You'll need to wear it / while you're here.

W-Am Thank you. [3] And I'm supposed to be setting up / at booth 305. That's in the main exhibit hall, right?

M-Au Yes, go straight / through those doors over there, and you'll find your booth space / on the left side.

1-3번은 다음 대화를 참조하시오.

여 안녕하세요. **1 오늘 기술 채용박람회에 참가할 예정입니다.** 밸슨 인더스트리즈를 대표하는 마티나라고 해요.

남 어서 오세요. 명단에서 성함을 찾아 표시할게요. 아, 여기 있네요. 자, **2 여기 이름이 쓰여 있는 명찰이 있습니다.** 여기 계시는 동안 다셔야 할 겁니다.

여 감사합니다. **3 저는 305번 부스를 설치하기로 되어 있어요. 주 전시관이죠, 그렇죠?**

남 네. 저쪽 문들을 통과해 똑바로 가시면 왼편에 부스 자리가 있을 겁니다.

어휘 **participate in** ~에 참가하다 **job fair** 채용박람회 **represent** 대표하다 **set up** 설치하다 **exhibit hall** 전시관

1 What type of event is the woman attending?
(A) A community festival
(B) An industry conference
(C) A company anniversary
(D) A job fair

여자는 어떤 종류의 행사에 참가하는가?
(A) 지역사회 축제
(B) 업계 회의
(C) 회사 창립기념 행사
(D) 채용박람회

어휘 **attend** 참석하다 **industry** 산업, 업 **conference** 회의 **anniversary** 기념일

해설 **여자가 참가할 행사** 여자가 첫 번째 대사에서 오늘 기술 채용박람회에 참가할 예정(I'm participating in today's technology job fair)이라고 했으므로, (D)가 정답이다.

Paraphrasing 지문의 participating in → 질문의 attending

2 What does the man give the woman?
(A) An application form
(B) A confirmation code
(C) A name badge
(D) An instruction sheet

남자는 여자에게 무엇을 주는가?
(A) 지원서
(B) 확인 코드
(C) 명찰
(D) 설명서

어휘 **application form** 지원서 **confirmation** 확인, 확정 **instruction** 설명, 지시

해설 **남자가 여자에게 준 것** 남자가 첫 번째 대사에서 여기 이름이 쓰여 있는 명찰이 있다(here's your badge with your name on it)며 여자에게 명찰을 건넸으므로, (C)가 정답이다.

3 What does the woman ask the man to verify?
(A) A meeting room number
(B) A product release date
(C) A presentation time
(D) A booth location

여자는 남자에게 무엇을 확인해 달라고 요청하는가?
(A) 회의실 번호
(B) 제품 출시일자
(C) 발표 시간
(D) 부스 위치

어휘 **verify** 확인하다 **release** 출시, 공개 **presentation** 발표 **location** 위치, 장소

해설 **여자가 남자에게 확인해 달라고 요청한 것** 여자가 두 번째 대사에서 자신이 305번 부스를 설치하기로 되어 있다고 한 후, 주 전시관이 맞는지(That's in the main exhibit hall, right?) 부스의 위치를 확인했으므로, (D)가 정답이다.

Questions 4 through 6 refer the following conversation.

M-Cn Hello, [4] I'm calling to register for the finance conference. I have a group of sixteen people / who would like to attend the event.

W-Am Unfortunately, we don't process group registrations / over the phone. [5] You'll have to go to our Web site / and complete a form.

M-Cn You know—I just tried filling out that form, but when I pressed "submit", I got an error message. Is there any other way to register?

W-Am Oh, I'm so sorry to hear that. [6] Would you mind giving me your name, e-mail address, and phone number? I'll have our technical support specialist get in touch with you / right away.

4-6번은 다음 대화를 참조하시오.

남 안녕하세요. **4 금융회의에 신청하려고 전화했습니다.** 행사에 참석하고 싶은 16인 단체입니다.

여 안타깝게도 유선상으로는 단체 등록을 처리해 드리지 않습니다. **5 저희 웹사이트로 가셔서 서식을 작성하셔야 할 겁니다.**

남 서식을 작성해 봤는데 "제출"을 누르면 오류 메시지가 나옵니다. 등록할 다른 방법이 있나요?

여 아, 그렇다니 죄송합니다. **6 성함, 이메일 주소, 전화번호를 주시겠어요?** 저희 기술지원 전문가가 바로 연락 드릴 수 있도록 하겠습니다.

어휘 **register for** ~에 등록하다, 신청하다 **finance** 금융, 재무 **attend** 참석하다 **unfortunately** 안타깝게도, 불행히도 **complete a form** 서식을 작성하다 **fill out** 적어 넣다, 기입하다 **submit** 제출하다 **get in touch with** ~와 연락을 취하다

4 Why is the man calling?
(A) To pay an invoice
(B) To obtain a document
(C) To sign up for an event
(D) To order some software

남자가 전화한 이유는?
(A) 송장의 비용을 지불하려고
(B) 서류를 얻으려고
(C) 행사에 신청하려고
(D) 소프트웨어를 주문하려고

어휘 **pay an invoice** 송장의 비용을 지불하다 **obtain** 얻다 **sign up for** 신청하다

해설 **남자가 전화한 이유** 남자가 첫 번째 대사에서 금융회의에 신청하려고 전화했다(I'm calling to register for the finance conference)며 전화한 이유를 밝혔으므로, (C)가 정답이다.

Paraphrasing 지문의 register for the finance conference → 정답의 sign up for an event

5 According to the woman, what does the man have to do?
(A) Schedule an appointment
(B) Complete a task online
(C) Approve an expense
(D) Submit a proposal

여자에 따르면, 남자는 무엇을 해야 하는가?
(A) 약속 일정 잡기
(B) 온라인으로 할 일 마치기
(C) 경비 승인하기
(D) 제안서 제출하기

어휘 **complete** 완료하다 **approve** 승인하다 **expense** 비용, 경비 **proposal** 제안(서)

해설 **남자가 해야 할 일** 여자가 첫 번째 대사에서 남자에게 웹사이트로 가서 서식을 작성해야 한다(You'll have to go to our Web site and complete a form)고 했으므로, (B)가 정답이다.

Paraphrasing 지문의 Web site → 정답의 online
지문의 complete a form → 정답의 Complete a task

6 What does the woman request?
(A) Some contact information
(B) Presentation slides
(C) Proof of attendance
(D) Details from a bill

여자는 무엇을 요청하는가?
(A) 연락처
(B) 발표 슬라이드
(C) 참석 증빙
(D) 청구서 상의 세부사항

어휘 **presentation** 발표 **proof** 증명 **attendance** 출석, 참석 **bill** 청구서

해설 **여자가 요청한 것** 여자가 마지막 대사에서 성함, 이메일 주소, 전화번호를 달라(Would you mind giving me your name, e-mail address, and phone number?)고 요청했으므로, (A)가 정답이다.

Paraphrasing 지문의 e-mail address, and phone number → 정답의 Some contact information

---

Questions 7 through 9 refer to the following conversation.

M-Au Hi, Insun. 7 I heard / you wanted to talk to me / about our annual staff party. How is the planning going?

W-Am Well, 7 we decided not to have live music / this year. Instead we're renting some audio equipment / to play music at the party. 8 Could you pick up the equipment / on Saturday afternoon, and bring it to the banquet hall?

M-Au 9 I wish I could help with that, but my daughter has an important soccer game / Saturday afternoon / and I told her / I'd be there. So I won't be available / before the party.

7-9번은 다음 대화를 참조하시오.

남 안녕하세요, 인선. **7 연례 직원 파티에 관해 저에게 얘기하고 싶어하신다고 들었어요. 계획은 어떻게 되어가나요?**

여 저, **7 올해는 라이브 음악을 넣지 않기로 결정했어요.** 대신 음향 장비를 대여해 파티에서 음악을 틀 겁니다. **8 토요일 오후에 장비를 찾아서 연회장으로 가져오실 수 있나요?**

남 **9 도와드리고 싶지만 제 딸이 토요일 오후에 중요한 축구 경기가 있어서, 가겠다고 얘기했어요.** 그래서 파티 전엔 시간이 안 될 겁니다.

어휘 **annual** 연례의, 연간의 **decide** 결정하다 **instead** 대신 **equipment** 장비 **banquet** 연회 **available** 시간이 되는

7 What type of event are the speakers discussing?
(A) A company party
(B) A business conference
(C) A music festival
(D) An art exhibition

화자들은 어떤 종류의 행사에 대해 이야기하는가?
(A) 회사 파티
(B) 업무 회의
(C) 음악 축제
(D) 미술 전시회

어휘 **conference** 회의 **exhibition** 전시(회)

해설 **화자들이 논의하는 행사** 남자가 첫 번째 대사에서 연례 직원 파티에 관해 여자가 얘기하고 싶어한다(you wanted to talk to me about our annual staff party)고 들었다고 한 후, 계획의 진행 상황(How is the planning going?)을 문의했는데, 이에 대해 여자가 올해는 라이브 음악을 넣지 않기로 결정했다(we decided not to have live music this year)며 직원 파티 계획과 관련된 대화를 이어가고 있으므로, (A)가 정답이다.

Paraphrasing 지문의 staff party → 정답의 company party

---

8 What does the woman ask the man to do?
(A) Reserve a banquet hall
(B) Perform with a band
(C) Transport some equipment
(D) Set up a seating area

여자는 남자에게 무엇을 해달라고 요청하는가?
(A) 연회장 예약하기
(B) 악단과 함께 공연하기
(C) 장비 운반해 주기
(D) 좌석 구역 설치하기

어휘 **reserve** 예약하다 **perform** 공연하다 **transport** 수송하다, 실어 나르다

해설 **여자의 요청 사항** 여자가 첫 번째 대사에서 장비를 찾아서 연회장으로 가져와 달라(Could you pick up the equipment ~ and bring it to the banquet hall?)고 요청했으므로, (C)가 정답이다.

Paraphrasing 지문의 bring → 정답의 Transport

9 What does the man say he has to do Saturday afternoon?
(A) Take his car to a repair shop
(B) Work an additional shift
(C) Practice music
(D) Attend a sporting event

남자는 토요일 오후에 무엇을 해야 한다고 말하는가?
(A) 차량을 정비소에 가져가기
(B) 추가 근무하기
(C) 음악 연습하기
(D) 스포츠 행사 참석하기

어휘 **additional** 추가의 **shift** 교대 근무 **attend** 참석하다

해설 **남자가 토요일 오후에 해야 할 일** 남자가 마지막 대사에서 자신의 딸이 토요일 오후에 중요한 축구 경기가 있다(my daughter has an important soccer game Saturday afternoon)고 한 후, 가기로 했다(I told her I'd be there)고 했으므로, (D)가 정답이다.

Paraphrasing 지문의 soccer game → 정답의 sporting event
지문의 be there → 정답의 Attend a sporting event

Questions 10 through 12 refer to the following conversation.

W-Am Chan-Ho, can I talk to you?
M-Au Sure, what is it?
W-Am Well, [10] Alonso's going to retire / next month. He's been with the company / for 40 years, so I want to do something for him. I was wondering / if you had any ideas, since you've worked with him on several projects.
M-Au Hmmm. What about a picnic / at the botanical garden?
W-Am Good idea! [11] Will we have to pay to rent the picnic area, though? We have a limited budget.
M-Au No, there's no charge. You don't even have to reserve it—there's plenty of space.
W-Am OK, great. [12] I'll send out an invite to everyone.

10-12번은 다음 대화를 참조하시오.
여 찬호, 얘기 좀 할 수 있을까요?
남 그럼요, 무슨 일인데요?
여 음, **10 알론소가 다음 달에 은퇴해요.** 그는 회사에 40년간 몸담았으니, 그를 위해 뭔가 해주고 싶어요. 그와 함께 여러 가지 프로젝트를 함께 했으니까, 혹시 아이디어가 있으실까 해서요.
남 흠. 식물원에 소풍 가는 건 어때요?
여 좋은 생각이에요! **11 그런데 피크닉 장소를 빌리려면 돈을 내야 하나요? 예산이 한정되어 있어서요.**
남 아뇨, 요금은 없어요. 예약도 필요 없어요. 공간이 충분하거든요.
여 잘됐네요. **12 제가 모두에게 초대장을 보낼게요.**

어휘 **retire** 은퇴하다, 퇴직하다 **wonder** 궁금하다 **botanical garden** 식물원 **limited budget** 한정된 예산

10 What will happen next month?
(A) A venue will be renovated.
(B) A team will go on a business trip.
(C) A colleague will retire.
(D) A product will launch.

다음 달에 무슨 일이 있는가?
(A) 행사장이 보수된다.
(B) 팀이 출장을 간다.
(C) 동료가 은퇴한다.
(D) 제품이 출시된다.

어휘 **venue** 장소, 행사장 **renovate** 보수하다, 개조하다 **colleague** 동료 **launch** 출시하다, 출시되다

해설 **다음 달에 일어날 일** 여자가 두 번째 대사에서 알론소가 다음 달에 은퇴한다(Alonso's going to retire next month)고 했으므로, (C)가 정답이다.

Paraphrasing 지문의 Alonso → 정답의 A colleague

---

11 What is the woman concerned about?
(A) A deadline
(B) Transportation arrangements
(C) The number of attendees
(D) A rental fee

여자가 걱정하는 것은?
(A) 마감일
(B) 교통편 마련
(C) 참석자 수
(D) 대여료

어휘 **transportation** 교통 **arrangement** 준비, 계획 **attendee** 참석자 **fee** 요금

해설 **여자의 우려 사항** 여자가 세 번째 대사에서 피크닉 장소를 빌리려면 돈을 내야 하는지(Will we have to pay to rent the picnic area) 물은 후, 예산이 한정되어 있다(We have a limited budget)고 덧붙였으므로, 여자가 대여료를 걱정하고 있음을 알 수 있다. 따라서 (D)가 정답이다.

12 What will the woman do next?
(A) Send out an invitation
(B) Purchase some tickets
(C) Make a travel itinerary
(D) Call a supervisor

여자는 다음에 무엇을 할 것인가?
(A) 초대장 발송
(B) 티켓 구매
(C) 여행 일정 짜기
(D) 관리자에게 전화하기

어휘 **itinerary** 일정(표) **supervisor** 관리자, 감독

해설 **여자가 다음에 할 일** 여자가 마지막 대사에서 자신이 모두에게 초대장을 보내겠다(I'll send out an invite to everyone)고 했으므로, (A)가 정답이다.

Questions 13 through 15 refer to the following conversation.

M-Cn 13 Are we all prepared for our trip / next week?
W-Am 13 Yeah, I'm really looking forward to attending the ribbon-cutting ceremony / for the new steel factory in Lagos.
M-Cn 14 I'm so glad that you speak several languages. That'll come in handy / as we travel around the region.
W-Am 15 What do you think we should wear / to the ceremony?
M-Cn Well, the president of the company is going to be there.

13-15번은 다음 대화를 참조하시오.
남 **13 다음 주 여행 준비가 다 되었나요?**
여 **13 네, 라고스의 새 제철공장 준공식 참석이 정말 기대돼요.**
남 **14 당신이 다국어를 해서 참 좋군요.** 그 지역을 다닐 때 유용할 거예요.
여 **15 준공식에는 무엇을 입고 가야 할까요?**
남 음, 회장님이 그 자리에 오실 거예요.

어휘 **look forward to** ~을 고대하다 **attend** 참석하다 **ribbon-cutting** 개관식, 준공식 **come in handy** 쓸모가 있다 **region** 지역

13 Why are the speakers traveling?
(A) To audit a business
(B) To purchase some land
(C) To organize a conference
(D) To attend a ceremony

화자들은 왜 여행을 가는가?
(A) 업체 회계 감사를 하려고
(B) 땅을 구입하려고
(C) 회의를 준비하려고
(D) 식에 참석하려고

어휘 **audit** 회계 감사를 하다 **organize** 준비하다, 조직하다

해설 **화자들이 여행을 가는 이유** 남자가 첫 번째 대사에서 다음 주 여행 준비가 다 되었는지(Are we all prepared for our trip next week?) 물었는데, 이에 대해 여자가 긍정(Yeah)한 후, 새 제철공장 준공식 참석이 정말 기대된다(I'm really looking forward to attending the ribbon-cutting ceremony for the new steel factory)고 덧붙였다. 따라서 준공식에 참석하기 위한 여행임을 알 수 있으므로, (D)가 정답이다.

14 According to the man, what skill does the woman have?
(A) She has an excellent memory.
(B) She can speak many languages.
(C) She is able to make calculations quickly.
(D) She can repair computers easily.

남자에 따르면, 여자는 어떤 능력을 가지고 있는가?
(A) 기억력이 아주 좋다.
(B) 여러 언어를 말할 수 있다.
(C) 계산을 빠르게 할 수 있다.
(D) 컴퓨터를 쉽게 고칠 수 있다.

어휘 **memory** 기억 **calculation** 계산 **repair** 수리하다

해설 **여자의 능력** 남자가 두 번째 대사에서 여자가 다국어를 해서(you speak several languages) 참 좋다고 했으므로, (B)가 정답이다.

15 What does the man mean when he says, "the president of the company is going to be there"?

(A) An agenda has changed.

(B) A contract will most likely be signed.

(C) They should dress formally.

(D) They will need to prepare a speech.

남자가 "회장님이 그 자리에 오실 거예요"라고 말할 때, 그 의도는 무엇인가?

(A) 의제가 바뀌었다.

(B) 계약이 아마도 체결될 것이다.

(C) 정장을 입어야 한다.

(D) 연설을 준비해야 할 것이다.

어휘 **agenda** 의제 **contract** 계약 **dress formally** 정장을 차려 입다 **speech** 연설

해설 **화자의 의도 파악 문제** 여자가 두 번째 대사에서 준공식에는 무엇을 입고 가야 할지(What do you think we should wear to the ceremony?) 문의했는데, 이에 대해 남자가 '회장님이 그 자리에 오실 거예요(the president of the company is going to be there)'라고 응답했다. 이는 회장님의 참석을 언급해 여자에게 정장을 입도록 조언하려는 의도라고 볼 수 있으므로, (C)가 정답이다.

Questions 16 through 18 refer to the following conversation with three speakers.

M-Au Hi, Ravi and Isabel. Thanks for joining the conference call. 17 Could you explain / why our store's Web site is loading so slowly right now? 16 The biggest online sale for our clothing shop / starts tomorrow.

M-Cn Well, 17 the site's slow response could be caused / by too many people trying to make purchases / at the same time.

W-Am 17 Right. Our Web site probably can't handle so much traffic / at once.

M-Au I see, but it will be even worse tomorrow. Can you fix the problem?

W-Am Well, Insook manages the network. 18 I'll stop by her office / and ask if we can do anything / to speed up the servers.

16-18번은 다음 3인 대화를 참조하시오.

남1 안녕하세요, 라비, 이사벨. 전화회의에 합류해줘서 고마워요. **17 지금 우리 가게 웹사이트 로딩이 왜 이렇게 느린지 설명해 주시겠어요? 16 우리 옷 가게 최대 온라인 세일이 내일부터 시작돼요.**

남2 음, **17 사이트의 반응이 느린 건 너무 많은 사람이 동시에 구매하려고 하기 때문일 수도 있어요.**

여 **17 맞아요. 아마 웹사이트가 한 번에 그렇게 많은 트래픽을 처리할 수 없을 거예요.**

남1 그렇군요, 하지만 내일은 더 심해질 거예요. 문제를 해결할 수 있겠어요?

여 글쎄요, 인숙 씨가 네트워크를 관리해요. **18 그녀의 사무실에 들러 서버 속도를 높일 방법이 있는지 물어볼게요.**

어휘 **load** (프로그램 등을) 로드하다 **response** 반응, 응답 **cause** 야기하다 **handle** 다루다, 처리하다 **fix** 고치다 **speed up** 속도를 높이다

16 Where do the speakers work?

(A) At an Internet café

(B) At an office supply store

(C) At a convention center

(D) At a clothing store

화자들은 어디에서 일하는가?

(A) 인터넷 카페

(B) 사무용품점

(C) 컨벤션 센터

(D) 옷 가게

해설 **화자들의 근무 장소** 남자 1이 첫 번째 대사에서 우리 옷 가게 최대 온라인 세일이 내일부터 시작된다(The biggest online sale for our clothing shop starts tomorrow)고 했으므로, 화자들이 옷 가게에서 일한다는 것을 알 수 있다. 따라서 (D)가 정답이다.

17 What problem do the speakers mention?

(A) A Web site is running slowly.

(B) Some orders have not been delivered.

(C) Some staff have not reported to work.

(D) A sales report is written incorrectly.

화자들이 언급하는 문제는?

(A) 웹사이트가 느리게 실행되고 있다.

(B) 일부 주문품이 배송되지 않았다.

(C) 일부 직원이 출근하지 않았다.

(D) 매출보고서가 잘못 작성되었다.

어휘 **report to work** 출근하다 **incorrectly** 부정확하게, 틀리게

해설 **화자들이 언급한 문제** 남자 1이 첫 번째 대사에서 지금 가게 웹사이트 로딩이 왜 이렇게 느린지 설명해 달라(Could you explain why ~ so slowly right now?)고 요청했는데, 이에 대해 남자 2가 너무 많은 사람이 동시에 구매하려고 하기 때문(by too many people ~ at the same time)일 수도 있다며 웹사이트 반응이 느린 이유를 설명했다. 여자도 남자 2에 동의(Right)하며 아마 웹사이트가 한 번에 그렇게 많은 트래픽을 처리할 수 없을 것(Our Web site probably can't handle so much traffic at once)이라고 덧붙였으므로, (A)가 정답이다.

Paraphrasing 지문의 loading so slowly → 정답의 running slowly

---

18 What does the woman say she will do?
(A) Consult a coworker
(B) Hire some temporary workers
(C) Schedule some training
(D) Postpone an event

여자는 무엇을 하겠다고 말하는가?
(A) 동료와 상의
(B) 임시직 채용
(C) 교육 일정 수립
(D) 행사 연기

어휘 **consult** 상의하다, 상담하다 **temporary** 임시의 **schedule** 일정을 잡다 **postpone** 연기하다

해설 **여자의 할 일** 여자가 마지막 대사에서 인숙 씨의 사무실에 들러 서버 속도를 높일 방법이 있는지 물어보겠다(I'll stop by her office and ask if we can do anything to speed up the servers)고 했으므로, (A)가 정답이다.

Paraphrasing 지문의 ask → 정답의 consult

Questions 19 through 21 refer to the following conversation and flyer.

W-Br Hi Akira, 19 our company's Fitness Week is coming up, so I'm handing out these flyers.

M-Cn Thanks. 19 I heard / the company's giving away fitness watches / this year. When you wear the watch, it monitors how much you exercise. 19 We didn't get any gifts / last year.

W-Br Yes, they're great. So, which event do you want to attend?

M-Cn Let's see... I'm interested in meditation, but I'll be out of the office / that day. But 20 the event on Thursday / also sounds interesting, and I usually have free time / on Thursdays.

W-Br Great. 21 Could you distribute these flyers to your colleagues / in the accounting department? I'd like all company employees to get a copy, but I need to visit several departments.

19-21번은 다음 대화와 전단을 참조하시오.

여 안녕하세요. 아키라, **19 우리 회사의 건강 주간이 다가오고 있어서** 이 전단을 나눠 주고 있어요.

남 고마워요. **19 올해 회사에서 건강 시계를 선물로 준다고 들었어요.** 시계를 착용하면 운동량을 모니터해 준대요. **19 작년에는 선물이 없었잖아요.**

여 네, 아주 좋네요. 그래서 어떤 행사에 참석하고 싶어요?

남 한번 볼까요… 저는 명상에 관심이 있는데 그날 외근을 나갈 거예요. 그렇지만 **20 목요일에 열리는 행사도 재미있을 것 같은데, 보통 목요일에는 여유 시간이 있거든요.**

여 좋아요. **21 이 전단을 회계 부서 동료들에게 나눠 줄래요?** 회사의 모든 직원들이 전단을 받았으면 좋겠는데 저는 여러 부서를 방문해야 해서요.

어휘 **flyer** 전단 **hand out** 나눠 주다, 배포하다 **give away** 거저 주다 **monitor** 추적 관찰하다 **exercise** 운동하다 **attend** 참석하다 **be interested in** ~에 관심이 있다 **meditation** 명상, 묵상 **distribute** 나누어 주다 **accounting department** 회계부

ANNUAL FITNESS WEEK
Events are free for all employees!

Monday:	Health screening
Tuesday:	Meditation training
Wednesday:	Nutrition class
20 Thursday:	3-kilometer walk
Friday:	Healthy picnic

연례 건강 주간
행사는 모든 직원에게 무료입니다!

월요일:	건강 검진
화요일	명상 훈련
수요일:	영양 수업
20 목요일:	**3킬로미터 걷기**
금요일:	건강한 소풍

어휘 **screen** 검진하다 **nutrition** 영양

19 According to the man, what is new about Fitness Week this year?

(A) Employees will watch a film.

(B) Employees will receive a gift.

(C) A celebrity will give a talk.

(D) A cooking demonstration will be held.

남자에 따르면, 올해의 건강 주간에 관해 새로운 것은 무엇인가?

(A) 직원들이 영화를 볼 것이다.

(B) 직원들이 선물을 받을 것이다.

(C) 유명인이 강연을 할 것이다.

(D) 요리 시연이 열릴 것이다.

어휘 **film** 영화 **receive** 받다 **celebrity** 유명 인사 **demonstration** 시연 **be held** 개최되다

해설 **올해 행사에서 새로운 점** 질문의 키워드인 Fitness Week가 나오는 부분에 주목하면, 첫 번째 대사에서 여자가 건강 주간이 다가오고 있다(our company's ~ coming up)고 했고 이에 남자가 올해는 건강 시계를 선물로 주며(I heard ~ this year) 작년에는 선물이 없었다(We didn't get any gifts last year)고 했으므로 정답은 (B)이다.

Paraphrasing 지문의 the company's giving away fitness watches → 정답의 Employees will receive a gift.

20 Look at the graphic. Which event will the man most likely participate in?

(A) The health screening

(B) The meditation training

(C) The nutrition class

(D) The 3-kilometer walk

시각정보에 따르면, 남자는 어떤 행사에 참여할 것 같은가?

(A) 건강 검진

(B) 명상 훈련

(C) 영양 수업

(D) 3킬로미터 걷기

해설 **시각정보 연계 문제_남자가 참여할 행사** 남자가 참여할 행사를 묻고 있다. 남자의 말 중에서 질문의 키워드인 event가 나오는 부분에 주목하면, 목요일에 열리는 행사도 재미있겠고 목요일에는 여유 시간이 있다(the event ~ on Thursdays)고 했다. 표를 보면 목요일에는 3킬로미터 걷기 활동이 있으므로 정답은 (D)이다.

21 What does the woman ask the man to do?

(A) Hand out flyers

(B) Register online

(C) Order some food

(D) Create a survey

여자는 남자에게 무엇을 하라고 요청하는가?

(A) 전단 나눠 주기

(B) 온라인 등록하기

(C) 음식 주문하기

(D) 설문지 만들기

어휘 **register** 등록하다 **survey** (설문) 조사

해설 **여자의 요청 사항** 여자의 대사에 주목해서 듣도록 한다. 마지막 대사에서 여자가 남자에게 전단을 회계 부서 동료들에게 나눠 줄 것을(Could you ~ accounting department?) 요청했으므로 정답은 (A)이다.

Paraphrasing 지문의 distribute → 정답의 Hand out

UNIT 04 기타 사무실 대화

기출 문제풀이 전략

예제

교재 p. 156

1 Why does the man say, "I eat there a few times a week"?
(A) To refuse a suggestion
(B) To agree with an opinion
(C) To offer an alternative
(D) To reject a criticism

남자가 "일주일에 몇 번은 거기서 먹어요"라고 말한 이유는?
(A) 제안을 거절하기 위해
(B) 의견에 동의하기 위해
(C) 대안을 제시하기 위해
(D) 비판을 거부하기 위해

2 Where do the speakers work?
(A) At an electronics shop
(B) At a bank
(C) At a warehouse
(D) At an office supply store

화자들이 근무하는 곳은?
(A) 전자제품 판매점
(B) 은행
(C) 물류창고
(D) 사무용품점

3 Why does the woman prefer her new job to her previous job?
(A) There is a greater variety of work.
(B) More of the work is automated.
(C) The schedule is more flexible.
(D) More time is spent with clients.

여자가 이전 직장보다 새 직장을 선호하는 이유는?
(A) 더 다양한 일이 있다.
(B) 대부분의 작업이 자동화되어 있다.
(C) 일정이 더 유연하다.
(D) 고객과 더 많은 시간을 보낸다.

어휘 **refuse** 거절하다 **alternative** 대안 **reject** 거부하다 **criticism** 비판 **a variety of** 다양한 **automated** 자동화된 **flexible** 유연한, 신축성 있는

Check Up

교재 p. 157

1. (B) **2.** (A) **3.** (B)

Questions 1 through 3 refer to the following conversation.

W-Am Hi, Silas. It's Helen. 1 The box of rubber safety gloves in the laboratory / has run out. Could you put more in our supply cabinet?

M-Au Unfortunately, 2 I can't right now. There aren't any left. I ordered more / from our supplier, but the shipment is behind schedule. The supplier assured me, though, that the gloves will be here / by noon at the latest.

W-Am Well, I really hope / the gloves get here by then. 3 My partners are coming in / at 1:30 / to work on an experiment.

1-3번은 다음 대화를 참조하시오.

여 안녕, 사일러스. 헬렌이에요. **1 실험실에 있는 고무 안전 장갑 상자가 떨어졌는데 우리 비품 캐비닛에 더 넣어주시겠어요?**

남 안타깝게도 **2 지금은 못해요. 남은 게 하나도 없어요. 공급업체에서 더 주문했는데, 배송이 예정보다 늦어요.** 하지만 업체에서 늦어도 정오까지는 장갑이 올 것이라고 장담했어요.

여 그때쯤이면 장갑이 정말 도착했으면 좋겠네요. **3 내 파트너들이 1시 30분에 실험을 하러 올 거라서요.**

어휘 **rubber** 고무 **laboratory** 실험실 **run out** 떨어지다 **behind schedule** 예정보다 늦은 **assure** 보장하다 **experiment** 실험

1 What does the woman ask the man to do?
(A) Rearrange a cabinet
(B) Restock some supplies

여자가 남자에게 하라고 요청하는 것은?
(A) 캐비닛 재정리하기
(B) 비품 다시 채우기

어휘 **rearrange** 재정리하다, 재배치하다 **restock** 다시 채우다

해설 **여자가 남자에게 요청한 것** 여자의 첫 대사에서 고무 안전 장갑이 떨어졌다(run out)고 하면서 비품 캐비닛에 더 넣어달라고 부탁하고 있다. 따라서 정답은 (B)이다.

Paraphrasing 지문의 put more in our supply cabinet → 정답의 Restock some supplies

---

2 Why is the man unable to help?
(A) A shipment is late.
(B) Some equipment is out of order.

남자가 도울 수 없는 이유는?
(A) 배송이 늦어서
(B) 일부 장비가 고장 나서

어휘 **shipment** 배송, 선적 **equipment** 장비 **out of order** 고장 난

해설 **남자가 도울 수 없는 이유** 남자가 지금은 못한다고 하면서 남은 게 없고, 주문했지만 배송도 늦어졌다고 이유를 설명하고 있다. 따라서 정답은 (A)이다.

Paraphrasing 지문의 behind schedule → 정답의 late

---

3 What will happen at 1:30?
(A) The man will go to a store.
(B) The woman's colleagues will arrive.

1시 30분에 무슨 일이 일어날 것인가?
(A) 남자가 가게에 갈 것이다.
(B) 여자의 동료들이 도착할 것이다.

해설 **1시 30분에 일어날 일** 1시 30분이라는 키워드는 대화 후반부에 나온다. 여자의 파트너들이 실험을 하러 1시 30분에 올 거라고 말하고 있으므로 정답은 (B)이다.

Paraphrasing 지문의 My partners are coming → 정답의 The woman's colleagues will arrive.

ETS 문제로 훈련하기

교재 p. 159

1. (A) **2.** (A) **3.** (D) **4.** (C)

Question 1 refers to the following conversation.

M-Cn Hi, Julia—could you let all employees know / that IT is doing maintenance on our servers / the last weekend in March?
W-Br Sure. Which computer applications will be affected?
M-Cn This time / the whole system will be affected.

1번은 다음 대화를 참조하시오.
남 안녕하세요. 줄리아. **모든 직원들에게 IT 부서가 3월 마지막 주말에 서버를 점검할 예정이라고 알려주실래요?**
여 네. 어떤 컴퓨터 응용 프로그램이 영향을 받게 되나요?
남 이번에는 전체 시스템이 영향을 받을 거예요.

어휘 **employee** 직원, 고용인 **maintenance** 유지보수, 점검 **server** (컴퓨터의) 서버 **application** 응용 **affect** 영향을 미치다

1 What will take place at the end of March?
(A) Computer maintenance
(B) Building construction

3월 말에 무슨 일이 있을 것인가?
(A) 컴퓨터 점검
(B) 건물 공사

어휘 **construction** 건설

해설 **3월에 계획된 일** 남자가 첫 번째 대사에서 모든 직원들에게 3월 마지막 주말에 서버 점검 예정이라고 알려 달라고 요청했으므로 정답은 (A)이다.

Paraphrasing 지문의 maintenance on our servers → 정답의 Computer maintenance

Question 2 refers to the following conversation.

M-Cn I'm sorry I wasn't on time, Ms. Patel. I had a flat tire / on the freeway.

W-Am Oh... business has been very slow / this morning, so it wasn't a problem.

M-Cn Well, I'll stay late this evening / to make up the time.

2번은 다음 대화를 참조하시오.

남 **늦게 와서 죄송합니다, 파텔 씨. 고속도로에서 타이어가 펑크 났어요.**

여 아, 오늘 아침에 일이 한산했으니 문제 없어요.

남 그럼, 시간을 보충하기 위해 오늘 저녁 늦게까지 있을게요.

2 Why does the man apologize to Ms. Patel?

(A) He was late for work.

(B) He has to leave early tonight.

남자는 왜 파텔 씨에게 사과하는가?

(A) 회사에 늦었다.

(B) 저녁 일찍 떠나야 한다.

해설 **남자가 사과하는 이유** 사과의 말은 화자가 직접 언급하는 경우가 많으며, 주로 I'm sorry ~나 I apologize ~를 사용한다. 여기서는 남자가 I'm sorry를 사용해서 늦은 이유로 타이어 펑크를 언급하며 사과하고 있으므로 정답은 (A)이다.

Paraphrasing 지문의 wasn't on time → 정답의 was late

Questions 3 and 4 refer to the following conversation.

M-Cn Did you hear the news, Joo Yeong? 3 It sounds like / the company's relocation to Springfield / will be in June / instead of August.

W-Am 3 I wonder / why they decided to make the move / earlier than originally planned.

M-Cn I just saw a notice / in the break room, and it didn't give many details. 4 There'll be a meeting for all staff members / this afternoon at three o'clock though. I'm sure / we'll know more after that.

3-4번은 다음 대화를 참조하시오.

남 소식 들었어요, 주영? **3 스프링필드로의 회사 이전이 8월 대신 6월이 될 것 같대요.**

여 **3 원래 계획한 것보다 일찍 이전하기로 결정한 이유가 궁금하네요.**

남 휴게실에서 공고문을 봤는데, 세부사항이 많지는 않았어요. **4 그런데 오늘 오후 3시에 직원 전체 회의가 있을 예정이잖아요.** 이후엔 분명 더 자세히 알게 될 겁니다.

어휘 **relocation** 이전 **instead of** ~ 대신에 **decide** 결정하다 **originally** 원래 **break room** 휴게실 **though** 그렇지만, 그런데

3 What are the speakers discussing?

(A) A change in management

(B) A recent job promotion

(C) An increase in sales

(D) A company relocation

화자들은 무엇에 대해 이야기하는가?

(A) 경영상의 변화

(B) 최근 승진

(C) 판매 증가

(D) 회사 이전

어휘 **management** 관리, 경영 **recent** 최근의 **promotion** 승진 **increase** 증가, 상승

해설 **대화의 주제** 남자가 첫 번째 대사에서 스프링필드로의 회사 이전이 8월 대신 6월이 될 것 같다(It sounds like the company's relocation ~ in June instead of August)고 했는데, 이에 대해 여자가 원래 계획한 것보다 일찍 이전하기로 결정한 이유(why they ~ the move earlier than originally planned)가 궁금하다며 회사 이전과 관련된 대화를 이어가고 있으므로, (D)가 정답이다.

4 What does the man say will take place at three o'clock?

(A) A press conference

(B) An early closing

(C) A staff meeting

(D) A factory tour

남자는 3시에 무슨 일이 일어날 것이라고 말하는가?

(A) 기자회견

(B) 조기 폐점

(C) 직원 회의

(D) 공장 견학

어휘 **take place** 열리다, 일어나다 **press conference** 기자회견

해설 **3시에 있어날 일** 남자가 마지막 대사에서 오후 3시에 직원 전체 회의가 있을 예정(There'll be a meeting for all staff members this afternoon at three o'clock)이라고 했으므로, (C)가 정답이다.

Paraphrasing 지문의 a meeting for all staff members → 정답의 A staff meeting

ETS 실전 테스트

교재 p.160

1. (C)	**2.** (B)	**3.** (C)	**4.** (B)	**5.** (D)	**6.** (A)	**7.** (B)	**8.** (A)	**9.** (C)
10. (B)	**11.** (A)	**12.** (D)	**13.** (D)	**14.** (D)	**15.** (B)	**16.** (A)	**17.** (C)	**18.** (D)
19. (D)	**20.** (A)	**21.** (C)						

Questions 1 through 3 refer to the following conversation.

M-Au Hey, Heidi. I was out of the office yesterday, and [1] I missed your workshop / about the new editing software / our company will be using. Would you be able to show me / how it works?

W-Br Sure, I'd be glad to help... [2] Can we plan to meet / after lunch? I have a couple of hours free / in the afternoon.

M-Au [2] Absolutely, thanks. [3] I'll go and reserve a meeting room now. I think / the room on the second floor has a computer / we can use.

1-3번은 다음 대화를 참조하시오.

남 안녕, 하이디. 제가 어제 사무실을 비우는 바람에 **1 우리 회사가 사용할 새 편집 소프트웨어에 대한 당신의 워크숍을 놓쳤어요. 어떻게 작동하는지 보여줄 수 있나요?**

여 물론이죠, 기꺼이 도와줄게요… **2 점심식사 후에 만날 수 있을까요?** 오후에 두 시간 정도 시간이 나요.

남 **2 물론이죠**, 고마워요. **3 지금 가서 회의실을 예약할게요.** 2층에 있는 회의실에 우리가 사용할 수 있는 컴퓨터가 있을 거예요.

어휘 **miss** 놓치다 **editing software** 편집 소프트웨어 **a couple of** 두 개의 **absolutely** 전적으로, 틀림없이 **reserve** 예약하다

1 What does the man ask the woman to do?

(A) Buy a ticket
(B) Edit a report
(C) Provide some training
(D) Visit some clients

남자가 여자에게 요청하는 것은 무엇인가?

(A) 표 구입
(B) 보고서 편집
(C) 교육 제공
(D) 고객 방문

어휘 **edit** 편집하다 **provide** 제공하다

해설 **남자의 요청 사항** 남자가 첫 번째 대사에서 편집 소프트웨어에 대한 여자의 워크숍을 놓쳤다(I missed ~ using)며 어떻게 작동하는지 보여줄 수 있는지(would you ~ works?) 물어보았으므로 정답은 (C)이다.

Paraphrasing 지문의 show me how it works → 정답의 Provide some training

2 When will the speakers meet?

(A) In the morning
(B) In the afternoon
(C) Tomorrow
(D) Next week

화자들은 언제 만날 것인가?

(A) 아침
(B) 오후
(C) 내일
(D) 다음 주

해설 **화자들이 만날 시간** 대화 중반에 여자가 남자에게 점심 식사 후에 만날 수 있는지(Can we ~ lunch?) 물어보았을 때 남자가 물론(Absolutely)이라고 답하며 가능하다고 했으므로 정답은 (B)이다.

3 What will the man do next?

(A) Check his calendar
(B) Contact a colleague
(C) Reserve a room
(D) Read some instructions

남자는 다음에 무엇을 할 것인가?

(A) 자신의 일정표 확인하기
(B) 동료에게 연락하기
(C) 방 예약하기
(D) 지시사항 읽기

어휘 **contact** 연락하다 **instruction** 설명, 지시사항

해설 **미래에 할 일** 대화 마지막에 남자가 지금 회의실을 예약하겠다고(I'll go ~ room now) 했으므로 정답은 (C)이다.

Questions 4 through 6 refer to the following conversation.

4-6번은 다음 대화를 참조하시오.

W-Br Hi, Jin. It's Lana. I just arrived at the Sharpson Corporation headquarters / to meet with their sales team, [4] but I can't find my Sharpson client folder. Can you check my desk / and see if I left it there? It's blue.

M-Cn OK, Lana. Let me have a look. Yes, it's here on your desk. [5] Do you need me to scan any of the Sharpson files / for you?

W-Br No, that won't be necessary. I just need some data. [6] If you look on the first page, you'll see the figures / for product sales across the industry. Can you read those numbers to me?

여 안녕하세요, 진. 라나입니다. 샤프슨 코퍼레이션 본사에 영업팀을 만나러 막 도착했어요. **[4] 그런데 샤프슨 고객 폴더를 찾을 수가 없네요. 제가 책상에 두고 왔는지 확인해 주실 수 있나요?** 파란색이에요.

남 네, 라나. 한번 볼게요. 네, 책상 위에 있네요. **[5] 제가 샤프슨 파일을 스캔해 드릴까요?**

여 아니요. 그건 필요 없을 것 같아요. 데이터만 있으면 돼요. **[6] 첫 번째 장을 보시면 업계 전체 제품 판매 수치가 있을 겁니다. 그 숫자들을 읽어줄 수 있어요?**

어휘 **headquarters** 본부, 본사 **have a look** 한번 보다 **necessary** 필요한 **figure** 수치 **industry** 산업, 업

4 Why is the woman calling?

(A) To get driving directions
(B) To ask about a missing item
(C) To discuss a contract
(D) To arrange a meeting

여자가 전화한 이유는?

(A) 주행 방향을 알려고
(B) 없어진 물품에 대해 물어보려고
(C) 계약서에 대해 논의하려고
(D) 회의를 준비하려고

어휘 **driving directions** 주행 방향 **contract** 계약(서) **arrange** 준비하다, 주선하다, 마련하다

해설 **여자가 전화한 이유** 여자가 첫 번째 대사에서 샤프슨 고객 폴더를 찾을 수가 없다(I can't find my Sharpson client folder)는 문제점을 언급한 후, 자신이 책상에 두고 왔는지 확인해 달라(Can you check my desk and see if I left it there?)고 요청했으므로, 없어진 물품에 대해 물어보려고 전화했음을 알 수 있다. 따라서 (B)가 정답이다.

Paraphrasing 지문의 can't find → 정답의 missing

5 What does the man offer to do?

(A) Order a desk
(B) Call a client
(C) Revise a report
(D) Scan some documents

남자는 무엇을 하겠다고 제안하는가?

(A) 책상 주문하기
(B) 고객에게 전화하기
(C) 보고서 수정하기
(D) 문서 스캔하기

어휘 **order** 주문하다 **revise** 수정하다, 변경하다

해설 **남자의 제안 사항** 남자가 첫 번째 대사에서 자신이 샤프슨 파일을 스캔할 필요가 있는지(Do you need me to scan any of the Sharpson files for you?) 문의했으므로, (D)가 정답이다.

Paraphrasing 지문의 scan any of the Sharpson files → 정답의 Scan some documents

6 What information does the woman ask for?

(A) Some sales figures
(B) Some project dates
(C) A street address
(D) A phone number

여자는 어떤 정보를 요청하는가?

(A) 판매 수치
(B) 프로젝트 일자
(C) 도로명 주소
(D) 전화번호

어휘 **figure** 수치 **address** 주소

해설 **여자가 요청한 정보** 여자가 마지막 대사에서 첫 번째 장을 보면 업계 전체 제품 판매 수치(the figures for product sales across the industry)가 있다고 한 후, 그 숫자들을 읽어 달라(Can you read those numbers to me?)고 요청했으므로, (A)가 정답이다.

Questions 7 through 9 refer to the following conversation.

W-Am Paul, [8] you missed the staff meeting yesterday, right? [7] Don't forget to see our manager / for an update. She covered a lot.

M-Cn Thanks, I will! Yeah, [8] I missed it / to go to the eye doctor. I went to that new office / on Fairview Road.

W-Am Oh, I'm not familiar with it. I need a new eye doctor, though. What did you think?

M-Cn The staff was friendly / and the equipment's very high-tech. [9] I should just warn you... the office is kind of hard to find. The building's behind a department store, so you can't see it / from the road.

7-9번은 다음 대화를 참조하시오.

여 폴, **[8] 어제 직원 회의에 못 들어왔죠, 그렇죠? [7] 잊지 말고 관리자를 만나 새 소식을 들으세요.** 많은 내용을 다뤘거든요.

남 고맙습니다. 그럴게요! **[8] 안과에 가느라 못 들어갔어요.** 페어뷰 로에 있는 새 병원에 갔어요.

여 아, 저는 잘 몰라요. 그런데 저도 안과 의사가 새로 필요해요. 어떤 것 같았어요?

남 직원들은 친절했고 장비도 아주 최첨단이었어요. **[9] 그런데 주의를 드려야 할 것은, 병원이 찾기 힘들어요.** 건물이 백화점 뒤에 있어서 길에서는 안 보이거든요.

어휘 **cover** 다루다, 포함하다 **be familiar with** ~를 잘 알다, 익숙하다 **equipment** 장비 **high-tech** 최첨단의 **department store** 백화점

7 What does the woman remind the man to do?

(A) Finish a proposal
(B) Speak with a supervisor
(C) Update a calendar
(D) Reserve a meeting room

여자는 남자에게 무엇을 하라고 상기시키는가?

(A) 제안서 완료하기
(B) 관리자와 이야기하기
(C) 일정표 업데이트하기
(D) 회의실 예약하기

어휘 **proposal** 제안(서) **supervisor** 관리자, 감독관 **reserve** 예약하다

해설 **여자가 남자에게 상기시키는 것** 여자가 첫 번째 대사에서 잊지 말고 관리자를 만나 새 소식을 들으라(Don't forget to see our manager for an update)고 남자에게 상기시켰으므로, (B)가 정답이다.

Paraphrasing 지문의 Don't forget → 질문의 remind
지문의 see our manager for an update → 정답의 Speak with a supervisor

---

8 What did the man do yesterday?

(A) He went to a medical appointment.
(B) He attended a technology fair.
(C) He shopped at a department store.
(D) He participated in a financial seminar.

남자는 어제 무엇을 했는가?

(A) 진찰 받으러 갔다.
(B) 기술 박람회에 참석했다.
(C) 백화점에서 쇼핑했다.
(D) 금융 세미나에 참가했다.

어휘 **attend** 참석하다 **fair** 박람회 **participate in** ~에 참가하다 **financial** 금융의, 재정의

해설 **남자가 어제 한 일** 여자가 첫 번째 대사에서 어제 직원 회의에 못 들어왔는지(you missed the staff meeting yesterday) 남자에게 확인했는데, 이에 대해 남자가 안과에 가느라 못 들어갔다(I missed it to go to the eye doctor)며 이유를 덧붙였으므로, (A)가 정답이다.

Paraphrasing 지문의 go to the eye doctor → 정답의 a medical appointment

---

9 What does the man warn the woman about?

(A) Some sessions have been canceled.
(B) Some products are expensive.
(C) A building is difficult to find.
(D) An office closes early.

남자는 여자에게 무엇에 대해 주의를 주는가?

(A) 일부 시간이 취소됐다.
(B) 일부 제품이 비싸다.
(C) 건물이 찾기 어렵다.
(D) 병원이 일찍 문을 닫는다.

해설 **남자가 여자에게 주의시킨 것** 남자가 마지막 대사에서 주의 사항이 있다(I should just warn you)고 한 후, 병원이 찾기 힘들다(the office is kind of hard to find)며 구체적인 주의 사항을 덧붙였으므로, (C)가 정답이다.

Paraphrasing 지문의 the office is kind of hard to find → 정답의 A building is difficult to find

Questions 10 through 12 refer to the following conversation with three speakers.

M-Au Kentaro, 10/11 another television unit just failed the quality-control check / right off the assembly line.

M-Cn 11 What was wrong with it? Was it the screen?

M-Au No, worse. 11 It wouldn't turn on at all. That's the third one today. There seems to be a problem / with the electrical wiring.

M-Cn Who's the supervisor on duty today?

M-Au Ms. Takano. There she is. Ms. Takano?

W-Br Is everything all right?

M-Au We've had several televisions fail quality control.

W-Br Thank you for telling me. 12 I'll call an engineer.

10-12번은 다음 3인 대화를 참조하시오.

남1 켄타로, **10/11 조립라인 출하 직후 텔레비전이 또 품질 관리 점검에 통과하지 못했어요.**

남2 **11 무슨 문제가 있었나요?** 화면이었나요?

남1 아니요, 더 안 좋은 거예요. **11 아예 켜지질 않았어요.** 오늘만 세 번째네요. 전기 배선에 문제가 있는 것 같아요.

남2 오늘 근무 중인 감독관이 누구인가요?

남1 타카노 씨요. 저기 있네요. 타카노 씨?

여 무슨 일 없죠?

남1 텔레비전 몇 대가 품질 관리를 통과하지 못했어요.

여 알려 줘서 감사해요. **12 기술자에게 전화할게요.**

어휘 **quality-control** 품질 관리 **right off** 직후 **assembly** 조립 **turn on** 켜다 **electrical wiring** 전기 배선 **on duty** 근무 중인

10 Where most likely are the speakers?

(A) At a storage facility

(B) At an electronics factory

(C) At a film studio

(D) At a technology exhibition

화자들은 어디에 있겠는가?

(A) 창고에

(B) 전자 제품 공장에

(C) 영화 촬영소에

(D) 기술 박람회에

어휘 **storage** 저장, 보관 **facility** 시설 **exhibition** 전시, 박람회

해설 **대화 장소** 남자 1이 첫 번째 대사에서 조립라인 출하 직후 텔레비전이 또 품질 관리 점검에 통과하지 못했다(another television unit just failed ~ the assembly line)고 했으므로, 화자들이 전자 제품 공장에 있다고 추론할 수 있다. 따라서 (B)가 정답이다.

Paraphrasing 지문의 television unit → 정답의 electronics

11 What problem are the men discussing?

(A) Some products are defective.

(B) A container is not large enough.

(C) There are not enough workers.

(D) An order was canceled.

남자들은 어떤 문제를 논의하고 있는가?

(A) 몇몇 제품에 결함이 있다.

(B) 용기가 충분히 크지 않다.

(C) 근로자가 충분하지 않다.

(D) 주문이 취소되었다.

어휘 **defective** 결함이 있는 **container** 용기

해설 **남자들이 논의하는 문제** 남자 1이 조립라인 출하 직후 텔레비전이 또 품질 관리 점검에 통과하지 못했다(another television unit just failed ~ assembly line)고 했는데, 이에 대해 남자 2가 무슨 문제가 있었는지 되물었고, 남자 1이 아예 켜지질 않았다(It wouldn't turn on at all)며 텔레비전의 결함을 구체적으로 밝혔다. 따라서 (A)가 정답이다.

Paraphrasing 지문의 It wouldn't turn on at all. → 정답의 Some products are defective.

12 What does the woman say she will do?

(A) Offer a discount

(B) Renegotiate a contract

(C) Inspect a shipment

(D) Notify an engineer

여자는 무엇을 할 것이라고 말하는가?

(A) 할인 제공하기

(B) 계약 재협상하기

(C) 선적품 검사하기

(D) 기술자에게 알리기

어휘 **renegotiate** 재협상하다 **contract** 계약(서) **inspect** 검사하다 **notify** 알리다, 통지하다

해설 **여자의 할 일** 여자가 마지막 대사에서 기술자에게 전화하겠다(I'll call an engineer)고 했으므로, (D)가 정답이다.

Paraphrasing 지문의 call → 정답의 Notify

Questions 13 through 15 refer to the following conversation.

W-Am Hello, Daniel? It's Kumiko calling. I'm still on my way to the office, so [13] I'm afraid / I won't be able to go over our presentation materials / with you.

M-Au Oh—The meeting starts soon.

W-Am Well, the train I'm on / has been delayed. [14] I'm sure / you could lead the presentation without me.

M-Au Sure, [15] I can do that / if I have the handouts. Where can I find them?

W-Am They're printed out, and I put them in a blue folder / in my top desk drawer.

M-Au Great. I'll go get them now.

13-15번은 다음 대화를 참조하시오.

여 안녕하세요, 다니엘? 쿠미코예요. 아직 사무실로 가는 중이어서 **13 당신과 프레젠테이션 자료를 검토할 수 없을 것 같아요.**

남 오, 회의가 곧 시작해요.

여 그게, 제가 탄 기차가 연착되었어요. **14 당신이 저 없이도 프레젠테이션을 이끌 수 있을 거라 확신해요.**

남 물론이죠, **15 유인물이 있으면 그렇게 할 수 있어요. 어디에서 유인물을 찾을 수 있나요?**

여 인쇄해서 제 책상 맨 위 서랍의 파란색 폴더에 넣어 두었어요.

남 좋아요. 지금 가서 가져올게요.

어휘 **go over** 검토하다 **delay** 지연시키다 **handout** 유인물 **drawer** 서랍

13 Why does the man say, "The meeting starts soon"?

(A) To refuse an offer
(B) To ask that participants be seated
(C) To announce a schedule change
(D) To express a concern

남자는 왜 "회의가 곧 시작해요"라고 말하는가?

(A) 제안을 거절하기 위해
(B) 참석자들에게 착석하도록 요청하기 위해
(C) 일정 변경을 알리기 위해
(D) 염려를 표현하기 위해

어휘 **refuse** 거절하다 **participant** 참석자 **concern** 염려, 걱정

해설 **화자의 의도 파악 문제** 해당 문장 앞 대사에서 여자가 사무실에 오는 중이며, 프레젠테이션 자료를 검토할 시간이 없다(I won't ~ with you)고 말한 것에 대한 대답이었으므로 회의 시간에 맞추지 못할 것을 염려하고 있다는 것을 알 수 있다. 따라서 정답은 (D)이다.

14 What does the woman suggest that the man do?

(A) Arrange some transportation
(B) Purchase some supplies
(C) Set up a video call
(D) Take over a presentation

여자는 남자에게 무엇을 하라고 제안하는가?

(A) 교통편 마련하기
(B) 물품 구입하기
(C) 화상 통화 준비하기
(D) 프레젠테이션 떠맡기

어휘 **arrange** 마련하다 **transportation** 교통(편) **take over** 떠맡다

해설 **여자가 남자에게 제안하는 것** 여자가 남자에게 본인 없이 프레젠테이션을 이끌라고(I'm sure you could ~ without me) 말했으므로 정답은 (D)이다.

Paraphrasing 지문의 lead the presentation without me → 정답의 Take over a presentation

15 What does the man ask about?

(A) How long a meeting will be
(B) Where to find some documents
(C) How to contact a colleague
(D) When a train will depart

남자는 무엇에 대해 물어보는가?

(A) 회의 지속 시간
(B) 문서를 찾을 수 있는 장소
(C) 동료에게 연락하는 방법
(D) 기차 출발 시간

어휘 **colleague** 동료 **depart** 출발하다

해설 **남자가 묻는 것** 남자가 유인물이 있으면 할 수 있다(I can do that ~ handouts)고 하면서 어디 있는지 묻고 있으므로(where can I find them?) 정답은 (B)이다.

Paraphrasing 지문의 handouts → 정답의 documents

Questions 16 through 18 refer to the following conversation.

W-Am Vikram, [16] I wanted to let you know / about a change in the company's safety regulations. Please be sure to tell everyone on your team / that starting next month, all workers on the factory floor / will be required to wear a new type of protective shoe.

M-Cn [16] Certainly, Ms. Garcia, I'll let them know / at our team meeting tomorrow. [17] Will the shoes be purchased for us, or will we have to buy them ourselves?

W-Am Employees will purchase their own shoes, but the company will reimburse everyone / up to 70 dollars a pair. [18] I'll give everyone on the team a list of the shoes / that comply with the new regulation.

16-18번은 다음 대화를 참조하시오.

여 비크람, **16 회사 안전 규정 변경사항에 대해 알려드리려고요. 팀 전원에게 다음 달부터 작업 현장의 모든 근로자가 새로운 종류의 보호용 신발을 신어야 한다고 꼭 이야기해 주세요.**

남 **16 꼭 할게요, 가르시아 씨.** 내일 팀 회의에서 알리겠습니다. **17 신발은 구매해 주시는 건가요, 아니면 저희가 사야 할까요?**

여 직원들은 자신의 신발을 구입해야 합니다. 하지만 회사에서 전원에게 켤레당 70달러까지 배상해 드립니다. **18 팀 전원에게 새 규정에 부합하는 신발 목록을 드리겠습니다.**

어휘 **safety** 안전 **regulation** 규정 **factory floor** (공장의) 작업 현장 **be required to** ~하도록 요구되다 **protective** 보호하는, 보호용의 **purchase** 구입하다 **employee** 직원 **reimburse** 배상하다, 변제하다 **up to** ~까지 **comply with** ~를 준수하다, 부합하다

16 What are the speakers discussing?

(A) A safety requirement
(B) A shipping policy
(C) An equipment repair
(D) A production increase

화자들은 무엇에 대해 이야기하는가?

(A) 안전 요건
(B) 배송 정책
(C) 장비 수리
(D) 생산 증가

어휘 **requirement** 필요조건, 요건 **shipping** 배송 **policy** 정책 **production** 생산 **increase** 증가

해설 **대화의 주제** 여자가 첫 번째 대사에서 회사 안전 규정 변경사항에 대해 알려 주고 싶다(I wanted to ~ in the company's safety regulations)고 한 후, 구체적인 안전 규정 변경사항(starting next month, all workers ~ wear a new type of protective shoe)을 팀 전원에게 알리라고 요청했다. 이에 대해 남자가 수락(Certainly)의 응답을 한 후, 관련된 대화를 이어가고 있으므로, (A)가 정답이다.

Paraphrasing 지문의 safety regulations → 정답의 safety requirement

17 What does the man ask about?

(A) Training for employees
(B) Adjustments to a schedule
(C) Compensation for an expense
(D) Revisions to some documents

남자는 무엇에 대해 물어보는가?

(A) 직원 교육
(B) 일정 조정
(C) 경비 배상
(D) 문서 수정

어휘 **adjustment** 적응, 조정 **compensation** 보상, 배상 **expense** 비용, 경비 **revision** 수정, 변경

해설 **남자의 문의 사항** 남자가 첫 번째 대사에서 신발은 구매해 주는지 아니면 직원들이 사야 하는지(Will the shoes be purchased for us, or will we have to buy them ourselves?) 문의했으므로, 남자가 신발 구매 경비의 지불 주체에 대해 궁금해 한다는 것을 알 있다. 따라서 (C)가 정답이다.

18 What does the woman say she will provide?

(A) A sample contract
(B) A discount code
(C) A sign-up sheet
(D) A list of products

여자는 무엇을 제공하겠다고 말하는가?

(A) 견본 계약서
(B) 할인 코드
(C) 참가 신청서
(D) 제품 목록

어휘 **contract** 계약(서) **sign-up sheet** 참가 신청서

해설 **여자가 제공하겠다고 말한 것** 여자가 마지막 대사에서 팀 전원에게 신발 목록을 제공하겠다(I'll give everyone on the team a list of the shoes)고 했으므로, (D)가 정답이다.

Questions 19 through 21 refer to the following conversation and schedule.

M-Au Excuse me, Rosa? Do you have a minute?

W-Am Hi, Aaron. Yes, I do. Is everything OK? 19 You weren't at the three o'clock meeting / today.

M-Au That's what I'm here to explain. I had a conference call meeting / with Marta Vargas right before—20 I made a lot of edits / to the draft of her next novel... so we needed more time.

W-Am I understand. 20 She's one of our top-selling authors, so she takes priority. 21 Will her novel be ready for publication / at the end of the year?

M-Au Yes, 21 it's still on schedule. There are no major delays.

W-Am Sounds good. Thanks for stopping by, Aaron.

19-21번은 다음 대화와 일정표를 참조하시오.

남 잠시만요, 로사? 시간 있어요?

여 안녕하세요, 아론. 네, 시간 있어요. 괜찮아요? **19 오늘 3시 회의에 참석하지 않았던데요.**

남 그것 때문에 설명하러 왔어요. 좀 전에 마르타 바르가스 씨와 전화 회의를 했어요. **20 제가 그녀의 차기 소설 초안을 많이 편집했거든요**… 그래서 더 많은 시간이 걸렸어요.

여 이해해요. **20 제일 잘 나가는 작가 중 한 명이니까 그녀가 우선이죠. 21 소설은 연말에 출판할 수 있나요?**

남 네, **21 일정은 아직 그대로예요.** 큰 지연은 없어요.

여 잘됐네요. 들러 줘서 고마워요, 아론.

어휘 **have a minute** 시간이 좀 나다 **conference call meeting** 전화로 하는 회의 **make an edit to** ~을 편집하다 **draft** 초안 **novel** 소설 **top-selling** 가장 잘 팔리는 **author** 작가, 저자 **take priority** 우선권을 갖다 **publication** 출판 **stop by** 들르다

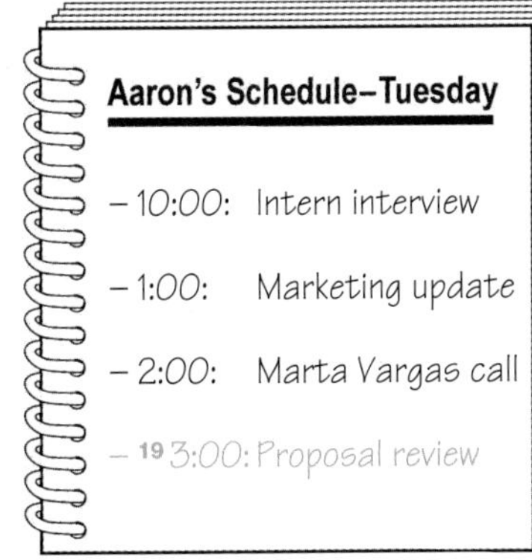

아론의 일정 - 화요일

- 10:00: 인턴 면접
- 1:00: 마케팅 업데이트
- 2:00: 마르타 바르가스 전화
- **19 3:00: 제안서 검토**

19 Look at the graphic. Which meeting did the man miss?

(A) The intern interview
(B) The marketing update
(C) The Marta Vargas call
(D) The proposal review

시각정보에 따르면, 남자가 놓친 회의는 무엇인가?

(A) 인턴 면접
(B) 마케팅 업데이트
(C) 마르타 바르가스 전화
(D) 제안서 검토

해설 **시각정보 연계 문제_남자가 놓친 회의** 시각정보가 남자의 일정임을 먼저 파악한다. 대화 초반부에 여자가 오늘 3시 회의에 남자가 참석하지 않았다(You weren't ~ meeting today)고 했다. 남자의 일정에서 3시에 할 일을 찾아보면 제안서 검토(Proposal review)이므로 정답은 (D)이다.

20 Where do the speakers probably work?

(A) At a book publishing company
(B) At a travel agency
(C) At an advertising firm
(D) At a department store

화자들은 어디에서 일하겠는가?

(A) 출판사
(B) 여행사
(C) 광고 회사
(D) 백화점

어휘 **publish** 출판하다, 발행하다 **firm** 회사

해설 **화자들의 근무 장소** 대화 중반부에 남자가 작가의 차기 소설 초안을 많이 편집했다(I made ~ next novel)고 했고, 이어서 여자가 제일 잘 나가는 작가 중 한 명이니까 그 작가가 우선이다(She's one ~ takes priority)라고 하면서 소설은 연말에 출판할 수 있는지(Will her ~ the year?) 묻고 있다. 이를 통해 출판사 직원들 간의 대화임을 알 수 있다. 따라서 정답은 (A)이다.

21 What does the man confirm?
(A) Sales goals have increased.
(B) Every participant has arrived.
(C) A deadline will be met.
(D) A reservation will be made.

남자는 무엇을 확인해 주는가?
(A) 판매 목표가 증가했다.
(B) 모든 참가자가 도착했다.
(C) 마감 기한을 맞출 수 있다.
(D) 예약이 이루질 것이다.

어휘 **participant** 참가자 **meet a deadline** 마감 기한을 맞추다 **make a reservation** 예약하다

해설 **남자가 확인해 주는 사항** 대화 후반부에 여자가 소설은 연말에 출판할 수 있는지(Will her ~ the year?) 묻자 남자가 일정은 아직 그대로(it's still on schedule)라고 했다. 이를 통해 남자가 소설 출판 일정에 대해 말하면서 마감 기한을 확인해 주고 있다는 것을 알 수 있으므로 정답은 (C)이다.

Paraphrasing 지문의 it's still on schedule → 정답의 A deadline will be met.

UNIT 05 여가/여행

기출 문제풀이 전략

예제

교재 p. 162

1 What are the speakers planning to attend?
(A) A play
(B) A concert
(C) A lecture series
(D) An awards ceremony

화자들은 무엇에 참석할 계획인가?
(A) 연극
(B) 콘서트
(C) 강의 시리즈
(D) 시상식

2 Look at the graphic.
Where will the speakers sit?
(A) Section A
(B) Section B
(C) Section C
(D) Section D

Seating Chart
Stage | Exit
A | B | C
D

시각정보에 따르면,
화자들이 앉을 곳은?
(A) A구역
(B) B구역
(C) C구역
(D) D구역

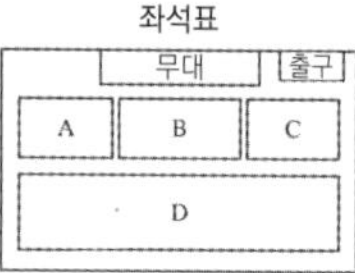

3 What does the man suggest doing?
(A) Printing out directions
(B) Looking for a lower price
(C) Inviting another colleague
(D) Taking public transportation

남자가 하라고 제안하는 것은?
(A) 길안내 인쇄하기
(B) 더 낮은 가격 찾기
(C) 다른 동료 초대하기
(D) 대중교통 이용하기

어휘 **lecture** 강의 **directions** 길안내 **lower** 더 낮은 **colleague** 동료 **public transportation** 대중교통

Check Up

교재 p. 163

1. (A) **2.** (B) **3.** (A)

Questions 1 through 3 refer to the following conversation and theater map.

M-Cn Hello, Maria? It's Daniel.

W-Br Hi, Daniel! [1] Sorry I'm late getting to the theater! There was a lot of traffic / on the highway. Are you at the entrance?

M-Cn No, I'm already inside. Since it's open seating, and the theater's so busy, I wanted to find seats / right away.

W-Br OK, I'm walking in now. The only available seats were probably in the balcony, right?

M-Cn Actually, [2] there were still two available / on the floor level, so that's where I am... in the section closest to the east door.

W-Br Great. [3] I'm going to buy a bottle of water / at the snack bar really fast. Do you want one, too?

M-Cn No, thanks.

1-3번은 다음 대화와 극장 지도를 참조하시오.

남 안녕하세요, 마리아? 다니엘입니다.

여 안녕하세요, 다니엘! **1 극장에 늦게 도착해서 죄송해요. 고속도로 교통이 혼잡했어요.** 입구에 계세요?

남 아니요. 이미 안에 들어와 있어요. 비지정 좌석이고 극장이 아주 혼잡해서 바로 좌석을 찾고 싶었거든요.

여 네, 지금 걸어 들어가고 있어요. 유일하게 이용 가능한 좌석은 아마 발코니에 있을 거예요, 맞죠?

남 사실 **2 1층에도 아직 두 자리가 있어서 제가 거기 있어요. 동문에서 가장 가까운 구역이요.**

여 좋아요. **3 제가 후딱 매점에 가서 물 한 병 사 올게요. 한 병 사다 드릴까요?**

남 괜찮아요.

어휘 **theater** 극장 **traffic** 교통, 교통량 **entrance** 입구 **available** 이용 가능한 **probably** 아마

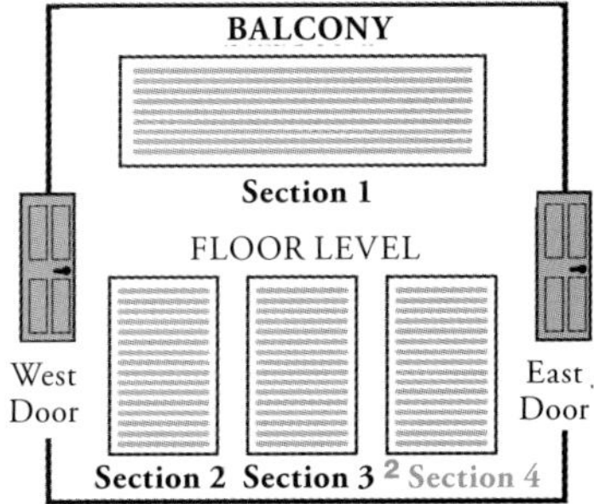

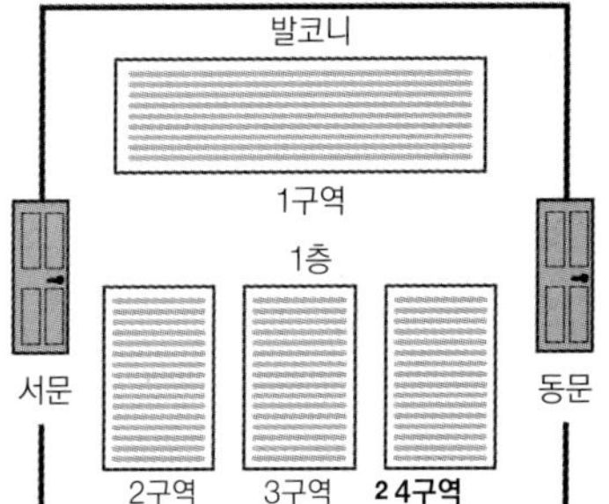

1 Why did the woman arrive late?

(A) She was stuck in traffic.

(B) She got lost along the way.

여자는 왜 늦었는가?

(A) 교통체증에 갇혔다.

(B) 오는 동안 길을 잃었다.

어휘 **stuck in traffic** 교통체증에 갇히다 **get lost** 길을 잃다

해설 **여자가 늦은 이유** 여자의 첫 대사에서 늦어서 미안하다고 하면서 고속도로 교통이 혼잡했다고 말하고 있다. 따라서 정답은 (A)이다.

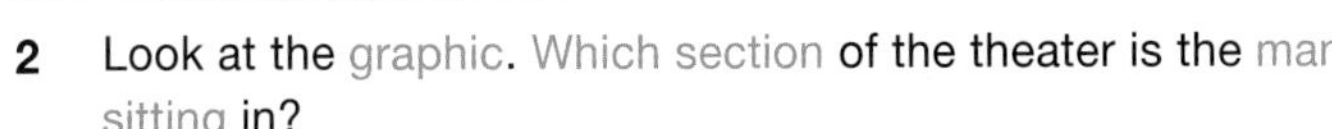

Paraphrasing 지문의 a lot of traffic → 정답의 stuck in traffic

2 Look at the graphic. Which section of the theater is the man sitting in?

(A) Section 1

(B) Section 4

시각정보에 따르면, 남자는 극장의 어느 구역에 앉아 있는가?

(A) 1구역

(B) 4구역

해설 **시각정보 연계 문제_남자가 앉아 있는 구역** 대화 중간 남자의 대사에서 1층에 두 자리가 남아 있고 동문에서 가장 가까운 자리에 있다고 했다. 시각정보에서 찾아보면 4구역임을 알 수 있으므로 정답은 (B)이다.

3 What does the woman offer to do for the man?

(A) Buy him a beverage

(B) Pay for his ticket

여자는 남자에게 무엇을 하겠다고 제안하는가?

(A) 음료 사다 주기

(B) 남자의 입장권 값 지불해 주기

해설 **여자가 남자에게 제안하는 것** 여자가 빨리 매점에 가서 물 한 병을 사온다고 하면서 남자도 한 병 원하는지(Do you want one, too?) 묻고 있다. 따라서 정답은 (A)이다.

Paraphrasing 지문의 a bottle of water → 정답의 a beverage

ETS 문제로 훈련하기

교재 p. 165

1. (B) **2.** (A) **3.** (C) **4.** (B)

Question 1 refers to the following conversation.

M-Au Hello, this is the front desk.

W-Br Yes, I'm calling from room 508. What time does the hotel restaurant open / for breakfast tomorrow?

M-Au Breakfast starts at 7 / and ends at 10. And just a reminder / that you'll need to check out of your room / by 11.

1번은 다음 대화를 참조하시오.

남 안녕하세요, **프런트 데스크입니다.**

여 네, **508호인데요.** 내일 호텔 식당 조식은 몇 시에 시작하나요?

남 조식은 7시에 시작해서 10시에 끝납니다. 그리고 11시까지는 체크아웃하셔야 된다는 것을 한 번 더 말씀드릴게요.

어휘 **reminder** (잊지 않도록 하기 위해) 알리는 것, 상기시키는 것

1 Who is the man?

(A) A restaurant chef

(B) A hotel clerk

남자는 누구인가?

(A) 식당 요리사

(B) 호텔 직원

해설 **남자의 직업** 남자가 첫 대사에서 프런트 데스크(front desk)라고 하자, 여자는 508호에서 전화한다고 했다. 따라서 남자는 호텔 직원(hotel clerk), 여자는 호텔 투숙객(hotel guest)인 것을 알 수 있으므로 정답은 (B)이다.

Question 2 refers to the following conversation.

W-Am Slate Theater, how may I help you?

M-Cn I have tickets / for tonight's performance, but I'm in Detroit / and my flight's been canceled. Can I get tickets / for tomorrow's performance instead?

W-Am You can exchange your tickets for another event, but it looks like / tomorrow night's show is sold out.

2번은 다음 대화를 참조하시오.

여 슬레이트 극장입니다, 무엇을 도와 드릴까요?

남 제게 오늘 밤 공연 표가 있어요, **하지만 제가 디트로이트에 있는데 비행기가 결항되었습니다.** 대신 내일 공연 표를 받을 수 있을까요?

여 다른 공연으로 표를 교환하실 수 있지만, 내일 밤 공연은 매진인 것 같습니다.

어휘 **performance** 공연 **exchange** 교환하다

2 Why is the man unable to attend tonight's show?

(A) He is out of town.

(B) The show is sold out.

남자가 오늘 밤 공연에 참석할 수 없는 이유는?

(A) 도시를 떠나 있다.

(B) 공연이 매진되었다.

해설 **남자가 공연에 참석할 수 없는 이유** 남자의 대사에 주목하면, 자신이 디트로이트에 있는데 비행기 결항으로 공연에 못 간다고 했다. 비행기로 이동해야 하는 곳에 있다는 것은 멀리 있다는 뜻이므로 정답은 (A)이다.

Questions 3 and 4 refer to the following conversation.

W-Br Hello. I'd like some information / about the historic-homes tour tomorrow.

M-Br Certainly. There are two different tours tomorrow. [3]The first one's at ten o'clock / and the second one's at two. Which time would you prefer?

W-Br [3]I'll be visiting the art museum / in the morning, so I'd like a ticket for the second one / if it's not sold out.

3-4번은 다음 대화를 참조하시오.

여 안녕하세요. 내일 역사적 가옥 투어에 관한 정보를 얻고 싶습니다.

남 네. 내일 두 가지 각기 다른 투어가 있는데요. **[3] 첫 번째 투어는 10시에, 두 번째 투어는 2시에 시작합니다.** 어떤 시간이 더 좋으십니까?

여 **[3] 오전에 미술관을 방문할 거라서, 매진되지 않았다면 두 번째 투어 표를 사고 싶어요.**

M-Br There are still a few spaces left. That will be $17.00. 4 The bus will pick up participants / here in front of the tourist center.

남 아직 몇 자리 남아 있습니다. 17달러입니다. **4 버스가 이곳 관광객 센터 앞에서 참가자들을 픽업할 겁니다.**

어휘 **historic** 역사적인, 역사적으로 중요한 **prefer** 선호하다 **art museum** 미술관 **participant** 참가자 **in front of** ~ 앞에서

3 Why is the woman unable to come at ten o'clock?
(A) She will be at work.
(B) She will be leading a tour.
(C) She will be visiting a museum.
(D) She will be taking an art class.

여자는 왜 10시에 올 수 없는가?
(A) 근무 중일 것이다.
(B) 투어를 진행할 것이다.
(C) 미술관을 방문할 것이다.
(D) 미술 강좌를 들을 것이다.

해설 **여자가 10시에 올 수 없는 이유** 남자가 첫 번째 대사에서 첫 번째 투어는 10시에, 두 번째 투어는 2시에 시작한다(The first one's at ten o'clock and the second one's at two)고 안내했는데, 이에 대해 여자가 오전에 미술관을 방문할 거라서, 두 번째 투어 표를 사고 싶다(I'll be visiting ~ so I'd like a ticket for the second one)고 했으므로, (C)가 정답이다.

4 Where can the woman catch the bus?
(A) In front of the art museum
(B) At the tourist center
(C) By a historic house
(D) At the bus station

여자는 어디서 버스를 탈 수 있는가?
(A) 미술관 앞
(B) 관광객 센터
(C) 역사적 가옥 옆
(D) 버스 정류장

해설 **여자가 버스를 탈 수 있는 장소** 남자가 마지막 대사에서 버스가 관광객 센터 앞에서 참가자들을 픽업할 것(The bus will pick up participants here in front of the tourist center)이라고 했으므로, (B)가 정답이다.

Paraphrasing 지문의 in front of the tourist center → 정답의 At the tourist center

ETS 실전 테스트

교재 p.166

1. (B)	**2.** (C)	**3.** (D)	**4.** (A)	**5.** (D)	**6.** (B)	**7.** (D)	**8.** (A)	**9.** (A)
10. (B)	**11.** (A)	**12.** (C)	**13.** (C)	**14.** (B)	**15.** (C)	**16.** (B)	**17.** (C)	**18.** (D)
19. (C)	**20.** (B)	**21.** (D)						

Questions 1 through 3 refer to the following conversation.

M-Cn 1 Did you see that new comedy show with Stephanie Peters / on television / last night? It was so funny.

W-Br I wanted to see it, but I had to work / at the bookstore / until nine. 2 Stephanie Peters is a great comedian.

M-Cn Well, you can watch it tonight. They're repeating the episode / at 8:30 / on channel five.

W-Br Great. 3 I'll make a note to myself / so I don't forget.

1-3번은 다음 대화를 참조하시오.

남 **1 어젯밤 TV에서 스테파니 피터스가 출연하는 새로운 코미디 프로그램을 보았나요?** 정말 재미있었어요.

여 보고는 싶었지만 9시까지 서점에서 근무해야 했어요. **2 스테파니 피터스는 대단한 코미디언이에요.**

남 음, 오늘 밤에 볼 수 있어요. 5번 채널에서 8시 30분에 어제 방송분을 재방송할 거예요.

여 좋아요. **3 잊지 않도록 메모를 해 두어야겠어요.**

어휘 **repeat** 반복하다, 재방송하다 **make a note** 메모하다

1 What are the speakers discussing?
(A) A book
(B) A television show
(C) A play
(D) A musical performance

화자들은 무엇에 관해 논의하고 있는가?
(A) 책
(B) 텔레비전 프로그램
(C) 연극
(D) 음악 공연

해설 **대화의 주제** 첫 대사에서 남자가 어젯밤 새 코미디 프로그램을 봤냐는 질문으로 대화를 시작하고 있으므로 정답은 (B)이다.

2 Who is Stephanie Peters?
(A) A government official
(B) A journalist
(C) An entertainer
(D) A store owner

스테파니 피터스는 누구인가?
(A) 공무원
(B) 기자
(C) 연예인
(D) 상점 주인

해설 **스테파니 피터스의 신분** 여자가 스테파니 피터스는 대단한 코미디언(Stephanie Peters is a great comedian)이라고 말한 것으로 보아 정답은 (C)이다.

Paraphrasing 지문의 comedian → 정답의 entertainer

3 What will the woman probably do next?
(A) Buy a ticket for tonight's show
(B) Turn on the radio
(C) Watch a video
(D) Write down some information

여자는 다음에 무엇을 할 것인가?
(A) 오늘의 프로그램 티켓을 구매한다.
(B) 라디오를 켠다.
(C) 비디오를 본다.
(D) 정보를 적는다.

해설 **여자가 다음에 할 일** 남자가 스테파니 피터스의 프로그램이 오늘밤 재방송된다고 말하자, 마지막 대사에서 여자가 잊지 않도록 적어두어야겠다고 말하고 있다. 따라서 정답은 (D)이다.

Paraphrasing 지문의 make a note → 정답의 Write down

Questions 4 through 6 refer to the following conversation.

M-Au [4] I'm interested in renting bicycles / for today and tomorrow. I need one for myself / and one for my son.

W-Am OK. The total cost will be 60 dollars. You can pick the bikes / you want / from that rack over there. Also, you'll need to bring them back / by four o'clock tomorrow. [5] If you're late, you'll be charged an extra 5 dollars per hour.

M-Au We'll definitely be on time! Also, can you recommend any good bike paths / in the area?

W-Am Yes, we have several scenic bike paths nearby. [6] There are maps for each one / over there on the counter. Please, take some. They're free of charge.

4-6번은 다음 대화를 참조하시오.

남 **4 오늘과 내일 자전거를 대여하고 싶은데요.** 하나는 제 것이고 다른 하나는 아들이 탈 겁니다.

여 네. 총 비용은 60달러입니다. 저쪽 거치대에서 원하는 자전거를 선택하실 수 있습니다. 그리고 내일 4시까지 가져오셔야 합니다. **5 늦으시면 시간당 추가 5달러가 부과됩니다.**

남 꼭 늦지 않게 올게요! 그리고 지역 내 좋은 자전거길을 추천해 주실 수 있나요?

여 네. 인근에 경치 좋은 자전거길이 여럿 있는데요. **6 저쪽 카운터 위에 각각의 지도가 있습니다. 가져가세요.** 무료입니다.

어휘 **be interested in** ~에 관심이 있는 **rack** 거치대, 걸이 **charge** 청구하다 **definitely** 분명히, 확실히 **on time** 시간에 늦지 않게 **recommend** 추천하다 **scenic** 경치가 좋은 **nearby** 인근에 **free of charge** 무료의

4 What would the man like to do?
(A) Rent some bicycles
(B) Apply for a job
(C) Purchase some tickets
(D) Hire a guide

남자는 무엇을 하고 싶어하는가?
(A) 자전거 대여
(B) 일자리 지원
(C) 표 구입
(D) 가이드 고용

어휘 **rent** 대여하다, 임대하다 **apply for** ~에 지원하다 **purchase** 구입하다

해설 **남자가 하고 싶은 일** 남자가 첫 번째 대사에서 오늘과 내일 자전거를 대여하고 싶다(I'm interested in renting bicycles for today and tomorrow)고 했으므로, (A)가 정답이다.

Paraphrasing 지문의 am interested in → 질문의 would ~ like to

5 What does the woman say will happen if the man is late?
(A) An appointment will be rescheduled.
(B) An item will not be available.
(C) A notice will be mailed.
(D) A fee will be charged.

여자는 남자가 늦을 경우 어떤 일이 있을 것이라고 말하는가?
(A) 예약 일정이 변경될 것이다.
(B) 물품을 이용할 수 없을 것이다.
(C) 공지문이 발송될 것이다.
(D) 요금이 청구될 것이다.

어휘 **appointment** 약속 **reschedule** 일정을 변경하다 **available** 이용 가능한 **fee** 요금, 수수료

해설 **남자가 늦을 경우 발생할 일** 여자가 첫 번째 대사에서 늦으면(If you're late) 시간당 추가 5달러가 부과된다(you'll be charged an extra 5 dollars per hour)고 안내했으므로, (D)가 정답이다.

Paraphrasing 지문의 an extra 5 dollars per hour → 정답의 A fee

6 What does the woman offer the man?
(A) Some beverages
(B) Some maps
(C) A pen
(D) A coupon

여자는 남자에게 무엇을 제공하는가?
(A) 음료
(B) 지도
(C) 펜
(D) 쿠폰

해설 **여자가 남자에게 제공할 것** 여자가 마지막 대사에서 카운터 위에 각각의 지도가 있다(There are maps for each one over there on the counter)고 한 후, 남자에게 가져가라(Please, take some)고 권했으므로, (B)가 정답이다.

Questions 7 through 9 refer to the following conversation.

W-Am Excuse me. I saw the flyer / posted in the window of your gallery / advertising art classes. [7] I wondered / if I could sign up for the watercolor painting class / on Tuesday evening.

M-Au [8] Sorry, but the classroom is too small / to accommodate more than a few people, and that class is already full.

W-Am Oh, that's disappointing. Is there any chance / you'll offer a second class?

M-Au Yes, we're thinking about holding one / on Wednesday night also. [9] Would you like me to put your name down / on the waiting list?

7-9번은 다음 대화를 참조하시오.

여 실례합니다. 화랑 창문에 게시된 미술 강좌 광고 전단을 보았는데요. **7 화요일 저녁 수채화 강좌를 신청할 수 있는지 궁금합니다.**

남 **8 죄송하지만 교실이 너무 작아서 몇 명 이상은 수용할 수가 없어요. 그 강좌는 이미 다 찼고요.**

여 아, 아쉽네요. 두 번째 강좌를 제공할 가능성이 있나요?

남 네, 수요일 밤에도 강좌를 여는 것을 생각 중입니다. **9 대기 목록에 이름을 적어 둘까요?**

어휘 **flyer** 전단 **post** 게시하다 **advertise** 광고하다 **sign up for** 신청하다 **accommodate** 수용하다 **disappointing** 아쉬운, 실망스러운

7 What does the woman want to do at the art gallery?
(A) Display her paintings
(B) Interview an artist
(C) Apply for a job
(D) Register for a class

여자는 화랑에서 무엇을 하고 싶어하는가?
(A) 자신의 그림 전시
(B) 화가 인터뷰
(C) 일자리 지원
(D) 강좌 등록

어휘 **display** 전시하다 **apply for** ~에 지원하다 **register for** ~에 등록하다

해설 **여자가 화랑에서 하고 싶은 것** 여자가 첫 번째 대사에서 화요일 저녁 수채화 강좌를 신청할 수 있는지 궁금하다(I wondered if I could sign up for ~ on Tuesday evening)고 했으므로, 여자가 강좌 등록을 원하다는 것을 알 수 있다. 따라서 (D)가 정답이다.

Paraphrasing 지문의 sign up for the watercolor painting class → 정답의 Register for a class

8 What problem does the man mention?
(A) A room is not big enough.
(B) A director is not available.
(C) A signature is missing.
(D) A frame is broken.

남자는 어떤 문제를 언급하는가?
(A) 교실 크기가 충분치 않다.
(B) 책임자가 시간이 안 된다.
(C) 서명이 없다.
(D) 틀이 부서졌다.

어휘 **director** 책임자, 감독 **available** 시간이 되는 **signature** 서명

해설 **남자가 언급한 문제** 남자가 첫 번째 대사에서 교실이 너무 작아서 몇 명 이상은 수용할 수가 없다(the classroom is too small to accommodate more than a few people)는 문제점을 언급한 후, 여자가 등록을 원하는 강좌는 이미 다 찼다(that class is already full)고 했으므로, (A)가 정답이다.

Paraphrasing 지문의 too small to accommodate more than a few people → 정답의 not big enough

9 What does the man offer to do for the woman?
(A) Add her name to a list
(B) Print out a schedule
(C) Refund a deposit
(D) Contact a repair person

남자는 여자에게 무엇을 하겠다고 제안하는가?
(A) 목록에 여자의 이름 추가하기
(B) 일정 출력하기
(C) 보증금 환불해 주기
(D) 수리공에게 연락하기

어휘 **print out** 출력하다 **refund** 환불하다 **deposit** 보증금

해설 **남자의 제안 사항** 남자가 마지막 대사에서 대기 목록에 여자의 이름을 적어 두겠다(Would you like me to put your name down on the waiting list?)고 제안했으므로, (A)가 정답이다.

Paraphrasing 지문의 put your name down on the waiting list → 정답의 Add her name to a list

Questions 10 through 12 refer to the following conversation.

W-Br 10 Welcome to the Forsyth. Do you have a reservation?
M-Cn Yes, I made one online. My last name's Tanaka.
W-Br Let's see... 10 Mr. Tanaka... looks like / you're in room 106. You booked a three-night stay, right?
M-Cn That's right. I'll be attending a business conference. And 11 I will have some free time. But... I've never been to this city before.
W-Br Oh—there's a lot to do here. A fantastic art museum just opened / on the lakefront.
M-Cn I'll look into it! Also, 12 I noticed a sign for the fitness center. When does it open? 12 I'd like to work out / in the morning.
W-Br At seven o'clock.

10-12번은 다음 대화를 참조하시오.
여 **10 포사이스에 오신 것을 환영합니다.** 예약하셨나요?
남 네, 온라인으로 했습니다. 제 성은 타나카입니다.
여 한번 볼게요. **10 타나카 씨… 106호이신 것 같네요. 3박 예약하신 거죠, 그렇죠?**
남 맞습니다. 업무 회의에 참석할 예정입니다. 그리고는 **11 자유 시간이 좀 있을 겁니다.** 하지만…전에 이 도시에 와 본 적이 없어요.
여 아, 이곳은 할 것이 많아요. 호숫가에 멋진 미술관이 막 개관했답니다.
남 살펴볼게요! 그리고 **12 피트니스 센터 표지판도 보았는데요.** 언제 문을 열죠? **12 오전에 운동하고 싶은데요.**
여 7시 정각입니다.

어휘 **reservation** 예약 **book** 예약하다 **attend** 참석하다 **lakefront** 호반, 호숫가 **notice** (보거나 듣고) 알다 **work out** 운동하다

10 Where most likely are the speakers?
(A) At an airport
(B) At a hotel
(C) At a restaurant
(D) At a travel agency

화자들은 어디에 있겠는가?
(A) 공항
(B) 호텔
(C) 식당
(D) 여행사

해설 **대화의 장소** 여자가 첫 번째 대사에서 남자에게 포사이스에 온 것을 환영한다(Welcome to the Forsyth)고 했고, 자신의 두 번째 대사에서 남자의 방이 106호인 것 같다(looks like you're in room 106)고 한 후, 3박 예약한 것이 맞는지(You booked a three-night stay, right?) 확인했으므로, 화자들이 호텔에 있다고 추론할 수 있다. 따라서 (B)가 정답이다.

11 Why does the man say, "I've never been to this city before"?
(A) To ask for a suggestion
(B) To refuse a request
(C) To confirm a date
(D) To accept a work assignment

남자가 "전에 이 도시에 와 본 적이 없어요"라고 말한 이유는?
(A) 제안을 요청하려고
(B) 요청을 거절하려고
(C) 날짜를 확정하려고
(D) 업무 배정을 수락하려고

어휘 **suggestion** 제안, 제의 **refuse** 거절하다 **confirm** 확정하다 **assignment** 배정, 과제, 임무

해설 **화자의 의도 파악 문제** 남자가 두 번째 대사에서 자유 시간이 좀 있을 것 같다(I will have some free time)고 한 후, '전에 이 도시에 와 본 적이 없어요(I've never been to this city before)'라고 덧붙였다. 이는 남자가 도시에 와 본적이 없다고 언급해 자유 시간에 대한 제안을 요청하려는 의도라고 볼 수 있으므로, (A)가 정답이다.

---

12 What does the man say he wants to do in the morning?
(A) Arrange a taxi service
(B) Book a guided tour
(C) Exercise at a fitness center
(D) Meet a colleague for breakfast

남자는 오전에 무엇을 하고 싶다고 말하는가?
(A) 택시 서비스 준비하기
(B) 가이드가 있는 투어 예약하기
(C) 피트니스 센터에서 운동하기
(D) 아침 식사를 위해 동료 만나기

어휘 **arrange** 마련하다, 주선하다 **exercise** 운동하다 **colleague** 동료

해설 **남자가 오전에 하고 싶다고 말한 것** 남자가 세 번째 대사에서 피트니스 센터 표지판도 봤다(I noticed a sign for the fitness center)고 한 후, 오전에 운동하고 싶다(I'd like to work out in the morning)고 했으므로, (C)가 정답이다.

Paraphrasing 지문의 work out → 정답의 Exercise

Questions 13 through 15 refer to the following conversation with three speakers.

M-Au [13] Welcome to the Museum of Impressionist Art. Would you like to purchase a ticket?
W-Am Hi. My name is Isabel Lopez. [14] I'm a member here, but I've misplaced my card.
M-Au That's OK. If you give me your phone number, I can pull up your membership information / on the computer.
W-Am It's 555-0167.
M-Au OK, you can go on in.
W-Am Great, but—can I get a replacement card?
M-Au Sure, [15] let me get my supervisor for that. Rashid, could you help Ms. Lopez? She needs a new membership card.
M-Cn Hi—yes, I can help you. But it'll take a little while. [15] Why don't you stop back here / after you've visited the museum? Your new card'll be ready then.

13-15번은 다음 3인 대화를 참조하시오.
남1 **13 인상주의 미술관에 오신 것을 환영합니다.** 입장권을 구매하시겠어요?
여 안녕하세요. 제 이름은 이사벨 로페즈예요. **14 여기 회원인데, 제 회원 카드를 어디에 두었는지 못 찾고 있어요.**
남1 괜찮습니다. 전화번호를 알려주시면, 컴퓨터에서 회원 정보를 볼 수 있어요.
여 555-0167이에요.
남1 됐습니다, 들어가셔도 됩니다.
여 좋아요, 그런데, 교체 카드를 받을 수 있나요?
남1 물론입니다, **15 카드 발급을 위해 관리자를 불러 드릴게요.** 라시드, 로페즈 씨를 좀 도와주시겠어요? 새 회원 카드가 필요하신 분이에요.
남2 안녕하세요, 네, 제가 도와 드릴게요. 그런데, 시간이 좀 걸릴 거예요. **15 미술관 방문 후에 여기 다시 들러 주시겠어요?** 그때는 회원님의 새 카드가 준비되어 있을 거예요.

어휘 **impressionist** 인상주의의 **purchase** 구입하다 **misplace** 어디에 두고 못 찾다 **replacement** 교체, 대체 **supervisor** 감독관, 관리자

13 Where are the speakers?
(A) At a movie theater
(B) At a fitness center
(C) At an art museum
(D) At a research laboratory

화자들은 어디에 있는가?
(A) 영화관
(B) 피트니스 센터
(C) 미술관
(D) 연구소

해설 **화자들이 있는 장소** 초반부에 주목한다. 첫 번째 대사에서 남자가 인상주의 미술관(Museum of Impressionist Art)에 온 것을 환영한다고 했으므로 정답은 (C)이다.

---

14 What problem does the woman mention?

(A) She cannot find a supervisor.

(B) She has lost a card.

(C) A license has expired.

(D) A facility will close early.

여자는 어떤 문제를 언급하는가?

(A) 관리자를 찾을 수 없다.

(B) 카드를 분실했다.

(C) 면허가 만료되었다.

(D) 시설이 일찍 문을 닫는다.

어휘 **supervisor** 관리자 **expire** 만료되다 **facility** 시설

해설 **여자가 언급한 문제** 부정적인 내용이 언급되는 부분에 주목한다. 여자의 첫 번째 대사에서 여기 회원인데 회원 카드를 못 찾고 있다(I'm a member ~ my card)고 했으므로 정답은 (B)이다.

Paraphrasing 지문의 I've misplaced my card → 정답의 She has lost a card.

---

15 What does the supervisor ask the woman to do?

(A) Check a directory

(B) Pay a service fee

(C) Come back later

(D) Fill out a form

관리자는 여자에게 무엇을 하라고 요청하는가?

(A) 안내 책자 확인하기

(B) 서비스 요금 지불하기

(C) 나중에 다시 오기

(D) 양식 작성하기

어휘 **directory** 안내 책자 **fee** 수수료 **fill out** 작성하다

해설 **관리자의 요청 사항** 대화 후반부에 남자가 카드 발급을 위해 관리자를 불러주겠다(let me get my supervisor for that)고 했고, 이어 관리자가 미술관 방문 후 다시 와달라(Why don't ~ the museum?)고 요청했으므로 정답은 (C)이다.

Paraphrasing 지문의 stop back here after you've visited the museum → 정답의 Come back later

---

Questions 16 through 18 refer to the following conversation.

W-Am Excuse me. 16 I'm late for the concert—I got stuck in rush hour traffic. My friend was going to meet me here / and give me my ticket, but I think / she already went into the concert hall.

M-Cn Oh yes, a patron did leave a ticket / here at the box office / for a friend / who was going to be late. 17 Can you give me your name / so I can check to see / that the ticket is yours?

W-Am Sure. My name is Alice Dall. That's D-A-L-L.

M-Cn Alright, here's your ticket. 18 However, you won't be able to go to your seat / until after the first half of the program, during the intermission. The ushers are not allowed to let anyone in / until then.

16-18번은 다음 대화를 참조하시오.

여 실례합니다. **16 음악회에 늦었어요. 혼잡 시간대라 차가 막혔거든요.** 제 친구가 여기서 저를 만나 입장권을 주기로 했는데 이미 콘서트홀 안에 들어간 것 같아요.

남 아, 네. 고객 한 분이 늦을 예정인 친구를 위해 이곳 매표소에 입장권을 남겨뒀어요. **17 성함을 알 수 있을까요? 입장권이 고객님 것인지 확인할 수 있도록 말이죠.**

여 네. 제 이름은 앨리스 달입니다. D-A-L-L이에요.

남 좋아요, 여기 입장권이 있습니다. **18 하지만 프로그램 전반부가 끝나고 중간 휴식 시간이 되어야 좌석으로 가실 수 있을 겁니다.** 좌석 안내원들이 그때까지 누구도 들여보내지 않거든요.

어휘 **get stuck in traffic** 차가 막히다 **patron** 고객 **intermission** 중간 휴식 시간 **usher** 좌석 안내원

16 Why did the woman arrive late to the concert?

(A) She thought the show was at a different location.

(B) She encountered a lot of traffic.

(C) Her train was delayed.

(D) A meeting ran longer than expected.

여자는 왜 음악회에 늦게 도착했는가?

(A) 공연이 다른 장소에서 있다고 생각했다.

(B) 교통 체증을 겪었다.

(C) 기차가 연착됐다.

(D) 회의가 예상보다 길어졌다.

어휘 **location** 장소 **encounter** 맞닥뜨리다, 접하다 **delayed** 지연된 **expect** 예상하다, 기대하다

해설 **여자가 음악회에 늦게 도착한 이유** 여자가 첫 번째 대사에서 음악회에 늦었다(I'm late for the concert)고 한 후, 혼잡 시간대라 차가 막혔다(I got stuck in rush hour traffic)며 자신이 늦은 이유를 밝혔으므로, (B)가 정답이다.

Paraphrasing 지문의 got stuck in rush hour traffic → 정답의 encountered a lot of traffic

17 What does the man ask the woman for?
(A) Her signature
(B) Her credit card number
(C) Her name
(D) Her telephone number

남자는 여자에게 무엇을 요청하는가?
(A) 서명
(B) 신용카드 번호
(C) 이름
(D) 전화번호

해설 **남자의 요청 사항** 남자가 첫 번째 대사에서 입장권이 고객님 것인지 확인할 수 있도록(I can check to see that the ticket is yours) 여자의 이름을 알려 달라(Can you give me your name)고 요청했으므로, (C)가 정답이다.

---

18 According to the man, what does the woman have to wait until intermission to do?
(A) Purchase some refreshments
(B) Inquire about a membership
(C) Meet the performers
(D) Enter a concert hall

남자에 따르면, 여자는 중간 휴식 시간까지 무엇을 기다려야 하는가?
(A) 다과 구입하기
(B) 회원제 관련 문의하기
(C) 연주자 만나기
(D) 콘서트홀에 들어가기

어휘 **refreshments** 다과 **inquire** 문의하다 **performer** 연주자, 공연가

해설 **여자가 중간 휴식 시간까지 기다려야 하는 것** 남자가 마지막 대사에서 프로그램 전반부가 끝나고 중간 휴식 시간이 되어야 좌석으로 갈 수 있다(you won't ~ until after the first half of the program, during the intermission)고 했으므로, (D)가 정답이다.

Paraphrasing 지문의 go to your seat → 정답의 Enter a concert hall

Questions 19 through 21 refer to the following conversation and cast list.

W-Am Hey, Richard. Have you seen the performance of *Magical Summer*? It's a musical play, and [19] musicals are my favorite. But it's only in town for another week, and the tickets are so expensive.

M-Cn Haven't you heard? [20] Our company reserved tickets to that play. All employees can get two free tickets. Just go pick them up / from your manager.

W-Am That's fantastic. I'll go get mine now.

M-Cn And [21] did you know / that the supporting actor is a local resident? He lives right here in town!

19-21번은 다음 대화와 출연진을 참조하시오.

여 안녕, 리처드. 〈황홀한 여름〉 공연 보셨나요? 뮤지컬인데 **19 전 뮤지컬이 제일 좋아요.** 그런데 공연이 시내에서 일주일밖에 더 안한다는데, 표가 너무 비싸요.

남 못 들었어요? **20 회사에서 공연 표를 예매했어요. 전 직원이 무료 티켓 2장을 받을 수 있어요. 가서 부장님께 받으세요.**

여 굉장해요. 지금 가서 받을 거예요.

남 그런데 **21 조연 남배우가 지역 주민이라는 사실 알고 계셨나요? 바로 여기 시내에 살고 있어요!**

어휘 **performance** 공연 **favorite** 가장 좋아하는 것 **reserve** 예매[예약]하다

어휘 **supporting** 조연의 **resident** 주민

19 What does the woman say is her favorite type of performance?
(A) Comedy
(B) Drama
(C) Musical
(D) Dance

여자는 말한 가장 좋아하는 공연 유형은?
(A) 코미디
(B) 드라마
(C) 뮤지컬
(D) 무용

해설 **여자가 좋아하는 공연 유형** 대화의 맨 처음에 여자가 뮤지컬 공연 이야기를 하면서 자신은 뮤지컬을 가장 좋아한다(musicals are my favorite)고 말하고 있다. 따라서 정답은 (C)이다.

---

20 How can employees get tickets?
(A) By ordering them online
(B) By asking a manager
(C) By going to a ticket office
(D) By completing a survey

직원들이 표를 받을 수 있는 방법은?
(A) 온라인 주문
(B) 부장에게 요청
(C) 매표소에 가기
(D) 설문조사서 작성

해설 **표를 구하는 방법** 대화 중간에 남자가 회사에서 표를 예매하여 전 직원이 무료로 두 매씩 받을 수 있다고 하면서, 부장에게 가서 받으라(Just go pick them up from your manager)고 말하고 있다. 따라서 정답은 (B)이다.

---

21 Look at the graphic. According to the man, which performer is a local resident?
(A) Susan Lee
(B) George Ortiz
(C) Karen Smith
(D) John Jones

시각정보를 보세요. 남자에 따르면 지역 주민인 배우는?
(A) 수잔 리
(B) 조지 오티스
(C) 캐런 스미스
(D) 존 존스

해설 **시각정보 연계 문제_지역 주민인 배우** 남자의 마지막 대사에서 조연 남자배우가 이 지역 주민(the supporting actor is a local resident)이면서 근처에 산다고 말하고 있다. 시각정보를 보면 조연 남자배우는 존 존스임을 알 수 있으므로 정답은 (D)이다.

UNIT 06 교통/주거

기출 문제풀이 전략

예제

교재 p. 168

1 Where is the woman?
(A) At a hotel
(B) At an airport
(C) At a car rental office
(D) At a train station

여자는 어디에 있는가?
(A) 호텔
(B) 공항
(C) 렌터카 사무소
(D) 기차역

---

2 According to the man, what has caused a delay?
(A) Road construction
(B) Bad weather
(C) A scheduling mistake
(D) A mechanical problem

남자에 따르면 무엇 때문에 지연되는가?
(A) 도로 공사
(B) 악천후
(C) 일정 착오
(D) 기계적 문제

3 What does the man say he will do?
(A) Contact his supervisor
(B) Issue a boarding pass
(C) Apply a discount
(D) Print a map

남자는 무엇을 하겠다고 하는가?
(A) 상사에게 연락
(B) 탑승권 발급
(C) 할인 적용
(D) 지도 인쇄

어휘 cause 야기하다 delay 지연 mechanical 기계적인 supervisor 상사, 관리자 issue 발급하다 apply 적용하다

Check Up

교재 p.169

1. (B) **2.** (A) **3.** (B)

Questions 1-3 refer to the following conversation.

M-Au [1]Why is this street blocked? [2]This is the only street / that goes directly to the airport.

W-Br Oh—I heard / the president of China is visiting today. That's probably why it's closed.

M-Au Well, [2] how are we going to get to the airport? We don't want to miss our flight.

W-Br [3]Let's ask the police officer / standing over there.

1-3번은 다음 대화를 참조하시오.

남 **1 왜 이 도로가 차단된 거죠? 2 공항까지 직접 가는 유일한 길인데요.**

여 아, 오늘 중국 주석이 방문한다고 들었어요. 아마 그래서 막았을 거예요.

남 음, **2 우리는 공항에 어떻게 가죠?** 비행기를 놓치고 싶지 않아요.

여 **3 저쪽에 서 있는 경찰에게 물어보기로 해요.**

어휘 block 차단하다, 막다 directly 직접, 곧장 miss 놓치다 flight 비행, 항공편 police officer 경찰관

1 What is the problem?
(A) The car has broken down.
(B) A street is blocked.

문제점은 무엇인가?
(A) 차가 고장 났다.
(B) 도로가 차단되었다.

해설 **문제점** 부정적인 내용이 언급되는 부분에 주목한다. 남자가 첫 번째 대사에서 왜 이 도로가 차단되었는지(Why is this street blocked?) 물었으므로 정답은 (B)이다.

2 Where are the speakers going?
(A) To an airport
(B) To a police station

화자들은 어디로 가고 있는가?
(A) 공항
(B) 경찰서

해설 **화자들이 가고 있는 곳** 남자가 첫 번째 대사에서 공항까지 직접 가는 유일한 길(This is ~ the airport)이라고 했고, 두 번째 대사에서 공항에 어떻게 갈지(how are we going to get to the airport?) 물었으므로 정답은 (A)이다.

3 What will the speakers probably do next?
(A) Call for information
(B) Talk to a police officer

화자들은 다음에 무엇을 할 것인가?
(A) 정보를 요청한다.
(B) 경찰관과 이야기한다.

해설 **다음에 할 일** 마지막 대사에서 여자가 경찰에게 물어보자(Let's ask ~ over there)고 했으므로 정답은 (B)이다.

Paraphrasing 지문의 ask → 정답의 Talk to

ETS 문제로 훈련하기

교재 p.171

1. (B) **2.** (A) **3.** (A) **4.** (A)

Question 1 refers to the following conversation.

M-Au Excuse me, did you know / that parking regulations along this street / have recently changed? Now, you can only park here / after ten P.M.

W-Am Oh no, I didn't know that. I guess / I should move my car.

M-Au There's a parking area / on the next block.

1번은 다음 대화를 참조하시오.

남 실례합니다, **이 거리의 주차 규정이 최근에 바뀐 거 아셨나요?** 이제, 여기 주차는 오후 10시 이후에만 가능합니다.

여 아, 아니요, 몰랐어요. 차를 옮겨야 할 것 같네요.

남 다음 블록에 주차 구역이 있습니다.

어휘 **regulation** 규정, 법규 **recently** 최근

1 What does the man tell the woman about?
(A) A closing time
(B) A new regulation

남자가 여자에게 말하는 것은?
(A) 마감 시간
(B) 새 규정

해설 **남자가 말하는 것** 남자가 첫 대사에서 이 거리의 주차 규정이 바뀐 것을 알고 있었는지 여자에게 묻고 있으므로 정답은 (B)이다.

Question 2 refers to the following conversation.

W-Am Excuse me. I'm interested in doing some remodeling / in my kitchen—can you help me with that?

M-Cn Yes, of course. And we're offering a special promotion / this month—fifteen percent off any home improvement purchases / you make in our store.

W-Am That sounds great.

2번은 다음 대화를 참조하시오.

여 실례합니다. **주방 리모델링을 하고 싶은데요. 좀 도와주시겠어요?**

남 네, 물론이죠. 그리고 이번 달에 특별 판촉행사를 하고 있는데요. 저희 가게에서 구입하시는 어떤 주택 개조 용품이든 구매시 15퍼센트 할인해 드립니다.

여 그거 좋은데요.

어휘 **remodel** 개조하다 **promotion** 판촉(행사) **home improvement** 주택 개조 **purchase** 구매; 구매하다

2 What is the woman planning to do?
(A) Remodel a kitchen
(B) Open a restaurant

여자가 계획하고 있는 일은?
(A) 주방 리모델링
(B) 식당 개업

해설 **여자가 계획한 일** 여자가 첫 대사에서 주방 리모델링을 하고 싶다고 말하고 있으므로 정답은 (A)이다.

Questions 3 and 4 refer to the following conversation and schedule.

W-Am The ticket agent just told me / that the train to Frankfurt is sold out.

M-Cn Oh no. And the next train there / won't leave for four more hours, right?

W-Am Yes, but it's OK. 3 I got us tickets to Bebra instead. From there / we can take another train to Frankfurt.

M-Cn Perfect. 4 I hope / we arrive early enough / to take a tour of the Marburg Visual Arts Center.

W-Am I think / we'll have plenty of time. The galleries are open late / in Frankfurt.

3-4번은 다음 대화와 시간표를 참조하시오.

여 매표원이 프랑크푸르트 행 기차가 매진이래요.

남 어쩌죠. 거기로 가는 다음 기차는 4시간 후에나 떠나요, 그렇죠?

여 네, 하지만 괜찮아요. **3 대신에 베브라 행 표를 구했어요.** 거기서 프랑크푸르트로 가는 다른 기차를 탈 수 있어요.

남 너무 잘됐네요. **4 마르부르그 시각 미술 센터 견학을 할 만큼 충분히 일찍 도착하면 좋겠어요.**

여 시간이 충분할 것 같아요. 프랑크푸르트에 있는 미술관들은 늦게까지 열거든요.

어휘 **ticket agent** 매표원 **sold out** 매진된 **take a tour** 견학하다, 둘러보다 **visual art** 시각 미술 **plenty of** ~이 많은

Kassell Train Station	
Destination	Departure Time
3 Bebra	2:15 P.M.
Giessen	3:30 P.M.
Marburg	4:45 P.M.
Frankfurt	5:10 P.M.

카셀 기차역	
목적지	출발 시간
3 베브라	오후 2:15
기센	오후 3:30
마르부르그	오후 4:45
프랑크푸르트	오후 5:10

어휘 **destination** 목적지 **departure** 출발

3 Look at the graphic. What time will the speakers depart?
(A) 2:15 P.M.
(B) 3:30 P.M.
(C) 4:45 P.M.
(D) 5:10 P.M.

시각정보에 따르면, 화자들은 몇 시에 출발하는가?
(A) 오후 2:15
(B) 오후 3:30
(C) 오후 4:45
(D) 오후 5:10

해설 **시각정보 연계 문제_화자들이 출발할 시각** 기차역에서 볼 수 있는 출발 시간표임을 먼저 파악한다. 대화에서 프랑크푸르트가 먼저 언급되었지만 프랑크푸르트 행 기차표는 매진(sold out)이어서 여자가 베브라 행 표를 구했다고 했다. 시간표에서 베브라 행의 출발 시각을 찾아 보면 2:15 p.m.임을 알 수 있으므로 정답은 (A)이다.

---

4 What does the man mention he would like to do?
(A) Visit an art gallery
(B) Find a hotel in Bebra
(C) Exchange some tickets
(D) Extend the length of a trip

남자는 무엇을 하고 싶다고 언급하는가?
(A) 미술관 방문하기
(B) 베브라에서 호텔 찾기
(C) 표 교환하기
(D) 여행 기간 연장하기

어휘 **mention** 언급하다 **exchange** 교환하다 **extend** 연장하다 **length** 기간

해설 **남자가 하고 싶다고 언급한 것** 남자가 하고자 하는 활동에 주목하면, I hope를 사용해서 시각 미술 센터에 가고 싶다고 했으므로 정답은 (A)이다.

Paraphrasing 지문의 take a tour → 정답의 visit

ETS 실전 테스트

교재 p. 172

1. (C) **2.** (D) **3.** (C) **4.** (C) **5.** (A) **6.** (B) **7.** (B) **8.** (A) **9.** (B)
10. (C) **11.** (A) **12.** (B) **13.** (A) **14.** (B) **15.** (D) **16.** (D) **17.** (A) **18.** (B)
19. (B) **20.** (D) **21.** (A)

Questions 1 through 3 refer to the following conversation.

M-Au Hi, Janet, what are you doing here? [1] I thought / you were taking off today and Wednesday / so you could get settled into your new apartment.

W-Br [1/2] That was my plan, but the manager of the building called last night / and told me / that the painters wouldn't be finished / until Thursday.

M-Au So will you move on Friday / or are you going to wait a little / for the paint to dry?

1-3번은 다음 대화를 참조하시오.

남 안녕하세요, 자넷. 여기 어쩐 일이세요? **1 오늘과 수요일에 휴가여서 새 아파트에 자리를 잡을 수 있을 거라고 생각했는데요.**

여 **1/2 계획은 그랬죠. 그런데 건물 관리인이 어젯밤 전화해서 페인트공들이 목요일까지 마치지 못할 거라고 하네요.**

남 그래서 금요일에 이사하실 건가요, 아니면 페인트가 마르도록 조금 더 기다리실 건가요?

W-Br [3] I'll probably move on Friday. Then I can unpack / over the weekend.

여 3 아마 금요일에 이사할 거예요. 그러면 주말에 짐을 풀 수 있어요.

어휘 **take off** 휴가를 얻다 **settle** 정착하다, 자리잡다 **probably** 아마 **unpack** 짐을 풀다

1 What are the speakers discussing?
(A) A popular book
(B) An art museum
(C) A change in plans
(D) A weather forecast

화자들은 무엇에 대해 이야기하는가?
(A) 인기 도서
(B) 미술관
(C) 계획 변경
(D) 일기예보

어휘 **popular** 인기 있는 **weather forecast** 일기예보

해설 **대화의 주제** 남자가 첫 번째 대사에서 오늘과 수요일에 휴가여서 새 아파트에 자리를 잡을 수 있을 것(you were taking off today and Wednesday so you could get settled into your new apartment)이라고 생각했다며 여자의 계획에 대해 언급했다. 이에 대해 여자가 계획은 그랬다(That was my plan)고 한 후, 페인트공들이 목요일까지 마치지 못할 것(the painters wouldn't be finished until Thursday)이라며 계획 변경과 관련된 대화를 이어가고 있으므로, (C)가 정답이다.

2 Who called the woman last night?
(A) A coworker
(B) A house painter
(C) An important client
(D) A building manager

어젯밤 누가 여자에게 전화했는가?
(A) 동료
(B) 집 페인트공
(C) 중요 고객
(D) 건물 관리인

해설 **여자에게 전화한 사람** 여자의 첫 번째 대사에서 건물 관리인이 어젯밤 전화했다(the manager of the building called last night)고 했으므로, (D)가 정답이다.

3 What will the woman probably do on Friday?
(A) Go on a business trip
(B) Host a party
(C) Move to a new apartment
(D) Start a new job

여자는 금요일에 무엇을 할 것인가?
(A) 출장 가기
(B) 파티 열기
(C) 새 아파트로 이사하기
(D) 새로운 일 시작하기

해설 **여자가 금요일에 할 일** 여자가 마지막 대사에서 자신은 아마도 금요일에 이사할 것(I'll probably move on Friday)이라고 했으므로, (C)가 정답이다.

Questions 4 through 6 refer to the following conversation.

M-Cn Hi—am I on the right bus? [4] I'm trying to get to the Modern Art Museum.

W-Br Well, this route won't take you all the way there. [5] You'll want to change to the number 14 bus. That one will drop you off / right by the museum.

M-Cn Oh, got it, thanks. Should I get off / at the next stop / to switch buses, then?

W-Br No, at the Newport Street stop. That's on the number 14 bus route, too, so it's the best place / to switch. [6] Look for the sports complex—when we pull up / right in front of the football stadium, that's the time / to get off.

4-6번은 다음 대화를 참조하시오.

남 안녕하세요. 제가 버스를 맞게 탔나요? **4 모던 미술관에 가려고 하는데요.**

여 음, 이 노선은 거기까지 가지 않을 거예요. **5 14번 버스로 갈아타야 할 겁니다.** 그 버스가 미술관 바로 옆에 내려줄 거예요.

남 아, 알겠습니다. 감사합니다. 그럼 버스를 갈아타려면 다음 정류장에서 내려야 하죠?

여 아니요. 뉴포트 가 정류장에서요. 거기도 14번 버스의 노선상에 있으니 갈아타기에 가장 좋은 곳이죠. **6 종합운동장을 찾으세요.** 축구경기장 앞에 설 때 내리면 됩니다.

어휘 **drop off** ~을 (차에서) 내려주다 **get off** 내리다 **pull up** 서다, 멈추다 **in front of** ~ 앞에

4 What does the man want to do?
(A) Return to his hotel
(B) Attend a sports event
(C) Go to a museum
(D) Buy a bus ticket

남자는 무엇을 하고 싶어하는가?
(A) 호텔로 복귀하기
(B) 스포츠 행사에 참석하기
(C) 미술관에 가기
(D) 버스표 사기

해설 **남자가 하고 싶은 일** 남자가 첫 번째 대사에서 모던 미술관에 가려고 한다(I'm trying to get to the Modern Art Museum)며 자신의 행선지를 밝혔으므로, (C)가 정답이다.

Paraphrasing 지문의 get to the Modern Art Museum → 정답의 Go to a museum

5 What does the woman suggest that the man do?
(A) Transfer to another bus
(B) See a special exhibit
(C) Park on the street
(D) Stop at a tourist center

여자는 남자에게 무엇을 하라고 제안하는가?
(A) 다른 버스로 환승하기
(B) 특별 전시회 관람하기
(C) 길에 주차하기
(D) 관광객 센터에서 멈추기

어휘 **transfer** 갈아타다, 환승하다 **exhibit** 전시(회)

해설 **여자의 제안 사항** 여자가 첫 번째 대사에서 14번 버스로 갈아타야 한다(You'll want to change to the number 14 bus)고 남자에게 제안했으므로, (A)가 정답이다.

Paraphrasing 지문의 change to the number 14 bus → 정답의 Transfer to another bus

6 What does the woman tell the man to look for?
(A) An automated ticket machine
(B) A sports stadium
(C) A taxi stand
(D) Fourteenth Street

여자는 남자에게 무엇을 찾으라고 말하는가?
(A) 자동 매표 기계
(B) 스포츠 경기장
(C) 택시 정류장
(D) 14번 가

어휘 **automated** 자동화된 **stand** 정류장, 승차장

해설 **여자가 남자에게 찾으라고 말한 것** 여자가 마지막 대사에서 종합운동장을 찾으라(Look for the sports complex)고 했으므로, (B)가 정답이다.

Paraphrasing 지문의 sports complex → 정답의 sports stadium

Questions 7 through 9 refer to the following conversation.

W-Am Oh dear ... Jeremy, look at all these cars. 7 I wasn't expecting this.

M-Au Oh, 7 I hope / we won't be late / for our presentation to Sharpman Industries. 8 They might not want to work with us / if we don't make it to this meeting / on time!

W-Am You know, there's a parking garage close to here. 9 Maybe we should leave the car there / and walk the rest of the way. Their offices are only a kilometer or so away.

7-9번은 다음 대화를 참조하시오.

여 이런… 제레미, 이 차들 좀 봐요. **7 이걸 예상하지 못했네요.**

남 아, **7 샤프먼 인더스트리즈에 발표하는 자리에 늦지 않았으면 좋겠어요. 8 우리가 이번 회의 시간에 맞춰 가지 않으면 그들이 우리와 일을 안 하고 싶어 할지도 몰라요!**

여 있잖아요, 여기서 가까운 곳에 주차 건물이 있어요. **9 우리가 차를 그곳에 두고 남은 거리는 걸어가야 할지도 모르겠어요. 그들의 사무실이 1킬로미터 남짓밖에 안 되는 곳에 있거든요.**

어휘 **expect** 예상하다 **make it to** ~에 가다[도착하다] **on time** 정각에, 시간에 맞춰 **parking garage** 주차 건물 **or so** ~ 남짓

7 Why does the woman say, "look at all these cars"?
(A) She is surprised a garage is empty.
(B) She is worried about the traffic.
(C) She likes the designs of some cars.
(D) She wants to buy a car.

여자가 "이 차들 좀 봐요"라고 말한 의도는?
(A) 주차장이 비어 있어서 놀랐다.
(B) 교통이 염려스럽다.
(C) 몇몇 자동차의 디자인이 마음에 든다.
(D) 자동차를 사고 싶다.

어휘 **empty** 비어 있는 **worried about** ~에 대해 염려하는

해설 **화자의 의도 파악 문제** 여자가 첫 번째 대사에서 차가 많을 것을 예상하지 못했다(I wasn't expecting this)고 하자 남자가 샤프먼 인더스트리즈에 발표하는 자리에 늦지 않았으면 좋겠다(I hope we won't be late for our presentation)고 했다. 즉, 차를 보라고 말한 이유는 차가 많아 늦을 수도 있어서 교통이 염려스럽다는 의미이므로 정답은 (B)이다.

---

8 Who are the speakers planning to meet?
(A) Potential business partners
(B) City officials
(C) A new manager
(D) A guest speaker

화자들은 누구를 만날 계획인가?
(A) 잠재적 사업 파트너
(B) 시 공무원
(C) 새로운 관리자
(D) 초청 연사

어휘 **potential** 잠재적인 **official** 공무원

해설 **화자들이 만날 사람** 첫 번째 대사에서 회의에 시간 맞춰 가지 않으면 그들이 우리와 일하고 싶어 하지 않을지도 모른다(They might not want to work with us)고 했으므로 정답은 (A)이다.

Paraphrasing 지문의 want to work with us → 정답의 Potential business partners

---

9 What does the woman suggest?
(A) Taking a taxi
(B) Walking to a destination
(C) Rescheduling a workshop
(D) Canceling a project

여자는 무엇을 제안하는가?
(A) 택시 타기
(B) 목적지까지 걷기
(C) 워크숍 일정 변경
(D) 프로젝트 취소

어휘 **destination** 목적지, 행선지 **reschedule** 일정을 변경하다

해설 **여자의 제안 사항** 여자가 두 번째 대사에서 차를 주차장에 두고 남은 거리는 걸어가야 할지도 모르겠다(we should leave the car there and walk the rest of the way)고 했으므로 정답은 (B)이다.

Paraphrasing 지문의 walk the rest of the way → 정답의 Walking to a destination

---

Questions 10 through 12 refer to the following conversation.

M-Cn Hi, Ms. Miller. 10 It's Hector Diaz calling from Jackson Realtors. An apartment has just been listed / that I think you might be interested in. It's a one-bedroom place / that's available immediately. 11 But best of all, it's near Fulbright Park.

W-Am Near Fulbright Park? Oh, 11 that's wonderful news. The park is very close to my office—that's exactly what I'd hoped for.

M-Cn 12 Would you like to look at the apartment? We can get in / to see it sometime tomorrow / if you're free.

W-Am 12 I'm busy in the morning, but the afternoon would be fine. Let me write down / where it is, and I can meet you there.

10-12번은 다음 대화를 참조하시오.

남 안녕하세요, 밀러 씨. **10 잭슨 부동산의 헥터 디아즈입니다. 관심을 가지실 만한 아파트가 나와 있어서요.** 즉시 이용 가능한 침실 1개짜리 아파트입니다. **11 무엇보다도 풀브라이트 공원 근처예요.**

여 풀브라이트 공원 근처요? 아, **11 좋은 소식이네요. 공원이 제 회사와 매우 가깝거든요.** 정확히 바라던 바예요.

남 **12 아파트를 보시겠어요? 시간이 되신다면 내일 언젠가 보러 갈 수 있어요.**

여 **12 오전엔 바쁘지만 오후는 괜찮습니다.** 어디인지 적을게요. 거기서 뵈면 돼요.

어휘 **realtor** 부동산업자 **list** (팔 물건으로) 내놓다 **available** 이용 가능한 **immediately** 즉시, 바로 **exactly** 정확히

10 What type of business does the man work for?

(A) An architecture firm

(B) A construction company

(C) A real estate agency

(D) A bank

남자는 어떤 종류의 업체에서 일하는가?

(A) 건축사무소

(B) 건설업체

(C) 부동산 중개업체

(D) 은행

어휘 **architecture** 건축 **construction** 건설, 공사 **real estate** 부동산

해설 **남자가 근무하는 업종** 남자가 첫 번째 대사에서 잭슨 부동산의 헥터 디아즈(Hector Diaz calling from Jackson Realtors)라고 자신을 소개한 후, 관심을 가질 만한 아파트가 나와 있다(An apartment has just been listed that ~ you might be interested in)며 전화한 목적을 밝혔으므로, 남자가 부동산 중개업체에서 근무한다는 것을 알 수 있다. 따라서 (C)가 정답이다.

Paraphrasing 지문의 Jackson Realtors → 정답의 A real estate agency

---

11 Why is the woman pleased?

(A) An apartment is conveniently located.

(B) A job position is opening soon.

(C) Some funding has been approved.

(D) Some renovations have been completed.

여자가 기뻐한 이유는?

(A) 아파트가 편리한 곳에 위치해 있다.

(B) 곧 구인 자리가 생긴다.

(C) 일부 자금이 승인됐다.

(D) 개조 작업이 완료됐다.

어휘 **conveniently located** 위치가 편리한 **funding** 자금 **approve** 승인하다 **renovation** 개조, 보수 **complete** 완료하다

해설 **여자가 기뻐한 이유** 남자가 첫 번째 대사에서 아파트가 풀브라이트 공원 근처(it's near Fulbright Park)라고 했는데, 이에 대해 여자가 좋은 소식(wonderful news)이라고 밝힌 후, 공원이 자신의 회사와 매우 가깝다(The park is very close to my office)며 좋은 이유를 밝혔으므로, (A)가 정답이다.

Paraphrasing 지문의 very close to my office → 정답의 conveniently located

---

12 What does the woman plan to do tomorrow afternoon?

(A) Sign some documents

(B) View a property

(C) Attend a trade show

(D) Make a presentation

여자는 내일 오후 무엇을 할 계획인가?

(A) 문서에 서명하기

(B) 건물 보기

(C) 무역 박람회 참석하기

(D) 발표하기

어휘 **property** 부동산, 건물 **attend** 참석하다 **trade show** 무역 박람회 **presentation** 발표

해설 **여자의 내일 오후 계획** 남자가 두 번째 대사에서 아파트를 보고 싶은지(Would you like to look at the apartment?) 여자의 의향을 물은 후, 내일 언젠가 아파트를 보러 갈 수 있다(We can get in to see it sometime tomorrow)고 덧붙였다. 이에 대해 여자가 오전엔 바쁘지만 오후는 괜찮다(I'm busy in the morning, but the afternoon would be fine)고 응답했으므로, (B)가 정답이다.

Paraphrasing 지문의 look at the apartment → 정답의 View a property

Questions 13 through 15 refer to the following conversation with three speakers.

W-Br Excuse me, [13] are you waiting for the number three train?

M-Au [13] Yes. I've been waiting / for the last twenty minutes / and no trains have gone by. I'm afraid / I'll be late for work.

W-Br Me too. I wonder / if it broke down. Oh... [14] here comes an agent. Excuse me, sir. [14] Do you know / what's going on with the number three train?

M-Cn [14] Sorry, I'm just arriving for my shift, so I'm not sure. I'll go to the station booth / and check, but [15] in the meantime, you can look up the train status / on our Web site.

13-15번은 다음 3인 대화를 참조하시오.

여 실례합니다. **13 3번 기차를 기다리고 계세요?**

남1 **13 네. 20분 동안 기다리는 중인데 기차가 지나가지 않았어요.** 회사에 늦을까 봐 걱정이네요.

여 저도요. 고장 난 건지 궁금해요. 아… **14 역무원이 오네요.** 실례합니다. **14 3번 기차가 어떻게 됐는지 아세요?**

남2 **14 죄송하지만 저도 교대 근무를 위해 막 도착해서 잘 모르겠습니다.** 제가 역 부스에 가서 확인해 보겠습니다만, **15 그동안 저희 웹사이트에서 기차 상황을 찾아보실 수 있습니다.**

W-Br Great. I'll do that now. Thanks.

여 좋아요. 지금 그렇게 할게요. 감사합니다.

어휘 **break down** 고장 나다 **shift** 교대 근무 **in the meantime** 그동안, 당분간 **look up** 찾아보다 **status** 상황

13 What are the speakers mainly discussing?
(A) The status of a delayed train
(B) The features of a new train
(C) The cost of a train ticket
(D) The location of a train station

화자들은 주로 무엇에 대해 이야기하는가?
(A) 연착된 열차 상황
(B) 새 기차의 특색
(C) 기차표 가격
(D) 기차역 위치

어휘 **delayed** 지연된, 연착된 **feature** 특색, 특징

해설 **대화의 주제** 여자가 첫 번째 대사에서 3번 기차를 기다리고 있는지(are you waiting for the number three train?) 물었는데, 이에 대해 남자 1이 긍정(Yes)한 후, 20분 동안 기다리는 중인데 기차가 지나가지 않았다(I've been waiting for the last twenty minutes and no trains have gone by)며 기차의 연착 상황에 대해 언급했다. 따라서 (A)가 정답이다.

14 Why is the train agent unable to answer the woman's question?
(A) He is a new employee.
(B) He has just arrived for his shift.
(C) A computer system has stopped working.
(D) A schedule is incomplete.

역무원이 여자의 질문에 대답하지 못한 이유는?
(A) 신입 직원이다.
(B) 교대 근무를 위해 막 도착했다.
(C) 컴퓨터 시스템 동작이 멈췄다.
(D) 시간표가 미완성 상태다.

어휘 **incomplete** 불완전한, 미완성의

해설 **역무원이 여자의 질문에 대답하지 못한 이유** 여자가 두 번째 대사에서 역무원이 온다(here comes an agent)고 한 후, 3번 기차가 어떻게 됐는지(what's going on with the number three train) 역무원 남자 2에게 질문했다. 이에 대해 역무원 남자 2가 교대 근무를 위해 막 도착해서 잘 모르겠다(I'm just arriving for my shift, so I'm not sure)고 응답했으므로, (B)가 정답이다.

15 What does the train agent suggest doing?
(A) Requesting a refund
(B) Labeling some luggage
(C) Taking a shuttle bus
(D) Checking a Web site

역무원은 무엇을 하라고 제안하는가?
(A) 환불 요청하기
(B) 수하물에 라벨 붙이기
(C) 셔틀버스 타기
(D) 웹사이트 확인하기

어휘 **request** 요청하다 **refund** 환불 **luggage** 수하물, 짐

해설 **역무원의 제안 사항** 역무원 남자 2가 첫 번째 대사에서 웹사이트에서 기차 상황을 찾아볼 수 있다(you can look up the train status on our Web site)는 정보를 제공했으므로, (D)가 정답이다.

Paraphrasing 지문의 look up ~ on our Web site → 정답의 Checking a Web site

Questions 16 through 18 refer to the following conversation.

M-Au Good afternoon. 16 Here's my passport.
W-Am Thanks. Will you be checking any bags today?
M-Au No—I only have my carry-on bag.
W-Am Very good. I see / that you're a gold member of the Appleman Airlines' loyalty program.
M-Au Yes, 17 I always fly with Appleman Airlines for work. I like how dependable you are.
W-Am We appreciate the feedback! 16 There are some empty business class seats / on your flight. 18 I'd like to offer you a complimentary upgrade.

16-18번은 다음 대화를 참조하시오.
남 안녕하세요. **16 여기 여권이 있습니다.**
여 감사합니다. 오늘 가방을 부치실 건가요?
남 아니요. 휴대용 가방 하나뿐입니다.
여 좋습니다. 애플맨 항공사의 마일리지 적립 프로그램 골드 회원이시군요.
남 네, **17 업무 차 애플맨 항공사를 항상 이용하거든요.** 아주 믿을 만해서 좋아하죠.
여 의견 감사합니다! **16 귀하의 항공편 비지니스석에 빈 좌석이 있는데요. 18 무료 업그레이드를 해 드리려고 합니다.**

M-Au That's wonderful—thank you!
W-Am No problem. Here's your boarding pass.

남 좋아요. 감사합니다!
여 별 말씀을요. 탑승권 여기 있습니다.

어휘 check 부치다 carry-on bag 휴대용 가방 loyalty 충성 loyalty program (충성 고객을 위한) 마일리지[포인트] 적립 프로그램 dependable 믿을 수 있는 appreciate 감사하다 complimentary 무료의 boarding pass 탑승권

16 Where does the conversation most likely take place?
(A) At a ferry port
(B) At a train station
(C) At a bus depot
(D) At an airport

대화는 어디에서 이루어지겠는가?
(A) 여객선 터미널
(B) 기차역
(C) 버스 정류장
(D) 공항

해설 **대화 장소** 남자가 첫 번째 대사에서 여기 여권이 있다(Here's my passport)며 여자에게 여권을 제시했고, 여자의 세 번째 대사에서 남자의 항공편 비지니스석에 빈 좌석이 있다(There are some empty business class seats on your flight)고 했으므로, 대화가 공항에서 이뤄지고 있다고 추론할 수 있다. 따라서 (D)가 정답이다.

17 What does the man like about a company?
(A) It is reliable.
(B) It is conveniently located.
(C) It offers seasonal discounts.
(D) It has an online booking system.

남자는 회사의 어떤 점을 마음에 들어 하는가?
(A) 믿을 만하다.
(B) 편리한 위치에 있다.
(C) 계절별 할인을 제공한다.
(D) 온라인 예약 시스템을 갖췄다.

어휘 reliable 믿을 만한 conveniently-located 입지가 좋은, 위치가 편한 seasonal 계절에 따른 booking 예약

해설 **남자가 회사에 대해 마음에 들어 한 것** 남자가 세 번째 대사에서 애플맨 항공사를 항상 이용한다(I always fly with Appleman Airlines for work)고 한 후 믿을 만해서 좋아한다(I like how dependable you are)고 했으므로, (A)가 정답이다.

Paraphrasing 지문의 how dependable you are → 정답의 It is reliable

18 What does the woman offer the man?
(A) An access code
(B) A free upgrade
(C) A meal voucher
(D) A rewards card

여자는 남자에게 무엇을 제안하는가?
(A) 접속 코드
(B) 무료 업그레이드
(C) 식권
(D) 적립카드

어휘 access 접근, 접속 meal voucher 식권 reward 보상 rewards card (고객에게 보상하기 위한 포인트) 적립카드

해설 **여자의 제안 사항** 여자가 세 번째 대사에서 무료 업그레이드를 해 주겠다(I'd like to offer you a complimentary upgrade)고 남자에게 제안했으므로, (B)가 정답이다.

Paraphrasing 지문의 a complimentary upgrade → 정답의 A free upgrade

Questions 19 through 21 refer to the following conversation and table.

M-Au Welcome to Lark Heights Apartments. What brings you in today?
W-Am 19 I'm starting a new job / and want to live close to work. Will there be any one-bedroom apartments available / next month?
M-Au Let's see... Looks like / I'll have some units open then. Here's a list / with our one bedroom leasing options. You'll notice / the price per month decreases / the longer you stay. 20 Any idea / how long you want to rent for?

19-21번은 다음 대화와 표를 참조하시오.
남 라크 하이츠 아파트에 오신 것을 환영합니다. 오늘은 무슨 일로 오셨어요?
여 **19 새로운 일을 시작하는데 직장 가까이서 살고 싶어요.** 다음 달에 침실 하나짜리 아파트가 나올까요?
남 어디 보자... 그때쯤이면 아파트 몇 호가 빌 것 같네요. 여기 침실 하나짜리 임대 옵션이 있는 목록이에요. 보면 아시겠지만 오래 머물수록 월세가 떨어져요. **20 얼마나 임대하고 싶으신가요?**

W-Am 20 At least a year.

M-Au OK. So, this is the rent / on a twelve-month lease. 21 I've actually got a unit / that we could tour right now.

W-Am 21 That'd be great.

여 20 적어도 1년이요.

남 그렇군요. 이건 12개월 임대료예요. 21 실은 지금 바로 볼 수 있는 집이 있어요.

여 21 잘됐네요.

어휘 lease 임대하다; 임대차 계약 decrease 떨어지다, 감소하다 tour 둘러보다, 순회하다

Leasing Options	
Rental Term	**Rent per Month**
3 months	$960
6 months	$900
9 months	$845
20 12 months	$795

임대 옵션	
임대 기간	월세
3개월	960달러
6개월	900달러
9개월	845달러
20 12개월	**795달러**

어휘 term 기간 per month 한 달 단위로

19 What reason does the woman give for moving?
(A) She needs more space.
(B) She is beginning a new job.
(C) Her current rent is high.
(D) Her neighborhood is very noisy.

여자가 말한 이사 이유는?
(A) 공간이 더 필요하다.
(B) 새로운 일을 시작할 것이다.
(C) 현재 임대료가 비싸다.
(D) 이웃이 매우 시끄럽다.

어휘 current 현재의 neighborhood 이웃; 주변

해설 **여자가 언급한 이사 이유** 여자가 첫 번째 대사에서 새로운 일을 시작하는데 직장 가까이서 살고 싶다(I'm starting a new job and want to live close to work)며 이사 이유를 밝혔으므로, (B)가 정답이다.

Paraphrasing 지문의 starting a new job → 정답의 beginning a new job

20 Look at the graphic. How much rent will the woman most likely pay?
(A) $960
(B) $900
(C) $845
(D) $795

시각정보에 따르면 여자는 임대료를 얼마 내겠는가?
(A) 960달러
(B) 900달러
(C) 845달러
(D) 795달러

해설 **시각정보 연계 문제_여자의 임대료** 남자가 두 번째 대사에서 얼마나 임대하고 싶은지(Any idea how long you want to rent for?) 여자에게 물었는데, 이에 대해 여자가 적어도 1년(At least a year)이라고 응답했다. 시각정보를 보면 여자가 언급한 1년(12 months) 임대 기간(Rental Term)의 월세(Rent per Month)는 795달러이므로, (D)가 정답이다.

21 What will the speakers do next?
(A) Go on a tour
(B) Revise a lease
(C) Look at a Web site
(D) Complete an application

화자들은 다음에 무엇을 할 것인가?
(A) 집 보러 가기
(B) 임대차 계약 수정
(C) 웹사이트 보기
(D) 신청서 작성

어휘 revise 수정하다 complete 작성하다, 완료하다 application 신청(서)

해설 **다음에 할 일** 남자가 세 번째 대사에서 지금 바로 볼 수 있는 집이 있다(I've actually got a unit that we could tour right now)고 했는데, 이에 대해 여자가 잘됐다(That'd be great)며 집을 보러 가는 것에 동의했으므로, (A)가 정답이다.

Paraphrasing 지문의 tour → 정답의 Go on a tour

UNIT 07 쇼핑/주문

기출 문제풀이 전략

예제

교재 p. 174

1 What product are the speakers discussing?
(A) Electronics
(B) Footwear
(C) Packing materials
(D) Art supplies

화자들이 논의하고 있는 제품은?
(A) 전자 제품
(B) 신발
(C) 포장재
(D) 미술용품

2 What does the man imply when he says, "There are only fifteen boxes left"?
(A) He is glad that a sale is ending.
(B) He wants employees to finish a task.
(C) A product is selling very well.
(D) Some inventory should be relocated.

남자가 "열다섯 상자밖에 남지 않았어요"라고 말할 때 암시하는 것은?
(A) 할인 판매가 끝나가서 기쁘다.
(B) 직원들이 업무를 끝내기를 원한다.
(C) 제품이 아주 잘 팔리고 있다.
(D) 일부 재고품이 재배치되어야 한다.

3 What does the man say that he will do?
(A) Enlarge a display area
(B) Extend an advertising campaign
(C) Update some flyers
(D) Talk to a sales representative

남자는 무엇을 하겠다고 말하는가?
(A) 진열 구역 확장하기
(B) 광고 활동 연장하기
(C) 전단 업데이트하기
(D) 영업 직원에게 말하기

어휘 **task** 임무, 과제 **inventory** 재고 **relocate** 재배치하다, 이전하다 **enlarge** 확대하다 **extend** 연장하다 **flyer** 전단 **sales representative** 영업 직원

Check Up

교재 p. 175

1. (A) **2.** (A) **3.** (B)

Questions 1 through 3 refer to the following conversation.

W-Am [1] Welcome to our shop. Can I help you find any plants?
M-Au I was walking by / when I saw the nicest plant in the window—the one with large green and white leaves.
W-Am You mean this one? [2] It really is pretty, but it does require a lot of care.
M-Au Well, I'd love to buy it, but I don't have a lot of experience / tending to plants.
W-Am Hmm. Well, [3] in that case, we do have some plants / that require less watering. They're all on display / near the cash register.

1-3번은 다음 대화를 참조하시오.
여 **1 저희 매장에 오신 것을 환영합니다. 식물 찾으시는 걸 도와드릴까요?**
남 지나가다가 창에서 가장 멋진 식물을 봤어요. 녹색과 흰색 잎이 있는 커다란 식물이요.
여 이거 말씀하시나요? **2 정말 예쁜데** 많은 보살핌이 필요해요.
남 저, 사고 싶지만 식물을 돌본 경험이 많지 않아요.
여 음... 자, **3 그러시다면 물을 덜 줘도 되는 식물들이 있어요. 모두 금전 등록기 가까이에 진열되어 있습니다.**

어휘 **require** 요구하다, 필요로 하다 **experience** 경험 **tend to**+명사 ~을 돌보다, 보살피다 **on display** 진열된, 전시된 **cash register** 금전 등록기

1 Where most likely are the speakers?
(A) At a plant shop
(B) At a dry-cleaning business

화자들은 어디에 있겠는가?
(A) 화초 가게
(B) 드라이클리닝 업체

해설 **대화 장소** 여자가 첫 번째 대사에서 자신의 매장에 온 것을 환영한다(Welcome to our shop)고 한 후, 식물 찾는 것을 도와주겠다(Can I help you find any plants?)고 남자에게 제안했으므로, 화자들이 화초 가게에 있다고 추론할 수 있다. 따라서 (A)가 정답이다.

2 Why does the woman say, "it does require a lot of care"?
(A) To give a warning
(B) To correct some information

여자가 "많은 보살핌이 필요해요"라고 말한 이유는?
(A) 주의를 주려고
(B) 정보를 정정하기 위해

어휘 **warning** 주의 **correct** 바로잡다, 정정하다

해설 **화자의 의도 파악 문제** 여자의 두 번째 대사에서 남자가 선택한 식물에 대해 정말 예쁘다(It really is pretty)고 한 후, '많은 보살핌이 필요해요(it does require a lot of care)'라며 힘든 점을 덧붙였다. 이는 여자가 남자의 선택에 대해 주의를 주려는 의도라고 볼 수 있으므로, (A)가 정답이다.

3 What will the man most likely do next?
(A) Go to another branch location
(B) Look at a display of products

남자는 다음으로 무엇을 하겠는가?
(A) 다른 지점으로 가기
(B) 진열품 보기

해설 **남자가 다음에 할 일** 여자가 마지막 대사에서 물을 덜 줘도 되는 식물들이 있다(we do have some plants that require less watering)고 한 후, 모두 금전 등록기 가까이에 진열되어 있다(They're all on display near the cash register)고 안내했으므로, 남자가 진열 상품을 볼 것이라고 추론할 수 있다. 따라서 (B)가 정답이다.

ETS 문제로 훈련하기

교재 p. 177

1. (A) **2.** (B) **3.** (A) **4.** (C)

Question 1 refers to the following conversation.

M-Am1 Can I help you?
M-Am2 Yes, I can't seem to find the new biography / of Indira Kumar.
M-Am1 It's been very popular. I'm afraid / that all of our copies of the book / have been sold.

1번은 다음 대화를 참조하시오.
남1 도와 드릴까요?
남2 네, **인디라 쿠마르의 새로 나온 전기를 찾을 수가 없어요.**
남1 그 책은 아주 인기가 있어서요. 죄송하지만 저희에게 있는 책은 모두 판매되었어요.

어휘 **can't seem to** ~할 수 없어 보이다 **biography** 전기 **popular** 인기 있는 **copy** (책 · 신문 등의) 한 부

1 Where does this conversation probably take place?
(A) At a bookstore
(B) At a travel agency

대화는 어디에서 이루어지는가?
(A) 서점
(B) 여행사

해설 **대화 장소** 한 작가의 biography(전기, 일대기)를 찾고 있다는 남자의 말(I can't ~ Indira Kumar)을 통해 대화 장소가 서점인 것을 알 수 있다. 따라서 정답은 (A)이다.

Question 2 refers to the following conversation.

W-Am Hello. I recently placed an order / with your company / for a large shipment of office supplies. It arrived today, but the order isn't quite right.

2번은 다음 대화를 참조하시오.
여 안녕하세요. 최근에 제가 귀사에 많은 사무용품을 주문했는데요. 오늘 도착했는데, 주문이 제대로 안 된 것 같아요.

M-Cn Let me look up your order / on the computer. Could you give me the last four digits / of the credit card number / you used for this order?

W-Am Sure. Let's see, the number is thirty-eight eighty-nine.

남 컴퓨터에서 주문하신 것을 찾아볼게요. **이 주문에 사용하신 신용카드 번호의 마지막 네 자리 숫자를 알려주시겠습니까?**

여 물론이죠. 어디 보자, 번호가 3889네요.

어휘 **place an order** 주문하다 **office supplies** 사무용품 **look up** 찾아보다 **digit** 자릿수, 숫자

2 What does the man ask for?

(A) Some product codes

(B) Credit card information

남자가 요청하는 것은?

(A) 일부 제품 코드

(B) 신용카드 정보

해설 **남자가 요청하는 것** 남자가 여자의 신용카드 번호 중 마지막 네 자리 숫자를 물어보고 있으므로 정답은 (B)이다.

Paraphrasing 지문의 the last four digits of the credit card number → 정답의 Credit card information

---

Questions 3 and 4 refer to the following conversation.

W-Br I was wondering / if you had any chocolate cakes available.

M-Au 3 I'm sorry, but we've already sold all the chocolate cakes / we had today. We still have a nice selection of other cakes, though.

W-Br Hmm, it's for a friend's birthday party tomorrow, and she really likes chocolate.

M-Au If you don't need the cake / until tomorrow, 4 why don't I just take an order for it / right now? We can have it ready for you / first thing in the morning.

3-4번은 다음 대화를 참조하시오.

여 초콜릿 케이크를 살 수 있는지 궁금해서요.

남 **3 죄송합니다만, 오늘 저희가 갖고 있던 초콜릿 케이크가 다 팔렸어요.** 하지만 다른 맛있는 케이크들이 아직 있습니다.

여 음… 내일 친구 생일 파티에 쓸 건데, 친구가 초콜릿을 정말 좋아하거든요.

남 내일이 되어야 필요하신 거라면, **4 제가 지금 주문을 받으면 어떨까요? 아침에 처음으로 준비해 드릴 수 있습니다.**

어휘 **available** 이용 가능한 **selection** 선택, 선택 가능한 것들 **take an order** 주문을 받다

3 Why does the man apologize?

(A) A product has sold out.

(B) A reservation was incorrect.

(C) An order was misplaced.

(D) A bill was not accurate.

남자가 사과한 이유는?

(A) 제품이 다 팔렸다.

(B) 예약이 잘못됐다.

(C) 주문품을 찾을 수가 없었다.

(D) 청구서가 정확하지 않았다.

어휘 **reservation** 예약 **misplace** 제자리에 두지 않아서 찾지 못하다 **bill** 청구서 **accurate** 정확한

해설 **남자가 사과한 이유** 남자가 첫 번째 대사에서 사과(I'm sorry)를 전한 후, 오늘 초콜릿 케이크가 다 팔렸다(we've already sold all the chocolate cakes we had today)며 사과한 이유를 밝혔으므로, (A)가 정답이다.

Paraphrasing 지문의 we've already sold all the chocolate cakes → 정답의 A product has sold out.

4 What does the man suggest?

(A) Contacting another store

(B) Requesting a refund

(C) Placing an order

(D) Rescheduling an event

남자는 무엇을 제안하는가?

(A) 다른 매장에 연락하기

(B) 환불 요청하기

(C) 주문 넣기

(D) 행사 일정 변경하기

어휘 **request** 요청하다 **refund** 환불 **place an order** 주문을 넣다 **reschedule** 일정을 변경하다

해설 **남자의 제안 사항** 남자가 마지막 대사에서 자신이 지금 주문을 받으면 어떨지(why don't I just take an order for it right now) 제안한 후, 아침에 준비해 둘 수 있다(We can have it ready for you ~ in the morning)고 덧붙였으므로, (C)가 정답이다.

ETS 실전 테스트

교재 p. 178

1. (C)	**2.** (A)	**3.** (B)	**4.** (C)	**5.** (B)	**6.** (A)	**7.** (B)	**8.** (C)	**9.** (A)
10. (B)	**11.** (C)	**12.** (A)	**13.** (C)	**14.** (B)	**15.** (B)	**16.** (B)	**17.** (C)	**18.** (A)
19. (D)	**20.** (C)	**21.** (B)						

Questions 1 through 3 refer to the following conversation.

M-Cn [1]Weren't we supposed to receive a supply of paper / for the printer / on Tuesday? We're almost out / and I have documents / I need to print.

W-Am [2]The supplier called and said / they were a few days behind making deliveries, but we will definitely have our shipment / by Thursday.

M-Cn Maybe we should look for another supplier.

W-Am Well, this never happened before. Besides, [3]they offered to include three extra boxes of paper / at no additional cost.

1-3번은 다음 대화를 참조하시오.

남 **1 화요일에 프린터용 용지를 받기로 되어 있지 않았나요? 용지가 거의 없는데** 인쇄할 서류가 있어요.

여 **2 공급업체가 전화해서 배송이 며칠 늦어졌지만,** 목요일까지는 분명히 배송될 것이라고 했어요.

남 어쩌면 다른 공급업체를 알아봐야겠네요.

여 음, 전에는 이런 적이 한 번도 없어요. 게다가, **3 그 업체에서 무료로 종이 세 박스를 더 주겠다고 제안했어요.**

어휘 **supply** 공급 **out** (물품, 자원 등이) 떨어져 **make delivery** 배송하다 **definitely** 분명히, 확실히 **shipment** 배송, 선적 **besides** 게다가 **at no additional cost** 추가 비용 없이

1 What supplies do the speakers need?

(A) Paper clips
(B) Business cards
(C) Printing paper
(D) Shipping boxes

화자들은 어떤 물품이 필요한가?

(A) 종이 클립
(B) 명함
(C) 인쇄 용지
(D) 배송 상자

해설 **화자들이 필요한 물품** 남자가 첫 대사에서 여자에게 프린터용 용지를 받기로 하지 않았냐(Weren't we supposed to ~ on Tuesday?)고 물으면서 거의 다 떨어졌다(We're almost out)고 말하고 있다. 따라서 정답은 (C)이다.

2 What is the problem?

(A) A delivery is late.
(B) An item is defective.
(C) An incomplete order arrived.
(D) A wrong item was delivered.

무엇이 문제인가?

(A) 배송이 늦었다.
(B) 물품에 결함이 있다.
(C) 주문품 일부가 누락된 채 도착했다.
(D) 잘못된 물품이 배송되었다.

어휘 **defective** 결함이 있는 **incomplete** 불완전한, 미완성의

해설 **문제점** 여자의 대사에 따르면, 공급업체에서 배송이 며칠 늦어진다는 전화를 했다(The supplier called ~ making deliveries)고 하므로 정답은 (A)이다.

Paraphrasing 지문의 a few days behind making deliveries → 정답의 A delivery is late.

3 What will the company receive?

(A) A discount
(B) Free merchandise
(C) A letter of apology
(D) Free shipping

회사는 무엇을 받을 것인가?

(A) 할인
(B) 무료 상품
(C) 사과 편지
(D) 무료 배송

어휘 **merchandise** 상품 **apology** 사과

해설 **회사가 받게 될 것** 마지막 여자의 대사에서, 그 공급업체가 종이 세 박스를 무료로 더 준다(they offered to include ~ at no additional cost)고 했다고 하므로 정답은 (B)이다.

Paraphrasing 지문의 three extra boxes of paper at no additional cost → 정답의 Free merchandise

Questions 4 through 6 refer to the following conversation.

M-Cn Hello, Ms. Hong? 4 I'm returning your call / about the wedding invitations / you ordered. 5 In your message / you said / that the event is no longer being held / at the Rose Lawn Inn. Is that correct?

W-Am 5 Yes, we've decided to use a different hotel, the Silverton Lodge. It's more conveniently located for our guests. I hope / it's not too late / to change the invitations. I remember / you said / you probably wouldn't get to them right away.

M-Cn You're in luck. 4 They haven't been printed yet. 6 Could you please log into your online account / as soon as possible / and revise your order? That way / we'll have the right information.

4-6번은 다음 대화를 참조하시오.

남 안녕하세요, 홍 씨? **4 주문하신 청첩장에 관해 주신 전화에 답신 드립니다. 5 메시지에서 행사가 더 이상 로즈론 인에서 열리지 않을 거라고 말씀하셨는데요. 맞나요?**

여 **5 네. 다른 호텔인 실버튼 롯지를 이용하기로 결정했어요.** 하객들에게 위치가 더 편리하거든요. 청첩장을 변경하기에 너무 늦은 건 아니었으면 좋겠네요. 아마 바로 착수하지는 않을 거라고 말씀하신 게 기억나서요.

남 운이 좋으시네요. **4 아직 출력하지 않았거든요. 6 최대한 빨리 온라인 계정에 로그인해서 주문을 수정해 주실래요?** 그렇게 하면 저희가 정확한 정보를 얻을 수 있을 겁니다.

어휘 **invitation** 초대장 **no longer** 더 이상 ~ 않는 **be held** 열리다, 개최되다 **conveniently located** 위치가 편리한 **probably** 아마 **get to** 착수하다 **account** 계정 **revise** 수정하다, 변경하다

4 Where most likely does the man work?
(A) At a post office
(B) At a restaurant
(C) At a print shop
(D) At a travel agency

남자는 어디에서 일하겠는가?
(A) 우체국
(B) 식당
(C) 인쇄소
(D) 여행사

해설 **남자의 근무 장소** 남자가 첫 번째 대사에서 여자가 주문한 청첩장(the wedding invitations you ordered)에 관한 답신 전화라며 전화한 목적을 밝혔고, 자신의 마지막 대사에서 청첩장을 아직 출력하지 않았다(They haven't been printed yet)고 했으므로, 남자가 인쇄소에서 근무한다고 추론할 수 있다. 따라서 (C)가 정답이다.

5 What has changed about an event?
(A) Its starting time
(B) Its location
(C) The number of guests
(D) The room size

행사의 어떤 사항이 변경됐는가?
(A) 시작 시간
(B) 장소
(C) 하객 수
(D) 방 크기

해설 **행사의 변경 사항** 남자가 첫 번째 대사에서 행사가 더 이상 로즈론 인에서 열리지 않을 것(the event is no longer being held at the Rose Lawn Inn)이라는 여자의 메시지가 맞는지(correct) 확인했는데, 이에 대해 여자가 긍정(Yes)한 후, 다른 호텔인 실버튼 롯지를 이용하기로 결정했다(we've decided to use a different hotel, the Silverton Lodge)며 변경된 장소를 제시했으므로, (B)가 정답이다.

6 What does the man ask the woman to do?
(A) Revise her order online
(B) Confirm her telephone number
(C) Call another vendor
(D) Submit a credit card payment

남자는 여자에게 무엇을 해 달라고 요청하는가?
(A) 온라인으로 주문 수정하기
(B) 전화번호 확인해 주기
(C) 다른 업체에 전화하기
(D) 신용카드를 결제하기

어휘 **confirm** 확인해 주다 **vendor** 판매 회사 **submit a payment** 결제하다

해설 **남자의 요청 사항** 남자가 마지막 대사에서 온라인 계정에 로그인해서 주문을 수정해 달라(Could you please log into your online account ~ and revise your order?)고 요청했으므로, (A)가 정답이다.

Paraphrasing 지문의 log into your online account → 정답의 online

Questions 7 through 9 refer to the following conversation.

M-Au Excuse me. 7 I'm looking for strawberries, but I can't find them / in the fruit section.

W-Am Oh, sorry about that. 7 Because of yesterday's storm, our supplier wasn't able to get here. 8 But we should have a new delivery / tomorrow morning.

M-Au 8 I need the strawberries / for a birthday cake. And, well... the party's tonight.

W-Am 9 We do have some really nice blueberries. Could that work with your recipe?

M-Au Hmmm... that's not a bad idea. I'll give it a try. And where is the flour?

W-Am In aisle seven.

7-9번은 다음 대화를 참조하시오.

남 실례합니다. 7 딸기를 찾고 있는데요. 과일 코너에서 찾을 수가 없네요.

여 아, 죄송합니다. 7 어제 폭풍 때문에 공급업체가 오지 못했어요. 8 하지만 내일 아침 새로 배달될 겁니다.

남 8 생일 케이크에 쓸 딸기가 필요해요. 그런데… 파티는 오늘밤이거든요.

여 9 정말 좋은 블루베리가 있어요. 조리법에 맞을까요?

남 음… 괜찮은 생각이네요. 한번 해보죠. 그리고 밀가루는 어디 있나요?

여 7번 통로요.

어휘 **section** 부문, 구획 **supplier** 공급업자 **delivery** 배송, 배달 **recipe** 조리법 **give it a try** 한번 해보다, 시도하다 **aisle** 통로

7 Where does the conversation most likely take place?

(A) At an event-planning company
(B) At a supermarket
(C) At a farm
(D) At a café

대화는 어디에서 이루어지겠는가?

(A) 행사 기획업체
(B) 슈퍼마켓
(C) 농장
(D) 카페

해설 **대화 장소** 남자가 첫 번째 대사에서 딸기를 찾고 있다고 한 후, 과일 코너에서 찾을 수가 없다(I can't find them in the fruit section)고 했는데, 이에 대해 여자가 어제 폭풍 때문에 공급업체가 오지 못했다(Because of yesterday's storm, our supplier wasn't able to get here)고 했으므로, 대화가 슈퍼마켓에서 이뤄지고 있다고 추론할 수 있다. 따라서 (B)가 정답이다.

8 Why does the man say, "the party's tonight"?

(A) To express excitement
(B) To extend an invitation
(C) To indicate an immediate need
(D) To correct a scheduling error

남자가 "파티는 오늘밤이거든요"라고 말한 이유는?

(A) 흥분을 표현하려고
(B) 초대하려고
(C) 당장 필요하다는 것을 나타내려고
(D) 일정상의 착오를 바로잡으려고

어휘 **express** 표현하다 **extend an invitation** 초대하다, 초대장을 보내다 **immediate** 즉각적인 **correct** 바로잡다, 정정하다

해설 **화자의 의도 파악 문제** 여자의 첫 번째 대사에서 내일 아침에 새로 배달될 예정(we should have a new delivery tomorrow morning)이라고 했는데, 남자가 생일 케이크에 쓸 딸기가 필요하다(I need the strawberries for a birthday cake)고 한 후, '파티는 오늘밤이거든요(the party's tonight)'라고 덧붙였다. 이는 남자가 파티가 오늘밤이라고 언급해 당장 필요하다는 점을 강조하려는 의도라고 볼 수 있으므로, (C)가 정답이다.

9 What does the woman suggest doing?

(A) Buying a different product
(B) Calling a friend
(C) Parking in another location
(D) Paying with cash

여자는 무엇을 하라고 제안하는가?

(A) 다른 제품 구입하기
(B) 친구에게 전화하기
(C) 다른 장소에 주차하기
(D) 현금으로 결제하기

어휘 **location** 장소, 위치 **cash** 현금

해설 **여자의 제안 사항** 여자가 두 번째 대사에서 정말 좋은 블루베리가 있다(We do have some really nice blueberries)고 한 후, 남자의 조리법에 맞을지(Could that work with your recipe?) 물으며 대안을 제시했으므로, (A)가 정답이다.

Questions 10 through 12 refer to the following conversation.

M-Cn Hi, [10] is this customer service? [11] I'm calling / because I'm in the process of ordering some thank-you gifts / from your Web site, but I have some questions / about the order page.

W-Br [10] You've called the right place. How can I help you?

M-Cn Well, [12] I'm trying to send these gifts / to different locations. Do I have to place a separate order / for each one?

W-Br [12] No, you just click the drop-down menu / labeled "Ship to Multiple Recipients" / and then enter the name and address into the empty box / next to your first item. Repeat these steps with each item in your order, then proceed to checkout.

10-12번은 다음 대화를 참조하시오.

남 안녕하세요, **10 고객 서비스인가요? 11 귀사의 웹사이트에서 감사 선물을 주문하는 중인데** 주문 페이지 관련 문의사항이 있어서 전화했어요.

여 **10 전화 잘 주셨습니다.** 어떻게 도와드릴까요?

남 음, **12 이 선물들을 각기 다른 장소들로 보내려고 하는데요. 각각 별개의 주문을 넣어야 하나요?**

여 **12 아니요. "다수의 수취인에게 배송하기"라는 드롭다운 메뉴를 클릭하시고, 첫 번째 물품 옆에 있는 빈 곳에 이름과 주소를 입력하세요. 주문하시는 각 물품마다 이 과정을 반복하시고 결제를 진행하세요.**

어휘 **in the process of** ~하는 과정 중에 있는 **location** 장소 **place an order** 주문을 넣다 **separate** 별개의, 분리된 **multiple** 다수의 **recipient** 수령인 **next to** ~ 옆에 **repeat** 반복하다 **proceed** 계속해서 하다, 진행하다 **checkout** 계산대

10 Who most likely is the woman?

(A) A delivery truck driver
(B) A customer service agent
(C) A hotel clerk
(D) A bank teller

여자는 누구이겠는가?

(A) 배송 트럭 운전기사
(B) 고객 서비스 담당자
(C) 호텔 직원
(D) 은행 창구 직원

어휘 **delivery** 배송 **teller** 창구 직원

해설 **여자의 신분** 남자가 첫 번째 대사에서 고객 서비스인지(is this customer service?) 확인했는데, 이에 대해 여자가 긍정(You've called the right place)의 응답을 했으므로, 여자가 고객 서비스 담당자라고 추론할 수 있다. 따라서 (B)가 정답이다.

11 Why is the man using the Web site?

(A) To enter a complaint
(B) To compare some prices
(C) To place an order
(D) To apply for a job

남자가 웹사이트를 이용하는 이유는?

(A) 불만사항을 적으려고
(B) 가격을 비교하려고
(C) 주문을 넣으려고
(D) 일자리에 지원하려고

어휘 **complaint** 불평 **compare** 비교하다 **apply for** ~에 지원하다

해설 **남자가 웹사이트를 이용하는 이유** 남자가 첫 번째 대사에서 웹사이트에서 감사 선물을 주문하는 중(I'm in the process of gifts from your Web site)이라고 했으므로, 주문을 넣기 위해 웹사이트를 이용하고 있음을 알 수 있다. 따라서 (C)가 정답이다.

12 What does the woman explain?

(A) How to ship to multiple locations
(B) How to request a refund
(C) How to change a reservation
(D) How to upload a document

여자는 무엇에 대해 설명하는가?

(A) 여러 장소에 배송하는 방법
(B) 환불을 요청하는 방법
(C) 예약을 변경하는 방법
(D) 문서를 업로드하는 방법

어휘 **request** 요청하다 **refund** 환불 **reservation** 예약

해설 **여자가 설명한 것** 남자가 두 번째 대사에서 선물들을 각기 다른 장소들로 보내려고 한다(I'm trying to send these gifts to different locations)고 한 후, 각각 별개의 주문을 넣어야 하는지(Do I have to place a separate order for each one?) 문의했다. 이에 대해 여자가 부정(No)한 후, 각기 다른 장소로 배송하는 방법(you just click the drop-down menu ~ then proceed to checkout)에 대한 설명을 덧붙였으므로, (A)가 정답이다.

Paraphrasing 지문의 send ~ to different locations → 정답의 ship to multiple locations

Questions 13 through 15 refer to the following conversation.

W-Br Hello. 13 I'm interested in purchasing software / that can improve photographs / I've uploaded to my computer. But 15 I don't want to spend more than fifteen euros.

M-Cn OK—we have lots of photo-enhancing software here / you might like. What exactly are you looking to do with it?

W-Br Hmm... well, 14 most of the pictures I've taken / aren't very clear. I really want software / that can sharpen the lines of each image / so they're easier to see.

M-Cn Certainly, let's take a look at a few options / over here. I'm sorry... 15 You'll probably have to spend more than fifteen euros, but these products will help you get the job done.

13-15번은 다음 대화를 참조하시오.

여 안녕하세요. **13 컴퓨터에 업로드한 사진을 더 좋게 만들 수 있는 소프트웨어를 구입하려고 해요.** 하지만 **15 15유로 이상을 쓰고 싶지는 않아요.**

남 좋아요, 마음에 들어 하실 만한 사진 개선 소프트웨어가 많이 있어요. 정확히 소프트웨어로 무엇을 하실 건가요?

여 흠··· 그게, **14 제가 찍은 대부분의 사진이 선명하지 않아요. 쉽게 알아볼 수 있도록 모든 이미지의 선을 선명하게 할 수 있는 소프트웨어를 원해요.**

남 알겠습니다, 이쪽에 있는 몇 가지 옵션을 살펴보죠. 죄송합니다만··· **15 15유로 이상을 쓰셔야 할 것 같네요**, 그래도 이 제품들은 작업을 해내는 데 큰 도움이 될 거예요.

어휘 **purchase** 구입하다 **improve** 향상시키다 **enhance** 개선하다 **sharpen** 선명하게 만들다 **spend** 쓰다

13 What does the woman want to purchase?

(A) A camera
(B) A computer
(C) Some software
(D) Some art supplies

여자는 무엇을 구입하고 싶어 하는가?

(A) 카메라
(B) 컴퓨터
(C) 소프트웨어
(D) 미술용품

해설 **여자가 구입하고 싶은 제품** 여자가 첫 번째 대사에서 사진을 더 좋게 만들 수 있는 소프트웨어를 구입하고 싶다(I'm interested in purchasing software that can improve photographs)고 했으므로, (C)가 정답이다.

Paraphrasing 지문의 am interested in purchasing → 질문의 want to purchase

14 What would the woman like to improve?

(A) The speed of her Internet
(B) The quality of some photos
(C) The price of a service
(D) The design of a product

여자는 무엇을 개선하기를 원하는가?

(A) 인터넷 속도
(B) 몇몇 사진의 품질
(C) 서비스 가격
(D) 제품 디자인

해설 **여자가 개선하기를 원하는 것** 여자가 두 번째 대사에서 자신이 찍은 대부분의 사진이 선명하지 않다(most of the pictures I've taken aren't very clear)는 문제점을 언급한 후, 쉽게 알아볼 수 있도록 모든 이미지의 선을 선명하게 할 수 있는 소프트웨어를 원한다(I really want software ~ easier to see)고 했으므로, (B)가 정답이다.

15 According to the man, what will the woman have to do?

(A) Visit a different store
(B) Spend more than expected
(C) Speak with a technician
(D) Keep a receipt

남자에 따르면, 여자는 무엇을 해야 할 것인가?

(A) 다른 상점 방문하기
(B) 예상보다 더 지출하기
(C) 기술자와 이야기하기
(D) 영수증 보관하기

어휘 **technician** 기술자, 기사 **receipt** 영수증

해설 **여자가 해야 할 일** 여자가 첫 번째 대사에서 15유로 이상을 쓰고 싶지는 않다(I don't want to spend more than fifteen euros)며 자신의 지출 한도를 밝혔는데, 남자가 마지막 대사에서 15유로 이상을 써야 할 것 같다(You'll probably have to spend more than fifteen euros)고 했으므로, (B)가 정답이다.

Paraphrasing 지문의 spend more than fifteen euros → 정답의 Spend more than expected

Questions 16 through 18 refer to the following conversation with three speakers.

W-Br Hi, I just talked to a store technician, and he said / I should see you. 16 I'd like to return this laptop computer / I just bought.

W-Am OK. 16 What seems to be the problem?

W-Br 17 The laptop won't turn on. It's still under warranty, so I was hoping to get a replacement.

W-Am I'm sorry about that. Let me get my manager's approval / for the return. Mr. Reynolds, do you have a moment?

M-Cn Sure, how can I help?

W-Am This laptop's not working—the customer'd like a new one.

M-Cn I see. Unfortunately this model isn't in stock / at the moment, but 18 I'll have one shipped to you / directly from our warehouse / at no extra charge.

W-Br Thanks, I appreciate that.

16-18번은 다음 3인 대화를 참조하시오.

여1 안녕하세요, 방금 매장 기술자와 이야기를 나눴는데 당신을 만나 보라고 하더군요. **16 막 구입한 이 노트북 컴퓨터를 반품하고 싶어요.**

여2 알겠습니다. **16 무슨 문제가 있나요?**

여1 **17 노트북이 켜지지 않아요.** 아직 보증 기간이 남았으니까 교환하고 싶습니다.

여2 유감이네요. 반품에 대한 관리자의 승인을 받도록 할게요. 레이놀즈 씨, 잠시 시간 있으세요?

남 물론이죠, 무엇을 도와 드릴까요?

여2 이 노트북이 작동하지 않아요. 고객이 새 제품을 원해요.

남 알겠습니다. 안타깝게도 이 모델은 현재 재고가 없지만 **18 추가 비용 없이 창고에서 직접 고객님께 배송되도록 할게요.**

여1 고맙습니다, 그렇게 해 주시면 감사하죠.

어휘 **technician** 기술자, 기사 **return** 반납[반품]하다; 반납[반품] **seem to** ~처럼 보이다 **turn on** 켜다 **under warranty** (상품이) 보증 기간이 남은 **replacement** 교체, 대체 **approval** 승인 **have a moment** 시간을 내다 **in stock** 비축되어, 재고로 **at the moment** 지금 **warehouse** 창고 **at no extra charge** 추가 비용 없이 **appreciate** 고맙게 생각하다

16 What product are the speakers discussing?
(A) A digital camera
(B) A laptop computer
(C) A mobile phone
(D) A television set

화자들은 어떤 제품에 대해 논의하고 있는가?
(A) 디지털 카메라
(B) 노트북 컴퓨터
(C) 휴대전화
(D) 텔레비전 수상기

해설 **대화의 주제** 대화 첫 마디에서 여자 1이 방금 구입한 노트북 컴퓨터를 반품하고 싶다(I'd like to ~ just bought)고 했고, 이어서 여자 2가 무슨 문제가 있는지 물었다. 따라서 화자들이 논의하고 있는 제품이 노트북 컴퓨터(laptop computer)인 것을 알 수 있으므로 정답은 (B)이다.

17 According to the customer, what is the problem with the product?
(A) Its warranty has expired.
(B) Its assembly instructions are incorrect.
(C) It will not turn on.
(D) It is missing an accessory.

고객에 따르면, 제품의 문제점은 무엇인가?
(A) 품질 보증이 만료되었다.
(B) 조립 지침이 잘못되었다.
(C) 켜지지 않는다.
(D) 부속품이 없다.

어휘 **expire** 기한이 만료되다 **assembly** 조립 **missing** 없어진, 빠진 **accessory** 부속품, 부대용품

해설 **고객이 언급한 문제점** 부정적인 내용에 주목한다. 여자 1이 두 번째 대사에서 노트북이 켜지지 않는다(The laptop won't turn on)고 했으므로 정답은 (C)이다.

18 What does the man offer the customer?
(A) Free shipping
(B) Repair services
(C) A gift card
(D) A payment plan

남자는 고객에게 무엇을 제공하는가?
(A) 무료 배송
(B) 수리 서비스
(C) 상품권
(D) 결제 방식

어휘 **gift card** 상품권 **payment** 지불, 결제 **plan** 방식

해설 **남자가 제공하는 것** 남자의 마지막 대사에서 추가 비용 없이 창고에서 직접 고객에게 물건이 배송되도록 하겠다(I'll have one ~ no extra charge)고 했으므로 정답은 (A)이다.

Paraphrasing 지문의 at no extra charge → 정답의 Free

Questions 19 through 21 refer to the following conversation and store directory.

M-Cn Excuse me. I've never been to this store before. 19 Can you please tell me / where to find soft drinks and juice?

W-Br Sure. We have a directory / at the front of the store, just so you know. And, you can find the items / you're looking for / in the aisle right over there... just beyond the dairy aisle.

M-Cn Thanks. Is that also where bottled water is? 20 Our company's having our annual summer picnic, and I'm helping out with the refreshments.

W-Br Yes, it is. It sounds like / you're going to be buying a lot of things. 21 Let me get you a shopping cart.

M-Cn That would be great, thanks.

19-21번은 다음 대화와 매장 안내를 참조하시오.

남 실례합니다. 전에 이 매장에 와 본 적이 없어서요. **19 청량 음료와 주스를 어디에서 찾을 수 있는지 알려주실 수 있나요?**

여 물론이죠. 아시겠지만 매장 전면에 안내가 있어요. 그리고, 바로 저기 있는 통로에서 찾으시는 제품을 바로 찾을 수 있어요… 유제품 통로 바로 건너편이에요.

남 고마워요. 생수가 있는 곳도 그곳인가요? **20 회사에서 연례 하계 야유회를 갈 예정인데, 제가 다과 준비를 돕고 있거든요.**

여 네, 맞아요. 고객님은 구입하실 물건이 많은 것 같네요. **21 쇼핑 카트를 갖다 드릴게요.**

남 그게 좋을 것 같아요, 감사해요.

어휘 **soft drink** 청량 음료 **directory** 안내 **look for** ~을 찾다 **aisle** 통로 **beyond** 건너편에, 그 너머에 **dairy** 유제품의 **bottled water** 생수 **annual** 연례의 **refreshments** 다과

STORE DIRECTORY

Products	Aisle
Fresh Produce	1
Meat and Fish	2
Paper Products	3
Dairy	4
19 Beverages	5

매장 안내

제품	통로
신선 농산물	1
육류 및 어류	2
종이 제품	3
유제품	4
19 음료	**5**

19 Look at the graphic. Where are the items the man wants to buy?

(A) In Aisle 1
(B) In Aisle 3
(C) In Aisle 4
(D) In Aisle 5

시각정보에 따르면, 남자가 구입하려는 물품은 어디에 있는가?

(A) 1번 통로
(B) 3번 통로
(C) 4번 통로
(D) 5번 통로

해설 **시각정보 연계 문제_물품이 있는 곳** 남자가 첫 번째 대사에서 청량 음료와 주스를 어디에서 찾을 수 있는지(Can you ~ soft drinks and juice?) 물었고, 매장 안내를 보면 음료는 5번 통로에 있으므로 정답은 (D)이다.

Paraphrasing 지문의 soft drinks and juice → 시각정보의 Beverages

20 What event is the man shopping for?

(A) A training seminar
(B) An awards banquet
(C) A company picnic
(D) A retirement party

남자는 어떤 행사를 위해 쇼핑하는가?

(A) 교육 세미나
(B) 시상식 연회
(C) 회사 야유회
(D) 은퇴 파티

어휘 **award** 상 **banquet** 연회, 만찬 **retirement** 은퇴, 퇴직

해설 **남자가 쇼핑하는 목적** 남자의 두 번째 대사에서 자신의 회사가 연례 하계 야유회를 갈 예정이고 자신은 다과 준비를 돕고 있다(Our company's ~ the refreshments)고 했으므로 정답은 (C)이다.

Paraphrasing 지문의 our annual summer picnic → 정답의 A company picnic

21 What will the woman most likely do next?
(A) Call her manager
(B) Get a shopping cart
(C) Copy some documents
(D) Start preparing a meal

여자는 다음에 무엇을 하겠는가?
(A) 관리자에게 전화하기
(B) 쇼핑 카트 가져오기
(C) 일부 문서 복사하기
(D) 식사 준비 시작하기

어휘 **document** 문서, 서류 **prepare** 준비하다

해설 **여자가 다음에 할 일** 여자의 마지막 대사에서 남자에게 쇼핑 카트를 갖다 주겠다(Let me get you a shopping cart)고 했으므로 정답은 (B)이다.

UNIT 08 식당/호텔

기출 문제풀이 전략

예제

교재 p. 180

1 When is the conversation taking place?
(A) In the morning
(B) At noon
(C) In the afternoon
(D) In the evening

대화가 일어난 때는?
(A) 아침
(B) 정오
(C) 오후
(D) 저녁

2 What does the man suggest?
(A) Placing an order quickly
(B) Going to another restaurant
(C) Coming back another time
(D) Ordering a light snack

남자가 제안하는 것은?
(A) 빨리 주문하기
(B) 다른 식당에 가기
(C) 다른 시간에 오기
(D) 가벼운 식사 주문하기

3 What does the man say about his restaurant?
(A) It is usually quiet on weeknights.
(B) It is especially popular on weekends.
(C) It has lunch specials every day.
(D) It closes at nine every day.

남자가 식당에 대해 하는 말은?
(A) 보통 평일 저녁에는 조용하다.
(B) 주말에 특히 인기가 있다.
(C) 매일 점심 특선 메뉴가 있다.
(D) 매일 9시에 문을 닫는다.

어휘 **place an order** 주문하다 **weeknight** 평일 저녁

Check Up

교재 p. 181

1. (A) **2.** (B) **3.** (A)

Questions 1 through 3 refer to the following conversation.

W-Am Hi, I'm calling from room 712. [1] I haven't been able to connect to the hotel's wireless Internet / all day today.

1-3번은 다음 대화를 참조하시오.

여 안녕하세요. 712호입니다. **1 오늘 하루 종일 호텔 무선 인터넷에 연결할 수가 없네요.**

M-Cn [2] I apologize for the inconvenience. Several of our rooms have been affected / by this problem, but don't worry—it should be resolved by tonight.

W-Am All right… do you think / I could get a refund / for today's access? I already paid the extra Internet fee / for each day of my stay here.

M-Cn Yes, of course. [3] I'll deduct the fee from your bill / right now.

남 **2 불편을 끼쳐 드려 죄송합니다. 몇몇 객실이 이 문제로 영향을 받았는데,** 걱정 마십시오. 오늘 밤까지 해결될 겁니다.

여 알겠어요… 오늘 접속에 대해 제가 환불을 받을 수 있을까요? 제가 여기에 묵는 하루하루에 대한 추가 인터넷 이용료를 이미 냈거든요.

남 네, 그럼요. **3 지금 바로 고객님의 청구서에서 해당 이용료를 공제하겠습니다.**

어휘 **connect** 연결하다 **wireless** 무선의 **apologize** 사과하다 **inconvenience** 불편 (사항) **several** 몇몇의 **affect** 영향을 미치다 **resolve** 해결하다 **refund** 환불 **access** 접속, 접근 **extra** 추가의 **fee** 수수료, 요금 **deduct** 공제하다 **bill** 고지서, 청구서

1 Why is the woman calling the man?
(A) To report a problem
(B) To place an order

여자는 남자에게 왜 전화하고 있는가?
(A) 문제를 알리려고
(B) 주문하려고

해설 **전화를 건 이유** 여자가 첫 번째 대사에서 712호에서 전화한다(I'm calling from room 712)고 하며 하루 종일 호텔 무선 인터넷에 연결할 수 없다(I haven't ~ all day today)고 했으므로 정답은 (A)이다.

2 Who most likely is the man?
(A) A computer technician
(B) A hotel receptionist

남자는 누구이겠는가?
(A) 컴퓨터 기술자
(B) 호텔 접수원

해설 **남자의 신분** 첫 번째 대사에서 여자가 호텔의 인터넷 문제점을 언급하자 남자가 이에 대해 사과하며 몇몇 객실이 이 문제로 영향을 받았다(I apologize ~ this problem)고 응답하고 있다. 따라서 남자가 호텔 접수원임을 알 수 있으므로 정답은 (B)이다.

3 What does the man say he will do?
(A) Adjust a bill
(B) Send some information by e-mail

남자는 무엇을 하겠다고 말하는가?
(A) 청구서 조정하기
(B) 이메일로 정보 보내기

어휘 **adjust** 조정하다 **bill** 청구서

해설 **남자가 할 일** 마지막 대사에서 남자가 청구서에서 해당 이용료를 공제하겠다(I'll deduct the fee from your bill right now)고 했으므로 정답은 (A)이다.

Paraphrasing 지문의 deduct the fee from your bill → 정답의 Adjust a bill

ETS 문제로 훈련하기

교재 p. 183

1. (A) **2.** (A) **3.** (B) **4.** (B)

Question 1 refers to the following conversation.

W-Am The host just told me / that it'll be a half hour / before we can get a table.

M-Cn Do you want to leave / and eat at a different restaurant?

W-Am No, let's stay. Everyone at work says / the food here is delicious.

1번은 다음 대화를 참조하시오.

여 **방금 호스트가 30분이면 자리가 날 거라고 했어요.**

남 나가서 다른 식당에 가서 먹고 싶어요?

여 아니요, 여기 있죠. 회사 사람들이 다들 여기 음식이 맛있다고 하더라고요.

어휘 **host** 식당 문 앞에서 예약 여부를 묻고 자리를 안내하는 사람 **different** 다른

1 What are the speakers doing?
(A) Waiting for a table
(B) Placing an order for delivery

화자들은 무엇을 하고 있는가?
(A) 테이블 기다리기
(B) 배송 주문하기

해설 **화자들이 하고 있는 것** 첫 대사에서 여자가 주인이 30분 있으면 자리가 날 거라고 했다고 한 것으로 보아 식당에서 자리가 나기를 기다리고 있음을 알 수 있다. 따라서 정답은 (A)이다.

Question 2 refers to the following conversation.

W-Am Hi, this is Julia Thomas. I'm calling to confirm my room reservation / for October 20th.

M-Cn Yes, we have your reservation — you're booked / at the special convention rate / for two nights.

W-Am That's right, but I probably won't arrive / until about 8 P.M., so please tell the check-in desk I'll be late.

2번은 다음 대화를 참조하시오.

여 안녕하세요, 줄리아 토마스입니다. 10월 20일의 객실 예약을 확인하려고 전화 드렸습니다.

남 네, **예약이 되어 있습니다. 특별 컨벤션 요금으로 이틀 밤 예약되어 있습니다.**

여 맞습니다, 하지만 아마 밤 8시나 되어야 도착할 것 같으니, 제가 늦는다고 체크인 데스크에 알려주세요.

어휘 **confirm** 확인하다 **convention rate** (국제 행사 참석 투숙객들에게 적용되는) 특별 할인 요금 **not ~ until ...** …이 되어서야 비로소 ~하다

2 Who is the woman most likely talking to?
(A) A hotel employee
(B) A restaurant employee

여자는 누구와 이야기하고 있겠는가?
(A) 호텔 직원
(B) 식당 직원

해설 **남자의 직업** 남자가 여자의 객실 예약 상황을 확인해 주고 있는 것으로 보아 호텔 직원임을 알 수 있으므로 정답은 (A)이다.

Questions 3 and 4 refer to the following conversation.

W-Am Satoshi, before you start serving tables tonight, could you change the specials board? [3] A lot of people came in for lunch today, and we're completely out of fish.

M-Cn Sure. What should I replace it with?

W-Am The chef will make a hamburger with french fries / instead of the fish sandwich.

M-Cn [4] Will the price be the same?

W-Am [4] Yes, you can keep it the same as the fish.

M-Cn OK. I'll go take care of that / right away.

3-4번은 다음 대화를 참조하시오.

여 사토시, 오늘 밤에 테이블 서빙을 시작하기 전에 특선 요리 게시판을 바꿔 줄래요? **3 많은 사람들이 오늘 점심을 먹으러 와서, 생선이 다 떨어졌거든요.**

남 네. 무엇으로 교체해야 하나요?

여 주방장이 생선 샌드위치 대신에 프렌치 프라이를 곁들인 햄버거를 만들 거예요.

남 **4 가격이 같나요?**

여 **4 네, 생선 샌드위치와 같게 하면 돼요.**

남 알겠습니다. 가서 바로 처리하겠습니다.

어휘 **completely** 완전히 **out of** ~이 떨어진 **replace A with B** A를 B로 대체하다 **take care of** ~을 처리하다, 돌보다 **right away** 즉시

Today's Specials

Vegetable stir fry with rice	$7.25
[4] Fish sandwich	$9.99
Roasted chicken pasta . .	$10.50
Beef curry.	$12.99

오늘의 특선 요리

밥을 곁들인 채소 볶음	7.25달러
4 생선 샌드위치	**9.99달러**
구운 닭고기 파스타	10.50달러
쇠고기 카레	12.99달러

어휘 **stir fry** 볶다; 볶음 요리 **roasted** 구운

3 According to the woman, why will the daily special be changed?
(A) Some customers have complained.
(B) A meal is sold out.
(C) A shipment did not arrive.
(D) A chef cooked the wrong dish.

여자에 따르면, 오늘의 특선 요리가 왜 바뀔 것인가?
(A) 일부 손님들이 불평해서
(B) 요리가 다 팔려서
(C) 운송품이 도착하지 않아서
(D) 주방장이 잘못된 요리를 만들어서

어휘 **customer** 고객, 손님 **complain** 불평하다 **sold out** 다 팔린 **shipment** 운송품, 선적물

해설 **오늘의 특선 요리가 바뀌는 이유** 여자가 첫 대사에서 점심 때 손님이 많아 생선이 떨어졌다는 말을 했으므로 정답은 (B)이다.

Paraphrasing 지문의 we're out of fish → 정답의 A meal is sold out.

---

4 Look at the graphic. How much will the new special cost?
(A) $7.25
(B) $9.99
(C) $10.50
(D) $12.99

시각정보에 따르면, 새 특선 요리는 얼마일 것인가?
(A) 7.25달러
(B) 9.99달러
(C) 10.50달러
(D) 12.99달러

해설 **새 특선 요리의 가격** 남자가 가격이 같은지 묻자 여자가 생선 요리와 똑같게 하라고 말하고 있다. 시각정보에서 생선 요리의 가격을 보면 9.99달러임을 알 수 있으므로 정답은 (B)이다.

ETS 실전 테스트

교재 p. 184

1. (B)	**2.** (A)	**3.** (A)	**4.** (B)	**5.** (C)	**6.** (B)	**7.** (C)	**8.** (A)	**9.** (A)
10. (C)	**11.** (A)	**12.** (D)	**13.** (A)	**14.** (D)	**15.** (C)	**16.** (A)	**17.** (C)	**18.** (B)
19. (A)	**20.** (C)	**21.** (B)						

Questions 1 through 3 refer to the following conversation.

M-Cn Hi, I've registered for the national dental convention / the first week in April, and [1/2] I understand / that your hotel is offering a special rate / for people attending the convention. Can you give me the details?

W-Br Yes, rooms that weekend are 30 percent off / for guests going to the convention. [3] When you pay for the room, you'll just have to show your convention registration / to confirm that you've attended.

M-Cn OK, great. [1] I'd like to book a room / for Friday and Saturday nights, then.

1-3번은 다음 대화를 참조하시오.

남 안녕하세요. 4월 첫째 주에 있을 전국 치과 총회에 신청했는데요. **1/2 이 호텔에서 총회에 참석하는 사람들에게 특별 할인 요금을 제공하는 걸로 알고 있어요. 자세한 내용을 알려주시겠어요?**

여 네. 해당 주말에는 총회에 가시는 고객들에게 객실이 30퍼센트 할인됩니다. **3 객실 이용료를 지불하실 때 참석 확인을 위해 총회 신청서를 보여주시기만 하면 됩니다.**

남 네, 좋습니다. **1 그럼 금요일과 토요일에 숙박할 객실을 예약하고 싶어요.**

어휘 **register for** ~에 등록하다, 신청하다 **national** 전국적인 **convention** 총회 **special rate** 특별 할인 요금 **confirm** 확인해 주다

1 Why is the man calling?
(A) To respond to an invitation
(B) To reserve a hotel room
(C) To get directions
(D) To arrange a shuttle service

남자가 전화한 이유는?
(A) 초청에 응하려고
(B) 호텔 객실을 예약하려고
(C) 길 안내를 받으려고
(D) 셔틀 서비스를 준비하려고

어휘 **respond to** ~에 대응하다, 응하다 **reserve** 예약하다 **directions** 길 안내 **arrange** 준비하다, 마련하다, 주선하다

해설 **남자가 전화한 이유** 남자가 첫 번째 대사에서 호텔에서 총회에 참석하는 사람들에게 제공하는 특별 할인 요금(your hotel is offering a special rate for people attending the convention)에 대한 자세한 내용(details)에 대해 문의했고, 자신의 마지막 대사에서 금요일과 토요일에 숙박할 객실을 예약하고 싶다(I'd like to book a room for Friday and Saturday nights)며 자신의 결정도 밝혔으므로, 호텔 객실 예약을 위해 전화했음을 알 수 있다. 따라서 (B)가 정답이다.

Paraphrasing 지문의 book a room → 정답의 reserve a hotel room

2 What does the man ask about?
(A) A discount rate
(B) A payment method
(C) Public transportation
(D) Local attractions

남자는 무엇에 대해 물어보는가?
(A) 할인 요금
(B) 결제 방식
(C) 대중교통
(D) 지역 명소

어휘 **method** 방법 **public transportation** 대중교통 **attraction** 명소

해설 **남자의 문의 사항** 남자가 첫 번째 대사에서 호텔에서 총회에 참석하는 사람들에게 특별 할인 요금을 제공한다(your hotel is offering a special rate for people attending the convention)고 알고 있다고 한 후, 특별 할인 요금에 대한 자세한 내용을 알려 달라(Can you give me the details?)고 요청했으므로, (A)가 정답이다.

Paraphrasing 지문의 a special rate → 정답의 A discount rate

3 What does the woman say the man will need to show?
(A) A registration form
(B) A coupon
(C) Proof of employment
(D) A credit card

여자는 남자가 무엇을 제시해야 할 것이라고 말하는가?
(A) 등록증
(B) 쿠폰
(C) 재직 증명서
(D) 신용카드

해설 **여자가 남자에게 제시해야 한다고 말한 것** 여자가 첫 번째 대사에서 참석 확인을 위해 총회 등록증을 제시해야 한다(you'll just have to show your convention registration to confirm that you've attended)고 했으므로, (A)가 정답이다.

Questions 4 through 6 refer to the following conversation.

W-Br Hello, Mr. Wu? This is Angela / from Shore's End Restaurant. 4 You left your wallet here / at lunchtime. I can hold it for you here / if you'd like to pick it up / later this afternoon.

M-Au Oh, thanks for calling! 5 Right now / I'm at a job fair, and I'll be busy all afternoon / representing my company. 4 I won't be able to make it to the restaurant / until after six.

W-Br My shift ends at five, but 6 I can speak to my manager / to let him know / you'll be coming in / after six.

4-6번은 다음 대화를 참조하시오.

여 안녕하세요, 우 씨? 쇼어 엔드 레스토랑의 안젤라입니다. **4 점심시간에 지갑을 두고 가셨어요.** 오늘 오후 늦게 가지러 오시려면 제가 맡아 둘 수 있습니다.

남 아, 전화 주셔서 감사합니다! **5 지금 취업 박람회에 와 있는데요. 오후 내내 회사를 대표하느라 바쁠 것 같아요. 4 6시나 되어야 식당에 갈 수 있을 것 같습니다.**

여 제 교대 근무가 5시에 끝나긴 하지만, **6 관리자에게 6시 이후에 오실 거라고 얘기할게요.**

어휘 **job fair** 취업 박람회 **represent** 대표하다, 대변하다 **make it** 시간 맞춰 가다 **shift** 교대 근무

4 What is the conversation mainly about?
(A) Making a reservation
(B) Picking up a forgotten item
(C) Scheduling a meeting
(D) Applying for a job

대화는 주로 무엇에 관한 것인가?
(A) 예약하기
(B) 잊은 물건 찾아가기
(C) 회의 일정 잡기
(D) 일자리 지원하기

어휘 **make a reservation** 예약하다 **forgotten** 잊혀진 **apply for** ~에 지원하다

해설 **대화의 주제** 여자가 첫 번째 대사에서 점심시간에 지갑을 두고 갔다(You left your wallet here at lunchtime)고 남자에게 알렸는데, 이에 대해 남자가 6시나 되어야 식당에 갈 수 있을 것 같다(I won't be able to make it to the restaurant until after six)며 물건을 찾는 것과 관련된 대화를 이어가고 있으므로, (B)가 정답이다.

5 Why is Mr. Wu unavailable this afternoon?
(A) He is making a client presentation.
(B) He is training a new employee.
(C) He is participating in a job fair.
(D) He is attending a fund-raising event.

우 씨가 오늘 오후에 시간이 안 되는 이유는?
(A) 고객에게 발표를 한다.
(B) 신입사원을 교육한다.
(C) 취업 박람회에 참가한다.
(D) 모금 행사에 참석한다.

어휘 **presentation** 발표 **participate in** ~에 참가하다 **fund-raising** 모금

해설 **우 씨가 시간이 안 되는 이유** 남자(우 씨)가 첫 번째 대사에서 자신이 지금 취업 박람회에 와 있다고 한 후, 오후 내내 회사를 대표하느라 바쁠 것 같다(I'll be busy all afternoon representing my company)고 했으므로, (C)가 정답이다.

Paraphrasing 지문의 am at a job fair → 정답의 is participating in a job fair

---

6 What does the woman offer to do?
(A) Update her résumé
(B) Speak to her manager
(C) Add more chairs at a table
(D) Work an extra shift

여자는 무엇을 하겠다고 제안하는가?
(A) 이력서 업데이트하기
(B) 관리자에게 이야기하기
(C) 식탁에 의자 추가하기
(D) 추가 근무하기

해설 **여자의 제안 사항** 여자가 마지막 대사에서 관리자에게 6시 이후에 온다고 얘기하겠다(I can speak to my manager to let him know you'll be coming in after six)고 했으므로, (B)가 정답이다.

Questions 7 through 9 refer to the following conversation.

W-Am Hello, [7] front desk.
M-Au Hi. [7] I'm calling from Room 215. Do you offer concierge service?
W-Am I'm afraid not. But I'm happy to help you.
M-Au OK. Do you know of someplace nearby / to go shopping? [8] I forgot to pack a dress shirt / in my luggage, and I'd like to pick one up / for a meeting I have tomorrow.
W-Am Actually, the closest shopping mall is a little far away—the Oak Lawn Mall.
M-Au Hmm. [9] What's the number of a local taxi service?
W-Am Don't worry. [9] I can take care of that for you. I'll let you know / when it arrives.

7-9번은 다음 대화를 참조하시오.
여 안녕하세요, **7 프런트입니다.**
남 안녕하세요. **7 215호실인데요.** 고객 담당 서비스를 제공하시나요?
여 죄송하지만 없어요. 하지만 제가 기꺼이 도와 드릴게요.
남 좋아요. 근처에 쇼핑할 만한 곳이 있나요? **8 여행가방에 와이셔츠 챙기는 걸 깜박해서, 내일 회의에 입을 셔츠를 하나 사려고요.**
여 실은 가장 가까운 쇼핑몰이 좀 멀어요. 오크 론 몰이에요.
남 음. **9 지역 택시 회사가 몇 번이죠?**
여 걱정하지 마세요. **9 제가 대신 처리할게요.** 도착하면 알려 드릴게요.

어휘 **concierge service** 고객 담당 서비스, 콘시어지 서비스 **nearby** 근처의 **pack** 싸다 **luggage** 짐, 수화물

7 Where most likely are the speakers?
(A) In a convention center
(B) In an apartment building
(C) In a hotel
(D) In an airport

화자들은 어디에 있겠는가?
(A) 컨벤션 센터
(B) 아파트
(C) 호텔
(D) 공항

해설 **대화 장소** 여자가 첫 번째 대사에서 프런트(front desk)라며 자신이 있는 곳을 밝혔고, 남자도 215호실에서 전화하고 있다(I'm calling from Room 215)고 했으므로, 화자들이 호텔에 있다고 추론할 수 있다. 따라서 (C)가 정답이다.

---

8 What does the man say he forgot?
(A) A shirt
(B) A room number
(C) Some paperwork
(D) Some driving directions

남자는 무엇을 깜박했다고 말하는가?
(A) 셔츠
(B) 객실 번호
(C) 서류
(D) 주행 경로

해설 **남자가 깜박했다고 말한 것** 남자가 두 번째 대사에서 여행가방에 와이셔츠 챙기는 걸 깜박했다(I forgot to pack a dress shirt in my luggage)고 했으므로, (A)가 정답이다.

---

9 What will the woman most likely do next?
(A) Call a taxi service
(B) Look for some luggage
(C) Cancel an order
(D) Draw a map

여자는 다음에 무엇을 하겠는가?
(A) 택시 회사에 전화하기
(B) 짐 찾기
(C) 주문 취소하기
(D) 약도 그리기

어휘 **look for** ~을 찾다 **draw** 그리다

해설 **여자가 다음에 할 일** 남자가 세 번째 대사에서 지역 택시 회사의 번호(the number of a local taxi service)를 문의했는데, 이에 대해 여자가 자신이 대신 처리하겠다(I can take care of that for you)고 했으므로, 여자가 택시 회사에 전화할 것이라고 추론할 수 있다. 따라서 (A)가 정답이다.

Questions 10 through 12 refer to the following conversation.

W-Am Pardon me, [10] waiter? It's very hot in here. Is the air conditioning on?

M-Cn Sorry. The air conditioner's out of order / and we're expecting a repair person / later this afternoon. [11] There are some tables available / on the patio / if you'd like to sit out there...

W-Am I think it's supposed to rain. But, while you're here, I'm ready to order.

M-Cn Sure, and to apologize for the inconvenience, [12] I'll take twenty percent off your lunch bill.

10-12번은 다음 대화를 참조하시오.

여 저기요, **10 웨이터**, 여기 정말 덥네요. 에어컨이 켜져 있나요?

남 죄송합니다. 에어컨이 고장 나서 오늘 오후 늦게 수리기사가 오기로 되어 있어요. **11 야외 자리를 원하시면 테라스에도 테이블이 있습니다만…**

여 비가 올 것 같은데요. 어쨌든 여기 오신 김에, 주문할게요.

남 알겠습니다, 그리고 불편에 대해 사과하는 의미에서, **12 점심 값의 20퍼센트를 할인해 드리겠습니다.**

어휘 **pardon me** 죄송합니다, 실례합니다 **out of order** 고장 난 **expect** 기대하다, 예상하다 **repair person** 수리기사 **patio** 테라스 **apologize** 사과하다 **inconvenience** 불편 **take A off B** (B에서) A를 빼다, 깎다 **bill** 고지서, 청구서

10 Where most likely are the speakers?
(A) In a grocery store
(B) In an electronics store
(C) In a restaurant
(D) In a garden center

화자들은 어디에 있겠는가?
(A) 식료품 가게
(B) 전자 제품 매장
(C) 식당
(D) 원예용품점

해설 **대화 장소** 대화의 초반부에 주목한다. 여자가 첫 번째 대사에서 남자를 waiter라고 불렀으므로 정답은 (C)이다.

---

11 Why does the woman say, "I think it's supposed to rain"?
(A) To decline an offer
(B) To correct some information
(C) To suggest a schedule change
(D) To explain a delay

여자는 왜 "비가 올 것 같은데요"라고 말하는가?
(A) 제안을 거절하기 위해
(B) 일부 정보를 수정하기 위해
(C) 일정 변경을 제안하기 위해
(D) 지연을 설명하기 위해

어휘 **decline** 거절하다, 감소하다 **correct** 정정하다 **explain** 설명하다

해설 **화자의 의도 파악 문제** 남자가 여자에게 야외 자리를 원하면 테라스에도 테이블이 있다(There are ~ sit out there)고 말했을 때 '비가 올 것 같은데요(I think it's supposed to rain)'라고 대답했다. 이 대답은 남자의 제안을 거절하려는 의도로 볼 수 있으므로 정답은 (A)이다.

12 What does the man offer to do?
(A) Arrange a display
(B) Check some inventory
(C) Return some products
(D) Discount a purchase

남자는 무엇을 하겠다고 제안하는가?
(A) 진열 상품 정리
(B) 일부 재고 확인
(C) 일부 제품 반품
(D) 구매 금액 할인

어휘 **display** 진열 (상품) **inventory** 물품 목록, 재고 **purchase** 구입, 구입한 것

해설 **남자가 제안하는 것** 남자가 I'll을 이용하여 점심 값의 20퍼센트를 할인해 줄 것(take twenty percent off your lunch bill)을 제안하고 있으므로 정답은 (D)이다.

Paraphrasing 지문의 take twenty percent off your lunch bill → 정답의 Discount a purchase

---

Questions 13 through 15 refer to the following conversation with three speakers.

W-Br I'm glad / we chose this restaurant / for lunch. 13 The food is absolutely delicious.

W-Am 13 I agree. My whole meal was excellent.

W-Br You know, 14 this might be a good place / to have George's retirement dinner.

W-Am Why don't we ask the server / if we can make a reservation / for a large group? Here he comes now.

M-Au Can I get you two anything else?

W-Am Actually, we have a question. A colleague is retiring, and we're interested in having his dinner here. Do you have space / for an event like that?

M-Au Of course! We have a large private dining room. And 15 for your convenience, you can order your food online / ahead of time.

13-15번은 다음 3인 대화를 참조하시오.

여1 점심으로 이 식당을 선택해서 다행이에요. **13 음식이 정말 맛있어요.**

여2 **13 맞아요.** 식사가 모두 훌륭했어요.

여1 있잖아요, **14 이곳이 조지의 퇴임 축하 저녁 식사를 하기에 좋은 장소일 거 같아요.**

여2 많은 인원을 예약할 수 있는지 웨이터에게 물어보는 게 어때요? 여기 웨이터가 오네요.

남 두 분 다른 거 뭐 필요한 거 있으세요?

여2 사실은, 물어볼 게 있어요. 동료 한 분이 퇴임을 해서, 여기에서 저녁 식사를 할까 하는데요. 그런 행사를 위한 공간이 있나요?

남 물론이죠! 널찍한 별실이 있어요. 그리고 **15 고객님들의 편의를 위해, 온라인으로 미리 음식을 주문하실 수 있습니다.**

어휘 **absolutely** 전적으로, 틀림없이 **agree** 동의하다 **whole** 전체의, 모든 **retirement** 은퇴 **colleague** 동료 **private room** 별실 **convenience** 편의, 편리 **ahead of time** 미리, 사전에

13 What do the women like about the restaurant?
(A) The food
(B) The atmosphere
(C) The service
(D) The prices

여자들은 식당의 어떤 점을 좋아하는가?
(A) 음식
(B) 분위기
(C) 서비스
(D) 가격

해설 **여자들이 식당에 대해 좋아하는 점** 첫 번째 대사에서 여자 1이 음식이 맛있다(The food is absolutely delicious)고 했고, 이어 여자 2가 맞다(I agree)며 동의했으므로 정답은 (A)이다.

---

14 What event do the women want to have at the restaurant?
(A) A client meeting
(B) A department luncheon
(C) A birthday party
(D) A retirement celebration

여자들은 식당에서 무슨 행사를 가지려고 하는가?
(A) 고객 미팅
(B) 부서 오찬
(C) 생일 파티
(D) 퇴임 축하

어휘 **client** 고객 **department** 부서 **luncheon** 오찬 **celebration** 축하(행사)

해설 **여자들이 계획하는 행사** 여자 1의 두 번째 대사에서 식당이 조지의 퇴임 축하 저녁 식사를 하기에 좋은 장소(this might ~ retirement dinner)라고 했으므로 여자들이 퇴임 축하 모임을 가지려 한다는 것을 알 수 있다. 따라서, 정답은 (D)이다.

Paraphrasing 지문의 retirement dinner → 정답의 retirement celebration

15 What convenience does the man mention?
(A) Wireless Internet access
(B) Free delivery
(C) Advance ordering
(D) Party-planning consultations

남자는 어떤 편의사항을 언급하는가?
(A) 무선 인터넷 접속
(B) 무료 배송
(C) 사전 주문
(D) 파티 기획 상담

어휘 **wireless** 무선의 **access** 접근 **advance** 사전의 **consultation** 상담, 협의

해설 **남자가 언급한 편의사항** 마지막 대사에서 남자가 고객의 편의를 위해 온라인으로 미리 음식을 주문할 수 있다(for your convenience ~ ahead of time)고 했으므로 정답은 (C)이다.

Paraphrasing 지문의 order your food online ahead of time → 정답의 Advance ordering

Questions 16 through 18 refer to the following conversation.

W-Br Hello, this is Linda Summers / from Room 372. 16 I'd like to register a complaint...the people in the room next to mine / have turned the volume on their television up very high. I tried knocking, but nobody came to the door. Could you help me, please?

M-Cn Of course. 17 But I was just talking to the guests / staying in the room next to yours, and they were on their way out to dinner. So I'm pretty sure / they're not in their room / right now.

W-Br 18 Would you mind sending someone to their room / to turn the TV off? I'm working on a report / and really need to focus.

16-18번은 다음 대화를 참조하시오.

여 안녕하세요, 372호의 린다 서머스입니다. **16 불만사항을 신고하고 싶은데요. 제 옆방 사람들이 텔레비전 소리를 너무 크게 틀었어요.** 노크를 해 보았지만 아무도 나오지 않네요. 도와주실 수 있나요?

남 네. **17 그런데 제가 방금 옆방 손님들과 이야기를 나눴는데 저녁식사를 하러 나가는 길이었어요.** 그래서 지금은 방에 안 계실 텐데요.

여 **18 그 방에 누군가를 보내서 TV를 꺼 주실 수 있을까요?** 보고서를 쓰고 있어서 정말 집중해야 하거든요.

어휘 **register** 신고하다, 등록하다 **complaint** 불평 **next to** ~ 옆에 **report** 보고서 **focus** 집중하다

16 Why is the woman calling?
(A) To complain about noise levels
(B) To report a broken television set
(C) To request a different room
(D) To inquire about nearby attractions

여자가 전화한 이유는?
(A) 소음에 대해 불만을 제기하려고
(B) 고장 난 텔레비전에 대해 보고하려고
(C) 다른 방을 요청하려고
(D) 인근 명소에 대해 문의하려고

어휘 **broken** 고장 난 **request** 요청하다 **inquire** 문의하다 **nearby** 인근의 **attraction** 명소

해설 **여자가 전화한 이유** 여자가 첫 번째 대사에서 불만사항을 신고하고 싶다(I'd like to register a complaint)며 전화한 목적을 밝힌 후, 옆방 사람들이 텔레비전 소리를 너무 크게 틀었다(the people ~ their television up very high)며 불만사항을 설명했으므로, (A)가 정답이다.

Paraphrasing 지문의 register a complaint → 정답의 complain
지문의 turned the volume on their television up very high → 정답의 noise levels

17 What does the man say about the other hotel guests?
(A) They are in the fitness center.
(B) They are waiting in the lobby.
(C) They are going to have a meal.
(D) They are attending a conference.

남자는 다른 호텔 투숙객에 대해 뭐라고 말하는가?
(A) 피트니스 센터에 있다.
(B) 로비에서 기다리고 있다.
(C) 식사를 하러 가고 있다.
(D) 회의에 참석하고 있다.

해설 **남자가 다른 호텔 투숙객에 대해 말한 것** 남자의 첫 번째 대사에서 여자의 옆방 투숙객들이 저녁식사를 하러 나가는 길이었다(they were on their way out to dinner)고 했으므로, (C)가 정답이다.

Paraphrasing 지문의 on their way out to dinner → 정답의 going to have a meal

18 What does the woman ask the man to do?
(A) Contact a supervisor
(B) Send an employee to a room
(C) Book a reservation at a restaurant
(D) Provide a list of movies

여자는 남자에게 무엇을 해 달라고 요청하는가?
(A) 관리자에게 연락하기
(B) 직원을 방으로 보내기
(C) 식당 예약하기
(D) 영화 목록 제공하기

어휘 **supervisor** 관리자, 감독관 **employee** 직원 **book** 예약하다 **provide** 제공하다

해설 **여자의 요청 사항** 여자가 마지막 대사에서 그 방에 누군가를 보내서 TV를 꺼 달라(Would you mind sending someone to their room to turn the TV off?)고 요청했으므로, (B)가 정답이다.

Questions 19 through 21 refer to the following conversation and recipe.

M-Au Hi, Tomoko. 19 Since we have to change our menu / in September / for the new season, I came up with this new bread recipe. Would you like to taste it?

W-Br Sure. Mmm. That's delicious, Mario! It's similar to our basic bread recipe, but it's much better. What did you change?

M-Au Well, I wanted to try making a sweet bread. 20 So I increased the amount of honey / in the recipe.

W-Br I like it, and it'll be nice to offer our customers something different. 21 I'll add more cases of honey / to our next food order. We want to be sure / we have enough in stock.

19-21번은 다음 대화와 요리법을 참조하시오.

남 안녕하세요, 토모코. **19 새로운 계절을 맞아 9월에 메뉴를 바꿔야 해서 제가 이 새로운 빵 조리법을 생각해냈어요.** 맛 보실래요?

여 그럼요. 음. 맛있어요, 마리오! 우리의 기본 빵 조리법과 비슷하지만 훨씬 좋아요. 뭘 바꾼 거예요?

남 음, 달콤한 빵을 만들어 보고 싶었어요. **20 그래서 조리법에서 꿀의 양을 늘렸어요.**

여 마음에 들어요, 그리고 고객들에게 뭔가 색다른 것을 제공하면 좋을 것 같아요. **21 다음에 식품을 주문할 때 꿀을 더 추가할게요.** 재고를 충분히 확보해야죠.

어휘 **come up with** 떠올리다, 생각해내다 **taste** 맛보다 **similar to** ~와 비슷한 **increase** 늘리다 **amount** 양 **in stock** 재고가 있는

기본 빵 조리법
• 다목적용 밀가루 6컵
• 온수 3컵
• 식물성 오일 1/8컵
20 • **꿀 2큰술**
• 소금 1큰술
• 이스트 1봉지

어휘 **all-purpose** 다목적의 **flour** 밀가루

19 What will happen in September?
(A) A seasonal menu will change.
(B) A cooking competition will take place.
(C) A restaurant will participate in a food festival.
(D) A shop will move to a new location.

9월에 무슨 일이 있는가?
(A) 계절별 메뉴가 바뀐다.
(B) 요리 경연대회가 열린다.
(C) 식당이 식품 축제에 참가한다.
(D) 가게가 새로운 장소로 이전한다.

어휘 **seasonal** 계절적인 **competition** 대회, 경쟁 **take place** 일어나다 **participate in** ~에 참가하다

해설 **9월에 있을 일** 남자의 첫 번째 대사에서 새로운 계절을 맞아 9월에 메뉴를 바꿔야 한다(we have to change our menu in September for the new season)고 했으므로, (A)가 정답이다.

Paraphrasing 지문의 our menu ~ for the new season → 정답의 A seasonal menu

20 Look at the graphic. Which amount did the man change?
(A) 6 cups
(B) 3 cups
(C) 2 tablespoons
(D) 1 tablespoon

시각정보에 따르면 남자가 바꾼 양은?
(A) 6컵
(B) 3컵
(C) 2큰술
(D) 1큰술

해설 **시각정보 연계 문제_남자가 바꾼 양** 남자가 두 번째 대사에서 조리법에서 꿀의 양을 늘렸다(I increased the amount of honey in the recipe)고 했는데, 시각정보를 보면 남자가 변경한 기본 빵 조리법의 꿀 양은 '2큰술(2 tablespoons honey)'이므로, (C)가 정답이다.

Paraphrasing 지문의 increased → 질문의 change

21 What does the woman say she will do?
(A) Talk to a chef
(B) Update a food order
(C) Check some prices
(D) Create a flyer

여자는 무엇을 하겠다고 말하는가?
(A) 주방장과 대화
(B) 식품 주문 수정
(C) 가격 확인
(D) 전단 만들기

어휘 **create** 만들다 **flyer** 전단

해설 **여자가 할 일** 여자가 마지막 대사에서 다음에 식품을 주문할 때 꿀을 더 추가하겠다(I'll add more cases of honey to our next food order)고 했으므로, (B)가 정답이다.

Paraphrasing 지문의 add more cases of honey to our next food order → 정답의 Update a food order

UNIT 09 각종 편의시설

기출 문제풀이 전략

예제

교재 p. 186

1 Where is the conversation probably taking place?
(A) In a parking garage
(B) At a car repair shop
(C) At a doctor's office
(D) In an art studio

대화가 일어날 것 같은 장소는?
(A) 주차장
(B) 자동차 정비소
(C) 병원 진료실
(D) 화실

2 What does the woman ask the man about?
(A) Replacing a sign
(B) Treating a cut
(C) Painting a car
(D) Paying a bill

여자는 남자에게 무엇에 대해 묻는가?
(A) 표지판 교체
(B) 상처 치료
(C) 자동차 도색
(D) 계산서 지불

3 What does the woman say she will do?
(A) Return later
(B) Wait in the office
(C) Get a second opinion
(D) Do the work herself

여자가 하겠다고 하는 것은?
(A) 나중에 다시 오기
(B) 사무실에서 기다리기
(C) 다른 의견 구하기
(D) 직접 일 처리하기

어휘 **replace** 교체하다 **treat** 치료하다

Check Up

교재 p. 187

1. (B) **2.** (A) **3.** (A)

Questions 1 through 3 refer to the following conversation.

M-Cn [1] I'm interested in borrowing some money / to start up a small business.

W-Am Well, our loan officer isn't in / today, but [2] we do have some application forms / right here.

M-Cn Great. Could I take one home / and then maybe apply online?

W-Am We actually don't accept applications electronically / for this type of loan, but [3] you're welcome to take the form with you / and mail it in.

1-3번은 다음 대화를 참조하시오.

남 **1 저는 중소기업 창업 대출에 관심이 있어요.**

여 음, 저희 대출 담당 직원이 오늘 휴무이지만 **2 신청서는 바로 여기 있습니다.**

남 좋아요. 집에 하나 가져가서 온라인으로 신청할 수 있나요?

여 사실 저희는 이런 유형의 대출은 온라인으로 접수하지 않지만, **3 이 양식을 가지고 가셔서 우편으로 보내 주시는 것은 가능합니다.**

어휘 **be interested in** ~에 관심이 있다 **loan** 대출, 융자 **officer** 담당관 **application** 신청서, 지원서 **form** 양식 **apply** 신청하다, 지원하다 **accept** 받아들이다, 수락하다 **electronically** 온라인으로 **welcome to** ~을 자유로이 할 수 있는

1 Where is this conversation most likely taking place?
(A) At a post office
(B) At a bank

이 대화는 어디에서 일어날 것 같은가?
(A) 우체국
(B) 은행

해설 **대화 장소** 대화의 첫 대사에서 남자가 창업 대출을 받고 싶다고 하므로 이곳이 은행임을 알 수 있다. 따라서 정답은 (B)이다.

2 What does the woman give the man?
(A) An application form
(B) An e-mail address

여자는 남자에게 무엇을 주는가?
(A) 신청서 양식
(B) 이메일 주소

해설 **여자가 남자에게 주는 것** 여자의 첫 번째 대사에서 신청서가 바로 여기 있다(we do have ~ right here)고 했다. 따라서 여자가 남자에게 신청서 양식을 준다는 것을 유추할 수 있으므로 정답은 (A)이다.

3 What does the woman suggest that the man do?
(A) Mail in a document
(B) Send an e-mail

여자는 남자에게 무엇을 하라고 제안하는가?
(A) 우편으로 서류 발송하기
(B) 이메일 보내기

해설 **여자가 남자에게 제안하는 것** 여자가 마지막 대사에서 남자에게 양식을 가지고 가서 우편으로 보내는 것은 괜찮다(you're ~ mail it in)고 했으므로 정답은 (A)이다.

Paraphrasing 지문의 mail it in → 정답의 Mail in a document

ETS 문제로 훈련하기

교재 p. 189

1. (A) **2.** (B) **3.** (B) **4.** (D)

Question 1 refers to the following conversation.

W-Am Newton National Park. This is Ranger Kim speaking.

M-Cn Yes—hi. I read in your newsletter / that you're organizing a forest cleanup day / for next Saturday / and need volunteers. I'd like to help.

1번은 다음 대화를 참조하시오.

여 뉴턴 국립공원입니다. 저는 공원 관리원 김입니다.

남 네, 안녕하세요? **다음 토요일, 숲 청소의 날을 준비하시는 데 자원봉사자가 필요하다고 소식지에서 읽었어요. 돕고 싶습니다.**

W-Am Great! We need people / to remove the branches / that have fallen on our trails.

여 좋아요! 오솔길에 떨어진 나뭇가지를 치울 분들이 필요합니다.

어휘 ranger 공원 관리원 organize 준비하다, 조직하다 volunteer 자원봉사자 remove 제거하다 branch 나뭇가지 trail 오솔길, 산길

1 Why is the man calling?
(A) To volunteer for a task
(B) To reschedule an appointment

남자가 전화를 건 목적은?
(A) 업무에 자원하려고
(B) 약속 일정을 변경하려고

어휘 task 업무, 임무 appointment 약속

해설 **남자가 전화 건 목적** 남자가 숲 청소의 날에 자원봉사자가 필요하다는 글을 읽었다고 하면서 돕고 싶다고 말하고 있다. 따라서 숲 청소에 자원하는 것임을 알 수 있으므로 정답은 (A)이다.

Question 2 refers to the following conversation.

M-Cn Good morning, I just got a new eyeglasses prescription / from my eye doctor. She suggested coming to your store / to get it filled.

W-Am Certainly. We have a great selection of frames—we just got a shipment yesterday.

M-Cn Great. I did want to get some new frames.

2번은 다음 대화를 참조하시오.

남 안녕하세요. **안과 의사로부터 새 안경 처방을 막 받았는데요. 선생님이 당신 가게에서 처방대로 안경을 맞추라고 제안하셨어요.**

여 물론이에요. 저희는 안경테 종류가 많이 있습니다. 어제 막 배송을 받았거든요.

남 좋네요. 너무나 새 안경테를 하고 싶었어요.

어휘 prescription 처방 get a prescription filled 처방대로 안경을 맞추다[약을 조제하다] a selection of 다양한 frame 안경테

2 What does the man want to do?
(A) Change an order
(B) Fill a prescription

남자가 하고 싶어하는 것은?
(A) 주문 변경
(B) 처방 주문

해설 **남자가 하고 싶어하는 것** 남자의 대사에서 안과 의사의 새 안경 처방을 받아서 가게에 왔음을 알 수 있으므로 정답은 (B)이다.

Questions 3 and 4 refer to the following conversation.

W-Br Excuse me—do you work here? 3 I'm having a problem / getting one of the washing machines to work. I put my clothes in, inserted money, and pushed the start button, but nothing happened.

M-Cn Oh, you must be using machine number nine. 4 Sometimes the door won't close properly. I'll hang a sign / that it's out of order.

W-Br OK, I'll try another machine then.

3-4번은 다음 대화를 참조하시오.

여 실례합니다. 여기서 일하세요? **3 세탁기 중 하나를 작동하는 데 문제가 있어요.** 제 옷을 넣고 돈을 넣었어요. 그리고 시작 버튼을 눌렀는데 아무것도 안 돼요.

남 아, 9번 기계를 사용하고 계시는군요. **4 가끔 문이 제대로 안 닫혀요.** 고장이라고 표지판을 붙일게요.

여 네. 다른 기계를 사용해 볼게요.

어휘 insert 넣다, 삽입하다 properly 제대로, 올바로 hang 걸다, 매달다 out of order 고장 난

3 What is the woman trying to do?
(A) Find a dressing room
(B) Use an appliance
(C) Play a game
(D) Purchase a machine

여자는 무엇을 하려고 시도하는가?
(A) 탈의실 찾기
(B) 가전제품 이용하기
(C) 게임하기
(D) 기계 구입하기

어휘 dressing room 탈의실 appliance 가전제품 purchase 구입하다

해설 **여자가 시도하는 것** 여자가 첫 번째 대사에서 세탁기 중 하나를 작동하는 데 문제가 있다(I'm having a problem getting one of the washing machines to work)고 했으므로, 여자가 가전제품을 이용하려 한다는 것을 알 수 있다. 따라서 (B)가 정답이다.

PART 3 | UNIT 09

Paraphrasing 지문의 getting one of the washing machines to work → 정답의 Use an appliance

---

4 What problem does the man mention?
(A) A price tag is incorrect.
(B) A staff member is unavailable.
(C) A dress is torn.
(D) A door does not close.

남자는 어떤 문제를 언급하는가?
(A) 가격표가 틀렸다.
(B) 직원이 시간이 안 된다.
(C) 옷이 찢어졌다.
(D) 문이 닫히지 않는다.

어휘 **incorrect** 부정확한, 맞지 않는 **unavailable** 시간이 안 되는 **torn** 찢어진

해설 **남자가 언급한 문제** 남자가 첫 번째 대사에서 가끔 세탁기의 문이 제대로 안 닫힌다(Sometimes the door won't close properly)는 문제를 언급했으므로, (D)가 정답이다.

ETS 실전 테스트

교재 p. 190

1. (D) **2.** (B) **3.** (C) **4.** (D) **5.** (A) **6.** (D) **7.** (C) **8.** (A) **9.** (C)
10. (D) **11.** (D) **12.** (A) **13.** (C) **14.** (C) **15.** (B) **16.** (C) **17.** (A) **18.** (A)
19. (D) **20.** (B) **21.** (A)

Questions 1 through 3 refer to the following conversation.

W-Br Good morning Mr. Lin. [1] We have a package / for you to pick up / here at the Morseville post office. You should have received a missed delivery card / when we tried to deliver it / a week ago.

M-Cn I'm looking through my mail now, and [2] I can't find any notice / about a missed delivery. I just got back from vacation.

W-Br Oh, I see. Well, that shouldn't be a problem. [3] Just be sure to bring along some form of photo identification / when you come to pick your package up.

1-3번은 다음 대화를 참조하시오.

여 안녕하세요, 린 씨. **1 이곳 모스빌 우체국에서 가져가실 소포가 있습니다. 1주일 전에 배송해 드리려고 했을 때 배송 불발 카드를 받으셨어야 할 텐데요.**

남 지금 우편물을 살펴보고 있는데, **2 배송 불발에 대한 안내문은 찾을 수가 없네요.** 휴가 갔다 이제 막 돌아왔거든요.

여 아, 알겠습니다. 문제없을 겁니다. **3 소포를 가지러 오실 때 사진이 부착된 신분증을 꼭 가지고 오세요.**

어휘 **package** 소포 **missed** 놓친 **look through** 살펴보다 **notice** 안내문, 공고문 **photo identification** 사진이 부착된 신분증

1 Who most likely is the woman?
(A) A florist
(B) A bus driver
(C) A travel agent
(D) A postal worker

여자는 누구이겠는가?
(A) 꽃집 주인
(B) 버스 운전기사
(C) 여행사 직원
(D) 우체국 직원

어휘 **postal** 우편의

해설 **여자의 신분** 여자가 첫 번째 대사에서 여기 우체국에서 가져갈 소포가 있다(We have a package for you to pick up here at the ~ post office)고 한 후, 1주일 전에 배송하려고 했다(we tried to deliver it a week ago)고 했으므로, 여자가 우체국 직원이라고 추론할 수 있다. 따라서 (D)가 정답이다.

---

2 What does the man say he cannot find?
(A) A credit card
(B) A delivery notice
(C) A trip itinerary
(D) A revised invoice

남자는 무엇을 찾을 수 없다고 말하는가?
(A) 신용카드
(B) 배송 안내문
(C) 여행 일정표
(D) 수정된 청구서

어휘 **itinerary** 여행 일정표 **revised** 수정된 **invoice** 청구서, 송장

해설 **남자가 찾을 수 없다고 말한 것** 남자가 첫 번째 대사에서 배송 불발에 대한 안내문은 찾을 수가 없다(I can't find any notice about a missed delivery)고 했으므로, (B)가 정답이다.

3 What does the woman ask the man to bring with him?
(A) Proof of payment
(B) An account number
(C) Photo identification
(D) Some packaging supplies

여자는 남자에게 무엇을 가져오라고 요청하는가?
(A) 납입 증명서
(B) 계좌번호
(C) 사진이 부착된 신분증
(D) 포장용품

어휘 **proof** 증명 **payment** 지불, 납부 **account** 계좌 **packaging** 포장, 포장재

해설 **여자가 남자에게 가져오라고 요청한 것** 여자가 마지막 대사에서 소포를 가지러 올 때 사진이 부착된 신분증을 꼭 가지고 오라(Just be sure to bring along some form of photo identification)고 했으므로, (C)가 정답이다.

Questions 4 through 6 refer to the following conversation.

M-Cn Hi, 4 I'm calling / to order a refill for a prescription. My name is Luis Alvarez / and the prescription number is 2497.

W-Am I see a record of your prescription / in our computer system, but 4/5 it looks like / you filled it / at our branch on Larson Road. 4 This is the Community Pharmacy / on Grant Street.

M-Cn Oh, 5 I'm sorry! I meant to call the other store.

W-Am No problem. 6 I can put the request for the refill / in the system, and you can pick up the order there, if that's more convenient.

4-6번은 다음 대화를 참조하시오.

남 안녕하세요. **4 처방약을 다시 주문하려고 전화했어요.** 루이스 알바레즈라고 하고, 처방전 번호는 2497입니다.

여 저희 컴퓨터 시스템에 처방전 기록이 있는데, **4/5 라슨 로에 있는 지점에서 약을 조제하신 것 같아요. 4 여기는 그랜트 가에 있는 커뮤니티 약국입니다.**

남 아, **5 죄송합니다! 다른 매장으로 전화하려던 거였어요.**

여 괜찮습니다. **6 제가 시스템에서 재주문 요청을 넣을 수 있어요.** 더 편리하시다면 그쪽에서 주문품을 찾아가실 수 있습니다.

어휘 **prescription** 처방전, 처방약 **fill a prescription** 처방대로 약을 조제하다 **pharmacy** 약국 **request** 요청 **convenient** 편리한

4 Where does the woman work?
(A) At an electronics store
(B) At a grocery store
(C) At a restaurant
(D) At a pharmacy

여자는 어디에서 일하는가?
(A) 전자제품 매장
(B) 식료품점
(C) 식당
(D) 약국

해설 **여자의 근무 장소** 남자가 첫 번째 대사에서 처방약을 다시 주문하려고 전화했다고 했는데, 이에 대해 여자가 라슨로에 있는 지점에서 약을 조제한 것 같다(it looks like you filled it at our branch on Larson Road)고 한 후, 자신이 있는 곳은 그랜트가에 있는 커뮤니티 약국(This is the Community Pharmacy on Grant Street)이라고 했으므로, (D)가 정답이다.

5 Why does the man apologize?
(A) He called the wrong store.
(B) He provided an incorrect date.
(C) He lost a sales receipt.
(D) He forgot his discount card.

남자가 사과한 이유는?
(A) 다른 매장에 잘못 전화를 걸었다.
(B) 틀린 날짜를 제공했다.
(C) 판매 영수증을 분실했다.
(D) 할인 카드를 깜박했다.

어휘 **apologize** 사과하다 **provide** 제공하다 **incorrect** 부정확한, 맞지 않는 **receipt** 영수증

해설 **남자가 사과한 이유** 여자의 첫 번째 대사에서 라슨 로에 있는 지점에서 남자가 약을 조제한 것 같다고 한 후, 남자가 전화한 곳은 그랜트 가에 있는 커뮤니티 약국(This is the Community Pharmacy on Grant Street)이라고 했다. 이에 대해 남자가 사과(I'm sorry)를 전하며 다른 매장으로 전화하려 했다(I meant to call the other store)고 덧붙였으므로, (A)가 정답이다.

Paraphrasing 지문의 sorry → 질문의 apologize
지문의 meant to call the other store → 정답의 called the wrong store

6 What does the woman offer to do?
(A) Call the man back
(B) Authorize a refund
(C) Change a reservation
(D) Place an order

여자는 무엇을 하겠다고 제안하는가?
(A) 남자에게 답신 전화하기
(B) 환불 승인하기
(C) 예약 변경하기
(D) 주문 넣기

어휘 **authorize** 인가하다, 재가하다 **refund** 환불 **reservation** 예약 **place an order** 주문을 넣다

해설 **여자의 제안 사항** 여자가 마지막 대사에서 자신이 시스템에서 재주문 요청을 넣을 수 있다(I can put the request for the refill in the system)고 했으므로, (D)가 정답이다.

Paraphrasing 지문의 put the request for the refill → 정답의 Place an order

---

Questions 7 through 9 refer to the following conversation.

W-Br 7 I'm interested in getting a library card. I just moved into the neighborhood / last week.

M-Cn OK, I can help you with that. 8 I'll just need a document / that shows your current address. A rental lease / or a credit card statement—something that shows you live here in Greenville.

W-Br Oh, I don't have anything like that / with me right now. I guess / I'll have to come back another time.

M-Cn Well, just remember / that the library's closed tomorrow / since it's Sunday. 9 Here's a schedule / that shows our regular hours.

7-9번은 다음 대화를 참조하시오.

여 **7 도서관 카드를 받고 싶은데요.** 지난주에 근처로 이사 왔어요.

남 네, 제가 도와드릴 수 있습니다. **8 현 주소가 나온 문서가 필요해요. 임대차 계약서나 신용카드 내역서처럼 이곳 그린빌에 거주하신다는 것을 보여주는 거요.**

여 아, 지금은 그런 걸 갖고 있지 않아서요. 언제 다시 한 번 와야 할 것 같아요.

남 내일은 일요일이라 도서관이 문을 닫는다는 사실을 기억해 두세요. **9 저희 정규 운영시간이 나온 일정표가 여기 있습니다.**

어휘 **neighborhood** 인근, 근처 **current** 현재의 **lease** 임대차 계약 **statement** 입출금 내역서 **regular hours** 정규 영업시간

7 What does the woman want to do?
(A) Volunteer at the library
(B) Join a committee
(C) Get a library card
(D) Renew a book

여자는 무엇을 하고 싶어하는가?
(A) 도서관에서 자원봉사하기
(B) 위원회 가입하기
(C) 도서관 카드 받기
(D) 대출기한 연장하기

어휘 **volunteer** 자원 봉사하다 **committee** 위원회 **renew a book** 대출기한을 연장하다

해설 **여자가 하고 싶은 일** 여자가 첫 번째 대사에서 도서관 카드를 받고 싶다(I'm interested in getting a library card)고 했으므로, (C)가 정답이다.

Paraphrasing 지문의 am interested in → 질문의 want to

8 What does the man say the woman has to do?
(A) Provide proof of her address
(B) Make a payment
(C) Attend an orientation
(D) Sign up at the front desk

남자는 여자가 무엇을 해야 한다고 말하는가?
(A) 주소 증빙 제공하기
(B) 결제하기
(C) 오리엔테이션 참석하기
(D) 안내 데스크에서 등록하기

어휘 **make a payment** 지불하다, 결제하다 **attend** 참석하다 **sign up** 등록하다, 가입하다

해설 **남자가 여자에게 해야 한다고 말한 것** 남자가 첫 번째 대사에서 현 주소가 나온 문서가 필요하다(I'll just need a document that shows your current address)고 한 후, 임대차 계약서나 신용카드 내역서처럼 그린빌에 거주한다는 사실을 보여주는 것(something that shows you live here in Greenville)이라며 주소 증빙 서류의 예를 덧붙였으므로, (A)가 정답이다.

Paraphrasing 지문의 a document that shows your current address → 정답의 proof of her address

9 What does the man give the woman?

(A) A registration form

(B) A policy document

(C) A schedule

(D) A reading list

남자는 여자에게 무엇을 주는가?

(A) 신청서

(B) 정책 문서

(C) 일정표

(D) 추천 도서 목록

어휘 **registration form** 신청서 **policy** 정책 **reading list** 추천 도서

해설 **남자가 여자에게 준 것** 남자가 마지막 대사에서 정규 운영시간이 나온 일정표가 여기 있다(Here's a schedule that shows our regular hours)며 여자에게 일정표를 건넸으므로, (C)가 정답이다.

Questions 10 through 12 refer to the following conversation with three speakers.

M-Cn [10] Welcome to Scoffield Automotive. How can I help you?

W-Br I'm interested in purchasing a new van / for my catering business.

M-Cn OK. We have a sales representative / who specializes in commercial vehicles. Pierre, this customer's interested in purchasing a van / for her business.

M-Au Great. Can you tell me about the features / you want?

W-Br Well, [11] it's important to have a lot of cargo space. I'll be using the van / to transport big coolers and serving tables.

M-Au All right. We've got a few models / that might work for you. [12] Did you bring your driver's license / so you can test drive them?

10-12번은 다음 3인 대화를 참조하시오.

남1 **10 스코필드 자동차대리점에 오신 걸 환영합니다.** 무엇을 도와드릴까요?

여 출장 요리 사업을 위해 새 밴을 구입하려고 하는데요.

남1 알겠습니다. 업소용 차량을 전문으로 하는 판매 담당자가 있습니다. 피에르, 이 고객께서 사업에 필요한 밴을 구입하는 데 관심이 있으시답니다.

남2 좋습니다. 원하시는 특징에 대해 말씀해주실 수 있을까요?

여 **11 화물칸이 큰 게 중요해요.** 큰 냉각기와 서빙 테이블을 운반하기 위해 밴을 사용할 거라서요.

남2 좋습니다. 고객님께 맞을 만한 모델이 몇 개 있어요. **12 운전면허증을 가지고 오셨나요? 그러면 시운전을 해보실 수 있는데요.**

어휘 **automotive** 자동차의 **catering** 출장 요리 서비스 **sales representative** 영업 사원 **specialize in** ~을 전문으로 하다 **commercial** 업소용의 **vehicle** 차량 **feature** 특징 **cargo** 화물 **transport** 수송하다 **cooler** 냉각기, 냉장고 **test drive** 시운전하다

10 Where most likely are the speakers?

(A) At a train station

(B) At a construction site

(C) At a travel agency

(D) At an automobile dealership

화자들이 있는 곳은?

(A) 기차역

(B) 건설 현장

(C) 여행사

(D) 자동차 대리점

어휘 **construction** 건설 **site** 부지, 현장 **dealership** 대리점

해설 **대화 장소** 대화 맨 처음에 남자 1(M-Cn)이 스코필드 자동차대리점에 오신 것을 환영한다(Welcome to Scoffield Automotive)고 하는 인사말에서 정답이 (D)임을 알 수 있다.

Paraphrasing 지문의 Automotive → 정답의 automobile dealership

11 Which feature does the woman say is important?

(A) Price

(B) Safety

(C) Efficiency

(D) Size

여자가 말하는 중요한 특징은?

(A) 가격

(B) 안전

(C) 효율성

(D) 크기

해설 **여자가 말하는 중요한 특징** 남자 2가 원하는 특징을 물었을 때, 여자가 화물칸이 큰 것이 중요하다고 말했으므로 정답은 (D)이다.

12 What is the woman asked to provide?
(A) A driver's license
(B) A credit card
(C) An itinerary
(D) A receipt

여자가 제공해야 할 것은?
(A) 운전면허증
(B) 신용카드
(C) 여행 일정
(D) 영수증

해설 **여자가 제공해야 할 것** 대화 맨 마지막에서 남자 2가 운전면허증을 갖고 왔으면 시운전을 할 수 있다고 말하고 있으므로 정답은 (A)이다.

Questions 13 through 15 refer to the following conversation.

W-Br [13]Thank you for calling Chiba Medical Clinic; this is Aiko speaking. How can I help you?
M-Cn Hello, my name's Ezra Golan. [14]I'm traveling overseas / on holiday next month, and I need to get some vaccinations. Does your office have any appointments available?
W-Br I think / we can find time for you, Mr. Golan. Let me check our calendar. Well ... it looks like / we have several openings / next Tuesday. [15]Does 2 P.M. work for you?
M-Cn I work until 3 o'clock on Tuesdays.
W-Br OK, how about 3:30? Can you make it here / by then?
M-Cn That works for me. Thanks, and see you then.

13-15번은 다음 대화를 참조하시오.
여 **13 치바 메디컬 클리닉에 전화 주셔서 감사합니다.** 저는 아이코입니다. 무엇을 도와 드릴까요?
남 안녕하세요. 제 이름은 에즈라 골런입니다. **14 다음 달에 해외로 휴가 여행을 떠나는데,** 예방 접종을 받아야 해서요. 진료 예약을 할 수 있을까요?
여 가능한 시간이 있을 것 같습니다, 골런 씨. 달력을 확인해 보겠습니다. 음··· 다음 주 화요일에 빈 시간이 몇 개 있는 것 같네요. **15 오후 2시에 괜찮으신가요?**
남 화요일에는 제가 오후 3시까지 근무를 해요.
여 그러면 3시 30분은 어떠신가요? 그때까지 오실 수 있나요?
남 그때는 가능합니다. 고맙습니다. 그때 뵙죠.

어휘 **medical clinic** 병원, 의원 **travel overseas** 해외 여행을 가다 **on holiday** 휴가를 얻어, 휴가 중에 **get vaccinations** 예방 접종하다 **available** 시간을 낼 수 있는 **find time** 짬[시간]을 내다 **opening** 공백, 공석 **work** 효과가 있다, 작용하다 **make it** 도착하다

13 Where does the woman work?
(A) At a law firm
(B) At a travel agency
(C) At a health clinic
(D) At a hair salon

여자는 어디에서 근무하는가?
(A) 법률회사
(B) 여행사
(C) 병원
(D) 미용실

해설 **여자의 근무 장소** 여자의 첫 번째 대사에서 치바 메디컬 클리닉에 전화 주셔서 감사하다(Thank you for calling Chiba Medical Clinic)고 했으므로 정답은 (C)이다.

Paraphrasing 지문의 Chiba Medical Clinic → 정답의 a health clinic

14 What does the man say he will be doing next month?
(A) Leading a workshop
(B) Starting a job at a different company
(C) Taking a holiday overseas
(D) Writing a travel guide

남자는 다음 달에 무엇을 할 예정이라고 말하는가?
(A) 워크숍 이끌기
(B) 다른 회사에서 근무 시작하기
(C) 해외에서 휴가 보내기
(D) 여행 안내서 집필하기

어휘 **lead** 진행하다, 이끌다 **overseas** 해외에, 외국으로

해설 **남자가 다음 달에 할 일** 남자의 첫 번째 대사에서 다음 달에 해외로 휴가 여행을 떠난다(I'm traveling overseas on holiday next month)고 했으므로 정답은 (C)이다.

Paraphrasing 지문의 traveling overseas on holiday → 정답의 Taking a holiday overseas

15 What does the man imply when he says, "I work until 3 o'clock on Tuesdays"?
(A) He wishes that he worked full-time.
(B) He needs a later appointment.
(C) He would prefer to come in on the weekend.
(D) He will be departing early for an event.

남자가 "화요일에는 제가 오후 3시까지 근무를 해요" 라고 말할 때 무엇을 암시하는가?
(A) 정직원으로 일하고 싶다.
(B) 이후의 시간으로 예약해야 한다.
(C) 주말에 방문하는 게 더 좋겠다.
(D) 행사 때문에 일찍 출발할 예정이다.

어휘 **full-time** 전일제의, 상근의 **later** 이후의, 나중의 **prefer** 선호하다, 더 좋아하다 **depart** 떠나다, 출발하다

해설 **화자의 의도 파악 문제** 여자가 두 번째 대사에서 오후 2시에 괜찮은지 물어 보았을 때(Does 2 P.M. work for you?) 남자가 화요일에는 오후 3시까지 근무를 한다고 했다. 즉, 이는 3시 이후로 약속을 잡아야 한다는 의미이므로 정답은 (B)이다.

Questions 16 through 18 refer to the following conversation.

W-Br Hi, [16]my laptop suddenly started making a really loud buzzing sound / when I start it up. When I called this morning / someone said to bring it in / to the shop here.

M-Au Yes, you spoke with me. [17] A buzzing sound usually means / the fan is malfunctioning. It's a very common problem / and is easy to fix. [17] We can replace it for you / for twenty dollars.

W-Br That sounds good. [18] I don't have a lot of time / right now though... I have to run to an appointment / in an hour. [18] When will you have it ready?

M-Au I can do it for you / right now. It should take about five minutes.

16-18번은 다음 대화를 참조하시오.

여 안녕하세요. **16 갑자기 제 노트북이 구동 시 정말 크게 윙윙거리는 소리를 내기 시작했어요. 오늘 아침에 전화했을 때 누군가가 여기 매장으로 가져오라고 하셔서요.**

남 네, 저였습니다. **17 윙윙거리는 소리는 보통 팬이 제대로 작동하지 않는다는 뜻이죠.** 매우 흔한 문제로, 고치기 쉬워요. **17 20달러에 교체해 드릴 수 있습니다.**

여 잘됐네요. **18 그런데 지금은 시간이 많지 않아서요**··· 한 시간 후 약속에 급하게 가야 해요. **18 언제 준비될까요?**

남 지금 바로 해 드릴 수 있습니다. 5분 정도 걸릴 거예요.

어휘 **suddenly** 갑자기 **buzzing** 윙윙거리는 **malfunction** 제대로 작동하지 않다 **fix** 수리하다 **replace** 교체하다 **appointment** 약속

16 Where does this conversation most likely take place?
(A) At a software company
(B) At a plastics factory
(C) At an electronics store
(D) At an auto repair shop

대화는 어디에서 이루어지겠는가?
(A) 소프트웨어 업체
(B) 플라스틱 공장
(C) 전자제품 매장
(D) 자동차 정비소

해설 **대화 장소** 여자가 첫 번째 대사에서 노트북이 갑자기 윙윙거린다며 오늘 아침에 전화했을 때 누군가가 여기 매장으로 가져오라고 했다(When I called this morning someone said to bring it in to the shop here)고 했으므로, 대화가 전자제품 매장에서 이뤄지고 있다고 추론할 수 있다. 따라서 (C)가 정답이다.

---

17 What problem does the man mention?
(A) A part needs to be replaced.
(B) No technicians are available.
(C) Some supplies are out of stock.
(D) A workplace is noisy.

남자는 어떤 문제를 언급하는가?
(A) 부품이 교체되어야 한다.
(B) 시간이 되는 기사가 없다.
(C) 일부 용품이 품절됐다.
(D) 업무 현장이 시끄럽다.

어휘 **part** 부품 **technician** 기술자, 기사 **supply** 용품 **out of stock** 품절인

해설 **남자가 언급한 문제** 남자가 첫 번째 대사에서 윙윙거리는 소리(A buzzing sound)는 보통 팬이 제대로 작동하지 않는다(the fan is malfunctioning)는 뜻이라고 한 후, 20달러에 교체할 수 있다(We can replace it for you for twenty dollars)고 했으므로, (A)가 정답이다.

Paraphrasing 지문의 the fan → 정답의 A part

18 What does the woman want to know?
(A) When a task will be completed
(B) How much an item will cost
(C) Where a branch is located
(D) How long a warranty lasts

여자는 무엇을 알고 싶어하는가?
(A) 작업이 완료되는 시점
(B) 물품 가격
(C) 지점 위치
(D) 품질 보증 기간

어휘 **complete** 완료하다 **branch** 지점 **warranty** 품질 보증서 **last** (특정 기간 동안 사용할 수 있도록) 가다

해설 **여자가 알고 싶어 하는 것** 여자가 두 번째 대사에서 지금은 시간이 많지 않다고 한 후, 언제 준비될지(When will you have it ready?) 물었으므로, 여자가 작업이 완료되는 시점을 궁금해한다는 것을 알 수 있다. 따라서 (A)가 정답이다.

Questions 19 through 21 refer to the following conversation and catalog page.

W-Am Diego, I have a few minutes / before my next appointment. 19 Mr. Prasad is bringing in his new puppy / for a checkup. Do you need me for anything / before I see them?

M-Cn Yes, 19/20 Ms. Jones would like you to call her back / about her cat. I left her phone number / on your desk.

W-Am Ah, thanks. Oh, and 21 I need you to submit a special order / to the veterinary supply company. We're running low on gauze. If you could order a few dozen rolls of it, that'd be great.

19-21번은 다음 대화와 카탈로그 페이지를 참조하시오.

여 디에고, 다음 예약 전에 몇 분 시간이 있어요. **19 프라사드 씨가 검진을 받으러 새 강아지를 데려올 겁니다. 제가 그들을 맞기 전에 해야 할 일이 있나요?**

남 네. **19/20 존스 씨가 고양이에 관해 답신 전화를 해 주셨으면 하고 있어요.** 책상 위에 존스 씨 전화번호를 두었습니다.

여 아, 고맙습니다. 아, **21 수의과용품 업체에 특별 주문을 넣어 주셔야 합니다. 거즈가 다 떨어져 가요.** 몇 십 통 주문해 주시면 좋겠어요.

어휘 **checkup** 신체 검사, 건강 진단 **submit** 제출하다 **order** 주문 **veterinary** 수의학의 **run low** 떨어져 가다, 모자라게 되다

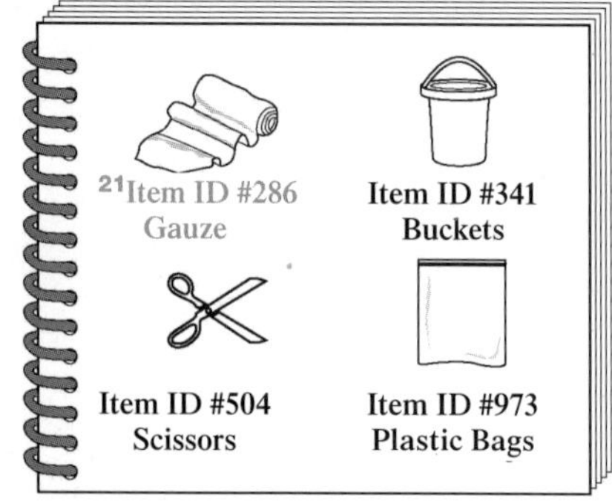

21물품 번호 286 거즈
물품 번호 341 양동이
물품 번호 504 가위
물품 번호 973 비닐봉투

19 Who most likely is the woman?
(A) A salesperson
(B) A maintenance supervisor
(C) A safety inspector
(D) A veterinarian

여자는 누구이겠는가?
(A) 판매원
(B) 유지보수 관리자
(C) 안전검사관
(D) 수의사

어휘 **maintenance** 유지보수 **supervisor** 감독관, 관리자 **inspector** 검사관 **veterinarian** 수의사

해설 **여자의 신분** 여자가 첫 번째 대사에서 프라사드 씨가 검진을 받으러 새 강아지를 데려온다(Mr. Prasad is bringing in his new puppy for a checkup)고 한 후, 자신이 그들을 맞기 전에 해야 할 일이 있는지 문의했는데, 남자가 존스 씨가 고양이에 관해 여자의 답신 전화를 원한다(Ms. Jones would like ~ about her cat)고 했으므로, 여자가 수의사라고 추론할 수 있다. 따라서 (D)가 정답이다.

20 According to the man, what has Ms. Jones requested?
(A) A signed form
(B) A phone call
(C) A rescheduled appointment
(D) A printed invoice

남자에 따르면, 존스 씨는 무엇을 요청했는가?
(A) 서명된 서식
(B) 전화 통화
(C) 예약 일정 변경
(D) 출력된 청구서

어휘 **form** 서식 **reschedule** 일정을 변경하다 **invoice** 청구서, 송장

해설 **존스 씨의 요청 사항** 남자의 첫 번째 대사에서 존스 씨가 고양이에 관해 여자가 답신 전화하기를 원한다(Ms. Jones would like you to call her back about her cat)고 했으므로, (B)가 정답이다.

Paraphrasing 지문의 call her back → 정답의 A phone call

21 Look at the graphic. What item ID number will the man use in the order?
(A) 286
(B) 341
(C) 504
(D) 973

시각정보에 따르면, 남자는 주문서에서 어떤 물품 번호를 이용할 것인가?
(A) 286
(B) 341
(C) 504
(D) 973

해설 **시각정보 연계 문제_남자가 사용할 물품 번호** 여자가 마지막 대사에서 수의과용품 업체에 특별 주문을 넣어 달라고 남자에게 요청한 후, 거즈가 다 떨어져 간다(We're running low on gauze)며 주문할 물품을 구체적으로 제시했다. 시각정보를 보면, 여자가 주문을 요청한 거즈(Gauze)의 물품 번호(Item ID)는 '286'이므로, (A)가 정답이다.

PART 3 ETS 파트별 모의고사

교재 p. 192

32. (B)	**33.** (A)	**34.** (A)	**35.** (D)	**36.** (B)	**37.** (C)	**38.** (C)
39. (C)	**40.** (B)	**41.** (D)	**42.** (C)	**43.** (D)	**44.** (B)	**45.** (A)
46. (D)	**47.** (B)	**48.** (D)	**49.** (A)	**50.** (C)	**51.** (D)	**52.** (B)
53. (C)	**54.** (D)	**55.** (C)	**56.** (A)	**57.** (C)	**58.** (B)	**59.** (C)
60. (A)	**61.** (C)	**62.** (C)	**63.** (A)	**64.** (B)	**65.** (C)	**66.** (C)
67. (B)	**68.** (D)	**69.** (B)	**70.** (A)			

Questions 32 through 34 refer to the following conversation.

M-Cn Well, 32 I've looked at the refrigerator / in your break room.
W-Br 32 Did you figure out / why it's not keeping food cold?
M-Cn Yes. The condenser coil is worn out / and needs to be replaced. 33 I'll have to order a new one.
W-Br I see. How long will it take / to get that?
M-Cn Well, 33 the refrigerator's an older model, so it'll take about a week. I can finish the work / as soon as the part arrives.
W-Br OK. 34 I'll put up a sign / to notify the employees. I don't want them using it / and having their food go bad.

32-34번은 다음 대화를 참조하시오.
남 음, **32 휴게실에 있는 냉장고를 봤는데요.**
여 **32 왜 음식을 차게 유지하지 못하는지 알아내셨나요?**
남 네. 냉각기 전선이 닳아서 교체해야 해요. **33 새것을 주문해야 할 것 같아요.**
여 알겠어요. 받는 데 얼마나 걸릴까요?
남 **33 냉장고가 이전 모델이라 1주일 정도 걸릴 겁 니다. 부품이 도착하는 대로 작업을 끝마칠 수 있어요.**
여 좋아요. **34 직원들에게 알리는 표지판을 걸어둘게요.** 냉장고를 이용해서 음식이 상하게 만들고 싶지 않으니까요.

어휘 **refrigerator** 냉장고 **break room** 휴게실 **figure out** 이해하다, 알아내다 **condenser** 냉각기 **coil** 전선 **worn out** 닳아서 못 쓰게 된 **replace** 교체하다 **order** 주문하다 **part** 부품 **notify** 알리다 **employee** 직원 **go bad** 상하다

32 Who most likely is the man?
(A) A dietitian
(B) A repair person
(C) A sales associate
(D) A safety inspector

남자는 누구이겠는가?
(A) 영양사
(B) 수리공
(C) 영업사원
(D) 안전 검사관

어휘 **dietitian** 영양사 **repair** 수리 **sales associate** 영업사원 **inspector** 검사관

해설 **남자의 신분** 남자가 첫 번째 대사에서 휴게실에 있는 냉장고를 봤다(I've looked at the refrigerator in your break room)고 했는데, 이에 대해 여자가 왜 음식을 차게 유지하지 못하는지 알아냈는지(Did you figure out why it's not keeping food cold?) 되묻고 있으므로, 남자가 수리공이라고 추론할 수 있다. 따라서 (B)가 정답이다.

---

33 Why does the man need a week to complete some work?
(A) He has to order a new part.
(B) He wants to consult with an expert.
(C) He must wait until an office is closed.
(D) He needs assistance from some coworkers.

남자가 작업을 완료하는 데 1주일이 필요한 이유는?
(A) 새 부품을 주문해야 한다.
(B) 전문가와 협의하고 싶어한다.
(C) 사무실을 닫을 때까지 기다려야 한다.
(D) 동료의 도움이 필요하다.

어휘 **complete** 완료하다 **consult with** ~와 협의하다 **assistance** 도움 **coworker** 동료

해설 **작업 완료에 1주일이 필요한 이유** 남자의 두 번째 대사에서 새 부품을 주문해야 한다(I'll have to order a new one)고 했는데, 이에 대해 여자가 받는 데 얼마나 걸릴지 문의했고, 남자가 1주일 정도 걸린다(it'll take about a week)고 응답한 후, 부품이 도착하는 대로 작업을 끝마칠 수 있다(I can finish the work as soon as the part arrives)고 덧붙였다. 따라서 (A)가 정답이다.

Paraphrasing 지문의 take about a week → 질문의 need a week
지문의 finish the work → 질문의 complete some work

---

34 What does the woman say she will do?
(A) Post a notice
(B) Check a manual
(C) Reschedule an event
(D) Make a lunch reservation

여자는 무엇을 하겠다고 말하는가?
(A) 공고문 게시하기
(B) 설명서 확인하기
(C) 행사 일정 변경하기
(D) 점심 식사 예약하기

어휘 **post** 게시하다 **notice** 공고문 **manual** 설명서 **reschedule** 일정을 변경하다 **make a reservation** 예약하다

해설 **여자가 할 일** 여자가 마지막 대사에서 직원들에게 알리는 표지판을 걸어두겠다(I'll put up a sign to notify the employees)고 했으므로, (A)가 정답이다.

Paraphrasing 지문의 put up a sign → 정답의 Post a notice

Questions 35 through 37 refer to the following conversation.

W-Am Thanks for agreeing to this interview. I'm working on a series of articles / featuring successful businesspeople.

M-Au I'm happy to participate. 35 This is actually perfect timing / because today's my company's anniversary. We've been in the business / of selling imported pottery / for three years!

W-Am Congratulations! 36 I did some research / into your early years. Your family traveled a lot / when you were growing up, right?

M-Au Yes. My father would often buy handmade pottery / from the places we went. 37 As an adult, I started traveling / and purchasing unique pieces. That's why / they sell so well. There's nothing else like them / in town.

35-37번은 다음 대화를 참조하시오.

여 이번 인터뷰에 응해 주셔서 감사합니다. 저는 성공한 사업가들이 등장하는 연속 기사들을 맡고 있습니다.

남 참여하게 되어 기쁩니다. **35 오늘이 저희 회사 창립기념일이라 사실 타이밍이 완벽하네요.** 저희는 3년째 수입 도자기 판매업을 하고 있습니다!

여 축하합니다! **36 유년기에 관해 제가 조사를 좀 했는데요. 자라면서 가족이 여행을 많이 하셨다고요, 그렇죠?**

남 네. 아버지께서는 가는 곳에서 수제 도자기를 종종 구입하셨어요. **37 저도 성인으로서 여행하면서 독특한 도자기들을 구입하기 시작했죠. 그것들이 아주 잘 팔리는 이유입니다.** 이곳에 그런 물건들은 없거든요.

어휘 agree 동의하다 article 기사 feature 특별히 포함하다 successful 성공적인 participate 참가하다 actually 사실 anniversary 기념일 import 수입하다 pottery 도자기류 research 조사, 연구 grow up 자라다 purchase 구입하다 unique 독특한

35 According to the man, why is an interview well-timed?
(A) He just hired a new executive director.
(B) His company is about to launch a new product.
(C) It is the only time he is available this week.
(D) It is his company's anniversary.

남자에 따르면, 인터뷰가 시의적절한 이유는?
(A) 상무이사를 막 새로 채용했다.
(B) 그의 회사가 신제품을 출시하려는 참이다.
(C) 이번 주에 그가 시간을 낼 수 있는 유일한 때이다.
(D) 회사의 창립기념일이다.

어휘 **well-timed** 시기가 좋은, 시의적절한 **hire** 채용하다 **launch** 시작하다, 출시하다 **available** 시간이 되는

해설 **인터뷰가 시의적절한 이유** 남자가 첫 번째 대사에서 오늘이 자신의 회사 창립기념일이라 사실 타이밍이 완벽하다(This is actually perfect timing because today's my company's anniversary)고 했으므로, (D)가 정답이다.

Paraphrasing 지문의 perfect timing → 질문의 well-timed

---

36 What did the woman research?
(A) A popular trend
(B) A family background
(C) Product sales
(D) Workplace culture

여자는 무엇을 조사했는가?
(A) 인기 트렌드
(B) 가정 환경
(C) 제품 판매
(D) 직장 문화

어휘 **background** 배경 **workplace** 일터, 직장 **culture** 문화

해설 **여자가 조사한 것** 여자의 두 번째 대사에서 자신이 남자의 유년기에 관해 조사를 했다(I did some research into your early years)고 밝힌 후, 자라면서 가족이 여행을 많이 했다(Your family traveled a lot when you were growing up)는 조사 내용이 맞는지 확인하고 있으므로, (B)가 정답이다.

---

37 According to the man, what is responsible for the success of his business?
(A) His willingness to work hard
(B) His father's business contacts
(C) The uniqueness of the products
(D) The creativity of the marketing

남자에 따르면, 사업 성공의 원인이 된 것은?
(A) 열심히 일하려는 의지
(B) 아버지의 사업상 인맥
(C) 제품의 독특함
(D) 마케팅의 창의성

어휘 **responsible** 책임이 있는, ~의 원인이 되는 **willingness** 기꺼이 하는 마음 **business contact** 사업상의 인맥 **creativity** 창의성

해설 **사업 성공의 원인** 남자가 마지막 대사에서 여행하면서 독특한 도자기들을 구입하기 시작했다(I started traveling and purchasing unique pieces)고 한 후, 그것들이 아주 잘 팔리는 이유(That's why they sell so well)라고 덧붙였으므로, (C)가 정답이다.

Paraphrasing 지문의 sell so well → 질문의 success
지문의 unique pieces → 정답의 The uniqueness of the products

Questions 38 through 40 refer to the following conversation.

M-Au Hi, Martina. 38 Do you have a minute / to talk about the annual luncheon / we're supposed to organize?
W-Br 38 Sure! Let's talk now.
M-Au I know / we usually have it / indoors at the cafeteria, but I'd like to try something different / this year.
W-Br What do you have in mind?
M-Au An outdoor event, maybe a picnic at Lake Clearwater.
W-Br That would be nice. 39 But I'm worried / that the drive there is too long.

38-40번은 다음 대화를 참조하시오.

남 안녕하세요, 마티나. **38 우리가 준비해야 하는 연례 오찬에 대해 잠시 이야기할 시간이 있나요?**
여 **38 물론이죠!** 지금 얘기하시죠.
남 보통 실내 카페테리아에서 하는데 올해는 뭔가 다른 걸 시도해 보고 싶어요.
여 생각해 두신 거라도 있나요?
남 야외 행사요. 레이크 클리어워터에서 야유회를 해도 되고요.
여 그거 좋겠네요. **39 하지만 거기까지 운전하는 데 너무 오래 걸리는 점이 염려스러워요.**

M-Au Yeah, you're right. We'd probably have to take the afternoon off / from work.

W-Br Exactly, and 40 we'd better get a supervisor's permission / before we start planning.

남 네, 맞아요. 아마 오후에는 휴가를 써야 할 거예요.

여 그렇죠. **40 계획을 시작하기 전에 관리자 허가를 받는 편이 좋겠네요.**

어휘 **annual** 연례의 **luncheon** 오찬 **be supposed to** ~하기로 되어 있다, ~할 의무가 있다 **organize** 준비하다, 조직하다 **have in mind** 염두에 두다, 생각하고 있다 **probably** 아마 **exactly** 정확히, 틀림없이 **supervisor** 관리자, 감독관 **permission** 허가

38 What are the speakers discussing?

(A) A client visit

(B) A training session

(C) A company luncheon

(D) An expense report

화자들은 무엇에 대해 이야기하는가?

(A) 고객 방문

(B) 교육 시간

(C) 회사 오찬

(D) 지출품의서

어휘 **expense** 비용

해설 **대화의 주제** 남자가 첫 번째 대사에서 자신들이 준비해야 하는 연례 오찬에 대해 잠시 이야기할 시간이 있는지(Do you have a minute to talk about the annual luncheon we're supposed to organize?) 물었는데, 이에 대해 여자가 물론(Sure)이라며 긍정한 후, 오찬과 관련된 대화를 이어가고 있으므로, (C)가 정답이다.

39 Why is the woman concerned?

(A) A budget has not been increased.

(B) A schedule has not been set up.

(C) A location is too far away.

(D) Some employees are not available.

여자가 우려하는 이유는?

(A) 예산이 늘어나지 않았다.

(B) 일정이 세워지지 않았다.

(C) 장소가 너무 멀다.

(D) 일부 직원들이 시간이 안 된다.

어휘 **concerned** 우려하는 **budget** 예산 **set up a schedule** 일정을 세우다, 시간표를 짜다 **available** 시간이 되는

해설 **여자가 우려하는 이유** 여자의 세 번째 대사에서 거기까지 운전하는 데 너무 오래 걸리는 점이 염려스럽다(I'm worried that the drive there is too long)고 했으므로, (C)가 정답이다.

Paraphrasing 지문의 too long → 정답의 too far away

40 What does the woman suggest doing?

(A) Talking to other employees

(B) Getting approval from a supervisor

(C) Checking some sales figures

(D) Reserving an event venue

여자는 무엇을 하자고 제안하는가?

(A) 다른 직원들에게 이야기하기

(B) 관리자에게 승인 받기

(C) 매출액 확인하기

(D) 행사 장소 예약하기

어휘 **approval** 승인 **sales figures** 매출액 **reserve** 예약하다 **venue** 장소

해설 **여자의 제안 사항** 여자가 마지막 대사에서 계획을 시작하기 전에 관리자 허가를 받는 편이 좋겠다(we'd better get a supervisor's permission before we start planning)고 했으므로, (B)가 정답이다.

Paraphrasing 지문의 a supervisor's permission → 정답의 approval from a supervisor

Questions 41 through 43 refer to the following conversation.

M-Cn Gundersen Logistics. How can I help you?

W-Am Hi, I'm a copper supplier / and I've recently been contracted / by a company in South Korea. I need to send them large shipments / every month.

M-Cn That's definitely something / we can do. 41 We provide raw materials transportation / for all sorts of companies / around the world.

41-43번은 다음 대화를 참조하시오.

남 건더슨 물류입니다. 어떻게 도와드릴까요?

여 안녕하세요. 구리 공급업자입니다. 최근 한국에 있는 회사와 계약이 됐는데요. 그들에게 매월 대형 수송품을 보내야 해서요.

남 확실히 저희가 해 드릴 수 있는 일이군요. **41 저희는 전 세계 모든 종류의 회사들을 위해 원자재 운송수단을 제공합니다.**

W-Am Excellent. 42 Could you tell me / about your service rates?

M-Cn We price everything / by weight, but it also depends on / what form of transportation / you prefer. 43 I'd recommend setting up an account / on our Web site / so you'll be able to see an estimate.

여 좋아요. **42 서비스 요금에 대해 말씀해 주실 수 있나요?**

남 모든 것의 가격을 무게로 책정합니다만, 어떤 유형의 운송수단을 선호하는지에 의해 결정되기도 합니다. **43 저희 웹사이트에서 계정을 만드시는 것을 추천합니다.** 견적을 보실 수 있거든요.

어휘 **copper** 구리 **supplier** 공급업체 **recently** 최근 **contract** 계약하다 **shipment** 수송, 수송품 **definitely** 분명히, 틀림없이 **provide** 제공하다 **raw material** 원자재, 원료 **transportation** 운송 **rate** 요금 **weight** 무게 **depend on** ~에 달려 있다, ~에 의해 결정되다 **prefer** 선호하다 **recommend** 추천하다 **account** 계정 **estimate** 견적

41 What service does the man's business provide?
(A) Travel planning
(B) Interior decorating
(C) Property management
(D) Industrial shipping

남자의 업체는 어떤 서비스를 제공하는가?
(A) 여행 계획
(B) 인테리어 장식
(C) 부동산 관리
(D) 산업용 운송

어휘 **decorating** 장식 **property** 부동산, 건물 **management** 관리 **industrial** 산업의 **shipping** 운송

해설 **남자의 업체가 제공하는 서비스** 남자의 두 번째 대사에서 회사가 전 세계 모든 종류의 회사들을 위해 원자재 운송수단을 제공한다(We provide raw materials transportation for all sorts of companies around the world)고 했으므로, (D)가 정답이다.

Paraphrasing 지문의 raw materials transportation for all sorts of companies → 정답의 Industrial shipping

42 What does the woman ask the man about?
(A) A business referral
(B) An insurance policy
(C) Some pricing information
(D) Some customer feedback

여자는 남자에게 무엇에 대해 물어보는가?
(A) 업무의뢰서
(B) 보험 증서
(C) 가격 정보
(D) 고객 피드백

어휘 **business referral** 업무의뢰서 **insurance policy** 보험증서

해설 **여자의 문의 사항** 여자의 두 번째 대사에서 남자에게 서비스 요금에 대해 말해 달라(Could you tell me about your service rates?)고 요청했으므로, (C)가 정답이다.

Paraphrasing 지문의 service rates → 정답의 pricing information

43 What does the man suggest the woman do?
(A) Review an invoice
(B) Read about some regulations
(C) Look at some photographs
(D) Create an account

남자는 여자에게 무엇을 하라고 제안하는가?
(A) 송장 검토하기
(B) 규정 읽어보기
(C) 사진 보기
(D) 계정 만들기

어휘 **review** 검토하다 **invoice** 청구서, 송장 **regulation** 규정

해설 **남자의 제안 사항** 남자가 마지막 대사에서 회사의 웹사이트에서 계정을 만들 것을 추천한다(I'd recommend setting up an account on our Web site)고 했으므로, (D)가 정답이다.

Paraphrasing 지문의 recommend → 질문의 suggest
지문의 setting up an account → 정답의 Create an account

Questions 44 through 46 refer to the following conversation.

M-Au You've been a valuable employee / at Clearworks Maintenance / for a while now, 44 so I'm glad / you agreed to take on the role of supervisor.

44-46번은 다음 대화를 참조하시오.

남 당신은 한동안 클리어웍스 메인티넌스에서 귀중한 직원이었습니다. **44 그래서 관리자 역할을 맡는 데 동의해 주셔서 기쁩니다.**

W-Am Thank you. 44 I'm looking forward to my new responsibilities.

M-Au 45 I know / you're already scheduled to take time off / to travel / next week, so we'll set up your training / for when you get back. We can start with the program / we use to schedule cleaning assignments.

W-Am Great. I'll be trained / on the supply ordering system too, right?

M-Au Right. And you'll start receiving supervisor's pay / right away. 46 I checked with Accounting, and the paperwork has been completed.

여 감사합니다. **44 새 책무를 고대하고 있습니다.**

남 **45 여행차 이미 다음 주에 휴가를 내신 걸로 압니다.** 그래서 교육은 돌아오실 때로 잡으려고 해요. 청소 업무 일정을 잡는 데 쓰는 프로그램부터 시작하면 됩니다.

여 좋아요. 물품 주문 시스템도 교육을 받는 거죠, 그렇죠?

남 맞아요. 그리고 즉시 관리자 급여를 받기 시작하실 겁니다. **46 제가 회계팀에 확인해서 서류 작업이 끝났어요.**

어휘 **valuable** 귀중한 **for a while** 얼마간, 잠시 동안 **take on the role of** ~의 역할을 맡다 **supervisor** 관리자 **look forward to** ~을 고대하다 **responsibility** 책무 **be scheduled to** ~할 예정이다 **assignment** 과제, 업무 **supply** 용품 **receive** 받다 **accounting** 회계 **paperwork** 서류 작업, 문서 업무 **complete** 완료하다

44 What are the speakers mainly discussing?

(A) A maintenance request
(B) A job promotion
(C) An office relocation
(D) An online payment system

화자들은 주로 무엇에 대해 논의하는가?

(A) 유지보수 요청
(B) 승진
(C) 사무실 이전
(D) 온라인 결제 시스템

어휘 **maintenance** 유지보수 **request** 요청 **promotion** 승진 **relocation** 이전, 재배치 **payment** 지불, 결제

해설 **대화의 주제** 남자가 첫 번째 대사에서 여자가 관리자 역할을 맡는 데 동의한 것(you agreed to take on the role of supervisor)에 대해 자신의 소회를 밝혔고, 여자도 새 책무를 고대하고 있다(I'm looking forward to my new responsibilities)며 승진과 관련된 대화를 이어가고 있으므로, (B)가 정답이다.

Paraphrasing 지문의 take on the role of supervisor → 정답의 job promotion

45 What will the woman do next week?

(A) Go on a vacation
(B) Schedule an interview
(C) Clean out a file cabinet
(D) Lead a training workshop

여자는 다음 주에 무엇을 할 것인가?

(A) 휴가 가기
(B) 면접 일정 잡기
(C) 문서 보관함 정리하기
(D) 교육 워크숍 진행하기

해설 **여자가 다음 주에 할 일** 남자의 두 번째 대사에서 여자가 여행차 이미 다음 주에 휴가를 낸 것(you're already scheduled to take time off to travel next week)을 알고 있다고 했으므로, (A)가 정답이다.

Paraphrasing 지문의 take time off to travel → 정답의 Go on a vacation

46 Which department does the man say he contacted?

(A) Maintenance
(B) Marketing
(C) Purchasing
(D) Accounting

남자는 어떤 부서에 연락했다고 말하는가?

(A) 유지보수
(B) 마케팅
(C) 구매
(D) 회계

해설 **남자가 연락한 부서** 남자가 마지막 대사에서 자신이 회계팀에 확인했다(I checked with Accounting)고 했으므로, (D)가 정답이다.

Paraphrasing 지문의 checked with → 질문의 contacted

Questions 47 through 49 refer to the following conversation with three speakers.

W-Am Hassan, we're very happy / with your progress so far. Now, 47 I'll have Paloma show you / how we prepare the iron pots / for cooking the dishes / we serve here.

M-Cn Great, thank you both!

W-Br OK, let's get started. First, we scrub them / with soapy water. Then, we cover them / with a thin layer of oil / and put them / in a 400-degree oven / for an hour.

M-Cn 48 But I thought / with iron pots, water causes rust.

W-Br No, not / when you wash and dry them / right away.

M-Cn OK, that's reassuring. 49 I missed what you said / about how long they should stay / in the oven though, Paloma. Could you tell me again?

W-Br Sure—leave them in / for about an hour.

47-49번은 3인 다음 대화를 참조하시오.

여1 핫산, 지금까지 진전을 이루셔서 기쁩니다. 자, **47 이곳에서 제공하는 음식을 요리하는 무쇠냄비를 어떻게 준비하는지 팔로마가 알려드릴 수 있도록 할게요.**

남 좋아요. 두 분 모두 감사합니다!

여2 네, 시작하죠. 먼저, 비눗물로 문질러 씻습니다. 그런 다음 얇은 기름막을 씌워서 한 시간 동안 400도의 오븐에 두는 거예요.

남 **48 하지만 무쇠냄비는 물에 녹이 슬 것 같은데요.**

여2 아뇨. 씻어서 바로 말리면 안 그래요.

남 네, 그럼 안심이네요. **49 그런데 오븐에 얼마나 오래 두는지 말씀해 주신 걸 놓쳤어요, 팔로마. 다시 말씀해 주시겠어요?**

여2 그럼요. 한 시간 정도 넣어 두세요.

어휘 **progress** 진전, 진척 **prepare** 준비하다 **iron pot** 무쇠냄비 **scrub** 문질러 씻다 **soapy water** 비눗물 **layer** 막, 층 **cause** 야기하다 **rust** 녹 **right away** 곧바로 **reassuring** 안심시키는, 걱정을 없애 주는

47 Where do the speakers most likely work?

(A) At a factory

(B) At a restaurant

(C) At a kitchen supply store

(D) At a gardening center

화자들은 어디에서 일하겠는가?

(A) 공장

(B) 음식점

(C) 주방용품점

(D) 원예용품점

어휘 **kitchen supply** 주방용품 **gardening** 원예

해설 **화자들의 근무 장소** 여자 1이 첫 번째 대사에서 이곳에서 제공하는 음식을 요리하는 무쇠냄비를 어떻게 준비하는지 팔로마가 보여줄 것(I'll have Paloma show you how we prepare the iron pots for cooking the dishes we serve here)이라고 했으므로, 화자들이 음식점에서 일한다고 추론할 수 있다. 따라서 (B)가 정답이다.

48 What is the man concerned about?

(A) Covering a work shift

(B) Needing additional supplies

(C) Receiving negative feedback

(D) Damaging some equipment

남자는 무엇을 우려하는가?

(A) 교대 근무를 대신 하는 것

(B) 추가 물품이 필요한 것

(C) 부정적인 피드백을 받는 것

(D) 장비를 손상시키는 것

어휘 **shift** 교대 근무 **additional** 추가의 **negative** 부정적인 **damage** 손상시키다 **equipment** 장비

해설 **남자의 우려 사항** 남자의 두 번째 대사에서 무쇠냄비는 물에 녹이 슬 것 같다(I thought that with iron pots, water causes rust)는 문제점을 언급했으므로, (D)가 정답이다.

Paraphrasing 지문의 with iron pots, water causes rust → 정답의 Damaging some equipment

49 What information does the man ask Paloma to repeat?

(A) The duration of a task

(B) The location of an item

(C) A temperature setting

(D) A closing time

남자는 팔로마에게 무엇을 반복해 달라고 요청하는가?

(A) 업무 소요시간

(B) 물품 위치

(C) 온도 설정

(D) 폐점 시간

어휘 **duration** (지속되는) 기간 **temperature** 온도 **setting** 설정

해설 **남자가 반복해 달라고 요청한 것** 남자의 세 번째 대사에서 오븐에 얼마나 오래 두는지 말해 준 걸 놓쳤다(I missed what you said about how long they should stay in the oven)고 한 후, 팔로마(여자 2)에게 다시 말해 달라(Could you tell me again?)고 요청했으므로, (A)가 정답이다.

Paraphrasing 지문의 tell me again → 질문의 repeat
지문의 how long they should stay in the oven → 정답의 The duration of a task

---

Questions 50 through 52 refer to the following conversation.

W-Am Hi, Jim. It's Harumi. Do you know / what time it is?

M-Cn I know. I was just about to call you. 50/51 I'm coming in / to the office / by taxi now, but traffic is heavy downtown / because roads are closed / for construction.

W-Am Oh, I see. What should we do / in the meantime? The sales presentation is starting / in ten minutes!

M-Cn Well, right before you called, 52 I texted Tonia / to start the meeting / without me. So she has all the presentation materials, and I'll join both of you / as soon as I get to the office.

50-52번은 다음 대화를 참조하시오.

여 안녕하세요, 짐. 하루미예요. 지금 몇 시인지 아시죠?

남 알아요. 방금 전화하려던 참이었어요. **50/51 지금 택시를 타고 사무실로 가고 있는데, 공사 때문에 도로가 폐쇄돼 시내 교통이 혼잡해요.**

여 아, 그렇군요. 그러면 그동안 우리가 무엇을 해야 할까요? 10분 후면 판매 설명회가 시작돼요!

남 음, 당신이 전화하기 바로 전에 **52 제가 토냐에게 문자를 보내 저 없이 회의를 시작하라고 했어요.** 그래서 그녀가 모든 발표 자료를 가지고 있어요. 제가 사무실에 도착하는 대로 두 사람과 합류할게요.

어휘 **be about to부정사** 막 ~하려는 참이다 **traffic** 교통(량) **construction** 공사, 건설 **in the meantime** 그동안에 **sales presentation** 판매 설명회 **text** 문자 메시지를 보내다 **materials** 자료 **join** 합류하다 **as soon as** ~하자 마자

50 Why does the woman say, "Do you know what time it is"?
(A) To express enthusiasm
(B) To request more preparation time
(C) To note that the man is late
(D) To determine the length of a meeting

여자가 "지금 몇 시인지 아시죠?"라고 말하는 이유는 무엇인가?
(A) 열의를 표현하려고
(B) 준비 시간을 더 요청하려고
(C) 남자가 늦는다는 걸 언급하려고
(D) 회의 시간을 정하려고

해설 **화자의 의도 파악 문제** 여자의 첫 번째 대사에서 지금 몇 시인지 아는지 묻자 남자가 택시를 타고 사무실로 가고 있는데(I'm coming in to the office by taxi now) 공사 때문에 도로가 폐쇄돼 시내 교통이 혼잡하다(but traffic is heavy ~ closed for construction)고 했다. 즉, 여자는 남자를 기다리고 있고 남자는 도로가 폐쇄돼 늦는다는 걸 알 수 있으므로 정답은 (C)이다.

51 What problem does the man mention?
(A) His flight has been delayed.
(B) There are no taxis nearby.
(C) An e-mail was deleted.
(D) There is a lot of traffic.

남자는 무슨 문제를 언급하는가?
(A) 항공편이 지연되었다.
(B) 근처에 택시가 없다.
(C) 이메일이 삭제되었다.
(D) 교통량이 많다.

해설 **남자가 언급하는 문제점** 남자의 첫 번째 대사에서 도로가 막힌다(traffic is heavy)고 했으므로 정답은 (D)이다.

Paraphrasing 지문의 traffic is heavy → 정답의 a lot of traffic

52 What does the man say he just did?
(A) He revised a sales report.
(B) He contacted a colleague.
(C) He boarded a train.
(D) He met with a client.

남자는 방금 무엇을 했다고 말하는가?
(A) 판매보고서를 수정했다.
(B) 동료에게 연락했다.
(C) 열차에 탔다.
(D) 고객과 만났다.

어휘 **revise** 수정하다 **colleague** 동료 **board** 타다

해설 **남자가 방금 했다고 말한 것** 남자의 두 번째 대사에서 여자가 전화하기 바로 전에 토냐에게 문자를 보내 회의를 시작하라고 했다(I texted Tonia to start the meeting)고 했으므로 정답은 (B)이다.

Paraphrasing 지문의 texted Tonia → 정답의 contacted a colleague

Questions 53 through 55 refer to the following conversation.

M-Cn Hello, Ms. Park. Thanks for meeting with me today. So, [53] I'm looking at the project plan, and my firm is on time / for all this month's building work / for the new parking garage. In short, we're making good progress!

W-Br [53] That's great! [54] But, I'm a little worried / about the cost overruns. For example, the support beams / you ordered—they've put us over budget.

M-Cn Oh, I wasn't aware of that. [55] Why don't I have my accountant do some investigating / to see where we can cut costs / going forward?

53-55번은 다음 대화를 참조하시오.

남 안녕하세요, 박 선생님. 오늘 만나 주셔서 감사합니다. **53 프로젝트 계획을 보고 있는데 저희 업체는 새 주차장을 위한 이번 달 건설 작업을 모두 제시간에 진행하고 있습니다.** 요컨대 착착 진행되고 있어요!

여 **53 좋습니다! 54 하지만 비용 초과가 조금 걱정돼요. 예를 들자면, 주문하신 지지대로 예산이 초과됐거든요.**

남 아, 그건 몰랐습니다. **55 저희 회계사에게 앞으로 진행하면서 비용을 줄일 곳이 있는지 조사하도록 하면 어떻겠습니까?**

어휘 **on time** 제 시간에 **parking garage** 주차장 **in short** 요컨대 **make good progress** 착착 진행되다 **cost overrun** 비용 초과 **support beam** 지지대 **budget** 예산 **be aware of** ~을 알다 **accountant** 회계사 **investigate** 조사하다 **go forward** 진척시키다

53 What are the speakers mainly discussing?

(A) A product launch
(B) A company merger
(C) A construction project
(D) A hiring initiative

화자들은 주로 무엇에 대해 이야기하는가?

(A) 제품 출시
(B) 회사 합병
(C) 공사 프로젝트
(D) 채용 계획

어휘 **launch** 출시 **merger** 합병 **hiring** 채용 **initiative** 계획

해설 **대화의 주제** 남자가 첫 번째 대사에서 프로젝트 계획을 보고 있다(I'm looking at the project plan)고 한 후, 자신들의 업체가 새 주차장을 위한 이번 달 건설 작업을 모두 제시간에 진행하고 있다(my firm is on time for all this month's building work for the new parking garage)고 했다. 이에 대해 여자가 긍정적으로 반응(That's great!)하며 공사 프로젝트와 관련된 대화를 이어가고 있으므로, (C)가 정답이다.

Paraphrasing 지문의 building work → 정답의 construction

54 What concern does the woman mention?

(A) An opening was delayed.
(B) Some staff members were late.
(C) A flight has been canceled.
(D) A budget has been exceeded.

여자는 어떤 우려에 대해 언급하는가?

(A) 개장이 연기됐다.
(B) 일부 직원들이 늦었다.
(C) 항공편이 취소됐다.
(D) 예산이 초과됐다.

어휘 **delay** 지연시키다, 연기하다 **cancel** 취소하다 **exceed** 초과하다

해설 **여자의 우려 사항** 여자의 첫 번째 대사에서 비용 초과가 조금 걱정된다(I'm a little worried about the cost overruns)고 한 후, 주문한 지지대로 예산이 초과됐다(they(=the support beams)'ve put us over budget)며 구체적인 사례(example)도 제시했으므로, (D)가 정답이다.

Paraphrasing 지문의 the cost overruns / over budget → 정답의 A budget has been exceeded.

55 What does the man offer to do?

(A) Resend a document
(B) Set up a conference call
(C) Open an investigation
(D) Reduce the staffing level

남자는 무엇을 하겠다고 제안하는가?

(A) 문서 다시 보내기
(B) 화상회의 잡기
(C) 조사 시작하기
(D) 직원 채용 규모 줄이기

어휘 **conference call** 화상회의 **reduce** 줄이다, 낮추다

해설 **남자의 제안 사항** 남자가 마지막 대사에서 자신의 회계사에게 비용을 줄일 곳이 있는지 조사하도록 하겠다(Why don't I have my accountant do some investigating to see where we can cut costs)고 했으므로, (C)가 정답이다.

Paraphrasing 지문의 do some investigating → 정답의 Open an investigation

Questions 56 through 58 refer to the following conversation with three speakers.

M-Au Hello, I'm Hyun-Soo Kim. It's a pleasure / to meet the two of you. 56 I understand / you'd like my team to make some technical changes / to your company's mobile phone app.

W-Br That's right. 57 Zeyneb and I run a paid video streaming service. The app version of our service / has become popular / for watching videos, and 56 we're looking to make some enhancements / to the software.

W-Am Yes, now that we're getting more subscribers, we're hoping / you can enhance the security features / to protect their account information.

M-Au That's certainly something / my team can work on. Let's discuss a time frame. 58 When do you need the changes / to go into effect?

56-58번은 다음 3인 대화를 참조하시오.

남 안녕하세요, 김현수입니다. 두 분을 만나게 되어 기쁩니다. **56 저희 팀이 귀사의 휴대전화 앱에 기술적 변경을 해 드렸으면 하시는 걸로 알고 있습니다.**

여1 맞습니다. **57 제이넵과 저는 유료 동영상 스트리밍 서비스를 운영하고 있습니다.** 저희 서비스의 앱 버전은 동영상 시청으로 인기를 얻었는데요. **56 소프트웨어를 개선할까 생각 중입니다.**

여2 네, 가입자가 더 많아지고 있기 때문에 가입자들의 계정 정보를 보호할 보안 기능을 개선해 주셨으면 합니다.

남 저희 팀이 확실히 작업할 수 있는 부분입니다. 시간을 논의해 보시죠. **58 변경사항이 언제 실행되어야 합니까?**

어휘 **paid** 유료의 **look to** ~을 고려하다 **enhancement** 개선, 강화 **now that** ~이기 때문에 **subscriber** 가입자, 구독자 **security** 보안 **feature** 기능, 특색 **protect** 보호하다 **account** 계정 **go into effect** 실시되다, 효력이 발생되다

56 Who most likely is the man?

(A) A software engineer
(B) A financial analyst
(C) A marketing specialist
(D) A security guard

남자는 누구이겠는가?

(A) 소프트웨어 기술자
(B) 재무 분석가
(C) 마케팅 전문가
(D) 보안 요원

어휘 **financial** 재무의, 금융의 **analyst** 분석가, 애널리스트 **specialist** 전문가

해설 **남자의 신분** 남자가 첫 번째 대사에서 자신의 팀이 여자들의 휴대전화 앱에 기술적 변경을 해 주기를 원한다(you'd like my team to make some technical changes to your company's mobile phone app)고 알고 있다며 방문 목적을 밝혔는데, 이에 대해 여자 1이 소프트웨어를 개선할까 생각 중(we're looking to make some enhancements to the software)이라고 했으므로, 남자가 소프트웨어 기술자라고 추론할 수 있다. 따라서 (A)가 정답이다.

57 What kind of business do the women run?

(A) A magazine publishing company
(B) A travel-booking Web site
(C) A video-streaming service
(D) A nutritional consulting practice

여자는 어떤 종류의 사업체를 운영하는가?

(A) 잡지 출판사
(B) 여행 예약 웹사이트
(C) 동영상 스트리밍 서비스
(D) 영양 자문 업무

어휘 **publishing** 출판 **booking** 예약 **nutritional** 영양상의 **consulting** 상담, 자문 **practice** (전문직의) 업무, 영업

해설 **여자들이 운영하는 업종** 여자 1의 첫 번째 대사에서 제이넵(여자 2)과 자신이 유료 동영상 스트리밍 서비스를 운영하고 있다(Zeyneb and I run a paid video streaming service)고 했으므로, (C)가 정답이다.

58 What information will the women most likely provide next?

(A) A budget estimate
(B) A project deadline
(C) An account number
(D) A business closing time

여자는 다음으로 어떤 정보를 제공하겠는가?

(A) 예산액
(B) 프로젝트 기한
(C) 계좌번호
(D) 업체 마감시간

어휘 **budget estimate** 예산액 **deadline** 기한 **account number** 계좌번호

해설 **여자들이 다음에 제공할 정보** 남자가 마지막 대사에서 변경사항이 언제 실행되어야 하는지(When do you need the changes to go into effect?) 문의했으므로, 여자들이 프로젝트 기한에 대한 정보를 제공할 것이라고 추론할 수 있다. 따라서 (B)가 정답이다.

Questions 59 through 61 refer to the following conversation.

M-Cn Hi, Azusa. 59 I was out of the office yesterday / taking care of some furnace repairs / at home. It took me all day / to fix it! Anyway, I heard / there was talk at the staff meeting / about our company relocating.

W-Am Yes, leadership is considering / moving to a larger building / in Northdale.

M-Cn Hmm. 60 I wonder / if that'll happen this quarter.

W-Am The board usually takes a long time / to make decisions.

M-Cn OK, 61 I was just concerned / about a possible disruption / in my work. I'm entering a busy phase / designing our company's new vacuum, and I want to be able to focus on that.

59-61번은 다음 대화를 참조하시오.

남 안녕하세요, 아즈사. **59 어제는 집에서 보일러 수리를 처리하느라 사무실을 비웠어요.** 고치는 데 하루 종일 걸렸다니까요! 아무튼 직원 회의에서 회사 이전에 대해 이야기가 있었다고 들었어요.

여 네, 임원진이 노스데일에 있는 더 큰 건물로 이전하는 것을 고려하고 있대요.

남 음… **60 이번 분기에 그게 될지 모르겠네요.**

여 이사회가 결정을 내리는 데 보통 시간이 오래 걸리잖아요.

남 그래요. **61 업무가 중단될 수도 있어서 걱정했어요.** 회사의 새로운 진공청소기를 설계하느라 바쁜 단계에 접어들어서, 거기 집중할 수 있었으면 하거든요.

어휘 **take care of** ~을 처리하다, 수습하다 **furnace** 보일러, 난로 **repair** 수리 **fix** 고치다 **relocate** 이전하다 **consider** 고려하다 **quarter** 분기 **board** 이사회 **make a decision** 결정하다 **be concerned about** ~에 대해 우려하다 **possible** 가능한, 있을 수 있는 **disruption** 중단, 방해 **enter a phase** 단계에 들어가다 **vacuum** 진공, 진공청소기

59 Why did the man miss a meeting yesterday?

(A) His car broke down.
(B) He was conducting an interview.
(C) He needed to make some home repairs.
(D) He was visiting a storage facility.

남자는 왜 어제 회의를 놓쳤는가?

(A) 차가 고장 났다.
(B) 면접을 진행하고 있었다.
(C) 집 수리를 해야 했다.
(D) 보관 시설을 방문하고 있었다.

어휘 **break down** 고장 나다 **conduct** 하다 **storage** 보관, 저장 **facility** 시설

해설 **남자가 어제 회의를 놓친 이유** 남자가 첫 번째 대사에서 어제는 집에서 보일러 수리를 처리하느라 사무실을 비웠다(I was out of the office yesterday taking care of some furnace repairs at home)고 했으므로, (C)가 정답이다.

Paraphrasing 지문의 taking care of some furnace repairs at home → 정답의 make some home repairs

60 Why does the woman say, "The board usually takes a long time to make decisions"?

(A) To express doubt
(B) To ask for more time
(C) To recommend a new process
(D) To complain about a policy

여자가 "이사회가 결정을 내리는 데 보통 시간이 오래 걸리잖아요"라고 말할 때, 그 의도는 무엇인가?

(A) 의구심을 표명하기 위해
(B) 시간을 더 달라고 요청하기 위해
(C) 새 절차를 추천하기 위해
(D) 정책에 대한 불만 제기를 위해

어휘 **express doubt** 의구심을 표명하다 **recommend** 추천하다 **process** 절차 **policy** 정책

해설 **화자의 의도 파악 문제** 남자의 두 번째 대사에서 이번 분기에 될지 모르겠다(I wonder if that'll happen this quarter)고 했는데, 이에 대해 여자가 '이사회가 결정을 내리는 데 보통 시간이 오래 걸린다(The board usually takes a long time to make decisions)'고 응답했다. 이는 프로젝트의 이번 분기 진행에 대해 의구심을 나타내려는 의도라고 볼 수 있으므로, (A)가 정답이다.

61 What does the man say he is concerned about?

(A) Some requests from a client
(B) The qualifications of a worker
(C) An interruption in a work assignment
(D) Some policy guidelines

남자는 무엇을 우려한다고 말하는가?

(A) 고객의 요청
(B) 작업자의 자질
(C) 업무 중단
(D) 정책 지침

어휘 **qualification** 자격, 자질 **interruption** 중단 **assignment** 과제, 업무 **guideline** 지침

해설 **남자의 우려 사항** 남자가 마지막 대사에서 업무가 중단될 수도 있어서 걱정했다(I was just concerned about a possible disruption in my work)고 했으므로, (C)가 정답이다.

Paraphrasing 지문의 a possible disruption in my work → 정답의 An interruption in a work assignment

Questions 62 through 64 refer to the following conversation and cards.

W-Br Good morning. 62 Are you here / to work out?

M-Cn 62 I am a member of the gym, but 63 I'm actually here today / to look for my membership card. I can't find it, and I think / I may have left it / in the locker room / yesterday.

W-Br 63 We keep all lost items / here at the front desk—do you happen to know your membership ID number?

M-Cn I don't, 64 but it's just a two-week trial membership card, so maybe that could help you identify it?

W-Br Ah, yes. Here it is!

62-64번은 다음 대화와 카드를 참조하시오.

여 안녕하세요? **62 운동하러 오셨나요?**

남 **62 헬스장 회원인데요. 63 사실 오늘은 제 회원 카드를 찾으러 왔어요. 찾지를 못하겠는데 어제 탈의실에 두고 왔을 수도 있어요.**

여 **63 모든 분실물은 이곳 안내 데스크에서 보관해요.** 회원 번호를 알고 계세요?

남 아니요. **64 하지만 2주 체험권인데요.** 혹시 찾으시는 데 도움이 될까요?

여 아, 네. 여기 있네요!

어휘 **work out** 운동하다 **gym** 헬스장 **actually** 사실 **look for** ~를 찾다 **lost item** 분실물 **trial** 시험, 체험

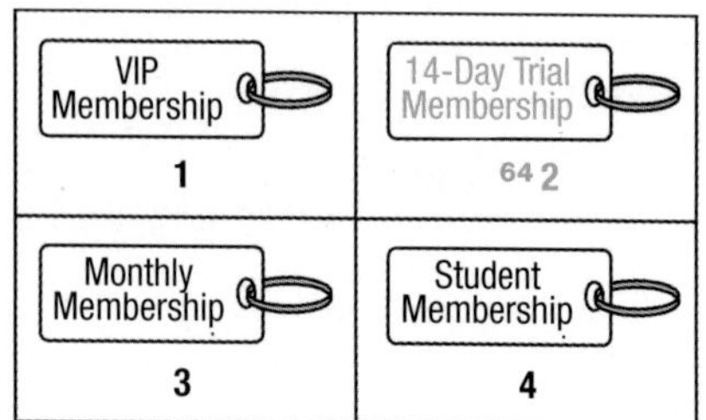

VIP 회원권 1	**14일 체험권** 64 2
월간 회원권 3	학생 회원권 4

62 Where most likely are the speakers?

(A) At a museum
(B) At a university
(C) At a fitness center
(D) At a community garden

화자들은 어디에 있겠는가?

(A) 박물관
(B) 대학교
(C) 피트니스 센터
(D) 공동체 텃밭

해설 **대화 장소** 여자가 첫 번째 대사에서 운동하러 왔는지(Are you here to work out?) 남자에게 물었는데, 남자가 헬스장 회원(I am a member of the gym)이라고 응답했으므로, 화자들이 피트니스 센터에 있다고 추론할 수 있다. 따라서 (C)가 정답이다.

Paraphrasing 지문의 gym → 정답의 fitness center

63 What does the woman provide assistance with?

(A) Finding a lost object
(B) Renewing a membership
(C) Joining a tour
(D) Making a payment

여자는 어떤 일에 도움을 제공하는가?

(A) 분실 물품 찾기
(B) 회원권 갱신하기
(C) 견학 참여하기
(D) 결제하기

어휘 **object** 물건 **renew** 갱신하다 **make a payment** 지불하다, 결제하다

해설 **여자가 도움을 제공하는 일** 남자의 첫 번째 대사에서 회원 카드를 찾으러 왔다(I'm actually here today to look for my membership card)고 한 후, 찾지 못하겠다(I can't find it)며 문제점을 덧붙였다. 이에 대해 여자가 모든 분실물은 안내 데스크에서 보관한다(We keep all lost items here at the front desk)며 분실물을 찾기에 도움을 제공하고 있으므로, (A)가 정답이다.

64 Look at the graphic. Which card belongs to the man?

(A) Card 1
(B) Card 2
(C) Card 3
(D) Card 4

시각정보에 따르면, 어떤 카드가 남자의 것인가?

(A) 1번 카드
(B) 2번 카드
(C) 3번 카드
(D) 4번 카드

어휘 **belong to** ~의 소유이다, ~에 속하다

해설 **시각정보 연계 문제_남자의 카드** 남자의 세 번째 대사에서 2주 체험권(it's just a two-week trial membership card)이라며 자신의 카드를 설명했다. 시각정보를 보면, 남자가 언급한 2주 체험권(14-Day Trial Membership)은 2번 카드이므로, (B)가 정답이다.

Questions 65 through 67 refer to the following conversation and schedule.

W-Br 65 It's been a while / since we updated the banquet hall's Web site. We should add some photos of people / actually using the room / for a gathering. The current ones only show the banquet space / when it's empty.

M-Au 66 We have a reservation / for a company party / next Friday. I'm sure / that company hired a professional photographer / for the party. 66 I could contact the company / to see if they'd share some of their photos.

W-Br Good idea. In exchange, we could offer them / a reduced rental fee. 67 What do you think a fair price reduction would be?

M-Au I'm not sure. 67 Let's talk to Maria / to get an answer to that.

65-67번은 다음 대화와 일정을 참조하시오.

여 **65 연회장 웹사이트를 업데이트한 지 꽤 됐네요. 모임을 위해 연회장을 실제로 이용하는 사람들의 사진을 추가해야 해요.** 현재 사진들은 비어 있을 때의 연회 공간만 보여주고 있거든요.

남 **66 다음 금요일에 회사 파티 예약이 있어요.** 분명 그 회사에서 파티를 위해 전문 사진사를 고용했을 겁니다. **66 회사에 연락해서 사진 일부를 공유해 줄 수 있는지 확인할게요.**

여 좋은 생각이네요. 그 대신 대여료를 낮춰줄 수 있을 겁니다. **67 어느 정도면 적당한 가격 할인일까요?**

남 잘 모르겠어요. **67 마리아에게 이야기해서 답을 들어보죠.**

어휘 **banquet hall** 연회장 **actually** 사실, 실제로 **gathering** 모임 **current** 현재의 **empty** 비어 있는 **reservation** 예약 **hire** 채용하다 **in exchange** 그 대신, 답례로 **reduce** 줄이다, 낮추다 **rental fee** 대여료 **fair** 공정한, 적당한

Wednesday, April 12	Perton Foundation
Thursday, April 13	Aplicon LLC
66 Friday, April 14	Partel Agency
Saturday, April 15	Dreamvilla Productions

4월 12일 수요일	퍼튼 재단
4월 13일 목요일	애플리콘 LLC
66 4월 14일 금요일	**파텔 에이전시**
4월 15일 토요일	드림빌라 프로덕션

65 What type of service does the speakers' business provide?
(A) Tax form preparation
(B) Legal counseling
(C) Banquet hall rental
(D) Photography

화자의 업체는 어떤 유형의 서비스를 제공하는가?
(A) 납세신고서 준비
(B) 법률 상담
(C) 연회장 대여
(D) 사진 촬영

어휘 **tax form** 납세신고서 **preparation** 준비 **legal** 법률과 관련된 **counseling** 상담, 조언

해설 **화자들의 업체가 제공하는 서비스** 여자가 첫 번째 대사에서 연회장 웹사이트를 업데이트한 지 꽤 됐다(It's been a while ~ Web site)고 한 후, 모임을 위해 연회장을 실제로 이용하는 사람들의 사진을 추가해야 한다(We should add some photos ~ for a gathering)고 했으므로, 화자들의 업체가 연회장 대여 서비스를 제공한다는 것을 알 수 있다. 따라서 (C)가 정답이다.

---

66 Look at the graphic. Which company will the man contact?
(A) Perton Foundation
(B) Aplicon LLC
(C) Partel Agency
(D) Dreamvilla Productions

시각정보에 따르면, 남자는 어떤 회사에 연락할 것인가?
(A) 퍼튼 재단
(B) 애플리콘 LLC
(C) 파텔 에이전시
(D) 드림빌라 프로덕션

해설 **시각정보 연계 문제_남자가 연락할 회사** 남자의 첫 번째 대사에서 다음 금요일에 회사 파티 예약이 있다(We have a reservation ~ next Friday)고 한 후, 회사에 연락해서 사진 일부를 공유해 줄 수 있는지 확인하겠다(I could contact ~ their photos)고 했다. 시각정보를 보면, 금요일(Friday, April 14)에 예약한 회사는 '파텔 에이전시(Partel Agency)'이므로, (C)가 정답이다.

67 Why will the speakers talk to Maria?
(A) To ask her to update some Web site photos
(B) To obtain her input about pricing
(C) To confirm a business address
(D) To request that a schedule be adjusted

화자들은 왜 마리아에게 이야기할 것인가?
(A) 웹사이트 사진을 업데이트해 달라고 요청하려고
(B) 가격 책정에 관한 조언을 얻으려고
(C) 업체 주소를 확인하려고
(D) 일정을 조정해 달라고 요청하려고

어휘 **obtain** 얻다 **input** 조언 **pricing** 가격 책정 **adjust** 조정하다

해설 **마리아와 이야기하는 이유** 여자의 두 번째 대사에서 어느 정도면 적당한 할인일지(What do you think a fair price reduction would be?) 물었는데, 이에 대해 남자가 마리아에게 이야기해서 답을 들어보자(Let's talk to Maria to get an answer)고 제안했으므로, (B)가 정답이다.

Paraphrasing 지문의 get an answer → 정답의 obtain her input

Questions 68 through 70 refer to the following conversation and graph.

M-Cn Noriko, do you have time / to talk about our budget? 68 I think / we should change the way / we're allocating some of our funds / in the marketing department.

W-Am Well, 68 some of our marketing expenses are unavoidable. I actually think / we should plan for more spending / on technical support.

M-Cn 69 We could probably cut back / on our travel budget, though.

W-Am 69 I agree. We really don't have to hold our customer focus groups on-site. We could reduce travel expenses / if we held those remotely / instead.

M-Cn OK. 70 I'll discuss the idea / with our department head. I have a meeting / with her / this afternoon.

68-70번은 다음 대화와 도표를 참조하시오.

남 노리코, 우리 예산에 대해 이야기할 시간 있어요? **68 마케팅 부서에서 자금을 할당하는 방식을 바꿔야 할 것 같아요.**

여 음, **68 마케팅 비용 중 일부는 불가피한 거예요.** 저는 사실 기술 지원 지출을 늘릴 계획을 해야 한다고 생각해요.

남 **69 그런데 아마 출장 예산은 삭감해야 할 것 같아요.**

여 **69 동의해요.** 고객 포커스 그룹을 현장에서 할 필요는 없어요. 대신 원격으로 하면 여비를 줄일 수 있을 거예요.

남 좋아요. **70 그 의견에 대해 부서장과 논의해 볼게요. 오늘 오후에 그녀와 회의를 하거든요.**

어휘 **budget** 예산 **allocate** 할당하다 **fund** 자금 **department** 부서 **expense** 비용, 경비 **unavoidable** 불가피한, 어쩔 수 없는 **spending** 지출 **probably** 아마 **cut back** 삭감하다, 축소하다 **on-site** 현장에 **reduce** 줄이다, 낮추다 **remotely** 원격으로, 멀리서

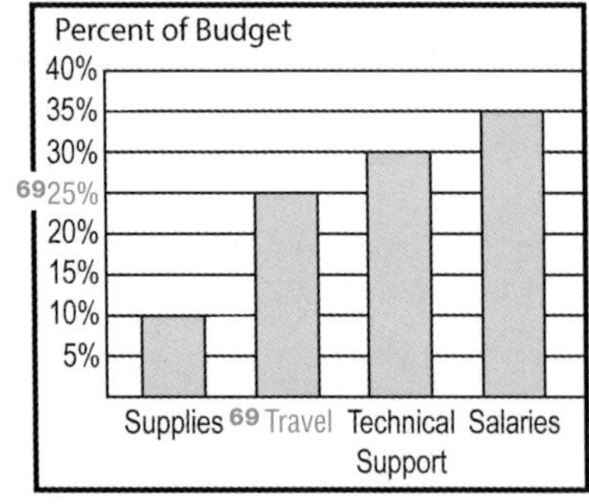

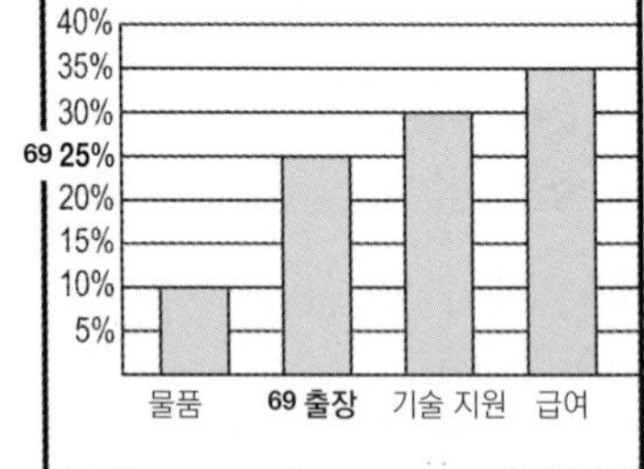

어휘 **supply** 보급품, 물자

68 What department do the speakers work in?
(A) Customer Service
(B) Human Resources
(C) Manufacturing
(D) Marketing

화자들은 어떤 부서에서 일하는가?
(A) 고객 서비스
(B) 인사
(C) 제조
(D) 마케팅

해설 **화자들의 근무 부서** 남자가 첫 번째 대사에서 마케팅 부서에서 자금을 할당하는 방식을 바꿔야 할 것 같다(we should change ~ in the marketing department)고 했는데, 이에 대해 여자가 마케팅 비용 중 일부는 불가피한 것(some of our marketing expenses are unavoidable)이라고 응답했으므로, 화자들이 마케팅 부서에서 근무한다는 것을 알 수 있다. 따라서 (D)가 정답이다.

---

69 Look at the graphic. What percentage do the speakers want to reduce?

(A) 10%

(B) 25%

(C) 30%

(D) 35%

시각정보에 따르면, 화자들은 어떤 백분율을 줄이고 싶어하는가?

(A) 10%

(B) 25%

(C) 30%

(D) 35%

해설 **시각정보 연계 문제_줄이고 싶은 백분율** 남자의 두 번째 대사에서 출장 예산을 삭감해야 할 것 같다(We could probably cut back on our travel budget)고 했고, 이에 대해 여자도 동의(I agree)를 표했다. 시각정보를 보면, 화자들이 줄이고 싶어하는 출장(Travel)의 '예산 비율(Percent of Budget)'은 25%이므로, (B)가 정답이다.

---

70 What does the man say he will do this afternoon?

(A) Discuss a topic at a meeting

(B) Plan a workshop agenda

(C) Make a hotel reservation for a client

(D) Post a job advertisement

남자는 오늘 오후에 무엇을 하겠다고 말하는가?

(A) 회의에서 주제 논의하기

(B) 워크숍 의제 계획하기

(C) 고객을 위해 호텔 예약하기

(D) 구인광고 게시하기

어휘 **agenda** 의제 **make a reservation** 예약하다 **advertisement** 광고

해설 **남자가 오늘 오후에 할 일** 남자가 마지막 대사에서 의견에 대해 부서장과 논의해 보겠다(I'll discuss the idea with our department head)고 한 후, 오늘 오후에 회의를 한다(I have a meeting with her this afternoon)며 일정을 덧붙였으므로, (A)가 정답이다.

Paraphrasing 지문의 discuss the idea → 정답의 Discuss a topic

PART 4 짧은 담화

기초학습

Paraphrasing 익히기

교재 p. 201

1. (B)	**2.** (B)	**3.** (A)	**4.** (A)	**5.** (B)
6. (B)	**7.** (A)	**8.** (A)	**9.** (B)	**10.** (B)

1 The price of your tour ticket / includes free entry / to the museum.
(A) parking (B) admission

관광 티켓에는 박물관 무료 입장이 포함되어 있습니다.
(A) 주차 (B) 입장

2 Because of the long wait times tonight, we're offering every customer a free dessert.
(A) discount voucher (B) a complimentary menu item

어휘 **complimentary** 무료의

오늘 밤 오래 기다리시게 했기 때문에 모든 고객에게 무료 디저트를 제공합니다.
(A) 할인 쿠폰 (B) 무료 메뉴

3 National Airlines flight 415 will be leaving / from gate 14 / instead of gate 3.
(A) a change in departure gate
(B) a delay in departure time

항공사 415편은 3번 탑승구 대신에 14번 탑승구에서 출발할 예정입니다.
(A) 출발 탑승구 변경
(B) 출발 시간 지연

4 Please go to my Web site / to see testimonials from customers / I've worked with / before.
(A) read customer feedback
(B) find a list of consultants

어휘 **testimonial** 사례, 추천글

이전에 함께 일한 고객의 사례를 보시려면 제 웹사이트를 방문해 주십시오.
(A) 고객의 피드백을 읽다
(B) 컨설턴트 명단을 찾다

5 Visit the Mishu Web site / to read for yourself / what our customers are saying about their devices.
(A) purchase a product
(B) read customer reviews

어휘 **device** 기기, 장치 **review** 후기, 평

저희 고객들이 자신의 기기에 대해 말하는 것을 직접 읽어 보시려면 미슈 웹사이트를 방문하세요.
(A) 제품을 구매하다
(B) 고객 후기를 읽다

6 W-Am To apologize for these delays, we'll give you / fifteen percent off your next purchase with us.

이런 지연에 대해 사과 드리고자, 다음에 저희한테 구입하실 때 15퍼센트를 할인해 드리겠습니다.

What does the speaker offer the listener?
(A) A replacement product
(B) A future discount

화자는 청자에게 무엇을 제공하는가?
(A) 대체 제품
(B) 이후 구입시의 할인

---

7 M-Au Please inform riders / that we'll be running extra buses / on all routes / to accommodate the increase in passengers.

증가된 승객을 수용하기 위해 모든 노선에 추가 버스를 운행할 예정임을 승객들에게 알려주십시오.

어휘 **inform** 알리다 **rider** 승객 **route** 노선 **accommodate** 수용하다

What change will be implemented?
(A) Buses will be added.
(B) Travelers will be reimbursed.

어떤 변경 사항이 시행될 것인가?
(A) 버스가 증차된다.
(B) 승객들은 환급을 받는다.

어휘 **reimburse** 상환하다, 배상하다

---

8 M-Am For most of the week, though, I'll be showing you / how to set up a Web site / that is safe for customers to use.

하지만 주중 시간의 대부분은, 고객들이 사용하기에 안전한 웹사이트 개설 방법을 보여 드리겠습니다.

What will the audience do?
(A) Learn to create a secure Web site
(B) Take a tour of a business

청중들은 무엇을 할 것인가?
(A) 안전한 웹사이트 만드는 방법 배우기
(B) 업체 견학하기

어휘 **create** 만들다 **secure** 안전한

---

9 M-Am I've received the receipts / for your travel expenses, but you forgot to attach the reimbursement form.

여행 경비에 대한 영수증은 받았는데, 상환 신청서 첨부를 잊으셨네요

어휘 **receipt** 영수증 **expense** 경비 **attach** 첨부하다 **reimbursement** 상환, 환급

What is the problem?
(A) Some receipts are missing.
(B) A form has not been received.

무엇이 문제인가?
(A) 일부 영수증이 분실되었다.
(B) 양식을 받지 못했다.

---

10 W-Am As you know, a competing grocery store chain / just opened a location / down the street, and that's been worrying me.

아시다시피 경쟁 식료품 체인점이 길 아래에 개업을 했는데 저는 그 점이 걱정됩니다.

Why does the speaker say she is concerned?
(A) A supplier has raised its prices.
(B) A competitor opened a store nearby.

화자는 왜 걱정이 된다고 말하는가?
(A) 공급자가 가격을 인상했다.
(B) 경쟁사가 근처에 가게를 열었다.

어휘 **supplier** 공급자 **raise** 올리다 **competitor** 경쟁자, 경쟁업체 **nearby** 근처에

문제 유형

기본 문제 유형 알아보기

전체 내용을 묻는 문제

교재 p. 203

1. (D) **2.** (B)

1 **W-Am** Welcome to the Evening News, your number one source / for up-to-the-minute local news. The mass transit system announced today / a twenty-percent increase / in the city bus fare. Beginning May tenth, residents will be paying $3.00 / for each ride, instead of the current fare of $2.50. Reporting live / from the mass transit headquarters, this is Marsha Nyland.

최신 지역 뉴스를 가장 빨리 전해드리는 **저녁 뉴스에 오신 것을 환영합니다.** 대중교통 시스템은 오늘 시내 버스 요금이 20퍼센트 인상된다고 발표했습니다. 5월 10일부터, 주민들은 탈 때마다 현재 요금 2달러 50센트 대신 3달러를 지불하게 됩니다. 대중교통 본부에서 생방송으로 전해드린 저는 마샤 나일랜드입니다.

어휘 **source** 원천, 정보원 **up-to-the-minute** 최신의 **local** 지역의, 지방의 **mass transit** 대량 수송, 대중 교통 **increase** 인상, 증가 **fare** 요금, 운임 **resident** 주민 **ride** 타기, 타고 가기 **current]** 현재의 **live** 생방송으로 **headquarters** 본부, 본사

Who most likely is the speaker?
(A) A bus driver
(B) A transportation official
(C) A train passenger
(D) A news reporter

화자는 누구이겠는가?
(A) 버스 기사
(B) 교통 공무원
(C) 기차 승객
(D) 뉴스 기자

어휘 **transportation** 교통, 운송 **official** 관리, 관계자 **passenger** 승객

해설 **화자의 신분** 뉴스나 토크쇼 화자는 지문 초반부에서 파악할 수 있는 경우가 많다. 프로그램을 News라고 소개했으므로, 화자는 newscaster(뉴스 진행자), news reporter(뉴스 기자), TV reporter(TV 기자) 등이라고 예상할 수 있다. 따라서 정답은 (D)이다.

2 **M-Cn** Do you want to get in better shape? Good-day Gym has great news for you. We're offering half-price membership / for the first three months of the year / for new subscribers. If you sign up now, you can use our fitness center / seven days a week / for only twelve dollars a month! If you'd like to take advantage of this offer, call 555-0176 / and ask for Denise.

더 좋은 몸매를 원하세요? **굿데이 짐에서 여러분을 위한 매우 좋은 소식이 있습니다.** 신규 가입자들에게 올해 첫 3개월 동안 회비를 반값으로 할인해드립니다. 지금 등록하시면, 한 달에 단돈 12달러로 일주일 내내 저희 헬스클럽을 이용하실 수 있습니다! 이 할인 혜택을 이용하고 싶으시다면, 555-0176번으로 전화 주셔서 드니즈를 찾아주세요.

어휘 **subscriber** 이용자, 가입자 **take advantage of** ~을 이용하다 **offer** (단기간의) 할인

Where does the speaker most likely work?
(A) At a department store
(B) At a fitness center
(C) At a newspaper
(D) At a bank

화자는 어디에서 일하겠는가?
(A) 백화점
(B) 피트니스 센터
(C) 신문사
(D) 은행

해설 **화자의 근무지** 광고되는 업체를 묻는 것과 같다고 볼 수 있다. 초반부에 주목하면, Gym(피트니스 센터)을 언급하고 있으므로, 정답은 (B)이다.

Paraphrasing 지문의 Gym → 정답의 fitness center

세부 사항을 묻는 문제

교재 p.205

1. (A) **2.** (C)

1 W-Am Thank you all / for coming to Maller-Tech's first conference / of software developers. If you haven't received your gift bag / filled with pens and a notebook yet, please make sure to pick that up / from the front desk / where you got your conference badge. Until the first presentation, everyone is invited / to visit the Ashton Ball Room / for an informal networking session / to get to know your colleagues.

제1회 말러 테크 소프트웨어 개발자 회의에 참석해 주셔서 감사합니다. 아직 펜과 공책이 들어 있는 선물 가방을 받지 못하셨다면, 회의 배지를 받으셨던 프런트 데스크에서 받아 가세요. 첫 발표가 있을 때까지 **여러분 모두 애쉬튼 볼룸으로 가셔서 동료들에 대해 알 수 있는 비공식 교류 시간을 가지시길 바랍니다.**

어휘 **brochure** 팸플릿, 안내 책자 **conference** 회의, 회담 **software developer** 소프트웨어 개발자 **filled with** ~로 가득 찬 **pick up** 가져 가다, 찾아 가다 **informal** 비공식의, 약식의 **session** 수업 (시간), 기간 **colleague** (직장) 동료

Why are visitors invited to the Ashton Ball Room?
(A) To meet people
(B) To attend a presentation
(C) To register for an event
(D) To eat breakfast

왜 방문객들에게 애쉬튼 볼룸에 가도록 요청하는가?
(A) 사람들을 만나기 위해
(B) 프레젠테이션에 참석하기 위해
(C) 행사에 등록하기 위해
(D) 아침을 먹기 위해

해설 **애쉬튼 볼룸으로 초대되는 이유** 마지막 문장에서 애쉬튼 볼룸으로 가서 동료들에 대해 알 수 있도록 비공식 교류 시간을 가지라고(everyone is invited ~ to get to know your colleagues) 하므로 정답은 (A)이다.

Paraphrasing 지문의 to get to know your colleagues → 정답의 To meet people

2 M-Au Good afternoon, colleagues. Before you leave, I want to thank you all / for coming to this year's symposium. It has been the best-attended conference / in our 10 year history. I would also like to thank our workshop coordinators, Cynthia Deevers and Tom Scallon. I hope / you learned as much from them / as I did. Finally, thanks to our keynote speaker, Dr. Marta Anders, who gave us some insightful ideas / for conducting research / on topics in economics. Congratulations to all / for making this our best conference yet.

안녕하세요, 동료 여러분. 떠나시기 전에, 올해 심포지엄에 와주신 데 대해 여러분 모두에게 감 사 드립니다. **우리의 10년 역사상 가장 참석률이 높은 총회였습니다.** 워크숍 진행자였던 신시아 디버스 씨와 톰 스캘론 씨에게도 감사 드리고 싶습니다. 제가 그랬던 것처럼 여러분도 이분들에게서 많은 것을 배웠기를 바랍니다. 마지막으로, 기조 연설자인 마르타 앤더스 박사님께 감사 드립니다. 이분께서는 경제학을 주제로 연구 하는 것에 대해 몇 가지 통찰력 있는 아이디어를 주셨습니다. 이 총회를 최고로 만든 데 대해 여러분 모두에게 축하드립니다.

어휘 **colleague** (직장) 동료 **coordinator** 조정자, 진행자 **keynote speaker** 기조 연설자 **insightful** 통찰력 있는 **conduct** 수행하다, 실시하다 **research** 연구, 조사 **Congratulations.** 축하합니다.

What anniversary is the conference celebrating?
(A) 2 years
(B) 5 years
(C) 10 years
(D) 20 years

총회는 몇 주년 기념일을 축하하는가?
(A) 2주년
(B) 5주년
(C) 10주년
(D) 20주년

해설 **몇 주년 총회** 선택지에 공통적으로 포함된 years를 키워드로 삼아 담화를 들으면, 초반부에서 in our 10 year history(10년 역사상)라는 내용을 통해 10주년인 것을 알 수 있으므로, 정답은 (C)이다.

요청·제안 앞으로 일어날 일 문제

교재 p. 207

1. (C) **2.** (A)

1 M-Au Welcome to this tour of the National Museum of Art. My name is Gerald, and I'll be your tour guide / through our world-famous East Asian Art gallery. Let me remind you / that flash photography is not allowed / in the gallery. However the gift shop sells prints and postcards / of the art work in the exhibit. I suggest / you stop there / before leaving today. The gift shop is located near the main museum entrance, across from the café.

국립 미술관 견학에 오신 것을 환영합니다. 저는 제랄드이고, 세계적으로 유명한 동아시아 미술관을 안내할 가이드입니다. 이 미술관에서 플래시 촬영은 허용되지 않는다는 것을 상기시켜드립니다. 하지만 **선물 가게에서 전시장에 있는 미술품의 사진과 엽서를 판매합니다. 오늘 떠나시기 전에 그곳을 들러볼 것을 제안 드립니다.** 선물 가게는 카페 건너편 미술관 정문 가까이에 위치해 있습니다.

어휘 **world-famous** 세계적으로 유명한 **remind** 상기시키다 **be allowed** 허용되다 **print** 사진, 복제화 **art work** 미술품 **be located** 위치해 있다 **entrance** 입구

What does the speaker suggest?
(A) Taking photographs
(B) Eating at the café
(C) Visiting the gift shop
(D) Going to the library

화자가 제안하는 것은 무엇인가?
(A) 사진 찍기
(B) 카페에서 식사하기
(C) 선물 가게 방문
(D) 도서관 가기

해설 **화자가 제안하는 것** 청자에게 제안하는 내용이나 미래에 할 일이 주로 등장하는 후반부에 주목하면, 여기서는 suggest를 사용해서 선물 가게를 방문하라고 제안하므로 정답은 (C)이다.

2 M-Cn Good evening, and welcome to our second annual poetry night / here at Kellner Library. My name is Ed Sanchez, and I chair the Library's Board of Trustees. The Kellner Library Board has funded a small competition / to encourage young people to write poetry. This evening, I'll begin / by naming the first winner of this prize. For her poem entitled "Joy" / the library would like to recognize Tara Dihn. Tara, would you please step forward / to accept your prize?

안녕하세요, 이곳 켈너 도서관의 제2회 연례 시의 밤에 오신 것을 환영합니다. 제 이름은 에드 산체스이고, 도서관의 이사회 의장을 맡고 있습니다. 켈너 도서관 위원회는 청년들이 시를 쓰는 것을 독려하도록 작은 경연에 자금을 후원해 주었습니다. 오늘 저녁, 이 상의 첫 우승자의 이름을 호명하면서 시작하겠습니다. "기쁨"이라는 제목의 그녀의 시에 대해, 도서관은 타라 딘을 표창하고자 합니다. **타라, 상을 받기 위해 앞으로 나와 주시겠어요?**

어휘 **annual** 연례의 **poetry** 시(= poem) **chair** 의장을 맡다, 의장이 되다 **Board of Trustees** 이사회 **in front of** ~의 앞에서 **fund** 자금을 대다 **recognize** (공로를) 인정하다 **step forward** 앞으로 나가다

What will the speaker probably do next?
(A) Give someone an award
(B) Read a poem
(C) Take a picture of a guest
(D) Show a documentary film

화자는 다음에 아마도 무엇을 하겠는가?
(A) 누군가에게 시상을 한다.
(B) 시를 낭독한다.
(C) 손님 사진을 찍는다.
(D) 다큐멘터리 영화를 보여준다.

해설 **화자가 다음에 할 일** 다음 행동이 자주 언급되는 후반부에 주목하면, 마지막 문장에서 Tara Dihn에게 상을 받으러 앞으로 나와 달라고 요청한다. 이를 통해 다음 행동이 상을 주는 것임을 알 수 있다. 따라서 정답은 (A)이다.

Paraphrasing 지문의 accept your prize → 정답의 Give someone an award

고난도 문제 유형 알아보기

의도 파악 문제

교재 p. 209

1. (D) **2.** (D)

1 M-Cn For the next part of our tour, you're in for a surprise. In this building, we house some extremely rare bird species. Did everyone bring a camera? It's rare to get the opportunity / to get such a close-up view / of so many unusual birds. Please note / that parts of the exhibit have low lighting conditions, so give your eyes time to adjust.

우리의 다음 견학 중에 여러분은 놀라게 될 것입니다. 이 건물에 저희는 아주 희귀종 조류들을 소장하고 있습니다. 여러분 모두 사진기 가져 오셨나요? **이렇게 많은 희귀종 조류를 이처럼 가까운 거리에서 볼 수 있는 기회를 갖게 되는 것은 드문 일입니다.** 일부 전시회의 조명이 어두우니 눈이 적응할 수 있는 시간을 가지세요.

어휘 **be in for a surprise** 놀라게 될 것이다 **house** 소장하다 **extremely** 대단히, 몹시 **rare** 드문 **close-up** 가까운 거리에서의 **exhibit** 전시회, 전시품 **lighting** 조명 **adjust** 적응하다, 조절하다

Why does the speaker say, "Did everyone bring a camera"?
(A) He is worried a camera has been lost.
(B) He would like to borrow a camera.
(C) Photography is not allowed on the tour.
(D) The listeners are encouraged to take photographs.

화자는 왜 "여러분 모두 사진기 가져 오셨나요"라고 말하는가?
(A) 남자는 사진기를 잃어버려서 걱정하고 있다.
(B) 남자는 사진기를 빌리고 싶어한다.
(C) 견학 중에 사진 촬영이 허용되지 않는다.
(D) 청자들에게 사진을 찍도록 권한다.

어휘 **photography** 사진 촬영

해설 **화자의 의도 파악 문제** 화자는 사진기를 가져 왔는지를 물은 후에 많은 희귀종 조류를 가까운 거리에서 볼 수 있는 기회는 드물다고 했다. 따라서 화자는 드문 기회이니 사진을 찍으라고 권하는 것이므로, 정답은 (D)이다.

2 M-Au Next up we'll be speaking to economist Jie Chung / about how to take control of personal finances. This topic is often confusing for listeners, and the advice they hear / is not always reliable. Ms. Chung, however, has worked in finance / for thirty years. Stay tuned / to hear her practical tips / about how to get the most out of your money.

다음 순서로 우리는 경제학자인 지예 정과 개인 재무 관리법에 관해 이야기를 나눌 것입니다. **이 주제는 청취자들에게 종종 혼란스러울 수 있으며, 듣게 되는 조언을 항상 믿을 수 있는 것도 아닙니다.** 하지만, 정 씨는 30년간 재무 분야에서 근무했습니다. 채널을 고정하시고 여러분의 돈을 최대한 활용하는 방법에 관한 실질적인 조언을 들으세요.

어휘 **next up** 다음 순서로 **economist** 경제학자 **take control of** ~을 통제하다, 관리하다 **finance** 재정, 재무 **confusing** 혼란시키는 **reliable** 믿을 만한 **stay tuned** 채널을 고정하다 **tip** 조언 **get the most out of** ~을 최대한 활용하다

What does the speaker imply when he says, "Ms. Chung, however, has worked in finance for thirty years"?
(A) Changing careers is difficult.
(B) Ms. Chung should retire soon.
(C) The financial industry is stable.
(D) Listeners should trust Ms. Chung.

화자가 "하지만, 정 씨는 30년간 재무 분야에서 근무했습니다"라고 말할 때 암시하는 바는 무엇인가?
(A) 직업을 바꾸는 것은 어렵다.
(B) 정 씨는 곧 은퇴해야 한다.
(C) 금융계가 안정적이다.
(D) 청취자들은 정 씨를 신뢰해야 한다.

어휘 **career** 직업, 경력 **retire** 은퇴하다, 퇴직하다 **financial industry** 금융계, 금융 기업 **stable** 안정된

해설 **화자의 의도 파악 문제** 두 번째 문장(This topic is ~ always reliable)에서 개인 재무 관리법은 청취자들에게 종종 혼란스러울 수 있으며, 조언을 항상 믿을 수 있는 것도 아니라고 했다. 하지만 정 씨는 30년간 재무 분야에서 근무했다고 한 것은 정 씨를 신뢰해야 한다는 것임을 유추할 수 있으므로, 정답은 (D)이다.

시각정보 연계 문제

교재 p. 211

1. (C) **2.** (D)

1 M-Au For today's lesson in finance management, I want to teach you / to use a computer program / called My Growth / to create a budget. My Growth is designed for people / who have never budgeted / or saved money before. Let's start today's lesson / by looking at the My Growth Web site / by opening the computer Web browser / like we learned in yesterday's class / about basic computer operation.

오늘 재무 관리 수업에서는 여러분에게 My Growth라고 불리는 컴퓨터 프로그램을 이용해 예산을 짜는 것을 가르쳐 드리겠습니다. My Growth는 이전에 예산을 짜거나 돈을 저축해 본 적이 없는 사람들을 위해 고안되었습니다. **우리가 어제 수업에서 컴퓨터 기본 원리에 관해 배웠던 것과 마찬가지로 컴퓨터 웹브라우저를 열어 My Growth 웹사이트를 보는 것으로 오늘 수업을 시작합시다.**

어휘 **finance** 재무, 재정 **management** 관리 **budget** 예산; 예산을 짜다 **operation** 조작, 운용

Class	Day
Intro to finance	Monday
Computer basics	Tuesday
Budgeting software	Wednesday
Tools for the future	Thursday

강좌	요일
재무 개론	월요일
컴퓨터 기본 원리	화요일
예산 소프트웨어	**수요일**
미래를 위한 도구	목요일

Look at the graphic. On what day is the talk taking place?
(A) Monday
(B) Tuesday
(C) Wednesday
(D) Thursday

시각정보에 따르면, 강의는 어느 요일에 열리게 되는가?
(A) 월요일
(B) 화요일
(C) 수요일
(D) 목요일

해설 **시각정보 연계 문제_강의 열리는 요일** 마지막 문장(Let's start today's lesson ~ basic computer operation.)에서 컴퓨터 기본 원리에 관한 강좌가 어제 있었다는 것을 알 수 있는데, 일정표를 보면 Computer basics는 화요일에 있으므로 강의는 수요일에 열리는 것임을 알 수 있다. 따라서 정답은 (C)이다.

2 W-Am Thank you / for calling Youngtown Gas and Electric. If you are calling from White Rock County, please be aware / that we are currently repairing some faulty equipment / in the power station / servicing that area. We apologize for any power outages / this might cause over the next few hours. To speak to a customer service representative, please stay on the line / and your call will be answered / as quickly as possible.

영타운 가스 전기에 전화 주셔서 감사합니다. **화이트락 카운티에서 전화를 주셨다면 현재 저희가 그 지역 발전소의 고장 난 장비를 수리하고 있는 중임을 알아두십시오.** 향후 몇 시간 동안 있을 정전에 대해 사과를 드립니다. 고객 서비스 직원과 통화하시려면 전화를 끊지 말고 기다리세요. 가능한 한 빨리 귀하의 전화를 연결해 드리도록 하겠습니다.

어휘 **currently** 현재 **repair** 수리(하다) **faulty** 결함이 있는, 불완전한 **equipment** 장비, 기기 **power station** 발전소 **apologize for** ~에 대해 사과하다 **power outage** 정전 **stay on the line** 전화를 끊지 않고 기다리다

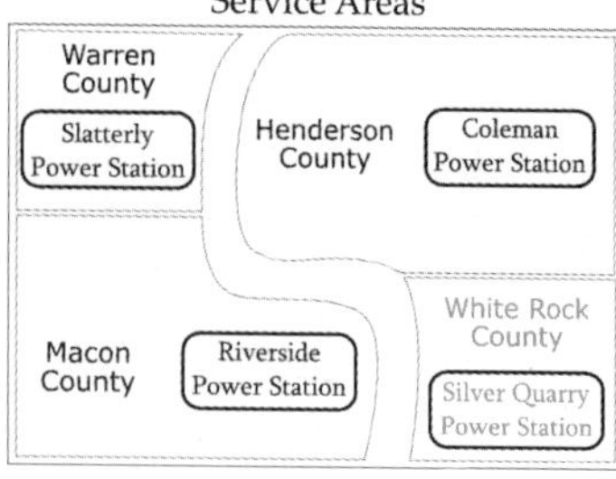

영타운 가스 전기
서비스 지역
워렌 카운티
슬래터리 발전소
헨더슨 카운티
콜맨 발전소
메이컨 카운티
리버사이드 발전소
화이트락 카운티
실버 쿼리 발전소

Look at the graphic. Which power station is being repaired?
(A) Slatterly
(B) Coleman
(C) Riverside
(D) Silver Quarry

시각정보에 따르면, 어느 발전소를 수리하고 있는가?
(A) 슬래터리
(B) 콜맨
(C) 리버사이드
(D) 실버 쿼리

해설 시각정보 연계 문제_수리하고 있는 발전소 두 번째 문장(If you are calling ~ servicing that area.)에서 화이트락 카운티에 있는 발전소를 수리하고 있다고 했다. 지도에서 화이트락 카운티에 있는 발전소는 실버 쿼리 발전소이므로, 정답은 (D)이다.

UNIT 01 전화 메시지

기출 문제풀이 전략

예제

교재 p.212

1 What is the purpose of the message?
(A) To recommend a service
(B) To extend a compliment
(C) To postpone a lunch
(D) To plan a dinner menu

메시지의 목적은?
(A) 서비스 추천하기
(B) 찬사 보내기
(C) 점심 연기하기
(D) 저녁 메뉴 계획하기

2 What does the speaker say he has to do on Wednesday?
(A) Arrange a business trip
(B) Meet with a client
(C) Wait for a delivery
(D) Go to a dentist

화자가 수요일에 해야 한다고 하는 것은?
(A) 출장 준비하기
(B) 고객 만나기
(C) 배달 기다리기
(D) 치과 가기

3 What does the speaker say the listener will enjoy?
(A) A museum
(B) A restaurant
(C) A community park
(D) A shopping center

화자는 청자가 무엇을 즐길 것이라고 말하는가?
(A) 박물관
(B) 식당
(C) 커뮤니티 공원
(D) 쇼핑센터

어휘 **recommend** 추천하다 **compliment** 찬사, 칭찬 **postpone** 연기하다 **arrange** 준비하다

Check Up

교재 p.213

1. (A) **2.** (B) **3.** (B)

Questions 1 through 3 refer to the following telephone message.

W-Am Hello Ms. Kwon. [1] I'm calling from The Jewelry Boutique / about an order / you recently placed for a charm bracelet. Unfortunately, the exact bracelet you've ordered / is no longer available. [2] It looks like / the manufacturer has slightly changed the style, and the chain links are now oval, not round. [3] Could you give us a call / and confirm whether you still want to buy it? Thanks, and sorry about the inconvenience.

1-3번은 다음 전화 메시지를 참조하시오.

안녕하세요, 권 선생님. [1] **주얼리 부티크입니다.** 최근 주문하신 장식 팔찌에 관해 전화 드렸습니다. 아쉽게도 주문하신 것과 똑같은 팔찌는 더 이상 구할 수가 없습니다. [2] **제조업체가 스타일을 조금 바꾼 것 같은데, 지금은 줄 연결고리가 원형이 아닌 타원형이에요.** [3] **그래도 구매하고 싶으신지 전화로 확정해 주시겠어요?** 감사합니다. 불편 드려 죄송합니다.

어휘 **jewelry** 보석류 **place an order** 주문을 넣다 **recently** 최근 **exact** 정확한 **no longer** 더 이상 ~이 아니다 **available** 이용 가능한, 구할 수 있는 **manufacturer** 제조업체 **slightly** 약간 **oval** 타원형의 **confirm** 확정하다 **inconvenience** 불편

1 Where most likely does the speaker work?
(A) At a jewelry shop
(B) At a clothing store

화자는 어디에서 일하겠는가?
(A) 보석 상점
(B) 의류 매장

해설 **화자의 근무 장소** 초반부에서 주얼리 부티크에서 전화하고 있다(I'm calling from The Jewelry Boutique)며 자신의 근무지를 밝히고 있으므로, 화자가 보석 상점에서 일한다고 추론할 수 있다. 따라서 (A)가 정답이다.

---

2 What does the speaker say about a product?
(A) It comes in different sizes.
(B) Its design has changed.

화자는 제품에 대해 뭐라고 말하는가?
(A) 다양한 크기로 나온다.
(B) 디자인이 변경됐다.

어휘 **product** 제품 **different** 다른

해설 **화자가 제품에 대해 말한 것** 중반부에서 제조업체가 스타일을 조금 바꾼 것 같다(It looks like the manufacturer has slightly changed the style)고 한 후, 지금은 줄 연결고리가 원형이 아닌 타원형(the chain links are now oval, not round)이라며 구체적인 스타일 변경 사항을 덧붙였으므로, (B)가 정답이다.

---

3 What does the speaker ask the listener to do?
(A) Pay by credit card
(B) Confirm an order

화자는 청자에게 무엇을 해 달라고 요청하는가?
(A) 신용카드로 결제
(B) 주문 확정

해설 **화자의 요청 사항** 후반부에서 구매를 원하는지 전화로 확정해 달라(Could you give us a call and confirm whether you still want to buy it?)고 요청했으므로, (B)가 정답이다.

Paraphrasing 지문의 confirm whether you still want to buy it → 정답의 Confirm an order

ETS 문제로 훈련하기

교재 p.215

1. (B) **2.** (B) **3.** (B) **4.** (A)

Question 1 refers to the following telephone message.

M-Au Hello, this is Daniel Green / from the Town Library. This message is for Estelle Newberry. Ms. Newberry, you recently came to the library / and asked about a book / titled *Cool River*, by Karl McDonald. That book has just been returned, and I've reserved it / in your name. Please come by the library / at your convenience / to pick it up / at the front desk.

1번은 다음 전화 메시지를 참조하시오.

안녕하세요. 타운 도서관의 다니엘 그린입니다. 에스텔 뉴베리 씨께 드리는 메시지입니다. **뉴베리 씨, 최근 도서관에 오셔서 칼 맥도널드가 쓴 〈차가운 강〉이라는 책에 대해 문의하셨죠. 그 책이 막 반납되어 제가 당신의 이름으로 맡아 두었습니다.** 편하실 때 도서관에 오셔서 안내 데스크에서 가져가세요.

어휘 **recently** 최근 **return** 반납하다, 돌려주다 **reserve** 따로 잡아 두다, 예약하다 **at one's convenience** 편한 때에

1 Why is the speaker calling Ms. Newberry?
(A) To sell her an item
(B) To give her an update

화자가 뉴베리 씨에게 전화한 이유는?
(A) 물품을 판매하려고
(B) 최신 상황을 알려주려고

해설 **전화의 목적** 초반부에서 뉴베리 씨가 최근 도서관에 와서 책에 대해 문의한 사실(you recently came to the library and asked about a book)을 언급한 후, 그 책이 막 반납되어 뉴베리 씨의 이름으로 맡아 두었다(That book has just been returned, and I've reserved it in your name)고 했으므로, 문의한 책의 최신 상황을 알려주기 위한 전화임을 알 수 있다. 따라서 (B)가 정답이다.

Question 2 refers to the following recorded message.

M-Cn Thank you for calling Lindenbrook Bakery and Café. We are currently unavailable, but please stay on the line / for an important update. We are now open / at our new location at 24 Owensview Road. Business hours are the same, and we are still offering free pastry-making classes / every Thursday at two P.M. For inquiries about scheduling an event with us, please leave a message / and we'll return your call / as soon as we can.

2번은 다음 녹음 메시지를 참조하시오.

린덴브루크 베이커리 앤 카페에 전화 주셔서 감사합니다. 현재 통화할 수 없습니다. 끊지 말고 기다리셨다가 중요한 최신 상황을 들어주십시오. **저희는 오웬스뷰 로 24의 새로운 장소에 문을 엽니다.** 영업시간은 동일하며, 여전히 매주 목요일 오후 2시에 무료 제빵 강좌를 제공합니다. 행사 일정에 관한 문의는 메시지를 남겨 주시면 최대한 빨리 답신 드리겠습니다.

어휘 currently 현재 unavailable 만날 수 없는 stay on the line 수화기를 들고 기다리다 business hours 영업시간 inquiry 문의

2 What change does the speaker mention about the cafe?
(A) It has hired a new baker.
(B) It has moved to a new location.

화자는 카페에 대해 어떤 변경사항을 언급하는가?
(A) 새 제빵사를 채용했다.
(B) 새로운 장소로 이전했다.

해설 **카페의 변경 사항** 중반부에서 카페가 새로운 장소에서 문을 연다(We are now open at our new location)고 했으므로, 카페가 이전했음을 알 수 있다. 따라서 (B)가 정답이다.

Paraphrasing 지문의 now open at our new location → 정답의 moved to a new location

Questions 3 and 4 refer to the following telephone message and schedule.

W-Am Hi! [3]This is Vera Marshall / from the management office / at the Palm Street Garden Apartments. I wanted to remind you / that you still need to come by / to pick up your keys / before you move in / next week. Also, I remember you mentioning / that you have to get to your new job / on Cherry Street / early every morning. [4]The Palm Street bus stop / is right in front of the apartments, so I printed out / a copy of the morning schedule / for you. You can pick that up too / when you come to get your keys. See you soon!

3-4번은 다음 전화 메시지와 시간표를 참조하시오.

안녕하세요! **3 팜 스트리트 가든 아파트 관리 사무소의 베라 마샬입니다.** 다음 주 입주 전에 열쇠 수령을 위해 사무실에 오셔야 한다는 것을 알려 드립니다. 그리고 제가 기억하기로 매일 아침 일찍 체리 가에 있는 새 직장으로 출근해야 한다고 하셨던 것을 기억하는데요. **4 팜가 버스 정류장이 아파트 바로 앞에 있어서, 아침 시간표를 프린트했습니다.** 열쇠를 가지러 오실 때 시간표도 챙겨 가시면 됩니다. 곧 뵙겠습니다!

어휘 management 관리 pick up ~을 찾으러 가다 move in 이사오다 mention 언급하다 print out 출력하다

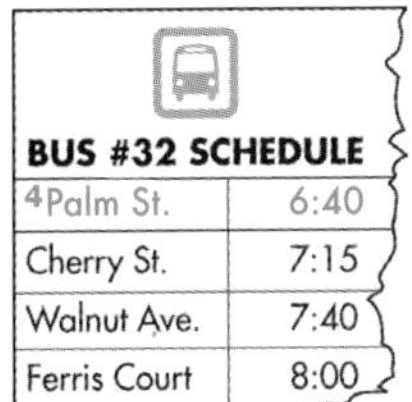

BUS #32 SCHEDULE

[4]Palm St.	6:40
Cherry St.	7:15
Walnut Ave.	7:40
Ferris Court	8:00

32번 버스 시간표

4 팜 가	**6시 40분**
체리 가	7시 15분
월넛 가	7시 40분
페리스 길	8시

3 Who most likely is the speaker?
(A) A hotel employee
(B) A property manager
(C) A travel agent
(D) A job recruiter

화자는 누구이겠는가?
(A) 호텔 직원
(B) 건물 관리인
(C) 여행사 직원
(D) 채용 담당자

해설 **화자의 신분** 화자가 맨 처음에 아파트 관리 사무소의 베리 마샬(This is Vera Marshall from the management office)이라고 소개하고 있으므로 정답은 (B)이다.

4 Look at the graphic. When should the listener board the bus?
(A) 6:40
(B) 7:15
(C) 7:40
(D) 8:00

시각정보에 따르면, 청자는 언제 버스에 탑승해야 하는가?
(A) 6시 40분
(B) 7시 15분
(C) 7시 40분
(D) 8시

해설 **시각정보 연계 문제_청자가 버스를 타야 할 시각** 화자가 담화 후반부에서 팜 가 버스 정류장이 아파트 바로 앞에 있다고 하였고, 시각정보에서 버스가 팜 가 정류장에 오는 시각이 6시 40분이므로 정답은 (A)이다.

ETS 실전 테스트

교재 p.216

1. (C)	**2.** (D)	**3.** (B)	**4.** (B)	**5.** (C)	**6.** (A)	**7.** (D)	**8.** (A)	**9.** (D)
10. (B)	**11.** (D)	**12.** (C)	**13.** (B)	**14.** (A)	**15.** (C)	**16.** (B)	**17.** (D)	**18.** (A)
19. (B)	**20.** (B)	**21.** (C)						

Questions 1 through 3 refer to the following telephone message.

W-Am Hello Ms. Cheng. I'm calling / from Reinhardt Medical Center. [1]This is a reminder of your appointment / scheduled for tomorrow afternoon at 3 P.M. / with Dr. Fisher. [2]We're updating our patient records database, so please arrive about ten minutes early / to complete a new set of forms. [3]You should also bring a list of any medications / you are currently taking. If you need to reschedule your appointment, please call me back / at 555-0113. Thank you / and have a nice day.

1-3번은 다음 전화 메시지를 참조하시오.

안녕하세요, 쳉 씨. 라인하트 메디컬 센터에서 전화 드립니다. **1 내일 오후 3시로 예정된 피셔 박사님 예약을 상기시켜 드리고자 합니다. 2 환자 기록 데이터베이스를 업데이트하고 있으니** 10분 정도 일찍 도착하셔서 새 서식을 작성해 주세요. **3 현재 복용 중인 약 목록도 가져오셔야 합니다.** 예약 일정을 변경해야 할 경우, 555-0113으로 전화해 주십시오. 감사합니다. 좋은 하루 되세요.

어휘 **reminder** 상기시키는 것 **appointment** 예약, 약속 **scheduled for** ~로 예정된 **patient** 환자 **arrive** 도착하다 **complete a form** 서식을 작성하다 **medication** 약 **currently** 현재

1 Why is the speaker calling?
(A) To order a prescription
(B) To recommend a specialist
(C) To confirm an appointment
(D) To provide driving directions

화자가 전화한 이유는?
(A) 처방전의 약을 주문하려고
(B) 전문가를 추천하려고
(C) 예약을 확인하려고
(D) 주행 길 안내를 제공하려고

어휘 **prescription** 처방전 **recommend** 추천하다, 권장하다 **specialist** 전문가 **provide** 제공하다

해설 **전화의 목적** 초반부에서 내일 오후 3시로 예정된 피셔 박사와의 예약을 상기시키는 것(This is a reminder of your appointment scheduled for tomorrow afternoon at 3 P.M. with Dr. Fisher)이라며 전화한 이유를 밝히고 있으므로, (C)가 정답이다.

2 What is being updated?
(A) An office building
(B) A company policy
(C) A security system
(D) A computer database

무엇을 업데이트하고 있는가?
(A) 사무실 건물
(B) 회사 정책
(C) 보안 시스템
(D) 컴퓨터 데이터베이스

어휘 **policy** 정책 **security** 보안

해설 **업데이트하고 있는 것** 중반부에서 환자 기록 데이터베이스를 업데이트하고 있다(We're updating our patient records database)고 했으므로, (D)가 정답이다.

3 What is the listener instructed to bring?
(A) A copy of her résumé
(B) A list of medications
(C) A confirmation number
(D) A recent invoice

청자는 무엇을 가져오라는 지시를 받는가?
(A) 이력서 사본
(B) 약 목록
(C) 확정 번호
(D) 최근 청구서

어휘 **résumé** 이력서 **recent** 최근의 **invoice** 청구서, 송장

해설 **청자에게 가져오라고 지시한 것** 후반부에서 현재 복용 중인 약 목록도 가져와야 한다(You should also bring a list of any medications you are currently taking)고 청자에게 요청했으므로, (B)가 정답이다.

Questions 4 through 6 refer to the following recorded message.

M-Au [4]Thank you for calling the Westford Travel Agency! To talk to a representative, please hold, and someone will be with you shortly. [5]If you are a customer / calling about our fall specials, visit our Web site / to see photos of our most popular vacation destinations. [6]And be sure to come to our open house / this Saturday. Stop by anytime that day / to talk to one of our staff members / and pick up some of our brochures.

4-6번은 다음 녹음 메시지를 참조하시오.
[4]웨스트포드 여행사에 전화 주셔서 감사합니다! 직원과 통화하시려면 잠시 기다리십시오. 곧 응대해 드리겠습니다. **[5]가을 특선 상품 관련해 전화 주신 고객께서는 저희 웹사이트를 방문해 가장 인기 있는 휴가 여행지 사진을 확인해 보세요. [6]그리고 이번 토요일, 저희 오픈하우스를 꼭 찾아 주세요.** 그날 언제든 들러 저희 직원과 이야기 나누시고 안내책자도 가져가십시오.

어휘 **representative** 직원 **shortly** 곧 **popular** 인기있는 **destination** 목적지 **stop by** 들르다 **brochure** 안내책자

4 What type of business does the message refer to?
(A) A hotel
(B) A travel agency
(C) A real estate office
(D) A fitness club

메시지는 어떤 유형의 업체와 관련이 있는가?
(A) 호텔
(B) 여행사
(C) 부동산 중개사무소
(D) 피트니스 클럽

해설 **메시지와 관련 있는 업체 유형** 초반부에서 웨스트포드 여행사에 전화한 것(calling the Westford Travel Agency)에 대해 감사를 전하고 있으므로, 여행사의 자동 응답 메시지임을 알 수 있다. 따라서 (B)가 정답이다.

5 According to the speaker, why should listeners visit a Web site?
(A) To update contact information
(B) To make a reservation
(C) To view photos
(D) To sign up for discounts

화자에 따르면, 청자들은 왜 웹사이트를 방문해야 하는가?
(A) 연락처를 업데이트하기 위해
(B) 예약하기 위해
(C) 사진을 보기 위해
(D) 할인 신청을 하기 위해

어휘 **make a reservation** 예약하다 **sign up for** ~을 신청하다

해설 **청자들이 웹사이트를 방문해야 하는 이유** 중반부에서 가을 특선 상품 관련해 전화한 고객에게 웹사이트를 방문하라(If you are a customer ~ visit our Web site)고 제안한 후, 가장 인기 있는 휴가 여행지 사진을 확인할 수 있다(to see photos of our most popular vacation destinations)며 웹사이트 방문을 제안한 이유를 덧붙였으므로, (C)가 정답이다.

Paraphrasing 지문의 see photos → 정답의 view photos

6 What does the speaker say will take place on Saturday?
(A) An open house
(B) A special sale
(C) A free workshop
(D) A holiday event

화자는 토요일에 무엇이 열릴 것이라고 말하는가?
(A) 오픈하우스
(B) 특별 할인
(C) 무료 워크숍
(D) 휴가 행사

해설 **토요일에 열릴 행사** 후반부에서 이번 토요일, 오픈하우스를 꼭 찾아 달라(be sure to come to our open house this Saturday)고 요청했으므로, (A)가 정답이다.

Questions 7 through 9 refer to the following telephone message.

W-Br Hi, Percy. 7 I'm calling / to check in about the glassmaking workshop / that Grace Tao and I are running / next Monday / at the community center. Most of the planning's already done—we've decided on the glass project / our students will work on, 8 and I've sent you an outline / for the workshop. There is one issue though—twenty students is a lot... there are only two of us. 9 It'd be difficult / for us to conduct a hands-on workshop / with that many people, but we're also available on Tuesday. Can you call me back / to discuss this further?

7-9번은 다음 전화 메시지를 참조하시오.

안녕하세요, 퍼시. **7 다음 주 월요일 주민회관에서 그레이스 타오와 제가 진행하는 유리 제작 워크숍 관련해서 확인 전화드려요.** 계획의 대부분은 이미 완성되었어요. 학생들이 작업할 유리 프로젝트를 결정했고, **8 워크숍 개요를 당신에게 보냈어요.** 그런데 한 가지 문제가 있네요. 학생 20명은 좀 많은 것 같아요... 우리는 겨우 두 명이잖아요. **9 그렇게 많은 사람들과 실제 체험 워크숍을 진행하는 것은 어려울 것 같아요.** 그런데 우리는 화요일에도 시간이 되거든요. 자세한 논의를 위해 전화주시겠어요?

어휘 **community center** 주민회관 **decide** 결정하다 **outline** 개요 **issue** 문제 **conduct** 실시하다 **hands-on** 직접 해보는 **further** 더

7 What is the speaker planning for next week?

(A) An awards ceremony
(B) A poetry reading
(C) A gardening lecture
(D) A glassmaking workshop

화자는 다음 주에 무엇을 계획하는가?

(A) 시상식
(B) 시 낭독
(C) 원예 강의
(D) 유리 제작 워크숍

어휘 **poetry** 시 **gardening** 원예

해설 **화자의 다음 주 계획** 초반부에서 다음 주 월요일에 그레이스 타오와 자신이 진행하는 유리 제작 워크숍에 대해 확인하기 위해(to check in about the glassmaking workshop that Grace Tao and I are running next Monday) 전화한다고 했으므로, 화자가 다음 주에 유리 제작 워크숍을 진행할 예정임을 알 수 있다. 따라서 (D)가 정답이다.

8 What does the speaker say she sent to the listener?

(A) An outline
(B) A credit card number
(C) A pamphlet
(D) A coupon

화자는 청자에게 무엇을 보냈다고 말하는가?

(A) 개요
(B) 신용카드 번호
(C) 안내책자
(D) 쿠폰

해설 **화자가 보낸 것** 중반부에서 워크숍 개요를 보냈다(I've sent you an outline for the workshop)고 했으므로, (A)가 정답이다.

9 Why does the speaker say, "but we're also available on Tuesday"?

(A) To ask for a budget increase
(B) To confirm attendance
(C) To complain about a scheduling conflict
(D) To suggest holding an additional class

화자는 왜 "그런데 우리는 화요일에도 시간이 되거든요"라고 말하는가?

(A) 예산 증가를 요청하려고
(B) 참석을 확인하려고
(C) 겹치는 일정에 대해 불만을 제기하려고
(D) 추가 수업 개설을 제안하려고

어휘 **budget** 예산 **increase** 증가 **attendance** 출석 **scheduling conflict** 겹치는 일정 **additional** 추가적인

해설 **화자의 의도 파악 문제** 후반부에서 그렇게 많은 사람들과 실제 체험 워크숍을 진행하는 것은 어려울 것 같다(It'd be difficult for us to conduct a hands-on workshop with that many people)고 한 후, '그런데 우리는 화요일에도 시간이 되거든요(but we're also available on Tuesday)'라고 덧붙였다. 이는 가능한 시간을 언급해 추가 수업 개설을 제안하려는 의도이므로, (D)가 정답이다.

Questions 10 through 12 refer to the following telephone message.

M-Au Hi, Tamara. 10 This is Rob Jamison / from the personnel department. 11 I'm calling / to request a copy of your academic

10-12번은 다음 전화 메시지를 참조하시오.

안녕하세요, 타마라. **10 인사부의 롭 제이미슨입니다. 11 성적 증명서 사본을 요청하려**

transcript. We have to have one on file / for all of our full-time employees, and for some reason / I don't have yours. [12] You'll need to call the registration office of the university / you attended / and ask them / to send the company an official copy of your record. Once I get the document, I'll put it in your personnel file / and everything should be up to date. Thank you!

고 전화했어요. 모든 정규직 직원은 한 부를 보관해야 하는데 무슨 이유인지 타마라 씨 것이 없네요. **12 다니신 대학교 등록 사무소에 전화해서 회사로 기록 공식 사본을 보내 달라고 요청하셔야 합니다.** 문서를 받게 되면 인사 파일에 넣어서 모두 최신 정보가 될 수 있도록 하겠습니다. 감사합니다!

어휘 **personnel** 인사과 **department** 부서 **request** 요청하다 **academic transcript** 성적 증명서 **full-time employee** 정규직 직원 **registration** 등록 **attend** 다니다 **official** 공식적인 **up to date** 최신의

10 What department does the speaker work in?
(A) Marketing
(B) Personnel
(C) Finance
(D) Travel

화자는 어느 부서에서 일하는가?
(A) 마케팅
(B) 인사
(C) 재무
(D) 출장

해설 **화자의 근무 부서** 초반부에서 화자가 인사부의 롭 제이미슨(This is Rob Jamison from the personnel department)이라고 자신을 소개하고 있으므로, (B)가 정답이다.

11 Why is the speaker calling?
(A) To make a job offer
(B) To describe a training session
(C) To explain an enrollment procedure
(D) To request a document

화자가 전화한 목적은?
(A) 일자리를 제의하려고
(B) 교육 시간을 설명하려고
(C) 등록 절차를 설명하려고
(D) 서류를 요청하려고

어휘 **job offer** 일자리 제의 **describe** 설명하다, 묘사하다 **enrollment** 등록 **procedure** 절차

해설 **전화의 목적** 초반부에서 성적 증명서 사본을 요청하려고 전화했다(I'm calling to request a copy of your academic transcript)며 전화한 목적을 밝히고 있으므로, (D)가 정답이다.

Paraphrasing 지문의 a copy of your academic transcript → 정답의 a document

12 What is the listener asked to do?
(A) Go to the post office
(B) Attend a department meeting
(C) Call the registration office
(D) Contact an employment agency

청자는 무엇을 해 달라고 요청 받았는가?
(A) 우체국 가기
(B) 부서 회의 참석하기
(C) 등록 사무소에 전화하기
(D) 채용대행사에 연락하기

어휘 **attend** 참석하다 **employment agency** 채용대행사, 직업소개소

해설 **청자가 요청 받은 사항** 중반부에서 다닌 대학교 등록 사무소에 전화해 회사로 기록 공식 사본을 보내 달라고 요청해야 한다(You'll need to call the registration office of the university you attended and ask them to send the company an official copy of your record)고 했으므로, (C)가 정답이다.

Questions 13 through 15 refer to the following telephone message.

M-Cn [13] This is Enrique, from Schultz Manufacturers, returning your phone call. [14] I know / you were expecting your next shipment of bicycle parts / to arrive this week, but there was a problem / with some of our equipment. Of course, I realize / this is an inconvenience / for your bike shop, [15] so I'm planning to take ten percent off our price / on this order. Please feel free to call back / if you have any questions.

13-15번은 다음 전화 메시지를 참조하시오.
13 슐츠 매뉴팩처러의 엔리크입니다. 전화 주셔서 회신 드립니다. **14 다음 수송품인 자전거 부품이 이번 주에 도착하리라 기대하셨을 텐데,** 저희 장비에 문제가 생겼습니다. 물론 자전거 매장으로선 불편하시다는것, 잘 압니다. **15 그래서 이번 주문 건에 대해 가격의 10퍼센트를 할인해 드릴 계획입니다.** 문의사항이 있으면 언제든 다시 전화 주십시오.

어휘 **expect** 기대하다, 예상하다 **shipment** 수송(품) **part** 부품 **equipment** 장비 **realize** 잘 알다 **inconvenience** 불편 **take ~ off** 가격을 ~만큼 할인하다 **order** 주문 **feel free to부정사** 언제든[부담없이] ~하다

13 What type of business is the speaker calling from?
(A) A bank
(B) A manufacturing company
(C) A medical clinic
(D) A fitness center

화자는 어떤 종류의 업체에서 전화를 거는가?
(A) 은행
(B) 제조업체
(C) 병원
(D) 피트니스 센터

해설 **화자가 종사하는 업종** 초반부에서 화자가 슐츠 매뉴팩처러의 엔리크(This is Enrique, from Schultz Manufacturers)라고 자신을 소개하고 있으므로, (B)가 정답이다.

Paraphrasing 지문의 Schultz Manufacturers → 정답의 A manufacturing company

14 Why does the speaker say, "there was a problem with some of our equipment"?
(A) To explain a delay
(B) To justify an expense
(C) To question a decision
(D) To express surprise

화자가 "저희 장비에 문제가 생겼습니다"라고 말할 때, 그 의도는 무엇인가?
(A) 지연에 대해 설명하려고
(B) 비용에 대해 해명하려고
(C) 결정에 이의를 제기하려고
(D) 놀라움을 나타내려고

어휘 **delay** 지연 **justify** 해명하다 **expense** 비용 **question** 이의를 제기하다 **decision** 결정 **express** 표현하다

해설 **화자의 의도 파악 문제** 초반부에서 다음 수송품인 자전거 부품이 이번 주에 도착하리라 청자가 기대하고 있다(you were expecting your next shipment of bicycle parts to arrive this week)고 한 후, '저희 장비에 문제가 생겼습니다(there was a problem with some of our equipment)'라고 덧붙였다. 이는 업체의 장비 문제를 언급해 예상보다 도착이 늦어질 수 있음을 알리려는 의도라고 볼 수 있으므로, (A)가 정답이다.

15 What does the speaker say he will do?
(A) Send an order code
(B) Change an appointment
(C) Give a discount
(D) Provide a recommendation

화자는 무엇을 하겠다고 말하는가?
(A) 주문 코드 보내기
(B) 약속 변경하기
(C) 할인 제공하기
(D) 추천하기

어휘 **appointment** 약속 **discount** 할인 **recommendation** 추천

해설 **화자가 할 일** 후반부에서 이번 주문 건에 대해 가격의 10퍼센트를 할인할 계획(I'm planning to take ten percent off our price on this order)이라고 밝혔으므로, (C)가 정답이다.

Paraphrasing 지문의 take ten percent off our price → 정답의 Give a discount

Questions 16 through 18 refer to the following telephone message.

W-Am Jeremy, this is Karla. 16 Thanks for sending me an invitation / to the training on the new photo editing software. Unfortunately I won't be able to attend—17 I'll be interviewing some job applicants / at that time next Wednesday. But I don't think / I need the training. I tried the software / on my own, and I thought it was pretty easy to use. It has lots of features / that we need, so I think / it will help our photo editors a lot. 18 Please give me a call / after the training though. I'd really like to know / if the rest of the team liked the program / as much as I did.

16-18번은 다음 전화 메시지를 참조하시오.

제레미, 칼라입니다. **16 새로운 사진 편집 소프트웨어 관련 교육에 초청해 주셔서 감사합니다. 안타깝게도 저는 참석하지 못하겠습니다. 17 다음 주 수요일 그 시간에 입사지원자들 면접을 할 예정이라서요.** 그런데 저는 교육을 받을 필요가 없을 것 같아요. 소프트웨어를 혼자서 써 봤는데 사용하기에 꽤 쉬웠던 것 같아요. 필요한 기능들이 많이 있어서 사진 편집자들에게 굉장히 도움이 될 거라고 생각해요. **18 그래도 교육이 끝나면 전화 주세요. 다른 팀원들이 저만큼 프로그램을 마음에 들어 하는지 알고 싶거든요.**

어휘 **editing** 편집 **unfortunately** 안타깝게도 **job applicant** 입사지원자 **on one's own** 혼자서 **feature** 기능, 특색 **rest** 나머지

16 Why is the speaker calling?
(A) To recommend a job candidate
(B) To decline an invitation
(C) To schedule a photo shoot
(D) To order a product

화자가 전화한 목적은?
(A) 입사지원자를 추천하려고
(B) 초청을 거절하려고
(C) 사진 촬영 일정을 잡으려고
(D) 제품을 주문하려고

어휘 **recommend** 추천하다 **candidate** 후보자, 지원자 **decline** 거절하다, 사양하다 **order** 주문하다

해설 **전화의 목적** 초반부에서 새로운 사진 편집 소프트웨어 관련 교육 초청(sending me an invitation to the training on the new photo editing software)에 대해 감사를 전한 후, 안타깝게도 자신은 참석하지 못한다(Unfortunately I won't be able to attend)고 했으므로, 초청을 거절하기 위한 전화임을 알 수 있다. 따라서 (B)가 정답이다.

---

17 What does the speaker plan to do next Wednesday?
(A) Meet with clients
(B) Take some time off
(C) Attend a business convention
(D) Conduct some interviews

화자는 다음 주 수요일에 무엇을 할 계획인가?
(A) 고객과 만나기
(B) 휴가 가기
(C) 업무 관련 컨벤션 참석하기
(D) 면접 실시하기

어휘 **convention** 대회 **conduct** 실시하다

해설 **다음 주 수요일에 할 일** 초반부에서 다음 주 수요일 그 시간에 입사지원자들 면접을 할 예정(I'll be interviewing some job applicants at that time next Wednesday)이라며 화자가 자신의 일정을 밝혔으므로, (D)가 정답이다.

Paraphrasing 지문의 interviewing some job applicants → 정답의 Conduct some interviews

---

18 What does the speaker ask the listener to provide?
(A) Feedback about some training
(B) Details of an itinerary
(C) A list of participants
(D) Photos from a job applicant

화자는 청자에게 무엇을 제공해 달라고 요청하는가?
(A) 교육에 관한 피드백
(B) 여행 일정 세부사항
(C) 참석자 명단
(D) 입사지원자에게 받은 사진

어휘 **itinerary** 여행 일정 **participant** 참석자

해설 **화자의 요청 사항** 후반부에서 교육이 끝나면 전화 달라(Please give me a call after the training)고 요청한 후, 다른 팀원들도 프로그램을 마음에 들어 하는지 알고 싶다(I'd really like to know ~ liked the program)며 이유를 덧붙였으므로, (A)가 정답이다.

Paraphrasing 지문의 if the rest of the team liked the program → 정답의 Feedback about some training

---

Questions 19 through 21 refer to the following telephone message and schedule.

M-Cn Hi, this is Paul / at the Parkside Restaurant calling. [19] Congratulations on being hired! It was nice to meet you / at the interview last week. As you know, I'm in charge of making the work schedules, [20] and I'm calling about the schedule / that I just e-mailed to you. I put you down / for mostly midday shifts; I'm not sure / if you're able to work evenings or not. [21] When you get this message, could you please give me a call back / and let me know / if that evening shift works for you? Thanks.

19-21번은 다음 전화 메시지와 일정표를 참조하시오.

안녕하세요, 파크사이드 레스토랑의 폴입니다. **19 채용되신 것 축하드려요!** 지난주 면접 때 만나 봬서 반가웠어요. 알다시피, 저는 업무 일정 짜는 일을 맡고 있는데, **20 방금 이메일로 보낸 일정 때문에 전화했어요.** 당신을 주로 한낮 근무시간에 배정했어요. 저녁 근무가 가능한지 여부를 잘 몰라서요. **21 이 메시지를 받으면 다시 전화해서 야간 근무가 괜찮은지 알려 주시겠어요?** 고마워요.

어휘 **in charge of** ~을 담당하는 **midday shift** 한낮 근무

Schedule	
Wednesday	10 A.M.–4 P.M.
Thursday	OFF
Friday	10 A.M.–4 P.M.
21 Saturday	5 P.M.-11 P.M.
Sunday	7 A.M.–1 P.M.

일정	
수요일	오전 10시-오후 4시
목요일	비번
금요일	오전 10시-오후 4시
21 토요일	**오후 5시-오후 11시**
일요일	오전 7시-오후 1시

19 Why does the speaker congratulate the listener?
(A) For winning an award
(B) For getting a new job
(C) For completing a certification
(D) For receiving a good review

화자가 청자를 축하하는 이유는?
(A) 상을 받아서
(B) 새 직장을 구해서
(C) 자격증을 따서
(D) 좋은 평가를 받아서

어휘 **award** 상 **certification** 증명, 자격증 **review** 평가, 후기

해설 **청자를 축하하는 이유** 초반부에서 채용된 것에 대해 축하(Congratulations on being hired!)하고 있으므로, (B)가 정답이다.

Paraphrasing 지문의 being hired → 정답의 getting a new job

20 According to the speaker, where can the listener find a schedule?
(A) On a bulletin board
(B) In an e-mail
(C) In a folder
(D) On a Web site

화자에 의하면, 청자는 어디에서 일정을 찾을 수 있는가?
(A) 게시판
(B) 이메일
(C) 폴더
(D) 웹사이트

해설 **청자가 일정을 찾을 수 있는 곳** 중반부에서 방금 이메일로 보낸 일정 때문에 전화했다(I'm calling about the schedule that I just e-mailed to you)고 했으므로, 청자가 이메일에서 일정을 찾을 수 있음을 알 수 있다. 따라서 (B)가 정답이다.

21 Look at the graphic. Which day does the speaker want the listener to confirm?
(A) Thursday
(B) Friday
(C) Saturday
(D) Sunday

시각정보에 의하면 화자는 청자가 무슨 요일을 확인하기를 원하는가?
(A) 목요일
(B) 금요일
(C) 토요일
(D) 일요일

해설 **시각정보 연계 문제_청자가 확인할 요일** 후반부에서 다시 전화해서 야간 근무가 괜찮은지 알려 달라(could you please give me a call back and let me know if that evening shift works for you)고 요청했는데, 시각정보를 보면, 확인을 요청한 야간 근무(5 P.M.-11 P.M.)는 '토요일(Saturday)'에 있으므로, (C)가 정답이다.

UNIT 02 공지

기출 문제풀이 전략

예제

교재 p.218

1 Where is the announcement being made?
(A) In an airport
(B) In a train station
(C) In a bus terminal
(D) In a travel agency

공지하고 있는 장소는?
(A) 공항
(B) 기차역
(C) 버스터미널
(D) 여행사

2 What are the listeners asked to do?
(A) Have their passports ready
(B) Listen for their names
(C) Remain in their seats
(D) Go to a different gate

청자들이 하라고 요구 받는 것은?
(A) 여권 준비하기
(B) 이름이 불리는지 귀 기울이기
(C) 좌석에 남아 있기
(D) 다른 탑승구로 가기

3 Why should Mr. Tanaka come to the service desk?
(A) To pay for an upgrade
(B) To recover a lost item
(C) To meet a travel companion
(D) To pick up a ticket

타나카 씨가 서비스 데스크로 와야 하는 이유는?
(A) 업그레이드 비용을 지불하기 위해
(B) 분실물을 되찾기 위해
(C) 여행 동반자를 만나기 위해
(D) 표를 받기 위해

어휘 **remain** 남다 **pay for** ~에 대해 지불하다 **recover** 되찾다, 회복하다 **companion** 동반자

Check Up

교재 p.219

1. (B) **2.** (B) **3.** (A)

Questions 1 through 3 refer to the following announcement.

M-Au [1] I hope / you're enjoying this year's Travel and Hospitality Conference. Before I introduce our next speaker, [2] I have a brief announcement to make. A mobile phone has been found / in the lobby—so please take a moment / to see if you're missing your phone. If you are, make your way to the security desk / at the main entrance of the conference center. [3] Mr. Zaman is the guard on duty / and he has your lost item.

1-3번은 다음 공지를 참조하시오.

1 올해 여행 및 접객 회의를 잘 보내고 계셨으면 합니다. 다음 연사를 소개하기에 앞서, **2 간단히 드릴 공지사항이 있습니다. 로비에서 휴대전화가 발견됐으니 전화기를 잃어버리셨는지 잠시 확인 바랍니다.** 잃어버리셨다면 회의장 정문의 보안 데스크로 가시기 바랍니다. **3 제이먼 씨가 근무 중인 경비원으로, 분실물을 갖고 있습니다.**

어휘 **hospitality** 접객, 환대 **conference** 회의 **announcement** 공지, 발표 **make one's way to** ~로 가다 **security** 보안 **main entrance** 정문 **on duty** 근무 중인 **lost item** 분실물

1 Where is the announcement being made?
(A) At an electronics store
(B) At a conference center

공지는 어디서 이뤄지는가?
(A) 전자제품 매장
(B) 회의장

해설 **공지 장소** 초반부에서 올해 여행 및 접객 회의를 잘 보내고 있기(you're enjoying this year's Travel and Hospitality Conference)를 바란다고 했으므로, 공지가 회의장에서 이뤄지고 있음을 알 수 있다. 따라서 (B)가 정답이다.

2 What is the announcement about?
(A) Purchasing some software
(B) Reclaiming a lost item

공지는 무엇에 관한 것인가?
(A) 소프트웨어 구입하기
(B) 분실물 되찾기

어휘 **purchase** 구입하다 **reclaim** 되찾다

해설 **공지의 주제** 초반부에서 간단한 공지사항이 있다(I have a brief announcement to make)고 한 후, 로비에서 휴대전화가 발견됐으니(A mobile phone has been found in the lobby) 전화기를 잃어버렸는지 잠시 확인해 달라(please take a moment to see if you're missing your phone)며 구체적인 공지 내용을 밝혔으므로, (B)가 정답이다.

Paraphrasing 지문의 missing your phone → 정답의 lost item

3 Who most likely is Mr. Zaman?
(A) A security guard
(B) A guest speaker

제이먼 씨는 누구이겠는가?
(A) 보안 경비 요원
(B) 객원 연사

해설 **제이먼 씨의 신분** 후반부에서 제이먼 씨가 근무 중인 경비원(Mr. Zaman is the guard on duty)이라고 했으므로, (A)가 정답이다.

ETS 문제로 훈련하기

교재 p.221

1. (B) **2.** (B) **3.** (A) **4.** (C)

Question 1 refers to the following announcement.

M-Cn Well everyone, there are just three more weeks / until we move to the new office. We need to start packing. A good place to start / is to organize your paper files. Go through all documents / and decide what can be thrown away / and what must be moved to the new office.

1번은 다음 공지를 참조하시오.

여러분, **우리가 새 사무실로 이전하기까지 3주 밖에 남지 않았습니다.** 우리는 짐을 싸기 시작해야 합니다. 종이 서류 정리부터 시작하는 것이 좋습니다. 모든 서류를 검토해서 버려도 되는 것과 새 사무실로 옮겨야 할 것을 정하세요.

어휘 **packing** 포장, 짐 싸기 **organize** 정리하다 **go through** 검토하다 **decide** 결정하다 **throw away** 버리다

1 What will happen in three weeks?
(A) The company will receive new equipment.
(B) The company will move to another office.

3주 후에 무슨 일이 있겠는가?
(A) 회사가 새 장비를 받을 것이다.
(B) 회사가 다른 사무실로 이전할 것이다.

어휘 **equipment** 장비, 기기

해설 **3주 후에 있을 일** 질문의 키워드인 시간 표현 three weeks에 주목하면, 초반부에 새로운 사무실로 이전까지 3주 남았다(there are just three more weeks until we move to the new office)고 했으므로 정답은 (B)이다.

Question 2 refers to the following announcement.

M-Au Attention, Arnold's Sporting Goods shoppers! Today is the last day / of our big sales promotion. All the tennis equipment in our store / is thirty percent off... We've extended our store hours / to 11 P.M.—for today only—so everyone can pick up great goods / at great prices. There's no time to wait!

2번은 다음 공지를 참조하시오.

안내 말씀 드립니다. 아놀드 스포츠용품 쇼핑객 여러분, **오늘이 저희 할인 판매의 마지막 날입니다. 저희 매장의 모든 테니스 장비가 30퍼센트 할인됩니다. 저희 매장의 영업시간을 오늘만 밤 11시까지 연장하였으니 모두 저렴한 가격에 좋은 물건들을 고르세요.** 기다릴 시간이 없습니다!

어휘 **promotion** 홍보, 판촉 **extend** 연장하다

2 Why does the speaker say, "There's no time to wait"?
(A) To promote an athletic training program
(B) To encourage in-store purchases

화자는 왜 "기다릴 시간이 없습니다"라고 말하는가?
(A) 운동 훈련 프로그램을 홍보하려고
(B) 매장 내 구매를 권장하려고

어휘 **encourage** 권장하다 **purchase** 구매; 구매하다

해설 **화자의 의도 파악 문제** 제시 문장의 앞뒤 문맥을 파악하여 정답을 찾는다. 오늘이 할인 행사 마지막 날(Today is the last day of our big sales promotion)이라고 하였고, 영업시간을 연장하였지만(We've extended ~ at great prices) 시간이 없다고 하는 것으로 보아 청자들에게 구매를 권하고 있음을 알 수 있다. 따라서 정답은 (B)이다.

Questions 3 and 4 refer to the following announcement.

W-Am [3] Attention employees. The new security system will be installed / over the weekend / and will be ready for use / on Monday morning. This means / that starting on Monday, all employees will be required to carry identification cards / that will be used to enter and exit the building. At each door, you will see a security panel. [4] You will need to place your card / on the security panel / in order for the door to open. If you do not receive your new identification card / by Friday at noon, please contact your manager / to make sure / that you have one / by Monday morning.

3-4번은 다음 공지를 참조하시오.

3 직원 여러분께 알립니다. 주말 동안 새 보안 시스템이 설치되어 월요일 아침에 사용할 수 있게 됩니다. 이는 월요일부터 전 직원이 건물을 출입하는 데 쓸 신분증을 가지고 다녀야 한다는 뜻입니다. 출입문마다 보안 패널이 있을 겁니다. **4 문이 열리도록 하려면 보안 패널에 카드를 대야 할 것입니다.** 금요일 정오까지 새 신분증을 받지 못할 경우, 관리자에게 연락해서 월요일 아침까지 받을 수 있도록 하십시오.

어휘 **attention** 알립니다, 주목하세요 **security** 보안 **install** 설치하다 **be required to** ~해야 하다 **identification card** 신분증 **place** 두다 **in order to** ~하기 위해 **receive** 받다

3 What is the main topic of the announcement?

(A) Company security
(B) Club membership
(C) Hotel keys
(D) Credit card purchases

공지의 주제는?

(A) 회사 보안
(B) 클럽 회원권
(C) 호텔 열쇠
(D) 신용카드 구입

해설 **공지의 주제** 초반부에서 직원들에게 알린다(Attention employees)고 한 후, 주말 동안 새 보안 시스템이 설치되어 월요일 아침에 사용할 수 있게 된다(The new security system will be installed over the weekend and will be ready for use on Monday morning)며 회사 보안 시스템에 관한 공지 사항을 전달하고 있으므로, (A)가 정답이다.

4 According to the speaker, what are the cards needed for?

(A) Accessing databases
(B) Making purchases
(C) Opening doors
(D) Registering for classes

화자에 따르면, 카드는 무엇을 위해 필요한가?

(A) 데이터베이스 접속하기
(B) 구입하기
(C) 문 열기
(D) 강좌 등록하기

어휘 **access** 접근하다, 접속하다 **register** 등록하다

해설 **카드의 용도** 중반부에서 문이 열리도록 하려면 보안 패널에 카드를 대야 한다(You will need to place your card on the security panel in order for the door to open)고 했으므로, (C)가 정답이다.

ETS 실전 테스트

교재 p. 222

1. (C)	**2.** (A)	**3.** (D)	**4.** (C)	**5.** (B)	**6.** (D)	**7.** (A)	**8.** (C)	**9.** (B)
10. (B)	**11.** (D)	**12.** (C)	**13.** (C)	**14.** (B)	**15.** (B)	**16.** (B)	**17.** (D)	**18.** (A)
19. (B)	**20.** (C)	**21.** (D)						

Questions 1 through 3 refer to the following announcement.

M-Au [1] This is a reminder / to all employees on the production line. [2] As soon as you get here in the morning, be sure to check the schedule / to see where you'll be working / on the production line. Sign in / by putting your signature in the box / by your name.

1-3번은 다음 공지를 참조하시오.

1 생산 라인 전 직원들께 다시 한 번 알려드립니다. 2 아침에 도착하는 대로 일정표를 꼭 확인하셔서 본인이 생산 라인 어디에서 작업할지 알아보십시오. 이름 옆 칸에 서명해 출근 확인을 해 주세요. **3 그러고 나서 관리자 사무실 옆**

[3]Then check the notice board / next to the supervisor's office / for daily announcements. And lastly, remember to go to the safety area / and get a pair of protective gloves and glasses.

에 있는 게시판에서 일일 공지를 확인하세요. 마지막으로 안전 구역으로 가서 보호 장갑과 안경 받는 것 잊지마세요.

어휘 **reminder** 상기시키는 것 **production** 생산 **sign in** 서명하여 출근을 기록하다 **signature** 서명 **notice board** 게시판 **supervisor** 감독관, 관리자 **announcement** 공지, 발표 **protective** 보호하는, 보호용의

1 Who is the announcement probably for?
(A) Office supervisors
(B) Department store clerks
(C) Factory employees
(D) Hospital nurses

공지는 누구를 위한 것이겠는가?
(A) 사무실 관리자
(B) 백화점 직원
(C) 공장 직원
(D) 병원 간호사

어휘 **department store** 백화점 **clerk** 점원

해설 **공지의 대상** 초반부에서 생산 라인 전 직원들께 다시 한 번 알린다(This is a reminder to all employees on the production line)고 했으므로, 공지의 대상이 공장 직원들이라고 추론할 수 있다. 따라서 (C)가 정답이다.

2 What are the instructions for?
(A) Starting a work shift
(B) Submitting a pay form
(C) Repairing a machine
(D) Changing a schedule

무엇에 관한 지시 사항인가?
(A) 근무 교대 시작
(B) 지불 양식 제출
(C) 기계 수리
(D) 일정 변경

어휘 **instruction** 지시, 설명 **work shift** 근무 교대 **submit** 제출하다 **repair** 수리하다

해설 **지시 사항** 초반부에서 아침에 도착하는 대로(As soon as you get here in the morning) 일정표를 꼭 확인해서 본인이 생산 라인 어디에서 작업할지 알아보라(be sure to check the schedule to see where you'll be working on the production line)고 했으므로, 근무 교대 시작과 관련된 지시 사항임을 알 수 있다. 따라서 (A)가 정답이다.

Paraphrasing 지문의 get here in the morning → 정답의 Starting a work shift

3 What are listeners asked to check for on the notice board?
(A) A list of supervisors
(B) A pay schedule
(C) Safety guidelines
(D) Daily announcements

청자들은 게시판에서 무엇을 확인하라고 요청 받았는가?
(A) 관리자 명단
(B) 급여 지급 주기
(C) 안전 지침
(D) 일일 공지

해설 **청자들이 확인을 요청 받은 사항** 중반부에서 관리자 사무실 옆에 있는 게시판에서 일일 공지를 확인하라(check the notice board next to the supervisor's office for daily announcements)고 청자들에게 요청하고 있으므로, (D)가 정답이다.

Questions 4 through 6 refer to the following announcement.

M-Cn [4]Good evening / Investment Trends Conference guests, please excuse this interruption. We are looking for the owner / of a grey four-door sedan, license number VE7705. [5]This vehicle is blocking / a set of emergency exit doors / near the back of the conference center. If this is your car, please move it immediately. [6]If you need assistance finding a parking space, please dial nine / on the nearest white courtesy phone / to speak to the parking attendant / on duty. Thank you.

4-6번은 다음 공지를 참조하시오.

4 안녕하세요, 투자 동향 회의 참석자 여러분. 중단되어 죄송합니다. 회색 포도어 승용차, 면허증 번호 VE7705인 소유주를 찾고 있습니다. **5 해당 차량이 회의장 뒤편 근처 비상구들을 막고 있습니다.** 본인의 차일 경우 즉시 이동시켜 주십시오. **6 주차 공간을 찾는 데 도움이 필요하시면 근처의 흰색 무료 전화에서 9번을 눌러 근무 중인 주차 요원에게 말씀해 주십시오.** 감사합니다.

어휘 **investment** 투자 **conference** 회의 **interruption** 중단 **look for** ~을 찾다 **vehicle** 차량 **block** 막다, 차단하다 **emergency** 비상 **immediately** 즉시 **assistance** 도움 **courtesy** 무료의, 서비스의 **attendant** 종업원, 수행원

4 Where is the announcement taking place?
(A) At a museum
(B) At a parking garage
(C) At a conference center
(D) At a restaurant

공지는 어디서 이루어지는가?
(A) 박물관
(B) 주차장
(C) 회의장
(D) 음식점

해설 **공지 장소** 초반부에서 투자 동향 회의 참석자들(Investment Trends Conference guests)에게 인사를 전하고 있으므로, 공지가 회의장에서 이뤄지고 있음을 알 수 있다. 따라서 (C)가 정답이다.

---

5 What is the problem?
(A) An event has been canceled.
(B) An exit is blocked.
(C) An employee is late.
(D) A receipt has been lost.

어떤 문제가 있는가?
(A) 행사가 취소됐다.
(B) 출구가 막혀 있다.
(C) 직원이 늦는다.
(D) 영수증이 분실됐다.

어휘 **cancel** 취소하다 **employee** 직원 **receipt** 영수증

해설 **문제점** 중반부에서 차량이 회의장 뒤편 근처 비상구들을 막고 있다(This vehicle is blocking a set of emergency exit doors near the back of the conference center)는 문제점을 언급했으므로, (B)가 정답이다.

---

6 What type of assistance does the speaker mention?
(A) Setting up audio equipment
(B) Arranging an automatic payment
(C) Scheduling a group tour
(D) Finding alternate parking

화자는 어떤 도움을 언급하는가?
(A) 음향 장비 설치하기
(B) 자동 결제 처리하기
(C) 단체 여행 일정 잡기
(D) 다른 주차 공간 찾기

어휘 **set up** 설치하다 **equipment** 장비 **arrange** 처리하다 **automatic** 자동의 **alternate** 대체의

해설 **화자가 언급한 도움의 종류** 후반부에서 주차 공간을 찾는 데 도움이 필요한 경우(If you need assistance finding a parking space)에 대한 대처 방법을 안내하고 있으므로, (D)가 정답이다.

Paraphrasing 지문의 finding a parking space → 정답의 Finding alternate parking

---

Questions 7 through 9 refer to the following announcement.

W-Am 7/8 I'm excited / to share some big news / with everyone / here at Clark Street Bakery. 8 Starting next month, we will be collaborating with Goldwin Chocolates. Goldwin Chocolates is famous / for its high-quality chocolate and cocoa products. We'll be using their chocolate / in our cookies, cakes, and other baked goods. This collaboration comes at a perfect time, because as you all know, we've been hoping / to expand our product line. 9 And in June, we'll be sharing a booth / with Goldwin Chocolates / at the Grove Food Festival. We're looking forward to working with them / to present our products to everyone / at the fair.

7-9번은 다음 공지를 참조하시오.

7/8 이곳 클라크 로 제과점에 계신 모두에게 중대한 소식을 전하게 되어 기쁩니다. 8 다음 달부터 골드윈 초콜릿과 협력할 예정입니다. 골드윈 초콜릿은 품질 좋은 초콜릿과 코코아 제품으로 유명합니다. 그들의 초콜릿을 우리 쿠키, 케이크 및 기타 제과 제품에 이용할 것입니다. 이번 협력은 시기가 완벽합니다. 모두 알다시피 우리가 제품 라인 확장을 바랐기 때문이죠. **9 6월에는 그로브 음식 축제에서 골드윈 초콜릿과 부스를 함께 이용할 예정입니다.** 그들과 함께 박람회에서 모든 사람들에게 우리 제품을 선보이리라 고대하고 있습니다.

어휘 **collaborate with** ~와 협력하다 **expand** 확장하다, 확대하다 **look forward to** 고대하다 **present** 보여주다 **fair** 박람회

7 Where does the speaker work?
(A) At a bakery
(B) At a restaurant supply company
(C) At a catering facility
(D) At a chocolate factory

화자는 어디서 일하는가?
(A) 제과점
(B) 식당 설비업체
(C) 급식 시설
(D) 초콜릿 공장

어휘 **supply** 공급 **catering** 급식(업) **facility** 시설

해설 **화자의 근무 장소** 초반부에서 이곳 클라크 로 제과점에 있는 모두에게 중대한 소식을 전하게 되어 기쁘다(I'm excited to share some big news with everyone here at Clark Street Bakery)고 했으므로, 화자가 제과점에서 일한다는 것을 알 수 있다. 따라서 (A)가 정답이다.

---

8 What is the speaker mainly discussing?
(A) A change to a safety regulation
(B) An upcoming advertising campaign
(C) A partnership with another company
(D) A required training course

화자는 주로 무엇에 대해 이야기하는가?
(A) 안전 규정 변경사항
(B) 곧 있을 광고 캠페인
(C) 다른 회사와의 제휴
(D) 필수 교육 과정

어휘 **safety** 안전 **regulation** 규정 **upcoming** 다가오는, 곧 있을 **advertising** 광고 **required** 필수의

해설 **담화의 주제** 초반부에서 모두에게 중대한 소식을 전하게 되어 기쁘다(I'm excited to share some big news with everyone)고 한 후, 다음 달부터 골드윈 초콜릿과 협력할 예정(Starting next month, we will be collaborating with Goldwin Chocolates)이라며 소식의 내용을 구체적으로 밝혔다. 이후에도 골드윈 초콜릿과의 제휴와 관련된 설명을 이어가고 있으므로, (C)가 정답이다.

Paraphrasing 지문의 collaborating with Goldwin Chocolates → 정답의 A partnership with another company

---

9 What event is scheduled for June?
(A) An awards ceremony
(B) A food festival
(C) A job fair
(D) A cooking class

6월에 어떤 행사가 예정되어 있는가?
(A) 시상식
(B) 음식 축제
(C) 채용 박람회
(D) 요리 강좌

해설 **6월에 예정된 행사** 후반부에서 6월에(in June)는 그로브 음식 축제에서 골드윈 초콜릿과 부스를 함께 이용할 예정(we'll be sharing a booth with Goldwin Chocolates at the Grove Food Festival)이라고 했으므로, 6월에는 음식 축제가 예정되어 있음을 알 수 있다. 따라서 (B)가 정답이다.

Questions 10 through 12 refer to the following announcement.

W-Br Good evening, everyone. 10 Feel free to remove your seat belts / and move about the cabin freely / now that we are at cruising altitude. 11 We apologize for the delay / at takeoff. We were waiting on several members of our crew. Our updated arrival time in Barcelona / is now nine fifteen A.M.—30 minutes later than originally planned. 12 Shortly, our flight attendants will begin / offering our complimentary beverage service. For food items, we accept credit cards and cash.

10-12번은 다음 공지를 참조하시오.

안녕하세요, 여러분. **10 이제 순항 고도가 되었으니 안전벨트를 풀고 자유롭게 객실을 돌아다니십시오. 11 이륙이 늦어진 점 죄송합니다.** 승무원 몇 명을 기다리고 있었습니다. 수정된 바르셀로나 도착 시간은 당초 계획보다 30분 늦은 오전 9시 15분입니다. **12 곧 승무원들이 무료 음료 서비스 제공을 시작합니다. 음식 품목은** 신용카드와 현금을 받습니다.

어휘 **remove** 벗다 **cabin** 객실 **cruising altitude** 순항 고도 **apologize for** ~에 대해 사과하다 **takeoff** 이륙 **arrival** 도착 **shortly** 곧 **complimentary** 무료의 **accept** 받다

10 Where is the announcement most likely being made?
(A) On a train
(B) On an airplane
(C) In a museum
(D) In a department store

어디에서 나오는 안내문이겠는가?
(A) 기차
(B) 비행기
(C) 박물관
(D) 백화점

해설 **담화 장소** 초반부에서 이제 순항 고도가 되었으니 안전벨트를 풀고 자유롭게 객실을 돌아다녀도 좋다(Feel free to remove your seat belts and move about the cabin freely now that we are at cruising altitude)고 안내하고 있으므로, 비행기에서 나오는 안내문이라고 추론할 수 있다. 따라서 (B)가 정답이다.

---

11 Why does the speaker apologize?
(A) An area is closed.
(B) A price has changed.
(C) Tickets have been sold out.
(D) There was a delay.

화자가 사과하는 이유는?
(A) 구역이 폐쇄되었다.
(B) 가격이 바뀌었다.
(C) 표가 매진되었다.
(D) 지연이 있었다.

어휘 **sold out** 매진된 **delay** 지연

해설 **화자가 사과한 이유** 초반부에서 이륙이 늦어져 죄송하다(We apologize for the delay at takeoff)고 했으므로, (D)가 정답이다.

---

12 What does the speaker mean when she says, "we accept credit cards and cash"?
(A) A Web site contained an error.
(B) A new procedure is more convenient.
(C) The listeners must pay for food.
(D) The listeners must present identification.

화자가 "신용카드와 현금을 받습니다"라고 말한 의도는?
(A) 웹사이트에 오류가 있었다.
(B) 새로운 절차가 더 편리하다.
(C) 청자들은 음식값을 지불해야 한다.
(D) 청자들은 신분증을 제시해야 한다.

어휘 **contain** 포함하다 **error** 오류 **procedure** 절차 **present** 제시하다 **identification** 신분증, 신분 확인

해설 **화자의 의도 파악 문제** 후반부에서 승무원들이 무료 음료 서비스 제공을 시작한다(our flight attendants ~ complimentary beverage service)고 한 후, 음식 품목에 대해서(For food items)는 '신용카드와 현금을 받습니다(we accept credit cards and cash)'라고 덧붙였다. 이는 지불 수단을 언급해 음식은 값을 지불해야 한다고 안내하려는 의도라고 볼 수 있으므로, (C)가 정답이다.

Questions 13 through 15 refer to the following announcement.

W-Br Attention, Delmont Department Store shoppers! 13 With summer fast approaching, we've got everything / you need to enjoy the warm weather, from outdoor patio furniture to beach equipment. 14 But we'd especially like to direct your attention / to our new book section. Whether you're on the beach / or staying cool in a coffee shop, sitting down with a good book / is a great way to pass the time! 15 And for all of our shoppers, we'd like to offer a special ten percent discount / on the purchase of three or more items / from our book section. Our cashiers will apply your discount / at checkout.

13-15번은 다음 공지를 참조하시오.

델몬트 백화점 쇼핑객 여러분께 알립니다! **13 여름이 빠르게 다가오면서** 저희는 야외 테라스 가구부터 해변 장비까지 따뜻한 날씨를 즐기기 위해 필요한 모든 것을 구비하고 있습니다. **14 하지만 특히 새로운 책 코너를 주목해 주시기 바랍니다.** 해변에 있든, 커피숍에서 시원하게 있든, 좋은 책을 들고 앉아 있는 것은 시간을 보내기에 멋진 방법이죠! **15 그리고 쇼핑객 전원을 위해 책 코너에서 세 권 이상 구매 시 10퍼센트 특별 할인을 제공하고자 합니다.** 계산원이 계산대에서 할인을 적용할 것입니다.

어휘 **approach** 다가오다 **patio** 테라스 **equipment** 장비 **direct one's attention to** 주의를 ~로 돌리다 **pass the time** 시간을 보내다 **cashier** 계산원 **apply** 적용하다 **checkout** 계산대

13 According to the speaker, which season is approaching?
(A) Winter
(B) Spring
(C) Summer
(D) Fall

화자에 따르면, 어떤 계절이 다가오고 있는가?
(A) 겨울
(B) 봄
(C) 여름
(D) 가을

해설 **다가오는 계절** 초반부에서 여름이 빠르게 다가오고 있다(With summer fast approaching)고 했으므로, (C)가 정답이다.

---

14 What does the speaker encourage the listeners to buy?
(A) Food
(B) Books
(C) Electronics
(D) Clothing

화자가 청자들에게 사라고 권장하는 것은?
(A) 식품
(B) 책
(C) 전자제품
(D) 의류

해설 **화자의 권장 사항** 중반부에서 특히 새로운 책 코너를 주목해 달라(we'd especially like to direct your attention to our new book section)고 요청하고 있으므로, (B)가 정답이다.

15 How can the listeners receive a discount?
(A) By choosing a specific brand
(B) By purchasing a certain number of items
(C) By using a promotional code
(D) By completing a customer survey

청자들이 할인 받을 수 있는 방법은?
(A) 특정 브랜드 선택
(B) 일정 수량의 상품 구매
(C) 판촉 코드 사용
(D) 고객 설문조사서 작성

어휘 **specific** 특정한, 구체적인 **promotional** 판촉의, 홍보의 **survey** 설문(지)

해설 **청자들이 할인 받는 방법** 후반부에서 책 코너에서 세 권 이상 구매 시 10퍼센트 특별 할인을 제공하고자 한다(we'd like to offer a special ten percent discount on the purchase of three or more items from our book section)고 했으므로, (B)가 정답이다.

Paraphrasing 지문의 the purchase of three or more items → 정답의 purchasing a certain number of items

Questions 16 through 18 refer to the following announcement.

W-Br Gather round, crew! [16] I have an important announcement to make / before we continue our work / on the building project today. The clients have asked us / to speed up construction. The only way we can finish by April twelfth / is by having half the crew work / on Sundays. [17] Tell me / if you're available. You know the procedure... you can sign up for overtime shifts / in my office. I need to update the clients / on this / by the end of the day. Thanks for all your hard work. [18] And for those of you / who agree to work on Sundays, lunch will be provided. That's the company's way / of showing our appreciation!

16-18번은 다음 공지를 참조하시오.

작업반은 모두 모여 주세요! **16 오늘 건축 프로젝트 작업을 계속하기 전에 중요한 발표가 있습니다.** 고객이 공사 속도를 높여 달라고 요청했습니다. 우리가 4월 12일까지 끝낼 수 있는 유일한 방법은 작업반 중 절반이 일요일에 근무하는 것입니다. **17 시간이 되는 분들은 제게 알려주세요.** 절차는 아시는 것처럼 제 사무실에서 연장 근무를 신청할 수 있습니다. 오늘까지 고객에게 이에 대해 알려야 합니다. 여러분의 노고에 감사드립니다. **18 그리고 일요일 근무에 동의하는 분들에게는 점심 식사가 제공될 예정입니다. 감사의 표시로 드리는 회사의 성의입니다!**

어휘 **crew** (한 집단의) 무리들, 직원들 **speed up** 속도를 높이다 **construction** 공사, 건설 **procedure** 절차 **sign up for** ~을 신청하다, 등록하다 **appreciation** 감사

16 What field does the speaker most likely work in?
(A) Catering
(B) Construction
(C) Manufacturing
(D) Real Estate

화자는 어떤 분야에서 일하겠는가?
(A) 출장 요리
(B) 건설
(C) 제조
(D) 부동산

해설 **화자가 종사하는 분야** 초반부에서 건축 프로젝트 작업을 계속하기 전에 중요한 발표가 있다(I have an important announcement to make before we continue our work on the building project)고 했으므로, 화자가 건설 분야에 종사한다고 추론할 수 있다. 따라서 (B)가 정답이다.

Paraphrasing 지문의 building project → 정답의 Construction

17 What does the speaker imply when she says, "I need to update the clients on this by the end of the day"?
(A) She is unable to attend an event.
(B) She needs more current data.
(C) She disagrees with a supervisor's suggestion.
(D) She wants employees to decide quickly.

화자가 "오늘까지 고객에게 이에 대해 알려야 합니다"라고 말할 때 무엇을 암시하는가?
(A) 행사에 참석할 수 없다.
(B) 더 많은 최신 자료가 필요하다.
(C) 상사의 제안에 동의하지 않는다.
(D) 직원들이 신속하게 결정하기를 바란다.

어휘 **be unable to** ~할 수 없다 **disagree** 동의하지 않다 **supervisor** 상사, 감독

해설 **화자의 의도 파악 문제** 중반부에서 시간이 되는 분들은 자신에게 알려 달라(Tell me if you're available)고 요청한 후, '오늘까지 고객에게 이에 대해 알려야 합니다(I need to update the clients on this by the end of the day)'라고 덧붙였다. 이는 임박한 기한을 언급해 청자들에게 서둘러 결정하라고 독려하려는 의도라고 볼 수 있으므로, (D)가 정답이다.

18 What will the company do for some employees?

(A) Provide a meal
(B) Sign a certificate
(C) Arrange transportation
(D) Schedule extra days off

회사는 일부 직원들을 위해 무엇을 할 것인가?

(A) 식사 제공하기
(B) 증명서에 서명하기
(C) 교통편 마련하기
(D) 추가 휴가 일정 잡기

어휘 **certificate** 증명서, 자격증 **arrange** 준비하다, 마련하다 **transportation** 교통 **day off** 비번, 쉬는 날

해설 **회사가 일부 직원들을 위해 할 일** 후반부에서 일요일 근무에 동의하는 분들에게는 점심 식사가 제공된다(for those of you who agree to work on Sundays, lunch will be provided)고 한 후, 감사의 표시로 제공하는 회사의 성의(the company's way of showing our appreciation)라고 덧붙였으므로, (A)가 정답이다.

Paraphrasing 지문의 those of you who agree to work on Sundays → 질문의 some employees
지문의 lunch will be provided → 정답의 Provide a meal

Questions 19 through 21 refer to the following announcement and map.

W-Am Attention, Beechcroft Systems employees: [19] A reminder / that the city's annual bicycle race / is taking place tomorrow. [20] The street that runs in front of the main entrance / will be blocked off / from 6 A.M. until 10 A.M., so plan accordingly. The other streets around our building / will remain open. [21] Whatever route you decide to take to work, please allow more commuting time, since there'll be a lot of extra traffic / in the area / due to the race.

19-21번은 다음 공지와 지도를 참조하시오.

비치크로프트 시스템즈 직원들께 알려 드립니다. **19 시에서 개최하는 연례 자전거 경주가 내일 있을 예정이니 기억하시기 바랍니다. 20 정문 앞 도로가 오전 6시부터 오전 10시까지 봉쇄될 예정이니** 그에 따라 계획을 세우시기 바랍니다. 우리 건물 주변의 다른 거리들은 계속 개방될 예정입니다. 자전거 경주 때문에 이 지역에 추가 교통량이 많아질 것이므로 **21 어떤 경로로 출근하든지 통근 시간을 더 여유 있게 잡으시기 바랍니다.**

어휘 **reminder** 상기시키는 것 **annual** 연례의 **take place** 일어나다, 발생하다 **block** 차단하다, 막다 **accordingly** 따라서 **route** 경로 **allow** (특정한 목적을 위해 계산하여) 잡다[정하다] **commuting time** 통근 시간 **since** ~이니까 **extra** 추가의, 여분의 **due to** ~ 때문에

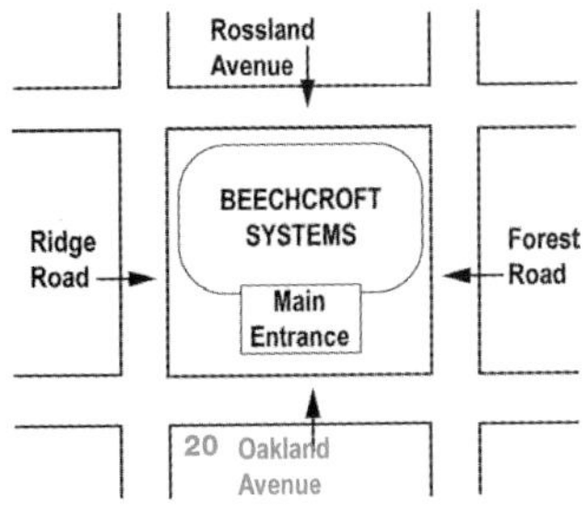

로슬랜드 가
리지 로
비치크로프트 시스템즈
정문
포레스트 로
20 오클랜드 가

19 What will take place tomorrow morning?

(A) Some road construction
(B) A competition
(C) A street fair
(D) Employee training

내일 아침에 무슨 일이 일어날 것인가?

(A) 도로 공사
(B) 대회
(C) 거리 박람회
(D) 직원 교육

해설 **내일 아침 일어날 일** 공지의 앞부분에서 내일 자전거 경주가 있다(the city's annual bicycle race is taking place tomorrow)고 하므로 정답은 (B)이다.

Paraphrasing 지문의 race → 정답의 competition

20 Look at the graphic. Which street will be closed?
(A) Rossland Avenue
(B) Forest Road
(C) Oakland Avenue
(D) Ridge Road

시각정보에 따르면, 어떤 도로가 폐쇄될 예정인가?
(A) 로슬랜드 가
(B) 포레스트 로
(C) 오클랜드 가
(D) 리지 로

해설 **시각정보 연계 문제_봉쇄될 도로** 지문 중반부에 정문 앞 도로가 오전 6시부터 오전 10시까지 봉쇄될 예정(The street that runs in front of the main entrance will be blocked off from 6 A.M. until 10 A.M.)이라고 했고, 시각정보를 보면 정문 앞의 도로는 오클랜드 가이기 때문에 정답은 (C)이다.

---

21 What does the speaker suggest?
(A) Arriving at the office in the afternoon
(B) Participating in a company event
(C) Studying some materials
(D) Allowing extra time for travel

화자는 무엇을 제안하는가?
(A) 오후에 출근하기
(B) 회사 행사에 참석하기
(C) 자료 검토하기
(D) 추가 이동 시간 감안하기

어휘 **participate in** ~에 참석하다 **material** 자료, 재료 **allow** 허용하다, 허락하다

해설 **화자가 제안하는 것** 지문 후반부에 어떤 경로로 출근하든지 통근 시간을 더 여유 있게 잡기 바란다(please allow more commuting time)고 했으므로 정답은 (D)이다.

Paraphrasing 지문의 allow more commuting time → 정답의 Allowing extra time for travel

UNIT 03 광고/방송

기출 문제풀이 전략

예제

교재 p. 224

1 What business is being advertised?
(A) A conference center
(B) An office supply store
(C) An electronics retailer
(D) A delivery service

광고되고 있는 사업은?
(A) 컨퍼런스 센터
(B) 사무용품점
(C) 전자제품 소매업체
(D) 배달 서비스

---

2 What new service is now available?
(A) Wireless Internet
(B) 24-hour photocopying
(C) Express shipping
(D) An online reservation system

현재 이용할 수 있는 새로운 서비스는?
(A) 무선 인터넷
(B) 24시간 복사
(C) 빠른 배송
(D) 온라인 예약 시스템

---

3 How can listeners get a discount?
(A) By printing out a coupon
(B) By becoming a member
(C) By mentioning an advertisement
(D) By booking four months in advance

청자들이 할인 받을 수 있는 방법은?
(A) 쿠폰을 출력해서
(B) 회원이 되어서
(C) 광고를 언급해서
(D) 4개월 전에 예약해서

어휘 retailer 소매업체 wireless 무선의 print out 출력하다 mention 언급하다 advertisement 광고 in advance 미리

Check Up

교재 p.225

1. (B) **2.** (A) **3.** (B)

Questions 1 through 3 refer to the following radio broadcast.

W-Br And now it's time / for News Radio 95's weekly community bulletin board. [1]This weekend / the Markham Theater Group will be presenting / three original one-act plays / written by group members. [2]Janice Leary, the author of one of the plays, recently won the Norman Prize / for best one-act play. Tickets can be purchased / from the Markham Theater box office / for both the Friday and Saturday evening performances. [3]And we'll be right back / with the local weather / after this commercial break.

1-3번은 다음 라디오 방송을 참조하시오.

이제 뉴스 라디오 95의 주간 커뮤니티 게시판 시간입니다. **[1]이번 주말, 마컴 극단 단원들이 쓴 3개의 원조 단막극을 선보일 예정입니다. [2]단막극 중 하나를 쓴 재니스 리어리는 최근 노먼상 최고의 단막극 부문을 수상했죠.** 금요일과 토요일 저녁 공연 입장권 모두 마컴 극장 매표소에서 구입할 수 있습니다. **[3]광고 후에 지역 날씨로 돌아오겠습니다.**

어휘 bulletin board 게시판 present 보여주다 one-act play 단막극 author 저자, 작가 recently 최근 purchase 구입하다 box office 매표소 performance 공연 local 지역의 commercial (TV, 라디오의) 광고 break 쉬는 시간

1 What is the broadcast about?

(A) The opening of a new theater

(B) An upcoming performance

방송은 무엇에 관한 것인가?

(A) 새 극장 개장

(B) 곧 있을 공연

해설 **방송의 주제** 초반부에서 이번 주말, 마컴 극단 단원들이 직원이 쓴 3개의 원조 단막극을 선보일 예정(This weekend the Markham Theater Group will be presenting three original one-act plays written by group members)이라고 한 후, 선보일 공연과 관련된 설명을 이어가고 있으므로, (B)가 정답이다.

Paraphrasing 지문의 performance → 정답의 three original one-act plays

2 According to the speaker, what did Janice Leary do recently?

(A) She won an award.

(B) She directed a play.

화자에 따르면, 재니스 리어리는 최근 무엇을 했는가?

(A) 상을 받았다.

(B) 연극을 연출했다.

어휘 win an award 상을 받다 direct 연출하다, 감독하다

해설 **재니스 리어리가 최근에 한 일** 중반부에서 재니스 리어리가 최근 노먼상 최고의 단막극 부문을 수상했다(Janice Leary ~ recently won the Norman Prize for best one-act play)고 했으므로, (A)가 정답이다.

Paraphrasing 지문의 won the Norman Prize → 정답의 won an award

3 What will listeners most likely hear next?

(A) An interview

(B) An advertisement

청자들은 다음으로 무엇을 듣겠는가?

(A) 인터뷰

(B) 광고

해설 **청자들이 다음에 들을 것** 후반부에서 광고 후에 지역 날씨로 돌아오겠다(we'll be right back with the local weather after this commercial break)고 했으므로, 청자들이 다음에 광고를 들을 것이라고 추론할 수 있다. 따라서 (B)가 정답이다.

Paraphrasing 지문의 commercial break → 정답의 advertisement

ETS 문제로 훈련하기

교재 p.227

1. (A) **2.** (A) **3.** (D) **4.** (B)

Question 1 refers to the following advertisement.

M-Cn Summertime is outdoor time! And this week / Zee's Sporting Goods is holding its annual Summer Festival of Savings. Come in for huge savings / on all of your outdoor gear. You'll find all the equipment / you need for camping, fishing, hiking, and more. And to make it easier / for you to take advantage of these savings, Zee's will stay open / late every evening this week.

1번은 다음 광고를 참조하시오.

여름철은 야외에서 보내는 시간입니다! 이번 주 지 스포츠 제품은 연례 하계 절약 축제를 개최합니다. 오셔서 모든 야외 장비 관련 비용을 크게 절약하세요. 캠핑, 낚시, 등반 등을 위해 필요한 장비 일체가 있습니다. 이러한 절약을 더 쉽게 이용하실 수 있도록, **지에서는 이번 주 매일 저녁마다 늦게까지 문을 열 예정입니다.**

어휘 **hold** 열다, 개최하다 **annual** 연례의 **savings** 절약(된 금액) **gear** 장비, 복장 **equipment** 장비 **take advantage of** ~을 이용하다

1 What will the business do this week?

(A) Extend its hours of operation

(B) Offer free delivery

업체는 이번 주에 무엇을 할 것인가?

(A) 영업시간 연장

(B) 무료 배송 제공

어휘 **extend** 연장하다 **hours of operation** 영업시간 **free delivery** 무료 배송

해설 **업체가 이번 주에 할 일** 후반부에서 지에서는 이번 주 매일 저녁마다 늦게까지 문을 열 예정(Zee's will stay open late every evening this week)이라고 했으므로, (A)가 정답이다.

Paraphrasing 지문의 stay open late → 정답의 Extend its hours of operation

Question 2 refers to the following broadcast.

M-Au Thanks for listening to *The Morning Show* / on 105.6. In local entertainment, the annual Travel Expo starts today / at the Convention Center, with over one hundred exhibitors offering special deals / for your next vacation. And for the first time this year, the expo will feature several live performances / by musicians from around the world. For more information, visit the Convention Center Web site.

2번은 다음 방송을 참조하시오.

105.6 〈모닝쇼〉를 청취해 주셔서 감사합니다. 지역 엔터테인먼트 소식으로, 연례 여행 박람회가 오늘 컨벤션 센터에서 시작되는데요. 100개 이상의 전시업체가 다음 휴가를 위한 특가 상품을 제공합니다. **올해는 최초로 박람회에 전 세계 음악가들의 라이브 공연들이 다수 포함될 예정입니다.** 더 자세한 내용은 컨벤션 센터 웹사이트를 방문하세요.

어휘 **local** 지역의 **annual** 연례의 **exhibitor** 전시회를 여는 사람, 출품 회사 **special deal** 특가 상품 **vacation** 휴가 **feature** 특별히 포함하다 **performance** 공연

2 What will take place for the first time at the event?

(A) Live music

(B) Celebrity interviews

행사에서 최초로 무슨 일이 있을 것인가?

(A) 라이브 음악

(B) 명사 인터뷰

어휘 **take place** 열리다, 일어나다 **celebrity** 명사

해설 **행사에서 최초로 있을 일** 후반부에서 올해는 최초로 박람회에 전 세계 음악가들의 라이브 공연들이 다수 포함될 예정(for the first time this year, the expo will feature several live performances by musicians from around the world)이라고 했으므로, (A)가 정답이다.

Paraphrasing 지문의 live performances by musicians → 정답의 Live music

Questions 3 and 4 refer to the following radio advertisement.

M-Cn The summer season is here, and it's time / for a visit to the Glenside Amusement Park. Bringing young children? They'll love our carousel and other rides / just for the little ones. 3 And this year / for the first time, Glenside is offering a family pass. With the new pass, children under eight / get in free. Visiting the park

3-4번은 다음 라디오 광고를 참조하시오.

여름이 다가왔으니 이제 글렌사이드 놀이공원을 방문할 때입니다. 어린아이들을 데려오시나요? 꼬마들을 위한 회전목마와 다른 놀이기구들을 무척 좋아할 겁니다. **3 올해는 글렌사이드가 최초로 가족 입장권을 제공합니다.** 새 입장권을 지참하시면 8세 이하 어린이는 무료로 입장할 수 있습니다. 공원은 방

is easy: 4 for only five dollars, leave your car / in our parking area, conveniently located / near the Glenside entrance gate.

문하기가 쉽습니다. **4 5달러만 내면 글렌사이드 정문 근처 편리한 곳에 위치한 주차구역에 차를 둘 수 있으니까요.**

어휘 **amusement park** 놀이공원 **carousel** 회전목마 **pass** 입장권, 출입증 **conveniently located** 편리한 위치에 있는 **entrance** 입구

3 According to the speaker, what is new this year?
(A) Longer operating hours
(B) Additional exercise facilities
(C) Reduced waiting times
(D) Special family rates

화자에 따르면, 올해 새로 생긴 것은?
(A) 연장된 운영시간
(B) 추가 운동 시설
(C) 줄어든 대기 시간
(D) 가족 특별 요금

어휘 **additional** 추가의 **facility** 시설 **reduce** 줄이다 **rate** 요금

해설 **올해 새로 있을 일** 중반부에서 올해는 글렌사이드가 최초로 가족 입장권을 제공한다(this year for the first time, Glenside is offering a family pass)고 했으므로, (D)가 정답이다.

Paraphrasing 지문의 a family pass → 정답의 Special family rates

4 What does the speaker say about the parking area?
(A) It fills up quickly.
(B) It is near the entrance.
(C) It is free for customers.
(D) It is open 24 hours a day.

화자는 주차 구역에 관해 뭐라고 말하는가?
(A) 빠르게 찬다.
(B) 입구 근처이다.
(C) 고객은 무료이다.
(D) 24시간 개방된다.

해설 **화자가 주차 구역에 대해 말한 것** 후반부에서 5달러만 내면 글렌사이드 정문 근처의 편리한 곳에 위치한 주차 구역에 차를 둘 수 있다(for only five dollars, leave your car in our parking area, conveniently located near the Glenside entrance gate)고 했으므로, 주차 구역이 정문 근처임을 알 수 있다. 따라서 (B)가 정답이다. 5달러 요금이 있으므로 (C)는 정답이 될 수 없다.

ETS 실전 테스트

교재 p.228

1. (C)	**2.** (A)	**3.** (D)	**4.** (A)	**5.** (C)	**6.** (C)	**7.** (C)	**8.** (B)	**9.** (D)
10. (B)	**11.** (B)	**12.** (A)	**13.** (B)	**14.** (D)	**15.** (C)	**16.** (D)	**17.** (C)	**18.** (C)
19. (D)	**20.** (C)	**21.** (B)						

Questions 1 through 3 refer to the following advertisement.

W-Am 1 Are you dreaming of exciting travel / but want some help / with the planning? Then Classic Travel Company is for you! You choose the destination, and we'll arrange the transportation and accommodations. 2 And you'll have the added advantage / of reduced travel costs! Classic Travel receives discounts / from hotels, restaurants, and airlines, and we pass these savings on to our customers. 3 Come to a free presentation / this Tuesday evening / to learn more about all the services / we offer. That's Tuesday evening / at the Townson Auditorium / at seven o'clock.

1-3번은 다음 광고를 참조하시오.
1 신나는 여행을 꿈꾸지만 계획은 도움을 받고 싶으신가요? 그렇다면 클래식 트래블 컴퍼니가 있습니다! 목적지를 선택하시면 저희가 교통편과 숙소를 준비하겠습니다. **2 여행 경비가 줄어드는 추가 이득도 누리게 됩니다!** 클래식 트래블은 호텔, 음식점, 항공사 등으로부터 할인을 받으며 이렇게 절약된 금액은 고객에게 전달해 드립니다. **3 이번 주 화요일 저녁, 무료 발표회에 오셔서 저희가 제공하는 모든 서비스에 관해 알아보세요.** 타운슨 강당, 화요일 저녁 7시 정각입니다.

어휘 **destination** 목적지 **arrange** 준비하다, 마련하다 **transportation** 교통편, 수송 **accommodation** 숙소 **advantage** 이익 **reduced** 감소한 **pass ~ on to...** ~를 …에게 전달하다, 건네다 **presentation** 발표(회)

1 What kind of business is being advertised?
(A) A conference center
(B) A catering service
(C) A travel agency
(D) A real estate firm

어떤 유형의 업체를 광고하고 있는가?
(A) 회의장
(B) 급식 서비스
(C) 여행사
(D) 부동산 업체

어휘 **conference** 회의 **catering** 급식(업), 출장요리 **real estate** 부동산 **firm** 회사

해설 **광고하는 업체의 종류** 초반부에서 신나는 여행을 꿈꾸지만 계획은 도움을 받고 싶은지(Are you dreaming of exciting travel but want some help with the planning?) 물으며 주의를 환기시킨 후, 클래식 트래블 컴퍼니가 있다(Classic Travel Company is for you!)며 해당 업체를 언급하고 있으므로, 여행사 광고임을 알 수 있다. 따라서 (C)가 정답이다.

---

2 What added benefit does the speaker mention?
(A) Lower prices
(B) Faster service
(C) Internet booking
(D) Free gift with purchase

화자는 어떤 추가 혜택을 언급하는가?
(A) 할인된 가격
(B) 더 빠른 서비스
(C) 인터넷 예약
(D) 구입 시 무료 선물

어휘 **benefit** 혜택 **booking** 예약 **purchase** 구입, 구매

해설 **화자가 언급한 추가 혜택** 중반부에서 여행 경비가 줄어드는 추가 이득도 누리게 된다(you'll have the added advantage of reduced travel costs)고 했으므로, (A)가 정답이다.

Paraphrasing 지문의 added advantage → 질문의 added benefit
지문의 reduced travel costs → 정답의 Lower prices

---

3 What are listeners invited to do on Tuesday?
(A) Enter a contest
(B) Submit an application
(C) Tour a home
(D) Attend a presentation

청자들은 화요일에 무엇을 하도록 초대받는가?
(A) 대회 참가
(B) 지원서 제출
(C) 주택 투어
(D) 발표회 참석

어휘 **enter a contest** 대회에 참가하다 **submit** 제출하다 **application** 지원, 지원서 **attend** 참석하다

해설 **청자들이 화요일에 하도록 권유 받은 사항** 후반부에서 이번 주 화요일 저녁, 무료 발표에 와서 자신들이 제공하는 모든 서비스에 관해 알아보라(Come to a free presentation this Tuesday evening to learn more about all the services we offer)고 권했으므로, (D)가 정답이다.

Paraphrasing 지문의 Come to a free presentation → 정답의 Attend a presentation

---

Questions 4 through 6 refer to the following traffic report.

W-Am And now for the local traffic report. All major roads and highways / are currently clear, with no delays / this evening. 4/6 Construction is scheduled to start / on Highway 9 / tomorrow morning, and major delays are expected / throughout the project. 5 Commuters are advised to take the train instead—both the Green Line and the Orange Line / will be running more frequently / to accommodate more passengers. 6 According to the department of transportation, this roadwork is expected to be completed / in about a month.

4-6번은 다음 교통 방송을 참조하시오.

자, 지역 교통 뉴스입니다. 모든 주요 도로 및 고속도로가 현재 막힘 없이 원활하고 오늘 저녁에는 정체가 없습니다. **4/6 내일 아침 9번 고속도로에서 공사가 시작될 예정이며 프로젝트 기간 내내 큰 정체가 예상됩니다. 5 통근하시는 분들은 기차를 대신 이용하실 것을 권합니다.** 그린 라인과 오렌지 라인이 더 많은 승객을 수용하기 위해 더 자주 운행될 예정입니다. **6 교통부에 따르면 이번 도로 공사는 약 한 달 후 완료될 것으로 예상됩니다.**

어휘 **currently** 현재 **construction** 공사 **commuter** 통근자 **be advised to** ~하도록 권고 받다 **instead** 대신 **frequently** 자주 **accommodate** 수용하다 **passenger** 승객 **be expected to** ~하리라 예상되다 **be completed** 완료되다

4 What project will start tomorrow?
(A) Roadwork on a highway
(B) Construction of an airport
(C) A bridge repair
(D) A subway line extension

내일 어떤 프로젝트가 시작될 것인가?
(A) 고속도로 공사
(B) 공항 공사
(C) 교량 수리
(D) 지하철 노선 연장

어휘 **repair** 수리 **extension** 연장

해설 **내일 시작하는 프로젝트** 초반부에서 내일 아침 9번 고속도로에서 공사가 시작될 예정(Construction is scheduled to start on Highway 9 tomorrow morning)이라고 했으므로, (A)가 정답이다.

---

5 What are listeners advised to do?
(A) Avoid rush hour
(B) Take another road
(C) Use public transportation
(D) Call a hotline

청자들은 무엇을 하도록 권유 받았는가?
(A) 혼잡 시간대 피하기
(B) 다른 길 이용하기
(C) 대중교통 이용하기
(D) 상담전화에 연락하기

어휘 **avoid** 피하다 **public transportation** 대중교통 **hotline** 상담전화

해설 **청자들이 권유 받은 사항** 중반부에서 통근하는 사람들은 기차를 대신 이용할 것을 권한다(Commuters are advised to take the train instead)고 했으므로, (C)가 정답이다.

Paraphrasing 지문의 take the train → 정답의 Use public transportation

---

6 How long is the traffic situation expected to last?
(A) Two weeks
(B) Three weeks
(C) One month
(D) Two months

교통 상황은 얼마간 지속될 것으로 예상되는가?
(A) 2주
(B) 3주
(C) 1개월
(D) 2개월

어휘 **situation** 상황 **last** 지속되다, 계속되다

해설 **예상된 교통 상황의 지속 기간** 초반부에서 프로젝트 기간 내내 큰 정체가 예상된다(major delays are expected throughout the project)고 했는데, 후반부에서 이번 도로 공사가 약 한 달 후 완료될 것으로 예상된다(this roadwork is expected to be completed in about a month)고 했으므로, 정체 상태가 1개월 정도 지속된다라고 예상할 수 있다. 따라서 (C)가 정답이다.

Questions 7 through 9 refer to the following advertisement.

M-Cn Would you like to eat healthier / without sacrificing taste? 7/8 Then join us / at Jimmy's Organic Food Store / on Saturday afternoon / for a healthy cooking class / with celebrated chef Lori Webster! You know Lori / from her popular television show, but now you'll have the chance / to learn from her / in person. She'll show you / how to make some tasty dishes, including a summer salad / with low-fat dressing, lean stir-fried chicken, and a refreshing berry tart. 9 What's more, one participant will win tickets / to see Lori record her television show live / at the studio. Register for the class / on the store's Web site, but hurry / because space is limited.

7-9번은 다음 광고를 참조하시오.

맛을 희생하지 않고 더 건강한 식사를 원하시나요? **7/8 그렇다면 토요일 오후, 지미의 유기농 식품 매장에 오셔서 유명 요리사 로리 웹스터와 함께 하는 건강 요리 강좌를 들어보세요!** 인기 TV 프로그램에서 보고 로리를 아실 텐데요. 직접 배워볼 기회를 갖게 됩니다! 저지방 드레싱을 넣은 여름 샐러드, 기름기 적은 닭볶음, 신선한 베리 타르트 등을 포함해 맛있는 요리를 만드는 법을 알려드립니다. **9 더구나 참가자 한 명은 당첨을 통해 로리가 스튜디오에서 생방송 TV 프로그램을 녹화하는 모습을 지켜볼 수 있습니다.** 매장 웹사이트에서 강좌에 등록하세요. 자리가 한정되어 있으니 서두르세요!

어휘 **sacrifice** 희생하다, 희생시키다 **celebrated** 유명한 **in person** 직접 **including** ~을 포함해 **lean** 기름기가 적은 **refreshing** 신선한 **what's more** 더구나 **participant** 참가자 **register** 등록하다 **limited** 한정된

7 What event is being advertised?
(A) A nutrition conference
(B) A book signing
(C) A cooking class
(D) A restaurant opening

어떤 행사를 광고하고 있는가?
(A) 영양 회의
(B) 책 사인회
(C) 요리 강좌
(D) 음식점 개업

어휘 **advertise** 광고하다 **nutrition** 영양 **conference** 회의 **book signing** 책 사인회

해설 **광고하는 행사** 초반부에서 토요일 오후, 지미의 유기농 식품 매장에서 유명 요리사와 함께 하는 건강 요리 강좌를 들어보라(join us at Jimmy's Organic Food Store on Saturday afternoon for a healthy cooking class with celebrated chef)고 한 후, 요리 강좌와 관련된 설명을 이어가고 있으므로, (C)가 정답이다.

8 According to the advertisement, who is Lori Webster?
(A) An actress
(B) A chef
(C) A doctor
(D) A store owner

광고에 따르면, 로리 웹스터는 누구인가?
(A) 여배우
(B) 요리사
(C) 의사
(D) 매장 주인

해설 **로리 웹스터의 신분** 초반부에서 유명 요리사로 로리 웹스터(celebrated chef Lori Webster)를 소개하고 있으므로, (B)가 정답이다.

9 What can listeners win?
(A) A meal at a restaurant
(B) A private consultation
(C) A gift certificate
(D) Tickets to a show

청자들은 무엇에 당첨될 수 있는가?
(A) 음식점에서 식사
(B) 개인 상담
(C) 상품권
(D) 프로그램 방청권

어휘 **private** 사적인, 개인적인 **consultation** 상담 **gift certificate** 상품권

해설 **당첨 상품** 후반부에서 참가자 한 명은 당첨을 통해 로리가 스튜디오에서 생방송 TV 프로그램을 녹화하는 모습을 지켜볼 수 있다(one participant will win tickets to see Lori record her television show live at the studio)고 했으므로, (D)가 정답이다.

Questions 10 through 12 refer to the following broadcast.

M-Cn Welcome to *Business Talk* radio. [10] Joining me in the studio today / is Gretchen Richter, who is a corporate trainer / for customer service teams / around the country. But that's not all / she does— [11] she's also the creator of a software program / called Ever Flash, which was launched / last January. This interactive program helps customer service representatives / practice their communication skills / by interacting with simulated, computer-generated customers. [12] However, some tech experts have criticized / Ms. Richter's new training software. Only her employees were allowed / to try out the product / before its release. So there's plenty to discuss with her... right after this commercial break.

10-12번은 다음 방송을 참조하시오.
〈비즈니스 톡〉 라디오에 오신 것을 환영합니다. **10 오늘 스튜디오에 함께해 주신 분은 그레첸 리히터 씨로 전국의 고객 서비스 팀을 위한 기업 교육가입니다.** 그러나 그것이 리히터 씨가 하는 일의 전부는 아닙니다. **11 리히터 씨는 지난 1월 출시된 에버 플래시라는 소프트웨어 프로그램을 만든 분이기도 합니다.** 이 대화형 프로그램은 고객 서비스 담당자가 컴퓨터가 생성한 가상 고객과 상호 작용하여 의사 소통 기술을 습득하도록 도와줍니다. **12 그러나 일부 기술 전문가들은 리히터 씨의 새로운 훈련 소프트웨어를 비난했습니다.** 리히터 씨의 직원들만이 출시 전에 제품을 시험해 볼 수 있었습니다. 그래서 광고 후에 리히터 씨와 나눌 이야기가 많이 있습니다.

어휘 **corporate** 기업의 **creator** 창작자, 제작자 **launch** 출시하다 **interactive** 쌍방향의, 대화식의 **representative** 담당자 **simulated** 가상의 **computer-generated** 컴퓨터로 만든 **expert** 전문가 **criticize** 비난하다, 비판하다 **try out** 시험해 보다 **plenty** 풍부한 양 **commercial break** 프로그램 중간의 광고

10 What is Gretchen Richter's area of expertise?
(A) Online marketing
(B) Customer service
(C) Business accounting
(D) Corporate law

그레첸 리히터 씨의 전문 분야는 무엇인가?
(A) 온라인 마케팅
(B) 고객 서비스
(C) 기업 회계
(D) 회사법

어휘 **expertise** 전문 지식 **accounting** 회계

해설 **그레첸 리히터 씨의 전문 분야** 초반부에서 그레첸 리히터 씨(Gretchen Richter)를 전국의 고객 서비스 팀을 위한 기업 교육가(who is a corporate trainer for customer service teams around the country)로 소개하고 있으므로, 고객 서비스가 리히터 씨의 전문 분야임을 알 수 있다. 따라서 (B)가 정답이다.

---

11 What is Ever Flash?
(A) A camera brand
(B) A software program
(C) An electronic reading device
(D) An automatic payment method

에버 플래시는 무엇인가?
(A) 카메라 브랜드
(B) 소프트웨어 프로그램
(C) 전자 독서기
(D) 자동 지불 방법

어휘 **electronic** 전자의 **device** 기기 **automatic** 자동의

해설 **에버 플래시의 정체** 중반부에서 리히터 씨를 에버 플래시라는 소프트웨어 프로그램을 만든 사람(she's also the creator of a software program called Ever Flash)이라고 했으므로, (B)가 정답이다.

---

12 Why does the speaker say, "Only her employees were allowed to try out the product before its release"?
(A) To explain why some experts are doubtful about a product
(B) To find out if some product testing had to be canceled
(C) To ask how many people work for a company
(D) To invite the audience to test some merchandise

화자는 왜 "리히터 씨의 직원들만이 출시 전에 제품을 시험해 볼 수 있었습니다"라고 말하는가?
(A) 일부 전문가가 왜 제품에 대해 회의적인지 설명하려고
(B) 일부 제품 테스트를 취소해야 했는지 확인하려고
(C) 회사에서 일하는 사람들이 몇 명인지 물어보려고
(D) 일부 상품을 시험하기 위한 청중을 초대하려고

어휘 **doubtful** 회의적인, 의심스러운 **audience** 청중 **merchandise** 상품

해설 **화자의 의도 파악 문제** 후반부에서 일부 기술 전문가들은 리히터 씨의 새로운 훈련 소프트웨어를 비난했다(some tech experts have criticized Ms. Richter's new training software)고 한 후, '리히터 씨의 직원들만이 출시 전에 제품을 시험해 볼 수 있었습니다(Only her employees were allowed to try out the product before its release)'라고 덧붙였다. 이는 제품 시험이 직원들에게만 한정되었다고 강조해 일부 전문가가 의구심을 갖는 이유를 설명하려는 의도라고 볼 수 있으므로, (A)가 정답이다.

Questions 13 through 15 refer to the following advertisement.

W-Am [13] Have you ever wanted / to spend some time helping people? Well, it's that time of year again...time for Belleville's Volunteer Festival! Please visit the festival / this weekend, where representatives from many organizations / will be giving workshops / about volunteering opportunities. [14] And this year, we have something special: several local bands will be performing / throughout the weekend. So, you can listen to some great music / while you look into volunteer work. And [15] remember—festival admission is free, but registration for the event / will close / on Thursday. Just visit our Web site / to sign up!

13-15번은 다음 광고를 참조하시오.

13 사람들을 도우며 시간을 보내고 싶다고 생각한 적이 있습니까? 그렇다면, 이제 그런 시간이 돌아왔습니다. 벨빌 자원봉사 축제가 열리는 때입니다! 이번 주말에 많은 단체의 대표들이 자원봉사의 기회에 관한 워크숍을 개최하는 축제를 방문하십시오. **14 그리고 올해에는 특별 행사도 있습니다. 주말 내내 몇 팀의 지역 밴드가 공연을 할 예정입니다.** 그래서 자원봉사 활동을 살펴보면서 멋진 음악도 들을 수 있습니다. **15 축제 입장료는 무료지만 목요일에 행사 등록이 마감된다는 것을 기억하십시오. 저희 웹사이트를 방문해서 등록하시면 됩니다!**

어휘 **representative** 직원, 대표자 **organization** 조직, 단체 **opportunity** 기회 **several** 몇몇의 **local** 지역의, 현지의 **perform** 행하다, 공연하다 **throughout** ~ 동안 죽, 내내 **admission** 입장, 입학 **registration** 등록

13 According to the speaker, why is a festival being held?
(A) To collect monetary donations
(B) To recruit local volunteers
(C) To promote a music competition
(D) To introduce city politicians

화자에 따르면, 축제는 왜 열릴 것인가?
(A) 기부금을 모으려고
(B) 지역 자원봉사자를 모집하려고
(C) 음악 경연 대회를 홍보하려고
(D) 시 정치인을 소개하려고

어휘 **monetary** 통화의, 화폐의 **recruit** 모집하다, 뽑다 **competition** 경쟁, 대회 **politician** 정치인

해설 **축제가 열리는 이유** 광고 첫 문장에서 사람들을 돕고 싶었는지 물어보았고, 그렇다면 그런 시간이 왔고 벨빌 자원봉사 축제(Belleville's Volunteer Festival)가 열리는 때라고 했으므로 정답은 (B)이다.

---

14 What special event will happen at this year's festival?
(A) Restaurants will serve free samples.
(B) A contest winner will be announced.
(C) A celebrity will give a speech.
(D) Musicians will perform.

올해 축제에는 어떤 특별 행사가 있을 것인가?
(A) 레스토랑이 무료 시식을 제공할 것이다.
(B) 대회 우승자가 발표될 것이다.
(C) 유명 인사가 연설할 것이다.
(D) 뮤지션들이 공연할 것이다.

어휘 **serve** 제공하다 **sample** 시식 **announce** 발표하다 **celebrity** 유명 인사

해설 **올해 특별 행사** 질문의 키워드인 this year에 주목하면, 올해에는 특별 행사(something special)도 있으며 지역 밴드가 공연을 할 것(local bands will be performing)이라고 했으므로 정답은 (D)이다.

Paraphrasing 지문의 several local bands will be performing → 정답의 Musicians will perform.

---

15 What does the speaker advise the listeners to do?
(A) Tell their friends
(B) Bring a résumé
(C) Sign up online
(D) Take public transportation

화자는 청자들에게 무엇을 하라고 조언하는가?
(A) 친구에게 알리기
(B) 이력서 지참
(C) 온라인으로 등록하기
(D) 대중교통 이용

어휘 **public transportation** 대중교통

해설 **화자의 조언 사항** 조언 관련 내용에 주목하면, 축제 입장료는 무료지만 목요일에 행사 등록이 마감된다는 것을 기억하라(remember— festival admission ~ close on Thursday)고 하였고, 웹사이트를 방문해서 등록하라(Just visit our Web site to sign up!)고 했으므로 정답은 (C)이다.

Paraphrasing 지문의 visit our Web site to sign up → 정답의 Sign up online

---

Questions 16 through 18 refer to the following broadcast.

M-Au [16]Welcome back to *The Tony Miller Program*, the weekly radio show / dedicated to helping listeners / improve their overall well-being. [17]Our next guest is Mia Rossi, well-known physical trainer / and best-selling nonfiction author. In fact, her most recent book / has sold over one million copies! Today she'll be reading / from that book, which includes tips / to help you reach your fitness goals. Afterward, [18]she'll be taking calls / from our audience / to hear about their personal stories. Your story could appear / in her next book! Most authors don't do that. Welcome to the show, Ms. Rossi.

16-18번은 다음 방송을 참조하시오.

[16]청취자들이 전반적인 건강을 증진할 수 있도록 도움을 드리는 데 주력하는 주간 라디오 쇼 〈더 토니 밀러 프로그램〉에 오신 것을 환영합니다. [17]우리의 다음 게스트는 유명한 헬스 트레이너이자 비소설 베스트셀러 작가인 미아 로시입니다. 실제로 그녀의 가장 최근 저서는 백만 부 이상 판매되었습니다! 오늘 로시 씨는 책에서 운동 목표 달성에 도움이 되는 정보가 담긴 부분을 읽어 줄 것입니다. 그런 다음, **[18]로시 씨는 청취자들의 전화를 받아서 여러분의 개인적인 사연을 들을 것입니다. 여러분의 사연이 로시 씨의 다음 책에 실릴 수도 있습니다!** 대부분의 작가들은 그렇게 하지 않죠. 로시 씨, 쇼에 오신 것을 환영합니다.

어휘 **dedicate** 주력하다, 전념하다 **improve** 향상시키다 **overall** 전체의 **well-being** 건강, 행복 **well-known** 유명한 **physical trainer** 헬스 트레이너 **nonfiction** 논픽션, 비소설 **author** 작가, 저자 **recent** 최근의 **million** 백만 **include** 포함하다 **reach** ~에 이르다 **fitness** 신체 단련, 건강 **afterward** 후에, 나중에 **audience** 청중 **appear** 나타나다, 게재되다

16 What topic does the radio show focus on?
(A) Finance
(B) Travel
(C) Cooking
(D) Health

라디오 쇼는 어떤 주제에 중점을 두는가?
(A) 금융
(B) 여행
(C) 요리
(D) 건강

해설 **라디오 쇼의 주제** 전체 내용 관련 문제는 담화 초반부에 주목한다. 방송 첫 문장에서 The Tony Miller Program에 온 것을 환영한다고 했고, 이어서 이 프로그램은 청취자의 건강 증진 도움에 주력한다(dedicated to helping listeners improve their overall well-being)고 했으므로 정답은 (D)이다.

Paraphrasing 지문의 well-being → 정답의 Health

17 What is the speaker mainly talking about?
(A) Feedback from some radio listeners
(B) Requirements to participate in a race
(C) Information about an invited guest
(D) Details of a new sales strategy

화자는 주로 무엇에 대해 이야기하는가?
(A) 일부 라디오 청취자의 피드백
(B) 경주 참가 요건
(C) 초대 손님에 대한 정보
(D) 새로운 판매 전략의 세부사항

어휘 **requirement** 필요조건 **participate in** ~에 참가하다 **detail** 세부사항 **strategy** 전략

해설 **담화의 주제** 방송 초반부에 다음 게스트는 헬스 트레이너이자 비소설 작가(physical trainer and best-selling nonfiction author)인 Mia Rossi라고 말하였고, 이어 작가의 최근 저서 판매 부수에 대해 언급했으므로 정답은 (C)이다.

18 What does the speaker imply when he says, "Most authors don't do that"?
(A) He does not like a suggestion.
(B) He would like an explanation.
(C) The listeners have a special opportunity.
(D) The listeners should use a different writing style.

청자가 "대부분의 작가들은 그렇게 하지 않죠"라고 말할 때 무엇을 암시하는가?
(A) 제안이 마음에 들지 않는다.
(B) 설명을 원한다.
(C) 청취자들에게 특별한 기회가 있다.
(D) 청취자들은 다른 문체를 사용해야 한다.

어휘 **suggestion** 제안 **explanation** 해명, 설명 **opportunity** 기회 **writing style** 문체

해설 **화자의 의도 파악 문제** 바로 앞 문장에서 로시 씨가 청취자들의 전화를 받아서 사연을 들을 것(she'll be ~ their personal stories)이고, 청취자의 사연이 그녀의 다음 책에 실릴 수도 있다(Your story ~ in her next book!)라고 한 후 '대부분의 작가들은 그렇게 하지 않죠'라고 말했다. 즉, 청취자들의 사연이 책에 실릴 수 있는 특별한 기회가 있다는 의미이므로 정답은 (C)이다.

Paraphrasing 지문의 Your story could appear in her next book! → 정답의 The listeners have a special opportunity.

Questions 19 through 21 refer to the following weather report and forecast.

M-Au You're tuned in to Wilkston's *Weather on the Hour*. 19 Today is the hottest temperature / we've ever recorded in July, but luckily a cold front coming in / from the northeast / will break this extraordinary heat wave. If you enjoy high temperatures and bright sun, though, Thursday will be the last clear day / for a while, so try to get outside / before then. Unfortunately, 20 there is a high chance / that it will rain / on the day of the Summer Solstice Parade. Stay tuned / for a full report on the parade / later this morning. 21 Now, let's go to Tyler Green / with the morning traffic report. Tyler, how do the roads look / this morning?

19-21번은 다음 일기예보를 참조하시오.
윌크스톤의 〈정시 일기예보〉를 듣고 계십니다. **19 오늘은 7월 최고 기온을 기록했지만,** 다행히도 북동쪽에서 오는 한랭 전선이 이 보기 드문 폭염을 가라앉힐 것으로 보입니다. 높은 온도와 햇빛을 좋아하신다면 얼마 동안은 목요일이 마지막으로 맑은 날이 될 예정이니, 그 전에 야외로 나가 보세요. 유감스럽게도, **20 하지 퍼레이드가 있는 날에는 비가 올 가능성이 높습니다.** 퍼레이드에 대한 상세 보도를 들으시려면 오늘 오전 늦게 채널을 고정해 주십시오. **21 이제, 아침 교통 방송의 타일러 그린을 연결해 보겠습니다.** 타일러, 오늘 아침 도로 상황은 어떤가요?

어휘 **tune in to** ~에 채널을 맞추다 **on the hour** 정시에 **temperature** 온도 **cold front** 한랭 전선 **break** (날씨가) 급변하다, 가라앉다 **extraordinary** 보기 드문, 놀라운 **heat wave** 폭염 **for a while** 한동안, 당분간 **summer solstice** 하지 **full report** 상세 보도

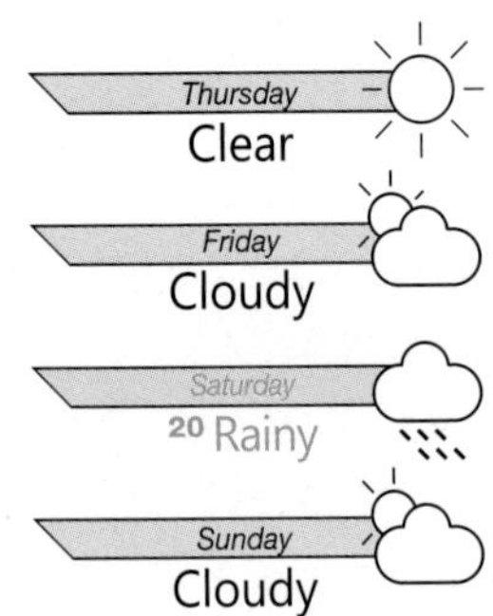

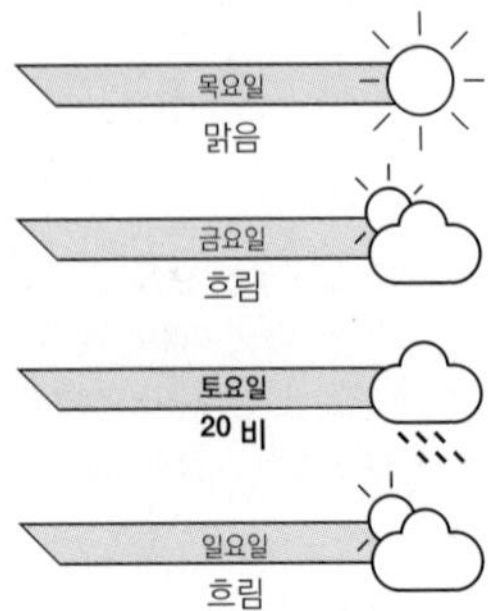

19 What does the speaker say about the recent weather?

(A) It was good during an event.
(B) It caused traffic delays.
(C) It was unusually cool.
(D) It set a record.

최근 날씨에 대해 화자가 말하는 것은 무엇인가?

(A) 행사 중에는 날씨가 좋았다.
(B) 교통 체증을 유발했다.
(C) 평소와 달리 시원했다.
(D) 기록을 세웠다.

어휘 **cause** 야기하다 **unusually** 평소와 달리 **set a record** 기록을 세우다

해설 **최근 날씨에 대해 말하는 것** 질문의 키워드인 weather 관련 내용에 주목하면, 오늘이 7월 기록상 최고 기온(Today ~ in July)이라고 했으므로 정답은 (D)이다.

---

20 Look at the graphic. What day is a parade scheduled for?

(A) Thursday
(B) Friday
(C) Saturday
(D) Sunday

시각정보에 따르면, 퍼레이드는 무슨 요일로 예정되어 있는가?

(A) 목요일
(B) 금요일
(C) 토요일
(D) 일요일

해설 **시각정보 연계 문제_퍼레이드 예정 요일** 해당 요일이나 날씨가 언급되는 부분에 주목한다. 예보에서 하지 퍼레이드 날에 비가 올 가능성이 높다(there is a high chance ~ Parade)고 했으므로, 일기예보에서 비가 오는 요일을 찾아보면 토요일(Saturday)임을 알 수 있다. 따라서 정답은 (C)이다.

---

21 What will listeners hear about next?

(A) A summer festival
(B) Driving conditions
(C) A local business
(D) Health news

청자들은 다음에 무엇을 듣게 될 것인가?

(A) 여름 축제
(B) 운전 상황
(C) 지역 사업체
(D) 건강 뉴스

해설 **다음에 듣게 될 것** 후반부에 주목하면, Now 이하에서 다음 방송이 교통 방송(traffic report)임을 알려주고 있으므로 정답은 (B)이다.

Paraphrasing 지문의 traffic report → 정답의 Driving conditions

UNIT 04 회의 발췌

기출 문제풀이 전략

예제

교재 p. 230

1 In what department does the speaker most likely work?
(A) Technology
(B) Advertising
(C) Customer service
(D) Training

화자는 어떤 부서에서 일하겠는가?
(A) 기술
(B) 광고
(C) 고객 서비스
(D) 교육

2 Look at the graphic. Which type of Web site does the speaker recommend?
(A) Finance (B) Travel
(C) Fitness (D) Social Media

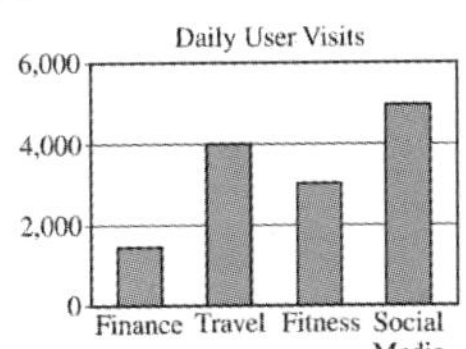

시각정보에 따르면, 화자는 어떤 유형의 웹사이트를 추천하는가?
(A) 금융
(B) 여행
(C) 피트니스
(D) 소셜 미디어

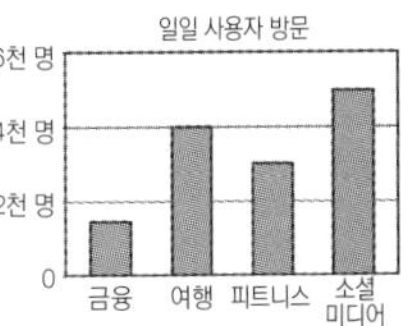

3 What will the listeners most likely do next?
(A) Review a policy
(B) Research competitors
(C) Visit a Web site
(D) Discuss some designs

청자들은 다음에 무엇을 하겠는가?
(A) 정책 검토
(B) 경쟁업체 조사
(C) 웹사이트 방문
(D) 디자인 논의

어휘 review 검토하다 research 조사하다 competitor 경쟁자

Check Up

교재 p. 231

1. (B) **2.** (B) **3.** (A)

Questions 1 through 3 refer to the following excerpt from a meeting and timeline.

M-Au Good morning. Today's meeting is about the timeline / for the upcoming launch of our new dishwasher. 1 We've achieved our goal / because of design changes / our engineers have made. This new model uses 25 percent less water / than our current model. 2 And if you look at the project plan, you'll see / we've just begun the longest phase of the project. We've hired a consulting company / to assist us with this phase. 3 They'll present their plan / next Friday. I expect you all to be there.

1-3번은 다음 회의 발췌와 일정표를 참조하시오.

안녕하십니까. 오늘 회의는 곧 있을 새 식기 세척기 출시 일정에 관한 것입니다. **1 우리 엔지니어의 설계 변경 덕분에 목표를 달성했습니다. 이 새 모델은 현재 모델보다 물을 25퍼센트 더 적게 사용합니다. 2 여기 프로젝트 계획을 살펴보면, 이제 막 프로젝트의 가장 긴 단계가 시작되었음을 알 수 있습니다.** 이 단계에서 우리를 도울 컨설팅 회사를 고용했습니다. **3 그 회사가 다음 주 금요일에 계획을 발표할 예정입니다. 여러분 모두 그 자리에 참석해 주시길 기대합니다.**

어휘 timeline 일정표 launch 착수, 개시 dishwasher 식기 세척기 achieve 달성하다, 성취하다 current 현재의 phase 단계, 국면 assist 돕다 present 제시하다 expect 기대하다, 예상하다

Project Timeline

	Jan	Feb	Mar	Apr
Financial planning	▬			
Design		▬		
Prototyping			▬	
2 Consumer testing			▬	▬

프로젝트 일정표

	1월	2월	3월	4월
재무 계획	▬			
디자인		▬		
시제품 제작			▬	
2 소비자 테스트			▬	▬

1 What was the company's goal?
(A) To lower production costs
(B) To create a more efficient product

회사의 목표는 무엇이었는가?
(A) 생산 비용 절감하기
(B) 더 효율적인 제품 만들기

어휘 **lower** 낮추다 **create** 창조하다 **efficient** 효율적인

해설 **회사의 목표** 발췌문 초반부에 목표를 달성해서 새 모델은 기존 모델보다 물을 25퍼센트 더 적게 사용한다(We've achieved ~ our current model)고 했다. 이 말은 더 효율적인 제품을 만드는 것이 회사의 목표라는 뜻이므로 정답은 (B)이다.

---

2 Look at the graphic. Which phase of development is the company in?
(A) Financial planning
(B) Consumer testing

시각정보에 따르면, 회사는 개발의 어느 단계에 있는가?
(A) 재무 계획
(B) 소비자 테스트

해설 **시각정보 연계 문제_개발 단계** 담화 중반부에 프로젝트 계획을 살펴보면 이제 막 프로젝트의 가장 긴 단계가 시작되었다(And if you ~ the project)고 했고, 프로젝트 일정표에서 가장 긴 단계를 찾아보면 소비자 테스트라는 것을 알 수 있으므로 정답은 (B)이다.

---

3 What does the speaker ask the listeners to do?
(A) Attend a meeting
(B) Complete a survey

화자는 청자들에게 무엇을 하라고 요청하는가?
(A) 회의 참석
(B) 설문조사지 작성

해설 **화자의 요청 사항** 발췌문 후반에 컨설팅 회사가 다음 주 금요일에 계획을 발표하니 모두가 참석하길 바란다(They'll present ~ be there)고 했으므로 정답은 (A)이다.

Paraphrasing 지문의 be there → 정답의 Attend a meeting

ETS 문제로 훈련하기

교재 p.233

1. (A) **2.** (B) **3.** (A) **4.** (D)

Question 1 refers to the following excerpt from a meeting.

M-Au Thanks for coming to this emergency production meeting, everyone. As you know, one of our labeling machines broke down / last night. We'll need to run the other labeling machine / twenty-four hours a day / to make the deadline. So, I need some volunteers / to work extra night shifts / for the rest of the week. Please let me know / if you're interested in picking up another shift / as soon as possible.

1번은 다음 회의 발췌를 참조하시오.

긴급 생산 회의에 참석해 주신 여러분께 감사드립니다. 아시다시피, **라벨 부착 기계 중 하나가 어젯밤에 고장이 났습니다.** 마감일을 지키려면 다른 라벨 부착 기계를 24시간 풀가동해야 합니다. 그래서 남은 주중에 야간 교대 근무를 더 할 수 있는 지원자가 필요합니다. 이 교대 근무에 관심 있는 분들은 가능한 한 빨리 저에게 알려주십시오.

어휘 **emergency** 비상, 응급 **production** 생산 **break down** 고장 나다 **make the deadline** 마감일을 지키다 **shift** 교대 근무

1 What problem does the speaker mention?
(A) A machine is not working.
(B) A part was not delivered.

화자는 무슨 문제를 언급하는가?
(A) 기계 한 대가 작동하지 않는다.
(B) 부품이 배달되지 않았다.

어휘 **part** 부품 **deliver** 배달하다

해설 **화자가 언급하는 문제** 담화 초반부에 기계 중 하나가 고장이 났다(broke down)고 했으므로 정답은 (A)이다.

Paraphrasing 지문의 one of our labeling machines broke down → 정답의 A machine is not working.

Question 2 refers to the following excerpt from a meeting.

W-Br If you've looked at the hospital Web site / recently, you've probably noticed / we've added a section / about our medical staff. There's now a whole page / about your areas of specialization, and we want to upload employee biographies and photos. So in the next few days, I'd like all of you / to write a short paragraph / about yourself. Once you've sent it to me, I'll put it online.

2번은 다음 회의 발췌를 참조하시오.
최근 병원 웹사이트를 보셨다면 저희가 의료진에 관한 부분을 추가한 것을 아마 아셨을 겁니다. 여러분의 전문 분야로 전체가 이뤄진 페이지가 있는데, 직원 약력과 사진을 올리고자 합니다. 그러니 며칠 안에 자신에 관한 한 단락의 글을 써 주셨으면 합니다. 저에게 보내주시면 온라인에 올리겠습니다.

어휘 **recently** 최근 **probably** 아마 **specialization** 전문 분야 **biography** 약력, 전기 **paragraph** 단락

2 What has changed about the Web site?
(A) A logo has been redesigned.
(B) A new section has been added.

웹사이트에서 무엇이 바뀌었는가?
(A) 로고 디자인이 다시 이뤄졌다.
(B) 새로운 부분이 추가됐다.

어휘 **redesign** 다시 디자인하다 **add** 추가하다

해설 **웹사이트의 변경 사항** 초반부에서 최근 병원 웹사이트를 봤다면(If you've looked at the hospital Web site recently) 의료진에 관한 부분을 추가한 것을 아마 알아챘을 것(you've probably noticed we've added a section about our medical staff)이라고 했으므로, (B)가 정답이다.

Questions 3 and 4 refer to the following excerpt from a meeting.

W-Br 3 And now for our last agenda item: the company cafeteria. I'm very happy to report / that the renovation of the cafeteria will be finished / on time / and within budget. When the project is complete / at the end of the month, employees will find not only a more inviting environment, but improved food items. Our chefs have created a new menu / featuring healthy, nutritious options. In addition, complete nutritional information will be available / for each food item. 4 We expect / that these improvements will result in / more employees dining in the cafeteria.

3-4번은 다음 회의 발췌를 참조하시오.
3 이제 마지막 안건은 회사 카페테리아입니다. 카페테리아 개조가 늦지 않게 예산 내에서 마무리될 예정임을 알려드리게 되어 매우 기쁩니다. 이번 달 말에 프로젝트가 완료되면 직원들은 훨씬 매력적인 환경뿐 아니라 향상된 음식들을 보게 될 겁니다. 요리사들이 건강에 좋고 영양가 높은 선택사항들이 들어간 신메뉴를 개발했습니다. 아울러 각 음식마다 완전한 영양 정보를 얻을 수 있습니다. **4 이러한 개선으로 더 많은 직원들이 카페테리아에서 식사하게 되길 기대합니다.**

어휘 **agenda** 안건 **renovation** 개조, 보수 **on time** 시간에 늦지 않게 **budget** 예산 **complete** 완료된, 완벽한 **inviting** 매력적인 **environment** 환경 **feature** 특별히 포함하다 **nutritious** 영양가 높은 **in addition** 게다가 **available** 이용 가능한, 구할 수 있는 **expect** 기대하다, 예상하다 **improvement** 향상, 개선 **result in** 그 결과 ~가 되다

3 What type of project is the speaker discussing?
(A) Remodeling a cafeteria
(B) Updating company policies
(C) Writing a new budget
(D) Developing nutrition guidelines

화자는 어떤 종류의 프로젝트를 이야기하는가?
(A) 카페테리아 리모델링
(B) 회사 정책 업데이트
(C) 새 예산안 작성
(D) 영양 지침 개발

어휘 policy 정책 develop 개발하다 guideline 지침

해설 **논의하는 프로젝트의 종류** 초반부에서 마지막 안건(our last agenda)은 회사 카페테리아(the company cafeteria)라고 한 후, 카페테리아 개조가 늦지 않게 예산 내에서 마무리될 예정임을 알리게 되어 기쁘다(I'm very happy to report that the renovation of the cafeteria will be finished on time and within budget)고 했다. 이후에도 카페테리아 개조와 관련된 부연 설명을 이어가고 있으므로, (A)가 정답이다.

Paraphrasing 지문의 the renovation of the cafeteria → 정답의 Remodeling a cafeteria

---

4 What does the speaker expect as a result of the project?
(A) More people will be hired.
(B) Employees will be promoted.
(C) Operating costs will decrease.
(D) Usage of a facility will increase.

화자는 프로젝트의 결과로 무엇을 기대하는가?
(A) 더 많은 사람들이 채용될 것이다.
(B) 직원들이 승진할 것이다.
(C) 운영비가 감소할 것이다.
(D) 시설 이용이 증가할 것이다.

어휘 **promote** 승진시키다 **operating cost** 운영 비용 **decrease** 감소하다 **facility** 시설 **increase** 증가하다, 늘다

해설 **화자가 프로젝트의 결과로 기대하는 것** 후반부에서 이 개선으로 더 많은 직원들이 카페테리아에서 식사하게 되길 기대한다(We expect that these improvements will result in more employees dining in the cafeteria)고 했으므로, (D)가 정답이다.

Paraphrasing 지문의 more employees dining in the cafeteria → 정답의 Usage of a facility will increase.

ETS 실전 테스트

교재 p.234

1. (B)	**2.** (C)	**3.** (A)	**4.** (C)	**5.** (B)	**6.** (A)	**7.** (A)	**8.** (B)	**9.** (D)
10. (A)	**11.** (A)	**12.** (B)	**13.** (A)	**14.** (D)	**15.** (B)	**16.** (B)	**17.** (C)	**18.** (D)
19. (A)	**20.** (B)	**21.** (C)						

Questions 1 through 3 refer to the following excerpt from a meeting.

M-Cn Welcome to our new-employee information session. 1 Today's session will be about important company policies / you need to be aware of. Let's start / with reporting missed workdays. 2 You'll need your ID number from your badge / to log in to the Attendance Plus online application. There, you can report your absence. 3 If the online application isn't working / for some reason / and you can't report your absence / by eight-thirty A.M., you need to leave a message / for your supervisor / at 555-0123. Any questions?

1-3번은 다음 회의 발췌를 참조하시오.

신입 사원 정보 교육에 오신 것을 환영합니다. **1 오늘 교육은 여러분이 숙지해야 할 중요한 회사 정책에 대한 것입니다.** 결근일 보고로 시작하겠습니다. **2 출근 플러스 온라인 신청서에 로그인하려면 신분증의 ID 번호가 필요합니다. 그곳에서 여러분의 결근을 보고할 수 있습니다. 3 어떤 이유로 온라인 신청서가 작동하지 않고 오전 8시 30분까지 결근 보고가 불가능한 경우, 555-0123에 전화해서 여러분의 상사에게 메시지를 남겨야 합니다.** 질문 있나요?

어휘 **policy** 정책 **be aware of** ~을 알다 **report** 보고하다 **missed workday** 결근일 **absence** 결근, 부재 **supervisor** 상사, 감독

1 What is the speaker mainly talking about?
(A) A new project
(B) A company policy
(C) Employee performance targets
(D) Advantages of teamwork

화자는 무엇에 대해 말하고 있는가?
(A) 신규 프로젝트
(B) 회사 정책
(C) 직원 성과 목표
(D) 팀워크의 장점

어휘 **performance** 성과 **advantage** 장점

해설 **담화의 주제** 초반부에서 오늘 교육은 청자들이 숙지해야 할 중요한 회사 정책에 대한 것(Today's session will be about important company policies you need to be aware of)이라고 한 후, 회사 정책과 관련된 설명을 이어가고 있으므로, (B)가 정답이다.

2 According to the speaker, why do the listeners need to use an online application?
(A) To view a list of clients
(B) To manage group work
(C) To report an absence
(D) To upload an identification photo

화자에 따르면, 청자들은 왜 온라인 신청서를 사용해야 하는가?
(A) 고객 목록 열람을 위해
(B) 공동 작업 관리를 위해
(C) 결근 보고를 위해
(D) 신분증 사진 업로드를 위해

어휘 **view** 보다 **identification** 신분증, 신분 확인

해설 **청자들이 온라인 신청서를 사용해야 하는 이유** 중반부에서 출근 플러스 온라인 신청서(the Attendance Plus online application)에서 청자들이 결근을 보고할 수 있다(you can report your absence)고 했으므로, (C)가 정답이다.

3 What should the listeners do if an online application is not working?
(A) Leave a message for a supervisor
(B) Call technical support
(C) Ask a colleague for assistance
(D) Reboot a computer

청자들은 온라인 신청서가 작동하지 않는 경우 어떻게 해야 하는가?
(A) 상사에게 메시지 남기기
(B) 기술 지원팀에 전화하기
(C) 동료에게 도움 요청하기
(D) 컴퓨터 재부팅하기

어휘 **colleague** 동료 **assistance** 도움, 보조 **reboot** 재부팅하다

해설 **온라인 신청서가 작동하지 않는 경우 청자들이 취할 조치** 후반부에서 어떤 이유로 온라인 신청서가 작동하지 않고 결근 보고가 불가능한 경우(If the online application isn't working for some reason and you can't report your absence) 상사에게 메시지를 남겨야 한다(you need to leave a message for your supervisor)고 했으므로, (A)가 정답이다.

Questions 4 through 6 refer to the following excerpt from a meeting.

W-Am Hello, everyone. [4] I'm Sophia Buckner, head of security services at the company. I'm here / to remind you of a company security policy / and to inform you of a change. OK, first, [5] I want to remind everyone / that it's against company policy / to remove work documents from the building / unless you get special permission / from your supervisor. Second, [6] we're making a change / regarding access to the building. From now on, doors will be locked / at all times, not just after hours, so you'll always need to use your key cards / to enter.

4-6번은 다음 회의 발췌를 참조하시오.

안녕하세요, 여러분. **4 저는 회사의 보안 서비스 책임자인 소피아 버크너입니다.** 여러분들에게 회사의 보안 정책을 상기시키고 변경 사항에 대해 알리고자 이 자리에 섰습니다. 그럼 먼저, **5 상사로부터 특별 허가를 받지 않는 한, 회사 건물에서 업무 문서를 가지고 나가는 것이 회사 정책에 위배된다는 것을 상기시키고 싶습니다.** 두 번째로 **6 건물 출입에 관련된 변경 사항이 있습니다. 지금부터는 퇴근 이후뿐 아니라 평상시에도 문을 잠글 것이므로** 건물에 출입하기 위해서는 항상 키 카드를 사용해야 할 것입니다.

어휘 **head** 책임자, 장 **security** 보안 **against** ~에 반대하여 **document** 서류 **unless** ~하지 않으면 **permission** 허가, 허락 **regarding** ~에 관한 **access to** ~에의 접근 **from now on** 지금부터 **locked** 잠긴 **at all times** 항상

4 What department does the speaker work in?
(A) Accounting
(B) Legal
(C) Security
(D) Human Resources

화자는 어느 부서에 근무하는가?
(A) 회계
(B) 법률
(C) 보안
(D) 인사

해설 **화자의 근무 부서** 초반부에서 화자가 회사의 보안 서비스 책임자인 소피아 버크너(I'm Sophia Buckner, head of security services at the company)라고 자신을 소개하고 있으므로, (C)가 정답이다.

5 What does the speaker say the listeners need permission to do?
(A) Meet in a designated area
(B) Remove work documents
(C) Bring guests into the building
(D) Sign client contracts

화자는 청자들이 무엇을 하기 위해 허가가 필요하다고 말하는가?
(A) 지정 구역에서 만나기 위해
(B) 업무 문서를 가지고 나가기 위해
(C) 손님을 건물에 데려오기 위해
(D) 고객 계약서에 서명하기 위해

어휘 **designated** 지정된 **contract** 계약(서)

해설 **청자들이 허가를 받아야 하는 일** 중반부에서 상사로부터 특별 허가를 받지 않는 한(unless you get special permission from your supervisor) 회사 건물에서 업무 문서를 가지고 나가는 것이 회사 정책에 위배된다(it's against company policy ~ from the building)고 했으므로, 회사 건물에서 업무 문서를 가지고 나가려면 허가가 필요함을 알 수 있다. 따라서 (B)가 정답이다.

---

6 What change does the speaker mention?
(A) Doors will now be locked.
(B) Management groups will be reorganized.
(C) A cafeteria will offer breakfast.
(D) A computer system will be upgraded.

화자는 어떤 변경 사항을 언급하는가?
(A) 출입문이 잠길 것이다.
(B) 경영진이 재편성될 것이다.
(C) 구내식당이 아침 식사를 제공할 것이다.
(D) 컴퓨터 시스템이 업그레이드될 것이다.

어휘 **management** 경영진 **reorganize** 재조직하다, 재편성하다

해설 **변경 사항** 후반부에서 건물 출입에 관련된 변경 사항이 있다(we're making a change regarding access to the building)고 한 후, 지금부터는 퇴근 이후뿐 아니라 평상시에도 문을 잠글 것(From now on, doors will be locked at all times, not just after hours)이라며 구체적인 변경 사항을 덧붙였으므로, (A)가 정답이다.

Questions 7 through 9 refer to the following excerpt from a meeting.

W-Am [7]Welcome to the first day of your internship / here at Redwood Company. You will soon be involved / in many aspects of the manufacture / of our award-winning refrigerators, ovens, and dishwashers. As an introduction to this work, we are going to have you shadow an experienced employee. [8]Each of you will be assigned / to a full-time staff member, who will be your mentor / for today. You'll go with them to meetings / and help them with their projects. [9]We've also arranged a group lunch—and I encourage you to use this time / to talk to your mentors / about what they're responsible for / at work / on a daily basis.

7-9번은 다음 회의 발췌를 참조하시오.

[7]레드우드 사에서 인턴십 첫 날에 오신 것을 환영합니다. 수상에 빛나는 저희 냉장고, 오븐, 식기세척기 제조의 많은 측면에 곧 참여하게 되실 겁니다. 이번 업무에 대한 소개로, 여러분이 숙련된 직원을 따라다닐 수 있도록 할 것입니다. **[8]각자 정규직 직원들에게 배정되는데, 그 사람이 오늘 여러분의 멘토가 됩니다. 그들과 함께 회의에 들어가고 그들의 프로젝트를 도와주실 겁니다. [9]아울러 단체 점심 식사를 마련했습니다. 이 시간을 이용해 멘토들이 매일 어떤 업무를 책임지고 있는지 이야기 나누실 것을 권합니다.**

어휘 **be involved in** ~에 참여하다 **aspect** 측면 **manufacture** 제조 **award-winning** 상을 받은 **introduction** 소개 **shadow** 그림자처럼 따라다니다 **experienced** 숙련된 **assign** 배정하다 **arrange** 마련하다 **encourage** 권장하다 **responsible** 책임이 있는 **on a daily basis** 매일

7 What does Redwood Company produce?
(A) Kitchen appliances
(B) Furniture
(C) Computers
(D) Food products

레드우드 사는 무엇을 생산하는가?
(A) 주방 가전
(B) 가구
(C) 컴퓨터
(D) 식품

어휘 **produce** 생산하다 **appliance** (가정용) 기기

해설 **레드우드 사가 생산하는 제품** 초반부에서 레드우드 사의 인턴십(internship here at Redwood Company)에 참가한 청자들에게 냉장고, 오븐, 식기세척기 제조의 많은 측면에 곧 참여하게 된다(You will soon be involved in many aspects of the manufacture of our ~ refrigerators, ovens, and dishwashers)고 했으므로, 레드우드 사가 주방 가전을 생산한다는 것을 알 수 있다. 따라서 (A)가 정답이다.

Paraphrasing 지문의 refrigerators, ovens, and dishwashers → 정답의 Kitchen appliances

8 What will listeners do today?
(A) Set up their computers
(B) Work with experienced staff members
(C) Review company policies
(D) Attend an industry conference

청자들은 오늘 무엇을 할 것인가?
(A) 컴퓨터 설치하기
(B) 숙련된 직원과 함께 일하기
(C) 회사 정책 검토하기
(D) 업계 회의 참석하기

어휘 **review** 검토하다 **policy** 정책 **attend** 참석하다

해설 **청자들이 오늘 할 일** 중반부에서 각자 정규직 직원들에게 배정되는데, 그 사람이 오늘 멘토가 된다(Each of you will be assigned to a full-time staff member, who will be your mentor for today)고 한 후, 그들과 함께 회의에 들어가고 그들의 프로젝트를 도와줄 것(You'll go with them to meetings and help them with their projects)이라고 했으므로, (B)가 정답이다.

Paraphrasing 지문의 go with ~ to meetings and help ~ with their projects → 정답의 Work with
지문의 a full-time staff member, who will be your mentor → 정답의 experienced staff members

9 What are listeners encouraged to do during lunch?
(A) Take a tour
(B) Introduce themselves
(C) Complete registration forms
(D) Learn about job responsibilities

청자들은 점심 시간 동안 무엇을 하라고 권유 받았는가?
(A) 견학하기
(B) 자기 소개하기
(C) 신청서 작성하기
(D) 책무에 대해 알아보기

어휘 **complete a form** 서식을 작성하다 **registration** 등록, 신청

해설 **청자들이 점심 시간 동안 하도록 권유 받은 사항** 후반부에서 단체 점심 식사를 마련했다(We've also arranged a group lunch)고 한 후, 이 시간을 이용해 멘토들이 어떤 업무를 책임지고 있는지 이야기 나누기를 권한다(I encourage you to use this time to talk to your mentors about what they're responsible for at work)고 했으므로, (D)가 정답이다.

Paraphrasing 지문의 what they're responsible for at work → 정답의 job responsibilities

Questions 10 through 12 refer to the following excerpt from a meeting.

M-Au Hi everyone. [10] Our first topic / on today's team meeting agenda / is an update / on the planning of our Artificial-Intelligence Conference. It's still set for June twenty-fourth, but [11] we've decided to switch venues—it will now take place / at the Bridgewater Hotel. This wasn't my idea. [11] Lucky for us, Danny realized / that the original location at the Palisade Conference Center / only has space for 300, and we anticipate a larger crowd this year. Lastly, we've confirmed our list of presenters, so [12] we plan to finalize the conference schedule / by the end of the week.

10-12번은 다음 회의 발췌를 참조하시오.
안녕하세요 여러분. **10 오늘의 팀 미팅 의제에 대한 첫 번째 주제는 인공 지능 컨퍼런스에 대한 계획 업데이트입니다.** 여전히 6월 24일로 예정되어 있지만 **11 장소를 변경하기로 결정했습니다.** 이제 브리지워터 호텔에서 개최됩니다. 이것은 제 생각이 아니었는데요. **11 다행히도, 대니가 팰리세이드 컨퍼런스 센터의 원래 장소는 수용 가능한 인원수가 300명 밖에 안 된다는 것을 알게 되었습니다.** 그리고 올해는 더 많은 사람들이 올 것으로 예상합니다. 마지막으로, 발표자 명단을 확인했으므로 **12 이번 주말까지 회의 일정을 확정할 계획입니다.**

어휘 **agenda** 의제 **switch** 바꾸다 **venue** 장소 **take place** 개최되다, 일어나다 **realize** 깨닫다, 알아차리다 **anticipate** 예측하다, 예상하다 **crowd** 군중 **confirm** 확인하다 **presenter** 발표자 **finalize** 마무리하다, 완결하다

10 What event is the speaker discussing?
(A) A conference
(B) A merger
(C) A client consultation
(D) A department celebration

화자는 어떤 행사를 논의하고 있는가?
(A) 컨퍼런스
(B) 합병
(C) 고객 상담
(D) 부서 축하 행사

해설 **논의하고 있는 행사** 화자가 초반에 의제에 대해 언급하는 부분에 주목한다. 팀 미팅 의제에 대한 첫 번째 주제는 인공 지능 컨퍼런스에 대한 계획 업데이트(Our first topic ~ Artificial-Intelligence Conference)라는 말을 통해 화자가 논의하는 행사가 컨퍼런스인 것을 알 수 있다. 따라서 정답은 (A)이다.

---

11 What does the speaker mean when he says, "This wasn't my idea"?
(A) A coworker solved a problem.
(B) A task should be reassigned.
(C) Some results are surprising.
(D) Some instructions were misunderstood.

화자가 "이것은 제 생각이 아니었습니다"라고 말할 때 무엇을 암시하는가?
(A) 직장 동료가 문제를 해결했다.
(B) 업무를 재할당해야 한다.
(C) 일부 결과는 놀랍다.
(D) 일부 지시 사항을 잘못 이해했다.

어휘 **task** 일, 과업 **reassign** 다시 할당하다 **instruction** 지시, 설명 **misunderstand** 오해하다

해설 **화자의 의도 파악 문제** 해당 문장 앞 부분에서 장소를 변경(switch venues)하기로 했다며 이어서 '이것은 제 생각이 아니었습니다'라고 말했다. 뒤이어, 다행히도 대니가 원래 장소는 수용 가능 인원수가 300명 밖에 안 된다는 것을 알게 되었다(Lucky for us ~ for 300)고 했다. 즉, 직장 동료가 문제를 해결했다는 의미이므로 정답은 (A)이다.

---

12 According to the speaker, what will be completed by the end of the week?
(A) A contract
(B) A schedule
(C) A research report
(D) A budget forecast

화자에 따르면, 이번 주말까지 무엇이 완료될 것인가?
(A) 계약
(B) 일정
(C) 연구 보고서
(D) 예산 전망

해설 **주말까지 완료될 것** 발췌문의 마지막에 이번 주말까지 일정을 확정할 계획(we plan to finalize the conference schedule by the end of the week)이라고 했으므로 정답은 (B)이다.

Questions 13 through 15 refer to the following excerpt from a meeting.

W-Br 13/14 Before we begin / reviewing this week's sales reports, I have a special announcement. 14 We're clarifying our policy / about employee schedules. 13 When you're away / visiting clients, Rob, our office manager, needs to know / where you are / and when you'll be back. Therefore, we are adopting a new policy / regarding out-of-office meetings. 15 Before you leave for a sales call, you should talk directly to Rob, give him your information, and he'll write it / on the whiteboard / in the main office / so we'll all know / where you are.

13-15번은 다음 회의 발췌를 참조하시오.
13/14 이번 주 판매 보고서를 검토하기에 앞서, 특별 발표가 있습니다. 14 직원 일정표에 관한 정책을 명확히 하는 중인데요. 13 고객을 방문하러 가서 자리를 비우실 때, 사무실 관리자인 롭은 여러분이 어디 있는지, 언제 돌아올지 알고 있어야 합니다. 그러므로 외부 회의 관련 새 정책을 채택할 것입니다. **15 영업 상담을 위해 나가기 전에 롭에게 직접 이야기하고 정보를 주셔야 합니다. 그러면 롭이 주 사무실 화이트보드에 이를 적어서 여러분의 위치를 모두가 알 수 있게 됩니다.**

어휘 **review** 검토하다 **announcement** 공지, 발표 **clarify** 명확하게 하다 **policy** 정책 **therefore** 그러므로 **adopt** 채택하다 **regarding** ~에 관하여 **sales call** 영업 상담 **directly** 직접

13 Who most likely is the talk intended for?
(A) Sales representatives
(B) Recruitment agents
(C) Factory workers
(D) Department managers

담화는 누구를 대상으로 하겠는가?
(A) 영업 담당자
(B) 채용 대행 담당자
(C) 공장 인부
(D) 부서 관리자

어휘 **sales representative** 영업 담당자 **recruitment** 모집, 채용 **department** 부서

해설 **담화의 대상** 초반부에서 이번 주의 판매 보고서 검토 일정(reviewing this week's sales reports)과 청자들이 고객을 방문하러 가서 자리를 비우는 상황(When you're away visiting clients)을 언급하고 있으므로, 청자들이 영업 담당자라고 추론할 수 있다. 따라서 (A)가 정답이다.

---

14 What is the purpose of the talk?
(A) To present an award
(B) To announce a staff promotion
(C) To summarize some research
(D) To describe a policy

담화의 목적은?
(A) 시상
(B) 직원 승진 발표
(C) 연구 요약
(D) 정책 설명

어휘 **present an award** 상을 주다 **promotion** 승진 **summarize** 요약하다 **describe** 말하다, 묘사하다

해설 **담화의 목적** 초반부에서 특별 발표가 있다(I have a special announcement)고 한 후, 직원 일정표에 관한 정책을 명확히 하는 중(We're clarifying our policy about employee schedules)이라며 구체적인 발표 내용을 덧붙였다. 이후에도 정책과 관련된 부연 설명을 이어가고 있으므로, (D)가 정답이다.

15 According to the speaker, what will Rob do?
(A) Review candidate résumés
(B) Record schedule information
(C) Provide copies of a budget report
(D) Prepare training materials

화자에 따르면, 롭은 무엇을 할 것인가?
(A) 지원자 이력서 검토
(B) 일정 정보 기록
(C) 예산 보고서 제공
(D) 교육 자료 준비

어휘 **candidate** 후보자, 지원자 **résumé** 이력서 **record** 기록하다 **budget** 예산 **prepare** 준비하다 **material** 자료

해설 **롭이 할 일** 후반부에서 영업 상담을 위해 나가기 전에 롭에게 직접 이야기하고 정보를 제공해야 한다고 한 후, 롭이 주 사무실 화이트보드에 이를 적을 것(he'll write it on the whiteboard in the main office)이라고 했으므로, 롭이 일정 정보를 기록할 것임을 알 수 있다. 따라서 (B)가 정답이다.

Paraphrasing 지문의 write it on the whiteboard → 정답의 Record schedule information

Questions 16 through 18 refer to the following excerpt from a meeting.

W-Br [16] Our team's a little behind / in planning the client appreciation dinner / in June. One of the first things we should do / is choose the venue. An event like this / at a great location / is perfect for maximizing its impact / and improving our client retention. [17] That's why / I recommend Sansom's Art Gallery / on Market Street. It's slightly expensive, but it'll be memorable for our clients, and we're not spending much / on promotional items. [18] We need to choose a catering service / with a great menu. Amal, could you work on researching some options / that we could choose from?

16-18번은 다음 회의 발췌를 참조하시오.
16 우리 팀이 6월에 있을 고객 감사 만찬을 계획하는 데 조금 늦었어요. 가장 먼저 해야 할 일 중 하나는 장소를 고르는 겁니다. 멋진 장소에서 이런 행사를 하면 효과를 극대화하고 고객 유지력을 개선하기에 완벽하죠. **17 이런 이유로 저는 마켓 가에 있는 샌섬 미술관을 추천해요. 조금 비싸긴 하지만 고객들 기억에 남을 거예요. 게다가** 판촉물에 돈도 별로 안 쓰고 있어요. **18 메뉴가 훌륭한 요식업체를 선택해야 합니다. 아말, 우리가 고를 수 있는 옵션들을 조사해 주시겠어요?**

어휘 **appreciation** 감사 **venue** 장소 **maximize** 극대화하다 **impact** 영향, 효과 **retention** 보유, 유지 **slightly** 약간 **memorable** 기억할 만한 **catering service** 출장요리업체

16 What is going to take place in June?
(A) A craft show
(B) A client dinner
(C) A company picnic
(D) A holiday party

6월에 열리는 것은?
(A) 공예품 쇼
(B) 고객 만찬
(C) 회사 야유회
(D) 휴일 파티

해설 **6월에 열리는 행사** 초반부에서 팀이 6월에 있을 고객 감사 만찬을 계획하고 있다(Our team's ~ planning the client appreciation dinner in June)고 했으므로, (B)가 정답이다.

17 Why does the speaker say, "we're not spending much on promotional items"?
(A) To complain about merchandise quality
(B) To thank some colleagues for their help
(C) To explain why a location is affordable
(D) To request budget revisions

화자가 "판촉물에 돈도 별로 안 쓰고 있어요"라고 말하는 이유는?
(A) 상품 품질에 대해 불평하려고
(B) 동료의 도움에 감사하려고
(C) 어떤 장소를 감당할 수 있는 이유를 설명하려고
(D) 예산 수정을 요청하려고

어휘 **merchandise** 상품 **colleague** 동료 **affordable** 감당할 수 있는 **request** 요청하다 **revision** 수정, 개정

해설 **화자의 의도 파악 문제** 중반부에서 추천한 샌섬 미술관(Sansom's Art Gallery)이 조금 비싸긴 하지만 고객들 기억에 남을 것(It's slightly expensive, but it'll be memorable for our clients)이라며 추천 이유를 밝힌 후, '판촉물에 돈도 별로 안 쓰고 있어요(we're not spending much on promotional items)'라고 덧붙였다. 이는 판촉물에 대한 지출이 적다는 점을 언급해 미술관 비용을 감당할 수 있는 이유를 설명하려는 의도라고 볼 수 있으므로, (C)가 정답이다.

---

18 What does the speaker ask Amal to do?
(A) Draft an activities schedule
(B) Hire some musical performers
(C) Post some flyers around a building
(D) Look up some catering options

화자가 아말에게 부탁한 일은?
(A) 활동 일정 초안 작성하기
(B) 연주자 고용하기
(C) 건물 주변에 전단 붙이기
(D) 요식업 옵션 찾아보기

어휘 **draft** 초안을 작성하다 **performer** 공연자 **post** 붙이다, 게시하다 **flyer** 전단 **look up** 찾아보다

해설 **아말에게 부탁한 일** 후반부에서 요식업체를 선택해야 한다(We need to choose a catering service)고 한 후, 아말에게 자신들이 고를 수 있는 옵션들을 조사해 달라(Amal, could you work on researching some options that we could choose from?)고 부탁했으므로, (D)가 정답이다.

Paraphrasing 지문의 researching some options → 정답의 Look up some catering options

---

Questions 19 through 21 refer to the following excerpt from a meeting and neighborhood map.

M-Au [19]Thanks to our public education / and outreach program, demand for recycling pickup in the city / has increased to the point / where we'll need to make more than one pickup a week / in some neighborhoods. [20]The first change we'll make / is to our Tuesday route. We'll have to spread it out / over two days, Tuesday and Wednesday, in order to accommodate all the extra customers / who've started taking advantage of curbside recycling. [21]I'm hoping / that this increase in business will mean / we'll be able to afford to purchase new, more energyefficient vehicles / by the end of the year.

19-21번은 다음 회의 발췌와 주변 지역 안내도를 참조하시오.

19 우리의 공공 교육과 지원 프로그램 덕분에, 시의 재활용 수거에 대한 요구가 일부 동네에서 일주일에 한 번 이상 수거해야 할 단계까지 늘었습니다. 20 우리의 첫 번째 변화는 화요일 경로입니다. 재활용품 가두 수집을 이용하기 시작한 모든 추가 고객들의 요구에 부응하려면 화요일과 수요일 이틀로 확대해야 할 것입니다. **21 이같은 사업 확대가 우리가 올해 말까지 연비가 더 좋은 신차 구입이 가능할 것이라는 의미이기를 바랍니다.**

어휘 **thanks to** ~덕분에 **outreach** 지원활동, 봉사활동 **demand** 요구 **recycling** 재활용 **pickup** 수거, (물건을) 찾으러 감 **increase** 증가하다 **spread out** 확대하다 **accommodate** ~의 요구에 부응하다 **take advantage of** ~을 이용하다 **curbside recycling** 가두수집(가두에 재활용품 수거함을 설치하고 회수차가 수거하는 방식) **afford** 여유가 되다 **energy-efficient** 에너지 효율적인 **vehicle** 차량

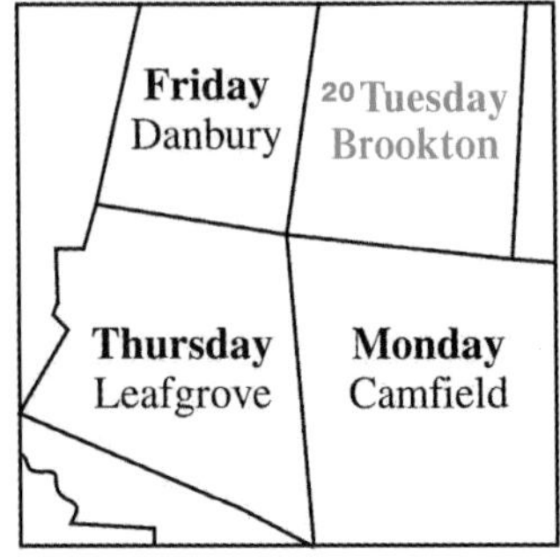

19 What industry does the speaker most likely work in?
(A) Recycling
(B) Education
(C) Agriculture
(D) Road maintenance

화자는 어떤 업계에서 일하겠는가?
(A) 재활용
(B) 교육
(C) 농업
(D) 도로 정비

해설 **화자가 종사하는 업계** 화자가 공공 교육과 지원 프로그램(our public education and outreach program) 덕분에 재활용 수거 요구(demand for recycling pickup)가 일부 동네에서 늘었다고 하였으므로 정답은 (A)이다.

20 Look at the graphic. Which neighborhood will be affected by a schedule change?
(A) Danbury
(B) Brookton
(C) Camfield
(D) Leafgrove

시각정보에 따르면, 어느 지역이 일정 변경에 의해 영향을 받을 것인가?
(A) 댄버리
(B) 브룩턴
(C) 캠필드
(D) 리프그로브

해설 **시각정보 연계 문제_일정 변경으로 영향 받을 지역** 대화 중반에 첫 번째 변화는 화요일 경로(our Tuesday route)라고 했고, 시각정보에서 화요일 경로는 브룩턴이므로 정답은 (B)이다.

21 What does the speaker hope to purchase?
(A) More comfortable uniforms
(B) Office furniture
(C) Better service vehicles
(D) Promotional materials

화자는 무엇을 구입하기를 바라는가?
(A) 더 편안한 유니폼
(B) 사무용 가구
(C) 더 좋은 서비스 차량
(D) 판촉물

어휘 **comfortable** 편안한 **promotional** 홍보의

해설 **화자가 구입하기를 바라는 것** 담화 마지막에 사업 확대로 올해 말까지 연비가 더 좋은 신차를 구입할 수 있기를 바란다(I'm hoping ~ the year)고 했으므로 정답은 (C)이다.

Paraphrasing 지문의 new, more energy-efficient vehicles → 정답의 Better service vehicles

UNIT 05 연설/강연/소개

기출 문제풀이 전략

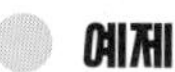

예제

교재 p.236

1 Who is the speaker?
(A) The owner of a travel agency
(B) The mayor of the town
(C) The organizer of a local festival
(D) The host of a television program

화자는 누구인가?
(A) 여행사 사장
(B) 시장
(C) 지역 축제 주최자
(D) 텔레비전 프로그램 진행자

2 Why does the speaker say, "the old Wilson House will open as a museum"?
(A) To recruit some volunteers
(B) To correct a misunderstanding
(C) To emphasize an accomplishment
(D) To request that visitors follow some rules

화자가 "유서 깊은 윌슨 하우스가 박물관으로 문을 열 것입니다"라고 말하는 이유는?
(A) 자원봉사자를 모집하려고
(B) 오해를 바로잡으려고
(C) 업적을 강조하려고
(D) 방문자에게 규칙 준수를 부탁하려고

3 What can be found on a Web site?
(A) A donation form
(B) A program schedule
(C) Some photographs
(D) The addresses of some properties

웹사이트에서 찾을 수 있는 것은?
(A) 기부 양식
(B) 프로그램 일정
(C) 사진
(D) 건물의 주소

어휘 **owner** 소유주 **mayor** 시장 **organizer** 조직자, 주최자 **host** 진행자, 주인 **recruit** 모집하다 **misunderstanding** 오해 **emphasize** 강조하다 **accomplishment** 업적, 공적 **request** 요청하다 **donation** 기부 **property** 건물, 부동산

Check Up

교재 p. 237

1. (B) **2.** (A) **3.** (B)

Questions 1 through 3 refer to the following talk.

W-Br [1] Welcome to this training seminar / for company managers. The focus of today's session / is delegating work. Many managers try to do everything / themselves, but it's important to recognize / when to assign a task / to another person. [2] Now I know / some of you may be afraid to delegate your work. However, keep in mind, your colleagues are very capable. [3] Just remember to give instructions clearly. That way / your employees will know exactly what to do.

1-3번은 다음 담화를 참조하시오.
1 회사 관리자를 위한 교육 세미나에 오신 것을 환영합니다. 오늘 강의의 초점은 업무 위임입니다. 많은 관리자가 모든 것을 직접 하려고 하지만, 다른 사람에게 업무를 맡길 적절한 시기를 인식하는 것이 중요합니다. **2 지금 여러분 중 일부는 자신의 업무를 위임하기가 두려울 수도 있다는 점, 알고 있습니다.** 그러나 명심하세요, 여러분의 동료들은 매우 유능합니다. **3 지시 사항을 명확하게 전달하는 것만 기억하십시오.** 그렇게 하면 직원들은 무엇을 해야 하는지를 정확히 알 것입니다.

어휘 **delegate** 위임하다 **recognize** 인식하다, 인정하다 **assign** 맡기다 **task** 업무 **keep in mind** 명심하다 **capable** 능력 있는 **instruction** 지시 사항 **exactly** 정확히

1 Who are the listeners?
(A) Business consultants
(B) Company managers

청자들은 누구인가?
(A) 비즈니스 컨설턴트
(B) 회사 관리자

해설 **청자들의 신분** 담화 초반부에서 회사 관리자를 위한 교육 세미나에 참석(to this training seminar for company managers)한 청자들에게 환영 인사를 전하고 있으므로, 청자들이 회사 관리자임을 알 수 있다. 따라서 (B)가 정답이다.

2 Why does the speaker say, "your colleagues are very capable"?
(A) To reassure the listeners
(B) To congratulate a team

화자는 왜 "여러분의 동료들은 매우 유능합니다"라고 말하는가?"
(A) 청자들을 안심시키려고
(B) 팀을 축하하려고

어휘 **reassure** 안심시키다 **congratulate** 축하하다

해설 **화자의 의도 파악 문제** 중반부에서 청자들 중 일부가 자신의 업무를 위임하기가 두려울 수도 있다는 것을 알고 있다(I know some of you may be afraid to delegate your work)고 한 후, '여러분의 동료들은 아주 유능합니다(your colleagues are very capable)'라고 덧붙였다. 이는 직원들의 유능함을 언급해 업무를 위임해도 괜찮다고 청자들을 안심시키려는 의도라고 볼 수 있으므로, (A)가 정답이다.

3 What does the speaker remind the listeners to do?
(A) Stay within a budget
(B) Provide clear instructions

화자는 청자들에게 무엇을 하라고 상기시키는가?
(A) 예산 범위 지키기
(B) 명확한 지침 제공하기

해설 **청자들에게 상기시키는 것** remember to 뒤의 말을 주의 깊게 들어야 한다. 지시 사항을 명확하게 전달하라(give instructions clearly)고 했으므로 정답은 (B)이다.

Paraphrasing 지문의 give instructions clearly → 정답의 Provide clear instructions

ETS 문제로 훈련하기

교재 p. 239

1. (B) **2.** (A) **3.** (B) **4.** (A)

Question 1 refers to the following talk.

W-Am Good evening, everyone, and thank you / for coming to our annual awards banquet. As you know, I'm Sandra Dayton, president of Wonder Toys. I am very pleased / to announce this year's salesperson of the year—Michael Tolliver. Mr. Tolliver has been with Wonder Toys / for ten years, and in all of those ten years / he has been one of our top salespeople. So, Mr. Tolliver, please come to the podium / to receive this award.

1번은 다음 담화를 참조하시오.

안녕하십니까, 여러분. **연례 시상식 연회에 참석해 주셔서 감사합니다.** 아시다시피, 저는 원더 토이즈의 사장 산드라 데이턴입니다. **올해의 영업 사원으로 마이클 톨리버가 선정되었음을 발표하게 되어 매우 기쁩니다.** 톨리버 씨는 원더 토이즈에서 10년 동안 근속해왔고, 그 10년 동안 늘 우리 회사 최고의 영업 사원 중 한 사람이었습니다. 자, 톨리버 씨, 수상을 위해 연단으로 올라와 주세요.

어휘 **annual** 연례의, 매년의 **award** 상 **banquet** 연회 **president** 사장 **announce** 발표하다 **podium** 연단, 단상 **receive** 받다

1 What is the purpose of the talk?
(A) To launch a new product
(B) To honor an employee

담화의 목적은 무엇인가?
(A) 신제품을 출시하는 것
(B) 직원을 시상하는 것

어휘 **launch** 출시하다 **honor** 상을 주다

해설 **담화의 목적** 담화 첫 문장에서 연례 시상식 연회 참석에 감사하다(thank you for coming to our annual awards banquet)고 했고, 이어 올해의 영업 사원으로 마이클 톨리버가 선정되었다(I am very pleased ~ Michael Tolliver)고 했으므로 정답은 (B)이다.

Question 2 refers to the following speech.

M-Cn Hello, everyone. Thank you for coming to the picnic / on this beautiful Saturday afternoon. This is the company's way of saying thank you / for all of your hard work. This quarter, our electronic equipment sales / placed us second / among all the regional offices, which is up from fifth place / last quarter. We hope / to continue increasing our sales of electronics. I hope / you'll take the opportunity / to relax and enjoy the rest of the day.

2번은 다음 연설을 참조하시오.

안녕하세요, 여러분. 이 아름다운 토요일 오후에 야유회에 와 주셔서 감사합니다. 여러분 모두의 노고에 대한 회사의 감사 표시입니다. **이번 분기에 우리 전자 장비 판매량이 모든 지사 중 2위를 차지했습니다. 지난 분기 5위에서 올라섰죠.** 전자제품 판매가 계속 늘어나기를 바랍니다. 남은 하루 동안 푹 쉬고 즐길 기회가 되었으면 합니다.

어휘 **quarter** 분기 **electronic** 전자의 **equipment** 장비 **regional** 지역의 **increase** 늘다, 증가하다 **opportunity** 기회

2 What does the speaker say about his regional office?
(A) They increased sales.
(B) They hired new employees.

화자는 자신의 지사에 대해 뭐라고 말하는가?
(A) 판매량이 늘었다.
(B) 신입사원들을 채용했다.

해설 **화자가 지사에 대해 말한 것** 중반부에서 이번 분기에 전자 장비 판매량이 모든 지사 중 2위를 차지했다(This quarter, our electronic equipment sales placed us second among all the regional offices)고 한 후, 지난 분기 5위에서 올라섰다(which is up from fifth place last quarter)고 덧붙였으므로, 판매량이 늘었음을 알 수 있다. 따라서 (A)가 정답이다.

Questions 3 and 4 refer to the following excerpt from a workshop.

M-Cn Welcome to our very first gardeners' workshop / here at the Greencrest Community Center. This workshop will focus on / how to successfully grow vegetables / in your garden. Today I'll give you a general introduction, 3 but one thing I highly recommend / is to always learn as much as you can / about the specific vegetables / you'd like to plant / before you plant them. Different plants need different conditions / to grow. 4 Next week, on our field trip to a local farm, an expert will teach us / about fertilizing soil.

3-4번은 다음 워크숍 발췌를 참조하시오.

여기 그린크레스트 주민센터에서 열리는 첫 번째 원예가 워크숍에 오신 것을 환영합니다. 이 워크숍은 정원에서 채소를 잘 재배하는 방법에 집중할 예정인데요. 오늘은 대략적인 소개를 하겠지만, **3 한 가지 강력히 권하는 것은 심기 전에 심고 싶은 특정 채소에 대해 항상 가능한 한 많이 배워두시라는 겁니다.** 식물이 다르면 자라는 데 필요한 조건도 다르니까요. **4 다음 주, 지역 농장 현장 학습에서 전문가가 토양 거름주기에 대해 가르쳐 드릴 예정입니다.**

어휘 **gardener** 정원사, 원예가 **focus on** ~에 집중하다 **general** 전반적인, 일반적인 **specific** 특정한, 구체적인 **plant** 심다 **field trip** 견학, 현장 학습 **local** 지역의 **expert** 전문가 **fertilize** 거름을 주다 **soil** 흙

3 What does the speaker recommend?

(A) Creating a list
(B) Doing research
(C) Having alternate plans
(D) Learning from mentors

화자가 추천하는 것은?

(A) 목록 작성
(B) 연구
(C) 대안 수립
(D) 멘토에게 배우기

어휘 **create** 만들다 **alternate** 대신의, 교대의

해설 **화자의 추천 사항** 중반부에서 한 가지 강력히 권하는 것(one thing I highly recommend)은 심기 전에 심고 싶은 특정 채소에 대해 항상 가능한 한 많이 배워두라는 것(to always learn as much as you can about the specific vegetables you'd like to plant before you plant them)이라고 했으므로, (B)가 정답이다.

Paraphrasing 지문의 to learn as much as you can → 정답의 Doing research

---

4 What are the listeners doing next week?

(A) Going on a trip
(B) Purchasing supplies
(C) Taking photographs
(D) Selecting a venue

청자들은 다음 주에 무엇을 할 것인가?

(A) 견학하기
(B) 비품 구매하기
(C) 사진 찍기
(D) 장소 선정하기

어휘 **supplies** 비품, 용품 **select** 선택하다, 고르다

해설 **청자들이 다음 주에 할 일** 후반부에서 다음 주(Next week), 지역 농장 현장 학습에서 전문가가 토양 거름주기에 대해 가르칠 예정(on our field trip to a local farm, an expert will teach us about fertilizing soil)이라고 했으므로, (A)가 정답이다.

Paraphrasing 지문의 on our field trip to a local farm → 정답의 Going on a trip

ETS 실전 테스트

교재 p.240

1. (C)	**2.** (A)	**3.** (C)	**4.** (B)	**5.** (C)	**6.** (D)	**7.** (A)	**8.** (C)	**9.** (B)
10. (B)	**11.** (D)	**12.** (A)	**13.** (D)	**14.** (A)	**15.** (C)	**16.** (B)	**17.** (D)	**18.** (D)
19. (B)	**20.** (D)	**21.** (B)						

Questions 1 through 3 refer to the following speech.

M-Cn [1]Thank you / for giving me the opportunity / to tell you more about my qualifications / for this position. [2/3]I have twelve years of experience / as a financial consultant. In those twelve years / I've worked with many different types of small companies, like yours, helping them to expand their financial base. I also have the necessary training / for this job, with my degree in Business Administration, and I'm currently taking some coursework / to familiarize myself with the biotechnology industry.

1-3번은 다음 연설을 참조하시오.
1 이 일자리에 대한 저의 자격 요건에 대해 좀 더 말할 수 있는 기회를 주셔서 감사합니다. 2/3 저는 금융 컨설턴트로서 12년의 경력을 가지고 있습니다. 그 12년 동안 귀사와 같은 많은 종류의 소규모 기업과 협력하여 해당 회사들의 재정 기반을 확대할 수 있도록 도움을 제공했습니다. 저는 또한 경영학 학위를 취득하여 이 업무에 필요한 교육을 받았으며, 현재 생명공학 산업에 친숙해지기 위해 몇 가지 교과목을 수강하고 있습니다.

어휘 **opportunity** 기회 **qualification** 자격 (요건), 자질 **financial** 금융의, 재무의 **expand** 확대하다 **base** 기반, 기초 **necessary** 필요한 **degree in** ~ 분야의 학위 **Business Administration** 경영학 **currently** 현재 **coursework** 교과 학습 **familiarize with** ~와 친숙하게 하다 **biotechnology** 생명공학

1 Where is the speech most likely taking place?
(A) At an employee orientation
(B) At an awards ceremony
(C) At a job interview
(D) At a sales conference

연설은 어디에서 이루어지고 있겠는가?
(A) 직원 오리엔테이션
(B) 시상식
(C) 취업 면접
(D) 영업 회의

해설 **연설 장소** 이 일자리에 대한 자신의 자격 요건(my qualifications for this position)에 대해 좀 더 말할 수 있는 기회를 주어 감사하다고 했으므로 정답은 (C)이다.

2 In what field does the speaker work?
(A) Finance
(B) Medicine
(C) Engineering
(D) Computers

화자는 어떤 분야에서 일하는가?
(A) 금융
(B) 의학
(C) 공학
(D) 컴퓨터

해설 **화자가 종사하는 분야** 화자가 금융 컨설턴트로서 12년의 경력을 가지고 있다(I have twelve years of experience as a financial consultant)고 했으므로 정답은 (A)이다.

3 How long has the speaker worked in this field?
(A) Two years
(B) Three years
(C) Twelve years
(D) Twenty years

화자는 이 분야에서 얼마나 오래 일해왔는가?
(A) 2년
(B) 3년
(C) 12년
(D) 20년

해설 **화자가 이 분야에서 일한 기간** 화자가 금융 컨설턴트로서 12년의 경력을 가지고 있다(I have twelve years of experience as a financial consultant)고 했으므로 정답은 (C)이다.

Questions 4 through 6 refer to the following introduction.

W-Br [4]You're watching *Our Local History* / on LGK Television. [5]Today / we have a special guest: George Patel, who recently wrote the book *A Humble Beginning*. George's book presents a detailed and interesting description / of how our city was founded. In honor of George's appearance / on today's show, we'll be playing a special trivia game / where callers will have the chance / to answer questions

4-6번은 다음 소개를 참조하시오.
4 LGK 텔레비전의 〈우리 지역의 역사〉를 시청하고 계십니다. 5 오늘은 특별 게스트 조지 파텔을 모셨습니다. 최근 〈미약한 시작〉이라는 책을 썼는데요. 조지의 저서는 우리 도시가 어떻게 건립됐는지 상세하고 흥미로운 설명을 제시하고 있습니다. 조지의 오늘 프로그램 출연을 기념해 특별 상식 퀴즈 게임을 펼칠 예정입니다. 전화를 거신 분들이 우리 도시의 과거에

about the city's past. [6] Give the right answers, and you'll win a free dinner / for two / at Lucy's Bistro. And now, please welcome George Patel.

대한 문제에 답할 기회를 얻는 겁니다. **6 정답을 맞추시면 루시 비스트로의 2인 무료 저녁 식사권을 받습니다.** 이제 조지 파텔 씨를 맞아 주세요.

어휘 **recently** 최근 **humble** 초라한, 변변치 않은 **present** 보여주다, 제시하다 **detailed** 상세한 **description** 묘사, 서술 **found** 설립하다 **in honor of** ~을 기념하여, 축하하여 **appearance** 출연, 등장 **trivia** 일반 상식 **past** 과거

4 What topic does the television show usually discuss?
(A) Weekend entertainment
(B) The history of a city
(C) The opening of a local restaurant
(D) Political updates

이 TV 프로그램은 주로 어떤 주제에 대해 논의하는가?
(A) 주말 오락
(B) 도시의 역사
(C) 지역 음식점 개업
(D) 정치 관련 최신 상황

어휘 **political** 정치적인, 정치와 관련된

해설 **TV 프로그램이 주로 논의하는 주제** 초반부에서 LGK 텔레비전의 〈우리 지역의 역사〉를 시청하고 있다(You're watching *Our Local History* on LGK Television)며 시청 프로그램의 이름을 밝혔는데, 여기서 도시의 역사를 주로 다루는 TV 프로그램임을 알 수 있다. 따라서 (B)가 정답이다.

5 Who is George Patel?
(A) A tour guide
(B) A city official
(C) An author
(D) A food critic

조지 파텔은 누구인가?
(A) 투어 가이드
(B) 시 공무원
(C) 작가
(D) 음식 평론가

어휘 **official** 공무원 **author** 저자, 작가 **critic** 평론가, 비평가

해설 **조지 파텔의 신분** 초반부에서 오늘의 특별 게스트가 조지 파텔(Today we have a special guest: George Patel)이라고 한 후, 최근에 책을 썼다(who recently wrote the book)며 조지 파텔에 대한 부연 설명을 덧붙였으므로, (C)가 정답이다.

6 How can viewers win a prize?
(A) By registering on the station's Web site
(B) By becoming a sponsor
(C) By attending a special event
(D) By answering questions correctly

시청자들은 어떻게 상을 탈 수 있는가?
(A) 방송국 웹사이트에 등록해서
(B) 후원자가 되어서
(C) 특별 행사에 참석해서
(D) 질문에 정확히 답해서

어휘 **win a prize** 상을 타다 **register** 등록하다 **station** 방송국 **sponsor** 후원자 **attend** 참석하다 **correctly** 바르게, 정확하게

해설 **시청자들이 상을 타는 방법** 후반부에서 정답을 맞추면(Give the right answers) 루시 비스트로의 2인 무료 저녁 식사권을 받는다(you'll win a free dinner for two at Lucy's Bistro)고 했으므로, (D)가 정답이다.

Paraphrasing 지문의 win a free dinner for two at Lucy's Bistro → 질문의 win a prize
지문의 Give the right answers → 정답의 answering questions correctly

Questions 7 through 9 refer to the following talk.

M-Cn Thank you, city council members, for letting me speak today. [7/8] As we all know, the Benning Development Company / has proposed building a new shopping center / in the middle of the city. [8] The stated purpose of this project / is to bring economic growth to the city, but our road and transit systems are overcrowded. So, let's take action / by signing a petition. I have the document here. [9] Please pass it around / and sign your name / if you agree.

7-9번은 다음 담화를 참조하시오.

시의회 의원 여러분, 오늘 이야기할 수 있게 해 주셔서 감사합니다. **7/8 모두 아시는 대로 베닝 개발회사가 시내 한가운데 새 쇼핑센터 건립을 제안했습니다. 8 이번 프로젝트의 규정된 목적은 시에 경제 성장을 불러오는 것입니다.** 하지만 도로 및 교통 체계가 너무 혼잡합니다. 따라서 청원서에 서명하여 행동으로 옮깁시다. 여기 문서가 있습니다. **9 문서를 돌리시고 동의하면 이름을 적어 주십시오.**

어휘 **city council** 시의회 **development** 개발 **propose** 제안하다 **stated** 명백히 규정된 **transit** 교통 체계 **overcrowded** 너무 붐비는 **take action** 행동에 옮기다, 조치를 취하다 **petition** 청원서, 탄원서 **pass ~ round** ~을 돌리다

7 What is the topic of the talk?
(A) A construction project
(B) A community festival
(C) An upcoming election
(D) A sports competition

담화의 주제는?
(A) 건설 프로젝트
(B) 지역사회 축제
(C) 곧 있을 선거
(D) 스포츠 경기

어휘 **construction** 건설, 공사 **upcoming** 다가오는, 곧 있을 **election** 선거 **competition** 경쟁, 대회

해설 **담화의 주제** 초반부에서 베닝 개발회사가 시내 한가운데 새 쇼핑센터 건립을 제안했다(the Benning Development Company has proposed building a new shopping center in the middle of the city)고 한 후, 쇼핑센터 건립 제안에 대한 부연 설명 및 의견을 덧붙이고 있으므로, (A)가 정답이다.

Paraphrasing 지문의 building a new shopping center → 정답의 A construction project

8 What does the speaker mean when he says, "our road and transit systems are overcrowded"?
(A) He is sorry for being late.
(B) He wants to move to another city.
(C) He disagrees with a proposal.
(D) He thinks a budget should be increased.

화자가 "도로 및 교통 체계가 너무 혼잡합니다"라고 말할 때, 그 의도는 무엇인가?
(A) 늦어서 죄송하다.
(B) 다른 도시로 이사하고 싶다.
(C) 제안에 동의하지 않는다.
(D) 예산이 증액되어야 한다고 생각한다.

어휘 **disagree** 동의하지 않다 **budget** 예산 **increase** 증가시키다, 늘리다

해설 **화자의 의도 파악 문제** 중반부에서 쇼핑센터 건립 프로젝트의 목적(The stated purpose of this project)은 시에 경제 성장을 불러오는 것(to bring economic growth to the city)이라고 한 후, '도로 및 교통 체계가 너무 혼잡합니다'라고 덧붙였다. 이는 도로 및 교통 체계 혼잡이라는 부작용을 언급해 제안된 건설 프로젝트에 동의하지 않는다는 의견을 밝히려는 의도라고 볼 수 있으므로, (C)가 정답이다.

9 What does the speaker ask the listeners to do?
(A) Visit a Web site
(B) Sign a document
(C) Write a letter
(D) Reschedule an event

화자는 청자들에게 무엇을 해 달라고 요청하는가?
(A) 웹사이트 방문하기
(B) 문서에 서명하기
(C) 편지 쓰기
(D) 행사 일정 변경하기

어휘 **sign** 서명하다 **reschedule** 일정을 변경하다

해설 **화자의 요청 사항** 후반부에서 문서를 돌리고 동의하면 이름을 적어 달라(Please pass it around and sign your name if you agree)고 요청했으므로, (B)가 정답이다.

Questions 10 through 12 refer to the following talk.

W-Am [10] Welcome to your first day / of the literary translation program. You will be paired with a mentor / who will train you / on all aspects of book translation. Your mentor was selected / because you both know the same language. There are many steps / involved in the publication process. [11] By February twelfth, you will be asked / to create a timeline / for a translation project. [12] At the end of the program, you will present your work / at a publishing convention. These presentations will be attended by publishers / who may be interested in hiring you / in the future.

10-12번은 다음 담화를 참조하시오.

10 문학 번역 프로그램 첫날에 오신 것을 환영합니다. 도서 번역의 모든 측면에 대해 교육해 주실 멘토와 짝을 이룰 것입니다. 여러분의 멘토는 두 분 모두 같은 언어를 알고 있어서 선택된 것입니다. 출판 과정에 수반된 많은 단계가 있는데요. **11 2월 12일까지 번역 프로젝트 시간표를 만들어 달라는 요청을 받으실 겁니다. 12 프로그램 마지막에는 출판 대회에서 작품을 발표하실 것입니다.** 해당 발표에는 향후 여러분을 채용하고 싶어할 수도 있는 출판업자들이 참석할 예정입니다.

어휘 literary 문학의 translation 번역 aspect 측면, 양상 involved in ~에 수반된 publication 출판 process 과정 present 보여주다, 제시하다 convention 대회, 협의회 presentation 발표 attend 참석하다

10 What type of work are the listeners being trained to do?
(A) Technology troubleshooting
(B) Literary translation
(C) Customer service
(D) Subscription sales

청자들은 어떤 유형의 일을 하기 위해 교육을 받고 있는가?
(A) 기술적 고장 해결
(B) 문학 번역
(C) 고객 서비스
(D) 구독 판매

어휘 troubleshooting 고장 해결 subscription 구독

해설 **청자들이 교육받고 있는 일의 유형** 초반부에서 문학 번역 프로그램 첫날(your first day of the literary translation program)이라고 한 후, 도서 번역의 모든 측면에 대해 교육할 멘토와 짝을 이룰 것(You will be paired with a mentor who will train you on all aspects of book translation)이라고 했으므로, 문학 번역을 위한 교육임을 알 수 있다. 따라서 (B)가 정답이다.

---

11 What are the listeners asked to do by February 12?
(A) Submit some receipts
(B) Read a handbook
(C) Register for a convention
(D) Prepare a timeline

청자들은 2월 12일까지 무엇을 하라고 요청 받았는가?
(A) 영수증 제출하기
(B) 안내서 읽기
(C) 대회 등록하기
(D) 시간표 준비하기

어휘 submit 제출하다 receipt 영수증 handbook 안내서 register for ~에 등록하다

해설 **청자들이 2월 12일까지 하도록 요청 받은 사항** 중반부에서 2월 12일까지(By February twelfth), 번역 프로젝트 시간표를 만들어 달라는 요청을 받는다(you will be asked to create a timeline for a translation project)고 했으므로, (D)가 정답이다.

Paraphrasing 지문의 create a timeline → 정답의 Prepare a timeline

---

12 According to the speaker, what will happen at the end of the program?
(A) Participants will give presentations.
(B) Winners will be announced.
(C) A hiring committee will meet.
(D) A party will be held.

화자에 따르면, 프로그램 마지막에 무슨 일이 있을 것인가?
(A) 참가자들이 발표를 할 것이다.
(B) 우승자들을 발표할 것이다.
(C) 채용위원회가 있을 것이다.
(D) 파티가 열릴 것이다.

어휘 announce 발표하다, 알리다 committee 위원회 be held 열리다

해설 **프로그램 마지막에 있을 일** 후반부에서 프로그램 마지막에는(At the end of the program), 출판 대회에서 작품을 발표할 것(you will present your work at a publishing convention)이라고 했으므로, (A)가 정답이다.

Paraphrasing 지문의 present your work → 정답의 give presentations

Questions 13 through 15 refer to the following speech.

M-Cn [13]It's my pleasure / to welcome you / to the tenth annual Easterland Real Estate Convention! [14]This year, our conference venue is larger than ever, and we have events happening / throughout the site / over the course of the week. I hope / you brought the right shoes! This year is... well, this is a bittersweet year / for me. As you know, I started this conference / a decade ago / with the goals of bringing people together, exchanging ideas, and selling houses! And it's been a tremendous success. [15]That's what makes it so hard / to step down as organizer / after ten years of work. But I feel confident / that my successor, Angelika Huber, is perfect for the job.

13-15번은 다음 연설을 참조하시오.

13 제10회 연례 이스터랜드 부동산 총회에 오신 것을 환영합니다! 14 올해 총회 장소는 그 어느 때보다 더 넓고, 행사 또한 이번 주 내내 곳곳에서 개최됩니다. 여러분이 적합한 신발을 가져 오셨기를 바랍니다! 올해는… 음, 저에게는 시원섭섭한 해입니다. 아시다시피 저는 10년 전에 사람들을 모으고, 아이디어를 교환하고, 또 주택을 판매한다는 목표로 이 총회를 시작했습니다! 그리고 엄청난 성공을 거두었습니다. **15 이것이 제가 10년 동안의 일을 마치고 주최자를 사퇴하기가 정말 힘든 이유입니다.** 하지만 저는 제 후임자인 안젤리카 휴버가 이 일에 적격임을 확신합니다.

어휘 **annual** 연례의 **venue** 장소 **throughout** 도처에 **site** 현장 **over the course of** ~ 동안 **bittersweet** 시원섭섭한 **decade** 10년 **exchange** 교환하다 **tremendous** 엄청난 **step down** (요직 등에서) 물러나다 **confident** 확신하는 **successor** 후임자

13 What is the focus of the conference?
(A) Online advertising
(B) Medical technology
(C) Tourism
(D) Real estate

회의의 초점은 무엇인가?
(A) 온라인 광고
(B) 의료 기술
(C) 관광
(D) 부동산

해설 **회의의 초점** 담화 맨 처음에서 제10회 연례 이스터랜드 부동산 총회(the tenth annual Easterland Real Estate Convention)에 오신 것을 환영한다고 하므로 정답은 (D)이다.

---

14 What does the speaker imply when he says, "I hope you brought the right shoes"?
(A) Participants will need to walk a lot.
(B) Formal wear is required.
(C) Rain is expected.
(D) There will not be time to change clothes.

화자가 "여러분이 적합한 신발을 가져 오셨기를 바랍니다"라고 말할 때 무엇을 암시하는가?
(A) 참가자들이 많이 걸어야 할 것이다.
(B) 정장을 착용해야 한다.
(C) 비가 예상된다.
(D) 옷 갈아 입을 시간이 없을 것이다.

어휘 **participant** 참가자 **formal wear** 정장 **require** 요구하다 **expect** 예상하다

해설 **화자의 의도 파악 문제** 문장의 앞뒤 문맥을 살펴서 의미를 파악해야 한다. 바로 앞 문장에서 올해 총회 장소가 넓고 행사도 현장 곳곳에서 개최된다(This year ~ the week)고 했고, 이어서 '여러분이 적합한 신발을 가져 오셨기를 바랍니다'라고 말했다. 즉, 행사 참여를 위해 참가자들이 넓은 장소를 많이 걸어야 한다는 의미이므로 정답은 (A)이다.

---

15 What does the speaker say is difficult?
(A) Finding a venue
(B) Keeping a speech short
(C) Leaving a position
(D) Selling houses

화자는 무엇이 어렵다고 말하는가?
(A) 장소를 찾는 것
(B) 연설을 짧게 하는 것
(C) 직책을 사퇴하는 것
(D) 주택을 판매하는 것

해설 **화자가 어렵다고 하는 것** 담화 후반부에 화자가 이것이 자신이 10년 동안의 일을 마치고 주최자를 사퇴하기가 정말 힘든 이유(That's ~ of work)라고 했으므로 정답은 (C)이다.

Paraphrasing 지문의 step down as organizer → 정답의 Leaving a position

---

Questions 16 through 18 refer to the following introduction.

M-Au Good morning everyone. 16 Before we begin our weekly meeting, I'd like to introduce our newest team member, Anna Villa. Anna has joined us / as a marketing analyst / with our home improvement division. Anna comes to us / from Herrera International Kitchen Products. She spent the last five years / analyzing data on consumer trends / in South America. 17 As you all know, we've signed a deal / with several large retailers / in Argentina and Brazil / to sell our kitchen appliances. 18 We believe / that Anna's experience will be very valuable / in helping us to determine / which of our newest lines of ovens and refrigerators / are likely to appeal to consumer tastes / in those two countries.

16-18번은 다음 소개를 참조하시오.

안녕하세요, 여러분. **16 주간 회의를 시작하기 전에 새 팀원 안나 비야를 소개하려고 합니다.** 안나는 주택 개조 분과 마케팅 분석가로 합류했습니다. 헤레라 인터내셔널 주방용품에서 오신 겁니다. 지난 5년간 남아메리카에서 소비자 트렌드 관련 데이터를 분석했습니다. **17 모두 알다시피, 우리는 아르헨티나와 브라질의 대형 소매업체 몇 곳에 주방 가전을 판매하는 계약을 체결했습니다. 18 우리 오븐과 냉장고 신제품들 중 어느 것이 두 나라의 소비자 기호에 맞을지 판단하는 데 안나의 경력이 매우 귀중한 도움이 되리라 확신합니다.**

어휘 **analyst** 분석가 **improvement** 개조, 개선 **retailer** 소매업체 **appliance** 가전제품 **valuable** 귀중한 **determine** 판단하다 **taste** 기호, 취향

PART 4 | UNIT 05

16 What is the main purpose of this talk?
(A) To announce the opening of a store
(B) To introduce a new employee
(C) To describe some products
(D) To discuss the results of a research study

담화의 주요 목적은?
(A) 매장 개점을 알리려고
(B) 새 직원을 소개하려고
(C) 제품들을 묘사하려고
(D) 연구 결과에 대해 논의하려고

어휘 **announce** 알리다, 발표하다 **employee** 직원 **describe** 말하다, 묘사하다

해설 **담화의 목적** 초반부에서 새 팀원을 소개하려고 한다(I'd like to introduce our newest team member)고 한 후, 새 팀원에 대한 구체적인 소개를 이어가고 있으므로, (B)가 정답이다.

Paraphrasing 지문의 our newest team member → 정답의 a new employee

---

17 What type of goods does the speaker's company sell?
(A) Frozen foods
(B) Bathroom fixtures
(C) Women's clothing
(D) Kitchen appliances

화자의 회사는 어떤 유형의 제품을 판매하는가?
(A) 냉동식품
(B) 욕실 설비
(C) 여성 의류
(D) 주방 가전

어휘 **frozen** 냉동된, 얼어붙은 **fixture** 설비

해설 **화자의 회사가 판매하는 제품 유형** 중반부에서 회사가 아르헨티나와 브라질의 대형 소매업체 몇 곳에 주방 가전을 판매하는 계약을 체결했다(we've signed a deal with several large retailers in Argentina and Brazil to sell our kitchen appliances)고 했으므로, 주방 가전을 판매하는 업체임을 알 수 있다. 따라서 (D)가 정답이다.

---

18 What does the company want Ms. Villa to do?
(A) Design new kitchen appliances
(B) Open an overseas office
(C) Translate its company manuals
(D) Help it to understand customer preferences

회사는 비야 씨가 무엇을 하기를 바라는가?
(A) 새 주방 가전 디자인하기
(B) 해외 지사 열기
(C) 회사 편람 번역하기
(D) 고객 선호를 이해하는 데 도움 주기

어휘 **overseas** 해외의 **translate** 번역하다 **manual** 설명서, 편람 **preference** 선호

해설 **회사가 비야 씨에게 바라는 사항** 후반부에서 회사의 오븐과 냉장고 신제품들 중 어느 것이 두 나라의 소비자 기호에 맞을지 판단하는 데 안나의 경력이 매우 귀중한 도움이 될 것(Anna's experience will be very valuable in helping us to determine which of our newest lines of ovens and refrigerators are likely to appeal to consumer tastes in those two countries)이라고 했으므로, (D)가 정답이다.

Paraphrasing 지문의 determine which ~ are likely to appeal to consumer tastes → 정답의 understand customer preferences

---

Questions 19 through 21 refer to the following talk and tool bar.

W-Br Welcome to your first class / in basic photo editing! Over the next few weeks, you'll learn / how to make your digital photos look great! 19 Did everyone get today's handout? If not, please take one now. OK. On your computer screens, you should see various editing tools. Now—20 brightness and contrast are slightly complex, so let's focus on cropping first. In most photos, you'll want to cut out parts of the image / that you don't like. Try cropping your photo / to see what you can do. 21 I'll go around the room / and assist anyone / who may be having trouble.

19-21번은 다음 담화와 툴바를 참조하시오.

기초 사진 편집 첫 시간에 오신 것을 환영합니다! 앞으로 몇 주 동안 여러분의 디지털 사진을 멋지게 보이도록 만드는 방법을 배우실 것입니다. **19 모두 오늘 인쇄물을 받으셨나요? 받지 못하셨다면 지금 하나 가져가세요.** 여러분의 컴퓨터 화면에서 다양한 편집 도구를 보실 텐데요. 자, **20 밝기와 대조가 약간 복잡하니 먼저 잘라내기에 집중합시다.** 대부분의 사진에서 원치 않는 이미지 일부를 잘라내고 싶을 겁니다. 여러분이 얼마나 하는지 볼 수 있게 사진을 한번 잘라 보세요. **21 제가 강의실을 돌며 어려움을 겪는 분들을 모두 도와드리겠습니다.**

어휘 **editing** 편집 **handout** 인쇄물 **various** 다양한 **contrast** 대조 **slightly** 약간, 조금 **complex** 복잡한 **crop** (사진이나 그림의 일부를) 잘라내다 **assist** 돕다

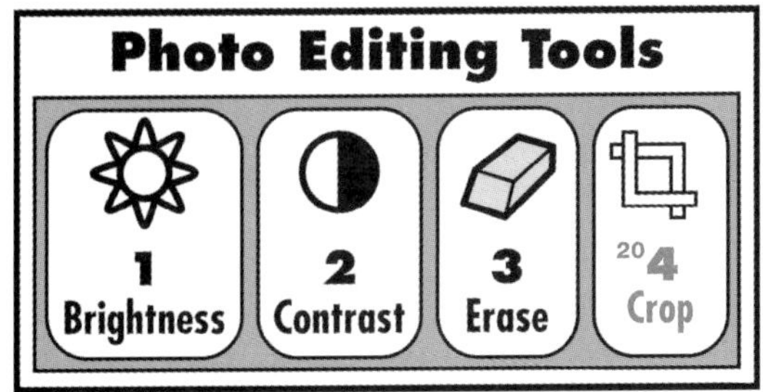

19 What does the speaker remind the listeners to do?
(A) Sign up for e-mail updates
(B) Pick up a handout
(C) Fill out a contact form
(D) Submit some feedback

화자는 청자들에게 무엇을 하라고 상기시키는가?
(A) 이메일 업데이트 신청하기
(B) 인쇄물 가져가기
(C) 연락처 서식 작성하기
(D) 의견 제출하기

어휘 **sign up for** ~을 신청하다 **fill out** 작성하다 **submit** 제출하다

해설 **청자들에게 상기시키는 것** 초반부에서 오늘 인쇄물을 받았는지(Did everyone get today's handout?) 물은 후, 받지 못했다면 지금 하나 가져가라(If not, please take one now)고 상기시키고 있으므로, (B)가 정답이다.

---

20 Look at the graphic. Which tool will the listeners learn to use first?
(A) Tool 1
(B) Tool 2
(C) Tool 3
(D) Tool 4

시각정보에 따르면, 청자들은 우선 어떤 도구 사용을 배울 것인가?
(A) 도구 1
(B) 도구 2
(C) 도구 3
(D) 도구 4

해설 **시각정보 연계 문제_처음 배울 도구** 중반부에서 밝기와 대조가 약간 복잡하니(brightness and contrast are slightly complex), 먼저 잘라내기에 집중하자(let's focus on cropping first)고 제안했는데, 시각정보를 보면, 화자가 제안한 '잘라내기(Crop)'는 '사진 편집 도구(Photo Editing Tools)' 중 '4'에 있으므로, (D)가 정답이다.

---

21 What does the speaker say she is going to do next?
(A) Take some photographs
(B) Provide individual assistance
(C) Show an informational video
(D) Introduce a guest speaker

화자는 다음으로 무엇을 하겠다고 말하는가?
(A) 사진 찍기
(B) 개별 도움 주기
(C) 정보 제공 동영상 보여주기
(D) 객원 연설자 소개하기

어휘 **individual** 개별적인 **assistance** 도움 **informational** 정보를 제공하는 **introduce** 소개하다

해설 **화자가 다음에 할 일** 후반부에서 자신이 강의실을 돌며 어려움을 겪는 사람들을 모두 도와주겠다(I'll go around the room and assist anyone who may be having trouble)고 했으므로, (B)가 정답이다.

Paraphrasing 지문의 assist anyone who may be having trouble → 정답의 Provide individual assistance

UNIT 06 관광·견학/설명

기출 문제풀이 전략

예제

교재 p. 242

1 Where is the talk taking place? (A) In a laboratory (B) In a coffee shop (C) In a factory (D) In a grocery store	담화가 이루어지고 있는 곳은? (A) 실험실 (B) 커피숍 (C) 공장 (D) 식료품점
2 What are listeners given? (A) Product samples (B) Some photographs (C) An ingredient list (D) A site map	청자는 받는 것은? (A) 제품 샘플 (B) 사진 (C) 재료 목록 (D) 사이트 맵
3 What does the speaker remind listeners to do? (A) Retrieve their belongings (B) Return their visitor passes (C) Sign a security form (D) Wear safety gear	화자가 청자들에게 하라고 상기시키는 것은? (A) 소지품 회수하기 (B) 방문자 출입증 반환하기 (C) 보안 양식에 서명하기 (D) 안전 장치 착용하기

어휘 **ingredient** 재료, 성분 **retrieve** 회수하다, 되찾다 **belongings** 소지품 **security** 보안 **safety gear** 안전 장치

Check Up

교재 p. 243

1. (A) **2.** (B) **3.** (B)

Questions 1 through 3 refer to the following talk.

W-Am Good morning, everyone! 1 Welcome to the factory tour / of Indigolab Fragrances. I'll be your guide today. I'm guessing / that for many of you, this is your first time / visiting a perfume manufacturer. But some of you must be familiar with our popular fragrances. Well, 2 today I'll be showing you / the three-step perfume-making process: extraction, blending, and aging. We'll be starting / in the extraction room. But before we begin, 3 if anyone is wearing open-toed shoes, please place protective shoe covers / over your shoes. The covers are near the entrance.

1-3번은 다음 담화를 참조하시오.

안녕하세요, 여러분! **1 인디고랩 향수 공장 견학에 오신 것을 환영합니다.** 오늘 제가 여러분을 안내해 드리겠습니다. 여러분 대부분이 향수 제조사를 방문한 것은 이번이 처음일 거라고 생각합니다. 하지만 여러분 중 몇몇 분들은 저희 회사의 인기 있는 향수를 잘 알고 계실 겁니다. 음, **2 오늘 여러분에게 추출, 혼합, 그리고 숙성의 3단계 향수 제조 과정을 보여 드리겠습니다.** 추출실에서 시작하게 될 텐데요. 그런데 시작하기 전에, **3 발 앞부분이 트인 신발을 신은 분이 있다면, 신발에 보호용 신발 커버를 씌워 주십시오.** 커버는 입구 근처에 있습니다.

어휘 **factory tour** 공장 견학 **fragrance** 향기, 향 **perfume** 향수 **manufacturer** 제조사 **be familiar with** ~을 잘 알다 **process** 과정, 공정 **extraction** 추출 **blending** 혼합 **aging** 숙성 **open-toed** 신발의 앞부분이 트인 **protective** 보호용의

1 Where is the talk most likely taking place?
(A) At a factory
(B) At a culinary school

담화는 어디에서 이루어지고 있겠는가?
(A) 공장
(B) 요리 학교

해설 **담화 장소** 첫 인사에서 인디고랩 향수 공장 견학에 오신 것을 환영한다(Welcome to the factory tour of Indigolab Fragrances)고 했으므로 정답은 (A)이다.

2 What does the speaker describe?
(A) A product history
(B) A manufacturing process

화자는 무엇을 설명하는가?
(A) 제품 역사
(B) 제조 공정

해설 **화자가 설명하는 것** 담화 중반부에서 화자가 추출, 혼합, 그리고 숙성(extraction, blending, and aging)의 3단계 향수 제조 과정(perfume-making process)을 보여 주겠다고 했으므로 정답은 (B)이다.

Paraphrasing 지문의 perfume-making process → 정답의 A manufacturing process

3 What does the speaker ask some of the listeners to do?
(A) Turn off their phones
(B) Wear special clothing

화자는 일부 청자들에게 무엇을 하도록 요청하는가?
(A) 전화기 전원 끄기
(B) 특수 덮개 착용하기

해설 **일부 청자들이 요청 받은 사항** 요청 사항이 주로 등장하는 담화 후반부에 주목한다. 발 앞부분이 트인 신발을 신은 분은 보호용 신발 커버를 씌워 달라(if anyone ~ your shoes)고 했으므로 정답은 (B)이다.

Paraphrasing 지문의 place protective shoe covers over your shoes → 정답의 Wear special clothing

ETS 문제로 훈련하기

교재 p.245

1. (B) **2.** (B) **3.** (D) **4.** (B)

Question 1 refers to the following tour information.

W-Am Good afternoon / and welcome to this walking tour of Brownsville. As you may know, Brownsville is significant for the many buildings / remaining from the time / when it was founded. I'll be telling you a little / about these historic structures / as we tour the downtown area. This is a large group, so please be sure to stay together / so you can hear me clearly.

1번은 다음 관광 안내를 참조하시오.

안녕하세요. 브라운스빌 도보 관광에 오신 것을 환영합니다. 아시는 분도 계시겠지만, 브라운스빌은 건립 당시부터 지금까지 남아 있는 많은 건물로 의미 있는 곳입니다. 도심 지역을 둘러볼 때 이 역사적인 건축물들에 대해 좀 더 말씀드리겠습니다. **우리 그룹의 인원수가 많으니, 제 말을 잘 들을 수 있도록 모여 주시기 바랍니다.**

어휘 **significant** 중요한, 의미 있는 **remain** 남다 **found** 설립하다 **historic structure** 역사적 건축물 **be sure to** 반드시 ~하다

1 What does the speaker remind the listeners to do?
(A) Pick up a map
(B) Stay with the group

화자는 청자들이 무엇을 하도록 상기시키는가?
(A) 지도 가져오기
(B) 그룹과 함께 있기

해설 **화자가 청자들에게 상기시키는 것** 마지막 문장에서 청자 그룹의 인원수가 많으니, 화자의 말을 잘 들을 수 있게 모여 달라(stay together so you can hear me clearly)고 하였으므로 정답은 (B)이다.

Paraphrasing 지문의 stay together → 정답의 Stay with the group

Questions 2 refers to the following talk.

M-Au Good morning, and thanks for signing up for our new, three-day adventure program / here at Greentop Park. I'm Ken Sato, the head ranger. The goal of our program / is to get more people involved / in various outdoor activities / available in the park, so it's great / to see so many of you here / for the first activity. Today we'll be hiking up Greentop Mountain, and rangers will be coming along / to guide the group up the trail.

2번은 다음 담화를 참조하시오.

안녕하세요. 이곳 그린탑 공원에서 열리는 새로운 3일간의 모험 프로그램에 신청해 주셔서 감사합니다. 저는 수석 관리인 켄 사토입니다. **프로그램의 목표는 공원에서 이용할 수 있는 다양한 야외 활동에 더 많은 사람들이 참여하도록 하는 것입니다.** 그래서 첫 활동에서 많은 분들을 뵙게 되어 좋습니다. 오늘은 그린탑 산을 등반할 예정이며, 관리인들이 산길을 올라갈 수 있도록 단체를 동행 안내할 겁니다.

어휘 **sign up for** ~을 신청하다 **ranger** 공원 관리인 **involved in** ~에 수반된, 참여하는 **various** 다양한 **available** 이용 가능한

2 What is the program intended to do?
(A) Improve safety
(B) Involve more people

프로그램은 어떤 의도를 갖고 있는가?
(A) 안전책 개선하기
(B) 더 많은 사람들을 참여시키기

어휘 **improve** 개선하다 **safety** 안전(책)

해설 **프로그램의 의도** 중반부에서 프로그램의 목표는 공원에서 이용할 수 있는 다양한 야외 활동에 더 많은 사람들이 참여하도록 하는 것(The goal of our program is to get more people involved in various outdoor activities available in the park)이라고 했으므로, (B)가 정답이다.

Questions 3 and 4 refer to the following talk.

W-Am Welcome! Thank you all / for volunteering to participate / in this research study / on nutrition / here at Travers University. We're interested in knowing more / about the eating habits of people like you—those who exercise regularly / but aren't professional athletes. Today, you will complete a survey / about your eating behaviors. 3 There are 100 questions, and this may seem long, but keep in mind / that most people spend less than a minute / on each question. 4 After all surveys are completed, lunch will be served. When you go to lunch, look for your assigned table.

3-4번은 다음 담화를 참조하시오.

환영합니다! 이곳 트래버스 대학교에서 진행되는 영양 관련 연구에 참가하고자 자원해 주셔서 감사합니다. 저희는 여러분처럼 규칙적으로 운동하지만 프로 선수가 아닌 사람들의 식습관에 대해 더 알아보고 싶습니다. 오늘 여러분의 식이 행동에 대해 설문을 작성하실 겁니다. **3 100문항이 있는데, 길어 보일 수도 있지만** 대다수가 문항당 1분 미만을 소요한다는 점을 기억해 주세요. **4 설문조사가 모두 완료되면 점심 식사가 제공됩니다.** 점심을 먹으러 가면 배정된 식탁을 찾아주십시오.

어휘 **volunteer** 자원하다 **participate in** ~에 참가하다 **nutrition** 영양 **regularly** 정기적으로, 규칙적으로 **athlete** 선수 **complete a survey** 설문을 작성하다 **behavior** 행동 양식, 습성 **keep in mind** 명심하다, 기억하다 **assign** 배치하다

3 Why does the speaker say, "most people spend less than a minute on each question"?
(A) To express concern
(B) To explain why a survey was changed
(C) To congratulate the listeners
(D) To reassure the listeners

화자가 "대다수가 문항당 1분 미만을 소요한다"라고 말한 이유는?
(A) 우려를 표하려고
(B) 설문이 수정된 이유를 설명하려고
(C) 청자들을 축하하려고
(D) 청자들을 안심시키려고

어휘 **concern** 우려 **congratulate** 축하하다 **reassure** 안심시키다

해설 **화자의 의도 파악 문제** 중반부에서 100문항이 있는데, 길어 보일 수도 있다(There are 100 questions, and this may seem long)고 한 후, '대다수가 문항당 1분 미만을 소요한다(most people spend less than a minute on each question)'라고 덧붙였다. 이는 소요 시간이 짧음을 강조해 청자들을 안심시키려는 의도라고 볼 수 있으므로, (D)가 정답이다.

4 What does the speaker say will be provided later?
(A) A payment
(B) A meal
(C) A certificate
(D) A report

화자는 나중에 무엇이 제공될 것이라고 말하는가?
(A) 보수
(B) 식사
(C) 증명서
(D) 보고서

해설 **나중에 제공될 것** 후반부에서 설문조사가 모두 완료되면(After all surveys are completed) 점심 식사가 제공된다(lunch will be served)고 했으므로, (B)가 정답이다.

Paraphrasing 지문의 served → 질문의 provided
지문의 lunch → 정답의 meal

ETS 실전 테스트

교재 p. 246

1. (D) **2.** (B) **3.** (B) **4.** (A) **5.** (C) **6.** (C) **7.** (D) **8.** (D) **9.** (A)
10. (D) **11.** (C) **12.** (B) **13.** (B) **14.** (C) **15.** (A) **16.** (C) **17.** (B) **18.** (D)
19. (A) **20.** (C) **21.** (C)

Questions 1 through 3 refer to the following talk.

W-Am Welcome to our new employee orientation. [2]First, I'm going to hand out some forms / you need to fill out. When you're done / completing the forms, we'll start the training. [1]First, I'll show you / how to take clothing from the storeroom / and place it on the shelves. For example, we organize our shirts / by size and color. Then, just before lunch, I'll take you / to get your employee ID photos taken. [3]You'll be able to leave / at three o'clock today, but tomorrow you'll be expected / to work a full day: from eight-thirty to five-thirty.

1-3번은 다음 담화를 참조하시오.

신입사원 오리엔테이션에 오신 것을 환영합니다. **2 첫째로 여러분이 기입해야 하는 서식을 나눠드릴 겁니다. 서식 작성이 끝나면 교육을 시작하겠습니다. 1 먼저, 여러분께 보관실에서 옷을 가져와 선반에 두는 방법을 보여드릴 겁니다.** 예를 들어, 우리는 셔츠를 크기와 색상별로 정리합니다. 그러고 나면 점심식사 직전에 직원 신분증 사진을 찍을 수 있도록 안내하겠습니다. **3 오늘은 3시 정각에 가실 수 있지만** 내일은 8시 30분부터 5시 30분까지 종일 근무해야 합니다.

어휘 **employee** 직원 **hand out** 나눠주다 **fill out a form** 서식에 기입하다 **complete a form** 서식을 작성하다 **place** 놓다, 두다 **for example** 예를 들어 **organize** 정리하다 **be expected to** ~해야 한다

1 Where does the talk probably take place?
(A) At a photography studio
(B) At a restaurant
(C) At a train station
(D) At a clothing store

담화는 어디서 이루어지겠는가?
(A) 사진 촬영 스튜디오
(B) 음식점
(C) 기차역
(D) 의류 매장

해설 **담화 장소** 중반부에서 청자들에게 보관실에서 옷을 가져와 선반에 두는 방법을 보여주겠다(I'll show you how to take clothing from the storeroom and place it on the shelves)고 했으므로, 의류 매장이라고 추론할 수 있다. 따라서 (D)가 정답이다.

2 What does the speaker say employees will do first?
(A) Go to lunch
(B) Complete some forms
(C) Put items on shelves
(D) Try on a uniform

화자는 직원들이 먼저 무엇을 할 것이라고 말하는가?
(A) 점심 식사하러 가기
(B) 서식 작성하기
(C) 물품들을 선반에 두기
(D) 유니폼 입어보기

어휘 **shelf** 선반(복수형 shelves) **try on** 입어보다

해설 **직원들이 먼저 할 일** 초반부에서 첫째(First)로, 기입해야 하는 서식을 나눠주겠다(I'm going to hand out some forms you need to fill out)고 한 후, 서식 작성이 끝나면 교육을 시작하겠다(When you're done completing the forms, we'll start the training)고 했으므로, 직원들이 먼저 서식을 작성할 것임을 알 수 있다. 따라서 (B)가 정답이다.

3 When does the speaker say employees can leave today?
(A) At 2 P.M.
(B) At 3 P.M.
(C) At 5:30 P.M.
(D) At 8:30 P.M.

화자는 직원들이 오늘 언제 갈 수 있다고 말하는가?
(A) 오후 2시
(B) 오후 3시
(C) 오후 5시 30분
(D) 오후 8시 30분

해설 **직원들이 오늘 퇴근하는 시점** 후반부에서 오늘은 3시 정각에 갈 수 있다(You'll be able to leave at three o'clock today)고 했으므로, (B)가 정답이다.

Questions 4 through 6 refer to the following tour information.

W-Am 4 Welcome to Skillridge Farm. On our tour today, we're going to show you / how we grow our organic fruits and vegetables. As we go through the farm, we'll talk about / how we ensure the best quality / for our different crops. 5 Feel free to pick one or two pieces of fruit / along the way / to take home with you. 6 Then, at the end of the tour, we'll have time / to sit down together / for a farm-to-table lunch / using only food grown on this land.

4-6번은 다음 견학 정보를 참조하시오.

4 스킬리지 농장에 오신 것을 환영합니다. 오늘 견학에서는 저희 유기농 과일과 채소를 어떻게 기르는지 보여드릴 예정입니다. 농장을 살펴보 면서 다양한 작물의 최고 품질을 보증하는 방법에 대해 이야기할 것입니다. **5 그동안 집에 가져가실 과일 한두 개를 자유롭게 따세요. 6 그리고 견학 마지막에는, 이 땅에서 경작한 식품만을 이용한 '농장에서 식탁까지 점심'을 다같이 하는 시간을 갖겠습니다.**

어휘 **organic** 유기농의 **ensure** 보장하다 **crop** 작물 **along the way** 그 과정에서 **farm-to-table lunch** 농장에서 식탁까지 점심

4 Where does the talk take place?
(A) At a farm
(B) At a factory
(C) At a cooking school
(D) At a food market

담화는 어디서 이루어지는가?
(A) 농장
(B) 공장
(C) 요리 학교
(D) 식료품 시장

해설 **담화 장소** 초반부에서 스킬리지 농장에 온 것을 환영한다(Welcome to Skillridge Farm)고 했으므로, 담화가 농장에서 이뤄지고 있음을 알 수 있다. 따라서 (A)가 정답이다.

5 What does the speaker encourage the listeners to do?
(A) Take photographs
(B) Ask questions
(C) Select some fruit
(D) Sign up for a newsletter

화자는 청자들에게 무엇을 하라고 권하는가?
(A) 사진 찍기
(B) 질문하기
(C) 과일 고르기
(D) 소식지 신청하기

어휘 **select** 선택하다, 고르다 **sign up for** ~을 신청하다 **newsletter** 소식지

해설 **화자의 권장 사항** 중반부에서 집에 가져갈 과일 한두 개를 자유롭게 따라(Feel free to pick one or two pieces of fruit along the way to take home with you)고 청자들에게 권하고 있으므로, (C)가 정답이다.

Paraphrasing 지문의 Feel free → 질문의 encourage
지문의 pick one or two pieces of fruit → 정답의 Select some fruit

6 According to the speaker, what will happen at the end of the tour?
(A) A shuttle bus will arrive.
(B) A survey will be distributed.
(C) A meal will be served.
(D) A special guest will speak.

화자에 따르면, 견학 마지막에 무슨 일이 있을 것인가?
(A) 셔틀버스가 도착할 것이다.
(B) 설문지가 배부될 것이다.
(C) 식사가 제공될 것이다.
(D) 특별 게스트가 연설할 것이다.

어휘 **survey** (설문) 조사 **distribute** 나눠주다, 배부하다

해설 **견학 마지막에 있을 일** 후반부에서 견학 마지막에(at the end of the tour), '농장에서 식탁까지 점심'을 다같이 하는 시간을 갖겠다(we'll have time to sit down together for a farm-to-table lunch)고 했으므로, (C)가 정답이다.

Paraphrasing 지문의 a farm-to-table lunch → 정답의 A meal

Questions 7 through 9 refer to the following talk.

M-Au Thank you all / for coming to our focus group. [7] All of you are valued customers / who have consistently expressed satisfaction / with the backpacks and handbags / our company makes. As you know from the invitation / to join this focus group, [8] we're planning / on introducing a new line of laptop bags soon—so we want to understand / what people are looking for / when they purchase a laptop bag. [9] For this focus group, we'll be talking together / about your preferences. I'm excited to hear / what you have to say.

7-9번은 다음 담화를 참조하시오.
포커스 그룹에 와주셔서 감사합니다. **7 여러분 모두 소중한 고객으로, 당사가 만드는 배낭과 핸드백에 대해 한결같이 만족감을 표시해 오셨습니다.** 이번 포커스 그룹 합류를 요청하는 초청장을 통해 아시겠지만, **8 저희는 곧 노트북 가방 신제품 라인을 선보일 계획입니다.** 그래서 사람들이 노트북 가방을 구입할 때 어떤 점을 기대하는지 알고 싶습니다. **9 이 포커스 그룹에서는 여러분의 선호도에 대해 함께 이야기하겠습니다. 여러분이 어떤 얘기를 하실지 듣게 되어 설레네요.**

어휘 **focus group** 포커스 그룹(시장 조사나 여론 조사를 위해 각 계층을 대표하도록 뽑은 소수의 사람들로 이뤄진 그룹) **valued** 소중한 **consistently** 한결같이, 일관되게 **express** 표현하다 **satisfaction** 만족 **preference** 선호(도)

7 What does the speaker's company manufacture?
(A) Furniture
(B) Clothing
(C) Cosmetics
(D) Bags

화자의 회사가 제조하는 것은?
(A) 가구
(B) 의류
(C) 화장품
(D) 가방

해설 **화자의 회사가 제조하는 것** 초반부에서 청자들 모두 회사가 만드는 배낭과 핸드백(the backpacks and handbags our company makes)에 대해 만족감을 표시해 온 소중한 고객들이라고 했으므로, 화자의 회사가 가방을 제조한다는 것을 알 수 있다. 따라서 (D)가 정답이다.

Paraphrasing 지문의 makes → 질문의 manufacture
지문의 backpacks and handbags → 정답의 Bags

8 What is the company planning to do?
(A) Change a logo
(B) Attend an exposition
(C) Open a branch store
(D) Offer new merchandise

회사는 무엇을 할 계획인가?
(A) 로고 변경
(B) 박람회 참석
(C) 지점 개설
(D) 신상품 제공

어휘 **exposition** 박람회 **merchandise** 상품

해설 **회사의 계획** 중반부에서 회사가 곧 노트북 가방 신제품 라인을 선보일 계획(we're planning on introducing a new line of laptop bags soon)이라고 했으므로, (D)가 정답이다.

Paraphrasing 지문의 introducing a new line of laptop bags → 정답의 Offer new merchandise

9 What will the listeners most likely do next?
(A) Participate in a discussion
(B) Take notes
(C) Complete an online survey
(D) Sign up for an interview

청자들은 다음에 무엇을 하겠는가?
(A) 토론 참여
(B) 메모
(C) 온라인 설문서 작성
(D) 면접 신청

어휘 **participate in** ~에 참여하다 **sign up for** ~을 신청하다

해설 **청자들이 다음에 할 일** 후반부에서 청자들의 선호도에 대해 함께 이야기하겠다(we'll be talking together about your preferences)고 한 후, 청자들이 어떤 얘기를 할지 듣게 되어 설렌다(I'm excited to hear what you have to say)고 덧붙였으므로, 청자들이 토론에 참여할 것이라고 추론할 수 있다. 따라서 (A)가 정답이다.

Questions 10 through 12 refer to the following tour information.

W-Am 10 We will now be entering the gallery / named Gold Hall. For this next part of our tour, I ask / that you please refrain from taking pictures. The first painting, here on our right, is *The Look*, arguably the most famous painting / by Esmeralda Blanchard. Now, I get asked this question a lot. 11 What exactly is the woman in the painting / looking at? Well, if you guessed the gardener / by the pond, you are correct. Historians have recently confirmed this / through a letter / Blanchard wrote to her sister. 12 You can read more / about the correspondence / in *Blanchard's Gaze*, a souvenir book / which is available in the gift shop, and gives details / on all the paintings / in our collection.

10-12번은 다음 관광 안내를 참조하시오.
10 이제 골드 홀이라는 갤러리에 들어가겠습니다. 지금부터는, 사진 촬영을 삼가 주실 것을 부탁드립니다. 여기 우리 오른쪽에 있는 첫 번째 그림은 에스메랄다 블랜차드의 가장 유명한 그림이라고 할 수 있는 〈눈길〉입니다. 자, 제가 이 질문을 많이 받습니다. **11 그림에 있는 여자는 정확히 무엇을 보고 있나요? 연못 옆 정원사라고 추측했다면, 여러분이 맞습니다.** 블랜차드가 자신의 자매에게 쓴 편지를 통해 사학자들이 최근 이것을 확인했습니다. **12 〈블랜차드의 시선〉에서 그 편지에 대해 더 많이 읽으실 수 있으며, 선물 가게에서 구입이 가능하신 이 기념 도서는 우리 소장품에 있는 모든 그림에 대한 상세한 내용이 담겨 있습니다.**

어휘 **refrain from -ing** ~을 삼가다 **arguably** 거의 틀림없이, 주장하건대 **historian** 사학자 **confirm** 확인하다 **correspondence** 서신, 편지

10 Where does the speaker most likely work?
(A) At a photography studio
(B) At a bookstore
(C) At a gardening center
(D) At an art museum

화자는 어디에서 일하겠는가?
(A) 사진 스튜디오
(B) 서점
(C) 원예용품점
(D) 미술관

해설 **화자의 근무 장소** 첫 문장에서 gallery가 언급되었고, 이어서 사진 촬영을 삼가 달라는 부탁도 하는 것으로 보아 (D)가 정답이다.

---

11 What does the speaker imply when she says, "I get asked this question a lot"?
(A) She doesn't know the answer.
(B) She wants people to refrain from asking this question.
(C) She knows people are curious.
(D) She is the only person who can provide an answer.

화자가 "제가 이 질문을 많이 받습니다"라고 말할 때 무엇을 암시하는가?
(A) 답을 모른다.
(B) 사람들이 질문하지 않기를 바란다.
(C) 사람들이 궁금해 한다는 것을 안다.
(D) 답을 할 수 있는 유일한 사람이다.

어휘 **curious** 호기심이 많은

해설 **화자의 의도 파악 문제** 제시 문장이 언급되는 앞뒤 문맥을 살핀다. 가장 유명한 그림인 〈눈길〉에 대한 질문을 많이 받는다고 하며 그림에 대해 설명한 것으로 보아 사람들이 이 그림에 관심이 많다는 사실을 알고 있다. 따라서 정답은 (C)이다.

---

12 What is *Blanchard's Gaze*?
(A) A song
(B) A book
(C) A painting
(D) A poem

〈블랜차드의 시선〉은 무엇인가?
(A) 노래
(B) 책
(C) 그림
(D) 시

해설 〈블랜차드의 시선〉의 정체 질문의 키워드인 Blanchard's Gaze에 주목한다. 담화 후반부에 보면 선물 가게에서 구입이 가능한 기념 도서(You can read ~ a souvenir book)라고 하면서 다른 그림들에 대한 내용도 담겨 있다고 했으므로 정답은 (B)이다.

Questions 13 through 15 refer to the following talk.

M-Au Hello everyone and [13]welcome to Rockpoint Caves. My name is Oliver / and I'll be your tour guide / this afternoon. Our tour will last / about two hours, and we will walk / about three kilometers / through caves beneath the wildlife reserve. [14]You are welcome to take pictures / during the tour, but you must stay / on the wooden walkways / at all times. Due to the cave's natural moisture / and the surrounding underground water systems, the rock floor is wet and slippery. [15]The caves are beautiful, but we want to be sure / that everyone is safe, so please watch your step. One final note. Please leave any food or beverages / on the tour bus / because you are not allowed / to bring them into the caves. Now let's begin our tour.

13-15번은 다음 담화를 참조하시오.

안녕하세요, 여러분. **13 록포인트 동굴에 오신 것을 환영합니다. 저는 올리버이고, 오늘 오후 여러분의 투어 가이드를 맡을 겁니다.** 투어는 약 2시간 지속되며 야생보호구역 아래 동굴들을 통과해 약 3km 걷게 됩니다. **14 투어 중 얼마든지 사진을 찍어도 되지만** 항상 목재 통로에 머물러야 합니다. 동굴의 자연적인 습기와 인근의 지하수계 때문에 암석 평원은 축축하고 미끄럽습니다. **15 동굴들은 아름답지만 모두가 안전해야 하니 발밑을 조심하세요.** 마지막 정보입니다. 식음료는 투어 버스에 두고 가십시오. 동굴 안으로 가지고 들어갈 수 없기 때문입니다. 이제 투어를 시작하죠.

어휘 **last** 계속하다, 지속하다 **beneath** ~ 아래에 **wildlife reserve** 야생보호구역 **walkway** 통로 **at all times** 항상 **due to** ~ 때문에 **surrounding** 인근의 **underground water** 지하수 **slippery** 미끄러운 **beverage** 음료 **be allowed to** ~하도록 허용되다

13 What is the main purpose of the talk?
(A) To give directions to a visitors' center
(B) To describe a nature tour
(C) To introduce a guest speaker
(D) To explain the history of a national park

담화의 주요 목적은?
(A) 방문자 센터로 가는 길을 알려주려고
(B) 자연 투어를 설명하려고
(C) 객원 연사를 소개하려고
(D) 국립공원 역사를 설명하려고

어휘 **directions** 길 안내 **describe** 말하다, 묘사하다 **explain** 설명하다 **national park** 국립공원

해설 **담화의 목적** 초반부에서 록포인트 동굴에 온 것을 환영한다(welcome to Rockpoint Caves)고 한 후, 자신이 오늘 오후 청자들의 투어 가이드를 맡을 예정(I'll be your tour guide this afternoon)이라고 했다. 이후에도 동굴 투어와 관련된 설명을 이어가고 있으므로, (B)가 정답이다.

14 What are listeners invited to do?
(A) Ask questions
(B) Bring along food
(C) Take photographs
(D) Swim in some areas

청자들은 무엇을 하도록 권유 받는가?
(A) 질문하기
(B) 음식 가져오기
(C) 사진 찍기
(D) 일부 구역에서 수영하기

해설 **청자들이 권유 받은 사항** 중반부에서 투어 중 얼마든지 사진을 찍어도 된다(You are welcome to take pictures during the tour)고 했으므로, (C)가 정답이다.

Paraphrasing 지문의 take pictures → 정답의 Take photographs

15 What does the speaker recommend?
(A) Walking carefully
(B) Taking notes
(C) Drinking a lot of water
(D) Wearing comfortable shoes

화자는 무엇을 권고하는가?
(A) 조심스럽게 걷기
(B) 메모하기
(C) 물 많이 마시기
(D) 편안한 신발 신기

어휘 **carefully** 조심스럽게, 주의하여 **take a note** 적다, 메모하다 **comfortable** 편안한

해설 **화자의 권고 사항** 후반부에서 모두가 안전해야 하니 발밑을 조심하라(we want to be sure that everyone is safe, so please watch your step)고 권고했으므로, (A)가 정답이다.

Paraphrasing 지문의 watch your step → 정답의 Walking carefully

Questions 16 through 18 refer to the following talk.

M-Au I have an update / on the 3D printers / we're going to install / here in the factory. [16]The machines should be up and running soon, and you're all going to need to learn / how to use them. [17]So, on Friday, you'll have a mandatory training session / on the operation and maintenance / of the new 3D printing equipment. We'll start promptly at one o'clock, right after your lunch break. [18]And speaking of the lunch break, some tables and chairs have been set up / on the patio.

16-18번은 다음 담화를 참조하시오.

오늘 공장에 설치할 3D 프린터에 관한 새 소식이 있습니다. **16 기계는 곧 작동할 것이고, 여러분 모두 기계 사용법을 배워야 합니다. 17 그래서 금요일에 새로운 3D 프린터 장비의 운용 및 유지보수에 관한 의무 교육 시간이 있을 겁니다.** 점심 시간 직후 1시 정각에 바로 시작할 예정입니다. **18 점심 시간에 관해서는,** 식탁과 의자가 테라스에 준비되어 있습니다.

어휘 **install** 설치하다 **up and running** 제대로 작동 중인 **mandatory** 의무적인 **operation** 작동, 운용 **maintenance** 유지보수 **equipment** 장비 **promptly** 정확히 제 시간에, 시간을 엄수하여

16 Who most likely are the listeners?

(A) Retail salespeople
(B) Fitness coaches
(C) Factory workers
(D) Software engineers

청자들은 누구이겠는가?

(A) 소매 판매업자
(B) 피트니스 강사
(C) 공장 근로자
(D) 소프트웨어 기술자

해설 **청자들의 신분** 초반부에서 기계는 곧 작동할 것(The machines should be up and running soon)이라고 한 후, 청자들 모두 기계 사용법을 배울 필요가 있다(you're all going to need to learn how to use them)고 했으므로, 청자들이 공장 근로자들이라고 추론할 수 있다. 따라서 (C)가 정답이다.

17 According to the speaker, what will the listeners do on Friday?

(A) They will be meeting a new executive.
(B) They will attend a training session.
(C) They will go to a staff appreciation event.
(D) They will be filmed for a promotional video.

화자에 따르면, 청자들은 금요일에 무엇을 할 것인가?

(A) 새 간부를 만날 것이다.
(B) 교육 시간에 참석할 것이다.
(C) 직원 사은 행사에 갈 것이다.
(D) 홍보용 동영상을 촬영할 것이다.

어휘 **executive** 경영 간부 **attend** 참석하다 **appreciation event** 사은 행사 **promotional** 홍보의

해설 **청자들이 금요일에 할 일** 중반부에서 금요일에(on Friday) 새로운 3D 프린터 장비의 운용 및 유지보수에 관한 의무 교육을 받는다(you'll have a mandatory training session on the operation and maintenance of the new 3D printing equipment)고 했으므로, (B)가 정답이다.

Paraphrasing 지문의 have a mandatory training session → 정답의 attend a training session

18 Why does the speaker say, "some tables and chairs have been set up on the patio"?

(A) To express surprise
(B) To correct a misunderstanding
(C) To point out an error
(D) To make a suggestion

화자가 "식탁과 의자가 테라스에 준비되어 있습니다"라고 말할 때, 그 의도는 무엇인가?

(A) 놀라움을 표시하려고
(B) 오해를 바로잡으려고
(C) 실수를 지적하려고
(D) 제안하려고

어휘 **express** 표현하다 **correct** 바로잡다 **misunderstanding** 오해 **point out** 지적하다 **make a suggestion** 제안하다

해설 **화자의 의도 파악 문제** 후반부에서 점심 시간(the lunch break)을 언급한 후, '식탁과 의자가 테라스에 준비되어 있습니다(some tables and chairs have been set up on the patio)'라고 덧붙였다. 이는 식탁과 의자가 준비된 테라스를 언급해 식사 장소를 제안하려는 의도라고 볼 수 있으므로, (D)가 정답이다.

Questions 19 through 21 refer to the following talk and map.

M-Au Welcome to the Miller Park Visitor Center. Before we get

19-21번은 다음 담화와 지도를 참조하시오.

밀러 공원 탐방 안내소에 오신 것을 환영합니

started, [19] I want to thank you / for volunteering to help maintain our beautiful outdoor space. Our goal is to make sure / all the park trails are safe / and easy to use. [20] As you know, the recent thunderstorms have eroded parts of the trail / around the lake. We've identified a few places / where retaining walls will help protect that trail / from further erosion. Each number on your map / is an area / where we plan to build a short wall. [21] We'll start / by building a wall / over by the community garden.

다. 시작하기 전, **19 아름다운 야외 공간을 유지하는 데 도움을 주고자 자원해 주셔서 감사합니다.** 우리의 목표는 공원의 모든 길이 이용하기에 안전하고 편하도록 만드는 것입니다. **20 아시다시피 최근 뇌우로 호수 주변 길 일부가 침식됐습니다.** 옹벽이 더 이상의 침식에서 길을 보호하는 데 도움이 될 만한 장소 몇 곳을 파악해 두었습니다. 지도의 각 숫자는 낮은 벽을 세우려고 계획하는 곳입니다. **21 공동체 텃밭 옆에 벽을 세우는 것부터 시작하겠습니다.**

어휘 **volunteer** 자원하다 **maintain** 유지하다 **trail** 산길, 오솔길 **recent** 최근의 **thunderstorm** 뇌우 **erode** 침식시키다 **identify** 확인하다, 파악하다 **retaining wall** 옹벽 **protect from** ~로부터 지키다 **further** 더 이상의 **erosion** 침식

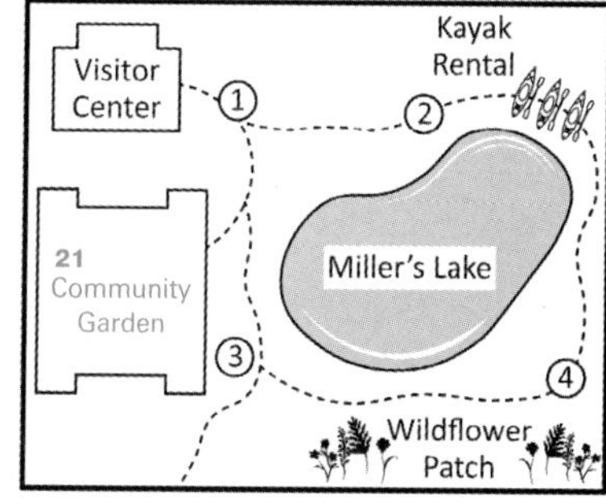

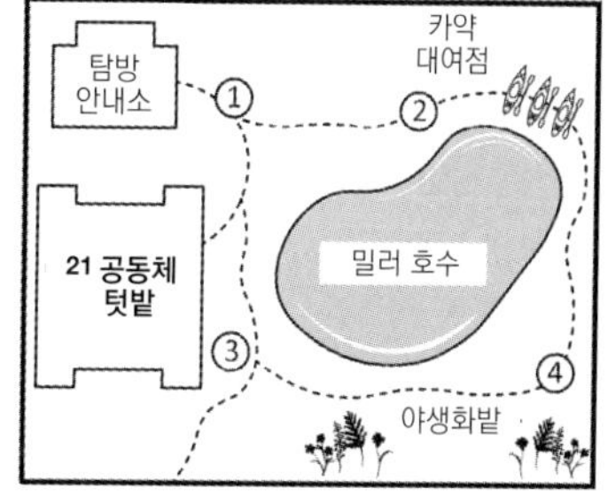

어휘 **rental** 대여 **patch** 작은 땅, 밭

19 Why does the speaker thank the listeners?
(A) For volunteering to do some work
(B) For donating some money
(C) For bringing some refreshments
(D) For leading a tour

화자가 청자들에게 감사하는 이유는?
(A) 작업을 하겠다고 자원해서
(B) 돈을 기부해서
(C) 다과를 가져와서
(D) 투어를 진행해서

어휘 **donate** 기부하다 **refreshments** 다과

해설 **청자들에게 감사하는 이유** 초반부에서 아름다운 야외 공간을 유지하는 데 도움을 주고자 자원해 준 것(volunteering to help maintain our beautiful outdoor space)에 대해 감사하고 싶다고 했으므로, (A)가 정답이다.

Paraphrasing 지문의 help maintain our beautiful outdoor space → 정답의 do some work

20 What happened recently?
(A) Some trees were planted.
(B) A visitor center was built.
(C) A storm caused some damage.
(D) There was a safety inspection.

최근 어떤 일이 있었는가?
(A) 나무들을 심었다.
(B) 탐방 안내소가 건립됐다.
(C) 폭풍우로 훼손이 있었다.
(D) 안전 점검이 있었다.

어휘 **cause** 야기하다 **damage** 손상, 훼손 **safety** 안전 **inspection** 점검

해설 **최근에 발생한 일** 중반부에서 최근 뇌우로 호수 주변 길 일부가 침식됐다(the recent thunderstorms have eroded parts of the trail around the lake)고 했으므로, (C)가 정답이다.

Paraphrasing 지문의 eroded parts of the trail → 정답의 caused some damage

21 Look at the graphic. Where will the listeners go next?
(A) To area 1
(B) To area 2
(C) To area 3
(D) To area 4

시각정보에 따르면, 청자들은 다음으로 어디에 가겠는가?
(A) 1구역
(B) 2구역
(C) 3구역
(D) 4구역

해설 **시각정보 연계 문제_청자들이 다음에 갈 곳** 후반부에서 공동체 텃밭 옆에 벽을 세우는 것부터 시작하겠다(We'll start by building a wall over by the community garden)고 했으므로, 청자들이 공동체 텃밭 옆으로 갈 것임을 알 수 있다. 시각정보를 보면, '공동체 텃밭(Community Garden)' 옆은 '3구역(③)'이므로, (C)가 정답이다.

PART 4 ETS 파트별 모의고사

교재 p.248

71. (A)	**72.** (B)	**73.** (C)	**74.** (A)	**75.** (B)	**76.** (D)	**77.** (B)
78. (D)	**79.** (C)	**80.** (C)	**81.** (A)	**82.** (C)	**83.** (D)	**84.** (A)
85. (C)	**86.** (D)	**87.** (C)	**88.** (A)	**89.** (C)	**90.** (A)	**91.** (D)
92. (A)	**93.** (C)	**94.** (D)	**95.** (B)	**96.** (A)	**97.** (D)	**98.** (B)
99. (D)	**100.** (A)					

Questions 71 through 73 refer to the following advertisement.

M-Cn 71 Are you looking for a new bank? Then you should definitely consider MKR. 72 This bank recently received an award / from the National Monetary Institute / for its exceptional customer service. This is / in large part / due to its well-trained, friendly employees. 73 And if you open a new savings account / in the month of September, you'll qualify for a complimentary consultation / with a financial advisor. Remember MKR / for all your financial needs.

71-73번은 다음 광고를 참조하시오.

71 새로운 은행을 찾고 계십니까? 그렇다면 MKR을 꼭 고려해 보세요. **72 최근 매우 우수한 고객 서비스로 전국 통화 기구에서 상을 받았습니다.** 이는 대부분 숙련되고 친절한 직원들 때문입니다. 그리고 **73 9월에 새로 보통 예금 계좌를 개설하시면 재무 고문에게 무료 상담을 받을 자격을 얻습니다.** 귀하의 모든 금융 관련 도움이 필요할 때 MKR을 기억해 주십시오.

어휘 **definitely** 분명히, 확실히 **recently** 최근 **award** 상 **monetary** 통화의 **institute** 기구, 기관 **exceptional** 이례적일 정도로 우수한 **due to** ~ 때문에 **savings account** 보통 예금 **qualify for** ~의 자격을 얻다 **complimentary** 무료의 **consultation** 상담 **financial** 금융의, 재정의 **advisor** 고문, 조언자

71 What kind of business is being advertised?

(A) A bank
(B) A law office
(C) An accounting firm
(D) An insurance agency

어떤 유형의 업체를 광고하고 있는가?

(A) 은행
(B) 법률사무소
(C) 회계사무소
(D) 보험영업소

해설 **광고하고 있는 업체** 지문의 맨 앞에서 새로운 은행을 찾고 계십니까?(Are you looking for a new bank?)라고 물으며 은행을 홍보하려는 분위기를 보여주고 있다. 따라서 정답은 (A)이다.

72 What has the business recently received?

(A) A grant
(B) An award
(C) A government contract
(D) A construction permit

이 업체는 최근 무엇을 받았는가?

(A) 보조금
(B) 상
(C) 정부 계약
(D) 건설 허가

어휘 **grant** 보조금 **government** 정부 **permit** 허가

해설 **최근에 받은 것** 지문 앞 부분에서 이 은행이 최근에 우수한 고객 서비스로 전국 통화 기구에서 상을 받았다(recently received an award)고 말하고 있으므로 정답은 (B)이다.

73 According to the speaker, what can new customers receive in September?

(A) A complimentary tote bag
(B) Access to informational videos
(C) A free consultation
(D) An extended service agreement

화자에 따르면, 신규 고객은 9월에 무엇을 받을 수 있는가?

(A) 무료 손가방
(B) 정보 제공 비디오 이용
(C) 무료 상담
(D) 서비스 계약 연장

어휘 **informational** 정보를 제공하는 **extend** 연장하다 **agreement** 협정, 합의

해설 **신규 고객이 9월에 받을 것** 지문 후반부에서 9월에 보통 예금 계좌를 개설하면 재무 고문에게 무료 상담을 받을 자격을 얻는다(you'll qualify for a complimentary consultation)고 말하고 있다. 따라서 정답은 (C)이다.

Paraphrasing 지문의 complimentary → 정답의 free

Questions 74 through 76 refer to the following announcement.

M-Cn [74] Attention, please. MetroPlex train service to New York / on the eastbound line / has now been restored. Passengers taking the 7:07 train to New York / may now board the train. [75] Once you've taken a seat, remember to have your tickets ready / to show the conductor / as he comes through the compartments. [76] Unfortunately, Wi-Fi service is currently not available / on this train. We apologize for this inconvenience. And thank you / for traveling with MetroPlex.

74-76번은 다음 공지를 참조하시오.

74 알려드립니다. 동쪽 방향 노선의 뉴욕행 메트로플렉스 열차 서비스가 복구됐습니다. 7시 7분 뉴욕행 열차를 이용하실 승객께서는 지금 열차에 탑승하셔도 좋습니다. **75 좌석에 앉으시면 승무원이 객실로 왔을 때 보여주실 수 있도록 승차권을 준비해 주시기 바랍니다. 76 안타깝게도 본 열차에서는 현재 와이파이 서비스를 이용하실 수 없습니다. 불편을 드려 죄송합니다.** 메트로플렉스를 이용해 주셔서 감사합니다.

어휘 **attention** 주목, 알립니다 **eastbound** 동쪽으로 가는 **restore** 복구하다 **passenger** 승객 **board** 탑승하다 **conductor** 승무원 **compartment** 객실, 칸 **currently** 현재 **available** 이용 가능한 **apologize** 사과하다 **inconvenience** 불편

74 What is the purpose of the announcement?

(A) To provide information about train service
(B) To suggest alternate travel arrangements
(C) To tell passengers to check a departure board
(D) To request that a passenger come to the service desk

공지의 목적은?

(A) 열차 서비스 관련 정보를 제공하려고
(B) 대신 선택할 수 있는 이동 방식을 제안하려고
(C) 승객들에게 출발 안내 전광판을 확인하라고 말하려고
(D) 승객들에게 서비스 데스크로 오라고 요청하려고

어휘 **provide** 제공하다 **suggest** 제안하다 **alternative** 대안이 되는, 대체 가능한 **arrangement** 방식, 준비 **departure** 출발

해설 **공지의 목적** 초반부에서 알린다(Attention, please)고 한 후, 동쪽 방향 노선의 뉴욕행 메트로플렉스 열차 서비스가 복구됐다(MetroPlex train service to New York on the eastbound line has now been restored)며 열차 서비스 관련 정보를 제공하고 있으므로, (A)가 정답이다.

---

75 What does the speaker remind the listeners to do?

(A) Remain in their seats
(B) Show their tickets
(C) Store their luggage
(D) Listen for station alerts

화자는 청자들에게 무엇을 하라고 상기시키는가?

(A) 좌석에 앉아 있기
(B) 승차권 보여주기
(C) 짐 보관하기
(D) 역 알림 정보 잘 듣기

어휘 **remain** 남아 있다 **store** 보관하다, 저장하다 **luggage** 짐, 수하물 **alert** 알림, 경보

해설 **청자들에게 상기시키는 사항** 중반부에서 승무원이 객실로 왔을 때 보여줄 수 있도록 승차권을 준비해 달라(remember to have your tickets ready to show the conductor as he comes through the compartments)고 요청했으므로, (B)가 정답이다.

Paraphrasing 지문의 remember → 질문의 remind

76 Why does the speaker apologize?
(A) A dining car is closed.
(B) Downstairs seating is full.
(C) Refunds will not be issued.
(D) Wi-Fi service is not working.

화자는 왜 사과하는가?
(A) 식당칸이 문을 닫았다.
(B) 아래층 좌석이 다 찼다.
(C) 환불이 되지 않을 것이다.
(D) 와이파이 서비스가 되지 않는다.

어휘 **issue a refund** 환불해 주다

해설 **화자가 사과한 이유** 후반부에서 본 열차에서는 현재 와이파이 서비스를 이용할 수 없다(Wi-Fi service is currently not available on this train)고 한 후, 불편에 대한 사과(We apologize for this inconvenience)를 전했으므로, (D)가 정답이다.

Paraphrasing 지문의 not available → 정답의 not working

Questions 77 through 79 refer to the following recorded message.

W-Br Thank you / for calling the Haverton Museum of Art. 77 Despite the ongoing construction at the museum, we are accepting visitors! None of the exhibits indoors are affected / by the renovations. 78 We've temporarily opened a second entrance / on the side of the building, which you can find / by following the posted signs. And, 79 if you'd like to support this project's success / and other initiatives at the museum, please consider making a contribution, which you can do / over the phone, online, or in person / at the ticket booth!

77-79번은 다음 녹음 메시지를 참조하시오.
헤이버튼 미술관에 전화해 주셔서 감사합니다. **77 계속 진행 중인 미술관 공사에도 불구하고 방문객을 받고 있습니다!** 실내 전시품 중 어느 것도 개조 공사로 영향을 받지 않습니다. **78 건물 옆쪽에 임시로 두 번째 입구를 열었습니다. 걸려 있는 표지판을 따라오시면 찾으실 수 있습니다. 79 본 프로젝트의 성공 및 미술관의 다른 계획을 지원하고자 하신다면 기부를 고려해 주세요.** 유선상이나 온라인으로, 또는 매표소에서 직접 하실 수 있습니다!

어휘 **despite** ~에도 불구하고 **ongoing** 계속 진행 중인 **construction** 공사 **accept** 받다 **exhibit** 전시품 **affect** 영향을 미치다 **renovation** 개조 **temporarily** 임시로 **entrance** 입구 **initiative** 계획 **consider** 고려하다 **contribution** 기부 **in person** 직접

77 What is the main purpose of the message?
(A) To announce an art contest
(B) To confirm that the museum is open
(C) To advertise discounted tickets
(D) To explain why an exhibit has been canceled

메시지의 주요 목적은?
(A) 미술대회를 알리려고
(B) 박물관이 영업 중이라는 것을 알려주려고
(C) 할인 입장권을 광고하려고
(D) 전시가 취소된 이유를 설명하려고

어휘 **announce** 알리다 **confirm** 사실임을 보여주다, 확인해 주다 **advertise** 광고하다 **discounted** 할인된

해설 **메시지의 목적** 초반부에서 계속 진행 중인 미술관 공사에도 불구하고 방문객을 받고 있다(Despite the ongoing construction at the museum, we are accepting visitors!)고 한 후, 미술관이 영업 중이라는 것과 관련된 설명을 이어가고 있으므로, (B)가 정답이다.

Paraphrasing 지문의 accepting visitors → 정답의 open

---

78 What can the listeners find by following some signs?
(A) Extra seating
(B) A parking area
(C) An information booth
(D) A temporary entrance

청자들은 표지판을 따라 가면 무엇을 찾을 수 있는가?
(A) 추가 좌석
(B) 주차구역
(C) 안내 부스
(D) 임시 입구

해설 **청자들이 표지판을 따라 가면 찾을 수 있는 것** 중반부에서 건물 옆쪽에 임시로 두 번째 입구를 열었다(We've temporarily opened a second entrance on the side of the building)고 한 후, 걸려 있는 표지판을 따라가면 찾을 수 있다(which you can find by following the posted signs)며 입구를 찾는 방법을 덧붙였으므로, (D)가 정답이다.

---

79 How can the listeners help?
(A) By signing a petition
(B) By writing a letter
(C) By making a donation
(D) By placing an order

청자들은 어떻게 도움을 줄 수 있는가?
(A) 탄원서에 서명함으로써
(B) 편지를 써서
(C) 기부를 함으로써
(D) 주문을 함으로써

어휘 **petition** 탄원서, 청원서 **donation** 기부 **place an order** 주문을 넣다

해설 **청자들이 도움을 줄 수 있는 방법** 후반부에서 본 프로젝트의 성공 및 미술관의 다른 계획을 지원하고자 한다면(if you'd like to support this project's success and other initiatives at the museum) 기부를 고려해 달라(please consider making a contribution)고 요청했으므로, (C)가 정답이다.

Paraphrasing 지문의 support → 질문의 help
지문의 making a contribution → 정답의 making a donation

Questions 80 through 82 refer to the following telephone message.

W-Am Hello, this message is for Mr. Fernandez. My name is Sakshi Singh, and I work in acquisitions / at Prasad Athletic Apparel. 80 I received your design / for a specialized shirt / that protects athletes from the Sun's UV rays. We actually already offer a shirt with UV protection / in our product line / and 81 we're not actively seeking to expand that line. But I decided to take a look at the design / you sent us anyway, and... I haven't seen anything like this before! I'd like to have my assistant set up a time / that we can talk. 82 I'm leaving tomorrow for Chicago / to attend my cousin's wedding, so I won't be available / until next week.

80-82번은 다음 전화 메시지를 참조하시오.

안녕하세요. 페르난데즈 씨께 남기는 메시지입니다. 저는 삭시 싱이고 프라사드 운동복 매입 부서에서 일하고 있습니다. **80 선수들을 태양 자외선으로부터 보호하는 귀하의 전문 셔츠 디자인을 받았습니다.** 사실 저희 제품군에서도 자외선 차단이 되는 셔츠를 이미 제공하고 있으며, **81 해당 제품군을 적극 확장하지는 않을 예정입니다. 하지만 어쨌든 보내 주신 디자인은 한번 보기로 결정했습니다.** 그리고… 이런 것은 전에 본 적이 없거든요! 제 비서가 이야기할 시간을 잡도록 하고 싶은데요. **82 내일은 제가 사촌 결혼식에 참석차 시카고로 떠나서 다음주까지는 시간이 안 될 겁니다.**

어휘 **acquisition** 매입, 인수 **apparel** 의복, 의류 **specialized** 전문화된 **protect** 보호하다 **UV rays** 자외선 **actively** 적극적으로, 활발히 **expand** 확장하다 **attend** 참석하다 **available** 시간이 되는

80 Who was a clothing item designed for?

(A) Gardeners
(B) Actors
(C) Athletes
(D) Doctors

의복은 누구를 위해 디자인한 것인가?

(A) 정원사
(B) 배우
(C) 운동선수
(D) 의사

해설 **디자인한 의복의 착용 대상** 초반부에서 선수들을 태양 자외선으로부터 보호하는 전문 셔츠 디자인을 받았다(I received your design for a specialized shirt that protects athletes from the Sun's UV rays)고 했으므로, 운동선수를 위해 디자인한 의복임을 알 수 있다. 따라서 (C)가 정답이다.

---

81 What does the speaker imply when she says, "I haven't seen anything like this before"?

(A) She may be interested in a business deal.
(B) She thinks an employee deserves an award.
(C) She will need to consult a manual.
(D) She is happy with the success of a product.

화자가 "이런 것은 전에 본 적이 없거든요"라고 말할 때, 그 의도는 무엇인가?

(A) 사업상 거래할 의향이 있을 수도 있다.
(B) 직원이 상을 받을 만하다고 생각한다.
(C) 설명서를 찾아봐야 할 것이다.
(D) 제품이 성공을 거둬서 기쁘다.

어휘 **business deal** 사업 거래, 상거래 **deserve** ~할 만하다 **award** 상 **consult** 찾아보다

해설 **화자의 의도 파악 문제** 중반부에서 해당 제품군을 적극 확장하지는 않을 예정(we're not actively seeking to expand that line)이라고 했는데, 바로 직후 보낸 디자인은 한번 보기로 결정했다(I decided to take a look at the design you sent us)면서 '이런 것은 전에 본 적이 없거든요(I haven't seen anything like this before)'라며 상반된 결정의 이유를 덧붙였다. 이는 전에 본 적이 없음을 강조해 계획과 달리 거래 가능성이 있음을 나타내려는 의도라고 볼 수 있으므로, (A)가 정답이다.

82 Why is the speaker traveling to Chicago?
(A) To speak at a conference
(B) To take a city tour
(C) To attend a wedding
(D) To meet with some clients

화자가 시카고에 가는 이유는?
(A) 회의에서 연설하기 위해
(B) 도시 관광을 하기 위해
(C) 결혼식에 참석하기 위해
(D) 고객을 만나기 위해

해설 **화자가 시카고에 가는 이유** 후반부에서 내일 사촌 결혼식에 참석차 시카고로 떠난다(I'm leaving tomorrow for Chicago to attend my cousin's wedding)고 했으므로, (C)가 정답이다.

Questions 83 through 85 refer to the following advertisement.

W-Am Are you an active person? Well, 83 Howell is looking for people / to try out one of our new activewear products. Here's how it works. We'll send you an article of clothing, like a lightweight shirt / or a pair of shorts. Once you've worn it / for a while, you'll speak with a Howell employee / and share your opinion of the product. 84 The best part is, you won't need to return the product—it's yours for free! Interested in signing up? Visit our Web site / at howell.com / for additional details and restrictions. 85 Please be aware / that those living overseas / will not be eligible to participate, due to shipping considerations.

83-85번은 다음 광고를 참조하시오.

당신은 활동적인 사람입니까? 자, **83 하월에서 새로운 스포츠 의류 제품 중 하나를 테스트할 분들을 찾습니다.** 이런 절차로 진행됩니다. 저희가 경량 셔츠나 반바지와 같은 의류 품목을 보내 드립니다. 얼마간 해당 의류를 입고 나면, 하월 직원과 이야기를 나누며 제품에 관한 의견을 알려주실 겁니다. **84 가장 좋은 점은 제품을 돌려주실 필요가 없다는 것입니다. 무료로 드립니다!** 신청하고 싶으신가요? 추가 세부사항과 제한사항은 저희 웹사이트 howell.com을 방문하세요. **85 해외에 거주하시는 분들은 운송 고려사항 때문에 참가 자격이 없음을 알려드립니다.**

어휘 **try out** 테스트하다 **article** 물품 **lightweight** 경량의 **for a while** 잠시 동안 **sign up** 신청하다 **additional** 추가의 **restriction** 제한 **be aware** 알다 **overseas** 해외에 **eligible** 자격이 있는 **participate** 참가하다 **consideration** 고려 사항

83 What does Howell produce?
(A) Backpacks
(B) Health food
(C) Exercise machines
(D) Athletic clothing

하월은 무엇을 생산하는가?
(A) 배낭
(B) 건강식품
(C) 운동 기구
(D) 운동복

해설 **하월이 생산하는 제품** 초반부에서 하월에서 새로운 스포츠 의류 제품 중 하나를 테스트할 사람들을 찾는다(Howell is looking for people to try out one of our new activewear products)고 했으므로, 하월이 스포츠 의류 제품을 생산한다는 것을 알 수 있다. 따라서 (D)가 정답이다.

Paraphrasing 지문의 activewear products → 정답의 Athletic clothing

84 What incentive is provided to encourage participation?
(A) Participants will be allowed to keep a product sample.
(B) Participants will be entered into a raffle for a prize.
(C) Participants will receive a gift certificate.
(D) Participants will be featured in a documentary film.

참여를 권장하기 위해 어떤 장려책이 제공되는가?
(A) 참가자들은 제품 견본을 가질 수 있다.
(B) 참가자들은 경품 추첨에 참여하게 된다.
(C) 참가자들은 상품권을 받는다.
(D) 참가자들은 다큐멘터리 영화에 출연할 것이다.

어휘 **participant** 참가자 **allow** 허락하다, 허용하다 **raffle** 복권 추첨 **receive** 받다 **gift certificate** 상품권 **feature** 특별히 포함하다

해설 **참여를 권장하기 위해 제공되는 장려책** 중반부에서 가장 좋은 점은 제품을 돌려줄 필요가 없다는 것(The best part is, you won't need to return the product)이라고 한 후, 무료로 제공한다(it's yours for free)고 했으므로, (A)가 정답이다.

Paraphrasing 지문의 won't need to return the product → 정답의 will be allowed to keep a product sample

85 According to the speaker, who cannot participate?
(A) Howell employees
(B) Previous product testers
(C) People living abroad
(D) Professional athletes

화자에 따르면, 참가할 수 없는 사람은?
(A) 하웰 직원
(B) 이전 제품 테스터
(C) 해외 거주자
(D) 프로 선수

어휘 **previous** 이전의 **abroad** 해외에 **athlete** 선수

해설 **참가할 수 없는 사람** 후반부에서 해외에 거주하는 사람들은 운송 고려사항 때문에 참가 자격이 없다(those living overseas will not be eligible to participate, due to shipping considerations)고 했으므로, (C)가 정답이다.

Paraphrasing 지문의 will not be eligible to participate → 질문의 cannot participate
지문의 those living overseas → 정답의 People living abroad

Questions 86 through 88 refer to the following excerpt from a meeting.

M-Cn I'm happy / to see all our restaurant managers / here today. 86 Last year was our best year yet. Company profits rose more than ten percent! Now, we plan to capitalize on that success / by opening more locations. In fact, one of them will be located / inside the regional airport, which will give travelers a unique dining option. And, 87 the terminal where we'll open this location / is brand-new, so there aren't any other restaurants nearby. 88 We've even created an exciting television commercial / for the new location—I'd like to show that / to you now.

86-88번은 다음 회의 발췌를 참조하시오.

오늘 이곳에서 우리 음식점 관리자들을 모두 뵙게 되어 기쁩니다. **86 작년은 이제껏 최고의 해였습니다. 회사의 이윤이 10퍼센트 이상 올랐습니다!** 이제 우리는 더 많은 지점을 열어 성공을 활용할 계획입니다. 사실 그중 하나는 지역 공항 내에 위치하여, 여행객들에게 독특한 식사를 제공할 것입니다. **87 해당 지점을 열게 될 터미널은 신규이므로** 인근에 다른 음식점이 없습니다. **88 새 지점을 위한 멋진 TV 광고까지 만들었습니다. 지금 광고를 보여드리고자 합니다.**

어휘 **profit** 이윤, 수익 **rise** 오르다(과거형 rose) **capitalize on** ~을 활용하다 **in fact** 사실 **regional** 지역의 **brand-new** 아주 새로운 **nearby** 인근에 **commercial** 광고

86 What does the speaker say happened last year?
(A) A budget was exceeded.
(B) An award was received.
(C) Employees earned certifications.
(D) Profits increased.

화자는 작년에 어떤 일이 있었다고 말하는가?
(A) 예산이 초과됐다.
(B) 상을 받았다.
(C) 직원들이 자격증을 받았다.
(D) 이윤이 증가했다.

어휘 **budget** 예산 **exceed** 넘다 **award** 상 **earn** 받다, 벌다 **certification** 증명서 **increase** 증가하다, 늘다

해설 **작년에 발생한 일** 초반부에서 작년은 이제껏 최고의 해였다(Last year was our best year yet)고 한 후, 회사의 이윤이 10퍼센트 이상 올랐다(Company profits rose more than ten percent!)며 최고의 해라고 판단한 근거를 덧붙였으므로, (D)가 정답이다.

Paraphrasing 지문의 Company profits rose → 정답의 Profits increased.

---

87 What does the speaker imply when he says, "there aren't any other restaurants nearby"?
(A) A restaurant address is incorrect.
(B) A meeting should be canceled.
(C) A new restaurant will be successful.
(D) A menu should not be changed.

화자가 "인근에 다른 음식점이 없습니다"라고 말할 때, 그 의도는 무엇인가?
(A) 음식점 주소가 잘못됐다.
(B) 회의가 취소되어야 한다.
(C) 새 음식점이 성공을 거둘 것이다.
(D) 메뉴가 변경되면 안 된다.

어휘 **incorrect** 맞지 않는, 부정확한 **cancel** 취소하다 **successful** 성공적인

해설 **화자의 의도 파악 문제** 중반부에서 해당 지점을 열게 될 터미널은 신규(the terminal where we'll open this location is brand-new)라고 한 후, '인근에 다른 음식점이 없습니다(there aren't any other restaurants nearby)'라고 덧붙였다. 이는 화자가 신규 터미널 주변에 경쟁 음식점이 없다고 언급해 새 음식점이 성공을 거둘 것임을 강조하려는 의도라고 볼 수 있으므로, (C)가 정답이다.

88 What will the listeners do next?
(A) Watch a commercial
(B) Write some reports
(C) Try some food samples
(D) Book a flight

청자들은 다음으로 무엇을 할 것인가?
(A) 광고 시청하기
(B) 보고서 쓰기
(C) 음식 견본 시식하기
(D) 항공편 예약하기

해설 **청자가 다음에 할 일** 후반부에서 새 지점을 위한 멋진 TV 광고까지 만들었다(We've even created an exciting television commercial for the new location)고 한 후, 지금 보여주겠다(I'd like to show that to you now)고 했으므로, (A)가 정답이다.

Questions 89 through 91 refer to the following instructions.

W-Br Good morning, and 89 thank you / for volunteering to be part of our focus group. We want to try out a new format / for our television news program, and we're interested in hearing your opinions. Let me explain / how the study will work. We're going to show you a news broadcast / that will last a half hour. 90 At the end of the broadcast, you will complete a questionnaire / about what parts of the program interested you. All you need to do / is watch the television / as you would at home. To thank you / for your participation, 91 you'll each receive a gift card / for a local restaurant.

89-91번은 다음 지시 사항을 참조하시오.

안녕하세요, **89 저희 포커스 그룹의 일원으로 자원해주셔서 감사합니다.** 저희는 텔레비전 뉴스 프로그램에 새로운 형식을 시도해 보고 싶어서 귀하의 의견을 듣고자 합니다. 연구가 어떻게 진행될지 설명해 드리겠습니다. 30분 동안 계속될 뉴스 방송을 보여드릴 겁니다. **90 방송이 끝나면 프로그램의 어떤 부분이 관심을 끌었는지에 대하여 설문지를 작성하실 겁니다.** 여러분이 하실 일은 집에서처럼 텔레비전을 보시기만 하면 됩니다. 여러분의 참여에 감사드리고자, **91 여러분 각자에게 지역 식당의 상품권을 드리겠습니다.**

어휘 **format** 형식 **opinion** 의견 **broadcast** 방송 **last** 지속되다 **questionnaire** 설문지 **participation** 참여

89 What are the listeners participating in?
(A) An audition
(B) A job fair
(C) A focus group
(D) A trade show

청자들이 참여하고 있는 것은?
(A) 오디션
(B) 취업 박람회
(C) 포커스 그룹
(D) 무역 박람회

해설 **청자들이 참여하고 있는 것** 지문 맨 앞에서 포커스 그룹의 일원으로 자원해주셔서 감사하다(thank you for volunteering to be part of our focus group)고 인사를 전하고 있다. 따라서 정답은 (C)이다.

90 What does the speaker tell the listeners to do at the end of the session?
(A) Fill out a questionnaire
(B) Refer a friend
(C) Submit a résumé
(D) Pick up a newsletter

화자가 세션이 끝날 때 청자에게 하라고 하는 것은?
(A) 설문지 작성
(B) 친구 추천
(C) 이력서 제출
(D) 소식지 수령

어휘 **fill out** 작성하다, 기입하다 **refer** 추천하다, 참조하다 **submit** 제출하다

해설 **세션이 끝날 때 청자들이 할 일** 지문 중반부에서 방송이 끝나면 설문지를 작성할 것(At the end of the broadcast, you will complete a questionnaire)이라고 말하고 있으므로 정답은 (A)이다.

Paraphrasing 지문의 complete → 정답의 Fill out

91 What will the listeners receive?
(A) A free membership
(B) Refreshments
(C) Newspaper subscriptions
(D) Gift cards

청자들이 받을 것은?
(A) 무료 회원권
(B) 다과
(C) 신문 구독권
(D) 상품권

해설 **청자들이 받을 것** 지문 마지막에서 감사의 의미로 지역 식당의 상품권을 드린다고 했으므로 정답은 (D)이다.

Questions 92 through 94 refer to the following excerpt from a meeting.

M-Cn I have some things / to go over / before the shop opens. First, we're expanding our inventory— [92] we're going to offer mobile phone holders / for use in vehicles, in addition to the floor mats / and the covers for car seats and steering wheels / that we already offer. I'll schedule a time / to demonstrate the new products / once they arrive. Next, [93] unfortunately, the clear plastic floor mats / aren't being produced anymore. I'm not sure why, but the manufacturer decided to stop making them. One last thing: [94] a new salesperson will be starting / next Monday, and I'd like one of you to train her. Omar, aren't you working / every day next week?

92-94번은 다음 회의 발췌를 참조하시오.

매장을 열기 전 점검할 사항들이 있습니다. 첫째, 우리는 재고를 확대하고 있습니다. **92 이미 제공하고 있는 바닥 매트, 차량 좌석 및 핸들 커버에 더해 차량용 휴대전화 거치기를 제공할 예정입니다.** 신제품들이 도착하면 시연할 시간을 잡겠습니다. 다음으로, **93 안타깝게도 투명 플라스틱 바닥 매트는 더 이상 생산되지 않습니다.** 이유는 잘 모르지만 제조업체에서 제조를 중단하기로 결정했습니다. 마지막으로 **94 신입 판매사원이 다음 주 월요일부터 일을 시작하는데, 여러분 중 한 분이 교육을 해 주셨으면 합니다.** 오마르, 다음 주에 매일 일하지 않나요?

어휘 **expand** 확대시키다 **inventory** 물품 목록, 재고 **in addition to** ~에 더하여 **steering wheel** 핸들 **demonstrate** 시연하다 **produce** 생산하다 **manufacturer** 제조업자

92 What does the business sell?

(A) Vehicle accessories

(B) Custom-made furniture

(C) Office supplies

(D) Fitness equipment

업체는 무엇을 판매하는가?

(A) 차량 부대용품

(B) 주문 제작 가구

(C) 사무용품

(D) 운동 장비

어휘 **custom-made** 주문 제작한 **office supply** 사무용품 **equipment** 장비

해설 **업체가 판매하는 제품** 초반부에서 이미 제공하고 있는 바닥 매트, 차량 좌석 및 핸들 커버에 더해 차량용 휴대전화 거치기를 제공할 예정(we're going to offer mobile phone holders for use in vehicles, in addition to the floor mats and the covers for car seats and steering wheels that we already offer)이라고 했으므로, 업체가 차량 관련 제품을 판매한다는 것을 알 수 있다. 따라서 (A)가 정답이다.

Paraphrasing 지문의 the floor mats and the covers for car seats and steering wheels → 정답의 accessories

93 What does the speaker say about the clear floor mats?

(A) They are a top-selling item.

(B) They have gone up in price.

(C) They are no longer being made.

(D) They are available in several sizes.

화자는 투명 바닥 매트에 대해 뭐라고 말하는가?

(A) 가장 잘 팔리는 물품이다.

(B) 가격이 올랐다.

(C) 더 이상 만들어지지 않는다.

(D) 몇 가지 크기로 구할 수 있다.

어휘 **no longer** 더 이상 ~ 아닌 **available** 구할 수 있는, 이용 가능한 **several** 몇 가지의

해설 **화자가 투명 바닥 매트에 대해 언급한 사항** 중반부에서 투명 플라스틱 바닥 매트는 더 이상 생산되지 않는다(the clear plastic floor mats aren't being produced anymore)고 했으므로, (C)가 정답이다.

Paraphrasing 지문의 aren't being produced anymore → 정답의 are no longer being made

94 What does the speaker imply when he says, "Omar, aren't you working every day next week"?

(A) Omar should correct a work schedule.

(B) Omar should request a promotion.

(C) Omar should consider taking a vacation.

(D) Omar should volunteer for a special task.

화자가 "오마르, 다음 주에 매일 일하지 않나요?"라고 말할 때, 그 의도는 무엇인가?

(A) 오마르는 업무 일정을 정정해야 한다.

(B) 오마르는 승진을 요청해야 한다.

(C) 오마르는 휴가 쓰는 것을 고려해야 한다.

(D) 오마르는 특별 업무에 자원해야 한다.

어휘 **correct** 정정하다 **promotion** 승진 **take a vacation** 휴가를 쓰다 **volunteer** 자원하다

해설 **화자의 의도 파악 문제** 후반부에서 청자들 중 한 명이 신입사원을 교육하면 좋겠다(I'd like one of you to train her)고 요청한 후, '오마르, 다음 주에 매일 일하지 않나요(Omar, aren't you working every day next week?)'라고 덧붙였다. 이는 화자가 오마르를 특정해 신입사원 교육에 자원하도록 독려하려는 의도라고 볼 수 있으므로, (D)가 정답이다.

Questions 95 through 97 refer to the following telephone message and road sign.

M-Au Hey, Jennifer, it's Mario. 95 I'm calling from the bus / to let you know / that I'm going to be late / to the conference. There's a lot of traffic today. 96 We just passed a road sign, and it turns out / we're still twenty miles away / from the conference center. 97 The good news is / there's Internet service on the bus, so I'm able to e-mail you the presentation slides. You can start without me. I'll get there / as soon as I can.

95-97번은 다음 전화 메시지와 도로 표지판을 참조하시오.

안녕하세요, 제니퍼. 마리오입니다. **95 제가 회의에 늦을 거라는 사실을 알리려고 버스에서 전화 드려요.** 오늘 교통량이 많네요. **96 도로 표지판을 막 지났는데 아직도 회의장에서 20마일 떨어져 있어요.** **97 좋은 소식은, 버스에 인터넷 서비스가 제공돼서 발표 슬라이드를 이메일로 보내 드릴 수 있다는 겁니다.** 저 없이 시작하셔도 됩니다. 최대한 빨리 갈게요.

어휘 **conference** 회의 **turn out** 되어가다 **presentation** 발표

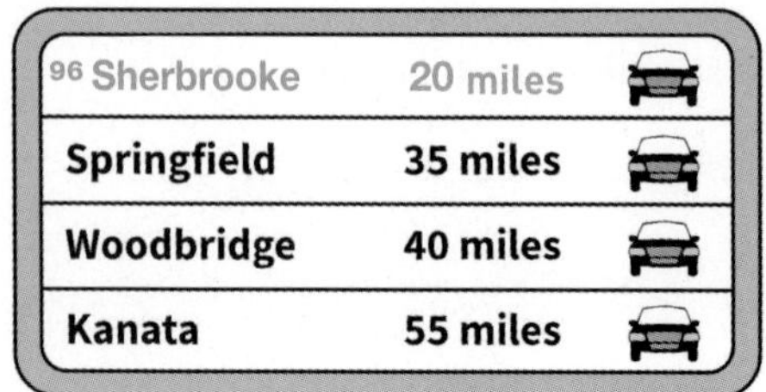

96 셔브루크	20마일
스프링필드	35마일
우드브리지	40마일
카나타	55마일

95 Why does the speaker say he is calling?
(A) To request information about a client
(B) To explain a late arrival
(C) To reschedule an event
(D) To discuss transportation options

화자는 왜 전화하고 있다고 말하는가?
(A) 고객 관련 정보를 요청하려고
(B) 도착이 늦는 것에 대해 설명하려고
(C) 행사 일정을 변경하려고
(D) 교통편 선택사항에 대해 논의하려고

어휘 **request** 요청하다 **arrival** 도착 **reschedule** 일정을 변경하다 **transportation** 운송, 교통편

해설 **화자가 전화한 이유** 초반부에서 자신이 회의에 늦을 거라는 사실을 알리려고 전화한다(I'm calling ~ to let you know that I'm going to be late to the conference)며 전화한 이유를 밝혔으므로, (B)가 정답이다.

Paraphrasing 지문의 to let you know that I'm going to be late to the conference → 정답의 To explain a late arrival

96 Look at the graphic. Which city is the speaker going to?
(A) Sherbrooke
(B) Springfield
(C) Woodbridge
(D) Kanata

시각정보에 따르면, 화자는 어떤 도시로 가는가?
(A) 셔브루크
(B) 스프링필드
(C) 우드브리지
(D) 카나타

해설 **시각정보 연계 문제_화자가 가는 도시** 중반부에서 도로 표지판을 막 지났는데 아직도 회의장에서 20마일 떨어져 있다(We just passed a road sign, and it turns out we're still twenty miles away from the conference center)고 했다. 시각정보를 보면, 화자가 언급한 20마일 떨어져 있는 도시는 '셔브루크(Sherbrooke)'이므로, (A)가 정답이다.

97 What will the speaker most likely do next?
(A) Call technical support
(B) Purchase a ticket
(C) Ask for directions
(D) Send some slides

화자는 다음으로 무엇을 하겠는가?
(A) 기술 지원 요청하기
(B) 표 구입하기
(C) 길 안내 요청하기
(D) 슬라이드 보내기

어휘 **technical** 기술적인 **purchase** 구입하다 **directions** 길 안내

해설 **화자가 다음에 할 일** 후반부에서 버스에 인터넷 서비스가 제공돼서 발표 슬라이드를 이메일로 보낼 수 있다(there's Internet service on the bus, so I'm able to e-mail you the presentation slides)고 했으므로, (D)가 정답이다.

Paraphrasing 지문의 e-mail you the presentation slides → 정답의 Send some slides

---

Questions 98 through 100 refer to the following excerpt from a meeting and pie chart.

W-Br 98 Based on the latest sales figures, washing machine model CLN / is doing OK, but it's still selling / below our expectations. 99 This machine was designed / to wash clothes significantly faster / while cleaning them just as well as others / on the market. For this reason, we can and should be selling a lot more / than we currently are. The chart I handed out / indicates the most influential factors / in how people choose home appliances. Now, so far we've done well / on advertising across multiple platforms, but 100 I think / we should concentrate on the largest factor, since a 40 percent impact is significant.

98-100번은 다음 회의 발췌와 원 그래프를 참조하시오.

98 최근 매출액을 근거로 보면, 세탁기 모델 CLN은 괜찮긴 하지만 아직도 기대 이하로 판매되고 있어요. 99 이 기계는 시중의 다른 기계들처럼 빨래도 잘되지만 상당히 더 빠르게 세탁할 수 있도록 설계됐습니다. 이러한 이유로 우리는 현재보다 더 많이 팔 수 있고 그래야만 해요. 제가 나눠드린 도표에서는 사람들이 가전제품을 선택하는 방식에 가장 영향력 있는 요인을 보여주고 있습니다. 자, 지금까지 여러 플랫폼에서 광고는 잘해 왔는데, **100 가장 큰 요인에 집중해야 할 것 같아요. 40퍼센트의 영향력은 중요하니까요.**

어휘 **based on** ~에 근거하여 **latest** 최근의 **sales figures** 매출액 **below expectations** 기대 이하 **significantly** 상당히 **currently** 현재 **hand out** 나눠주다, 배포하다 **influential** 영향력 있는 **factor** 요인 **home appliance** 가전제품 **so far** 지금까지 **advertising** 광고 **concentrate** 집중하다 **impact** 영향(력) **significant** 중요한

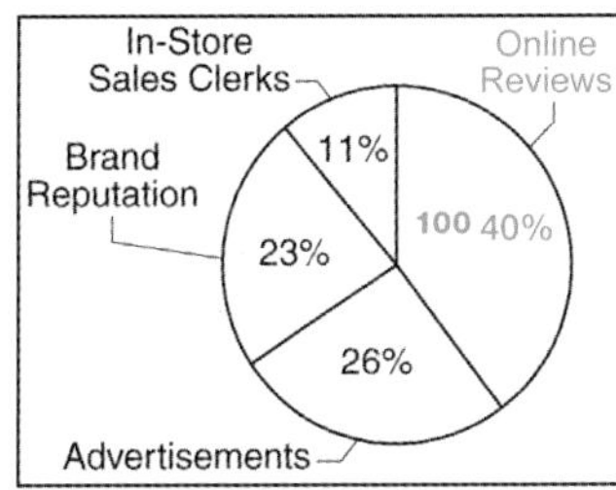

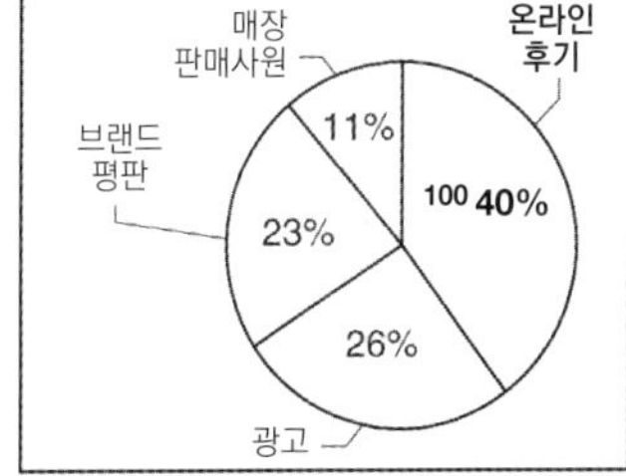

98 What product is the speaker discussing?

(A) A vacuum cleaner
(B) A washing machine
(C) A water heater
(D) A refrigerator

화자는 어떤 제품에 대해 이야기하는가?

(A) 진공청소기
(B) 세탁기
(C) 온수기
(D) 냉장고

해설 **화자가 논의하는 제품** 초반부에서 세탁기 모델 CLN은 괜찮긴 하지만 아직도 기대 이하로 판매되고 있다(washing machine model CLN is doing OK, but it's still selling below our expectations)고 했으므로, 화자가 세탁기의 판매 수치에 대해 논의하고 있음을 알 수 있다. 따라서 (B)가 정답이다.

---

99 According to the speaker, how is their product better than their competitors' products?

(A) It is less expensive.
(B) It lasts longer.
(C) It is less noisy.
(D) It works faster.

화자에 따르면, 그들의 제품은 경쟁업체 제품보다 어떤 점이 더 나은가?

(A) 덜 비싸다.
(B) 더 오래 간다.
(C) 소음이 덜하다.
(D) 더 빠르게 작동한다.

어휘 **competitor** 경쟁업체 **noisy** 시끄러운

해설 **경쟁업체의 제품보다 더 나은 점** 중반부에서 회사의 기계는 시중의 다른 기계들처럼 빨래도 잘되지만 상당히 더 빠르게 세탁할 수 있도록 설계됐다(This machine was designed to wash clothes significantly faster while cleaning them just as well as others on the market)고 했으므로, (D)가 정답이다.

Paraphrasing 지문의 others on the market → 질문의 competitors' products
지문의 wash clothes significantly faster → 정답의 works faster

---

100 Look at the graphic. Which factor does the speaker say the company should focus on?

(A) Online Reviews
(B) Advertisements
(C) Brand Reputation
(D) In-Store Sales Clerks

시각정보에 따르면, 화자는 회사가 어떤 요인에 집중해야 한다고 말하는가?

(A) 온라인 후기
(B) 광고
(C) 브랜드 평판
(D) 매장 판매사원

해설 **시각정보 연계 문제_집중해야 할 요인** 후반부에서 회사가 가장 큰 요인에 집중해야 한다(we should concentrate on the largest factor)는 의견을 밝힌 후, 40퍼센트의 영향력은 중요하다(since a 40 percent impact is significant)며 이유를 덧붙였다. 시각정보를 보면, 화자가 언급한 40퍼센트로 가장 큰 영향력을 나타낸 요인은 '온라인 후기(Online Reviews)'이므로, (A)가 정답이다.

ETS 실전 모의고사

교재 p. 254

1. (A)	**2.** (D)	**3.** (D)	**4.** (C)	**5.** (B)	**6.** (D)	**7.** (B)	**8.** (B)	**9.** (A)
10. (C)	**11.** (B)	**12.** (B)	**13.** (C)	**14.** (A)	**15.** (A)	**16.** (C)	**17.** (B)	**18.** (B)
19. (C)	**20.** (B)	**21.** (A)	**22.** (C)	**23.** (A)	**24.** (A)	**25.** (B)	**26.** (C)	**27.** (A)
28. (C)	**29.** (A)	**30.** (A)	**31.** (B)	**32.** (B)	**33.** (B)	**34.** (A)	**35.** (A)	**36.** (B)
37. (B)	**38.** (C)	**39.** (B)	**40.** (D)	**41.** (D)	**42.** (A)	**43.** (B)	**44.** (A)	**45.** (B)
46. (B)	**47.** (A)	**48.** (B)	**49.** (C)	**50.** (C)	**51.** (A)	**52.** (C)	**53.** (B)	**54.** (C)
55. (A)	**56.** (B)	**57.** (C)	**58.** (D)	**59.** (D)	**60.** (B)	**61.** (B)	**62.** (C)	**63.** (B)
64. (D)	**65.** (D)	**66.** (B)	**67.** (D)	**68.** (B)	**69.** (C)	**70.** (C)	**71.** (D)	**72.** (B)
73. (A)	**74.** (A)	**75.** (B)	**76.** (C)	**77.** (A)	**78.** (C)	**79.** (D)	**80.** (B)	**81.** (D)
82. (A)	**83.** (B)	**84.** (A)	**85.** (D)	**86.** (D)	**87.** (D)	**88.** (A)	**89.** (C)	**90.** (A)
91. (B)	**92.** (D)	**93.** (C)	**94.** (B)	**95.** (C)	**96.** (B)	**97.** (A)	**98.** (A)	**99.** (C)
100. (B)								

1

M-Au (A) The man is typing on a computer.
(B) The man is working / at an office desk.
(C) A backpack has been left / on the floor.
(D) A chair cushion is propped against a wall.

(A) 남자가 컴퓨터에 타이핑하고 있다.
(B) 남자가 사무용 책상에서 일하고 있다.
(C) 배낭이 바닥에 놓여 있다.
(D) 의자 쿠션이 벽에 괴어져 있다.

어휘 **prop against** ~에 괴어 놓다

 사람·사물 혼합 사진 – 로비

(A) 정답: 남자가 컴퓨터 타자를 치고 있는(typing on a computer) 모습을 적절히 묘사하고 있으므로 정답이다.
(B) 사진에 없는 사물 언급 오답: 사진에 사무용 책상(an office desk)이 보이지 않으므로 오답이다.
(C) 위치 오답: 배낭은 바닥(the floor)이 아니라 의자(the chair)에 놓여 있는 상태이므로 오답이다.
(D) 위치 오답: 의자 쿠션(A chair cushion)은 벽(wall)이 아니라 의자(chair)에 부착되어 있는 상태이므로 오답이다.

2

M-Cn (A) The women are rinsing some dishes.
(B) The women are emptying some food trays.
(C) One of the women is hanging a pot / on a rack.
(D) One of the women is grabbing a container.

(A) 여자들이 접시를 헹구고 있다.
(B) 여자들이 식판을 비우고 있다.
(C) 여자들 중 한 명이 선반에 냄비를 걸고 있다.
(D) 여자들 중 한 명이 그릇을 잡고 있다.

어휘 **empty** 비우다 **rack** 선반, 받침대 **grab** 잡다

 2인 이상 사진 – 주방

(A) 공통 동작 오답: 여자들이 접시를 헹구고 있는(rinsing some dishes) 모습이 아니므로 오답이다.
(B) 공통 동작 오답: 여자들이 식판을 비우고 있는(emptying some food trays) 모습이 아니므로 오답이다.
(C) 개별 동작 오답: 여자들 중 누구도 냄비를 선반에 걸고 있는(hanging a pot on a rack) 모습이 아니므로 오답이다.
(D) 정답: 여자들 중 한 명이 그릇을 잡고 있는(grabbing a container) 모습을 적절히 묘사하고 있으므로 정답이다.

3 

W-Br (A) The people are standing / in a lobby.
(B) The people are gathered / around a bench.
(C) A vehicle is parked / in a garage.
(D) An umbrella has been set up / outside.

(A) 사람들이 로비에 서 있다.
(B) 사람들이 벤치 주변에 모여 있다.
(C) 차량이 차고에 주차되어 있다.
(D) 파라솔이 야외에 설치되어 있다.

어휘 **gather** 모으다, 모이다 **set up** 설치하다, 세우다

해설 사람·사물 혼합 사진 – 야외 파라솔
(A) 사진에 없는 장소 언급 오답: 사진에 로비(lobby)가 보이지 않으므로 오답이다.
(B) 위치 오답: 사람들이 벤치(a bench) 주변이 아니라 트레일러(a trailer) 주변에 모여 있으므로 오답이다.
(C) 사진에 없는 장소 언급 오답: 사진에 차고(a garage)가 보이지 않으므로 오답이다.
(D) 정답: 파라솔(An umbrella)이 야외에 설치되어 있는(set up outside) 상태를 적절히 묘사하고 있으므로 정답이다.

4 

M-Au (A) He's herding animals.
(B) He's climbing over a fence.
(C) He's fastening a gate.
(D) He's installing a barn door.

(A) 남자가 동물들을 몰고 있다.
(B) 남자가 울타리를 넘고 있다.
(C) 남자가 문을 잠그고 있다.
(D) 남자가 헛간 문을 설치하고 있다.

어휘 **herd** 짐승을 몰다 **fasten** 잠그다 **install** 설치하다

해설 1인 사진 – 야외 방목장
(A) 사진에 없는 동물 언급 오답: 사진에 동물(animals)이 보이지 않으므로 오답이다.
(B) 동작 오답: 남자가 울타리를 넘고 있는(climbing over a fence) 모습이 아니므로 오답이다.
(C) 정답: 남자가 문을 잠그고 있는(fastening a gate) 모습을 적절히 묘사하고 있으므로 정답이다.
(D) 사진에 없는 장소 언급 오답: 사진에 헛간(barn)이 보이지 않으므로 오답이다.

5 

W-Br (A) Some wood has been stacked / on the ground.
(B) A wire basket has been placed / on a cart.
(C) Carts are being unloaded / by some maintenance workers.
(D) Some filing cabinets are being moved / into a storage area.

(A) 나무가 바닥에 쌓여 있다.
(B) 철망이 카트에 놓여 있다.
(C) 유지보수 인부들이 카트에서 물건을 내리고 있다.
(D) 문서 보관함을 보관 구역으로 이동시키고 있다.

어휘 **stack** 쌓다 **place** 놓다, 두다 **unload** 짐을 내리다 **storage** 보관

해설 사람·사물 혼합 사진 – 창고
(A) 위치 오답: 나무가 바닥(the ground)이 아니라 선반(shelves)에 쌓여 있는 상태이므로 오답이다.
(B) 정답: 철망(A wire basket)이 카트에 놓여 있는(placed on a cart) 상태를 적절히 묘사하고 있으므로 정답이다.
(C) 동작 오답: 인부(some maintenance workers)에 의해 카트(Carts)에서 물건이 내려지고 있는(being unloaded) 모습이 아니므로 오답이다.
(D) 동작 오답: 사람에 의해 문서 보관함(Some filing cabinets)이 보관 구역으로 이동되고 있는(being moved into a storage area) 모습이 아니므로 오답이다.

6

W-Am (A) Several paintings have been mounted / above a bed.
(B) Some clothes are piled / at the foot of a bed.
(C) A drawer in a bedside stand / is being opened.
(D) Matching lamps are positioned / on either side of a bed.

(A) 그림 몇 점이 침대 위에 붙어 있다.
(B) 옷이 침대 발치에 쌓여 있다.
(C) 침대 옆 서랍장 서랍이 열리고 있다.
(D) 침대 양쪽으로 한 쌍의 램프가 배치되어 있다.

어휘 **mounted** 붙여 놓은 **pile** 포개다, 쌓다 **matching** 어울리는, 같은 **position** 두다, 배치하다 **either side** 양쪽

해설 사물·풍경 사진 – 침실
(A) 수량 묘사 오답: 침대 위에 붙어 있는 그림은 여러 점(Several paintings)이 아니라 한 점(A painting)이므로 오답이다.
(B) 사진에 없는 사물 언급 오답: 사진에 옷(Some clothes)이 보이지 않으므로 오답이다.
(C) 동작 오답: 사람에 의해 침대 옆 서랍장 서랍(A drawer in bedside stand)이 열리고 있는(being opened) 모습이 아니므로 오답이다.
(D) 정답: 한 쌍의 램프(Matching lamps)가 침대 양쪽으로 배치되어 있는(positioned on either side of a bed) 상태를 적절히 묘사하고 있으므로 정답이다.

---

7 W-Br Where's the nearest post office?
M-Cn (A) Usually in the afternoon.
(B) It's just down the street.
(C) He went to lunch.

가장 가까운 우체국이 어디죠?
(A) 대개 오후에요.
(B) 바로 길 아래 있어요.
(C) 그는 점심식사를 하러 갔어요.

해설 위치를 묻는 Where 의문문
(A) 관련 없는 오답: 시점을 묻는 When 의문문에 적합한 대답이므로 오답이다.
(B) 정답: 가장 가까운 우체국의 위치를 묻는 질문에 바로 길 아래 있다(It's just down the street)며 구체적인 위치 정보를 제공하고 있으므로 정답이다.
(C) 인칭 오류 오답 및 연상 어휘 오답: 질문에 He가 가리킬 만한 대상이 없으며, 의문사 Where에서 연상 가능한 went to lunch를 이용한 오답이다.

---

8 W-Am Is the budget proposal ready?
W-Br (A) I look forward to meeting her.
(B) Yes, I finished it / this morning.
(C) I'll pay in cash.

예산 제안서는 준비됐나요?
(A) 그녀를 만날 것이 무척 기대됩니다.
(B) 네. 오늘 아침에 마무리했어요.
(C) 현금으로 계산할게요.

어휘 **budget** 예산 **proposal** 제안 **look forward to** ~을 기대하다, 고대하다 **cash** 현금

해설 상황을 확인하는 Be동사 의문문
(A) 연상 어휘 오답 및 인칭 오류 오답: 질문의 budget proposal에서 연상 가능한 meeting(회의)을 이용하고 있으며, 질문에 her가 가리킬 만한 대상도 없다. 참고로, 여기서 meeting은 동명사이다.
(B) 정답: 예산 제안서가 준비됐는지를 확인하는 질문에 Yes라고 긍정한 후, 오늘 아침에 마무리했다(I finished it this morning)며 구체적인 완료 시점을 덧붙이고 있으므로 정답이다.
(C) 연상 어휘 오답: 질문의 budget에서 연상 가능한 pay in cash를 이용한 오답으로, 지불 방법을 묻는 How 의문문에 적합한 대답이다.

---

9 M-Cn Who's supposed to distribute the symposium packets?
M-Au (A) Angela, I think.
(B) Bus number 42 to London.
(C) Payday is every other Thursday.

누가 심포지엄 꾸러미를 나누어 주기로 되어 있나요?
(A) 안젤라 같은데요.
(B) 런던행 42번 버스요.
(C) 급여 지급일은 격주 목요일입니다.

어휘 **be supposed to** ~하기로 되어 있다 **distribute** 나누어 주다, 배포하다 **every other** 하나 걸러

해설 행위자를 묻는 Who 의문문

(A) 정답: 심포지엄 꾸러미를 나누어 줄 사람을 묻는 질문에 안젤라 같다(Angela, I think)며 특정 인물을 언급하고 있으므로 정답이다.
(B) 관련 없는 오답: 질문과 상관없는 답변을 제시한 오답이다.
(C) 관련 없는 오답: 급여 지급일을 묻는 When 의문문에 적합한 대답이므로 오답이다.

---

10 **W-Am** I can show a potential tenant the apartment / on Tuesday, right?
M-Cn (A) The room is larger than I expected.
(B) Here's the rent payment.
(C) Sure, that's fine.

화요일에 잠재 세입자에게 아파트를 보여줄 수 있죠, 그렇죠?
(A) 방이 예상했던 것보다 크네요.
(B) 여기 임대료가 있습니다.
(C) 물론이죠. 괜찮습니다.

어휘 **potential** 잠재적인, 가능성이 있는 **tenant** 세입자, 임차인

해설 가능성을 확인하는 부가의문문

(A) 연상 어휘 오답: 질문의 tenant와 apartment에서 연상 가능한 표현 The room is larger를 이용한 오답이다.
(B) 연상 어휘 오답: 질문의 tenant와 apartment에서 연상 가능한 the rent payment를 이용한 오답이다.
(C) 정답: 화요일에 잠재 세입자에게 아파트를 보여줄 수 있는지를 확인하는 질문에 Sure라고 긍정한 후, 괜찮다(that's fine)며 재차 긍정하고 있으므로 정답이다.

---

11 **W-Br** When is the new action movie playing?
M-Au (A) The local cinema.
(B) At eight on Friday.
(C) A moving truck.

새 액션 영화는 언제 상영되나요?
(A) 지역 영화관요.
(B) 금요일 8시에요.
(C) 이삿짐 트럭이요.

해설 상영 시점을 묻는 When 의문문

(A) 연상 어휘 오답: 질문의 movie에서 연상 가능한 cinema를 이용한 오답이다.
(B) 정답: 새 영화의 상영 시점을 묻는 질문에 금요일 8시(At eight on Friday)라며 구체적인 시점을 제시하고 있으므로 정답이다.
(C) 유사 발음 오답: 질문의 movie와 발음이 유사한 moving을 이용한 오답이다.

---

12 **W-Br** Let's hire someone / to write our product instructions.
W-Am (A) Step number three.
(B) OK—I know a technical writer.
(C) A problem at the factory.

우리 제품 설명서를 쓸 사람을 채용합시다.
(A) 세 번째 단계요.
(B) 좋아요. 제가 기술 관련 문서작성자를 알아요.
(C) 공장에 생긴 문제예요.

어휘 **instruction** 설명, 지시 **technical writer** 기술 관련 문서작성자

해설 제안문

(A) 연상 어휘 오답: 제안문의 instructions에서 연상 가능한 Step number three를 이용한 오답이다.
(B) 정답: 제품 설명서를 쓸 사람을 채용하자는 제안에 OK라고 제안을 수락한 후, 기술 관련 문서작성자를 알고 있다(I know a technical writer)며 추천 의사를 덧붙이고 있으므로 정답이다.
(C) 연상 어휘 오답: 제안문의 product에서 연상 가능한 factory를 이용한 오답이다.

---

13 **M-Au** Why aren't all of the interns at the training session?
W-Br (A) Yes, a flash drive.
(B) The six o'clock train.
(C) Because it's only for new interns.

어째서 교육 시간에 인턴이 모두 있지 않은 거죠?
(A) 네, 플래시 드라이브요.
(B) 여섯 시 정각 기차입니다.
(C) 신입 인턴만을 위한 자리니까요.

해설 인턴이 모두 있지 않은 이유를 묻는 Why 의문문

(A) Yes/No 대답 불가 오답: 의문사 의문문에는 Yes/No로 대답할 수 없으므로 오답이다.
(B) 다의어 오답: 질문에 나온 training(교육)의 동사 형태인 train(교육하다)을 이용한 오답으로, 여기에서 train은 '기차'라는 의미의 명사이다.
(C) 정답: 교육 시간에 인턴이 모두 있지 않은 이유를 묻는 질문에 신입 인턴만을 위한 자리이기 때문(Because it's only for new interns)이라며 구체적인 이유를 밝히고 있으므로 정답이다.

---

14 **M-Cn** How long will it take / to install the new software?
W-Am (A) About twenty minutes.
(B) Yes, I wear it / all the time.
(C) Stefan's an excellent plumber.

새 소프트웨어를 설치하는 데 얼마나 걸릴까요?
(A) 대략 20분 정도요.
(B) 네. 저는 그것을 항상 입어요.
(C) 스테판은 뛰어난 배관공입니다.

어휘 **install** 설치하다 **plumber** 배관공

해설 설치 시간을 묻는 How long 의문문
(A) 정답: 새 소프트웨어를 설치하는 데 걸리는 시간을 묻는 질문에 대략 20분 정도(About twenty minutes)라며 대략적인 소요 시간을 제시하고 있으므로 정답이다.
(B) Yes/No 대답 불가 오답: 의문사 의문문에는 Yes/No로 대답할 수 없으므로 오답이다.
(C) 연상 어휘 오답: 질문의 install(설치하다)에서 연상 가능한 직업 plumber(배관공)를 이용한 오답이다.

---

15 **W-Am** Do you want a nine A.M. / or a two P.M. appointment / with Dr. Park?
M-Cn (A) I have a meeting / in the morning.
(B) Calling a taxi.
(C) It's a new watch.

박 선생님 예약을 오전 9시로 원하세요, 아니면 오후 2시로 원하세요?
(A) 오전에 회의가 있어요.
(B) 택시를 부르고 있어요.
(C) 그것은 새 시계예요.

해설 상대방의 선택을 묻는 선택의문문
(A) 정답: 오전 9시와 오후 2시 중 어느 시간에 예약을 원하는지 묻는 질문에 오전에 회의가 있다(I have a meeting in the morning)며 우회적으로 후자를 선택하고 있으므로 정답이다.
(B) 연상 어휘 오답: 질문의 appointment에서 연상 가능한 Calling a taxi를 이용한 오답이다.
(C) 연상 어휘 오답: 질문의 a nine A.M. or a two P.M.에서 연상 가능한 watch(시계)를 이용한 오답이다.

---

16 **W-Br** Weren't you going to leave / at five o'clock today?
M-Cn (A) Please leave it / by the door.
(B) No, Min bought six of them.
(C) Yes, but my schedule changed.

오늘 5시에 출발할 예정 아니었나요?
(A) 문 옆에 두세요.
(B) 아니요. 민이 여섯 개를 샀어요.
(C) 네. 그런데 일정이 변경됐어요.

해설 사실을 확인하는 부정의문문
(A) 다의어 오답: 질문의 leave를 다른 의미로 반복 사용한 오답으로, 질문에서 leave는 '출발하다, 떠나다'라는 의미이지만 여기서는 '두다, 남기다'라는 의미이다.
(B) 연상 어휘 오답 및 인칭 오류 오답: 질문의 five에서 연상 가능한 six를 이용하고 있으며, 질문에 them이 가리킬 만한 대상도 없다.
(C) 정답: 오늘 5시 정각에 출발할 예정이었는지 여부를 확인하는 질문에 Yes라고 긍정한 후, 일정이 변경됐다(my schedule changed)며 예정대로 출발하지 않은 이유를 덧붙이고 있으므로 정답이다.

---

17 **M-Au** How about getting lunch?
W-Am (A) He launched a new product.
(B) I need to finish a presentation.
(C) Just some folders.

점심을 먹는 게 어때요?
(A) 그는 신제품을 출시했어요.
(B) 저는 발표를 마무리해야 해요.
(C) 폴더들만요.

어휘 **launch** 출시하다, 개시하다 **presentation** 발표

해설 제안문
(A) 인칭 오류 오답 및 유사 발음 오답: 질문에 He가 가리킬 만한 대상이 없으며, 질문의 lunch와 발음이 유사한 launched를 이용한 오답이다.
(B) 정답: 점심을 먹자는 제안에 발표를 마무리해야 한다(I need to finish a presentation)며 우회적으로 제안을 거절하고 있으므로 가장 적절한 응답이다.
(C) 관련 없는 오답: 질문과 상관없는 답변을 제시한 오답이다.

---

18 W-Am Why haven't we heard back / from Mr. Chen yet?
M-Cn (A) Put it back / on the shelf.
(B) He's on vacation / this week.
(C) Usually only a few words.

어째서 아직 첸 씨로부터 회답이 없는 거죠?
(A) 그것을 선반에 다시 두세요.
(B) 그는 이번 주에 휴가예요.
(C) 보통 몇 마디만요.

어휘 **shelf** 선반 **be on vacation** 휴가 중이다

해설 회답이 없는 이유를 묻는 Why 의문문
(A) 단어 반복 오답: 질문의 back을 반복 사용한 오답이다.
(B) 정답: 첸 씨가 아직 회답이 없는 이유를 묻는 질문에 그가 이번 주에 휴가(He's on vacation this week)라며 회답이 없는 이유를 밝히고 있으므로 정답이다.
(C) 연상 어휘 오답: 질문의 heard back에서 연상 가능한 only a few words를 이용한 오답이다.

---

19 W-Br Which of the job applicants / did you find most impressive?
M-Au (A) Because I hired a new assistant.
(B) Then fill out these forms, please.
(C) Oh, Giovanna conducted the interviews.

어떤 지원자가 가장 인상 깊었나요?
(A) 저는 새 비서를 채용했거든요.
(B) 그러고 나서 이 서식들을 작성해 주세요.
(C) 아, 지오바나가 면접을 진행했어요.

어휘 **job applicant** 구직자, 입사 지원자 **impressive** 인상 깊은, 인상적인 **fill out a form** 서식을 작성하다 **conduct** 하다

해설 인상 깊은 지원자를 묻는 Which 의문문
(A) 연상 어휘 오답: 질문의 job applicants와 find에서 연상 가능한 hired를 이용한 오답으로, 이유를 묻는 Why 의문문에 적합한 대답이다.
(B) 연상 어휘 오답: 질문의 job applicants에서 연상 가능한 fill out these forms를 이용한 오답이다.
(C) 정답: 가장 인상 깊은 지원자를 묻는 질문에 지오바나가 면접을 진행했다(Giovanna conducted the interviews)며 우회적으로 자신은 잘 모른다는 것을 나타내고 있으므로 가장 적절한 응답이다.

---

20 M-Cn We have a guest speaker / on our panel today.
W-Am (A) We don't have any / on display.
(B) I'm really looking forward to it.
(C) Half an hour longer.

오늘 패널로 객원 연설자를 모셨습니다.
(A) 진열된 것이 하나도 없어요.
(B) 무척 고대하고 있습니다.
(C) 30분 더 걸려요.

어휘 **on display** 진열된, 전시된 **look forward to** ~을 고대하다, 기대하다

해설 사실·정보 전달 평서문
(A) 단어 반복 오답 및 다의어 오답: 평서문의 have를 반복 사용하고 있으며, 평서문의 panel을 '전문가 집단'이 아니라 '판자'라는 의미로 잘못 이해할 경우 연상 가능한 on display를 이용한 오답이다.
(B) 정답: 오늘 패널에 객원 연설자가 있다는 말에 무척 고대하고 있다(I'm really looking forward to it)며 호응하고 있으므로 정답이다.
(C) 관련 없는 오답: 기간을 묻는 How long 의문문에 적합한 대답이므로 오답이다.

---

21 W-Br Do you think / someone from Maintenance / could fix this packaging machine?
M-Au (A) They should have the spare parts.
(B) An unopened package.
(C) I subscribe to that magazine.

유지보수팀의 누군가가 이 포장기를 고칠 수 있다고 생각하세요?
(A) 그들은 예비 부품을 갖고 있을 겁니다.
(B) 뜯지 않은 소포요.
(C) 저는 그 잡지를 구독해요.

어휘 **fix** 수리하다, 바로잡다 **packaging** 포장재, 포장 **spare part** 예비 부품 **package** 소포 **subscribe to** ~을 구독하다, 신청하다

해설 의견을 묻는 간접의문문
(A) 정답: 유지보수팀이 포장기를 고칠 수 있을지에 대한 의견을 묻는 질문에 그들이 예비 부품을 갖고 있을 것(They should have the spare parts)이라며 우회적으로 긍정적인 의견을 밝히고 있으므로 가장 적절한 응답이다.
(B) 다의어 오답: 질문에 나온 packaging(포장)의 동사 형태인 package(포장하다)를 이용한 오답으로, 여기에서 package는 '소포'라는 의미의 명사이다.
(C) 관련 없는 오답: 질문과 상관없는 답변을 제시한 오답이다.

---

22 M-Au Where's this shipment of books being sent?
W-Br (A) The hotel's been booked already.
(B) A shipping delay.
(C) I'm processing the customer's order / right now.

이 도서들은 어디로 발송되고 있나요?
(A) 호텔은 이미 예약됐어요.
(B) 배송 지연이요.
(C) 고객 주문을 지금 처리하고 있어요.

어휘 **shipment** 수송, 수송품 **book** 예약하다 **delay** 지연 **process** 처리하다 **order** 주문

해설 발송되는 장소를 묻는 Where 의문문
(A) 다의어 오답: 질문의 books를 '책'이라는 의미가 아니라 '예약하다'라는 의미로 잘못 이해할 경우 과거형 booked를 이용한 오답이다.
(B) 파생어 오답: 질문의 shipment(배송품)와 파생어 관계인 shipping(배송)을 이용한 오답이다.
(C) 정답: 도서들이 발송되는 장소를 묻는 질문에 고객 주문을 지금 처리하고 있다(I'm processing the customer's order right now)며 관련 정보를 제공할 수 없는 상황임을 밝히고 있으므로 가장 적절한 응답이다.

---

23 M-Cn How do I get to the office cafeteria / from here?
M-Au (A) Go down the hall / and turn left.
(B) Lots of different menu options.
(C) I'm happy with the contract.

여기서 사무실 카페테리아까지 어떻게 가나요?
(A) 복도를 따라가다가 좌회전하세요.
(B) 다양한 많은 메뉴들이요.
(C) 저는 계약에 만족합니다.

어휘 **contract** 계약

해설 가는 방법을 묻는 How 의문문
(A) 정답: 사무실 카페테리아로 가는 방법을 묻는 질문에 복도를 따라가다가 좌회전하라(Go down the hall and turn left)며 구체적인 방법을 제시하고 있으므로 정답이다.
(B) 연상 어휘 오답: 질문의 cafeteria에서 연상 가능한 menu options를 이용한 오답이다.
(C) 연상 어휘 오답: 질문의 office에서 연상 가능한 contract를 이용한 오답이다.

---

24 M-Au Aren't we rehearsing tomorrow?
W-Br (A) I think / I saw an e-mail about that.
(B) It was a great performance.
(C) I have a receipt.

내일 리허설을 하지 않나요?
(A) 그것에 관한 이메일을 본 것 같아요.
(B) 훌륭한 공연이었어요.
(C) 영수증을 갖고 있어요.

어휘 **performance** 공연 **receipt** 영수증

해설 사실을 확인하는 부정의문문
(A) 정답: 내일 리허설을 하는지 여부를 확인하는 질문에 그것에 관한 이메일을 본 것 같다(I think I saw an e-mail about that)며 우회적으로 긍정하고 있으므로 가장 적절한 응답이다.
(B) 연상 어휘 오답: 질문의 rehearsing에서 연상 가능한 performance를 이용한 오답이다.
(C) 관련 없는 오답: 질문과 상관없는 답변을 제시한 오답이다.

---

25 M-Cn Did you want to see these shoes / in gray / or in blue?
W-Am (A) It's very cold outside.
(B) I'd like to see the gray ones, please.
(C) Yes, it does match my helmet.

이 신발을 회색으로 보고 싶으세요, 아니면 파란색으로 보고 싶으세요?
(A) 밖이 무척 추워요.
(B) 회색으로 보여주세요.
(C) 네. 제 헬멧과 어울리네요.

어휘 **match** 어울리다

해설 선택의문문
(A) 연상 어휘 오답: 질문의 gray와 blue를 날씨와 관련된 표현으로 잘못 이해할 경우 연상 가능한 날씨 표현 It's very cold를 이용한 오답이다.
(B) 정답: 신발을 회색과 파란색 중 어느 것으로 보고 싶은지 묻는 질문에 회색을 보여 달라(I'd like to see the gray ones, please)고 요청하며 전자를 선택하고 있으므로 정답이다.
(C) Yes/No 대답 불가 오답 및 연상 어휘 오답: 단어나 구를 연결하는 선택의문문에는 Yes/No로 대답할 수 없으며, 질문의 shoes에서 연상 가능한 match my helmet을 이용한 오답이다.

---

26 W-Am Do we have enough paint / to complete the job?
M-Au (A) Could you send an updated résumé?
(B) A shop around the block.
(C) I've ordered a few extra cans.

작업을 완료하기에 충분할 만큼 페인트가 있나요?
(A) 갱신된 이력서를 보내 주시겠어요?
(B) 그 구역 근처 매장이요.
(C) 추가로 몇 통 주문했어요.

어휘 **complete** 완료하다 **résumé** 이력서 **order** 주문하다

해설 사실을 확인하는 조동사 의문문(Do)
(A) 연상 어휘 오답: 질문의 job을 '일자리'라는 의미로 잘못 이해할 경우 연상 가능한 표현 send an updated résumé를 이용한 오답이다.
(B) 관련 없는 오답: 질문과 상관없는 답변을 제시한 오답이다. 페인트의 구매 장소를 묻는 Where 의문문에 적합한 대답이다.
(C) 정답: 충분한 페인트가 있는지 확인하는 질문에 추가로 몇 통을 주문했다(I've ordered a few extra cans)며 우회적으로 충분하지 않음을 나타내고 있으므로 가장 적절한 응답이다.

---

27 W-Br We should go now / so we're not late, shouldn't we?
M-Au (A) The train leaves / in an hour.
(B) I ate there a few times.
(C) They used to work together.

지금 가야 늦지 않을 거예요, 그렇죠?
(A) 기차는 한 시간 뒤에 출발해요.
(B) 거기서 몇 번 먹었어요.
(C) 그들은 함께 일했어요.

어휘 **leave** 떠나다, 출발하다 **used to** ~하곤 했다, 과거에 ~했다

해설 동의를 구하는 부가 의문문
(A) 정답: 지금 가야 늦지 않는다며 상대방의 동의를 구하는 질문에 기차는 한 시간 뒤에 출발한다(The train leaves in an hour)며 우회적으로 반대 의사를 밝히고 있으므로 가장 적절한 응답이다.
(B) 연상 어휘 오답 및 유사 발음 오답: 질문의 now에서 연상 가능한 times를, 질문의 late와 일부 발음이 유사한 ate를 이용한 오답이다.
(C) 인칭 오류 오답 및 관련 없는 오답: 질문에 They가 가리킬 만한 대상이 없으며, 질문과 상관없는 답변을 제시한 오답이다.

---

28 W-Am What features should we add / to our new cameras?
W-Br (A) A front-page article.
(B) Let's make some copies.
(C) More editing options.

신형 카메라에 어떤 기능들을 추가해야 할까요?
(A) 1면 기사요.
(B) 몇 부 복사합시다.
(C) 더 많은 편집 기능이요.

어휘 **feature** 기능,특색 **front-page article** (신문 등의) 1면 기사 **editing** 편집

해설 추가해야 할 기능을 묻는 What 의문문
(A) 연상 어휘 오답: 질문의 features를 '기능'이 아니라 '특집 기사'라는 의미로 잘못 이해할 경우 연상 가능한 A front-page article을 이용한 오답이다.
(B) 관련 없는 오답: 질문과 상관없는 답변을 제시한 오답이다.
(C) 정답: 신형 카메라에 추가해야 할 기능을 묻는 질문에 더 많은 편집 기능(More editing options)이라며 특정 기능을 제시하고 있으므로 정답이다.

---

29 M-Au The men's shirts at Smith's Department Store / haven't been selling very well.
W-Am (A) Have you checked their online sales?
(B) Two, please.
(C) The store's grand opening.

스미스 백화점의 남성 셔츠들은 썩 잘 팔리지 않아요.
(A) 온라인 매출을 확인해 보셨나요?
(B) 두 개 주세요.
(C) 매장 개점식이요.

해설 상황 설명 평서문
(A) 정답: 스미스 백화점의 남성 셔츠들이 썩 잘 팔리지 않는다는 말에 온라인 매출을 확인해 봤는지(Have you checked their online sales?) 반문하며 관련 정보를 확인해 보라고 제안하고 있으므로 가장 적절한 응답이다.
(B) 연상 어휘 오답: 평서문의 men's shirts와 selling에서 연상 가능한 판매 개수 Two를 이용한 오답으로, 필요한 개수를 묻는 How many 의문문에 적합한 대답이다.
(C) 단어 반복 오답 및 연상 어휘 오답: 평서문의 Department Store에서 연상 가능한 The store's grand opening을 이용한 오답이다.

---

30 **M-Cn** When will you be eligible for a promotion?
W-Am (A) Hopefully sometime soon.
(B) Their appliances are discounted / right now.
(C) Many different prototypes.

언제 승진하실 자격을 얻게 되나요?
(A) 조만간이면 좋겠어요.
(B) 그들의 가전제품이 지금 할인 중이에요.
(C) 다수의 다양한 시제품이요.

어휘 **be eligible for** ~의 자격이 있다 **promotion** 승진 **hopefully** 바라건대 **appliance** (가정용) 기기 **prototype** 원형, 시제품

해설 승진 자격 시점을 묻는 When 의문문
(A) 정답: 승진 자격을 얻게 되는 시점을 묻는 질문에 조만간이면 좋겠다(Hopefully sometime soon)며 자신의 바람을 밝히고 있으므로 정답이다.
(B) 연상 어휘 오답: 질문의 promotion을 '승진'이 아니라 '홍보, 판촉'이라는 의미로 잘못 이해할 경우 연상 가능한 discounted를 이용한 오답이다.
(C) 관련 없는 오답: 질문과 상관없는 답변을 제시한 오답이다.

---

31 **M-Au** Would you be able to review the business report?
W-Br (A) They'll be reporting to Mr. Ito.
(B) I have a conference call / starting soon.
(C) That supermarket has new business hours.

사업 보고서를 검토하실 수 있나요?
(A) 그들은 이토 씨에게 보고할 예정입니다.
(B) 곧 시작하는 화상 회의가 있어요.
(C) 그 슈퍼마켓은 영업시간이 바뀌었어요.

어휘 **review** 검토하다 **conference call** 화상 회의 **business hours** 영업시간, 운영시간

해설 요청문
(A) 인칭 오류 오답 및 단어 반복 오답: 질문에 They가 가리킬 만한 대상이 없으며, 질문에 나온 report의 동사 형태인 reporting을 이용한 오답이다.
(B) 정답: 사업 보고서를 검토해달라는 요청에 화상 회의가 곧 시작된다(I have a conference call starting soon)며 우회적으로 요청을 거절하고 있으므로 가장 적절한 응답이다.
(C) 단어 반복 오답: 질문의 business를 반복 사용한 오답이다.

Questions 32 through 34 refer to the following conversation.

W-Am Did you see the request for technical assistance / that Mary submitted? She's having trouble / accessing her e-mail account.

M-Au Yes, I saw that. We've received several phone calls / describing the same problem. 32 It looks like / the server update we implemented last night / has caused some glitches.

W-Am 33 We need to escalate this issue / to the technical director, but she won't be back / from her lunch break / for another twenty minutes.

M-Au 34 In the meantime, I'll call Mary / and let her know / we're working on the problem.

32-34번은 다음 대화를 참조하시오.

여 메리가 제출한 기술 지원 요청서 봤어요? 이메일 계정에 접속하지 못하고 있던데요.

남 네, 봤어요. 같은 문제를 이야기하는 전화를 여러 통 받았어요. **32 우리가 어젯밤 실시한 서버 업데이트가 작은 문제를 일으킨 것 같아요.**

여 **33 기술 총괄책임자한테도 이 사안을 알려야 하는데, 앞으로 20분 동안은 점심 식사에서 돌아오지 않을 거예요.**

남 **34 그동안 제가 메리에게 전화를 걸어서, 문제를 해결하고 있다고 알려줄게요.**

어휘 **request** 요청 **assistance** 지원 **submit** 제출하다 **access** 접속하다 **account** 계정 **describe** 서술하다 **implement** 시행하다 **glitch** 작은 문제 **escalate** 확대시키다 **in the meantime** 그동안에, 당분간

32 Who most likely are the speakers?
(A) Sales associates
(B) IT technicians
(C) Company executives
(D) Accounting staff

화자들은 누구이겠는가?
(A) 영업사원
(B) IT 기술자
(C) 회사 임원
(D) 회계 직원

어휘 **sales associate** 영업사원 **executive** 경영진, 임원 **accounting** 회계

해설 **화자들의 신분** 남자의 첫 번째 대사에서 자신들이 어젯밤 실시한 서버 업데이트가 작은 문제를 일으킨 것 같다(It looks like the server update we implemented last night has caused some glitches)고 했으므로, 화자들이 IT 기술자라고 추론할 수 있다. 따라서 (B)가 정답이다.

33 Why is a director unavailable?
(A) She is at a conference.
(B) She is out for lunch.
(C) She is in a board meeting.
(D) She is on vacation.

담당자를 왜 만날 수 없는가?
(A) 회의 중이다.
(B) 점심 식사를 하러 갔다.
(C) 이사회 참석 중이다.
(D) 휴가 중이다.

어휘 **unavailable** (어떤 사람과) 만날 수 없는, 이야기를 나눌 수 없는 **conference** 회의 **board meeting** 이사회

해설 **담당자를 만날 수 없는 이유** 여자의 두 번째 대사에서 기술 총괄책임자한테도 이 사안을 알려야 한다(We need to escalate this issue to the technical director)고 한 후, 앞으로 20분 동안은 점심 식사에서 돌아오지 않을 것(she won't be back from her lunch break for another twenty minutes)이라고 덧붙였으므로, 담당자가 점심 식사 중임을 알 수 있다. 따라서 (B)가 정답이다.

Paraphrasing 지문의 won't be back from her lunch break → 정답의 is out for lunch

34 What does the man say he will do next?
(A) Call a staff member
(B) Submit a work request
(C) Cancel a reservation
(D) Consult a manual

남자는 다음에 무엇을 하겠다고 말하는가?
(A) 직원에게 전화한다.
(B) 업무 요청서를 제출한다.
(C) 예약을 취소한다.
(D) 설명서를 찾아본다.

어휘 **submit** 제출하다 **reservation** 예약 **consult** 찾아보다

해설 **남자가 다음에 할 일** 남자가 마지막 대사에서 자신이 메리에게 전화를 걸어서(I'll call Mary) 문제를 해결하고 있다고 알려주겠다(let her know we're working on the problem)고 했으므로, (A)가 정답이다.

Paraphrasing 지문의 call Mary → 정답의 Call a staff member

Questions 35 through 37 refer to the following conversation.

W-Br Hi Mr. Jefferson. 35 You asked my development team / to come up with ideas / for a new product.
M-Au Yes, I'm eager to hear / what you've been working on.
W-Br 36 We'd like to propose / developing a washable computer keyboard. It would be fully waterproof, so it could be cleaned easily / in a regular sink.
M-Au Is there customer demand / for such a product?
W-Br 37 We've got some encouraging market research data. Here's what we've found.
M-Au Oh—this looks promising!

35-37번은 다음 대화를 참조하시오.

여 안녕하세요, 제퍼슨 씨. **35 저희 개발팀에 신제품에 관한 아이디어를 제시해 달라고 요청하셨죠.**
남 네, 어떻게 하셨는지 무척 듣고 싶어요.
여 **36 물로 세척할 수 있는 컴퓨터 키보드 개발을 제안하고 싶습니다.** 완전 방수이니 일반 개수대에서 쉽게 세척할 수 있죠.
남 그런 제품에 관한 고객의 수요가 있었나요?
여 **37 고무적인 시장조사 자료를 구했어요. 저희가 찾은 내용이 여기 있습니다.**
남 아, 장래성이 있어 보이네요!

어휘 **development** 개발 **come up with** ~을 제시하다 **be eager to** ~하고 싶어하다 **propose** 제안하다 **waterproof** 방수의 **regular** 보통의 **demand** 수요, 요구 **encouraging** 고무적인, 유망한 **market research** 시장조사 **promising** 장래성이 있는, 촉망되는

35 What kind of project is the woman's team working on?
(A) Creating a new product
(B) Forming a hiring committee
(C) Improving a manufacturing process
(D) Providing technical support

여자가 속한 팀은 어떤 종류의 프로젝트를 맡고 있는가?
(A) 신제품 창안
(B) 고용위원회 조직
(C) 제조 공정 개선
(D) 기술 지원 제공

어휘 **hiring committee** 고용위원회 **improve** 개선하다, 향상시키다 **manufacturing** 제조

해설 **여자의 팀이 맡고 있는 프로젝트** 여자가 첫 번째 대사에서 남자가 자신의 개발팀에 신제품에 관한 아이디어를 제시해 달라고 요청했다(You asked my development team to come up with ideas for a new product)고 했으므로, 여자의 팀이 신제품 개발을 맡고 있음을 알 수 있다. 따라서 (A)가 정답이다.

Paraphrasing 지문의 to come up with ideas for a new product → 정답의 Creating a new product

---

36 What does the woman say about a keyboard?
(A) It should be delivered soon.
(B) It can be washed.
(C) It is being discontinued.
(D) It needs to be repaired.

여자는 키보드에 대해 뭐라고 말하는가?
(A) 곧 배송될 것이다.
(B) 세척할 수 있다.
(C) 단종되고 있다.
(D) 수리해야 한다.

어휘 **deliver** 배송하다 **discontinue** (생산을) 중단하다

해설 **여자가 키보드에 대해 말한 것** 여자의 두 번째 대사에서 물로 세척할 수 있는 컴퓨터 키보드 개발을 제안하고 싶다(We'd like to propose developing a washable computer keyboard)고 했으므로, (B)가 정답이다.

Paraphrasing 지문의 washable → 정답의 can be washed

---

37 What does the woman show the man?
(A) Some sales figures
(B) Some research results
(C) A product sketch
(D) An instruction manual

여자는 남자에게 무엇을 보여주는가?
(A) 매출액
(B) 조사 결과
(C) 제품 스케치
(D) 취급 설명서

어휘 **sales figures** 매출액 **instruction manual** 취급 설명서, 사용 설명서

해설 **여자가 남자에게 보여준 것** 여자의 세 번째 대사에서 고무적인 시장조사 자료를 구했다(We've got some encouraging market research data)고 한 후, 찾은 내용이 여기 있다(Here's what we've found)며 남자에게 보여주고 있으므로, (B)가 정답이다.

Paraphrasing 지문의 Here's → 질문의 show
지문의 some encouraging market research data → 정답의 Some research results

---

Questions 38 through 40 refer to the following conversation.

M-Au Hello, this is Bernard Lachapelle. 38 I'm renting apartment 31B / in the complex / on Pine Street.
W-Br 38 Yes, how can I help you?
M-Au Well, there's a leaky pipe / under my kitchen sink. I need to have it checked out.
W-Br 38 I'll have the plumber stop by. Let me see... 39 He has an opening / next Monday at nine o'clock.
M-Au 39 Next Monday? I'm expecting guests tomorrow.
W-Br Hmm. I'll talk to him.
M-Au Thank you. Oh, and one more thing—40 will my guests need a parking pass?
W-Br No. Just be sure / they park in a visitor space.

38-40번은 다음 대화를 참조하시오.
남 안녕하세요. 버나드 라샤펠이라고 해요. **38 파인 가 복합 건물 31B 아파트를 임차하고 있는데요.**
여 네, **38 어떻게 도와드릴까요?**
남 음, 주방 개수대 아래 파이프에 물이 새요. 확인이 필요합니다.
여 **38 배관공한테 들르라고 할게요.** 어디 봅시다… **39 배관공이 다음 주 월요일 9시에 시간이 비네요.**
남 **39 다음 주 월요일이라고요?** 내일 손님들이 올 텐데요.
여 음… 이야기해 볼게요.
남 감사합니다. 아, 한 가지 더 있어요. **40 제 손님들에게 주차권이 필요한가요?**
여 아니요. 다만, 방문자 구역에 주차하도록 해 주세요.

어휘 **leaky** 물이 새는 **plumber** 배관공 **stop by** 잠깐 들르다 **have an opening** 자리가 있다 **parking pass** 주차권

38 Who most likely is the woman?
(A) A landscaper
(B) An architect
(C) An apartment manager
(D) An appliance salesperson

여자는 누구이겠는가?
(A) 조경사
(B) 건축가
(C) 아파트 관리인
(D) 가전제품 판매원

어휘 **landscaper** 정원사, 조경사 **architect** 건축가 **appliance** (가정용) 기기

해설 **여자의 신분** 남자가 첫 번째 대사에서 자신이 복합 건물 31B 아파트를 임대하고 있다(I'm renting apartment 31B in the complex)고 했는데, 이에 대해 여자가 어떻게 도와줄지(how can I help you?) 물은 후, 문제 해결을 위해 배관공이 들르게 하겠다(I'll have the plumber stop by)고 했으므로, 여자가 아파트 관리인이라고 추론할 수 있다. 따라서 (C)가 정답이다.

---

39 Why does the man say, "I'm expecting guests tomorrow"?
(A) To explain a change to his work schedule
(B) To emphasize the urgency of a request
(C) To apologize for an inconvenience
(D) To share some good news

남자가 "내일 손님들이 올 텐데요"라고 말한 이유는 무엇인가?
(A) 업무 일정 변동사항을 설명하려고
(B) 요청이 긴급함을 강조하려고
(C) 불편에 대해 사과하려고
(D) 좋은 소식을 함께 나누려고

어휘 **emphasize** 강조하다 **urgency** 긴급, 절박 **apologize** 사과하다 **inconvenience** 불편

해설 **화자의 의도 파악 문제** 여자의 두 번째 대사에서 배관공이 다음 주 월요일 9시에 시간이 빈다(He has an opening next Monday at nine o'clock)고 했는데, 이에 대해 남자가 다음 주 월요일이 맞는지(Next Monday?) 되물은 후, '내일 손님들이 올 텐데요(I'm expecting guests tomorrow)'라고 덧붙였다. 이는 내일 손님이 방문한다고 언급해 다음 주 월요일까지 기다릴 수 없는 긴급한 상황임을 강조하려는 의도라고 볼 수 있으므로, (B)가 정답이다.

---

40 What does the man ask about?
(A) A service fee
(B) A confirmation code
(C) Business hours
(D) Parking regulations

남자는 무엇에 관해 문의하는가?
(A) 용역비
(B) 확정 코드
(C) 영업시간
(D) 주차 규정

어휘 **confirmation** 확인, 확정 **business hours** 영업시간, 운영시간 **regulation** 규정

해설 **남자의 문의 사항** 남자의 네 번째 대사에서 손님들에게 주차권이 필요한지(will my guests need a parking pass?)를 문의하고 있으므로, (D)가 정답이다.

Questions 41 through 43 refer to the following conversation with three speakers.

M-Cn Thanks for coming in today, Ms. Kumar. Mr. Choi and I will be interviewing you together.

W-Br Glad to be here. 41 I've been following Boron Software / in the news / for years—it was exciting / to get the call / for the developer position.

M-Au I see from your résumé / that you're also the training lead / at your current job.

W-Br Right. 42 I especially enjoy teaching colleagues / about the software / my team and I have developed.

M-Au Fantastic. 43 Let's all head / to the main computer lab now. I'll show you / where our IT trainings are held.

41-43번은 다음 3인 대화를 참조하시오.

남1 오늘 와 주셔서 감사합니다, 쿠마르 씨. 최 씨와 제가 함께 면접을 진행할 겁니다.

여 참석하게 되어 기쁩니다. **41 몇 년간 보론 소프트웨어 소식에 귀를 기울이고 있었는데요. 개발자 직책에 연락을 받아서 기뻤습니다.**

남2 이력서를 보니 현재 직장에서 선임 트레이너이기도 하네요.

여 맞습니다. **42 저희 팀과 제가 개발한 소프트웨어에 관해 동료들을 교육하는 것을 특히 좋아합니다.**

남2 훌륭합니다. **43 다 같이 주 컴퓨터실로 가시죠.** 저희 IT 교육이 어디서 이뤄지는지 보여드리겠습니다.

어휘 **lead** 이끄는 사람 **current** 현재의 **especially** 특히 **colleague** 동료 **be held** 열리다

41 What type of job is the woman interviewing for?
(A) Digital film editor
(B) Graphic designer
(C) Repair technician
(D) Software developer

여자는 어떤 직종의 면접을 치르고 있는가?
(A) 디지털 영화 편집자
(B) 그래픽 디자이너
(C) 수리 기사
(D) 소프트웨어 개발자

해설 **여자가 면접을 치르고 있는 직종** 여자의 첫 번째 대사에서 보론 소프트웨어 소식에 대해 귀를 기울이고 있었다(I've been following Boron Software in the news)고 밝힌 후, 개발자 직책에 연락을 받아서 기뻤다(it was exciting to get the call for the developer position)고 했으므로, 여자가 소프트웨어 개발자 직종에 대해 면접을 치르고 있음을 알 수 있다. 따라서 (D)가 정답이다.

---

42 What does the woman say she enjoys about her current job?
(A) Conducting trainings
(B) Traveling frequently
(C) Meeting with clients
(D) Attending conferences

여자는 현재 직업의 어떤 점이 좋다고 말하는가?
(A) 교육을 진행한다.
(B) 출장을 자주 간다.
(C) 고객과 만난다.
(D) 회의에 참석한다.

어휘 **conduct** 하다 **frequently** 자주 **attend** 참석하다

해설 **여자가 현재 직업에 대해 좋다고 말한 것** 여자의 두 번째 대사에서 소프트웨어에 관해 동료들을 교육하는 것을 특히 좋아한다(I especially enjoy teaching colleagues about the software)고 했으므로, (A)가 정답이다.

Paraphrasing 지문의 teaching colleagues about the software → 정답의 Conducting trainings

---

43 Where will the speakers go next?
(A) To a warehouse
(B) To a computer lab
(C) To a security office
(D) To a maintenance department

화자들은 다음에 어디로 가겠는가?
(A) 창고
(B) 컴퓨터실
(C) 경비실
(D) 유지보수 부서

어휘 **warehouse** 창고 **maintenance** 유지보수

해설 **화자들이 다음에 갈 곳** 남자 2가 마지막 대사에서 다 같이 주 컴퓨터실로 가자(Let's all head to the main computer lab now)고 제안했으므로, 화자들이 컴퓨터실로 갈 것임을 알 수 있다. 따라서 (B)가 정답이다.

Paraphrasing 지문의 head → 질문의 go

Questions 44 through 46 refer to the following conversation.

W-Am Professor Osman? [44] I'm calling / about the Digital Telecommunications Conference. This year / we're adding panels of experts. [44] Would you be willing to participate / in a panel / about the future of the industry?

M-Au Interesting. [45] But I'm working / on a major research project. I wouldn't have time / to prepare.

W-Am No special preparations are needed—it'll be more of a conversation. But we would need a picture / and a short biography / from you. [46] We'd like to post information / about each panelist / on the conference Web site.

44-46번은 다음 대화를 참조하시오.

여 오스만 교수님이신가요? **44 디지털 통신 회의에 관해 전화 드렸습니다.** 올해는 전문가 패널들을 추가할 예정인데요. **44 업계의 미래를 논할 패널로 참석해 주시겠습니까?**

남 흥미롭군요. **45 그런데 제가 중요한 연구 프로젝트를 맡고 있습니다. 준비할 시간이 없을 것 같네요.**

여 특별한 준비가 필요하지는 않습니다. 대화에 더 가까울 거예요. 하지만 사진과 간단한 약력은 보내주셔야 합니다. **46 회의 웹사이트에 각 토론자에 관한 정보를 게시하고자 하거든요.**

어휘 **expert** 전문가 **be willing to** 기꺼이 ~하다 **participate in** ~에 참가하다 **preparation** 준비 **biography** 전기 **panelist** 토론자

44 Who most likely is the woman?
(A) An event organizer
(B) A photographer
(C) A job recruiter
(D) A journalist

여자는 누구이겠는가?
(A) 행사 주최자
(B) 사진작가
(C) 채용 담당자
(D) 기자

해설 **여자의 신분** 여자가 첫 번째 대사에서 디지털 통신 회의에 관해 전화했다(I'm calling about the Digital Telecommunications Conference)고 한 후, 패널로 참석해 달라(Would you be willing to participate in a panel)고 남자에게 요청했으므로, 여자가 행사 주최자라고 추론할 수 있다. 따라서 (A)가 정답이다.

---

45 What problem does the man mention?
(A) He does not have much experience.
(B) He is busy with a special project.
(C) Some travel expenses are too high.
(D) A topic has not been chosen yet.

남자는 무슨 문제를 언급하는가?
(A) 경력이 그리 많지 않다.
(B) 특별 프로젝트로 바쁘다.
(C) 출장비가 너무 많이 든다.
(D) 주제가 아직 선정되지 않았다.

어휘 **experience** 경험, 경력 **travel expense** 출장비

해설 **남자가 언급한 문제점** 남자의 첫 번째 대사에서 중요한 연구 프로젝트를 맡고 있다(I'm working on a major research project)고 한 후, 준비할 시간이 없을 것 같다(I wouldn't have time to prepare)며 문제점을 언급했으므로, (B)가 정답이다.

Paraphrasing 지문의 wouldn't have time to prepare → 정답의 busy
지문의 a major research project → 정답의 a special project

---

46 What does the woman say some information will be used for?
(A) Completing a résumé
(B) Updating a Web site
(C) Reserving some accommodations
(D) Preparing for an interview

여자는 정보가 어디에 사용될 것이라고 말하는가?
(A) 이력서 작성
(B) 웹사이트 갱신
(C) 숙소 예약
(D) 인터뷰 준비

어휘 **complete** 작성하다, 기입하다 **reserve** 예약하다 **accommodation** 숙소

해설 **여자가 언급한 정보의 용도** 여자가 마지막 대사에서 회의 웹사이트에 각 토론자에 관한 정보를 게시하고자 한다(We'd like to post information about each panelist on the conference Web site)고 했으므로, 웹사이트 게시를 위해 필요한 정보임을 알 수 있다. 따라서 (B)가 정답이다.

Questions 47 through 49 refer to the following conversation.

M-Cn I've been thinking. 47 We should ask Dr. Anderson / if we can start a newsletter / to send to patients / about things like preventative care, exercise, and healthy eating.

W-Am I like the idea. 48 But with everything / we're already working on, will we have time / for this? We have more important priorities / right now, like setting up the new online payment system.

M-Cn Well, I don't think / it'll be too difficult to manage. 49 I'll write up a few articles / ahead of time / and see how long it takes me.

47-49번은 다음 대화를 참조하시오.

남 제가 생각을 해 봤는데요. **47 예방 치료, 운동, 건강식 같은 것들에 관해 환자들에게 보낼 소식지를 만들 수 있을지 앤더슨 박사에게 여쭤봐야 해요.**

여 좋은 생각이네요. **48 하지만 이미 하고 있는 모든 작업들과 더불어 이걸 할 시간이 있을까요? 지금은 신규 온라인 결제 시스템 설치처럼 더 중요한 우선 사항이 있잖아요.**

남 글쎄요, 너무 힘들어 감당 못할 정도는 아닐 것 같은데요. **49 제가 미리 기사 몇 개를 써 보고 시간이 얼마나 걸리는지 볼게요.**

어휘 **patient** 환자 **preventative** 예방을 위한 **priority** 우선 사항 **payment** 지불 **manage** (어떻게든) 해내다 **article** 기사 **ahead of time** 미리, 사전에

47 Which industry do the speakers most likely work in?

(A) Health care
(B) Publishing
(C) Technology
(D) Accounting

화자들은 어떤 업계에서 일하겠는가?

(A) 의료
(B) 출판
(C) 기술
(D) 회계

해설 **화자들이 종사하는 업계** 남자가 첫 번째 대사에서 자신들이 예방 치료, 운동, 건강식과 같은 것들에 관해 환자들에게 보낼 소식지를 만들 수 있을지 앤더슨 박사에게 물어봐야 한다(We should ask Dr. Anderson if we can start a newsletter to send to patients about things like preventative care, exercise, and healthy eating)고 했으므로, 화자들이 의료 업계에 종사한다고 추론할 수 있다. 따라서 (A)가 정답이다.

---

48 Why is the woman unsure about the man's idea?

(A) Special skills are required.
(B) Other tasks should be a priority.
(C) A facility's machinery is too old.
(D) A manager's permission is needed.

여자는 왜 남자의 의견에 대해 자신 없어 하는가?

(A) 특별한 기량이 요구된다.
(B) 다른 업무들이 우선시되어야 한다.
(C) 시설의 기계가 너무 낡았다.
(D) 관리자 승인이 필요하다.

어휘 **require** 요구하다 **facility** 시설 **permission** 허가, 승인

해설 **여자가 남자의 의견에 자신 없어 하는 이유** 여자의 첫 번째 대사에서 이 일을 할 시간이 있을지(will we have time for this?)에 대해 의구심을 표한 후, 지금은 신규 온라인 결제 시스템 설치처럼 더 중요한 우선 사항이 있다(We have more important priorities right now, like setting up the new online payment system)고 덧붙였으므로, (B)가 정답이다.

---

49 What does the man offer to do?

(A) Schedule a meeting
(B) Collect some feedback
(C) Draft some articles
(D) Work an extra shift

남자는 무엇을 하겠다고 제안하는가?

(A) 회의 일정을 잡는다.
(B) 의견을 수렴한다.
(C) 기사 초안을 작성한다.
(D) 추가 근무를 한다.

어휘 **collect** 모으다, 수집하다 **draft** 초안을 작성하다

해설 **남자의 제안 사항** 남자가 마지막 대사에서 자신이 미리 기사 몇 개를 써 보고 시간이 얼마나 걸리는지 보겠다(I'll write up a few articles ahead of time and see how long it takes me)고 제안했으므로, (C)가 정답이다.

Paraphrasing 지문의 write up a few articles → 정답의 Draft some articles

---

Questions 50 through 52 refer to the following conversation with three speakers.

W-Am Let me know / if you need help / finding anything.

M-Cn 50 Actually, I'm looking / to purchase a piece of luggage.

W-Am Sure, we have many options. Anything specific / you're interested in?

M-Cn 51 Well, I'm going to a conference / next month—it's an important one, so I want a bag / that can keep my suits / from crumpling up.

W-Am This brand's popular—but let me ask my colleague. Chiharu? Don't you own one of these?

W-Br I do. I think / it's a great choice. 52 It even has a battery, so you can charge your mobile phone / while you're on the go.

M-Cn That's a nice feature.

50-52번은 다음 3인 대화를 참조하시오.

여1 찾는 데 도움이 필요하시면 알려주세요.

남 **50 실은, 여행 가방을 구입하려고 해요.**

여1 네, 종류가 많아요. 특별히 관심 있는 물건이 있으세요?

남 **51 음, 다음 달에 회의에 갈 예정입니다.** 중요한 회의라서 정장이 구겨지지 않도록 해 줄 가방을 사고 싶어요.

여1 이 브랜드가 인기 있긴 한데, 동료에게 물어볼게요. 치하루? 이 가방 중 하나를 갖고 있지 않나요?

여2 맞아요. 훌륭한 선택인 것 같아요. **52 배터리도 있어서 이동 중 휴대전화를 충전할 수도 있거든요.**

남 멋진 기능이군요.

어휘 **purchase** 구입하다 **luggage** 여행가방, 짐 **specific** 구체적인, 특정한 **crumple** 구기다, 구겨지다 **popular** 인기 있는 **colleague** 동료 **charge** 충전하다 **feature** 기능

50 What is the man shopping for?
(A) A mobile phone
(B) A business suit
(C) A suitcase
(D) A desk

남자는 무엇을 사고 있는가?
(A) 휴대전화
(B) 정장
(C) 여행 가방
(D) 책상

해설 **남자가 사고 있는 것** 남자의 첫 번째 대사에서 여행 가방을 구입하려고 한다(I'm looking to purchase a piece of luggage)고 했으므로, (C)가 정답이다.

Paraphrasing 지문의 purchase → 질문의 shopping for
지문의 a piece of luggage → 정답의 A suitcase

---

51 What does the man say he is doing next month?
(A) Attending a conference
(B) Starting a new job
(C) Going on vacation
(D) Moving to a new apartment

남자는 다음 달에 무엇을 할 것이라고 말하는가?
(A) 회의에 참석한다.
(B) 새로운 일을 시작한다.
(C) 휴가를 간다.
(D) 새 아파트로 이사한다.

해설 **남자가 다음 달에 할 일** 남자의 두 번째 대사에서 다음 달에 회의에 갈 예정(I'm going to a conference next month)이라고 했으므로, (A)가 정답이다.

Paraphrasing 지문의 going to a conference → 정답의 Attending a conference

---

52 What product feature does Chiharu mention?
(A) The material
(B) The size
(C) A battery
(D) A lock

치하루는 제품의 어떤 기능을 언급하는가?
(A) 소재
(B) 크기
(C) 배터리
(D) 잠금장치

해설 **치하루(여자 2)가 언급한 제품의 기능** 치하루(여자 2)의 첫 번째 대사에서 배터리도 있어서 이동 중 휴대전화를 충전할 수도 있다(It even has a battery, so you can charge your mobile phone while you're on the go)고 했으므로, (C)가 정답이다.

Questions 53 through 55 refer to the following conversation.

W-Br 53 Jang-Ho, we're having trouble / filling our open truck-driver positions. Clients rely on us / to deliver their products / on time, so we need to fill those openings.

M-Cn Perhaps we should upgrade our trucks. I've read / that companies with state-of-the-art sleeping cabs / have more success / recruiting and retaining drivers.

W-Br Hmm. 54 Well, a company-wide fleet upgrade / would take a long time / to coordinate. We'll need some new drivers / soon.

M-Cn 55 Let me look into / how our competitors are approaching recruitment. Maybe we could post the job openings / on social media?

53-55번은 다음 대화를 참조하시오.

여 **53 장호, 트럭 운전사 공석을 충원하기가 어려워요. 고객들은 우리가 자신들의 제품을 늦지 않게 배송할 거라고 믿습니다.** 그러니 결원을 채워야 해요.

남 아마 트럭을 개선해야 할 겁니다. 최신 수면 가능 운전석을 갖춘 회사들은 채용과 운전사 유지가 더 잘된다는 글을 읽었어요.

여 음… **54 자, 회사 보유 트럭 전부를 개선하려면 조율하는 데 오래 걸릴 겁니다.** 우린 신입 운전사들이 곧 필요할 텐데요.

남 **55 경쟁업체들이 채용 문제를 어떻게 다루는지 살펴볼게요.** 아마도 소셜미디어에 구인글을 게시해야 하지 않을까요?

어휘 **fill a position** 자리를 채우다, 근무할 사람을 뽑다 **rely on** 믿다 **state-of-the-art** 최첨단의 **cab** 운전석 **recruit** 채용하다 **retain** (직원들이 이직하지 않도록) 유지하다 **fleet** (한 기관이 소유한 비행기, 버스, 택시 등의) 무리 **coordinate** 조율하다 **competitor** 경쟁자 **approach** (문제 따위를) 다루다

53 Where do the speakers work?
(A) At a car dealership
(B) At a trucking company
(C) At an airline
(D) At a taxi service

화자들은 어디서 근무하는가?
(A) 자동차 대리점
(B) 트럭 수송회사
(C) 항공사
(D) 택시 운송업체

해설 **화자들의 근무 장소** 여자가 첫 번째 대사에서 트럭 운전사 공석을 충원하기가 어렵다(we're having trouble filling our open truck-driver positions)고 밝힌 후, 고객들은 자신들이 제품을 늦지 않게 배송할 거라고 믿고 있다(Clients rely on us to deliver their products on time)고 덧붙였으므로, 화자들이 트럭 수송회사에 근무한다는 것을 알 수 있다. 따라서 (B)가 정답이다.

---

54 What is the woman's opinion about upgrading some equipment?
(A) It will be difficult to find replacement parts.
(B) It will cost too much money.
(C) It will take too long to do.
(D) It will require too much training.

장비 갱신에 관한 여자의 의견은 무엇인가?
(A) 교체 부품을 찾기 어려울 것이다.
(B) 돈이 너무 많이 들 것이다.
(C) 하는 데 시간이 너무 오래 걸릴 것이다.
(D) 교육이 너무 많이 필요할 것이다.

어휘 **equipment** 장비 **replacement** 교체 **part** 부품

해설 **장비 갱신에 관한 여자의 의견** 여자의 두 번째 대사에서 회사 보유 트럭 전부를 개선하려면 조율하는 데 오래 걸릴 것(a company-wide fleet upgrade would take a long time to coordinate)이라는 의견을 밝히고 있으므로, (C)가 정답이다.

Paraphrasing 지문의 a company-wide fleet upgrade → 질문의 upgrading some equipment
지문의 take a long time to coordinate → 정답의 take too long to do

---

55 What does the man say he will do?
(A) Research competitors' strategies
(B) Plan a social gathering
(C) Contact some suppliers
(D) Review a budget report

남자는 무엇을 하겠다고 말하는가?
(A) 경쟁업체의 전략을 조사한다.
(B) 친목회를 계획한다.
(C) 공급업체들에 연락한다.
(D) 예산 보고서를 검토한다.

어휘 **strategy** 전략 **social gathering** 친목회 **budget** 예산

해설 **남자가 할 일** 남자가 마지막 대사에서 경쟁업체들이 채용 문제를 어떻게 다루는지 살펴보겠다(Let me look into how our competitors are approaching recruitment)고 했으므로, (A)가 정답이다.

Paraphrasing 지문의 look into how our competitors are approaching recruitment → 정답의 Research competitors' strategies

---

Questions 56 through 58 refer to the following conversation.

W-Am 56 I just got a call / from someone / called George Silva. He owns a boutique / in New York, and he wants to buy 300 candles / from us / to sell at his shop.

M-Au How did he hear about us? We don't even have a Web site yet.

W-Am 57 He says / he was here in town / last week / and stopped by our booth / at the Fairfax Outdoor Market. I don't remember meeting him—do you?

M-Au I don't. Now—58 do we even have enough beeswax / for all those candles?

W-Am 58 No—and our regular supplier is sold out. I've already started making phone calls.

56-58번은 다음 대화를 참조하시오.

여 **56 조지 실바라는 사람에게 전화를 받았는데요. 뉴욕에 의상실을 갖고 있는데, 매장에서 판매할 초 300개를 우리에게서 사고 싶어해요.**

남 우리에 관해 어떻게 알았대요? 아직 웹사이트도 없잖아요.

여 **57 지난주에 이곳에 있었는데 페어팩스 노천시장에서 우리 부스에 들렀대요.** 저는 그 사람을 만난 기억이 없어요. 기억나세요?

남 안 나요. 자, **58 그 초들을 다 만들 만큼 밀랍이 충분히 있나요?**

여 **58 아니요. 우리 고정 공급업체는 품절이에요.** 제가 벌써 전화를 돌리기 시작했어요.

어휘 **stop by** 잠깐 들르다 **beeswax** 밀랍 **regular** 정기적인, 고정적으로 하는 **be sold out** 품절되다, 매진되다

56 Who is George Silva?
(A) A travel agent
(B) A store owner
(C) A news reporter
(D) A shop assistant

조지 실바는 누구인가?
(A) 여행사 직원
(B) 매장 소유주
(C) 기자
(D) 점원

해설 **조지 실바의 신분** 여자가 첫 번째 대사에서 조지 실바라는 사람에게 전화를 받았다(I just got a call from someone called George Silva)고 한 후, 뉴욕에 의상실을 갖고 있다(He owns a boutique in New York)며 조지 실바에 대한 설명을 덧붙이고 있으므로, (B)가 정답이다.

57 What did the speakers do last week?
(A) They started making candles in a workshop.
(B) They visited friends in New York.
(C) They sold their products at an outdoor market.
(D) They designed a Web site for their business.

화자들은 지난주에 무엇을 했는가?
(A) 워크숍에서 초를 만들기 시작했다.
(B) 뉴욕에 있는 친구들을 방문했다.
(C) 노천시장에서 제품을 판매했다.
(D) 업체 웹사이트를 디자인했다.

해설 **화자들이 지난주에 한 일** 여자의 두 번째 대사에서 조지 실바가 지난주에 페어팩스 노천시장에서 자신들의 부스에 들렀다(he ~ last week and stopped by our booth at the Fairfax Outdoor Market)고 했으므로, 화자들이 지난주에 노천시장에서 제품을 판매했음을 알 수 있다. 따라서 (C)가 정답이다.

58 What does the woman mean when she says, "I've already started making phone calls"?
(A) She does not want her calls to be interrupted.
(B) She has decided to hire another worker.
(C) She might change some travel plans.
(D) She is determined to find a solution.

여자가 "벌써 전화를 돌리기 시작했어요"라고 말한 의도는 무엇인가?
(A) 자신의 전화가 중단되기를 원치 않는다.
(B) 다른 직원을 채용하기로 결정했다.
(C) 출장 계획을 변경할 수도 있다.
(D) 해결책을 찾기로 결심했다.

어휘 **interrupt** 방해하다, 중단시키다 **decide** 결정하다 **be determined to** ~하기로 결심하다

해설 **화자의 의도 파악 문제** 남자의 두 번째 대사에서 초들을 다 만들 만큼 밀랍이 충분히 있는지(do we even have enough beeswax for all those candles?) 물었는데, 이에 대해 여자가 충분하지 않으며(No) 자신들의 고정 공급업체도 품절(our regular supplier is sold out)이라고 한 후, '제가 벌써 전화를 돌리기 시작했어요(I've already started making phone calls)'라고 덧붙였다. 이는 이미 전화를 해 보기 시작했다고 언급해 문제에 대한 해결책을 찾고 있음을 알리려는 의도라고 볼 수 있으므로, (D)가 정답이다.

Questions 59 through 61 refer to the following conversation.

M-Cn Fatima, sales were great / at our farm stand / again this weekend. 59 Our customers really like the unique varieties of vegetables / we're offering this season.

W-Br That's great. 60 You know, now that our harvest season is almost over, we should start / thinking about planting cover crops soon.

M-Cn 60 Yes—we need to start / preparing for next year. Should we purchase some seeds?

W-Br 61 I think / we have seeds / in the shed. I'll take a look / this afternoon.

59-61번은 다음 대화를 참조하시오.

남 파티마, 이번 주말에도 다시 우리 농장 가판대 매출이 훌륭했어요. **59 고객들은 이번 계절에 제공하는 각종 독특한 채소를 무척 마음에 들어 했어요.**

여 잘됐네요. **60 수확기가 거의 끝났으니, 곧 피복 작물을 심는 것에 관해 생각하기 시작해야 해요.**

남 **60 네. 내년 대비를 시작해야죠.** 종자를 구입해야 할까요?

여 **61 헛간에 종자가 있을 거예요. 오늘 오후에 한번 볼게요.**

어휘 **stand** 가판대 **varieties of** 각종의 **cover crop** (토양을 보호하기 위해 심는) 피복 작물 **purchase** 구입하다 **shed** 헛간

59 What does the man say the farm stand customers like?
(A) Personal interaction
(B) Vegetarian recipes
(C) Seasonal discounts
(D) Unusual merchandise

남자는 농장 가판대 고객들이 무엇을 좋아했다고 말하는가?
(A) 개인적인 상호 교류
(B) 채식 조리법
(C) 계절 할인
(D) 색다른 물품

어휘 **interaction** 상호 작용 **unusual** 특이한, 색다른 **merchandise** 상품, 물품

해설 **남자가 농장 가판대 고객들이 좋아했다고 말한 것** 남자가 첫 번째 대사에서 고객들은 각종 독특한 채소를 무척 마음에 들어 했다(Our customers really like the unique varieties of vegetables)고 했으므로, (D)가 정답이다.

Paraphrasing 지문의 the unique varieties of vegetables → 정답의 Unusual merchandise

---

60 How will the speakers prepare for next year?
(A) By renovating the farm stand
(B) By planting cover crops
(C) By purchasing additional farmland
(D) By improving an irrigation system

화자들은 내년을 어떻게 대비할 것인가?
(A) 농장 가판대를 보수한다.
(B) 피복 작물을 심는다.
(C) 농지를 추가로 구입한다.
(D) 관개 시스템을 개선한다.

어휘 **renovate** 보수하다, 개조하다 **additional** 추가의 **irrigation** 관개

해설 **화자들이 내년을 대비하는 방법** 여자의 첫 번째 대사에서 곧 피복 작물을 심는 것에 관해 생각하기 시작해야 한다(we should start thinking about planting cover crops soon)고 했는데, 이에 대해 남자가 동의(Yes)한 후, 내년 대비를 시작해야 한다(we need to start preparing for next year)고 덧붙였으므로, (B)가 정답이다.

---

61 What will the woman do in the afternoon?
(A) Look at a catalog
(B) Check a storage area
(C) Compare prices
(D) Create a checklist

여자는 오후에 무엇을 할 것인가?
(A) 카탈로그를 본다.
(B) 저장소를 확인한다.
(C) 가격을 비교한다.
(D) 점검표를 만든다.

어휘 **storage** 보관, 저장 **compare** 비교하다

해설 **여자가 오후에 할 일** 여자가 마지막 대사에서 헛간에 종자가 있을 것(I think we have seeds in the shed)이라고 한 후, 자신이 오후에 한번 보겠다(I'll take a look this afternoon)고 했으므로, (B)가 정답이다.

Paraphrasing 지문의 take a look →정답의 Check
지문의 the shed → 정답의 a storage area

Questions 62 through 64 refer to the following conversation and design choices.

W-Am 62 John, remember / the T-shirts our department / is giving to the park volunteers / next month? The graphic design company just sent some images / for us to choose from.

M-Au Hmm, they're all nice. 63 I like the one / with the tree. 62 It fits with the event theme of maintaining the park's trails.

W-Am I'm concerned / it'll be hard / to tell it's a tree. What about the one / with the flowers?

M-Au They'll end up being very small / on the shirt.

W-Am You're right. 63 Let's go with your choice. 64 I'll contact the designer / with our decision / right away. I think / our volunteers will like their shirts.

62-64번은 다음 대화와 디자인 선택안을 참조하시오.

여 **62 존, 다음 달 우리 부서에서 공원 자원봉사자들에게 지급할 티셔츠 기억하세요?** 그래픽 디자인 업체에서 우리가 골라야 할 사진 몇 개를 보냈어요.

남 음, 모두 멋지네요. **63 저는 나무가 있는 티셔츠가 맘에 들어요. 62 공원 산길 유지보수라는 행사 주제와 잘 맞잖아요.**

여 나무인지 알아보는 게 어려울 것 같아 걱정되네요. 꽃이 있는 티셔츠는 어때요?

남 셔츠 상에서는 결국 너무 작을 것 같아요.

여 그러네요. **63 당신이 선택한 걸로 하죠. 64 바로 디자이너에게 연락해 우리 결정을 알릴게요.** 자원봉사자들이 셔츠를 좋아할 것 같아요.

어휘 **department** 부서 **theme** 주제 **maintain** 유지하다 **concerned** 걱정하는, 염려하는 **tell** 알아보다 **decision** 결정

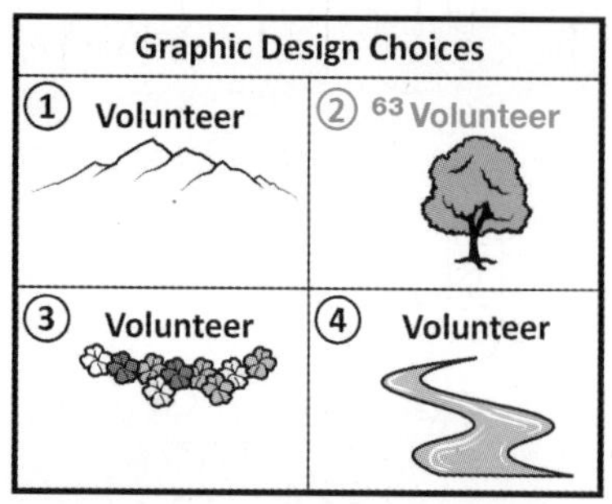

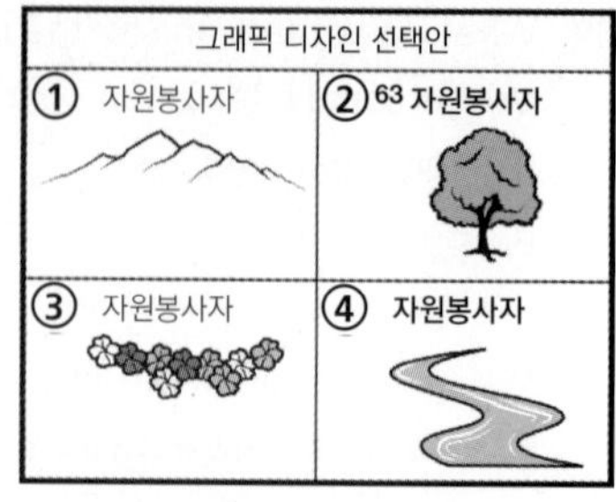

62 Where do the speakers most likely work?
(A) At an employment agency
(B) At a theater company
(C) At a parks department
(D) At a public library

화자들은 어디에서 일하겠는가?
(A) 채용대행사
(B) 극단
(C) 공원 관계부서
(D) 공립 도서관

해설 **화자들의 근무 장소** 여자가 첫 번째 대사에서 다음 달 자신들의 부서에서 공원 자원봉사자들에게 지급할 티셔츠(the T-shirts our department is giving to the park volunteers next month)에 대해 남자에게 물었고, 남자도 자신이 선택한 티셔츠가 공원 산길 유지보수라는 행사 주제와 잘 맞는다(It fits with the event theme of maintaining the park's trails)며 공원 행사 관련 대화를 이어가고 있으므로, 화자들이 공원 관계부서에서 근무한다고 추론할 수 있다. 따라서 (C)가 정답이다.

---

63 Look at the graphic. Which design will the speakers use?
(A) Choice 1
(B) Choice 2
(C) Choice 3
(D) Choice 4

시각정보에 따르면, 화자들은 어떤 디자인을 사용할 것인가?
(A) 1안
(B) 2안
(C) 3안
(D) 4안

해설 **시각정보 연계 문제_사용할 디자인** 남자의 첫 번째 대사에서 자신은 나무가 있는 티셔츠가 맘에 든다(I like the one with the tree)고 했는데, 이에 대해 여자도 남자가 선택한 걸로 하자(Let's go with your choice)고 최종 동의했으므로, 화자들이 나무가 있는 티셔츠를 사용할 것임을 알 수 있다. 시각정보를 보면, '그래픽 디자인 선택안(Graphic Design Choices)' 중 나무가 있는 티셔츠는 '2안(Choice 2)'이므로, (B)가 정답이다.

---

64 What does the woman say she will do next?
(A) Take some photographs
(B) Visit a park
(C) Contact some volunteers
(D) Place an order

여자는 다음에 무엇을 하겠다고 말하는가?
(A) 사진을 찍는다.
(B) 공원을 방문한다.
(C) 자원봉사자들에게 연락한다.
(D) 주문을 넣는다.

해설 **여자가 다음에 할 일** 여자가 마지막 대사에서 바로 디자이너에게 연락해 자신들의 결정을 알리겠다(I'll contact the designer with our decision right away)고 했으므로, 여자가 티셔츠를 주문을 할 것임을 알 수 있다. 따라서 (D)가 정답이다.

Paraphrasing 지문의 contact the designer with our decision → 정답의 Place an order

---

Questions 65 through 67 refer to the following conversation and book list.

W-Am Hello—65 this is Susan Rosetti.

M-Cn Hi! This is Axel. Susan, I just wanted to congratulate you / on the amazing sales of your novel. Did you know / you made the list of best-selling fiction of the week?

65-67번은 다음 대화와 책 목록을 참조하시오.

여 안녕하세요. **65 수잔 로제티입니다.**

남 안녕하세요! 악셀입니다. 수잔, 당신 소설의 놀라운 판매량을 축하하고 싶어서요. 이번 주 베스트셀러 소설 목록에 든 걸 알고 계셨나요?

W-Am I did? That's incredible. 66 I couldn't have done it / without your support / as my literary agent.

M-Cn And this is only your first novel! I'm so proud to represent you.

W-Am Well, thank you.

M-Cn By the way, I just got a call / from a talk show. 67 Would you be willing to do an interview / on the book? It'd be great publicity.

W-Am 67 Of course!

여 그래요? 믿기지 않네요. **66 제 저작권 대리인으로서 당신의 지원이 없었다면 불가능했을 거예요.**

남 그리고 이 책은 당신의 첫 번째 소설일 뿐이죠! 당신의 대리인인 것이 무척 자랑스러워요.

여 고맙습니다.

남 그건 그렇고, 토크쇼에서 전화가 왔어요. **67 책에 관한 인터뷰를 기꺼이 해 주시겠어요?** 홍보가 아주 잘 될 겁니다.

여 **67 물론이죠!**

어휘 **incredible** 믿기 어려운 **literary agent** 저작권 대리인 **represent** 대표하다 **be willing to** 기꺼이 ~하다 **publicity** 홍보

Best-Selling Fiction	
Xia Chen	*The Traitor's Granddaughter*
Nadia Aziz	*Life in Outer Space*
Alicia Garcia	*Exploring Australian Forests*
65 Susan Rosetti	*Amused and Confused*

베스트셀러 소설	
시아 첸	반역자의 손녀
나디아 아지즈	우주에서의 삶
알리시아 가르시아	호주의 숲 탐험
65수잔 로제티	**즐겁고 혼란스러운**

어휘 **traitor** 배신자, 반역자 **explore** 탐험하다 **amused** 즐거워하는 **confused** 혼란스러워하는

65 Look at the graphic. Which book did the woman write?

(A) *The Traitor's Granddaughter*

(B) *Life in Outer Space*

(C) *Exploring Australian Forests*

(D) *Amused and Confused*

시각정보에 따르면, 여자는 어떤 책을 썼는가?

(A) 〈반역자의 손녀〉

(B) 〈우주에서의 삶〉

(C) 〈호주의 숲 탐험〉

(D) 〈즐겁고 혼란스러운〉

해설 **시각정보 연계 문제_여자가 쓴 책** 여자가 첫 번째 대사에서 자신을 수잔 로제티(this is Susan Rosetti)라고 소개하며 전화를 받았는데, 시각정보를 보면, '베스트셀러 소설(Best-Selling Fiction)' 중 수잔 로제티가 쓴 소설은 〈즐겁고 혼란스러운(Amused and Confused)〉이므로, (D)가 정답이다.

66 Who is the man?

(A) A book reviewer

(B) A literary agent

(C) A bookstore owner

(D) A publishing house executive

남자는 누구인가?

(A) 서평가

(B) 저작권 대리인

(C) 서점 주인

(D) 출판사 간부

어휘 **publishing house** 출판사 **executive** 간부, 임원

해설 **남자의 신분** 여자의 두 번째 대사에서 저작권 대리인인 남자의 지원이 없었다면 불가능했을 일(I couldn't have done it without your support as my literary agent)이라고 했으므로, 남자가 여자의 저작권 대리인임을 알 수 있다. 따라서 (B)가 정답이다.

67 What does the woman agree to do?

(A) Sign copies of her book

(B) Modify a contract

(C) Give a speech

(D) Participate in an interview

여자는 무엇을 하는 데 동의하는가?

(A) 자신의 도서에 서명

(B) 계약 변경

(C) 연설

(D) 인터뷰 참여

어휘 **modify** 변경하다, 수정하다 **contract** 계약 **give a speech** 연설하다

해설 **여자가 동의한 것** 남자의 세 번째 대사에서 책에 관한 인터뷰에 응해 달라(Would you be willing to do an interview on the book?)고 여자에게 요청했는데, 이에 대해 여자가 수락 의사(Of course!)를 밝혔으므로, (D)가 정답이다.

Paraphrasing 지문의 do an interview → 정답의 Participate in an interview

Questions 68 through 70 refer to the following conversation and options menu.

M-Au [68] Salma, I just downloaded the videoconferencing software / you'll need for your webinar / tomorrow.

W-Am Wonderful, thanks! [68] It's the first time / I'll be conducting a session online, and I have a question for you. I'd like to record the session / in case any participants are late / or cannot attend / so that I can send a link / to the recording later. How do I do that?

M-Au [69] From the options menu, go to settings. You'll see it there.

W-Am Great.

M-Au [70] Just so you know, you can always text me / during the webinar / if you run into any difficulties. I'll be available / throughout the day.

68-70번은 다음 대화와 선택 메뉴를 참조하시오.

남 **68 살마, 내일 있을 웨비나에 필요한 화상회의 소프트웨어를 제가 다운로드했어요.**

여 좋아요, 감사합니다! **68 온라인으로 세션을 진행하는 건 처음인데, 물어볼 것이 있어요.** 참가자가 늦거나 참석할 수 없을 경우, 나중에 녹화본 링크를 보낼 수 있도록 세션을 녹화하고 싶은데요. 어떻게 하는 거죠?

남 **69 선택 메뉴에서 설정으로 가세요.** 거기에 있을 겁니다.

여 알겠어요.

남 **70 참고로 말하자면, 웨비나 중에 차질이 생기면 언제든 저에게 문자 메시지를 보내세요.** 저는 하루 종일 시간이 될 겁니다.

어휘 **videoconferencing** 화상회의 **webinar** (온라인 토론) 웨비나 **conduct** 하다 **participant** 참가자 **attend** 참석하다 **run into** (곤경 등을) 겪다 **available** 시간이 있는

Options
1. Volume
2. Share Screen
[69] 3. Settings
4. Chat

선택 메뉴
1. 음량
2. 공유 화면
69 3. 설정
4. 채팅

68 What will the woman do tomorrow?
(A) Attend a convention
(B) Conduct a webinar
(C) Download some software
(D) Lead a virtual tour

여자는 내일 무엇을 할 것인가?
(A) 총회에 참석한다.
(B) 웨비나를 진행한다.
(C) 소프트웨어를 다운로드한다.
(D) 가상 투어를 진행한다.

어휘 **convention** 대회 **virtual** 가상의

해설 **여자가 내일 할 일** 남자가 첫 번째 대사에서 내일 있을 여자의 웨비나에 필요한 화상회의 소프트웨어를 자신이 다운로드했다(I just downloaded the videoconferencing software you'll need for your webinar tomorrow)고 했고, 여자도 온라인으로 세션을 진행하는 건 처음(It's the first time I'll be conducting a session online)이라고 했으므로, 여자가 내일 웨비나를 진행할 것임을 알 수 있다. 따라서 (B)가 정답이다.

69 Look at the graphic. Which option does the man point out?
(A) Option 1
(B) Option 2
(C) Option 3
(D) Option 4

시각정보에 따르면, 남자는 어떤 선택 메뉴를 가리키는가?
(A) 선택 메뉴 1
(B) 선택 메뉴 2
(C) 선택 메뉴 3
(D) 선택 메뉴 4

해설 **시각정보 연계 문제_남자가 가리키는 선택 메뉴** 남자의 두 번째 대사에서 선택 메뉴에서 설정으로 가라(From the options menu, go to settings)고 여자에게 조언했는데, 시각정보를 보면, '선택 메뉴(Options)' 중 남자가 언급한 '설정(Settings)'은 '선택 메뉴 3(Option 3)'이므로, (C)가 정답이다.

70 How can the woman receive additional support?
(A) By reading a user manual
(B) By paying for a premium package
(C) By sending the man a text message
(D) By calling customer support

여자는 어떻게 추가 지원을 받을 수 있는가?
(A) 사용자 설명서를 읽는다.
(B) 프리미엄 패키지 비용을 지불한다.
(C) 남자에게 문자 메시지를 보낸다.
(D) 고객 지원 부서에 전화한다.

해설 **여자가 추가 지원을 받을 수 있는 방법** 남자가 마지막 대사에서 웨비나 중에 차질이 생기면 언제든 자신에게 문자 메시지를 보내라(you can always text me during the webinar if you run into any difficulties)고 했으므로, (C)가 정답이다.

Paraphrasing 지문의 text me → 정답의 sending the man a text message

---

Questions 71 through 73 refer to the following advertisement.

W-Br Is a good night's sleep important to you? 71 Then it's time / to get a new mattress. At Comfy Beds, we care about your quality of sleep. We guarantee cutting-edge technology / and top-quality products. 72 Visit our Web site / and explore the widest selection of mattress types, sizes, and materials. And that's not all. 73 Order a mattress today, and we'll send you a free gift—two pillows and a set of sheets—at no extra charge. Order your good night's sleep / today!

71-73번은 다음 광고를 참조하시오.

숙면이 중요하신가요? **71 그렇다면 새 매트리스를 구입할 때입니다. 콤피 베드는 당신의 수면 질을 중시합니다.** 최첨단 기술과 최상급 제품을 보장합니다. **72 저희 웹사이트를 방문하셔서 다양한 유형, 크기, 소재의 매트리스를 살펴보세요.** 이것이 전부가 아닙니다. **73 오늘 매트리스를 주문하시면 베개 두 개와 시트를 추가 비용 없이 무료 선물로 드립니다.** 오늘 당신의 숙면을 주문하세요!

어휘 **guarantee** 보장하다 **cutting-edge** 최첨단의 **explore** 탐구하다, 분석하다 **material** 재료, 소재 **at no extra charge** 추가 비용 없이

71 What does the speaker's company sell?
(A) Kitchen appliances
(B) Exercise apparel
(C) Beauty products
(D) Bedding items

화자의 회사는 무엇을 판매하는가?
(A) 주방용 가전제품
(B) 운동용 의류
(C) 미용제품
(D) 침구

어휘 **appliance** 가전제품 **apparel** 의류

해설 **회사가 판매하는 제품** 초반부에서 새 매트리스를 구입할 때(it's time to get a new mattress)라고 한 후, 콤피 베드가 수면의 질을 중시한다(At Comfy Beds, we care about your quality of sleep)고 했으므로, 회사가 매트리스와 같은 침구류를 판매한다는 것을 알 수 있다. 따라서 (D)가 정답이다.

72 What can the listeners do online?
(A) Enter a contest
(B) Look up product information
(C) Submit a photo
(D) Find a promotional code

청자들은 온라인으로 무엇을 할 수 있는가?
(A) 대회에 참가한다.
(B) 제품 정보를 찾아본다.
(C) 사진을 제출한다.
(D) 할인 코드를 찾는다.

어휘 **enter a contest** 대회에 참가하다 **look up** 찾아보다 **submit** 제출하다 **promotional code** 할인을 받기 위해 입력하는 코드

해설 **청자들이 온라인으로 할 수 있는 것** 중반부에서 웹사이트를 방문해서 다양한 유형, 크기, 소재의 매트리스를 살펴보라(Visit our Web site and explore the widest selection of mattress types, sizes, and materials)고 권하고 있으므로, (B)가 정답이다.

Paraphrasing 지문의 explore the widest selection of mattress types, sizes, and materials
→ 정답의 Look up product information

73 What can the listeners receive with a purchase?
(A) A gift
(B) Free delivery
(C) Admission to an event
(D) An extended warranty

청자들은 물품을 구입하면 무엇을 받을 수 있는가?
(A) 선물
(B) 무료 배송
(C) 행사 입장권
(D) 품질 보증기한 연장

어휘 **admission** 입장 **extended** 길어진, 연장된 **warranty** 품질 보증서

해설 **청자들이 물품을 구입하면 받을 수 있는 것** 후반부에서 오늘 매트리스를 주문하면 추가 비용 없이 무료 선물을 제공한다(Order a mattress today, and we'll send you a free gift ~ at no extra charge)고 했으므로, (A)가 정답이다.

Questions 74 through 76 refer to the following telephone message.

M-Cn Hi, this is your customer Anil Mukherjee. 74 I made an appointment online / to have my hair cut / this Saturday at noon. Your system confirmed my reservation, 75 but the Web site didn't let me specify a stylist—at least / I didn't see a place / to enter that information. 76 I know / you offer a twenty percent discount / for haircuts given by trainees, and I wanted to take advantage of that. Can you make my appointment / with one of your trainees? Thanks. In case you need to reach me, my number's 555-0181.

74-76번은 다음 전화 메시지를 참조하시오.

안녕하세요. 고객인 아닐 무커지라고 합니다. **74 이번 주 토요일 정오에 머리를 자르려고 온라인으로 예약했는데요.** 시스템에서는 예약이 확정됐는데, **75 웹사이트에서 스타일리스트를 지정할 수가 없었어요.** 적어도 해당 정보를 입력할 곳을 찾을 수가 없었습니다. **76 견습생에게 머리를 자르면 20퍼센트 할인을 제공하는 것으로 알고 있는데, 그걸 이용하고 싶어요.** 견습생 중 한 명에게 예약을 해 주실 수 있나요? 감사합니다. 저에게 연락하셔야 할 경우, 제 번호는 555-0181입니다.

어휘 **reservation** 예약 **specify** (구체적으로) 지정하다 **take advantage of** ~을 이용하다 **reach** (특히 전화로) 연락하다

74 What type of business is the speaker calling?

(A) A hair salon
(B) A hotel
(C) A restaurant
(D) A computer store

화자는 어떤 업체에 전화를 거는가?

(A) 미용실
(B) 호텔
(C) 음식점
(D) 컴퓨터 매장

해설 **화자가 전화를 건 업체** 초반부에서 이번 주 토요일 정오에 머리를 자르려고 온라인으로 예약했다(I made an appointment online to have my hair cut this Saturday at noon)고 했으므로, 화자가 미용실에 전화했음을 알 수 있다. 따라서 (A)가 정답이다.

75 What was the speaker unable to do on a Web site?

(A) Enter his phone number
(B) Select a staff member
(C) Find an address
(D) Change an appointment time

화자는 웹사이트에서 무엇을 하지 못했는가?

(A) 전화번호 입력
(B) 직원 선택
(C) 주소 찾기
(D) 예약 시간 변경

해설 **화자가 웹사이트에서 하지 못한 것** 중반부에서 웹사이트에서 스타일리스트를 지정할 수가 없었다(the Web site didn't let me specify a stylist)며 문제점을 언급했으므로, (B)가 정답이다.

Paraphrasing 지문의 specify a stylist → 정답의 Select a staff member

76 How can customers obtain a discount?

(A) By presenting a coupon
(B) By registering for a rewards program
(C) By receiving a service from a trainee
(D) By referring a new customer

고객들은 어떻게 할인을 받을 수 있는가?

(A) 쿠폰을 제시한다.
(B) 보상 프로그램에 등록한다.
(C) 견습생에게 서비스를 받는다.
(D) 신규 고객을 추천한다.

어휘 **present** 제시하다 **register** 등록하다 **rewards program** (고객에게 포인트를 적립해주는) 보상 프로그램 **refer** 추천하다

해설 **고객들이 할인을 받을 수 있는 방법** 중반부에서 견습생에게 머리를 자르면 20퍼센트 할인을 제공하는 것(you offer a twenty percent discount for haircuts given by trainees)으로 알고 있다고 했으므로, (C)가 정답이다.

Paraphrasing 지문의 for haircuts given by trainees → 정답의 By receiving a service from a trainee

Questions 77 through 79 refer to the following excerpt from a meeting.

W-Am Hello, everyone. 77 I'm excited to announce / that our jewelry store will start a new service / that we expect / will be very popular. 78 We plan to start / offering customizable jewelry / that can be engraved with anything, like words, dates, and symbols. This way customers can purchase beautiful, customized gifts / for their loved ones. 79 Now, we've ordered some new equipment / to do the engravings. You'll be taught / how to use it / next week.

77-79번은 다음 회의 발췌를 참조하시오.

안녕하세요, 여러분. **77 매우 인기가 많을 것으로 기대되는 신규 서비스를 우리 보석 매장에서 시작함을 알리게 되어 기쁩니다. 78 문구, 날짜, 기호 등 무엇이든 새길 수 있는 주문 제작 보석을 제공할 계획입니다.** 이렇게 해서, 고객은 소중한 이들을 위해 아름다운 주문 제작형 선물을 구입할 수 있게 되죠. **79 자, 인각을 할 장비들을 새로 주문했습니다. 다음 주에 사용법을 배우실 겁니다.**

어휘 **announce** 알리다, 발표하다 **customizable** 주문 제작이 가능한 **engrave** 새기다 **purchase** 구입하다 **customized** 주문 제작된, 개개인의 요구에 맞춘 **equipment** 장비

77 Where do the listeners work?

(A) At a jewelry store
(B) At a fitness center
(C) At an electronics store
(D) At a photography studio

청자들은 어디에서 근무하는가?

(A) 보석매장
(B) 피트니스 센터
(C) 전자제품 매장
(D) 촬영 스튜디오

해설 **청자들의 근무 장소** 초반부에서 신규 서비스를 우리 보석 매장에서 시작함을 알리게 되어 기쁘다(I'm excited to announce that our jewelry store will start a new service)고 했으므로, 청자와 화자 모두 보석 매장에서 근무한다는 것을 알 수 있다. 따라서 (A)가 정답이다.

78 What does the speaker say is special about some new products?

(A) They will be made of recycled materials.
(B) They will have a lifetime warranty.
(C) They can be customized.
(D) They can be easily cleaned.

화자는 신제품의 특별한 점이 무엇이라고 말하는가?

(A) 재활용된 소재로 만들어진다.
(B) 평생 품질 보증이 된다.
(C) 주문 제작할 수 있다.
(D) 쉽게 세척할 수 있다.

어휘 **recycled** 재활용된 **lifetime** 평생, 일생 **warranty** 품질 보증서

해설 **신제품의 특별한 점** 중반부에서 무엇이든 새길 수 있는 주문 제작 보석을 제공할 계획(We plan to start offering customizable jewelry that can be engraved with anything)이라고 했으므로, (C)가 정답이다.

Paraphrasing 지문의 customizable → 정답의 can be customized

79 What will the listeners do next week?

(A) Attend a trade show
(B) Organize an auction
(C) Receive replacement member cards
(D) Learn to use some equipment

청자들은 다음 주에 무엇을 할 것인가?

(A) 무역박람회에 참석한다.
(B) 경매를 준비한다.
(C) 대체 회원증을 받는다.
(D) 장비 사용법을 배운다.

어휘 **trade show** 무역박람회 **organize** 조직하다, 준비하다 **auction** 경매 **replacement** 대체, 교체

해설 **청자들이 다음 주에 할 일** 후반부에서 인각을 할 장비들을 새로 주문했다(we've ordered some new equipment to do the engravings)고 한 후, 다음 주에 사용법을 배우게 될 것(You'll be taught how to use it next week)이라고 덧붙였으므로, (D)가 정답이다.

Paraphrasing 지문의 be taught how to use → 정답의 Learn to use

Questions 80 through 82 refer to the following announcement.

M-Au [80] Attention, Sydney Transit Passengers. [80/81] In an effort to encourage recycling, we'll be offering free train rides / in exchange for used plastic bottles / throughout July. [81] Just bring fifteen plastic bottles / to any of our stations / and get a free train ticket / in return. All the plastic we collect in July / will be auctioned off / to recycling companies, [82] and the proceeds will go / toward renovating our stations. Help us / by taking part in this program!

80-82번은 다음 공지를 참조하시오.

80 시드니 트랜짓 승객 여러분께 알립니다. 80/81 재활용을 장려하고자 하는 노력의 일환으로 7월 한 달간 사용한 플라스틱병을 열차 무료 승차권으로 교환해 드립니다. 81 저희 역 중 한 곳으로 플라스틱병 15개를 가져오셔서 무료 열차표로 교환 받으세요. 7월에 수집한 플라스틱 일체는 재활용 업체에 경매로 처분되며, **82 수익금은 역 개조에 쓰일 예정입니다.** 프로그램에 참여하셔서 도움을 주세요!

어휘 **in an effort to** ~하려는 노력의 일환으로 **encourage** 장려하다, 권장하다 **in exchange for** ~ 대신의, 교환으로 **in return** 답례로, 대신 **auction off** 경매로 처분하다 **proceeds** 수익금, 수입 **renovate** 개조하다, 보수하다 **take part in** ~에 참여하다

80 Where is the announcement being made?

(A) At a movie theater
(B) At a train station
(C) At a sports complex
(D) At a shopping center

공지는 어디에서 이뤄지는가?

(A) 영화관
(B) 기차역
(C) 종합운동장
(D) 쇼핑센터

해설 **공지 장소** 초반부에서 시드니 트랜짓 승객에게 알린다(Attention, Sydney Transit Passengers)고 한 후, 7월 한 달간 사용한 플라스틱병을 열차 무료 승차권으로 교환해 준다(we'll be offering free train rides in exchange for used plastic bottles throughout July)고 했으므로, 기차역에서 이뤄지고 있는 공지임을 알 수 있다. 따라서 (B)가 정답이다.

81 What can plastic bottles be exchanged for?

(A) Gift cards
(B) Food
(C) Clothing
(D) Tickets

플라스틱병은 무엇으로 교환할 수 있는가?

(A) 상품권
(B) 음식
(C) 옷
(D) 표

해설 **플라스틱병으로 교환할 수 있는 것** 초반부에서 사용한 플라스틱병을 열차 무료 승차권으로 교환해 준다(we'll be offering free train rides in exchange for used plastic bottles)고 한 후, 역 중 한 곳으로 플라스틱병 15개를 가져와서 무료 열차표로 교환 받으라(Just bring fifteen plastic bottles to any of our stations and get a free train ticket in return)며 구체적인 방법을 덧붙였으므로, (D)가 정답이다.

82 What will the auction proceeds be used for?

(A) Facility renovations
(B) New inventory
(C) Student scholarships
(D) Festival attractions

경매 수익금은 어디에 사용될 것인가?

(A) 시설 보수
(B) 새 재고품
(C) 장학금
(D) 축제 명소

어휘 **facility** 시설 **inventory** 재고(품) **scholarship** 장학금 **attraction** 명소, 명물

해설 **경매 수익금의 용도** 후반부에서 수익금은 역 개조에 쓰일 예정(the proceeds will go toward renovating our stations)이라고 했으므로, (A)가 정답이다.

Paraphrasing 지문의 go toward → 질문의 be used for
지문의 renovating our stations → 정답의 Facility renovations

Questions 83 through 85 refer to the following introduction.

M-Cn Welcome to the third session of the day / at this year's LCA Film Summit. [83]This is our last session / before lunch—you'll find a list of recommended local eateries / if you look in your registration packets. [84]But right now, we're excited / to have legendary location scout Yuri Baxter / leading this session. Mr. Baxter has spent the past couple of decades / finding locations for movies, television shows, music videos, and TV commercials. [85]His entire career is fascinating, but today we'll just focus on / how he got started. I mean, this session is only 40 minutes long. And now, Yuri Baxter.

83-85번은 다음 소개를 참조하시오.

올해 LCA 필름 서밋 세 번째 시간에 오신 것을 환영합니다. **83 점심시간 전 마지막 시간입니다. 등록 안내서 묶음을 보시면 지역 추천 식당 목록이 있을 겁니다. 84 하지만 지금은 본 시간을 진행할 전설적인 야외 촬영지 섭외 담당자 유리 백스터를 모시게 되어 기쁩니다. 백스터 씨는 영화, TV 프로그램, 뮤직비디오, TV 광고 등의 야외 촬영지를 찾는 데 지난 20년을 보냈습니다. 85 모든 경력이 대단히 흥미롭지만 오늘은 어떻게 일을 시작했는지에 관해서만 조명하겠습니다.** 본 시간은 40분밖에 안 되니까요. 자, 유리 백스터 씨를 맞아 주세요.

어휘 **summit** 최고봉, 절정 **recommend** 추천하다, 권하다 **eatery** 식당 **registration packet** 등록 안내서 묶음 **legendary** 전설적인 **decade** 10년 **commercial** 광고 **entire** 전체의 **fascinating** 매력적인, 무척 흥미로운

83 What will the listeners most likely do after the session?

(A) Pose for a photograph
(B) Go to lunch
(C) Look at a display
(D) Pick up a free poster

청자들은 이 시간 이후 무엇을 하겠는가?

(A) 촬영을 위해 포즈를 취한다.
(B) 점심식사를 하러 간다.
(C) 전시물을 본다.
(D) 무료 포스터를 가져간다.

해설 **청자들이 이 시간 이후 할 일** 초반부에서 점심시간 전 마지막 시간(This is our last session before lunch)이라고 한 후, 등록 안내서 묶음에 지역 추천 식당 목록이 있다(you'll find a list of recommended local eateries ~ in your registration packets)고 덧붙였으므로, 청자들이 이후에 점심식사를 하러 간다고 추론할 수 있다. 따라서 (B)가 정답이다.

84 What type of work does Yuri Baxter do?

(A) He finds filming locations.
(B) He creates promotional items.
(C) He designs costumes for actors.
(D) He writes movie and television scripts.

유리 백스터는 어떤 종류의 일을 하는가?

(A) 촬영 장소를 찾는다.
(B) 판촉물을 만든다.
(C) 배우들의 의상을 디자인한다.
(D) 영화와 TV 대본을 쓴다.

어휘 **promotional** 홍보의, 판촉의 **costume** 의상 **script** 대본

해설 **유리 백스터가 근무하는 업종** 중반부에서 전설적인 야외 촬영지 섭외 담당자 유리 백스터(legendary location scout Yuri Baxter)가 나온다고 한 후, 백스터 씨가 영화, TV 프로그램, 뮤직비디오, TV 광고 등의 야외 촬영지를 찾는 데 지난 20년을 보냈다(Mr. Baxter has spent the past couple of decades finding locations for movies, television shows, music videos, and TV commercials)며 백스터 씨에 대한 설명을 덧붙였으므로, (A)가 정답이다.

Paraphrasing 지문의 locations for movies, television shows, music videos, and TV commercials → 정답의 filming locations

85 Why does the speaker say, "this session is only 40 minutes long"?

(A) To ask the listeners to be patient
(B) To ask the listeners to find their seats
(C) To explain why a schedule was changed
(D) To explain why a topic was chosen

화자가 "이 시간은 40분밖에 안 되니까요"라고 말한 이유는 무엇인가?

(A) 청자들에게 끈기 있게 기다려 달라고 요청하려고
(B) 청자들에게 자신의 좌석을 찾으라고 요청하려고
(C) 일정이 변경된 이유를 설명하려고
(D) 주제가 선정된 이유를 설명하려고

어휘 **patient** 참을성 있는, 인내심 있는

해설 **화자의 의도 파악 문제** 후반부에서 모든 경력이 대단히 흥미롭지만 오늘은 어떻게 일을 시작했는지에 관해서만 조명하겠다(His entire career is fascinating, but today we'll just focus on how he got started)고 한 후, '이 시간은 40분밖에 안 되니까요(this session is only 40 minutes long)'라고 덧붙였다. 이는 제한된 시간을 언급해 특정 주제만 조명하는 이유를 설명하려는 의도라고 볼 수 있으므로, (D)가 정답이다.

Questions 86 through 88 refer to the following excerpt from a meeting.

W-Am OK team, 86 we've been assigned a new product: a snow shovel / called the Tusker SnowPro. We'll be contacting buyers / at department stores / to get them to order large quantities of the shovel / to sell in their stores. 87 Now, with this campaign, we're looking to generate ten sales per agent / per day. That's a reasonable target—heavy snow is expected in the region / in the coming weeks. Also, management has decided / that all calls need to take place / on company phones, not personal mobiles. 88 I have some company phones / if anyone needs to borrow one.

86-88번은 다음 회의 발췌를 참조하시오.
자, 팀원 여러분. 86 우리는 터스커 스노프로라는 신제품 눈삽을 맡았어요. 백화점 판매업자들에게 연락해 매장에서 판매할 삽을 대량 주문하도록 할 겁니다. 87 자, 본 캠페인을 진행하며 영업점당 하루 10개의 매출을 이루려고 합니다. 합당한 목표치예요. 향후 몇 주간 이 지역에 폭설이 예상되니까요. 아울러, 경영진에서는 모든 통화가 개인 휴대전화가 아닌 회사 전화로 이뤄져야 한다고 결정했습니다. 88 저에게 회사 전화가 몇 대 있으니 필요하신 분은 빌려가세요.

어휘 assign 맡기다 shovel 삽 a large quantity of 대량의 generate 일어나게 하다, 발생시키다 reasonable 합리적인, 합당한 management 경영진 take place 일어나다

86 What department do the listeners most likely work in?

(A) Security
(B) Maintenance
(C) Manufacturing
(D) Sales

청자들은 어떤 부서에서 근무하겠는가?

(A) 보안
(B) 유지보수
(C) 제조
(D) 영업

어휘 maintenance 유지보수 manufacturing 제조

해설 **청자들의 근무 부서** 초반부에서 신제품 눈삽을 맡았다(we've been assigned a new product: a snow shovel)고 한 후, 백화점 판매업자들에게 연락해 매장에서 삽을 대량 주문하도록 할 것(We'll be contacting buyers ~ to order large quantities of the shovel)이라며 구체적인 업무를 덧붙였으므로, 청자들이 영업 부서에 근무한다고 추론할 수 있다. 따라서 (D)가 정답이다.

87 What does the speaker imply when she says, "heavy snow is expected in the region in the coming weeks"?

(A) Delivery delays should be expected.
(B) Some locations will be closed.
(C) The listeners will work fewer shifts.
(D) A product will be in high demand.

화자가 "향후 몇 주간 이 지역에 폭설이 예상되니까요"라고 말한 의도는 무엇인가?

(A) 배송 지연이 예상된다.
(B) 일부 장소가 폐쇄될 것이다.
(C) 청자들의 교대 근무 시간이 줄어들 것이다.
(D) 제품 수요가 많을 것이다.

어휘 delay 지연 shift 교대 근무 시간 demand 요구, 수요

해설 **화자의 의도 파악 문제** 중반부에서 판매점당 하루 10개의 매출을 이루려고 하는 것(to generate ten sales per agent per day)에 대해 합당한 목표치(That's a reasonable target)라고 평가한 후, '향후 몇 주간 이 지역에 폭설이 예상되니까요(heavy snow is expected in the region in the coming weeks)'라고 덧붙였다. 이는 지역의 날씨를 언급해 목표치를 달성할 만큼 제품 수요가 많아질 것임을 강조하려는 의도라고 볼 수 있으므로, (D)가 정답이다.

88 What does the speaker offer to the listeners?

(A) A mobile phone
(B) A bus pass
(C) Some vacation days
(D) A gym membership

화자는 청자들에게 무엇을 제공하는가?

(A) 휴대전화
(B) 버스 승차권
(C) 휴가
(D) 체육관 회원권

해설 **청자들에게 제공하는 것** 후반부에서 회사 전화가 몇 대 있으니 필요한 사람은 빌려가라(I have some company phones if anyone needs to borrow one)고 했으므로, (A)가 정답이다.

Questions 89 through 91 refer to the following broadcast.

M-Cn Hi there, I'm your host, Daniel Jefferson. [89]This is *Your Brilliant Money*, a weekly radio show / for small-business owners. If you're just tuning in, [90]before the commercial break / I spoke to some listeners / who called in / to tell us their best strategies / for saving money on property maintenance costs. Thanks for your great advice, everybody! [91]And now we have a special guest, Geeta Prasad. She's a financial analyst / specializing in international equities. Geeta will answer questions / about the advantages of some higher-risk investment options / for small businesses. Welcome to the show, Geeta!

89-91번은 다음 방송을 참조하시오.

안녕하세요. 저는 진행자 다니엘 제퍼슨입니다. **89 소규모 자영업자를 위한 주간 라디오 프로그램 〈유어 브릴리언트 머니〉입니다.** 지금 막 들어오셨다면, **90 광고 시간에 앞서 건물 유지비용을 아끼는 최선의 전략을 얘기하기 위해 전화 주신 청취자들과 이야기 나눴는데요.** 훌륭한 조언 감사합니다, 여러분! **91 이제 특별 손님이신 기타 프라사드 씨를 모셨습니다. 해외 주식 전문 금융 애널리스트이시죠. 소규모 업체를 위한 고위험 투자 옵션의 장점에 관한 질문에 답해 주시겠습니다.** 나와 주셔서 반갑습니다, 기타!

어휘 **tune in** 청취하다, 시청하다 **commercial** 광고 **strategy** 전략 **property** 건물, 부동산 **maintenance** 유지보수 **financial** 금융의 **specialize in** ~을 전문으로 하다 **equities** 주식 **advantage** 장점 **investment** 투자

89 What is the theme of the weekly radio show?

(A) Technology trends
(B) Retirement planning
(C) Business finance
(D) Real estate

주간 라디오 프로그램의 주제는 무엇인가?

(A) 기술 동향
(B) 은퇴 계획
(C) 기업 금융
(D) 부동산

해설 **주간 라디오 프로그램의 주제** 초반부에서 소규모 자영업자를 위한 주간 라디오 프로그램(a weekly radio show for small-business owners)이라고 〈유어 브릴리언트 머니〉를 소개하고 있으므로, 소규모 기업 금융에 관한 프로그램임을 알 수 있다. 따라서 (C)가 정답이다.

90 What did the speaker do before the commercial break?

(A) He talked to some listeners on the air.
(B) He told a personal story.
(C) He gave advice on choosing a bank.
(D) He described a property for sale.

화자는 광고 시간 전에 무엇을 했는가?

(A) 방송 중에 청취자들과 얘기를 나눴다.
(B) 개인사를 이야기했다.
(C) 은행 선택에 관한 조언을 했다.
(D) 부동산 매물에 대해 이야기했다.

어휘 **describe** 말하다, 묘사하다 **for sale** 판매용의

해설 **화자가 광고 시간 전에 한 일** 중반부에서 광고 시간에 앞서(before the commercial break) 전화한 청취자들과 이야기 나눴다(I spoke to some listeners who called in)고 했으므로, (A)가 정답이다.

Paraphrasing 지문의 spoke to some listeners → 정답의 talked to some listeners

91 What will happen next?

(A) A contest winner will be announced.
(B) An expert will be interviewed.
(C) A traffic report will be given.
(D) A cohost will explain a process.

다음에 무슨 일이 있을 예정인가?

(A) 대회 우승자가 발표될 것이다.
(B) 전문가를 인터뷰할 것이다.
(C) 교통 정보를 알려줄 것이다.
(D) 공동 진행자가 과정을 설명할 것이다.

어휘 **announce** 알리다, 발표하다 **expert** 전문가 **process** 과정

해설 **다음에 있을 일** 중반부에서 이제 특별 손님인 기타 프라사드가 나온다(now we have a special guest, Geeta Prasad)고 한 후, 해외 주식 전문 금융 애널리스트(a financial analyst specializing in international equities)인 기타가 질문에 답을 해줄 것(Geeta will answer questions)이라고 했으므로, (B)가 정답이다.

Paraphrasing 지문의 a financial analyst specializing in international equities → 정답의 An expert

Questions 92 through 94 refer to the following speech.

W-Br Hello, I'm Mayor Isabel Miller. 92 I called this press conference / to announce / that the city has decided / to convert our street lamps to solar-powered LED lights. The work will take place / over the coming three months. I'm enthusiastic about the interest / this project has already generated. 93 On the other hand, I know / this decision will raise some questions / over the projected expense. Well, our community's top priority is promoting energy efficiency. Let me explain / how we'll accomplish this— 94 if you'd please direct your attention / to the chart on the screen / behind me, it has the project sketches and specifications.

92-94번은 다음 연설을 참조하시오.

안녕하세요. 저는 시장 이사벨 밀러입니다. **92 우리 시에서는 가로등을 태양열 LED 등으로 전환하기로 결정했음을 알리려고 본 기자회견을 소집했습니다.** 작업은 향후 3개월간 이뤄질 예정입니다. 본 프로젝트가 이미 일으킨 관심에 대해 열의를 느낍니다. **93 반면, 이러한 결정으로 예상 비용에 대해 의문이 제기될 것임을 알고 있습니다.** 자, 우리 지역사회의 최우선 사항은 에너지 효율성을 고취하는 것입니다. 이를 어떻게 성취할지 설명해 드리죠. **94 제 뒤편 화면에 나온 도표로 주의를 기울여 주신다면, 프로젝트 개요와 설명이 나옵니다.**

어휘 **press conference** 기자회견 **convert** 전환시키다 **take place** 일어나다 **enthusiastic** 열광적인, 열의 있는 **generate** 만들어 내다 **on the other hand** 반면 **raise questions** 의문을 제기하다 **projected** 예상된 **priority** 우선 사항 **promote** 촉진하다, 고취하다 **efficiency** 효율성 **accomplish** 성취하다 **specifications** 설명, 명세

92 What is the city planning to do?

(A) Open a new power plant
(B) Install solar panels on government buildings
(C) Encourage the use of public transportation
(D) Upgrade the street lighting system

시에서는 무엇을 하려고 계획하는가?

(A) 발전소를 새로 연다.
(B) 청사에 태양 전지판을 설치한다.
(C) 대중교통 이용을 장려한다.
(D) 가로등 체계를 개선한다.

어휘 **power plant** 발전소 **install** 설치하다 **public transportation** 대중교통

해설 **시가 계획하는 일** 초반부에서 우리 시에서는 가로등을 태양열 LED 등으로 전환하기로 결정했음(that the city has decided to convert our street lamps to solar-powered LED lights)을 알리려고 본 기자회견을 소집했다고 했으므로, 시가 가로등 체계를 개선할 계획임을 알 수 있다. 따라서 (D)가 정답이다.

Paraphrasing 지문의 to convert our street lamps to solar-powered LED lights → 정답의 Upgrade the street lighting system

93 What does the speaker imply when she says, "our community's top priority is promoting energy efficiency"?

(A) A project requires additional staff.
(B) Work on another project has been suspended.
(C) The cost of a project is justified.
(D) A news report on a project is accurate.

화자가 "우리 지역사회의 최우선 사항은 에너지 효율성을 고취하는 것입니다"라고 말한 의도는 무엇인가?

(A) 프로젝트에 직원이 추가로 필요하다.
(B) 다른 프로젝트 업무가 중단됐다.
(C) 프로젝트 비용이 정당하다.
(D) 프로젝트 관련 보도는 정확하다.

어휘 **require** 요구하다 **suspend** 중단하다, 유보하다 **justified** 정당한, 그럴 만한 이유가 있는 **accurate** 정확한

해설 **화자의 의도 파악 문제** 중반부에서 이러한 결정으로 예상 비용에 대해 의문이 제기될 것(this decision will raise some questions over the projected expense)을 알고 있다고 한 후, '우리 지역사회의 최우선 사항은 에너지 효율성을 고취하는 것입니다(our community's top priority is promoting energy efficiency)'라고 덧붙였다. 이는 지역사회의 최우선 사항임을 언급해 프로젝트 비용이 정당함을 강조하려는 의도라고 볼 수 있으므로, (C)가 정답이다.

94 What does the speaker ask the listeners to do?

(A) Arrange an interview
(B) Look at a chart
(C) Take some pictures
(D) Visit a construction site

화자는 청자들에게 무엇을 해 달라고 요청하는가?

(A) 인터뷰 주선
(B) 도표 확인
(C) 사진 촬영
(D) 공사 현장 방문

어휘 **arrange** 마련하다 **construction site** 공사 현장

해설 **화자의 요청 사항** 후반부에서 화면에 나온 도표로 주의를 기울여 달라(if you'd please direct your attention to the chart on the screen)고 요청하고 있으므로, (B)가 정답이다.

Paraphrasing 지문의 direct your attention to the chart → 정답의 Look at a chart

---

Questions 95 through 97 refer to the following telephone message and map.

M-Au Good morning, Mr. Kim. 95 I'm calling / to confirm your interview / for the marketing manager position / on Wednesday, June third. 95/96 As part of your interview, we've asked you / to prepare a brief presentation / on the latest marketing trends. This will give us an opportunity / to assess your knowledge of the field. Since our office is located in a busy area, I've e-mailed you a map / that shows the parking garages / in the area. While the garage on Rose Street / is closest to the office, it's very small. 97 I'd recommend / using the garage on Oak Drive—you should find plenty of available spaces there. See you on Wednesday.

95-97 번은 다음 전화 메시지와 지도를 참조하시오.

안녕하세요, 김 선생님. **95 6월 3일 수요일에 있을 마케팅 관리자 면접을 확인하려고 전화했습니다. 95/96 면접의 일부로 최근 마케팅 동향에 관한 간단한 발표를 준비해 달라고 요청 드렸는데요.** 저희가 귀하의 해당 분야 지식을 평가할 수 있는 기회가 될 것입니다. 저희 사무실이 혼잡한 지역에 있어서, 지역 내 주차장이 나와 있는 지도를 이메일로 보냈습니다. 로즈 가 주차장이 사무실에서 가장 가깝지만 매우 협소합니다. **97 오크 거리의 주차장을 이용하실 것을 권해드려요.** 이용 가능한 자리가 많을 겁니다. 수요일에 뵙겠습니다.

어휘 **confirm** 확인해 주다 **presentation** 발표 **latest** 최근의 **opportunity** 기회 **assess** 평가하다 **knowledge** 지식 **recommend** 권하다, 추천하다 **plenty of** 많은 **available** 이용 가능한

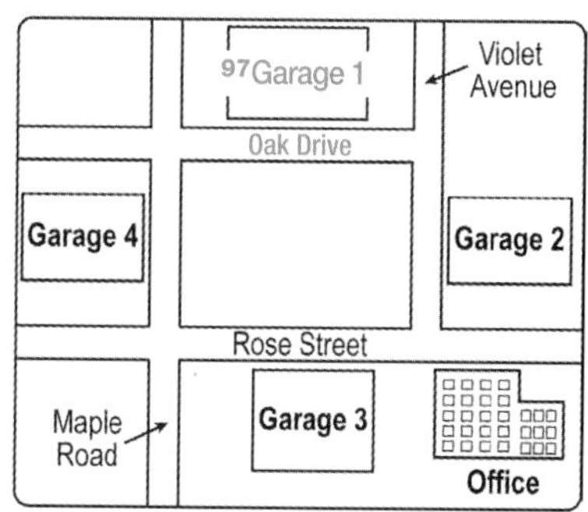

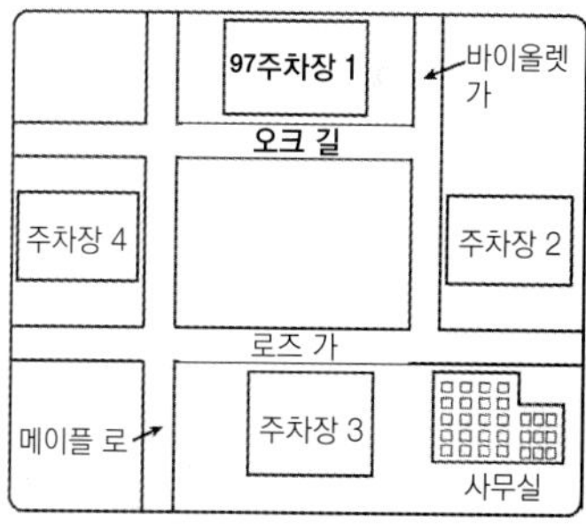

95 What industry does the speaker most likely work in?
(A) Banking
(B) Publishing
(C) Marketing
(D) Manufacturing

화자는 어떤 업계에서 근무하겠는가?
(A) 금융
(B) 출판
(C) 마케팅
(D) 제조

해설 **화자가 종사하는 업계** 초반부에서 마케팅 관리자 면접을 확인하려고 전화했다(I'm calling to confirm your interview for the marketing manager position)고 한 후, 면접의 일부로 최근 마케팅 동향에 관한 간단한 발표를 준비해 달라고 요청했다(As part of your interview, we've asked you to prepare a brief presentation on the latest marketing trends)고 했으므로, 화자가 마케팅 관련 업계에 종사한다고 추론할 수 있다. 따라서 (C)가 정답이다.

---

96 What does the speaker ask the listener to do?
(A) Make a reservation
(B) Give a presentation
(C) Provide some references
(D) Bring photo identification

화자는 청자에게 무엇을 해 달라고 요청하는가?
(A) 예약
(B) 발표
(C) 증빙서류 제공
(D) 사진이 부착된 신분증 지참

어휘 **make a reservation** 예약하다 **references** 증빙서류 **identification** 신원 확인, 신분증

해설 **화자의 요청 사항** 초반부에서 최근 마케팅 동향에 관한 간단한 발표를 준비해 달라고 요청했다(we've asked you to prepare a brief presentation on the latest marketing trends)고 했으므로, (B)가 정답이다.

Paraphrasing 지문의 prepare a brief presentation → 정답의 Give a presentation

97 Look at the graphic. Where does the speaker suggest parking?
(A) Garage 1
(B) Garage 2
(C) Garage 3
(D) Garage 4

시각정보에 따르면, 화자는 어디에 주차하라고 제안하는가?
(A) 주차장 1
(B) 주차장 2
(C) 주차장 3
(D) 주차장 4

해설 **시각정보 연계 문제_주차 장소** 후반부에서 오크 거리의 주차장을 이용할 것을 권한다(I'd recommend using the garage on Oak Drive)고 했는데, 시각정보를 보면, 화자가 언급한 오크 거리에는 '주차장 1(Garage 1)'이 있으므로, (A)가 정답이다.

Questions 98 through 100 refer to the following excerpt from a meeting and graph.

W-Am For some time now, our subscription box service has mostly attracted young professionals. 98 These twenty-somethings are too busy to go shopping / for new clothes, so they prefer the convenience of a monthly shipment / to add to their wardrobes. Recently, however, our customer base has evolved. This graph shows / how many new customers signed up for our service / last month. 99 Specifically, I'd like to draw your attention / to the fact / that so many people between 40 and 49 years old / have joined. 100 But this expanded customer base means / we have to vary the styles and designs / we offer. Our inventory must become more diverse. Let's discuss how to do that.

98-100번은 다음 회의 발췌와 도표를 참조하시오.

한동안 우리 구독 상자 서비스가 주로 젊은 전문가들을 끌어 모았습니다. **98 이 20대들은 너무 바빠서 새 옷을 사러 갈 수가 없습니다. 그래서 편리하게 매달 배송 받아서 옷장에 추가하는 것을 선호하죠.** 하지만 최근 고객층이 진화했어요. 이 그래프를 보면 지난달에 우리 서비스를 신청한 신규 고객 수가 나옵니다. **99 특히 40-49세가 아주 많이 가입했다는 사실에 주목하셨으면 합니다. 100 하지만 이처럼 고객층이 확장됐다는 것은 우리가 제공하는 스타일과 디자인에 변화를 줘야 한다는 것을 의미합니다. 재고 목록이 더욱 다양해져야 해요.** 방법을 논의해 봅시다.

어휘 **subscription** 구독 **attract** 끌어 모으다 **professional** 전문가 **convenience** 편의 **wardrobe** 옷장 **evolve** 발전하다, 진화하다 **sign up for** ~을 신청하다 **specifically** 특히, 구체적으로 말하면 **draw attention** 관심을 끌다 **expanded** 확장된 **vary** 변화를 주다, 달리 하다 **diverse** 다양한

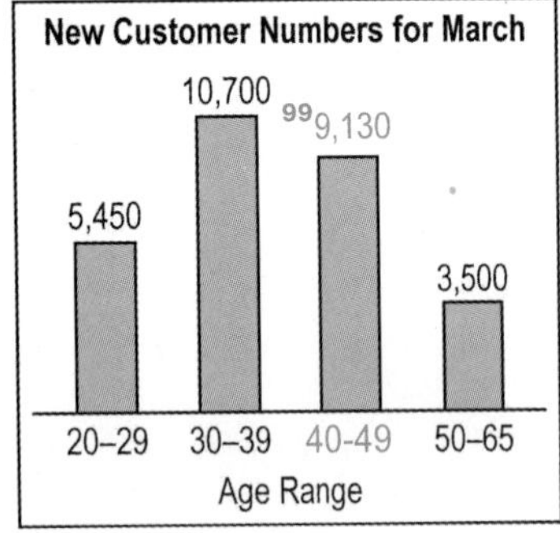

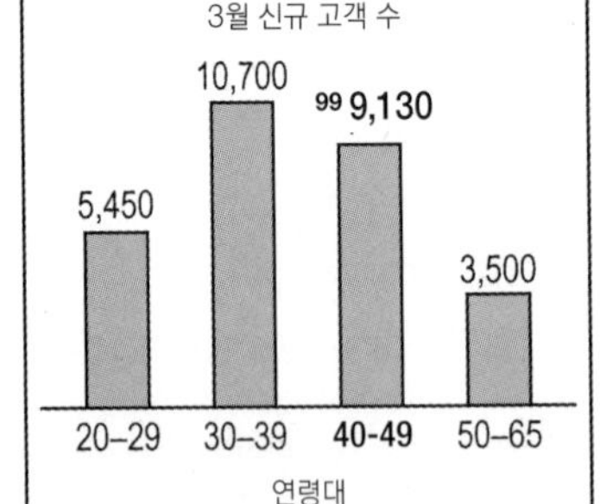

98 What kind of business does the speaker work for?
(A) A clothing retailer
(B) A storage company
(C) A software maker
(D) A publishing company

화자는 어떤 업종에서 일하는가?
(A) 의류 소매업체
(B) 창고 회사
(C) 소프트웨어 제조업체
(D) 출판사

어휘 **retailer** 소매업자 **storage** 보관, 저장

해설 **화자가 종사하는 업종** 초반부에서 20대들은 너무 바빠서 새 옷을 사러 갈 수가 없다(These twenty-somethings are too busy to go shopping for new clothes)고 한 후, 그래서 편리하게 매달 배송 받아서 옷장에 추가하는 것을 선호한다(so they prefer the convenience of a monthly shipment to add to their wardrobes)고 했으므로, 화자가 의류 소매업체에 종사한다는 것을 알 수 있다. 따라서 (A)가 정답이다.

---

99 Look at the graphic. Which number does the speaker focus on?

(A) 5,450
(B) 10,700
(C) 9,130
(D) 3,500

시각정보에 따르면, 화자는 어떤 수치에 중점을 두고 있는가?

(A) 5,450
(B) 10,700
(C) 9,130
(D) 3,500

해설 **시각정보 연계 문제_중점을 두는 수치** 중반부에서 특히 40-49세가 아주 많이 가입했다는 사실에 주목했으면 한다(Specifically, I'd like to draw your attention to the fact that so many people between 40 and 49 years old have joined)고 했는데, 시각정보를 보면, 화자가 언급한 '연령대(Age Range)'인 40-49세의 '3월 신규 고객 수(New Customer Numbers for March)'는 '9,130'이므로, (C)가 정답이다.

Paraphrasing 지문의 draw your attention to → 질문의 focus on

---

100 What change does the speaker want to introduce?

(A) A redesigned company logo
(B) A greater product range
(C) A shorter delivery time
(D) A more diverse staff

화자는 어떤 변화를 도입하고 싶어하는가?

(A) 회사 로고 재디자인
(B) 제품 범위 확대
(C) 배송 시간 단축
(D) 직원 다각화

해설 **화자가 도입하고 싶어하는 변화** 후반부에서 이처럼 고객층이 확장됐다는 것은 스타일과 디자인에 변화를 줘야 한다는 것을 의미한다(this expanded customer base means we have to vary the styles and designs)고 한 후, 재고 목록이 더욱 다양해져야 한다(Our inventory must become more diverse)고 덧붙였으므로, (B)가 정답이다.

Paraphrasing 지문의 Our inventory must become more diverse → 정답의 A greater product range